长白山林业产业实用技术

孙兴志　主编

中国林业出版社

图书在版编目(CIP)数据

长白山林业产业实用技术/孙兴志主编．-北京：中国林业出版社，2010.12
ISBN 978-7-5038-6001-0

Ⅰ.①长… Ⅱ.①孙… Ⅲ.①长白山-林业生产-科学技术 Ⅳ.①F326.273

中国版本图书馆CIP数据核字(2010)第224937号

出版 中国林业出版社(100009 北京西城区刘海胡同7号)
E-mail forestbook@163.com **电话** (010)83222880
网址 http://lycb.forestry.gov.cn
发行 中国林业出版社
印刷 中国文联印刷厂
版次 2010年12月第1版
印次 2010年12月第1次
开本 787mm×1092mm 1/16
印张 26.5
字数 668千字
定价 50.00元

《长白山林业产业实用技术》

编　写　组

主　　编： 孙兴志

副 主 编： 刘鹏祥　党国军

编　　辑：（按姓氏笔画排序）

王文妍（女）　王剑冲　白玉文　毕靖吉

朱月飞　牟智慧　刘金华（女）　刘新权

安守贞（女）　许光明　李　涛　李生军

李明刚　李树海　杨殿君　肖根华　肖根君

何立军　张志刚　张彦文　陈　华　徐　华

周建伟　赵景刚　胡　琛　康晓梅（女）

董兴军

序

这本名叫《长白山林业产业实用技术》的书，旨在向长白山林区的林业工人、农民以及关心和参与林业产业开发建设的人们传播技术和知识。作者通过收集和积累，把对有益于林区种植业、养殖业和加工业的常用技术，以及关于林业的基础知识汇集起来，以给人启示、联想，焕发创新思想，探索和开发新的技术，推进林业产业的发展。

长白山与松花江山环水绕，峰峦叠翠，谷幽林郁，江水绮丽，波光潋滟，早已成为著名的避暑胜地。在森林广袤浩瀚、绵延千里的长白山“林海”之中，蕴藏着极为丰富的动植物特产，是世界生物圈天然保护区的“立体资源宝库”。这里有以红松、紫杉、云杉、落叶松、岳桦、钻天杨、蒙古柞、水曲柳等为代表的林木植物；有以人参、党参、细辛、黄芪、贝母、五味子为代表的药用植物；有以山葡萄、山楂、越橘等为代表的加工原料型滋补类食用植物；有以松茸、猴头、黑木耳为代表的食用菌（真菌）植物；有以蕨菜、薇菜为代表的可食性山野菜；还有蜜源植物、油料植物、观赏植物和观赏花卉。野生动物有东北虎、梅花鹿、紫貂、黑熊、狐狸、猞猁、野猪、林蛙等；鸟类主要有鹰、大天鹅、丹顶鹤、鸥、雁等；鱼类有鲤鱼、鲫鱼、鳇鱼、草鱼、白鱼等。长白山林区的生物多样性，丰富多彩，犹如一个巨大的动物博物馆。被誉为“关东三宝”的人参、貂皮、鹿茸和大量的山珍野果等土特产品名扬中外。

当我们构建发达的林业产业体系的时候，不要忘了林业产业的根在哪里，不要忘了支撑起林业产业的基础。森林通向社会可持续发展的道路，是人类在生存、生活、生产以及繁衍的过程中，用血的代价探求的真理之路。保护好森林，是我们人类共同的责任；保护好长白山，是历史赋予我们的责任和使命。在建设完善的林业生态体系的过程中，有节制、有规划、有措施，科学发展林业产业，开发应用生物工程、信息工程，大力发展新材料、新工艺、新技术，自主创新产业和产品，让森林在产业发展中得到保护，青山常在、永续利用。

希望《长白山林业产业实用技术》一书，能使读者得到技术和知识，受到一次启迪，不枉费编者的一片心意！感谢编者对林业产业的关心和热爱，并为此付出的辛勤劳动！

任庆士

2010年10月14日

序

目　录

第1章　种植业(品种、产品)技术

第2章 养殖业(品种、产品)技术

第3章 林业产业实用技术常识

第4章 林业产业相关知识

第1章　种植业(品种、产品)技术

第1节　林　果

红　松

别名果松。松科松属。红松在我国只分布在东北的长白山到小兴安岭一带。国外也只分布在日本、朝鲜和俄罗斯的部分区域。常绿针叶乔木。幼树树皮灰红褐色，皮沟不深，近平滑，鳞状开裂，内皮浅驼色，裂缝呈红褐色，大树树干上部常分杈。心边材区分明显。边材浅驼色带黄白，常见青皮；心材黄褐色微带肉红，故有红松之称。枝近平展，树冠圆锥形，冬芽淡红褐色，圆柱状卵形。针叶5针一束，长6～12cm，粗硬，树脂道3个，叶鞘早落，球果圆锥状卵形，长9～14cm，径6～8cm，种子大，倒卵状三角形；花期6月，球果翌年9～10月成熟。该树种喜光性强，随树龄增长需光量逐渐增大。要求温和凉爽的气候，在土壤pH值5.5～6.5的山坡地带生长好。

红松是著名的珍贵经济树木。红松树干粗壮，大的两个人手拉手都抱不过来。树高入云，挺拔顺直，是天然的栋梁之材。红松材质轻软，结构细腻，纹理密直通达，形色美观又不容易变形，并且耐腐朽力强，所以是建筑、桥梁、枕木、家具制作的上等木料。即使是红松的枝丫、树皮、树根也可用来制造纸浆和纤维板。从松根、松叶、松脂中还能提取松节油、松针油、松香等工业原料。

【红松育苗用种子的处理方法】

红松种子外壳坚硬又厚(0.1～0.15mm)，且有一层蜡质，不易透水和通气；种皮内含单宁(5.4%)、脱落酸等，对发芽起抵制作用；种子的内含物呈不易溶解的脂肪状态(70%)。这些特点对红松种子的萌发都起到一定的阻碍作用，也是红松种子经常当年发芽不整齐或不发芽的主要原因。因此，一般播种前种子必须进行催芽处理。目前生产上采用较普遍，效果比较好的红松种子催芽方法有越冬埋藏法、混冰埋藏法和温床快速催芽法。

(1) 越冬埋藏法。在采种后秋季进行埋藏，时间一般在10月中下旬至11月初，具体方法是选择地势高燥、排水良好、地下水位低(最好在2.5m以下)的地方挖埋藏窖。一般窖深1.2～1.5m，宽1.0～1.2m，长可依种子数量多少而定。窖底中间挖一道深、宽各25cm的渗水沟，填上河卵石，以防窖底积水。在窖底先铺10～20cm厚的湿沙层或河卵石，其上面铺上草帘和席子。然后将经过消毒处理的种子与2～3倍河沙混拌均匀下窖，下窖的同时灌水，使河沙充分吸足水分，种沙层厚度不超过1m。其上再铺20cm厚的沙子与地面平，沙子上再填土，窖顶堆成土丘，形成长丘状。窖内每隔1～2m设一个通气孔，以便空气流通。还可以在通气孔内放入温度计，以便检查温度变化情况。在窖的四周要挖小沟，以利排水和防止动物危害。到翌年春季播种前一天将种子取出。这时种子有部分裂口，将种子放于阴凉处，准备播种就可以了。

(2) 混冰埋藏法。在种子调入比较晚，采用越冬埋藏法来不及时可采用此法。具体方法是选择地势高燥、排水良好、地下水位低(最好在2.5m以下)的地方,在土壤上冻前挖埋藏窖。一般窖深1.2～1.5m,宽1.0～1.2m,长可依种子数量多少而定。窖底中间挖一道深、宽各25cm的渗水沟,填以卵石,以防窖底积水。在窖底先铺10～20cm厚的湿沙层或河卵石,在上面铺上草帘和席子。播种前100～120d,将种子用温水浸泡10d,待种子充分吸足水,然后将种子与河沙、冰混合,比例为1∶2∶2,混拌后下窖。上面再铺20cm厚的沙子,窖顶堆成长丘状。播种前15d将种子取出,放在室内阴凉处进行催芽,需要撒温水和翻拌种子,水温要与床内温度一致,撒水量以保持种子湿润不干,翻拌次数,每天1～2次,当种胚变为黄色或黄绿色,并有50%以上种子裂口时即可播种。

(3) 温床快速催芽法。一般在播种前40～50d开始进行种子处理,在种子处理前要进行选种,选出优良种子后在室内准备好浸种大缸,缸内先放45℃左右的温水,然后将种子倒入缸内,边倒边搅拌,待缸内水温降到室内温度时经过一昼夜,再换25℃左右的温水,以后每隔1～2d用温水换水,换水时要充分搅拌种子,使缸内温度一致,浸种7d后,待种子达到水分饱和程度,从水中捞出种子,以种子2倍的湿河沙混拌均匀,移到温床里。

温床处理主要是利用太阳光提高床内温度,用昼夜的温差变化促使种子发芽的一种处理方法。温床应选在背风向阳,便于管理的地方,从地面向下挖0.2m深的坑,北侧高0.5m,南侧俯在地表,坑宽1m,将混拌好的种子均匀铺放在床内,厚度0.2m左右,上部用玻璃或塑料薄膜覆盖,以利日照和保温,每天晚上在上面盖一层厚草帘以保温,白天揭开草帘。这样床内温度可保持在2～25℃,同时为保持种子湿度,需要撒温水和翻拌种子,水温要与床内温度一致,撒水量以保持沙子含水量15%～20%为宜,开始每隔2～3d翻拌1次,后期每天翻拌1～2次,这样处理一般40～50d,当种胚变为黄色或黄绿色,并有50%以上种子裂口时即可播种。

对于红松种子采用催芽方法取决于种子调入的时间,种子调入时间要尽量早一些,给种子处理有足够的时间,秋季调种采用越冬埋藏法处理,冬季调入种子,来不及用越冬埋藏法处理时,采用混冰埋藏法处理,当种子调入较晚不能采用越冬埋藏法和混冰埋藏法时,可采用温床催芽法。

在红松种子的不同处理方法中,越冬埋藏法效果最好,操作简单,容易掌握,出苗齐、出苗快。混冰埋藏法需要在秋季上冻前做好准备,挖好种子窖,但苗木出齐时间较长。温床催芽法虽然效果也比较好,但在操作上较其他两种方法要求要高一些,而且需用人工多一些,需要注意的一点就是翻拌一定要均匀,以保证种子发芽整齐。

【红松播种育苗的技术要点】

(1) 适宜播种时间。红松育苗要适期早播。适期早播主要是充分利用早春温、湿度条件,促使红松种子播种后提早萌发出土,因而提早木质化,使红松幼苗在炎热季节到来之前生育健壮,增强对日灼和病虫害的抵抗力。在东北,大部分地区以春播为主。当气温上升到15℃以上,地表5cm深处温度达到8℃以上时,是红松最佳播种期。

播种有两种方式,即条播和撒播。条播种子发芽出土整齐,苗木通风透光好,除草松土方便;撒播苗木营养面积大,作业简单易行,苗木郁闭后杂草少,除草松土不方便。

(2) 适宜播种量。播种量的大小不仅关系到苗木出得是否整齐,而且也影响到苗木的生长。播种量大浪费种子,播种量小浪费土地,因此,选择最佳的播种量对于播种至关重要。平地苗圃播种量主要按照培育的苗木年限来确定合理的播种量,培育2年生播种苗时播种量一般为0.5kg/m^{2}的苗木生长情况最好,即每亩播种量为200kg。培育3年生留床苗时播种量为

$0.44kg/m^2$ 的苗木生长最好，即每亩播种量为 175kg。山地苗圃播种每亩播种量为 150kg 时对苗木的生长最有利，苗木质量好，产量高。

(3) 播种后覆盖物。播种后，为保持床面湿润，缩小昼夜温差变幅，为种子发芽出土创造良好条件，对苗床要进行覆盖。关于覆盖材料，目前应用较多，效果较好的材料有沙、土和新鲜锯末子。

用河沙覆盖，盖的均匀，工效高，透水性强，浇水后苗床不起硬盖，苗木出土整齐，生长健壮，但在高温天气易灼伤苗木；用土覆盖，做到就地取材，成本低，苗床温差变化小，保持地表湿润，高温天气不易灼伤苗木，但浇水后地表易起硬盖，影响苗木出土；用新鲜锯末子覆盖，从保温、保湿和缩小昼夜温差变幅来看，好于沙、土两种覆盖材料，对种子发芽出土极为有利。

选用覆盖材料要因地制宜，如果苗圃地湿度大，温度低，取材方便可用河沙覆盖；昼夜温差变幅大，易引起日灼害或播种后风大、风频的地方宜选用土或沙土混合物覆盖；5、6 月份大气相对湿度低的地方，以选用锯末子覆盖为好。

覆盖物的厚度一般为 1.8～2.0cm，覆盖锯末子厚度为 2.0～3.0cm。

(4) 播种作业程序。按播种作业程序进行播种，对于加快播种速度，提高作业质量和减少用工，节省物料都有重要意义。

播种作业从做床开始，到播种后种子覆盖、镇压结束。如果播种前天气比较干旱，床面上的土块不易打碎，可于播种前一天浇足底水，第二天播种(平整床面时土块易碎)。床面整平后种子出窖，如果种子没裂嘴或裂嘴的种子不足 40%，在背风向阳的地方进行翻拌、晾晒，并根据种子湿度情况的要求，随时洒入少量水以保持种子湿润，待裂嘴种子达到 50%时即可播种。先把整平的床面搂出麻面，根据计划播种量，取出每床应播的种子量。撒种时，开始要少撒，一床撒到头，把剩下的种子继续往该床撒第二遍、第三遍，一直到种子撒完为止。撒种时，防止一床的种子没有撒完一床就将种子用了的现象，床的边缘适当多撒些。

撒完种，立即用木磙进行镇压，把种子压入土中。压后在床面上铺两条拉紧的草绳，绳间距 50～60cm，而后把覆盖物均匀地撒到床面上，用木制平耙把覆盖物刮平，覆盖物以稍露草绳为度(覆盖锯末子除外)。移走草绳后，再次用木磙镇压即可。

山地播种时，播种前不做床，将地整平即可。播种时先区划出床面和步道，然后将种子撒在床面，撒种方法同平地播种。撒完种子立即用木磙镇压，镇压后直接用步道的土覆盖。覆盖方法是先用锹把步道的土铲松，把土块打碎，然后均匀地撒在床面上，覆土厚度为 2～2.5cm。最后再用木磙镇压一遍即可。

(5) 播种苗的管理。对于平地苗圃播种后，要保持床面湿润，因此，需要进行浇水，浇水时间和次数要根据天气、土壤和苗木情况而定。在出苗期和生长初期的前半期(5 月末以前)苗木生长主要靠胚乳中的营养，这一时期苗木需水量不大，浇水本着少量多次的原则进行，一般一天浇 2 次水，在 8～10 时，15～17 时各浇 1 次。

生长初期的后半期和速生期前半期，部分幼苗已经脱壳，子叶放开，需水量增大。这一时期如果水分供应不足，容易出现蹲苗和日灼害。为此，浇水量要加大，一般一天浇一次水。幼苗生长后期要停止浇水，以利木质化。雨季到来一般要停止浇水，同时要做好排涝工作。

为了防止鸟类啄食种子和损害幼苗，在播种后直至幼苗出土脱壳之前，需设专人看护。

除草松土能保持改善土壤透气性，保持地力和促进幼苗生长。除草应本着除早、除小、除了的原则进行。目前生产上应用化学除草剂的效果也很好，可节省人工，经济实用(除草剂的使用应根据所用除草剂的种类确定使用量和使用方法）。

山地苗圃播种后由于不需要浇水。因此，主要是防止鸟类啄食和鼠类偷食种子，防止鸟害的办法同平地苗圃一样，设专人看护，防止鼠害的办法就是用灭鼠药或用灭鼠夹子、拍子进行捕杀。除草松土同平地苗圃一样。每年除草 6～8 次。

（6）追肥。红松育苗的追肥次数和追肥量大小要依据苗圃地肥力和苗木生长情况而定。红松当年生苗，出苗期的生长靠胚乳的养分，生长初期主要养分来源也是胚乳。当年生苗生长量小，所需养分也少，所以 1 年生苗基本不追肥。

对于 2、3 年生苗可追施硫酸铵。一般 1 年追 2、3 次。第一次在 5 月上旬，第二次在第一次追肥后的 15～20d，第三次在 7 月末以前。每次每亩追施硫酸铵 10kg，追肥后结合浇水进行洗苗，洗净幼苗上的硫酸铵，以防幼苗受害。

2、3 年生苗也可以追施二铵，由于二铵肥效较长，因此一般 1 年追一次即可。在 5 月初追肥，每亩追施二铵 10～15kg，追肥时，把二铵均匀地撒在床面上即可。施肥后不浇水，也不用洗苗。

（7）播种苗保留密度。为培育出优质壮苗，留植培育苗木要掌握适宜的留苗密度，一般在中等肥力土壤条件下，当年播种苗每平方米留苗 700 株左右，2 年生苗每平方米留苗 500 株左右，3 年生苗每平方米留苗 300 株左右为宜，3 年生苗每亩大约产苗 12 万株。

（8）如何越冬防寒。红松 1 年生苗越冬需要进行防寒，2 年生以上的苗木可不防寒。早春时节幼嫩的红松苗地上部分开始萌动，幼苗根系分布的土层尚未解冻，根系不能吸收水分，地上部分大量失水，造成生理干旱，轻者苗叶变黄，重者全株死亡，所以 1 年生苗越冬需要防寒。

防寒可采用覆盖的方法，覆盖物有土、草帘、稻草等，覆盖效果比较好的是用土覆盖，取材方便、经济、安全可靠，效果最佳。其方法是，于土壤结冻前 2～3d 覆盖，先把步道或垄沟的土抢起，拍碎土块，轻轻地覆到床面上，覆土厚度以不露苗叶为度。撤土时间，应在土壤解冻 10～15cm 深时进行。把土轻轻地扒到步道上或垄沟内，扒完土后要对苗木浇 1 次水，以防止扒土时造成苗木根部通风而死亡。扒土过早，扒后露出的苗叶是绿色，几天后苗木就会变成棕褐色，影响苗木生长与成活，因此为了使苗木不受损失，要严格掌握扒土时间。

【红松播种苗生育特点】

为了培育出大量红松优质壮苗，就要深入了解和掌握红松苗木的生长发育特性及其与环境条件的关系，以便及时地采取合理的育苗技术措施，来促进苗木的生长发育。

1 年生红松播种苗的生育过程，按形态、生长和气候等特点，大致可分为四个时期，即出苗期、生长初期、速生期和生长后期。

（1）出苗期：红松种子在地温高于 10℃、气温高于 8℃时开始发芽，气温高于 16℃时发芽最旺盛。因此，在 4 月中下旬，土壤 5cm 深温度达 8～13℃时适于播种。

红松种子从发芽开始到出齐为止，历时约 20d。幼苗出土后，主根已达 3cm，胚轴长约 3cm，多呈弯曲状，胚茎粗 0.2cm。这一时期的育苗工作，应根据红松幼苗的生育特点和对环境条件的要求，采取有效措施，使播下去的已经充分完成了催芽准备阶段的种子，能够迅速发芽出土，幼苗生育健壮。因此，要适量浇水，防止种子芽干，使土壤含水量保持在 25％～30％为宜；由于红松种子顶壳出土易遭鸟害，要防止鸟类啄食种子；为防止杂草为害，于播种后出芽前及时喷洒化学除草剂，以消灭播种地杂草。

（2）生长初期：红松幼苗出齐后，即进入生长初期。此时，地上部分生长缓慢，但主根生长却非常迅速。从5月中旬到6月初(约20d),主根可扎入土中8～10cm深,其生长量占全年总生长量的40%,其中大部分苗木的主根上又长出4～5条侧根,长达0.3～0.5cm。

红松幼苗从开始扎根起,顶芽即开始膨大,一周后高生长开始,但其高生长期很短,生长量也很小。从5月中旬生长点开始膨胀到6月末顶芽形成止,只有40d(多天)。而高生长最迅速的时间,约从5月中旬起到6月上旬为止,只有20d左右,在此期间内高生长量仅有1.5cm。这个时期红松的幼苗仍很幼嫩,对各种不良气候条件和环境因子的适应性较差,抵抗能力较弱,而且直接影响苗木的高生长,对苗木质量起到一定的作用。要采取相应的抚育管理措施,如适量灌溉、追肥、除草、松土以及病虫害防治等,以达到加速幼苗健壮生长和保苗的目的。尤其幼苗对水、肥条件十分敏感,如能适时适量灌溉,可起到浇水降温保湿,防止日灼为害的作用。适当追施氮肥,则有利于促进苗木加速生长。

(3) 速生期:红松幼苗的速生期是从顶芽形成起到生长速度下降时为止(从6月末到8月下旬),约2个月时间。在这一时期,除高生长外,同时叶伸长,茎变粗,根系继续生长,并生出侧根。而以茎粗生长显著,茎粗占全年总生长量100%,叶长占70%,主根长占60%,侧根长占75%～80%,侧根条数增加15～18条,并在侧根上长出长达1cm的二次侧根。

速生期的苗木生长发育状况基本上决定了苗木质量。所以这一时期的育苗工作是要加强苗木的抚育管理,促进苗茎和根系的生长,增强苗木抗性。如及时除草松土,增施追肥,尤其是多施磷肥、钾肥。因处于雨季,可减少灌溉,但应注意育苗地排水等。

(4) 生长后期:红松幼苗生育到8月末,除针叶有少量的增长和侧根生长又出现一次高峰外,其他器官均停止生长,苗木逐渐木质化,并形成健壮饱满的顶芽,开始进入休眠越冬。这一时期育苗工作是防止苗木徒长,继续促进苗木充分木质化,同时注意防止早霜等不良自然因子的影响。

【红松山地育苗技术】

山地苗圃首先要选择适宜红松生长、交通方便的地方。其次,最好选择地势较平缓,坡度小于20°的山坡中下腹,阴坡或半阴坡,土层厚度大于25cm,土壤疏松肥沃、湿润、排水良好的山地中壤或沙壤,没有冲淤危险的疏林灌丛、采伐迹地或林间空地为育苗地。切忌选在山顶、风口、常年不见阳光的死阴坡及容易积水和易遭冲淤的地方育苗。阳坡一般土质瘠薄、干旱。低洼水湿地、排水不良、土壤黏重均不宜选做育苗地。

山地育苗整地在育苗的前一年秋进行。先割除各种树木杂草,并把枯枝落叶搂到一起烧掉或运出育苗地,进行全面整地,深0.2m左右,刨出杂草树木根系并清出圃地,做到大致整平。翌年春季播种前,进一步打碎土块、平整土地。顺山作床,作床与播种作业同时进行。

山地苗圃播种每亩播种量为150kg。播种时间一般是当气温上升到15℃以上,地表5cm深处温度达到8℃以上时,是红松最佳播种期。播种时首先区划好床面步道位置,床长一般10～20m,宽1m,步道宽0.4～0.5m。然后将处理好的种子撒在床面。撒完种子立即用木磙镇压,镇压后直接用步道的土覆盖。覆盖方法是先用锹把步道的十铲松,把土块打碎,然后均匀地撒在床面上,覆上厚度为2～2.5cm。最后再用木磙镇压一遍即可。

播种后的苗期管理,主要防止鸟类啄食和鼠类偷食种子,防止鸟害的办法是设专人看护;防止鼠害的办法就是用灭鼠药或用灭鼠夹子、拍子进行捕杀。除草松土一般每年除草6～8次即可。

【红松容器苗培育技术】

容器育苗是指用容器杯培育移植苗，主要用于雨季造林和土壤干旱、条件恶劣的地方造林用。容器杯高 12～13cm，杯径 8～12cm。

营养基质的配制要因地制宜，就地取材，选用当地富含氮、磷、钾等各种养分的腐殖质土、松林土、黄土、塘泥，腐熟的人、畜肥、土杂肥以及化肥、农药等混合制成具有透气、持水、排水性能较好的基质。用硫酸亚铁(30%)或高锰酸钾(0.5%)消毒，喷在基质中，混拌均匀。

选择 2 年生Ⅰ、Ⅱ级留床苗。栽植时要不窝根、不露根、不下窖(不要太深)、栽得正、按得实，栽后及时灌水。

容器育苗地整平、土壤消毒后，作平床或畦，将栽完苗的营养杯一个挨一个摆平，宽 1m，杯间填土挤实，周围用土围住。

【红松移植苗的培养】

红松苗生长缓慢，在圃地留植 3～5 年才能上山造林。为了增加根系数量，提高其造林成活率，对 2 年生的苗木要进行移植。苗木移植必须注意，起苗后立即移植，尽量减少苗木假植时间，这一点是提高成活率的关键。移植前做好苗木分级。如果在外地购苗，装车前用方便袋将苗根包好以防风吹失水。装车后浇 1 次水，运输过程中一定要使苗木处于湿润状态。苗木运到圃地后应立即假植，假植期间每天浇 1 次水，使苗根湿润即可，不能水量过大。

移植要在早春土壤解冻后顶浆进行，采用大垄双行。在作垄前施足底肥。底肥和土壤混拌均匀后，开始作垄。垄底宽 60cm，在合垄前，施入二铵，每亩 20kg。移植时，株行距为 7.5cm×10cm，每亩 3 万株。Ⅰ、Ⅱ级苗分开移植。移植时要注意苗根保湿，做到随起苗、随选苗、随分级、随移植。移植要做到不窝根、不露根、栽得正、踏得实，移植后要及时灌水。

【红松果林营建技术】

红松果林营建后 7、8 年开始结实，比实生的红松林分提前 20 年进入结实期。

(一) 嫁接准备

(1) 优树选择。选优时间在种子丰年期 7 月至球果采收前进行。在林分内先预选结实量较大的候选树，再以候选树为圆心，在半径 10m 范围内选出结实量仅次于候选树的 3 株大树，实测优树和 3 株大树的结实量(球果个数)、胸径和树高。优树应超过 3 株大树平均值(%)。选择优树林龄应在 30～50 年生、结实量 300 个塔以上、胸径 20cm、树高 5m。

(2) 嫁接。按《红松嫁接技术规程》操作。

(二) 种子林营建

(1) 立地选择：应选择交通方便，坡度小于 15°，土层厚度大于或等于 50cm，无积水的宜林地。

(2) 整地：整地时间为建种子林前一年的秋季。

(3) 整地方式：采用穴状整地，穴面直径 60cm，穴深 30cm。

(4) 整地方法：应达到 GB/T 15776—1995 的整地方法。

(5) 初植密度；初植密度根据立地环境可为 1111 株/hm^2(株行距 3m×3m)、833 株/hm^2(株行距 3m×4m)、625 株/hm^2(株行距 4m×4m)。

(6) 栽植：栽植应在春季顶浆进行，随起随造。栽植方法，栽植时应将苗栽于穴中央，栽正、扶直，深浅适中，根系舒展。覆土应分层，先填表土、湿土，后填心土、干土，踩实后要使培土超过原根际 1～2cm,然后覆一层虚土。

(7) 幼林改建成种子林:改建年龄,造林后 2～5 年,树高达到 50～150cm 的幼林。春季幼树顶芽生长 3～5cm 时,用结实型优树接穗芽接。

(8) 抚育管理:对于嫁接成活的幼树,于翌年春季树液流动前解除绑带,同时剪掉部分生长旺盛的砧木侧枝,嫁接未成活的在最高的侧枝上补接。修剪工作持续 3～5 年。栽植后 5 年内每年抚育 2 次,第一次穴状抚育,割穴直径 1m,第二次全面抚育,割除杂草和灌木。

(三) 保留密度

(1) 红松无性系种子林不同年龄阶段保留密度每公顷为:

林龄 10～20 年生,初植 3m×3m 规格 1111 株、4m×4m 规格 625 株、5m×5m 规格 400 株;

林龄 21～30 年生,初植 3m×3m 规格 777 株、4m×4m 规格 500 株、5m×5m 规格 400 株;

林龄 31～45 年生,初植 3m×3m 规格 544 株、4m×4m 规格 400 株、5m×5m 规格 350 株;

林龄 46～60 年生,初植 3m×3m 规格 250 株、4m×4m 规格 250 株、5m×5m 规格 250 株;

林龄 61～80 年生,初植 3m×3m 规格 210 株、4m×4m 规格 210 株、5m×5m 规格 210 株。

(2) 抚育对象:在总体密度控制下,伐除病腐木和结实量低的林木。

(3) 修枝:种子林郁闭后,在冬季或早春用锯及时修掉枯死枝和半枯死枝。

(4) 截顶:当林木高生长达到 7～8m 时,在树冠上数第 3、4 层轮生之间截顶,增加产量。

(5) 病虫害防治:开展病虫害预报预测,及时防治。消除病虫源,保护和利用天敌,选用符合国家食品安全规定的农药防治。

(四) 种子采集及调制

球果由绿变为黄褐色、大部分球果鳞开裂时可采集,一般在 9 月 20 日以后。球果采收后,放在水泥地面上晾晒。当鳞片与种子开始分离,此时可进行人工敲打或机械脱粒,脱粒后的种子立即进行水选,除去杂质后晾晒到安全含水率(≤8%),放入专用种子库贮存。

【红松幼林改建果林技术】

林分的选择应根据红松的开花习性选择有利于红松生长发育的立地、气候和生态环境。林地应设在交通方便,坡度平缓,土壤透水性良好,背风向阳的阳坡、半阳坡或半阴坡,红松幼树分布均匀,每亩株数不少于 100 株的林分。红松幼树高度在 0.4～1.5m。0.4～1.5m 高便于嫁接操作,幼树过高不易操作。

为防止固定邻居搭配,减少自交概率,要有足够的无性系数量,各无性系单株要均匀分布,嫁接前各无性系的接穗合在一起充分混均,随机配置。

嫁接方法可采用芽端楔接法或髓心形成层贴接法。嫁接前要对嫁接人员培训,当嫁接人员能够熟练操作时再到现场进行作业。

红松种子林是利用已有的红松幼林建成的,林内管理除必要的透光抚育外,主要是树体管理,即对嫁接树修剪整形。嫁接树是由砧木和接穗两部分组成,由于接穗取自已成熟的母树,嫁接后生长较慢,很容易被砧木侧枝生长超过压住。一旦被砧木压住,接穗生长就会受到制约,当超过接穗的砧木侧枝径是接穗的 2～3 倍时,即使把接穗解放出来,也很难再形成树冠。因此,嫁接树的修剪是至关重要的。

嫁接树修剪应以保证接穗正常生长,在较短的时间内形成树冠促进结实为原则。一般连续修剪 3 年,即当年嫁接后立即把砧木上部第一层轮枝剪掉,翌年修剪第二层轮枝,第三年对个别超过接穗的砧木进行修剪。修剪强度要大些，以保证接穗的正常生长。对整个种子林来说修剪是一项长期工作，要经常检查，发现有超过接穗的砧木侧枝，一定要及时处理。

【红松嫁接接穗的采集及贮藏方法】

(一) 接穗的采集

接穗的采集应在预先选定的优树(优良母树)及种子园无性系分株上进行。在春季树液流动前采集，一般在2月下旬至3月中旬以前进行。具体可根据采集接穗的数量来确定，采集数量较大时，可提前几天进行采穗，采集数量较少时可适当晚一些。

采条时，剪取优树树冠中上部的外围枝，这一部分的枝条生长健壮，1年生小枝较长，适合做接穗，用芽接法应选择顶芽饱满的枝条。人工林中的一株优树一般可采15～20个枝，每个枝上带有2轮轮生枝，一株优树可以得到80～100个穗条。

(二) 运输与贮藏

接穗(枝条)运输和贮藏的好坏直接影响嫁接成活率和嫁接苗的生长。采条地点与贮藏地点相距较远需要长途运输时，应把枝条装入塑料口袋，里面放入少量雪和湿锯末，把口袋扎紧，装入木箱后运输。

接穗的贮藏通常有两种方式：

(1) 可控温贮藏窖：接穗采集后及时放入贮藏窖内，窖内温度控制在－5℃左右，湿度保持在80％～90％之间，接穗立放于窖内，适当留有空隙。

(2) 临时贮藏窖：采条的前一年秋挖好贮藏窖。宽2.0～2.5m，深1.5～1.8m，长以枝条多少而定。在采条的前几天往贮藏窖内放冰，冰层厚30～50cm，把接穗成捆立放于窖中的冰层上，捆与捆之间适当留有空隙，以便于通风。然后把窖门盖严。

【红松芽端楔接法(芽接法)的操作要点】

嫁接前应准备好下列用品嫁接时使用：塑料条(有弹性的农用无敌膜)长30～35cm，宽1.2～1.4cm；单面刀片或双面刀片；医用酒精；医用胶布；脱脂棉；剪枝剪；小桶。

嫁接时间：在砧木苗顶芽开始生长1cm时开始嫁接。一般在4月下旬至5月初。嫁接结束时间：在5月末以前。

接穗处理方法：接穗从贮藏窖取出后，选择顶芽饱满、枝条健壮、未萌动、不脱水、不腐朽、针叶保留完整的枝条，用剪枝剪剪取长度8～10cm的枝条，放入装有1～2cm水深小桶里。

嫁接时选接穗的粗度是砧木主枝顶端粗度的2/3至等粗，在芽下2cm处剪下，顺着针叶的生长方向去掉所有针叶，用单面或双面刀片，剪掉侧芽，留一个顶芽，从芽的基部开始削成双面楔形，楔长1.2～1.5cm。

砧木的处理方法：把砧木顶端2～3cm以上部位的针叶顺着针叶的生长方向去掉，将砧木顶芽平头切下，从砧木中间劈开，切口略长于接穗切口1～2mm。

绑扎方法：把接削好的接穗插入砧木的切口，一侧表皮与砧木的表皮对齐(形成层对齐)，使接穗的切口完全插入砧木，然后用塑料条从下切口以下约0.5cm处开始进行螺旋式绑扎，再从上部缠绕到中下部，打结系紧。绑扎时要把切口完全密封。

【红松髓心形成层贴接(对接)法的操作要点】

嫁接前应准备好下列用品嫁接时使用：塑料条(有弹性的农用无敌膜)长30～35cm，宽1.2～1.4cm；单面刀片或双面刀片；医用酒精；医用胶布；脱脂棉；剪枝剪；小桶。

嫁接时间:在 5 月中下旬开始。嫁接结束时间:在 6 月中旬以前。

接穗的处理方法:接穗从冰窖取出后,选择顶芽饱满、枝条健壮、未萌动、不脱水、不腐朽、针叶保留完整的枝条,剪取长度 8～10cm,放入装有 1～2cm 水深的小桶里。

嫁接时选接穗的粗度是砧木主枝粗度的 2/3 至等粗,接穗长 6～8cm,保留顶端 6～10 束针叶,顺着针叶的生长方向去掉其他针叶,用单面或双面刀片从保留针叶着生部位以下约 0.5cm 处斜切,刀片与接穗上端约呈 60°角,切入的深度为接穗直径的一半,而后扭转刀片,沿髓心纵向切开。削面要平滑,一刀完成。

砧木的处理方法:在砧木 1 年主枝上,摘去嫁接部位的所有针叶,沿着韧皮部和木质部之间削去一条树皮,砧木切口与接穗切口相等或略长于接穗切口。削面要平滑,一刀完成。

绑扎方法:把削好的接穗切口与砧木切口左右对正,使接穗与砧木靠紧,用塑料条从下切口以下约 0.5cm 处开始进行螺旋式绑扎,一直缠到接穗针叶着生部位,在加缠绕两圈,打一系结。绑扎时要把切口完全密封。

【红松嫁接苗的培育方法】

选择 3 年生留床苗或 4 年生移植苗进行移植,移植时采用大垄双行移植,在作垅前施足底肥。底肥和土壤混拌均匀后,开始作垅。垅底宽 60cm,在合垅前,每亩施入二铵 20kg。

移植前做好苗木分级。如果在外地购苗,装车前用方便袋将苗根包好以防风吹失水。装车后浇 1 次水,运输过程中一定要使苗木处于湿润状态。苗木运到圃地后应立即假植,假植期间每天浇 1 次水,使苗根湿润即可,不能水量过大。

移植密度为每亩地移植 2.2 万株左右,植株行距 10cm×10cm。苗木移植后的翌年进行嫁接。当年嫁接,由于苗木刚刚移栽,根系还没有完全长出,水分和养分供应不足,因此影响嫁接成活率。

接穗的采集应在种子园或选择的结实高产母树上采集。采集时间在 3 月初,采集后立即进行贮藏。

嫁接前准备好塑料条、刀片、剪枝剪、医用酒精、脱脂棉、小桶等物品。当苗木高生长 1cm 时,即开始嫁接,一般在 4 月下旬。嫁接方法可采用芽端楔接法(芽接法)和髓心形成层贴接法两种。芽接法的特点是容易操作,嫁接成活后接穗的生长量大。缺点是如果嫁接成活率低,对砧木苗的损伤大,翌年再嫁接时没有明显的主梢。髓心形成层贴接法的优点是当嫁接成活率低时,每两年可继续在主梢上嫁接,对苗木的主梢没有太大影响。缺点是嫁接操作要求高,嫁接技术不容易掌握,与芽接法相比,接穗当年生长慢。实际应用当中,可根据嫁接人员的技术熟练程度选择不同的嫁接方法。

嫁接后苗木的管理对于红松嫁接的成活率和生长情况有着很大的影响。红松嫁接苗的生育特点与红松幼苗的生育特点相同,苗期需要遮阴,可用遮阴网(透光度 70%),或在床边一侧种植高秆农作物(玉米、向日葵等),株距 50～60cm。嫁接前要对圃地进行一次除草松土,保证圃地内无杂草。由于红松嫁接后接穗的芽很嫩,容易被碰坏,因此,嫁接前清除杂草,嫁接完成后,由于嫁接时人员活动频繁,造成土壤板结,对圃地用犁趟一遍,减少杂草的生长和松土。嫁接后应尽量减少圃地内的作业。

除草方法采用人工或使用除草剂的方法。要掌握除早、除小、除了的原则,及时清除圃地杂草。

为防止土壤板结,对比较黏重的土壤,在每次降雨、灌溉后也要松土。松土要做到不伤苗、不压苗，逐渐加深，全面松到，不留生格。松土后垄间和步道要及时中耕培土。

红松嫁接苗成活后要及时解除绑扎物。采用芽端楔接法（芽接法），嫁接后80～90d才能确定嫁接苗是否成活。如果接穗的顶芽抽出的新梢已达3cm以上，表明已经成活。嫁接成活后于翌年春季树液流动前解除包扎的塑料条。

采用髓心形成层对接（贴接）法，嫁接后80～90d才能确定嫁接苗是否成活。如果接穗上的针叶仍为绿色或针叶已经脱落但顶芽抽出的新梢已达3cm以上，表明已经成活。这时，可解除包扎的塑料条，对愈合较差的可重新绑扎，并剪去砧木主梢，留0.5～1.0cm的桩。

【红松果林经营管理技术要点】

红松果林（园）经营管理主要包括树体管理、人工辅助授粉和土壤管理。

(1) 树体管理。果林（园）都是应用嫁接苗进行营建的，建成后要连续5～7年的树势管理。由于接穗成活后的几年内其高生长量小于砧木侧枝的生长量，接穗的主导地位容易被砧木侧枝所取代。为了使接穗始终处于主枝地位，每年早春进行一次修剪。剪去影响接穗生长的砧木侧枝顶端。定植后10年左右，为提高树木结实量可于早春剪去树木主梢，去梢后在最上层轮枝中选留3～5个生长健壮，分布匀称的侧枝作为未来的多头主枝，该层中多余的枝全部剪掉。修剪后保留3主枝雌花数可以提高120%以上，提高种子产量52%以上；保留主枝提高雌花数150%以上，提高种子产量90%以上。

(2) 人工辅助授粉。造林后7、8年大部分树木进入花期，但花粉数量较少。为了提高结实量，在树木结实初期应进行5～6年的人工辅助授粉。方法是当雄花由绿变黄时用手捏无黄水流出时，采集后的雄球花下面铺上纸，将其摊平，放在温箱中（20～30℃）或火炕上进行催粉，经1～2d就可催出花粉。授粉时视雌球果珠鳞间有明显的缝隙时进行。用喉头喷粉器喷粉，把其上的胶管取下，再接上4～6m长的医用输血胶管，用竹竿将喷粉器举到雌花附近即可进行，连续喷2次，1天1次。人工辅助授粉一般可提高坐果率12%～22%。

(3) 施肥。在结实初期，由于结实较少，园内土壤养分一般能满足树木生长发育的需要。如土壤瘠薄或进入盛果期可追施一些化肥，方法是在树冠垂直投影范围内以树为中心，刨6～8条放射状小沟，深5cm，宽8cm，将肥料均匀施入沟中后覆土。化肥采用复合肥为好，施肥量为每株100～150g。施肥可提高结实产量30%～50%。

(4) 间作。由于果林造林密度较低，可利用林间空地，对于坡度小于15°的地块，可在建园初期进行间作。根据地区不同可选择不同的低秆作物、药材、山野菜等。如大豆、刺龙牙、刺五加、细辛、龙胆草等。间作应在距树木1m以外进行。

【红松果林结实丰产技术】

结实期的红松果林采用合理修剪技术可提高结实量。

(1) 林分选择。选择实生红松人工林，林龄25～35年生，并经过间伐的林分。

(2) 操作方法。在林内选择一株较高的林木，采用人工上树的方法。操作人员系好安全带，手持长度4m左右的高枝剪，在一株树上剪掉周围几株树的树梢。

林分平均胸径在16cm左右，密度1100～1400株/hm^2左右，从林木上数第3层轮枝下10cm处剪掉树头，平均胸径在22cm左右，密度600株/hm^2左右，从上数第1层轮枝下10cm处剪掉树头。

剪掉树头后，下层的轮生枝不做修剪，靠自然竞争最后形成3～5个主枝。修剪后及时清理场地。

(3) 后期管理。在后期的生长过程中，按红松人工林经营技术规程及时进行抚育间伐。修剪后林木形成多个主枝，可大幅度增加结实量。对形成的多个主枝不进行二次修剪。

(4) 种子采集。种子采收一般应在9月20日以后，防止提前采种。如果过早采种，球果未成熟不易脱落，用竹竿敲打容易折断主梢，造成损伤林木和降低后期产量。

【红松病虫害的防治】

(一) 苗木立枯病

苗木立枯病的症状类型有立枯型、种芽腐烂型、茎叶腐烂型和猝倒型。并依时间不同而依次出现，种芽腐烂型、茎叶腐烂型和立枯型。引起红松苗木发生立枯病的病原有非侵染性病原和侵染性病原，其中以侵染性病原引起的病害更为严重。侵染性病原菌主要有茄丝核菌、尖镰孢，其中以茄丝核菌为主。

防治措施：首先注意苗圃地要选在排水良好的沙质壤土地。并避开低洼、黏重的土壤。以及前茬种植过马铃薯、茄子、瓜类的土壤上。在种子隔冬埋藏处理时，用0.5%高锰酸钾进行种子消毒60min或用清水反复多次冲洗种子。在播种时可用1.5%的漂白粉、0.15%～0.3%的福尔马林、5%的明矾、0.5%的高锰酸钾以及代森锌等进行土壤消毒。在苗期做好预防工作，苗期可施用1∶1∶200波尔多液或浓度为5%的明矾水喷洒，也可收到较好的防治效果。

(二) 疱锈病

红松疱锈病系担子菌亚门冬孢纲锈菌目柱锈菌属。主要危害红松枝干皮层，多发生于20年生以下的红松人工林中。发病初期，病部略显肿胀。每年9月上旬开始于病部树皮缝隙中挤出先是白色，后变为杏黄色的泪滴状蜜滴。翌年4月末或5月初，患部出现橘红色、后变为橘黄色的泡囊。5月中下旬开始开裂，飞散出大量黄色粉末状物，是该病原菌的锈孢子。由于连年发病，老病区树皮变得龟裂粗糙。当病部绕树干1周时，树体输导组织被破坏，树木死亡。

防治方法：造林地一定要选择在没有转主寄主生长的地方。造林后要坚持连续5年以上的幼林抚育，注意早期修枝。早期修枝可以除掉尚未显露症状的枝条，避免菌丝向干皮伸延，同时也减少了侵染的机会。发现病树及时伐除，集中烧毁。对发病较轻、伐除后又易造成林间空地的树木，可将患部表皮刮破后涂上不脱酚洗油。

(三) 红松流脂溃疡病

红松流脂溃疡病主要危害15～30年的红松主干，有时也可危害侧枝。发病部位多在距地面2m以下处。发病初期，病部树皮稍肿胀并有晶莹的小滴松脂挤出。松脂逐渐堆积增大，达到一定重量时，开始沿树干下流，干燥后变为灰白色，呈带状凝固于树皮表面。病部皮层变为黑褐色，形成层变为深褐色，木质部为棕色。有时一株树上会有几处同时发病。老病区明显收缩、下陷、细缢，甚至导致畸形。病原：为混杂芽孢盘菌，属于子囊菌亚门盘菌纲柔膜菌目芽孢盘菌属。

防治方法：加强幼林抚育。造林后5年内，每年都进行除草、割灌，以改善林地环境，提高成活率和促进幼树成长，增强抗病虫的能力。可供患部涂抹的药剂有：松焦油加柴油(1∶1)，25%琥珀酸铜胶悬剂100倍液，70%代森锰800倍液或75%百菌清200倍液。

(四) 红松落针病

红松落针病染病针叶通常于4月下旬开始显露病状。最初针叶为灰绿色，并出现淡黄色，多呈半透明状的褪绿斑段。随后，针叶逐渐变为黄褐色至红褐色，远望似火烧状，病针叶5月中旬开始脱落，5月下旬至6月上旬为落叶盛期。病原：主要有子囊菌亚门盘菌纲星裂菌目散斑壳属的大散斑壳，另外还有寄生散斑壳、乔松散斑壳。

防治方法：7月中下旬，用硫黄烟剂进行熏蒸（每亩0.5kg）或用石硫合剂或用波尔多液喷洒树冠防治。另外要加强抚育管理，增强树木生长旺势，提高抗病能力。有条件的也可将枯枝落叶集中烧毁。

（五）红松烂皮病

红松烂皮病多发生于20年生以下的红松枝、干上。病树的针叶于早春开始即显露出颜色变化，由黄绿色逐渐变为灰绿色。至3月末或4月初，病树针叶变为红褐色时，受病的枝、干因失水而变得收缩发皱。病原为子囊菌亚门盘菌纲柔膜菌目薄盘菌属中的铁锈薄盘菌。

防治方法：采取营林措施是防治该病的根本途径。具体做法是加强幼林抚育，合理修枝。幼林郁闭后，及时进行透光伐，清理林地卫生，除去病株，以增强树势和减少侵染源。应有针对性地防治松大蚜、松黄星象等害虫，以减少病菌从虫口侵染的可能性。必要时，可对幼林喷洒1∶1∶100波尔多液或2度石硫合剂，可起预防作用。

（六）红松根腐病

红松根腐病主要为害红松根部。受害植株最初可见针叶褪色，继而开始脱落，未落者也变为枯黄挂于树上。树干基部根茎处肿大并有大量脂集聚，受害根皮极易剥落。皮层与木质部之间有白色扇形菌膜存在，该菌膜较长时间暴露于空气中不变为褐色。在病根皮层下，病部表面以及附近地面常可见有棕色、扁圆形的菌索。秋季，在发病年久的病株根部或其附近，有时可长出假蜜环菌子实体。病原为担子菌亚门层菌纲伞菌目假蜜环菌属的假蜜环菌。

防治措施：对零星发病的林分，应随时发现病株随时清除烧毁。子实体（榛蘑）成熟时，可发动人工采集，以清除侵染源，移植大苗或林粮间作时，要注意保护树根，避免造成伤口。

（七）红松腐烂病

红松腐烂病发生于红松的枝、干上，以主干发病对树体危害为重。受害树木多在轮枝节最初出现症状，很快蔓延到他处，以至将树干环绕。发病初期，病部表皮颜色较正常树皮稍暗，皮层组织变软，此时针叶开始褪绿。5月中旬以后，病部树皮上出现许多针尖状突起。此后，病部皮层迅速腐烂变为褐色并开始与木质部分离。若用手指推碾树皮，易破，随后针叶全部枯黄，树体死亡。病原为半知菌亚门腔孢纲球壳孢目壳囊孢属的昆氏壳囊孢。

防治方法：以营林措施为主。造林后要及时修枝和疏伐，控制林分保持适宜的密度，并要随时伐除病株，以保持林地良好的卫生状况。对发病较轻的植株，可在患部涂抹10%的碱水，对病区周围的树，可喷施100～160倍等量式波尔多液以预防。

（八）红松球蚜

红松球蚜属同翅目球蚜科。东北三省均有分布，是危害红松的重要害虫，人工幼林受害株率最高达100%。该虫以为害幼树的顶梢为主，被害幼树生长迟缓，干旱年份甚至可以使幼树死亡。

防治方法：保护、利用异色瓢虫、大灰食蚜蝇等天敌。危害盛期，喷洒10%蚍虫啉可湿性粉剂3000倍液，或10%氯氰菊酯乳油2000倍液，或80%敌敌畏油1500倍液，50%抗蚜威可湿性粉剂2000倍液。

（九）红松幼苗顶枯病

幼苗顶枯病主要为害当年生幼苗。6月上旬开始，病苗木顶部新生针叶变黄枯死，近叶的茎，一段呈水渍状。随即在枯叶上出现蝇粪状黑色的分生孢子器，其表面最初光亮，随后变皱。

严重时茎部干枯,也出现分生孢子器。病原:系由双毛壳孢所引起,该病原菌属半知菌亚门腔孢纲球壳孢目双毛壳孢属。

防治方法:预防为主,新建的山地苗圃,在整地晚时,要搂净枯枝落叶;苗木出土后,要经常检查,发现病苗立即拔出烧毁。

红松幼苗出土后,子叶刚刚开放时,喷洒500倍液65%代森锌或1∶1∶150的波尔多液,可较好地预防该病;病期也可喷洒500倍液50%百菌清。

(十) 红松针叶锈病

针叶锈病易在3～15年生幼树上流行造成危害。15年生以上的树木虽然也发病,但危害性不大。染病针叶最初出现斑段,4月下旬可见其上生有蜜黄色小点,以后变为黄褐色,此即病原菌的性孢子器。5月下旬,在针叶上长出扁平舌状的锈孢子囊,橘黄色,破裂后飞散出大量黄色锈孢子。受害针叶干枯,发病严重时,主梢变短,连续危害2～3年后可使其枯死。病原为担子菌亚门冬孢纲锈菌目鞘锈属的一些真菌。转主寄主有升麻、凤毛菊、泽兰。

防治方法:造林前,做好造林地的选地调查,避开生有转主寄主的地方造林或在造林前注意消除转主寄主植物。加强幼林抚育及幼树的修枝,以清除转主寄主和调节林地的温、湿度。于发病季节可以喷施1∶1∶170波尔多液或0.3～0.5度石硫合剂。每隔15d施用1次,连续用药2～3次。

(十一) 松黄星象

松黄星象又名松梢象,属鞘翅目象甲科。为蛀食枝干和新梢的害虫。国内分布于辽宁、吉林、黑龙江、河南各省;国外分布于日本、朝鲜和俄罗斯。但通常以为害衰弱木、病腐木为主。

防治方法:幼林透光伐时,对林内混生的乔、灌木应持"伐密不伐疏"的原则,给红松造成侧方庇荫的条件,可有效地防止虫害的发生。结合修枝,剪去虫害分杈并加以消灭。

银　杏

别名白果、公孙树、鸭脚树、蒲扇。银杏科银杏属,属裸子植物。银杏的自然地理分布范围很很广。从水平自然分布状况看,以北纬30°线轴,其东西分布的距离最长,随着这一纬度的增加或减少,银杏分布的东西距离逐渐缩短,纬度愈高银杏的分布愈趋向于东部沿海,纬度愈低银杏的分布愈趋于西南部的高原山区。银杏为落叶大乔木,胸径可达4m,幼树树皮近平滑,浅灰色,大树之皮灰褐色,不规则纵裂,有长枝与生长缓慢的距状短枝。叶互生,在长枝上辐射状散生,在短枝上3～5枚成簇生状,有细长的叶柄,扇形,两面淡绿色,在宽阔的顶缘多少具缺刻或2裂,宽5～8cm,具多数叉状并歹帕细脉。雌雄异株,稀同株,球花单生于短枝的叶腋;雄球花成柔荑花序状,雄蕊多数,各有2花药;雌球花有长梗,梗端常分两叉(稀3～5叉),叉端生1颗具有盘状珠托的胚珠,常1个胚珠发育成发育种子。种子核果状,具长梗,下垂,椭圆形、长圆状倒卵形、卵圆形或近球形,长2.5～3.5cm,直径1.5～2cm;假种皮肉质,被白粉,成熟时淡黄色或橙黄色;种皮骨质,白色,常具2(稀3)纵棱;内种皮膜质,淡红褐色。银杏从栽种到结果要20多年,40年后才能大量结果,能活到1000多岁。银杏5月开花,10月成熟,果实为橙黄色的种实核果。

银杏是世界上最古老的树种之一。银杏是一种孑遗植物。和它同门的所有其他植物都已灭绝。银杏树高大挺拔,叶似扇形,树干通直,姿态优美,春夏翠绿,深秋金黄。银杏对气候土壤要求都很宽泛。抗烟尘、抗火灾、抗有毒气体,是理想的园林绿化、行道树种。可用于园林绿化、行道、公路、田间林网、防风林带的理想栽培树种。被列为中国四大长寿观赏树种(松、柏、槐、银杏)。

银杏是中国特有而丰富的经济植物资源。外种皮可提栲胶。木材浅黄色,细致,轻软,供建筑、家具、雕刻及其他工艺品用。种子含有氢氰酸、组胺酸、蛋白质等。种仁供食用,多食中毒,中医学上以种子和叶可以入药,性平、味苦涩,有小毒。

【银杏栽培技术】

银杏实生繁殖,种胚有休眠现象。冬季或层积后早春播种。待苗高 1m 以上即可栽植。作行道树宜选用雄株。亦可用扦插及分蘖法繁殖。为促进提早结实和培育良种无性系,可用芽接或枝接法繁殖。

(1) 播种育苗。种子宜采收颗粒大,树龄在 80 年左右的母树最好,采收的种子去皮阴干。南方可以秋播,北方以春播为宜。苗床宜选用透水性较好的沙质壤土。

(2) 利用萌蘖繁殖。苗木在 4 月前后(化冻后)挖取基部半边带根的萌枝条,栽在苗圃里,直径 1～4cm 均可。此法容易成活。约 10 年左右即可开花结果。

(3) 扦插育苗。在 5～6 月选用当年生软枝,剪成 10～15cm,上留 3～4 叶,插入土中一半经常喷水,保证叶片不干,约 45～60d 即可生根。

(4) 苗木移植。银杏直径在 5cm 以下可以裸根种植,6cm 以上一般要带土坨。裸根栽植的苗木,当年是缓苗期。而带土坨的苗木当年能生长。小苗成行栽好后用水漫灌。而大树栽植,最好是栽前将坑中灌满水,待坑中水渗完后,将大树植入坑中捣实,让坑中的水返上来滋润根部。下次浇水宜在坑边挖引水沟盛满水,让水慢慢渗透到银杏的根部。大水漫灌使根系缺氧窒息而发不出新根,根系逐渐腐烂。有些银杏即使死了,它的叶子还能展开,甚至翌年、第三年还能发芽,但是叶子很小,待它体内的营养耗光了,它才不发叶了。这就是银杏的“假活”现象。而有些银杏种下后第一年不发叶,甚至翌年也不发叶,如果掐皮,会发现皮是新鲜的,枝条也不干缩,这种树不一定是死的,说不定第三年就能发出叶子来。这种现象又称为银杏的“假死”现象。确定银杏假死还是假活,不能光看叶,重要的是看根。所以购买大苗,特别是从外购进的假植苗,一定要看根是否发黑,如果是,说明这苗是假活苗,再便宜也不能要。新鲜的苗应该是根的木质部发白,根皮略呈红色和木质部紧贴。

(5) 苗木的管理。

① 银杏成活后无须经常灌水,北方地区化冻后发芽前浇 1 次水,5 月如果天气干旱,可浇 1 次水,因为这是银杏 1 年中的生长高峰期。到了秋天,8 月中旬是银杏 1 年中第二个生长高峰期,可浇 1 次水,两次灌水都可结合施肥进行。

② 施肥:苗圃地施肥可在春夏两季进行,春季在两行间每亩施入腐熟的有机肥 2500～5000kg,然后用小型旋耕机旋耕一遍,使肥均匀捣入土中,大苗可开放射状沟数条,将有机肥和表土拌匀填入沟中,春季施肥如果量大,每年 1 次即可,量小则在 8 月中旬补施 1 次。

③ 修剪:银杏一般不用修剪,因为银杏新梢抽发量少,即使是苗圃里的苗木,也应尽量地保持多的枝叶,以利其加速增粗。将要出售苗木的前 1 年,将 1.8m 以下的枝条剪去,经过一年的生长,可将剪口长满,表皮光滑,枝干直立。

④ 中耕:适当中耕可以改善土壤的通透条件,中耕对银杏的须根起到了修剪作用,可以刺激更多的须根萌发,中耕的次数春秋各 1 次即可。

⑤ 防病治虫:银杏的病主要是幼苗期的立枯病。大田里苗木的主要虫害是金龟子幼虫

(蛴螬)。幼苗期注意通风排湿,疏松表土,喷施波尔多液,防止立枯病。防治蛴螬的办法是尽量施用腐熟的有机肥,在施肥时,全园喷施 1 次 3911 农药 500 倍液,然后旋耕一遍,将喷施过药的肥料,旋进土里。另一种办法是将麸皮、米糠等拌湿后,拌上敌百虫药,用桶装 2d,让其充分吸收了农药后,撒进地里,然后中耕。还有一种办法是每隔 10m 左右,埋一堆枯草,枯草上经常浇些水,每隔 2 个月掀开枯草,下面会有许多蛴螬,集中杀灭。

⑥ 结果树的培养:银杏为雌雄异株,异花授粉,所以结果树应配置授粉树,银杏的授粉能力很强,在微风下顺风 25km 都是有效的授粉区,雄树和雌树的区别是:雌树枝条轮生明显,枝条平展生长,叶色浓,而雄树枝条直立互生。银杏果园种植的间距为 4m×6m,实生苗生长速度快,选取胸径 3～4cm 的苗木,截头进行嫁接,一般用枝接,接穗选用 3 年生,皮色有光泽,并带有 3～6 个短枝,结果颗粒大的优良品种为好。嫁接后 3～4 年即可挂果。

东北红豆杉

别名紫杉、赤柏松、宽叶紫杉。红豆杉科、红豆杉属。主要分布于中国东北、日本、朝鲜、俄罗斯(阿穆尔州、库页岛等)东北亚地区。吉林长白山和黑龙江一带,辽宁东部山区也有少量分布。红豆杉是第四纪冰川时期孑遗植物,世界珍稀濒危物种。东北红豆杉是我国 5 种(4 种 1 变种)红豆杉之一,其他 3 种 1 变种为云南红豆杉、西藏红豆杉、中国红豆杉、南方红豆杉。

东北红豆杉树高达 20m,胸径达 1m。树冠倒卵形或阔卵形。树皮红褐色或灰红色,薄质,片状剥裂。枝条密生,小枝带红褐色,1 年生枝深绿色,秋后呈淡红褐色。叶生于主枝上者为螺旋状排列,在侧枝上叶柄基部扭转向左右排成不规则两列。叶线形,半直或稍弯曲,长 1.5～2.5cm,宽 2.5mm,表面深绿色,有光泽。雌雄异株,球花生于前年枝的叶腋,雄球花具 9～14 雄蕊,雌球花具 1 胚珠,胚珠卵形、淡红色,直生。种子卵形,成熟时紫褐色,有光泽,长约 6mm,直径 5mm。外覆上部开口的假种皮,成熟时倒卵圆形,成杯状,浓红色,肉质,富浆汁。上一年形成花苞,翌年花期 5～6 月,种子 9～10 月成熟。

东北红豆杉生境性耐阴,密林下亦能生长,多年生,不成林。多见于以红松为主的针阔混交林内。生于山顶多石或瘠薄的土壤上,多呈灌木状。原产地年均气温 2～7℃,年均降水 750～1000mm。多散生于阴坡或半阴坡的湿润、肥沃的针阔混交林下。性喜凉爽湿润气候,可耐零下 30℃以下的低温,抗寒性强,最适温度 20～25℃,属喜阴树种。喜湿润但怕涝,适于疏松湿润排水良好的沙质壤土上种植。

东北红豆杉不仅是珍稀的药用植物也是园林、庭院绿化、美化的佳品,是目前最珍贵稀有的高档绿化树种。具有独特的盆景观赏价值是东北红豆杉的又一大特色,应用矮化技术处理的东北红豆杉盆景造型古朴典雅,枝叶紧凑而不密集,舒展而不松散,红茎、红枝、绿叶、红豆使其具有观茎、观枝、观叶、观果的多重观赏价值。光滑的红茎代表坦荡与高贵,常绿的针叶表达坚毅与永恒,酷似"相思豆"的红豆彰显了爱心与思念。

【红豆杉栽培技术】

目前红豆杉苗木的几种繁殖方法:

(一) 种子繁殖法

用红豆杉种子繁育苗木时,要注意种子的储存方式,要沙种混藏或控温处理,这对越冬后出芽和打破休眠习性,具有很好的效果。播种前要搓伤种皮、温水浸种、药剂激素处理。出苗后遮阴是育苗的关键。可防止苗木高温灼烧保持湿润、透光度在 40%为宜。东北红豆杉和南方红豆杉出苗率均可达到70%～80%，要求出苗温度高于15℃。

实生苗幼苗的动态生长情况是：实生苗的株高和茎粗在出苗的前两年生长缓慢，株高一般年生长10cm左右，移栽1年以后生长加快。3～5年，年增加量可达20～30cm。

（二）组织培养繁育红豆杉

组织培养是利用植物细胞的全能性和可克隆性。利用红豆杉植株的嫩茎、针叶、树皮、形成层、假种皮、胚等作为植体进行培养研究。

（1）选用红豆杉优良品种，如东北红豆杉的优质器官（紫杉醇含量较高）作为外植体，接种培养基中，经过愈伤组织形成、生根、幼苗芽丛形成等步骤，在实验室可获得大量的组培苗。在经过基质移栽、练苗、检查防疫后成为生产用苗。

（2）红豆杉的愈伤组织形成的迟与早的比率，在不同的种类和同一种类不同植株之间存在差异。同时与外植体类型、取样部位及采集季节、光照条件、培养基种类等因素有关。在诱导培养基上，东北红豆杉、南方红豆杉、云南红豆杉均能形成愈伤组织。但形成情况因红豆杉的种类及植株的不同也有差异。一定程度的水解络蛋白（CA）能促进东北红豆杉、南方红豆杉的伤愈组织生长，但浓度大于0.5%时不利于紫杉醇的形成和积累。而当浓度大于1%时又能促进伤愈组织的愈合和形成新的生长点，又不影响紫杉醇的积累。细胞悬浮培养基、碳源蔗糖培养基也可增加紫杉醇的含量。但高浓度蔗糖中的葡萄糖会抑制紫杉醇的合成。同时半乳糖对促进细胞生长显著。无论是细胞悬浮培养还是诱导愈伤组织细胞生长以及紫杉醇含量的形成，在黑暗情况下好于光照条件下。

无论组培的方式用什么品种和部位都要选择中层增殖能力旺盛的细胞组成（表层细胞含大量的淀粉颗粒、中心细胞无核，容易出现分化的管状分子）。这样有利于形成细胞间的细胞链丝，从而形成大的细胞团，有利于细胞间小物质的信号传递。从而使得红豆杉的细胞以细胞团的形式存在，产生功能性细胞肌体，促进细胞团区域化和细胞功能分化，这一点是使红豆杉产生代谢物的前提。

（三）红豆杉的人工扦插繁殖

红豆杉的扦插繁育，春季以嫩枝为好，秋季以硬枝为好。一般扦插时要做低棚遮阴处理。一般扦插成活率可达70%以上。而常规扦插只有3%～20%。遮阳率不低于60%。扦插基部要做谨慎的生根处理。湿度开始时要间歇式保持在75%～85%。避免通强风造成失水。

影响扦插成活率的因素一般有：树龄、温度、药剂处理浓度、基质、季节、湿度、品种和其他人为因素等。资料表明几种红豆杉的扦插成活率一般最高为：东北红豆杉95%、南方红豆杉95%、云南红豆杉90%、中国红豆杉86%。

扦插苗在第一年生根过程中，地上部分生长缓慢，但生根迅速、侧根发达。翌年移栽后，需进一步遮阳处理、苗床管理。保证相应的环境条件，生长加快。以夏季生长速度最快，冬季和春季缓慢。此时应注意温度的变化，长期的干燥可造成生长抑制或猝死。但幼苗在苗床扶壮后，红豆杉的造林成活率是非常高的。极少死亡，并生长迅速。

应用扦插的办法是解决红豆杉资源短缺，加快红豆杉药用林建设的最有效的途径。

【矮丛紫杉（红豆杉）扦插育苗技术】

矮丛紫杉是常绿灌木，无主干，侧枝多斜生，小枝呈不规则互生，叶条形而直，螺旋状着生，枝基部叶扭转排成两列，小枝叶呈羽状，小嫩枝叶黄绿色，老叶深绿色，老枝干紫褐色。矮丛紫杉除用于提取紫杉醇外，种子成熟后鲜红色，掩掖于绿叶丛中，非常鲜艳夺目，是公园、花坛、庭院绿化的优良树种。

(一) 矮丛紫杉扦插育苗适宜的环境条件

(1) 温度是插穗生根成活的主要限制因子。

矮丛紫杉的生长临界温度是13～30℃,最适宜的温度是17～25℃,在此温度范围内插穗易于生根。

(2) 空气相对湿度也是插穗生根成活的重要限制因子之一。

在矮丛紫杉的扦插育苗中,采用自动间歇喷雾法供水,可形成湿润的小环境,显著提高空气相对湿度,有利于插穗生根成活。6月份空气相对湿度自动间歇喷雾区日平均61.7%,人工喷水区日平均57.3%。自动间歇喷雾珍珠岩和蛭石基质插穗扦插成活率分别为92.7%、86.2%;人工喷水土壤基质扦插成活率只有67.5%。

(3) 光照是植物生长的必需因子。

插穗及其幼株的生活机能较差,较强的光照容易使插穗脱水抽干或使幼株萎蔫。因此,在矮丛紫杉的扦插育苗过程中,应适当遮阴,使其透光率达到50%为宜。

(二) 矮丛紫杉扦插育苗的关键技术

(1) 畦田制作。

① 常规扦插应选择灌溉方便,排水良好的酸性沙壤质土作育苗地,作畦高20cm、宽90cm、长12m,沟宽80cm的高床。

② 自动间歇喷雾扦插固定在塑料大棚内,床高40cm、长12m、宽1.3m,东西走向。床周围以砖铺砌而成,采用珍珠岩或蛭石作基质。

(2) 插穗的采集与剪截硬枝扦插一般在3月中下旬进行。插穗采自幼年母树粗壮旺盛的1年生枝条,插条长20cm。随采条、随剪截、随处理、随扦插。

(3) 插穗处理配制500×10^{-6}萘乙酸溶液,溶液深3cm,将插穗下端浸于药液中10s,拿出随即扦插。

(4) 扦插方法用直插法,行距7cm,株距2cm,插深7cm,压实基质,整平畦面,插后立即喷透水,使插穗与基质密接。

(5) 插后管理。

① 喷水:自动间歇喷雾苗床,初期因气温低,蒸发量小,喷雾间隔时间一般30min左右,每次喷雾10s。后气温逐渐升高,蒸发量加大,喷雾间隔时间在20min左右,以保持基质及插穗湿润,夜间及阴雨天停止喷雾。常规扦插育苗,要及时扣塑料棚保温保湿,采用人工喷水并架设荫棚遮阴。春季气温低,可2d喷1次,夏季气温高,蒸发量大,可1d喷1次;炎热时期可1d喷2次,畦床周围、上下要喷水保持湿度。

② 中耕除草:土壤扦插苗床,每隔3～4d中耕划锄1次,以疏松土壤,提高土壤通透性能及土壤温度。

【红豆杉盆景养护技术】

(1) 新购盆景养护。新购的红豆杉盆景最好隔3～4d对叶面喷施800～1000倍的磷酸二氢钾溶液,一般在上午10时之前进行,也可在下午4时左右进行,连续喷施3～4次后,逐步减至1个月左右喷施1次。

(2) 光照要求。红豆杉是喜阴植物,适宜在室内摆放,但要注意夏天要适当遮光,不宜在有西照的房间摆放。

（3）土壤选择。红豆杉种植的土质宜采用疏松，富含腐殖质、肥沃，微酸性的土壤（pH＝5～6.5之间）。

（4）水分要求。盆土表面稍微出现黄白色，叶片稍有些微卷，盆土不用浇水，只要对叶面进行喷雾即可。当盆中的泥土发白时，应对盆土进行浇水。注意浇水时要一次性浇透，使盆土充分吸足水分。

（5）土壤肥力。植物生长三要素氮、磷、钾肥，氮肥可促进花草枝叶生长；磷肥可促进其花、果实形成；钾肥可促进茎干和根部的生长。由于新购的红豆杉盆景内已经采用配制好的营养土，因此，3个月内不需施肥，之后可每隔2～3个月施肥1次，肥料以饼肥为佳，施肥时应注意沿盆边操作，避免碰到盆景根部。花盆要选择适当大些的，盆底部需要多打几个孔，主要是增强花盆的渗水性和透气性。

（6）移植换盆要求。盆景购买半年后，树苗逐渐长大，根系发达，为了保证其正常生长，建议用户进行移植换盆，换盆时最好把旧盆打烂，不要损坏原来的土球，将其慢慢移入新盆中，并浇水定根，确保成活。

（7）盆景修整。如盆景下部的干枯黄叶脱落现象严重，可能是下面枝干生长过密，需要将下部过密的枝干修剪掉几枝即可。修剪可任意造型，以将其修剪成伞形、塔形、圆形等多种形状。新购的紫杉三号以上的红豆杉盆景，由于从种植基地移栽到花盆中时会使一部分根系造成伤害，从而使根和枝叶间的养分供给失衡。在盆土保持湿润的情况下，叶片仍产生卷曲干枯的现象时，最好对盆景枝叶进行适当的修剪，以减少枝叶对养分的过多消耗，恢复根系的生长。

（8）病虫防治。高温和干旱季节，个别红豆杉幼树会发生叶枯病和赤枯病，可喷施1%的波尔多液防治。

（9）适当浇水。因北方气候干燥少雨，当土壤表面干燥时即可浇水，注意要一次性浇透，尤其是在夏季。北方空气干燥，叶子表面容易缺水耷拉，叶面外观不饱满时，需要用小喷壶对叶面自下而上进行喷水（夏天可以每天喷）。红豆杉是喜阴植物，适宜在室内摆放，但不宜放在空调的出风口处或是暖气旁，否则会使红豆杉的叶片水分蒸发量加大，容易使红豆杉枝叶快速脱水，造成叶片卷曲、干枯。

红豆杉盆景不宜用茶叶水进行浇灌。尤其是水质较硬、含碱量高，必须将水盛放1d之后用于浇灌和喷洒。

落叶松

为松科落叶松属的落叶乔木，是我国东北、内蒙古林区以及华北、西南的高山针叶林的主要森林组成树种，是东北地区主要三大针叶用材林树种之一。落叶松在我国北方地区天然分布和人工栽培的主要有兴安落叶松、长白落叶松、华北落叶松、日本落叶松、朝鲜落叶松。落叶松为落叶乔木，树干通直；小枝规则互生，分长枝与短枝二型。叶、芽鳞、雄蕊、苞鳞、珠鳞与种鳞均螺旋状排列。叶在长枝上散生，在短枝上呈簇生状，倒披针状线形，柔软，上面中脉多少隆起，下面两侧有数条气孔线，叶内有2个通常边生的树脂道。雌雄同株，雌、雄球花均单生于短枝顶端；雄球花具多数雄蕊，每雄蕊具2花药，药室纵裂，花粉无气囊；雌球花直立，珠鳞小，腹面基部着生两个倒生胚珠，背面托大而显著的苞鳞。球果直立向上，当年成熟，幼时通常紫红色；种鳞革质，宿存；苞鳞短窄，不露出或微露出，或苞鳞较种鳞为长，露出部分直伸，弯曲或反折；种子具膜质长翅，基底被种翅包裹，种皮无树脂囊。染色体基数$x=12$。

落叶松为耐寒、喜光、耐干旱瘠薄的浅根性树种，喜冷凉的气候，对土壤的适应性较强，有一定的耐水湿能力，但其生长速度与土壤的水肥条件关系密切，在土壤水分不足或土壤水分过多、通气不良的立地条件下，落叶松生长不好，甚至死亡，过酸过碱的土壤均不适于生长。落叶松通常形成纯林，有时与冷杉、云杉和耐寒的松树或阔叶树形成混交林。

落叶松树干端直，节少，心材与边材区别显著，材质坚韧，结构略粗，纹理直，是松科植物中耐腐性和力学性较强的木材，适宜作建筑、电杆、桥梁、舟车、枕木、椿木、矿柱、家具、器具及木纤维工业原料等用材。

【长白落叶松育苗技术】

(一) 育苗地的选择

长白落叶松种粒小，幼苗弱，对育苗地要求较高，选土层深厚、质地疏松、通气性好、排水良好、平坦肥沃、中性或微酸性、灌溉水源充足的地方做育苗地。细致整地，严格土壤消毒。

(二) 种子催芽处理

催芽前进行种子消毒，用0.1%的高锰酸钾溶液，浸种4h，不要水洗就进行催芽处理。雪藏法是种子消毒后，立即用清水浸泡一昼夜，捞出稍晾，混雪贮藏，混雪量是种子的2～3倍。充分混合后，放在水缸、木箱、麻袋、种窖中，阴凉处越冬。无雪的地区，可用冰屑、洁净河沙代雪贮藏。来春播种前7～10d，取出混雪的种子放在30cm的浅坑中，雪融后混2～3倍的河沙，摊晾在阳光下，气温保持在20～25℃催芽。勤洒水，勤翻动，保持湿润状态。种胚变绿或种子半数咧嘴时即可播种。

(三) 播　种

播种分春播和秋播。春播尽量早，吉林省自南向北一般在4月下半月至5月初。早播可避免日灼，延长苗木生长期，苗木质量好。秋播适合生长期短的地区，翌年春天出苗早，延长苗木生长期，能大幅度提高苗木质量和成活率。秋播越晚越好，只要不封地，不影响播种就行。每公顷播种量40kg，产苗量300万株。条播、撒播均可。

(四) 田间管理

落叶松早期要防晚霜、日灼。播种后要立即浇水，出苗后进入正常的灌水阶段。这时要人工除草、松土、病虫害防治。

红皮云杉

别名虎尾松、高丽云杉、红皮臭。松科云杉属。主要分布东北、华北温带针阔叶混交林区和暖温带落叶阔叶林区。红皮云杉属常绿乔木，树高30m，树冠圆锥形，大枝平展或稍斜伸。小枝有毛或无毛，无白粉。叶四棱形，四面有气孔线，毛端尖，长1.2～2.2cm。球果卵状圆柱形或长卵状圆柱形，长5～8cm；种鳞倒卵形，尖端圆形或微尖，露出的部分光滑，无纵纹，是我国东北长白山至小兴安岭森林的主要树种。耐阴，耐干旱，耐寒，生长较快。

红皮云杉材质轻软，结构密直，不容易变形，并且耐腐朽力强，所以是建筑、桥梁、枕木、家具制作的上等木料。也是园林绿化的主要树种。

【红皮云杉育苗技术要点】

红皮云杉耐寒、耐庇荫、耐水湿，适宜生长在空气湿度大，排水良好，微酸性，质地疏松而深厚、肥沃的生态环境，苗期喜肥，喜水，适合全光育苗。

(1) 育苗地宜选：地势平坦、质地疏松并富有有机质的沙壤土。红皮云杉种粒小，要求细致整地，床面平整，高床作业，不宜选黏性土、低洼地育苗。前茬为针叶树育苗地，苗木会生长得好；否则，应进行菌根菌接种，最好是先移植后播种。整地同时进行土壤消毒。

(2) 种子催芽：红皮云杉种粒小，发芽率高，发芽势强，种子休眠期短，为使种子发芽快，发芽整齐，增强幼苗抗逆性，需要进行催芽处理。催芽处理以雪藏法效果最好，即于播种前 5d 将种子取出，置于阳光下浅坑中催芽。无雪地区可以冰屑、河沙(需消毒)代雪。温水浸种，催芽时间短，但效果不及雪藏，特别是出苗后对早春气候的抗逆性适应性差。

(3) 播种：播种量每公顷 60kg，也可降至 40kg，当年产苗 300 万株。适宜春季播种，适时早播，4 月中下旬为宜。土壤干旱时，播种前打透底水。条播、散播均可。培育多年生移植苗，以散播为宜，因播种当年生苗，苗高一般不超过 5cm。可借鉴红松播种育苗，撒播条留的经验，多生产幼苗。播种工序、质量要求同长白落叶松播种。

(4) 田间管理：红皮云杉苗出土以后，早期对晚霜、日灼的抗性略高于长白落叶松，略低于樟子松，早期灌水防霜、防日灼的抗灾保苗措施应照常进行。但其苗茎颜色由绿转紫的过程比长白落叶松时间短，少量多次、1d 灌水多次的日数比落叶松少，一般出苗 20d 后即可进入正常的灌水阶段。除草可使用除草剂，方法见有关章节。人工除草、松土、病虫害防治与长白落叶松相同。播种量不高时，当年可不间苗。土壤肥沃，当年可不追肥。

(5) 造林苗的培育：土壤肥沃，基肥充足，田间管理适时，2 年生留床苗(2～10cm)，苗高达到 20cm，地茎达到 0.4cm 以上，达到出苗造林的标准。

赤　松

属于松科松属。分布华东及北部沿海地区，北亚热带落叶、长绿阔叶混交林区，东部、北部暖温带落叶阔叶林区。吉林省有少量分布。常绿乔木。生长高度范围：20～40m。赤松特性是边材浅白色，心材浅红至棕色，材质轻软。木材力学性质与欧洲赤松相似，纹理直，结构细，气干密度约 0.400g/cm^3，不耐腐朽，用于建筑、细木工墙裙。木材多节，故难以加工成无节的成材。赤松干皮红褐色，裂成鳞状薄片剥落。小枝橙黄色或淡黄色。略被白粉，无毛，针叶 2 针一束，细软较短，暗绿色。

赤松强阳性，耐寒，要求海岸气候，深根性，抗风力强。可以作庭荫树、风景林、园景树、行道树。

【赤松育苗培育技术】

(1) 育苗地的选择。选土壤疏松、排水良好、地下水位低、土质比较肥沃的沙壤土作圃地。不宜在一块地连续多年播种，容易造成土壤板结，苗木生长不良。如果育苗地沙性较大，多施一些河泥等有机肥料，以改良土壤，增强土壤吸水保肥能力，促进苗木根系发育和地上部分的生长。

(2) 施肥。育苗地应施足底肥，以保证苗木生长有足够的营养，底肥要用经过充分发酵的厩肥或堆肥，每亩施 1 万～1.5 万 kg。施肥方法，在作床前将肥料均匀地撒在育苗地上，然后用犁或人工进行搅拌使肥料均匀混合在耕作层土壤中。

(3) 种子处理。为促使播种后种子迅速发芽，出苗整齐，增强苗木抗性，在播种前，种子应进行催芽。

① 混沙埋藏。播种前 10～20d，选择地势高燥，排水良好，背风向阳的地方挖埋藏坑，坑深宽各 50cm，长度依种子数量而定。在坑底铺上席子，然后将消毒的种子混 2 倍的湿沙放入坑

内，夜间用草帘盖上，以保持温度，白天将草帘掀起，上下翻动，并适量浇水，经15～20d大部分种子即裂嘴，就可将种子由沙子中筛出进行播种。如不能及时播种时，则应停止翻动，并加覆盖物或移于荫凉处，降低温度，控制发芽。

② 温水浸种。播种前5～7d，先将种子消毒后，再用40～60℃水浸种一昼夜，捞出后放在室内温暖处，每天用清水淘洗1次，到种子有50%裂口时播种。

(4) 作床。一般采用高床作业，床高10～15cm，小步道宽50cm，床面1m，长10m。作床时可先作下床，充分灌足底水，待水渗下后，再将步道土翻到床上搂平压实，并保持床面平坦，以免遭雨或浇水时，种子幼苗被冲淤，影响种子发芽和幼苗生长。

(5) 播种时间。播种对促进种子发芽，保证苗齐苗壮，增强幼苗抗病能力很重要。平均地表温度达8～9℃以上时即可播种，一般在4月中下旬，林区适期为5月中旬。播种前苗床表土要保持适度温润，如干燥应少量浇水，待床面稍阴干时，用耙将床上面搂起0.5～1cm深的麻面，然后用播种机或手推播种滚，横床条播，播幅宽3～4cm，行距8～10cm，播后及时镇压，以防芽干，覆土约0.5cm，不宜过厚，否则幼苗出土困难。通常每亩播4～5kg。

(6) 苗期管理。从播种到幼苗出齐前，表土必须保持湿润(含水率6%左右)防止芽干，造成缺苗断垄。浇水量不易过大。由于夜间空气湿度较大，上午表土尚能保持一定湿润，每天浇水应于午后进行。如果大风天或气温高蒸发量大时，表土易干燥，午前也需要浇水。出苗后到6月末易发生立枯病；由于苗茎细嫩，土表温差较大，又易遭受日灼。因此，浇水宜少量多次，以调节床面温度、湿度，减少立枯病的发生及日灼危害，每次浇水每平方米2.5～3.5kg。一般在上午10时至下午2时进行。1年生松苗，7～8月间为高生长旺盛时期，且根系已伸展，由于气温高，苗木水分蒸腾量大，因此，必须供给充足的水分，每隔2～3d浇1次透水。到8月中下旬后为促进苗木木质化，利于越冬，除天气特别干旱，可每隔10d左右浇水1次。一般不进行浇水。在掘苗前5～7d浇1次透水，促使土壤疏松，掘苗时保持根系完整。

苗木生长旺盛期应及时施肥，一般从6月中下旬开始，每平方米施硫铵5～10g，以后每隔10d左右追肥1次，数量可根据苗木生长情况酌情增加，但最多$1m^2$一次不得超过20g，到8月中旬停止追肥，一般每平方米施肥100～150g。追肥时应先浇清水湿润苗叶，然后将稀释的肥料水浇于苗床上，后再用清水冲洗苗木。

施用除草醚消灭杂草是最经济有效的除草方法。即在播种时把除草醚混拌在覆土中，每平方米土中拌除草醚2g。出齐苗后把除草醚拌上沙土撒到苗床上，然后浇水，一般情况下年施药2次，基本上可以控制杂草。为促进苗木根系发育，于7～8月间，每隔10～15d松土1次，深2～3cm。

(7) 2年生苗木的培育。培育2年生苗木可以采用移植、截根留植、留床等方法。从根系发育来看，以移植苗为最好，截根留植次之，留床苗最差。换床移植春季4月上旬土壤解冻30～40cm时即可开始。床作的，顺行栽8行(指床面宽1m)，株距4cm，行距12cm。垄作的，在垄面上栽2行苗，株距4cm，行距16～20cm。栽苗前土壤允分灌足底水，等水渗下后即栽苗，栽苗深度，以将叶不埋入土中为宜。在栽苗过程中，一定要保持好苗木根系不受风吹日晒。植苗后及时把垄面(或床)及垄侧踏实，最好在栽苗后浇1次水，有利于成活。

为使移植苗的上层根系发育，圃地应保持适度湿润，植苗后每隔10～15d浇水1次，夏季勤松土，保持表层土壤湿度，并于5～6月间根据苗木生长情况，适量追肥1～2次。

(8) 苗木的越冬保护。幼苗期间由于冬季干燥气候的影响，苗木易失水分，导致生理干旱而枯死。因此,在冬季必须采取适当的保护措施,幼苗才能安全越冬。冬季采取覆土防寒,保证幼苗安全越冬,减少外界不良因子的影响,保持幼苗的水分平衡。在11月中旬左右,亦即土壤将冻结时,把步道的土掘起粉碎,覆于苗床上,厚度15～20cm,到翌春4月上旬化土层达20～30cm时,分2～3次把土撤除,并及时灌水。

沙　松

别名辽东冷杉、杉松、白松。松科冷杉属。原产于东北牡丹江流域山区、长白山区及辽宁东部海拔500～1200m地带。常绿乔木,树冠宽圆锥形,老树宽伞形。幼树皮淡褐色不裂,老树皮灰褐或褐色浅纵裂。1年生枝淡黄灰色无毛,有光泽。叶条形,先端突尖或渐尖,无凹缺,上面深绿色有光泽,背面沿叶脉两侧各有1条白色气孔带。球果圆柱形,熟时淡黄褐色;种鳞背面露出。耐阴,喜冷湿气候,耐寒。自然生长在土层肥厚的阴坡,干燥的阳坡极少见。

沙松喜深厚湿润、排水良好的酸性土。浅根性树种。幼苗期生长缓慢,10年后渐加速生长。寿命长。沙松树姿雄伟端正,宜孤植作庭荫树,也可以列植或丛植、群植。

【沙松种植技术】

(1)习性特点。耐阴,喜冷湿气候,耐寒。自然生长在土层肥厚的阴坡,干燥的阳坡极少见。喜深厚湿润、排水良好的酸性土。浅根性树种。幼苗期生长缓慢,10年后渐加速生长。寿命长。

(2) 繁殖方法。种子和苗木繁殖(参照赤松育苗培育技术)。

(3) 栽培管理。播种繁殖。应用新鲜的种子沙藏1～3个月后播种。幼苗需遮阴。扦插宜冬季经生长激素处理,生根良好。宜定植于建筑物的背阴面。

(4) 应用。沙松树姿雄伟端正,宜孤植作庭荫树,也可以列植或丛植、群植。若在老树下点缀山石和观叶灌木,则形成姿、色俱佳之景色。山区造林和高原风景区,城市园林都可以应用。

黑　松

别名白芽松、松树。松科松属。黑松原产日本及朝鲜半岛东部沿海地区。我国东北、山东、江苏、安徽、浙江、福建等沿海诸省普遍栽培。常绿乔木,高可达30m,树皮带灰黑色。2针一束,刚强而粗,新芽白色,各针叶长约6～15cm,断面半圆形,叶肉中有3个树脂管,叶鞘由20多个鳞片形成,长约1.2cm。4月开花,花单,雌花生于新芽的顶端,呈紫色,多数种鳞(心皮)相重而排成球形。每个种基部,裸生2个胚球。雄花生于新芽的基部,呈黄色,上生多数雄,成熟时,多数花粉随风飘出。球果至翌年秋天成熟,鳞片裂开而散出种子,种子有薄翅。喜光,耐干旱瘠薄,不耐水涝,不耐寒。适生于温暖湿润的海洋性气候区域,最宜在土层深厚、土质疏松,且含有腐殖质的沙质土壤处生长。因其耐海雾,抗海风,也可在海滩盐土地方生长。黑松一年四季常青,抗病虫能力强,是荒山、道路行道绿化首选树种。

经抑制生长,盘曲造型,姿态雄壮,高亢壮丽。均富观赏价值,黑松盆景对环境适应能力强,庭院、阳台均可培养。其枝干横展,树冠如伞盖,针叶浓绿,四季常青,树姿古雅,可常年欣赏。在生长期间,宜陈放于室外阳光充足、空气流之处,不宜长时间放置于室内。多年培养的黑松桩景,老干苍劲虬曲,盘根错节。

【黑松种植方法】

黑松移植苗由于根系发达、根茎比大,成活率一般高于原生苗。造林苗龄主要取决立地条件,一般以2～3年生苗为宜;但在采伐迹地杂草繁茂地段,则以3～4年生苗为宜。一般以早春为适宜的造林季节。有穴植和缝植两种栽植方法,都要保持苗根湿润,栽植时注意使根系舒展,覆土后踏实。对于受伤的和过长的侧根栽前可适当修剪。在干旱地区造林可采取各种削弱地表蒸发的措施。苗木的配置,一般是每个栽植点栽1株,但也有丛植的,即每个栽植点栽2～4株。丛植对提高成活率和促进幼树生长有利。造林密度以每公顷4444株(株行距1.5m×1.5m)为宜,也可采取每公顷3333株(株行距1.5m×2.0m),甚至2500株(株行距2m×2m)的。

纯林容易发生病虫害和火灾,生产力也低,因此不管采用栽植或直播造林,都要注意营造混交林。

病虫害在苗期最常见而严重发生的是猝倒病,症状有出土前的种子腐烂,以及出土后的顶腐、立枯、猝倒等类型。叶部病害常见的有松针锈病、松落针病及马尾松赤枯病。后两种多发生在立地条件较差,土壤瘠薄,生长不良的林分。

松毛虫是最主要的食叶害虫。松针小卷蛾、大袋蛾、新松叶蜂、松梢小卷蛾、球果螟等在不同分布区间歇性成灾。微红梢斑螟几乎遍布全国,是钻蛀主梢的最主要害虫。针叶树天牛和小蠹是钻蛀为害枝、干的大害虫,可使松树成片死亡,但一般不侵害健康木。防治时应贯彻适地适树、合理混交、良好的抚育管理等以营林措施为主的原则,必要时可辅以药剂防治。

侧　柏

别名扁柏、香柏。柏科侧柏属。为常绿乔木。在中国分布极广,北起内蒙古、吉林,南至广东及广西北部;人工栽培范围遍及全国。侧柏属常绿乔木,树高一般达20m,干皮淡灰褐色,条片状纵裂。小枝排成平面。全部鳞叶,叶二型,中央叶倒卵状菱形,背面有腺槽,两侧叶船形,中央叶与两侧叶交互对生,雌雄同株异花。雌雄花均单生于枝顶,球果阔卵形,近熟时蓝绿色被白粉,种鳞木质,红褐色,种鳞4对,熟时张开,背部有一反曲尖头,种子脱出,种子卵形,灰褐色,无翅,有棱脊。幼树树冠卵状尖塔形,老树广圆形,叶、枝扁平,排成一平面,两面同型。花期3～4月,种熟期9～10月。球果当年成熟,种鳞木质化,开裂,种子不具翅或有棱脊。侧柏喜光,幼时稍耐阴,适应性强,对土壤要求不严,在酸性、中性、石灰性和轻盐碱土壤中均可生长。耐干旱瘠薄,萌芽能力强,耐寒力中等,抗风能力较弱。

侧柏木质软硬适中,细致,有香气,耐腐力强,多用于建筑、家具、细木工等;种子、根、叶和树皮可入药;用种子榨油,供制皂、食用或药用。抗烟尘,抗二氧化硫、氯化氢等有害气体,分布广,为中国应用最普遍的观赏树木之一。幼树树冠尖塔形,老树广圆锥形,枝条斜展,排成若干平面,寿命极长,较少有病虫,多用于寺庙、墓地、纪念堂馆和园林绿篱。也可用于盆景制作。种子可入药。

【侧柏繁育栽培技术】

主要以种子繁育为主,也可扦插或嫁接。

(一) 育　苗

9月中旬至10月中旬播种。播种前用温水浸种12h,置篮或筐内,放背风向阳处,每天清水淘洗1次并经常翻动,当有一半裂嘴即可播种。采用条播或撒播,每亩用种量10kg。播种后保持苗床湿润，结合灌水进行追肥。

(二) 造　林

植苗造林，采用鱼鳞坑、窄幅梯田、水平阶、水平沟等整地。春秋、雨季都可栽植，雨季造林较易成活。宜营造混交林，可与紫穗槐等进行行间或株间混交。

(三) 管　理

造林后2～4年内每年松土除草1～3次，以促进生长。

(1) 选地、整地与施肥。侧柏育苗地，要选择地势平坦，排水良好，较肥沃的沙壤土或轻壤土为宜，要具有灌溉条件。不宜选土壤过于黏重或低洼积水地，也不要选在迎风口处。

育苗地要深耕细耙，施足底肥。一般采取秋翻地，深度25cm左右，春浅翻15cm左右，结合秋季深翻地，每亩施入厩肥2500～5000kg，将粪肥翻入土中，然后，耙耢整平。

(2) 播前种子催芽处理。播种前为使种子发芽迅速、整齐，最好进行催芽处理。侧柏种子空粒较多，先进行水选后，将浮上来的空粒捞出。再用0.3%～0.5%硫酸铜溶液浸种1～2h，或0.5%高锰酸钾溶液浸种2h，进行种子消毒。然后，进行种子催芽处理。目前经常用于侧柏种子催芽的方法有三种。

① 混雪埋藏法。选择背风、背阴、排水良好、管理方便的地方，入冬后当积雪不融化时，把种子混拌3倍的雪，装入囤子中。囤子上下和四周要围以草帘和10cm厚的雪，中间放入混雪的种子。囤子外面围上成捆稻草，以保持早春囤子里的雪不融化。

一直雪藏到播种前3～5d取出，雪化净后种子筛选出阴干散落，清除杂物，即可播种。也可采取播前1周左右，化雪后种子混细沙，日晒、翻拌、增温保湿，待有1/3种子裂嘴，筛除沙子或混沙及时播种。

② 混沙催芽法。当种子调入很晚来不及雪藏或冬季雪少无法雪藏时，可于播种前15～20d采用混沙催芽。即将经过选种消毒处理的种子，用温水浸种24h。然后捞出种子，按种子体积的2倍混入细沙，拌均匀，沙子湿度以手握成团而不出水为宜，装入木箱中放置在室内温暖处，种沙温度经常保持在12～15℃，每日翻动2～3次，并随时喷洒温水，保持适当的温、湿度，以促进种子萌发。待大部分种子已经萌动，有1/3种子裂口，即可播种。

③ 温水浸种催芽法。将经过消毒处理的种子用45℃温水浸种24h，结合选种，将浮上来的空粒种子捞出去掉。然后将种子捞出摊晒在背风向阳处席子上，经常翻倒晾晒，保持一定的湿度，每天用温水冲洗1～2次。经过5～6d，待有1/3的种子裂嘴，可进行播种。

(3) 播种。侧柏适于春播，但因各地气候条件的差异，播种时间也不相同。侧柏生长缓慢，为延长苗木的生育期，应根据当地气候条件适期早播为宜，如华北地区3月中下旬，西北地区3月下旬至4月上旬，而东北地区则以4月中下旬为好。

侧柏种子空粒较多，通常经过水选、催芽处理后再播种。为确保苗木产量和质量，播种量不宜过小，当种子净度为90%以上，种子发芽率85%以上时，每亩播种量10kg左右为宜。

北方地区侧柏多采用高床或高垄育苗，在一些干旱地区也采用低床育苗。一般播种前要灌透底水，然后用手推播种磙或手工开沟条播。播种时，垄播：垄底宽60cm，垄面宽30cm，垄高12～15cm，每垄可播双行或单行，双行条播播幅5cm，单行宽幅条播播幅12～15cm。床作播种：一般床长10～20m，床面宽1m，床高15cm，每床纵向(顺床)条播5～10行，播幅5～10cm；横向条播，播幅3～5cm，行距10cm。播种时开沟深浅要一致，下种要均匀，播种后及时覆土1～1.5cm，再进行镇压，使种子与土壤密接，以利于种子萌发。在干旱风沙地区，为利于土壤保墒,有条件时可覆土后覆草。

(4) 苗期管理。经过催芽处理的种子,一般播种后 10d 左右开始发芽出土,20d 左右为出苗盛期,场圃发芽率可达 70%～80%。为利于种子发芽出土,经常保持种子层土壤湿润,播种前一定要灌透底水。如幼苗出土前土壤不过分干燥,最好不浇蒙头水以免降低地温和造成表层土壤板结,不利于出苗。

幼苗出土后,要设专人看管。幼苗出齐后,立即喷洒 0.5%～1%波尔多液,以后每隔 7～10d 喷 1 次,连续喷洒 3～4 次可预防立枯病发生。

幼苗生长期要适当控制灌水,以促进根系生长发育。苗木速生期 6 月中下旬以后恰处于雨季之前的高温干旱时期,气温高而降雨量少,要及时灌溉,适当增加灌水次数,灌溉量也逐渐增多,根据土壤墒情每 10～15d 灌溉 1 次,以一次灌透为原则,采用喷灌或侧方灌水为宜。进入雨季后减少灌溉,并应注意排水防涝,做到内水不积,外水不侵入。

苗木速生期结合灌溉进行追肥,一般全年追施硫酸铵 2～3 次,每次亩施硫酸铵 4～6kg,在苗木速生前期追第一次,间隔半个月后再追施 1 次。也可用腐熟的人粪尿追施。每次追肥后必须及时浇水冲洗净,以防烧伤苗木。

侧柏幼苗时期能耐一定庇荫,适当密留,在苗木过密影响生长的情况下,及时间去细弱苗、病虫害苗和双株苗,一般当幼苗高 3～5cm 时进行 2 次间苗,定苗后每平方米床面留苗 150 株左右,则每亩产苗量可达 15 万株。

苗木生长期要及时除草松土,要做到"除早、除小、除了"。目前,多采用化学药剂除草,用 35%除草醚(乳油),每平方米用药 2mL,加水稀释后喷洒。第一次喷药在播种后或幼苗出土前,相隔 25d 后再喷洒第二次,连续 2～3 次,可基本消灭杂草。每亩用药量每次 0.8kg。当表土板结影响幼苗生长时,要及时疏松表土,松土深度约 1～2cm,宜在降雨或浇水后进行,注意不要碰伤苗木根系。

侧柏苗木越冬要进行苗木防寒。在冬季寒冷多风的地区,一般于土壤封冻前灌封冻水,然后采取埋土防寒或夹设防风障防寒,也可覆草防寒。生产实践表明,埋土防寒效果最好,既简便省工,又有利于苗木安全越冬。但应注意,埋土防寒时间不宜过早,一般在土壤封冻前的立冬前后为宜;而撤防寒土又不宜过迟,多在土壤化冻后的清明前后分 2 次撤除;撤土后要及时灌足返青水,以防春旱风大,引起苗梢失水枯黄。

(5) 苗木移植:侧柏苗木多 2 年出圃,翌春移植。有时为了培育绿化大苗,尚需经过 2～3 次移植,培育成根系发达、生育健壮、冠形优美的大苗后再出圃栽植。根据各地经验,以早春 3～4 月移植成活率较高,一般可达 95%以上。

移植密度要根据培育年限而定。苗木移植后培育 1 年,株行距 10cm×20cm;培育 2 年,株行距 20cm×40cm;培育 3 年,株行距 30cm×40cm;培育 5 年生以上的大苗,株行距为 1.5m×2.0m。一般培育大苗都需要经过多次移植,这样,既有利于促进苗木根系的生长发育,培育良好的冠形和干形,又可以提高土地利用率。

根据苗木的大小而采取不同的移植方法,常用的有窄缝移植、开沟移植和挖坑移植等方法。移植后苗木要及时灌水,每次灌透,待墒情适宜时及时采取中耕松土、除草、追肥等抚育措施。除根据园林绿化的要求进行整形修剪外,其他措施与一般针叶树种大苗培育基本相同。

冷　杉

松科冷杉属树种。常绿乔木。树高可 40m,小枝淡褐色至灰黄色,沟槽内梳生短毛或无毛，叶端微凹或钝，长 1.5～3cm，边缘略翻卷，叶内树脂道边生，球果孢鳞微露出，尖头通常向外反曲。其树干端直，枝叶茂密，可作园林树种。中国是冷杉属植物最多的国家，约 22 种 3 变种，分布于兴安岭、长白山、燕山、五台山、秦岭、大巴山、横断山、喜马拉雅山、阿尔泰山、台湾中部山地、浙江南部的百山祖、湘桂交界的越城岭、湘赣交接的万泽山及贵州东北部的梵净山；垂直分布由东北向西南逐渐升高，绝大多数冷杉较松科其他属植物分布为高。冷杉具有较强的耐阴性，适应温凉和寒冷的气候，土壤以山地棕壤、暗棕壤为主。常在高纬度地区至低纬度的亚高山至高山地带的阴坡、半阴坡及谷地形成纯林，或与性喜冷湿的云杉、落叶松、铁杉和某些松树及阔叶树组成针叶混交林或针阔混交林。

冷杉的树皮、枝皮含树脂，加拿大产的冷杉树脂是制切片和精密仪器最好的胶接剂。中国产冷杉也可提取相似的胶接剂。冷杉的木材色浅，心边材区别不明显，无正常树脂道，材质轻柔、结构细致，无气味，易加工，不耐腐，为制造纸浆及一切木纤维的优良原料，可作一般建筑枕木（需防腐处理）、器具、家具及胶合板，板材宜作箱盒、水果箱等。

【冷杉育苗技术】

在自然界中，冷杉种子通常出现物理和生理两方面的休眠，种皮是休眠的一个因素，也可能与生化因子有关。一般优良的冷杉种子，在 5℃潮湿条件下经 100d 后开始发芽，160d 后能完成发芽，自然界中的冷杉种子，往往在类似于此的条件下发芽的，如雪堆融化后开始发芽。

（1）苗圃地。选择苗圃地应选择在林内交通方便、地势平缓、土层肥沃深厚、坡度 0°～15°、团粒结构好、土壤酸性、海拔高度 1800～2000m、避风阳坡、日照时间短、排灌便利的地方。

（2）整地。冷杉育苗时要求细致整地，不论新开地、新垦地或原耕地，都要求整平，全面耕作，碎土均匀，清除石块杂草和树根（可适当保留细树根），并要进行土壤消毒（福尔马林、硫酸亚铁、石灰、五氯硝基苯等）和施有机底肥，一般采用高床育苗，床高 24～28cm，床宽 1.2m，床长 10m，步道宽 40cm，苗床方向为东西向，播种沟方向为南北向，这样苗木受光均匀，通风良好，利于苗木生长。

（3）播种。对于层积处理的种子，于 3 月底进行种子消毒处理后进行播种。未层积处理的种子，在 4 月上旬将多半麻袋种子放在小河内，水要超过麻袋 5～10cm，浸泡 7～10d，然后捞出来，在池内进行水选。净选后的种子，进行消毒（0.1%的高锰酸钾）以后摊在室内通风地面上厚度 10～12cm，待 5～10d 种子裂口后进行播种。

冷杉的一般播种时期是春季。冷杉适宜的播种期，在土壤完全解冻后即可播种。播种沟深度为 1.5～2cm，沟宽 4cm，每亩播种子（经选种后的种子）70g 左右，覆土厚度 1cm，覆土后用木板将整个床面进行轻度镇压，使土壤和种子紧密结合，以利发芽。

冷杉还可进行冬季播种。播种时间一般在 11 月份，采用高床条播，播后用细土覆盖 1cm，再用白桦落叶和松针混合后以 5cm 的厚度覆盖床面，以减少土壤水分蒸发，降低地表温度，防止冻土上抬把种子抛出地表。冬季播种比春播具有延长生长季节；提高当年生苗抗病、抗霜、抗冻能力；减少种子贮藏的工作量，不需要催芽，节约人力物力；利用冬季空闲时间育苗，协调营林生产等优点。

（4）苗圃管理。冷杉是高海拔树种，幼苗的生态特性要求在苗圃管理上有相应的措施。

① 遮阴。冷杉幼苗喜欢阴凉湿润的环境，怕高温和烈日暴晒，特别是出苗后 1 个月内，幼苗嫩弱，最怕直射光和高温。林下育苗，郁闭度以 0.4～0.5 为好。遮阴不足的地块采取补救措施，可插树枝或在步道上种植高秆作物，也可搭荫棚，要求透光度 50%～60%，高度 70cm。

2 年以后的苗床可撤除荫棚，在移植苗床上还需要遮阴。

② 除草。林区气候湿润，杂草生长茂盛，尤其 5、6、7 月三个月中，杂草生长非常快，10～15d 就要除次草。第一年苗应早除草，勤除草，在 8 月前见草就除，要求地里不见草，否则草大根深后，不但费工，且拔草时带走幼苗造成损失，杂草生长茂密还会造成光照不足推迟木质化，引起部分幼苗冬季死亡，一般在 9 月后苗圃就不除草了，一方面此时幼苗基本停止生长了，少量草对冷杉苗没影响，另一方面只留部分草能起固土保苗防冻拔的作用。翌年要早除、勤除，达到地里不见草，第三年也要求苗地无草。

③ 防冻害。冻拔是冷杉苗遭受冻害之一。冷杉幼苗第一年平均苗高 3.34cm 左右，平均根长 3.24cm，苗小根浅，冬季土壤结冻时体积膨胀，把幼苗根系抬高，翌春昼夜温差变化大，白天土壤融化，傍晚冻结，一冻一化的重复，有的幼苗根系全被冻拔出来而致死，预防办法有：

一是利用坡向防冻拔。苗圃地选在背风的北坡或东北坡。冬季落雪后，避风的阴坡地面被冬雪覆盖，地表层始终保持湿润状态，翌年落春雨时雪才能溶化，此时幼苗新根开始生长，避免冻拔；而阳坡地、迎风处育苗易出现冻拔。

二是林下育苗防冻拔。林下育冷杉苗会大大减轻冻拔危害，疏密度 0.3～0.5 的树冠下的冷杉苗，冻拔危害率为 10%～37%；疏密度 0.2 以下的冷杉苗受冻拔危害 39%～84%。

三是覆盖。1 年生幼苗冬季可用玉米秆覆盖，增加地表层温度，减轻温度的强烈变化，从而起预防冻拔的作用。如果幼苗一旦出现冻拔，初春苗木未萌动前，及时进行覆土镇压，使苗木根系与土壤紧密结合，可减小幼苗受害率。

④ 防晚霜。冷杉苗很容易遭晚霜危害。冷杉苗木早春顶芽萌动较早(4 月底至 5 月初)，而侧芽比顶芽平均萌动晚 5～7d，如果在萌动至抽出新梢期间降晚霜，则会使芽或刚抽出的新梢萎蔫干死。防晚霜的具体办法是搭防霜棚，一般在 5 月中旬可撤除。

⑤ 防病虫害。冷杉苗常见的病害为立枯病(主要由半知菌亚门丝孢纲无孢目无孢科丝核属的立枯丝核菌；半知菌亚门丝孢纲瘤座孢目瘤座孢科镰刀菌属的真菌等引起)，主要有以下四种类型：

烂芽立枯病：即在苗木出土后，还没有进入木质化，茎部受立枯菌危害，日照后猝倒，应加强苗床消毒。

茎叶腐烂病：在苗木的茎叶部出现丝状白毛或灰白色蜘蛛网状物，茎叶萎蔫腐烂，使苗枯死，因圃地排水不良，土温过高或光照太弱引起。

根腐立枯病：在夏末秋初苗木进入木质化期间，苗木的根部受立枯病菌的危害，整个根系霉烂，由于土壤湿度太大、地温过高引起。立枯病可喷波尔多液 0.1%～0.4%或福尔马林 0.3%溶液防治，一般每隔 10～15d 喷 1 次；用 50%托布津 0.124%～0.25%溶液、退菌特 0.2%、25%多菌灵 0.1%～0.125%溶液防治；或用 1%～3%硫酸亚铁防治每亩喷 100～150kg，喷后用清水洗掉幼苗上的落液，避免药害；加强土壤消毒，用细干土混 2%～3%硫酸亚铁，每亩撒土 100～150kg，也可用 30%溶液每 667 亩施 90kg。

虫害主要是小地老虎：防治小地老虎，关键要在 3 龄幼虫以前扑灭。春季清除杂草，成虫出现时，傍晚以糖醋液诱杀。

⑥ 防生理干旱。1 年生冷杉幼苗根系很浅，冬季土壤表层往往会结冻，但大部分冷杉分布区在 11 月至翌年 3 月间的日最高气温变化于 5～34℃之间，这种温度足可使气孔开放进行较强蒸腾，同时，冬季空间湿度降低，也使蒸腾作用加强。因此冬季的生理干旱是导致幼苗死亡

的一大原因。可通过覆盖稻草、塑料薄膜、枯枝落叶、干牛粪等达到保土增温,也可利用水、保湿、降低蒸腾强度,达到减少苗木受害率的目的。

⑦ 移植冷杉。幼苗主根长而侧根少,为了促进苗木根系增多和健壮生长,对2年生的苗木要进行分床,移植圃地仍然要施有机肥、作床、土壤消毒,因冷杉苗木适宜群生,以移植行距15cm,株距1～2cm为宜。冷杉苗生长慢,当苗高达到25cm,地径0.5cm,根幅15cm,以及侧根10条以上时,才符合出圃更新造林规格。

樟子松

又名海拉尔松(日)、蒙古赤松(日)、西伯利亚松。为松科大乔木,樟子松是我国三北地区主要优良造林树种之一。樟子松为常绿乔木,树高15～20m,最高30m。最大胸径1m左右。树冠卵形至广卵形,老树皮较厚有纵裂,黑褐色,常鳞片状开裂。树干上部树皮很薄,褐黄色或淡黄色,薄皮脱落。轮枝明显,每轮5～12个,多为7～9个,1年生枝条淡黄色,2～3年后变为灰褐色。芽圆柱状椭圆形或长圆卵状,尖端钝或尖,黄褐色或棕黄色,表面有树脂。叶2针一束。稀有3针,粗硬,稍扁扭曲,长5～8cm,树脂道7～11条,维管间距较大。花期5月中旬至6月中旬,雌花生于新枝尖端,雄花生于新枝下部。1年生小球果下垂,绿色,翌年9～10月成熟,球果长卵形,黄绿色或灰黄色;第三年春球果开裂,鳞脐小,疣状凸起,有短刺,易脱落,每鳞片上生2枚种子,种翅为种子的3～5倍长,种子大小不等,扁卵形,黑褐色,灰黑色,黑色不等,先端尖。

樟子松耐寒性强,能忍受－50～－40℃低温,旱生,不苛求土壤水分。树冠稀疏,针叶稀少,短小,针叶表皮层角质化,有较厚的肉质部分,气孔着生在叶褶皱的凹陷处,干的表皮及下表皮都很厚,可减少地上部分的蒸腾。

樟子松材质较强,纹理直,可供建筑、家具等用材。树干可割树脂,提取松梨及松节油,树皮可提取栲胶。树形及树干均较美观,可作庭园观赏和绿化树种。由于具有耐寒、抗旱、耐瘠薄及抗风等特性,可作三北地区防护林及固沙造林的主要树种。

【樟子松栽培技术】

(一) 育苗地的选择

选土壤疏松、排水良好、地下水位低、土质比较肥沃的沙壤土作圃地。如有条件,最好选择前茬是松、柞育苗地,因为这种圃地含有大量对松苗生长有益的菌类,能促进幼苗的发育和增强抗性。但不宜在一块地连续多年播种,否则因播种地浇水次数,土壤板结,苗木生长不良,一般宜1年与2年生松苗相互轮作。如果在沙性较大的土地上育苗最好多施一些河泥等有机肥料,以改良土壤,增强土壤吸水保肥能力,促进苗木根系发育和地上部分的生长。

(二) 施　肥

为提高土壤肥力,改善土壤物理性质,育苗地应施足底肥,以保证苗木生长有足够的营养,底肥要用经过充分发酵的厩肥或堆肥,每亩施1万～1.5万kg。施肥方法,在作床前将肥料均匀地撒在育苗地上,然后用犁或人工进行搅拌使肥料均匀地混合在耕作层土壤中。

(三) 种子处理

在播种前,种子应进行催芽。有以下几种方法:

(1) 雪埋。在1～3月间选择背阴处,降雪后把雪收集起来,放在事先准备好的坑中或地面上,厚度30～50cm,然后将种子用3倍雪拌匀盛入麻袋或木箱等容器中,置于雪上,再用雪将上部及四周盖严。为防止早春雪溶化,在雪上覆40～50cm的杂草。播种前3～5d将种子由雪中取出,置于向阳处(或用清水化雪),待雪化净后,用0.5%的高锰酸钾消毒2h,捞出后稍阴干即可播种。亦可将种子置于温暖处进行短期催芽,当有50%的种子裂口时,即可播种,发芽率达70.1%。如冬季无雪亦可将种子混入碎冰中(冰越小越好)进行埋藏。

(2)混沙埋藏。播种前10～20d,选择地势高燥,排水良好,背风向阳的地方挖埋藏坑,坑深宽各50cm,长度依种子数量而定。在坑底铺上席子,然后将消毒的种子混2倍的湿沙放入坑内,夜间用草帘盖上,以保持温度,白天将草帘掀起,上下翻动,并适量浇水,经15～20d大部分种子即裂嘴,就可将种子由沙子中筛出进行播种,发芽率达62.5%。如不能及时播种时,则应停止翻动,并加覆盖物或移于荫凉处,降低温度,控制发芽。

(3)温水浸种。播种前5～7d,先将种子消毒后,再用40～60℃水浸种一昼夜,捞出后放在室内温暖处,每天用清水淘洗1次,到种子有50%裂口时播种,发芽率达34.5%。

(四)作　床

一般采用高床作业,床高10～15cm,小步道宽50cm,床面1m,长10m。作床时可先作下床,充分灌足底水,待水渗下后,再将步道土翻到床上搂平压实,并保持床面平坦,以免遭雨或浇水时,种子幼苗被冲淤,影响种子发芽和幼苗生长。

(五)播　种

播种时期应选择平均地表温度达8～9℃以上时播种。一般在4月中下旬,林区适期为5月中旬。播种前苗床表土要保持适度温润,如干燥应少量浇水,待床面稍阴干时,用耙将床上面搂起0.5～1cm深的麻面,然后用播种机或手推播种磙,横床条播,播幅宽3～4cm,行距8～10cm,播后及时镇压,以防芽干,覆土约0.5cm,不宜过厚,否则幼苗出土困难。樟子松种源少,种子珍贵,要节约合理用种。通常每亩播4～5kg。

(六)苗期管理

在苗木生长期中应着重水肥管理,方能促进幼苗健壮生长,增强抗性,达到丰产。

种子发芽期:从播种到幼苗出齐前,表土必须保持湿润(含水率6%左右)防止芽干,造成缺苗断垄。浇水量不易过大。由于夜间空气湿度较大,上午表土尚能保持一定湿润,每天浇水应于午后进行。如果大风天或气温高蒸发量大时,表土易干燥,午前也需要浇水。出苗后到6月末易发生立枯病,由于苗茎细嫩,土表温差较大,又易遭受日灼。因此,浇水宜少量多次,以调节床面温度、湿度,减少立枯病的发生及日灼危害,每次浇水每平方米2.5～3.5L。一般在上午10时至下午2时进行。1年生松苗,7～8月间为高生长旺盛时期,且根系已伸展,更由于气温高,苗木蒸腾量大,因此,必须供给充足的水分,每隔2～3d浇1次透水。到8月中下旬后为促进苗木木质化,利于越冬,除天气特别干旱,可每隔10d左右浇水1次。一般不进行浇水。在掘苗前5～7日浇一次透水,促使土壤疏松,掘苗时保持根系完整。

苗木生长期:苗木生长旺盛期应及时施肥,保证苗木有足够的养分,一般从6月中下旬开始,每平方米施硫铵5～10g,以后每隔10日左右追肥1次,数量可根据苗木生长情况酌情增加,但最多每平方米1次不得超过2g,到8月中旬停止追肥,一般每平方米施肥100～150g。追肥时应先浇清水湿润苗叶,然后将稀释的肥料水浇于苗床上,后再用清水冲洗苗木。

施用除草醚消灭杂草是最经济有效的除草方法。即在播种时把除草醚混拌在覆土中,每平方米土中拌除草醚2g。出齐苗后把除草醚拌上沙土撒到苗床上,然后浇水,一般情况下年施药2次,基本上可以控制杂草。为促进苗木根系发育,于7～8月间,每隔10～15d松土1

次，深 2～3cm。

樟子松幼苗适宜群生，如播种量掌握适当，播种均匀，就不必间苗，但有时由于下种不匀，出苗密度不均，为调整留苗密度，可于 7 月间剔除幼小细弱苗木，以每平方米留苗 600～700 株较为合适。

（七）2 年生苗木的培育

培育 2 年生苗木有移植、截根留植、留床等方法。从根系发育来看，以移植苗为最好，截根留植次之，留床苗最差。移植苗根系发达，冠根比值小，根系多集中于土壤表层，掘苗时根系损伤较小，有利于幼苗成活，顶芽再次生长现象少。由于苗木分布均匀，光照充足木质化健全，无被压苗；留床苗从外观看健壮根茎粗大，尤其主根更为发达，长可达 2m 多，但侧根纤细而少，掘苗时主根损伤过多，影响造林成活率，顶芽再次生长现象较多。在 4 月上旬土壤解冻 30～40cm 时开始换床。床作的，顺行栽 8 行（指床面宽 1m），株距 4cm，行距 12cm。垄作的，在垄面上栽 2 行苗，株距 4cm，行距 16～20cm。栽苗前土壤充分灌足底水，等水渗下后即栽苗，栽苗深度，以将叶不埋入土中为宜。在栽苗过程中，一定要保持好苗木根系不受风吹日晒。植苗后及时把垄面（或床）及垄侧踏实，最好在栽苗后浇 1 次水。移植苗的圃地应保持适度湿润，植苗后每隔 10～15d 浇水 1 次，夏季勤松土，保持表层土壤湿度，并于 5～6 月间根据苗木生长情况，适量追肥 1～2 次。

（八）苗木的越冬保护

樟子松耐寒冷，但幼苗期间由于冬季干燥气候的影响，苗木易失水分，导致生理干旱而枯死。冬季必须采取适当的保护措施，幼苗才能安全越冬。冬季采取覆土防寒，在 11 月中旬左右，亦即土壤将冻结时，把步道的土掘起粉碎，覆于苗床上，厚度 15～20cm，到翌春 4 月上旬化土层达 20～30cm 时，分 2～3 次把土撤除，并及时灌水。

为了风化育苗地的土壤，消灭病虫害以及减轻春季作业繁忙的局面，也可以秋季掘苗。掘苗后进行假植，根部用土埋实，1 年生苗可捆成小把（每把 50～100 株）。到土地将冻时再把苗梢全部用土埋严，苗木即可安全越冬。但秋掘、假植的苗木，造林或移栽后缓苗迟几天，但并不影响苗木成活及生长。

桧　柏

又名圆柏、刺柏、红心柏、珍珠柏。柏科，圆柏亚科圆柏属。常绿乔木，高达 20m，胸径 3.5m，树冠尖塔形或圆锥形，老树广卵形。叶 2 型，幼树或基部徒长的萌蘖枝上多为三角状钻形，3 叶轮生，基部有关节并向下延生；老树多为鳞形叶，对生，紧密贴于小枝上；亦有从小一直全为钻形叶的植株。花雌雄异株，雄球花秋季形成，次年开放，花黄色；雌球花形小，球果次年成熟，浆果状不开裂，外被白粉。性喜光、幼树耐庇荫，喜温凉气候，较耐寒，适肥厚湿润沙质壤土，能生于酸性、中性及石灰质土壤上，对土壤的干旱及潮湿均有一定的抗性。但以在中性、深厚而排水良好处生长最佳。忌水湿；萌芽力强，耐修剪，寿命长；深根性，侧根也很发达。对多种有害气体有一定抗性，是针叶树中对氯气和氟化氢抗性较强的树种。对二氧化硫的抗性显著胜过油松。能吸收一定数量的硫和汞，阻尘和隔音效果良好。

桧柏在庭院中用途极广。作绿篱比侧柏优良，下枝不易枯，冬季颜色不变褐色或黄色，且可植于建筑之北侧阴处。我国自古以来多配植于庙宇陵墓作墓道树或柏林。其树形优美，青年期呈整齐之圆锥形，老树则干枝扭曲，奇姿古态，堪为独景；在苏州冯异祠有四株古桧，由于姿态奇古,而分别得“清”、“奇”、“古”、“怪”之名。桧柏为我国自古喜用之园林树种之一,可谓古典民族形式庭院中不可缺少之观赏树,宜与宫殿式建筑相配合。在民间尚习于用桧柏作盘扎整形之材料;又宜作桩景、盆景材料。

桧柏材质致密,坚硬,桃红色,美观而有芳香,极耐久,故宜供作图板、棺木、铅笔、家具或建筑材料。种子可榨油,或入药。因其生长速度中等而偏慢,故除作观赏外,尚少用作大规模造林者。

【桧柏育苗参考侧柏栽培技术】

水曲柳

木犀科白蜡树属。主要分布黑龙江、吉林、辽宁、内蒙古、河北、山西、河南、陕西、甘肃等地。渐危种,水曲柳是古老的残遗植物,分布区虽然较广,但多为零星散生。落叶大乔木,高达30m,胸径可达1m以上;树皮灰色,幼树之皮光滑,成龄后有粗细相间的纵裂;小枝略呈四棱形,无毛,有皮孔。奇数羽状复叶,对生,长25～30cm,叶轴有沟槽,具极窄的翼;小叶无柄或近无柄,卵状长圆形或椭圆状披针形,长8～14cm,宽2～5cm,先端长渐尖,基部楔形,不对称,边缘有锐锯齿,上面无毛或疏生硬毛,下面沿叶脉疏生黄褐色硬毛,小叶与叶轴联结处密生黄褐色绒毛。雌雄异株,圆锥花序生于去年枝上部之叶腋,花序轴有极窄的翼;花萼钟状,果期脱落,无花冠;雄花具之雄蕊;雌花子房1室,柱头二裂,具2枚不发育雄蕊。翅果稍扭曲,长圆状披针形,长2～3.5cm,宽5～7mm,先端钝圆或微凹。属阔叶树材,材质坚硬,纹理通直,花纹美观。

水曲柳为喜光树种,幼龄期稍耐庇荫,成龄后需要充分光照。喜湿润,但不耐水渍,在季节性排水不良的地方,长势不佳甚至死亡,在干旱条件下生长较差,最喜山下腹湿润肥沃的缓坡及溪谷、河岸平地;稍耐盐碱,在pH值8.4,含盐量0.1%的盐碱地亦可生长;耐寒,在大兴安岭－40℃的严寒条件下发育正常,但人工幼苗易遭霜冻危害。主根短,侧根发达,伐根具有较强的萌蘖性,萌条生长迅速。早春先叶开花,花期4～5月。自然状态下,15～20年开始结实,翅果8月开始成熟。

水曲柳材质年轮明显但不均匀,木质结构粗,纹理直,花纹美丽,有光泽,硬度较大。水曲柳没有心材抗腐力,白木质易受留粉甲虫及常见家具甲虫蛀食。水曲柳具有弹性、韧性好,耐磨,耐湿等特点。但干燥困难,易翘曲。加工性能好,但应防止撕裂。切面光滑,油漆,较黏性能好。适合干燥气候,且老化极轻微,性能变化小。水曲柳具有极良好的总体强度性能,良好的抗震力和蒸汽弯曲强度。

【水曲柳繁殖培育技术】

(1) 种子处理。水曲柳的种子属于长休眠期种子,需经催芽处理才能出苗,常用方法有:

① 隔冬层积埋藏法。储备种子于播种前一年的8月份进行浸种、消毒、催芽、挖坑层积埋藏,于翌年春播前取出种子,发现种胚多已变黄绿色,并有少量发芽,可适时播种。

② 变温处理法。9月中下旬新采集的种子,需用室内变温处理,按种、沙1∶3的比例均匀混合,先在20～24℃条件下,处理2个月,后转为冷温处理,0～5℃下处理2个月,处理顺序不能颠倒,时间不宜缩短。

(2) 播种。播种时间为春播,翻地同时施入基肥0.5～0.7kg/hm^2,垅作每亩播种量为35～40g,覆土厚度1～2cm,播种后充分灌水,在出苗前及时进行化学除草。

(3) 苗期管理。水曲柳出苗后,速生期开始易染立枯病,出苗后即喷杀菌剂进行防治。及时间苗,每米双行留苗 20～25 株。同时加强水肥管理,当年苗高生长在 20～30cm,水曲柳要在秋季掘苗,在气温稳定,地温降低到 0℃以下假植越冬。

(4) 山上栽植及幼林管理。水曲柳苗木在春季 4 月中下旬可掘出上山,水曲柳有 20d 左右的缓苗期,应做到适时顶浆造林;同时应遵循"五不离水"的造林技术规程,水曲柳不宜营造纯林,宜与落叶松进行混交,这样既可解决水曲柳生长缓慢、干形不直的问题,又克服了水曲柳纯林的诸多弊病;针阔混交的方式有三种,即带状、团块状和株间混交,在平时多采用带状混交方式,既便于造林施工,又便于抚育管理;在山上栽植前,要细致整地,可采取穴状整地法,整地规格 50cm×50cm×30cm,栽植时可按照 3 行落叶松、3 行水曲柳的带状混交方式,造林株行距为 2m×1.5m,栽植顺序为先水曲柳后落叶松,栽植时做到深埋、踩实,使根土密接,避免窝根;栽植后,及时扩穴培土、踏实、扶正,抚育年限为 4 年,各年为 2、2、2、2 次进行,在加强抚育管理的同时,要加强看护,避免牛羊等牲畜进入林地,毁坏造林成果。

椴　树

落叶乔木。椴树无顶芽,侧芽单生,芽鳞 2～3。叶互生,基部偏斜,有锯齿,稀全缘;有长柄;托叶早落。花两性,白色或黄色;聚伞花序,花序梗下半部与窄舌状苞片贴生;萼片 5,镊合状排列;花瓣 5,覆瓦状排列,基部常有小鳞片;雄蕊多数,离生或合生成 5 束,有时具花瓣状退化雄蕊,与花瓣对生;子房 5 室,每室胚珠 2。坚果或核果。种子 1～2。花期在 7 月上旬至中旬,最早为 6 月 26 日,喜肥沃湿润土壤。萌芽性强,用种子繁殖,种子常有后熟作用。

椴树为优良用材树种。椴木的白木质部分为黄白色,略轻软,纹理通直,结构略细,有绢丝光泽,有柔软感。木材锯解、旋刨、钻孔、开榫、钉着、胶接、油漆、着色等性能良好。树干颈直挺拔,出材率高。椴木为普通木材,材色较浅,空隙较大,容易染色或漂白。干缩性低,干后不变形不开裂,硬度稍低,不甚耐磨,不甚抗碰抗压。茎皮供纤维原料。花具蜜腺,芳香,为优良蜜源树种。椴木材质较软,有油脂,耐腐蚀,不易开裂,木纹细,易加工,韧性强。适用范围比较广,可用来制作木线、细木工板、木制工艺品等装饰材料。

椴木机械加工性良好,容易用手工工具加工,因此是一种上乘的雕刻材料。钉子、螺钉及胶水固定性能尚好。经砂磨、染色及抛光能获得良好的平滑表面。干燥尚算快速,且变形小、老化程度低。干燥时收缩率颇大,但尺寸稳定性良好。椴木重量轻,质地软,强度比较低,属于抗蒸汽弯曲能力不良的一类木材。没有心材抗腐力,白木质易受常见家具甲虫蛀食。可渗透防腐处理剂。

【紫椴育苗技术要点】

育苗地的选择:选地势平坦,排水良好,土壤比较湿润、肥沃,土层深厚的沙壤土、壤土育苗。林区利用新采伐迹地腐殖土培育紫椴,尤为适宜。

整地、施肥:紫椴出土力弱,要求细致整地,施足基肥,做好土壤消毒。高床育苗,须增厚土层,增强通透性。

种子催芽处理:紫椴种实果皮坚硬致密,种子含油率高,不易吸水,休眠期长,必须给予催芽处理。先进行种子消毒,在用冷水浸种 1 周左右,按体积比混清洁河沙 3 倍,含水率达到饱和程度的 60%,露天埋藏或冷窖堆藏 180d 以上。播种前 10d 左右取出种子,于阳光下摊晒催芽,阴天、夜间堆起或覆塑料薄膜,勤翻动,勤洒水,待半数种子露白时可播种。

播种:条播、撒播均可。播前灌透底水。春播播种后,镇压,覆土1cm,覆帘保墒。公顷播种量为135kg。

田间管理:苗期要适时适量灌水、追肥,及时除草、松土,促进苗木生长。紫锻苗期易患立枯病,定期(10d)打波尔多液,全年4次,幼苗生长时间长,秋雨多时常有顶梢木质化不良现象发生,易遭霜冻害。追肥时间不宜过晚。生长后期停水停肥,增加松土次数,促进幼苗健壮生长。适时间苗,及早定苗。每平方米留苗90株,公顷产苗45万株左右。

黄菠萝

别名黄檗、黄柏。芸香科黄檗属。渐危种。系第三纪古热带植物区系的孑遗植物,是我国的珍贵用材树种。由于过度采伐,资源越来越少,很易陷入濒危状态。主要分布黑龙江、吉林、辽宁、河北。海拔上限:北部垂直分布700m,在南部可达1500m。落叶乔木,高15～22m,胸径可达1m;树皮灰褐色至黑灰色,深纵裂,木栓层发达,柔软,内皮鲜黄色;小枝橙黄色或淡黄灰色,有明显的心形大叶痕;裸芽生于叶痕内,黄褐色,被短柔毛。奇数羽状复叶,对生或近互生;小叶5～15对,卵状披针形或卵形,长5～11cm,宽2～4cm,先端长渐尖,基部圆楔形,通常歪斜,下面主脉或主脉基部两侧有白色软毛,边缘微波状或具不明显的锯齿,齿间有黄色透明的油腺点。花单性,雌雄异株,聚伞状圆锥花序顶生;花小,黄绿色,萼片5片,卵状三角形,长12mm,花瓣5朵,长圆形,长3mm;雄花的雄蕊5枚,与花瓣互生,较花瓣长1倍,退化子房小;雌花的雄蕊退化成小鳞片状,子房倒卵圆形,有短柄,5室,每室有1颗胚珠。浆果状核果近球形,成熟时黑色,有特殊香气与苦味;种子2～5颗,半卵形,带黑色。花期5～6月,果熟期9～10月。

黄菠萝木材纹理美观,切面有光泽,材质坚韧,耐水湿及耐腐性强,不翘不裂,多用来制造枪托;树皮木栓可作软木塞、浮标、救生圈或用于隔音、隔热、防震等;内皮可作染料及药用;叶可提取芳香油;花是很好的蜜源;果实含有甘露醇及不挥发的油脂,可供工业及医药用。树皮又称黄檗、黄柏;可以入药,树皮性味苦,性寒,清热解毒,泻火燥湿,退虚热。

【黄菠萝育苗技术要点】

育苗地的选择:选土壤深厚、排水良好、肥力中等的沙壤土、壤土育苗。一般采用大垄育苗,垄底宽60cm,垄面宽30cm,宽幅或窄幅双行播种,行距13cm,垄高15～20cm,垄向南北比东西光照好。春季整地、作垄的时间最好与播种时间相衔接,这样土壤墒情好,有利于种子出芽。

种子催芽处理。用雪藏法处理种子,方法简单,效果好。无雪地区可用冰屑或清洁河沙代雪。雪藏时间100d以上,具体方法同落叶松种子雪藏处理。

播种。春播、垄作,播种沟深2～3cm;踩底格,播种;压实(使种子与土壤密接);覆土1cm;镇压。干旱时适时灌水。播种量为每公顷105kg,实践经验为每公顷60kg。

田间管理:幼苗主根长,侧根、须根少。长出4个真叶时可切根,留根10cm。切根有促进根系发育的功效。切根后立即灌水,以预防根系透风失水。田间管理以除草、松土、中耕为主,要适时进行。每年除草、松土4～5次,中耕3～4次,以达到垄面无草、土壤疏松的程度。间苗一般进行两次,最后一次定苗应不晚于7月中旬。每米长留苗2行共36株,株距5cm左右。当年苗高30cm以上,高者0.5m以上。

越冬管理:秋季落叶后起苗,分级、捆把后出圃或假植越冬。

核桃楸

别名山核桃、胡桃楸、楸子。为胡桃科。主要分布在黑龙江、吉林、辽宁、内蒙古、河北、山西、河南。落叶乔木,高达20余米,胸径70cm;树皮灰色或暗灰色,浅纵裂;小枝粗壮,幼时被短茸毛,皮孔隆起,叶痕三角形,髓部薄片状;芽被黄褐色茸毛。叶互生,奇数羽状复叶,长40～50cm,叶柄长5～9cm,基部膨大,叶柄及叶轴被短柔毛或星芒状毛;小叶9～17片,椭圆形至长椭圆形或卵状椭圆形至椭圆状披针形,边缘具细锯齿,先端渐尖,基部偏斜,截形至近心形,上面初被稀疏短柔毛,后除中脉外其余无毛,下面被贴伏的短柔毛及星芒状毛,无柄。雄柔荑花序下垂,长9～20cm,雄花通常具12枚雄蕊,雌花序穗状,直立,具4～10朵雌花。果序长约10～15cm,俯垂,通常具5～7果实。果实球形、卵圆形或椭圆形,顶端尖,密被腺质短柔毛,长3.5～7.5cm,直径3～5cm;果核长2.5～5cm,表面具8纵棱,其中两条较显著,各棱间具不规则皱曲及凹穴,顶端具尖头。喜光、喜湿润生境的喜光树种,根系发达。常生于海拔400～1000m的中、下部山坡和向阳的沟谷。多与红松、臭冷杉、水曲柳、黄檗和槭类、榆树等组成针阔混交林或落叶阔叶混交林。萌蘖性和萌芽力较强,疏林内天然更新良好,生长较快。花期4～6月,果实9～10月成熟。

核桃楸木材之优良被人们誉为东北三大名贵木材(水曲柳、核桃楸、黄檗)之一。核桃楸材质好,有光泽,刨面光滑,纹理美观,并具坚韧不裂,耐腐等优点。因此用途广,经济价值高,为军工、建筑、家具、车辆、木模、船舰、运动器械及乐器等用材。可作嫁接核桃的砧木和育种的材料。

【山核桃楸育苗技术】

核桃楸为落叶乔木。材质坚硬致密,纹理通直美观。种仁含油脂,营养丰富。喜光,生长较快,为东北木本药用植物之一,也是很有发展前途的油料植物。苗木主根深长,侧根、须根甚少,移植时不易成活。造林时应采用冬季直播造林。春季播种时,核果应在湿砂内层积,以解除发芽前果皮的机械压力。播种造林地一般选择土层深厚、水肥条件较好的山谷、沟旁或山坡下部。

(1) 种子特性。种子9月中旬成熟。果实成熟后自然落地或人工上树打落。果实采回后,放在水中沤几天,再用木棒砸去果肉,经水冲洗,便可得纯净种子,出种率50%左右。种子卵形,先端尖,长4～5cm,有8条纵棱,中间有不规则的皱棱。净度95%以上,种子82～92粒/kg,优良度70%～90%,无胚乳。种壳坚硬,不易透水,影响发芽。秋播效果好。春播时种子需先经过催芽处理。

当年采种、当年秋播或翌年春播均可;种子不能久存。

(2) 种子处理。秋播或春播的种子都要净种。方法:用自然温度的水浸种5～10d(每2d换水1次),水要高于种子50cm,把漂在水上面的种子捞出扔掉。

将沉下的种子捞出来,用0.5%的高锰酸钾溶液消毒,堆积起来闷3～5h后秋播。

春播时,可用地面混沙堆积法催芽。种子净种、水浸、消毒后,按体积计算,1份种子、2份河沙混均,沙子湿度为其饱和含水量的60%,放入室内或窖内,先在15～20℃下处理2个月,再转入2～5℃的低温下处理2～3个月。春播前2～3d将种、沙分离,将种子放在阳光下晒,并适时浇水,保持种子湿润,晚上堆起来,用草帘盖上,待种子裂口率为优良种子的50%左右时播种。据试验,已催芽但未裂口的种子,晒4h后种子裂口率可增加12%～16%。用裂口种子播种与未裂口种子相比,出苗时间可提早半个月左右,出苗率可提高 31%。

(3) 播种。垄式或床式育苗。林区一般都用床式点播法育苗。做床要细致。老苗圃每亩施堆肥 5000～10000kg,新垦苗圃可不施肥。秋播要在 10 月上旬进行,春播在 5 月上旬进行。播种前要检查种子裂口率。计算播种量的公式为:播种量=[千粒重(g)×设计产苗量(株/m^2)×10]÷(净度×优良度)×损耗系数。损耗系数为 2～3。用播种板或移植铲开沟点播。覆土厚度:春播的为 4cm,秋播的为 4～6cm。秋播的要在 4 月下旬镇压 1 次,以提高出苗率。秋播的一般在 6 月上旬开始出苗,6 月中旬出齐。春播的一般在播种后 25～30d 开始出苗,50d 出齐。播种出苗率为 50%～70%,保苗率 80%以上。

(4) 及时抚育。幼苗出齐后除草、松土 3～5 次,松土的深度为 2～3cm。苗期易感染叶斑病,可每半个月喷施 1%的波尔多液 1 次,预防病害发生。要及时间苗,留苗数为 150 株/m^2。8 月初,发现苗木贪青时要沟施草木灰 20g/m^2(可掺些湿土),以促进小苗木质化,提高苗木质量。

(5) 起苗和管理。10 月上中旬起苗。选苗后按苗木等级分别在假植场单株成行假植越冬。也可留床越冬,不用起苗,春季边起苗、边造林。当年苗高大于或等于 20cm,地径粗大于或等于 0.5cm,苗木合格率 90%以上,合格苗木利用率 95%以上。

蒙古栎

别名柞木,柞栎,蒙栎,凿刺树,冬青。壳斗科。主要分布在中国东北、华北、西北各地,华中地区亦少量分布。在俄罗斯、日本、蒙古及朝鲜半岛有分布。

蒙古栎高可达 30m,胸径达 60cm。树冠卵圆形。树皮暗灰色,深纵裂,小枝粗壮,栗褐色,无毛,幼枝具棱。叶常集生枝端,倒卵形或倒卵状长椭圆形,长 7～20cm,先端短钝或短凸尖,基部窄圆或近耳形,叶缘具深波状缺刻,具 7～10 对圆钝齿或粗齿,幼时沿叶脉有毛,后渐脱落,仅背面脉上有毛,侧脉 8～15 对;叶柄短,仅 0.2～0.5cm,疏生绒毛。花单性同株,雄花序为下垂柔荑花序,长 5～7cm,轴近无毛;雌花序长约 1cm,有花 4～5 朵,但只有 1～2 朵花结果。种苞杯状,包果 1/2～1/3,壁厚;苞鳞三角状卵状,背部呈半球形瘤状突起,密被灰白色短绒毛;坚果单生,卵形或长卵形,长 2～2.3cm,径 1.3～1.8cm,无毛。

蒙古栎喜光树种,在侧方庇荫条件下,高生长较快。适应性强,耐火,耐干旱瘠薄,耐寒性强,能耐-50℃低温。喜温凉气候,喜中性至酸性土壤,通常生于向阳干燥山坡。深根性,主根发达,不耐移植。孤植、丛植或与其他树木混交成林均甚适宜。是营造防风林、水源涵养林及防火林的优良树种。

【蒙古栎育苗技术】

蒙古栎喜光、耐寒、耐干旱、耐瘠薄、耐火烧、不耐盐碱;材质坚硬、比重大、纹理美观、具有抗腐耐水湿等特点。发展蒙古栎,在一定程度上改变单一造林品种,也是解决特种用材林,发展多种经营,大搞综合利用的重要物质基础。

(1) 育苗地的选择与耕作。育苗地要选择在地势平坦、排水良好、土质肥沃、pH 值 5.5～7.0、土层厚度 50cm 以上的沙壤土和壤土。秋播于当年 9 月份整地,深翻 30cm 耙平,拣出草根、石块,每 667m^2 施有机肥 2.0t;春播在秋翻后于翌年春耙地,每 667m^2 施有机肥 1.5t。翻地时进行土壤消毒,每 667m^2 施 4kg 硫酸亚铁,防治地下害虫每 667m^2 可施 2.5kg 辛硫磷。

(2) 种子处理。种子采收后用 50～55℃温水浸种 15min 或用冷水浸种 24h,同时将漂浮的不成熟、虫蛀种子捞出，也可以用敌敌畏熏蒸一昼夜进行杀虫处理。秋播种子消毒处理后即可直接播种，效果良好；春播种子在冷室内混沙(种沙比为 1∶3)催芽，每周翻动一次，随时检出感病种子并烧掉，翌年春播种前一周将种子筛出，在阳光下翻晒，种子裂嘴达 30%以上可播种。

(3) 播种。①播种时间。秋播 10 月上旬至 11 月上旬；春播 4 月中旬至 5 月上旬。②播种方法。有撒播、条播、点播三种。撒播将种子均匀撒在床面上覆土 4～5cm 镇压；条播幅距 10cm，开沟深 5～6cm，将种子均匀撒在沟内覆土 4～5cm 镇压；点播株行距 8cm×10cm，深度 5～6cm，每穴放一粒种子，种脐向下，覆土 4～5cm 镇压。播种前浇足底水。③播种量。撒播、条播的播种量为 130～200kg/667m^2，点播为 100～130kg/667m^2。

(4) 田间管理。①灌水。苗木出土前不必浇水，防止土壤板结，造成顶土困难或种子腐烂而失败。②切根。播种后 15～20d 出苗，当真叶出土 4 片时，切断主根，留主根长 6cm，可促进须根生长，切根后应将土压实并浇水。③间苗。在苗高进入高生长速生期定苗，间去病苗、弱苗，疏开过密苗，同时补植缺苗断条之处，间苗和补苗后要灌水，以防漏风吹伤苗根。留苗密度 60～80 株/m^2。④松土、除草。按着“除早、除小、除了”的原则及时清除，除草结合松土，松土深度 2～8cm。⑤起苗。秋季起苗，进行控沟越冬假植；春季起苗，可原垄越冬，不必另加防寒措施。

白　桦

别名桦树、桦木、桦皮树等。主要分布中国东北大、小兴安岭、长白山及华北高山地区；垂直分布东北在海拔 1000m 以下，华北为 1300～2700m。俄罗斯西伯利亚东部、朝鲜半岛及日本北部亦有分布。

白桦为落叶乔木，高达 25m，胸径 50cm；树冠卵圆形，树皮白色，纸状分层剥离，皮孔黄色。小枝细，红褐色，无毛，外被白色蜡层。叶三角状卵形或菱状卵形，先端渐尖，基部广楔形，缘有不规则重锯齿，侧脉 5～8 对，背面疏生油腺点，无毛或脉腋有毛。果序单生，下垂，圆柱形。坚果小而扁，两侧具宽翅。花期 5～6 月，8～10 月果熟。花单性，雌雄同株，葇荑花序。果序圆柱形，果苞长 3～7mm，中裂片三角形，侧裂片平展或下垂，小坚果椭圆形，膜质翅与果等宽或较果稍宽。

喜光，不耐阴。耐严寒。对土壤适应性强，喜酸性土，沼泽地、干燥阳坡及湿润阴坡都能生长。深根性、耐瘠薄，常与红松、落叶松、山杨、蒙古栎混生或成纯林。自然更新良好，生长较快，萌芽强，寿命较短。

白桦枝叶扶疏，姿态优美，尤其是树干修直，洁白雅致，十分引人注目。孤植、丛植于庭园、公园之草坪、池畔、湖滨或列植于道旁均颇美观。若在山地或丘陵坡地成片栽植，可组成美丽的风景林。其他用途：因其木材致密，可制木器。

【桦树营造技术】

直播造林或植苗造林均可，直播造林以秋季为主，即秋季种子成熟时随采随播，选择杂草较少且土壤较湿润地方撒播，一般可不必覆土。植苗造林以春季为主。春季育苗时，种子需用温水(35℃左右)浸种，播后注意除草松土、灌水、遮阴，当年苗高 40～50cm 时可出圃造林。造林地宜选择在火烧迹地、小块皆伐迹地、林缘坡地或林中空地。造林后 1～3 年内每年抚育 1～2 次，几年后即可郁闭成林。主要病害有桦树心腐病、桦树白粉病、桦树锈病等，害虫有杨柳光叶甲和舞毒蛾等,但均不严重。老树多心腐病,应以培育中、小径材为主。

色　木

别名地锦槭、色木槭。槭树科、槭属。为中国原产种,主产东北地区,以松花江一带最多,在山东可见于泰山山顶有栽培。

色木为落叶乔木,高可达 10～12m,树干皮表褐色或灰色,纵裂,嫩枝初有疏毛,后脱落。芽鳞常被细柔毛,单叶对生,掌状 5 裂,两面光滑无毛,枝叶折断可见白色乳汁,叶裂较浅,偶有 3 裂或 7 裂,叶基心形,叶背脉腋间常有黄色簇毛,叶柄较细。花杂性同株,顶生伞房花序,具花 6～10 朵,花黄白色,花萼、花瓣各 5 枚,雄蕊 4～8 枚。翅果,成熟时淡黄色,翅长较果长达 1.5 倍左右。花期 4～5 月,果熟 9～10 月。耐寒性强,耐干旱程度一般。较耐阴,喜深厚肥沃疏松的土壤,但也耐瘠薄。根系较发达,萌芽力中等。不耐涝渍,能抗烟尘。树姿美观,叶片特别,秋叶红棕,花色清淡,翅果美丽,是良好的园林绿化树种,可作孤植、片植、群植。耐阴性较好,可植于建筑物北侧、西侧或东侧。在厂矿绿化中也能有较好的生长。可作为树桩盆景材料。

色木树势优美,枝叶浓密,叶形秀丽,嫩叶红色,入秋变成橙黄或红色,甚为美观,多用于园林造景。色木材色较桦木略深,为浅肉红色。材质优于桦木,花纹也更明晰。木材锯解、切削稍难,但车旋、钻孔容易。胶接不易,干燥常有开裂,但反翘不甚严重。在家具制造中成材多用于拉手、腿脚等,色木也是乐器用材,经过染色也可以代替红木用于乐器制造,还可作模具用材、纺织用材等。

【色木育苗技术】

(1) 选择育苗地。色木槭喜湿润、深厚、肥沃土壤,因此应选择地势平坦、土层深厚、土质疏松、排水良好的沙壤土做育苗地。

(2) 细致整地、施肥。秋季深翻 25～30cm,春季细耙,做到整地平、土碎、地面平整,结合翻地每亩施入基肥 5000kg。

(3) 播种。4 月中旬进行。采取床作条播种,播种沟深 4～5cm,播幅 4～5cm,每亩播种量 20～25kg。种子播前最好经过湿砂层积催芽。湿砂层积催芽的种子发芽率高,出苗整齐迅速。播种下种要均匀,播后覆土 2～3cm,然后镇压 1 遍。

(4) 苗期管理。播种后经过 2～3 周种子发芽出土,湿砂层积催芽的种子可提前出土。出土后 3～4d 长出真叶,1 周内出齐,3 周后开始间苗。苗木速生期追施化肥 2 次,每次每亩追碳酸氢铵 10kg。苗期灌水 5～6 次,及时松土除草,保持床面湿润、疏松、无草。

1 年生苗高可达 70cm,2 年生苗高达 120～150cm。每亩每年产 1 年生苗 1.8～3.1 万株。移植培育 2 年生移植苗要翌春移植,每亩 6000 株左右,大垄单行。培育 2 年生以上大苗,除加强水肥、松土除草等田间管理措施外,还要注意干形培育,修剪侧枝,使枝下高达到定干高度,同时还应加强冠形修剪。

怀　槐

又名山槐、黄色木、朝鲜槐。蝶形花科马鞍树属。主要分布东北、内蒙古林区等地。怀槐是落叶乔木,高达 15m,胸径最粗可达 1m。干皮暗灰色,皮孔明显。一级侧枝粗壮。羽状复叶,叶较小,树冠云团状,因此树冠浓密。多在山坡、林中和林缘散生,无天然纯林。

怀槐树种材质坚硬、致密，色泽美观，是优良的家具、细木雕刻等用材树种。树皮树叶可提炼单宁等工业原料和药用原料。随着对外开放和国民经济的发展，怀槐已由过去的下杂木而发展成为优良的出口创汇资源，远销日本等国家。目前，长度 4m、直径 20cm 的怀槐原木每立方米售价高达 1200 美元。近年来，怀槐资源急剧减少，市场是供不应求。针对这一情况，一些地方进行了怀槐人工林营造试验。

【怀槐育苗技术】

(1) 采种。从 10 月开始至冬季均可采种，果实采摘后，用水浸泡，搓去果皮，洗净晾干，得出净种。播种繁殖时每亩用种 2.5kg 左右。

(2) 苗床处理。选好圃地，施足基肥，地膜覆盖。选择土层深厚、土质肥沃、有排灌条件的壤土作苗圃地，早春整地前浇水造墒，每亩施优质基肥 2500kg，复合肥 50kg，耙耢整平后，喷乙草胺除草剂，覆盖 90cm 宽的地膜，以待播种。

(3) 育苗。3 月上旬用 80℃的水浸种，自然冷却 24h，将膨胀种子取出。对未膨胀的种子再用 90～100℃的水浸种，处理方法同上，一般经 3～4 次处理，每次增温 10℃左右，绝大部分种子都能膨胀，将膨胀种子分次随捡随种。用地膜打穴器，打穴深 2～3cm，株距 20cm，每膜种两行，行距 50cm 左右，将膨胀种子点入穴内，每穴两粒，覆土厚度 2cm。覆盖地膜，增温保湿，出苗快而整齐。

(4) 苗期管理。4～5 月，幼苗出齐后，苗高 5～8cm 时间苗，10～15cm(长出 6～10 片羽状真叶)时，用断根铲截断直根，断根深度距地表 12～13cm 为宜，断根后及时浇小水 1 次，促进侧根生长。以后遇旱要浇水，雨季遇涝及时排水，6～8 月追施 2 次速效化肥，及时中耕锄草。

(5) 培育大苗。用于城市绿化的苗，一般 3 年以上才可出圃。1 年生苗枝条顶芽密，节间短，树干极易弯曲，必须经过养根、养干阶段。

养根：移栽地每亩施优质基肥 2500kg，翻耕整地，春季土壤解冻后，将 1 年生苗隔 1 株刨 2 株起苗，按 70cm×40cm 行距定植，然后浇水，移栽 1 年后，地径达 2cm 左右时，从地表 3～5cm 处截干。留床苗培育大苗时，起苗后春季发芽前同样截干。

养干：苗木截干后的第一年是培育通直树干的关键阶段。要加强水肥管理、及时去叶，截干处萌发大量不定芽，长至 10～15cm 时，每株留一个直立向上、生长健壮的枝条，其余全部去掉。当年苗高可达 3～4m，树干通直，粗壮光滑，继续培育，以达到定植规格，定植苗木的胸径以 4～12cm 均可。

山　杨

为杨柳科。主要分布我国东北大兴安岭，小兴安岭，长白山及黄河中下游地区均有生长。落叶乔木，木材白色。成年植株高度可达 25m。叶子形近圆形，具波状钝齿。早春先叶开花，雌雄异株，柔荑花序下垂，花药红色，苞片深裂，裂缘有毛。蒴果 2 裂。

山杨最喜光，生长快。木质轻软，富有弹性，不耐水湿。可在造纸，家具，建筑方面使用。萌条可编制筐篮，且具有一定的观赏价值。

【山杨育苗参考其他杨树育苗技术要点】

青　杨

白杨科、青杨属。主要分布于我国东北、华北、西北和西南各省区海拔 800～3200m，和于沟谷、山麓、溪边,各地多栽培。落叶乔木,高达30m,胸径1m。树冠宽卵形。树皮灰绿色平滑。枝叶均无毛短枝的叶卵形、椭圆状卵形,长5～10cm,先端渐尖,基部期或近心形,叶缘细钝锯齿,无毛或微有毛,下面白色;长枝的叶常心莆,叶柄圆。花期4～5月,果熟期5～6月。

青杨喜光,喜温凉气候,耐严寒。适生于土层深厚肥沃湿润排水良好的沙壤土、河滩沙土。忌低洼积水,但根系发达,耐干旱,不耐盐碱,生长快,萌蘖性强。

青杨树冠丰满,干皮清丽,是北方高寒荒漠地区重要的庭荫树、行道树,并可用于河滩绿化、防护林、固堤护森及用材林,常和沙棘混交造林,可提高其生长量。青杨展叶极早,4月中旬即萌芽展叶,新叶嫩绿光亮,使人尽早感觉春天来临的气息。

【杨树育苗技术】

杨树育苗有扦插条育苗、播种育苗、嫁接育苗等。插条育苗是一种营养繁殖方法,营养繁殖能把母本的优良特性完整地遗传给后代,是繁育杨树优良品种的重要方法。育苗是一项细致的工作,从技术上应把握以下几个环节:

(一) 扦插育苗技术

(1) 认真选择育苗地。选好育苗地是杨树育苗成功的关键,如果苗圃地选择不当,会影响今后3～4年的育苗效果。育苗地应选疏松的沙壤土或轻壤土,黏重的土壤和保水保肥差的"通体沙"地不宜选用。苗圃地应地势平坦,交通方便,地下水位不超过1m,土层厚度不少于0.8m。要特别注意不要将苗圃选在易于渍水的低洼平地。排水条件要好,在夏季降水量大时能迅速排出积水。

(2) 整地。扦插之前,按40～50kg复合肥/亩施足底肥,将育苗地深耕30～35cm,及时耙平保墒。宜采用高床育苗,床宽1.6～1.8m(插3行)或1～1.2m(插2行),搞好三沟(围、厢、腰沟)配套,降低地下水位,确保没有暗渍。

(3) 种条采集和插穗的截制。插穗是指由插条截制供扦插用的短段。杨树扦插育苗所用的插穗,只应该采自苗圃1年生苗干或采穗圃的枝条,绝对不能从大树或幼树上采条扦插繁殖。从树上采集阶段发育老的枝条来扦插,会产生明显的侧枝效应,繁殖出的苗木生长和干形都差,主干弯曲、偏斜,原无性系的优点不能保持。同一品种的杨树,母树年龄越大,抑制生根的物质越多,枝条的生根力越弱。1年生杨树苗干所含的抑制生根的物质最低,生根能力强,因此,杨树育苗必须用1年生苗干截制插穗。

枝条部位:杨树1年生苗干的不同部位,所含的根原基数量不同,贮存的养分也不同,相应地其生根率和生长量也不同,中部最高,基部其次,梢部最低。在用苗干截制插穗时,苗干两端过细和过粗的插穗不宜采用,留用部分必须木质化程度高,芽饱满健壮,无病虫害。

采条时间:一般在初春树液将要流动之前采集,随即将苗木下端泡入水中,使苗木充分吸水。

插穗的截制:用锋利的刀截制插穗,插穗长度18～20cm,粗度1～1.5cm,插穗上端的第一个侧芽应完好,上切口与第一侧芽之间应有1cm的间距。截制插穗时,将同一品种苗干上、中、下三个部位的插穗分别放置,分开育苗,避免出现以后苗木不整齐,大苗压小苗的现象。

插穗在扦插前应浸水3～4d,以增加插穗的含水量,并减少生根抑制物质,提高生根率。这个环节很重要,不要忽视。浸水时将插穗装在蛇皮袋里放入干净的水中,让袋子处于自然悬浮状态即可,注意泡水时间不要超过一周,防止插穗泡水时间过长,腐烂变质。

(4) 扦插密度。育苗密度对苗木的质量和产量有重要的影响,如果密度过大,苗木的营养面积和空间缩小，就会使苗木质量下降；如果密度过小，苗木产量太低，影响收入。

① 平原区造林用苗的育苗密度应在3000株/亩左右，不宜超过3500株/亩。这样有两个好处：一是便于使留根育苗有一个合理的苗量，翌年可保证2500～2800株/亩左右，第三年可保证2000～2500株/亩左右，大部分苗木可达到4.5m以上；二是这样的密度可以生产部分中号苗木，满足市场上对中号苗木的需求。客观上市场上对中号苗木（苗高3.5m左右）需求量还是比较大的，如丘陵低山地区土层比较薄，适宜栽植中号苗木，不能强求用大苗造林。

② 生产种条的苗圃可以采用3500～4000株/亩，不宜超过4000株/亩，生产出的种条粗度可达1.5cm，分枝少，芽多，质量好。

③ 可以建立对低山丘陵地区杨树用苗的专门苗圃，生产3.5m左右的苗木，密度3500～4000株/亩。在株行距设计上提倡宽行密株，如0.4m×0.6m、0.35m×0.7m、0.3m×0.7m等，这样的设计便于田间操作，特别是便于今后几年留根育苗用中耕的方法埋施基肥。

(5) 扦插时间。以3月中下旬至4月上中旬扦插为宜，最好在雨后土壤墒情好时扦插。

(6) 扦插方法。将浸过水的杨树插穗垂直地直接插入松软的圃地土壤中，插穗上切口与地面相平或略高于地面，可稍踏实土壤，使土壤与插穗密接。

(二) 苗木管理技术

(1) 成活期。从扦插时起到插穗开始生根和展叶时为止，一般需2～4周，此期插穗最容易失去水分平衡，抗逆性很弱，不能及时生根的插穗就会枯死。所以此期维持土壤适宜的湿度是管理的重点，若遇严重干旱，要灌透水1次，灌溉后要及时浅锄松土，防止地表板结，否则成活率也会降低。

(2) 幼苗期。从插穗生根展叶到进入速生期，一般需5周左右。此期以防虫为重点，要注意防治。

一个插穗可能萌发出多个萌条，当萌条高约20cm时，应及时定干，保留一个粗壮萌条，留下部的萌条为好，其他的芽抹去。

(3) 速生期。自高生长大幅度上升至高生长大幅度下降时为止，6月上旬至9月中旬。此期正值高温多雨季节，苗木生长快，需要营养最多，应追施尿素2次，简便的方法是在下雨之前按5kg尿素/亩撒施，下雨后肥料溶入土壤中。为了防止徒长，提高苗木木质化程度，追肥不要晚于8月上旬。苗木叶片上有水时不要撒施尿素，否则会烧灼叶片。

杨树苗干的腋芽容易萌发侧枝，应及时抹芽，抹晚了会影响主干生长，抹芽应注意不伤苗干，保护叶片。

5、6月份要各喷洒1次甲基托布津于苗干上，防治杨树溃疡病。

如果有盲蝽象吸食嫩叶汁液造成嫩叶皱缩，可用阿维因素喷洒苗木顶部，于傍晚施药。

杂草是苗木厉害的竞争对手，除草是苗木管理的一项繁重任务，除草要除早、除小、除了，第一年人工松土锄草一般要达到4次，工作量和开支是比较大的。如果育苗面积较大，劳力紧张，亦可采用化学除草，其方法见后。

(4) 封顶硬化期。从出现顶芽开始到落叶为止，此期高生长基本停止，但根系和胸径生长还要持续一段时间，应注意病虫害防治。

① 秋季易发生食叶害虫如杨扇舟蛾，喷洒敌杀死或敌敌畏等农药即可。

② 9月中旬，喷洒甲基托布津或代森锰锌于苗杆上，防治杨树溃疡病。

③ 叶锈病易引起提早落叶，削弱苗势，可用粉锈宁与甲基托布津混合后全株喷洒，既防叶

锈病又防溃疡病。落叶后要清除枯枝落叶,以防苗圃失火烧毁苗木。

(三) 杨树留根育苗技术

美洲黑杨和欧美杨的根桩,具有连续多年萌发的能力,苗圃可以截干,出圃截根苗,而留根于苗圃继续育苗。留根育苗简化了育苗工序,一次扦插可持续利用 4 年左右,与扦插苗比,可节约种条,节省人力物力,苗木质量也得到明显提高。截干苗包装、运输方便,节省运费,造林后提高成活率和生长量。其技术以扦插育苗为基础,与扦插育苗是类似的,但要注意以下几点:

(1) 起苗时不要留高桩,尽量贴近地面割断苗木。

(2) 注意中耕,施足基肥,合理追肥。留床的老根消耗土壤养分多,苗床板结,春季萌芽之前要进行中耕,按 40kg/亩将复合肥撒施于行间,然后用锄头覆土。苗木的生长应该主要依靠基肥。5～7 月苗木快速生长期追肥 1～2 次,每次每亩追施 5kg 尿素。

(3) 定株。当萌条高达 20～30cm 时,每桩只留 1 个萌条,其余抹去,不可多留,育苗者恋苗的习惯应改掉,多留的萌芽绝大部分是不能长成成苗的,只会消耗营养。

(4) 抹芽。留床苗分枝比较厉害,要及时抹芽。

(5) 防虫治病与 1 年生苗相同,注意 5、6、9 月各喷 1 次甲基托布津,防治杨树溃疡病。

(四) 苗圃化学除草

除草对杨树育苗很重要,人工除草效率低,需要的劳力多,劳力紧缺时,不能及时完成,影响苗木生长,在生产上往往是一个难题,生产者深感困扰。化学除草具有高效、及时和经济的特点,但要慎选除草剂,确保苗木绝对安全。

(1) 用除草剂处理土壤,群众称为"打封闭"。萌芽初期,幼苗的嫩芽抗药力差,所以在杨树插穗扦插完成后至萌芽之前,喷洒除草剂于苗床上,可大大减轻杂草对苗木的危害。适宜用药时间为 4 月上中旬,除草剂可用禾得森或者用"禾得森＋盖草能",其作用机理是抑制单子叶杂草(群众称"尖叶子草")种子生根发芽。浓度按说明书使用,不能随意加大浓度。施药后不要在苗床上踩踏,以免破坏药层。

(2) 1 年生苗木的处理:药剂用盖草能或盖尖(浓度按说明书使用)对单子叶杂草效果甚好,对苗木无害。在苗木行间喷药于杂草茎、叶上,施药时间在 5、6 月份单子叶杂草旺盛生长的前期,可在喷头上安装防雾罩,防止药雾飘散。

(3) 2 年生以上苗木的处理:2 年生以上苗木生长较快,对杂草抑制作用强,最好采用人工除草,可兼有松土作用。若劳力紧张,也可采用化学除草,方法同上。

(4) 对双子叶杂草(群众称"圆叶子草")宜采用人工除草方法,广谱性除草剂或者杀双子叶植物的除草剂要十分慎重,最好不用。

加拿大杨

别名加杨,欧美杨。杨柳科杨属;系美洲黑杨与欧洲黑杨之杂交种。分布于欧、亚、美各洲。19 世纪中叶引入我国,各地普遍栽培,而以华北、东北及长江流域最多。乔木,高达 30m,胸径 1m;树冠开展呈卵圆形。树皮灰褐色,粗糙,纵裂。小枝在叶柄下具 3 条棱脊,冬芽先端不贴紧枝条。叶近正三角形,长 7～10cm;先端渐尖,基部截形,边缘半透明,具钝齿,两面无毛;叶柄扁平而长,有时顶端具 1～2 腺体。花期 4 月,果熟期 5 月。

加拿大杨杂种优势明显,生长势和适应性均较强。性喜光,颇耐寒,喜湿润而排水良好之冲积土，对水涝、盐碱和瘠薄土地均有一定耐性，能适应暖热气候。对二氧化硫抗性强，并有吸收能力。生长快，在水肥条件好的地方 12 年生树高可达 20m 以上，胸径 34cm。萌芽力、萌蘖力均较强。寿命较短。

加拿大杨树体高大，树冠宽阔，叶片大而具有光泽，夏季绿荫浓密，很适合作行道树、庭荫树及防护林用。同时，也是工矿区绿化及“四旁”绿化的好树种。由于它具有适应性强、生长快等特点，已成为我国华北及江淮平原最常见的绿化树种之一。树皮含鞣质，可制取栲胶及黄色染料。

【加拿大杨育苗参考杨树育苗技术】

银中杨

为杨柳科杨属。主要分布我国东北、西北地区。银中杨是以熊岳的银白杨为母本，以中东杨为父本，经人工杂交选育而成，该品种为雄性无性系。树干通直，皮灰绿色，披白粉；树冠呈圆锥形。树姿优美，叶大型，叶片两色，叶面深绿色，叶背面银白色，密生绒毛。具有树形美观、速生、抗病虫能力强、耐寒、耐瘠薄等优良特性。既是营造速生丰产林的优良树种，也是城乡绿化、特别是大中城市绿化的首选树种。

在育苗生产实践中，由于银中杨的遗传特性，具有银白杨扦插难生根的遗传基因，银中杨的成活率问题，已成为广大育苗工作者备受关注的焦点。如何提高银中杨成活率，是银中杨育苗技术过程中的关键问题之一。

【银中杨育苗繁殖技术】

银中杨具有银白杨扦插难生根的遗传基因，所以常规育苗仅有 30%左右的成活率。只有通过改善银中杨育苗从扦插后到生根前的生长环境，才能促进早生根，保证成活率。

(1) 精选种穗。种穗的精选是提高银中杨成活率的基本环节。一般当年生扦插的种条要求种穗上部标准直径必须在 0.8cm 以上，种穗上部直径低于 0.8cm 的必须扔掉，不能用作种穗，这样可保证种穗良好的木质化程度。2 根 1 干的树条，一般要求种穗上头直径在 1cm 以上，可保证 2 根 1 干种条的木质化程度。种穗直径低于 1cm 的，由于髓心空心大，木质化程度差，也不合格。种穗的剪取时间最好在插前 45d 左右，将种穗剪好，每 50 穗捆一捆，用沙埋好，保持湿润，插前用 ABT 生根粉 1 号水浸液将种穗下部 4cm 部位浸 8～12h，即可扦插。

(2) 种穗短剪。种穗剪取的标准是 9cm，打破了常规育苗种穗剪取 13cm 的长度标准。短剪种穗扦插在土壤上层，这部分土壤温度较高，能促进种穗早期生根，可提高成活率，节省种穗，减少种穗在育苗中的成本。

(3) “小棚”育苗法。即利用农业水稻育秧扣小棚技术进行银中杨容器育苗。基本做法是小塑料棚的宽度是 1.5m 左右，用竹批子做拱杆，棚高 80～100cm，将配制好的营养土(黑土 6 份、中粒河砂 3 份、马粪 1 份)装入直径为 12～14cm 的无底塑料袋中，或装在同样规格的纸筒中，摆放在 1m 宽的苗床上，每平方米摆放 200 袋左右，将种穗扦插在袋内，浇足水，扣好棚。一般 4 月中旬即可扣棚，中午棚内温度超过 23℃时放风降温 1 次，保持温度在 23℃左右，并保持袋内足够的水分。扦插 15d 左右有少量的侧根生出，25d 左右插穗底部的愈伤组织开始形成，有少量“五杈股”根生出，6 月初每天逐渐撤棚“练苗”10d 左右，木质化开始形成。待 6 月下旬，撤掉棚。成活率可在 51%左右。待到 6 月末 7 月初下伏雨时，将银中杨容器苗移到 70cm 垅上，做到“坐足底水”移栽，株距 35～40cm，栽完后垅灌足水 1 次，可保证栽后成活率达到

98%以上。苗木单株最终成本也不比常规育苗高。

(4)"中棚"育苗法。棚宽5m,棚高1.6m,棚长20m左右,其他做法与小棚育苗法相同。由于棚内温湿度优于"小棚"育苗,其成活率可达61%左右。

(5)"大棚"育苗法。棚宽8m,棚高2m左右,棚长50m左右,其他与"小棚"育苗法相同,由于棚内温湿度优于"中棚"育苗,其成活率可达72%左右。银中杨中棚和大棚式容器育苗较小棚式容器育苗成本略高一些。

新疆杨

为杨柳科杨属。主要分布在我国新疆,以南疆地区较多。近年来,在北方各地区,如陕西、甘肃、宁夏、青海、辽宁、吉林等省(区)大量引种栽植,生长良好,有的省(区)列为重点推广的优良树种。新疆杨为乔木,高达30m;枝直立向上,形成圆柱形树冠。干皮灰绿色,老时灰白色,光滑,很少开裂。短枝之叶近圆形,有缺刻状粗齿,背面幼时密生白色绒毛,后渐脱落近无毛;长枝之叶边缘缺刻较深或呈掌状深裂,背面被白色绒毛。

新疆杨为喜光树种,喜光,耐干旱和盐碱,在土层深厚、排水良好的壤土上生长最佳,根系较深,抗风力强,但耐寒力较差,在个别地方引种有时有冻梢现象。速生萌芽力强。在大部分地区生长发育良好。用扦插繁殖。但是,新疆杨繁殖能力较弱,繁殖系数较低,扦插繁殖和嫁接繁殖在生产上得到推广应用。

新疆杨可做风景树、行道树及"四旁"绿化树种;材质较好,纹理直,结构较细,可供建筑、家具等用。

【新疆杨育苗参考银中杨育苗繁殖技术】

垂 榆

别名垂枝榆。榆科榆属。垂榆是从我国广为栽培的白榆中选出的栽培品种。1974年新疆林业厅组织林业科技人员,在甘肃省境内采集种条引种到新疆,次午嫁接繁殖试验成功。

垂榆落叶小乔木。单叶互生,椭圆状窄卵形或椭圆状披针形,长2~9cm,基部偏斜,叶缘具单锯齿。枝条柔软、细长下垂、生长快、自然造型好、树冠丰满,花先叶开放。翅果近圆形。喜光,抗干旱、耐盐碱、耐土壤瘠薄,耐旱,耐寒,-35℃无冻梢。不耐水湿。根系发达,对有害气体有较强的抗性。

垂榆树干形通直,枝条下垂细长柔软,树冠呈圆形蓬松,形态优美,适合作庭院观赏、公路、道路行道树绿化,是园林绿化栽植的优良观赏树种。

【垂榆繁殖培育技术】

垂榆繁殖多采用白榆作砧木进行枝接和芽接。3月下旬至4月可进行皮下枝接,6月用当年新生芽嫁接。不论是枝接还是芽接,只要先处理好砧木接穗,认真操作,加强养护管理均可成活。定植后根据枝条生长快、耐修剪的特点,整形修枝进行造型。对株距小、空间少的植株通过绑扎,抑强促弱,纠正偏冠,使枝条均匀下垂生长。当垂枝接近地面时,从离地面30~50cm处周围剪齐,其外形如同一个绿色圆柱体,很有特色。

嫁接方法:在5月中下旬,树液已开始流动,离皮的情况下,选用插皮接,它是枝接中常用的一种方法,多用于高接换头。

(1)砧木的处理。将准备嫁接的白榆在要求的位置锯断或剪断,断面要与枝干垂直,截口要用刀削平，以利愈合，并且抹去砧木上其他萌芽。

(2) 接穗的处理。把接穗削成长 2～3cm 的长削面，如果接穗粗，削面稍长些。在长削面的背面削成 1cm 左右的削面，使下端稍尖，形成一个楔形，接穗留 2～3 个芽，接穗削成厚度在 0.3～0.5cm，最好每个削面都一刀削成。接穗随接随削，以防风干。

(3) 嫁接。将削好的接穗插入砧木的木质部和皮层之间，长削面紧贴砧木木质部，然后用塑料条绑缚，要求绑紧(防止接穗脱落或松动；防止嫁接处风干；防止雨水渗入)。同时，春穗需套袋，减弱蒸腾作用，减少水分散失。

垂　柳

别名柳树、清明柳、吊杨柳、线柳、倒垂柳、青龙须等。杨柳科柳属。主要分布长江流域及其以南各省区平原地区，华北、东北有栽培。垂直分布在海拔 1300m 以下，是平原水边常见树种。亚洲、欧洲及美洲许多国家都有悠久的栽培历史。落叶乔木，高达 18m，胸径 1m，树冠倒广卵形。小枝细长下垂，淡黄褐色。叶互生，披针形或条状披针形，长 8～16cm，先端渐长尖，基部楔形，无毛或幼叶微有毛，具细锯齿，托叶披针形。雄蕊 2 枚，花丝分离，花药黄色，腺体 2 枚。雌花子房无柄，腺体 1 枚。花期 3～4 月；果熟期 4～5 月。

垂柳喜光，喜温暖湿润气候及潮湿深厚之酸性及中性土壤。较耐寒，特耐水湿，但亦能生于土层深厚之高燥地区。萌芽力强，根系发达，生长迅速，但某些虫害比较严重。寿命较短，树干易老化。30 年后渐趋衰老。垂柳可用作行道树、庭荫树、固岸护堤树及平原造林树种。此外，垂柳对有毒气体抗性较强，并能吸收二氧化硫，故也适用于工厂区绿化。柳树还有其他用途。到了化学家手中，能炼出火药；到了医学家手中，可作接骨夹板材料。在农村老人、妇女手中，它又可变成柳篮、柳箱等日用品。就是柳芽、柳絮、柳叶的用途，也很广泛。如柳絮可作枕芯，也可作鞋垫。

垂柳性味苦，寒。以枝、叶、树皮、根皮、须根等入药；清热解毒，祛风利湿。枝、叶夏季采，须根、根皮、树皮四季可采。叶可治疗慢性气管炎，尿道炎，膀胱炎，膀胱结石，高血压；外用治关节肿痛，痈疽肿毒。枝、根皮可治疗白带，风湿性关节炎；外用治烧烫伤。须根可治疗风湿拘挛、筋骨疼痛，湿热带下及牙龈肿痛。

【垂柳雄株嫁接育苗技术】

垂柳是大家非常熟悉的杨柳科柳属树种，雌雄异株，适应性强，喜水湿较耐寒。繁殖非常容易，生长迅速，树形优美。不仅是“四旁”绿化和平原造林的珍贵树种，而且也是城市园林绿化和沟、渠、池、塘旁栽植的首选树种，深受人们青睐。由于垂柳雌株，开花后花量大，飞絮严重污染环境，成为垂柳大面积造林，特别是城市大规模栽植时一个不可忽视的负面问题。为了有效地解决这一问题，采用速生柳树品种做砧木，高位嫁接垂柳雄株，培育大规格垂柳雄株苗木，用于城市绿化和更换淘汰城市周围垂柳雌株，可以收到良好的效果，春天飞絮问题基本得到解决。

(一) 标记雄株选择采穗母树

垂柳雌雄株从表面上很难区分，但从花上很容易区别。为了采到较纯的雄株接穗，花期必须对要采穗的母树进行雌雄辨认。常用以下三种方法辨认：一是从花的外观直接辨认。一般雌花柔荑花絮比较细长，长可达 5cm，并且下垂；雄花序较粗短，长一般为 2～4cm。二是从开花结果上辨认。只开花不结果的为雄株；既开花又结果的是雌株。三是从花的解剖结构上区分。垂柳雌雄花的解剖结构不一样，最简单的区别是雌花有柱头，雄花有雄蕊。其实有经验的人,从花的外观上一看就能区分雌雄株。雌雄株辨认清楚后,要将雄株单独标记出来,做好固定标记,作为采穗母株。

(二) 砧木培育

为快速培育大规格垂柳雄株苗木,我们选用生长快,抗性强的速生柳树品种做砧木。扦插育苗头一年冬季,选当年生健壮柳树枝条,粗度一般达到 0.5cm 以上,剪成长 18～20cm 插穗,50 根一捆,放背阴干燥处,用干净的湿河砂贮藏。贮藏时保证每根插条都和湿砂充分接触,以利保持水分。翌年春天,土壤解冻后,亩施腐熟的有机基肥 $3m^3$,撒匀后整地做畦。一般畦宽 1.5m,长随苗圃地而定。扦插密度为 0.5m×0.2m。扦插深度以插条上端和地面持平为宜。可以直插也可以斜插。插后插条的两侧用脚踏实,浇透水。及时松土、除草、补充水分和病虫害防治。当年扦插苗高可达 1.5m 以上,根径达到 2cm。苗木生长一年后,要分别隔一行除一行、隔一株除一株,将留床苗密度调整到 1m×0.4m。再将起出的苗木分级后定植培育,密度也是 1m×0.4m。再分别培育一年后苗高可达到 2.5m 以上,根径达到 4cm,即可定干嫁接。

(三) 接穗采集贮藏

在准备嫁接的头一年冬天,在事先标记好的雄株母树上选择当年生健壮枝条,一般粗度达到 0.3cm 以上,用干净的湿河砂贮藏,贮藏方法同前述砧木插穗贮藏方法。

(四) 嫁　接

(1) 嫁接方法。垂柳嫁接成活率高,采用的方法灵活多样。一般常采用芽接、劈接、插皮接和双舌接等方法,生产中可根据各自的实际灵活运用。

(2) 嫁接时间。采用不同的嫁接方法,嫁接时间不同。芽接一般采用丁字形芽接,嫁接时间选择在 9 月底 10 月初进行。采用丁字形芽接时,接穗要随用随采。在标记好的雄株母树上,选择芽子饱满的当年生半木质化枝条,随采随留叶柄剪除叶子,同时用保湿材料保湿。采用劈接、插皮接和双舌接时,要在春季树液开始流动,砧木开始萌芽时嫁接。各地嫁接时间随各地的物候期不同而异。

(3) 嫁接及嫁接部位。垂柳苗对干高一般都有要求,嫁接时要选择高部位嫁接。经过两年培育的柳树,苗高一般可达到 2.5m 以上,嫁接部位可选在 2m 处进行。生产中可以采取单头(芽)或多头(芽)嫁接。当苗高 2m 处较细,或还没有分枝时可采用单头(芽)嫁接,当 2m 高处较粗或已经有多个分枝时可采用多头(芽)嫁接。

(五) 嫁接后的管理

(1) 检查嫁接成活率。一般嫁接后 15～20d 后即可开始检查成活率。带叶柄丁字形芽接,嫁接后 15～20d,用手轻碰叶柄即脱落,并且接芽新鲜即为成活;劈接、插皮接和双舌接,接后 15～20d,检查接穗新鲜,接芽有萌动,伤口愈合好即为成活。

(2) 抹芽解膜。嫁接成活后要随时解除绑膜,芽接一般 1 个月即可解除;劈接、插皮接和双舌接,一般要 40d 后解除。解膜后,劈接、插皮接和双舌接还要随时抹除砧木上的所有萌芽,以利于接芽萌发。芽接解膜后当年可不用抹芽,待当年冬天或翌年春天柳树萌芽前,将接芽以上的砧木梢头和接芽以下的砧木枝条全部剪除,以确保接芽的萌发。

(3) 摘心打头。垂柳嫁接成活后生长迅速,为尽快形成圆满完整的树冠,要及时对新梢进行摘心打头。一般当新梢长到 50cm 长时开始摘心打头,选择生长方向适当,饱满健壮的芽子保留,剪除其上部枝梢。单头(芽)嫁接一般要进行 2 次以上的摘心打头,即可形成枝条分布均匀的圆满完整的树冠。

（4）其他常规管理。垂柳嫁接育苗的常规管理和其他苗木管理差不多，为促进苗木生长，应及时进行松土除草和施肥浇水。萌芽前亩施碳氨 50kg；5 月底 6 月初再追 1 次尿素，亩施肥量为 25kg；7 月中下旬每亩追施 N、P、K 复合肥 15kg。一般采用开沟条施或挖穴点施，施肥后覆土踏实，然后浇透水一遍（雨季可雨前或视墒情追肥，施肥后可不用浇水），8 月中下旬后停止追肥。

选用速生柳树品种做砧木进行垂柳嫁接育苗，比传统的扦插育苗表现出许多优势。由于柳树生长迅速，干性好，抗性强，苗木根干部只需在圃地里培育 4 年即可出圃，苗干通直，病虫害少。而传统的扦插育苗，不仅苗木培育时间长，出圃需要 6～8 年，而且苗木干性差，易感染各种病虫害，商品价值低，影响经济效益。嫁接时选择雄株采穗，培育的苗木全部是垂柳雄株，苗木造林后只开花不结果，从根本上解决了飞絮污染的问题，市场前景极为广阔。

金丝垂柳

为杨柳科柳属。本种为杂交种，主要分布沈阳以南大部分地区，吉林、黑龙江也有栽培。金丝垂柳为落叶乔木，高可达 10m 以上，冠长卵圆形或卵圆形，枝条细长下垂。小枝黄色或金黄色。叶狭长披针形，长 9～14cm，缘有细锯齿。生长季节枝条为黄绿色，落叶后至早春则为黄色，经霜冻后颜色尤为鲜艳。幼年树皮黄色或黄绿色。金丝垂柳生长迅速，是速生树种。喜光，较耐寒，性喜水湿，也能耐干旱，以湿润、排水良好的土壤为宜。扦插繁殖，易成活。应注意防治枝干病害。

金丝垂柳树姿优美，抗病能力强，无性繁殖容易，生长快，1 年生扦插平均高生长不低于 2.5m。对有毒气体有一定抗性，并能吸收二氧化硫；是优良的园林观赏树种，宜在岸边、水旁栽培。

【金丝垂柳扦插育苗技术】

（一）育苗方法

（1）圃地选择。选择地势平坦，排灌方便，日照充足，土层深厚，肥沃疏松的地块作圃地，圃地 pH 值在 6.5～7.5 之间，含盐量不高于 0.2%的偏碱或偏酸土壤均可，但忌重盐碱、薄土层和黏重土壤。

（2）土壤处理。圃地深耕 20～30cm，结合深耕每 667m^2 施复合肥 40～50kg，有机肥 3000～4000kg 或农家腐熟堆肥 3000kg 作基肥，并施入 1.6kg 的锌硫磷 1～1.5kg 以防地下害虫。深耕后细耙整平，稍加镇压后作畦开沟，沟深 10～15cm 以抗旱防涝，畦宽可根据地形和水利条件作 1.2～1.8m 均可。

（3）种条采集与处理。每年春秋两季均可采集。要选择木质化程度好、无病虫害的优质壮条，一般应用 1 年生扦插苗干为宜；生长健壮、发育较好的侧壮枝或幼树上的壮条也可采用，粗度以 0.8～1.5cm 为宜。将种条分级、分段剪切，插条长度 12～15cm，每根最少保证有 3 个芽，顶端第一芽距剪切处 1cm。将短截好的插条每 30 根捆成一捆。为提高插条成活率，防止剪切后脱水，保证插条出苗整齐，扦插前要充分浸泡，浸泡时将捆好的插条小心整齐地排放于水池或其他容器内，注意不要损坏芽子，排好后上面用重物压实再加水，使插条通体受水浸泡 3～5d。要注意随切、随捆、随泡。冬采春插的种条要经过窖藏或沙藏，在下地扦插前再做以上处理。

（4）扦插。春插在 3 月下旬至 4 月上旬芽萌发前进行（春寒可在 5 月份扦插），秋插在落叶至土壤封冻前进行。扦插时按种条的梢、中、基部分别将插条直插入土中，顺畦微斜亦可，扦插深度要适当，插条入土以第一芽似露不露为准，深度、距离要一致。株行距 30cm×60cm，每亩插条 3500～4000 根最宜，这一扦插密度可充分发挥最佳的经济效益，保证苗木数量和质量，扦插后及时灌水，使每根插条都能浇到水，灌后用脚将插条周围的土踩实，以促进插条生根发芽，提高成苗率。秋季扦插后，覆土 6～10cm，以保证插条安全越冬，翌春发芽前将覆土刨开。

(二) 抚育管理

(1) 抹芽。幼苗生根前浇水 1～2 次，萌芽后，待芽长至 10～15cm 时，选留 1 个健壮的枝条培育为主干，其余的全部抹掉。

(2) 整枝。待主干长至 60cm 时，剪除掉强壮的竞争枝 1～2 个，以减少养分消耗，加快主干形成。之后的苗木生长期内，若没有特别强大的竞争枝，一般不再整枝修剪。剪除侧枝过多，一方面会造成苗木叶片稀少，导致苗木光合作用弱，合成物质少，树体营养跟不上；另一方面苗木地面强度透光，引起杂草滋生，立地条件遭到破坏，直接影响苗木粗生长和高生长。

(3) 浇水施肥。当插条幼根形成，苗高至 20cm 时，开始追施尿素 2～3 次，每亩施 5kg 左右，每 10～15d 施 1 次。待苗高 1m 时，可叶面喷肥，喷肥量每 15kg 水对 0.1kg 尿素，每隔 15d 叶面喷肥 1 次，连喷 2～3 次。5 月下旬至 9 月上旬，金丝垂柳生长旺季再追施尿素 3 次，每次每亩施尿素 10kg。苗木生长前期以氮肥为主，后期施适量磷钾肥，以促进苗木木质化形成。每次施肥后要浇 1 次透水，以利于根系吸收。苗木生长季节视情况浇水 4～6 次，注意雨季排水防涝。

(4) 中耕锄草。注意及时中耕锄草，特别在苗高 50cm 之前，幼苗生长期间，坚决杜绝“草吃苗”现象，将拔除的草清理出地，防止野草根系着土“死而复生”，及时锄地松土保墒，结合施肥除草，培土壅根。

(5) 防治病虫害。金丝垂柳抗病力强，几乎无病害。盛夏季节可见少量的柳叶甲、蝗虫、瓢虫、尺蠖、蓟马、卷叶虫等虫危害，可用甲胺磷或 40%氧化乐果 0.1%的溶液交替喷雾防治，每月防治 1 次。采用此种方法育苗，严格规范管理，秋季可出圃平均苗高达 3m 以上，地径 2cm 以上的壮苗每亩 3000 株左右。

铺地柏

别名爬地柏、矮桧、匍地柏、偃柏。柏科圆柏属。原产日本，我国各地园林中常见栽培，亦为习见桩景材料之一。匍匐小灌木，高达 75cm，冠幅逾 2m，贴近地面伏生，叶全为刺叶，3 叶交叉轮生，叶上面有 2 条白色气孔线，下面基部有 2 白色斑点，叶基下延生长，叶长 6～8mm；球果球形，内含种子 2～3 粒。阳性树，能在干燥的沙地上生长良好，喜石灰质的肥沃土壤，忌低湿地点。

铺地柏在园林中可配植于岩石园或草坪角隅，又为缓土坡的良好地被植物，各地亦经常盆栽观赏。

【铺地柏育苗技术】

铺地柏是常绿低矮匍匐灌木，具有喜光、耐寒、耐干旱、抗污染等特点，是防沙固沙、护堤护坡、防止水土流失、园林绿化、高速公路绿化的优良树种，有“常绿草坪”之称，发展前景看好。铺地柏用种子繁殖比较困难，通常采用扦插进行繁殖。

育苗时期选择在 5～8 月份均可进行，但以温、湿度比较适宜的 8 月份成活率最高。育苗场地应选择向阳、平整、洁净、用水便利的地块。扦插基质可选用素沙、泥炭土或两者混合。

在塑料小拱棚中或用容器育苗方法进行扦插。采取当年生半木质化的枝条(若需长距离运输,应及时用湿布包好,置于冷凉处,保持枝条的新鲜状态,但是不宜浸入水中),剪成20cm长左右的插穗,剪下部去下部枝叶,下部剪口剪成马蹄形。插入干净的河沙中。插前用100mg/L的萘乙酸浸泡至插穗下部3cm处,3～4h后扦插效果更好。扦插深度为4～5cm,温度保持在20～28℃,经常喷水喷雾,20d左右开始生根,1个月左右大量生根,40d左右根系发育完整,此时揭去薄膜,进行炼苗,然后可移栽到露地苗床中培养铺地柏扦插成活率较高,一般可达90%以上。

胡枝子

别名二色胡枝子,扫条。豆科胡枝子属的一个种。分布于我国的东北、内蒙古、华北、西北及南方等省。胡枝子属灌木,高0.5～3m,分枝繁密,老枝灰褐色,嫩枝黄褐色,疏生短柔毛。三出复叶互生,顶生小叶宽椭圆形或卵状椭圆形,长1.5～5cm,宽1～2cm,先端钝圆,具短刺尖,基部楔形或圆形,叶背面疏生平伏短毛,侧生小叶较小,具短柄,托叶条形。花冠蝶形,紫色,旗瓣倒卵形,翼瓣矩圆形,龙骨瓣与旗瓣近等长。荚果倒卵形,网脉明显,疏或密被柔毛,含1粒种子,种子褐色,歪倒卵形,有紫色斑纹。胡枝子耐寒性强,无雪覆盖也能耐－28～－30℃的低温。胡枝子根系发达,2年生植株主根入土深度达170～200cm,根幅130～200cm,幼株根瘤发达,每株有根瘤40～200个。70%的根系集中在5～30cm土层中。

胡枝子的叶片宽大,据开花期测定,单株叶面积达9m^2,其茎叶比随发育时期而异,开花期叶量达最大值。胡枝子从翌年开始,生长速度加快,开花期株高达1～3m,现蕾至开花期日增长量可达1.83cm。人工栽培的2年生植株,单株鲜重可达2.03kg。

【胡枝子栽培技术】

首先采收未完全成熟的细梗胡枝子果枝,置阴凉处,让其充分后熟,待种子完全成熟变为棕褐色后自动脱落;其次是沙藏催芽法软化种皮骨质化,用湿润细沙藏种,混拌匀后装入木箱中,置阴凉处,待种子出现白芽孢,即可播种;第三是播种时将种子和砂按照一定比例进行条播;第四是覆盖地膜育苗,促进其尽早出苗。本方法易行,操作方便,通过掌握种子采收时间,对种子进行后熟处理,用沙藏法催芽,成苗率达到95%。

胡枝子现已在东北,华北进行人工栽培。播种期多选择在土壤水分充足的早春或雨季,东北地区在7～8月栽培效果好。播种前种子去壳,擦破种皮,能提高发芽率。播种量每亩4～5kg。播种前施过磷酸钙20～30kg/亩。苗期生长慢,应除草1～2次。当年产草量不高。翌年生长快,苗高40～50cm刈割,每年刈割1～2次,亩产鲜草1500～2000kg。可青饲,也可调制成干草,制干草时在开花期刈割为好。种子收获应在荚果变黄时收获,每亩可收种子15～20kg。

刺　槐

又名洋槐、刺儿槐。豆科蝶形花亚科刺槐属。主要分布在东北、西北、华北、华东。在北纬23°～46°、东经86°～124°的27个省(市、自治区)都有栽培,而以黄河中下游和淮河流域为中心。落叶乔木,高10～20m。树皮灰黑褐色,纵裂;枝具托叶性针刺,小枝灰褐色,无毛或幼时具微柔毛。奇数羽状复叶,互生,具9～19小叶;叶柄长1～3cm,小叶柄长约2mm,被短柔毛,小叶片卵形或卵状长圆形,长2.5～5cm,宽1.5～3cm,基部广楔形或近圆形,先端圆或微凹,具小刺尖,全缘,表面绿色,被微柔毛,背面灰绿色被短毛。种状花序腋生,比叶短,花序轴黄褐色,被疏短毛;花梗长 8～13mm。被短柔毛,萼钟状,具不整齐的 5 齿裂,表面被短毛;花冠白色或黄色,芳香,旗瓣近圆形,长 18mm,基部具爪,先端微凹,翼瓣倒卵状长圆形,基部具细长爪,顶端圆,长 18mm,龙骨瓣向内弯;雄蕊 10 枚,成 9 与 1 两体;子房线状长圆形,被短白毛,花柱几乎弯成直角,荚果扁平,线状长圆形,长 3～11cm,褐色,光滑。含 3～10 粒种子,2 瓣裂。花果期 5～9 月。刺槐喜光、喜温暖湿润气候,对土壤要求不严,适应性很强。

刺槐树冠高大,叶色鲜绿,每当开花季节绿白黄相映,素雅而芳香。可作为行道树,庭荫树。工矿区绿化及荒山荒地绿化的先锋树种。根部有根瘤,有提高地力之效。刺槐木材坚硬,耐水湿,可供矿柱、枕木、车辆、农业用材;叶含粗蛋白,是许多家畜的好饲料;花是优良的蜜源植物,刺槐花蜜色白而透明,深受消费者欢迎;嫩叶花可食,现已成为城市居民的绿色蔬菜;种子榨油供做肥皂及油漆原料。

【刺槐育苗技术要点】

育苗地选择:选排水良好,土层深厚肥沃的沙壤土。盐碱地选含盐量 0.2%以下的土壤。刺槐育苗不能重茬。

整地、打垄:秋翻春耙,适时作业,保持土壤墒情。一般采用垄式育苗,光照充分,生育健壮。整地同时进行土壤消毒,用硫酸亚铁与辛硫磷预防病虫害。

种子催芽处理:一般用热水浸种法,将 60～70℃热水倒入装种子容器中,边倒边搅拌,热水量以没过种子为度。待其自然冷却后,换清水浸泡一昼夜,捞去上浮部分扔掉,筛选下沉种子,装入漏水的容器中生原芽,每天用温水冲洗 3～4 次,翻动 2 次。待种子咧嘴露白时播种,对未膨胀的种子用 80～90℃的热水重复处理。这种方法出芽快,效果好,应用较多。

播种:适宜春播,在不受晚霜危害的情况下尽量早播。播种前浇透底水,发芽率 80%的种子,每公顷播种量 75kg。播种方法同黄波罗。

田间管理:出苗期要适当灌水。幼苗期遇干旱天气时也要适当灌水。苗扎根后,多松土,少灌水。及时松上除草。适时间苗,为留苗增加光照和营养空间,一般间 2 次苗。7 月中旬停止施氮肥。适宜秋季叶黄、叶落时起苗。

紫穗槐

别名[illegible]条、棉槐、椒条、棉条、穗花槐。豆科蝶形花亚科紫穗槐属。原产美国。广布于我国东北、华北、河南、华东、湖北、四川等省(区),是黄河和长江流域很好的水土保持植物。

紫穗槐为落叶灌木。高 1～4m,丛生、枝叶繁密,直伸,皮暗灰色,平滑,小枝灰褐色,有凸起锈色皮孔,幼时密被柔毛;侧芽很小,常两个叠生。叶互生,奇数羽状复叶,小叶 11～25,卵形,狭椭圆形,先端圆形,全缘,叶内有透明油腺点。总状花序密集顶生或要枝端腋生,花轴密生短柔毛,萼钟形,常具油腺点,旗瓣蓝紫色,翼瓣,龙骨瓣均退化。荚果弯曲短,长 7～9cm、棕褐色,密被瘤状腺点,不开裂,内含 1 种子,种子具光泽,千粒重 10g。花果期 5～10 月。

紫穗槐是喜光,耐寒、耐旱、耐湿、耐盐碱、抗风沙、抗逆性极强的灌木,在荒山坡、道路旁、河岸、盐碱地均可生长,可用种子繁殖及进行根萌芽无性繁殖,萌芽性强,根系发达,每丛可达 20～50 根萌条,平茬后 1 年生萌条高达 1～2m,2 年开花结果,种子发芽率 70%～80%。

紫穗槐枝叶繁密,又为蜜源植物。根部有根疣可改良土壤,枝叶对烟尘有较强的吸附作用。又可用作水土保持、被覆地面和工业区绿化时常作防护林带的下木用。枝叶作绿肥;枝条用以编筐;果实含芳香油,种子含油 10%。叶含紫穗槐甙(是黄酮甙,水解后产生芹菜素);根与茎含紫穗槐甙、糖类;为蜜源植物。

【紫穗槐繁殖栽培技术】

紫穗槐适应性强,耐旱、耐瘠、耐寒,不论荒山、沙地、路旁、水旁都能生长。它属豆科花香落叶丛生灌木,高可达 4m 以上。在一般情况下,栽植当年可生长 1m 高以上。当年也可割枝叶作绿肥和饲料。紫穗槐是美化环境与绿化荒山等速生优良树种,又是值得大力发展的绿化目的树种之一。栽培技术要点是:

(1) 适时采种。紫穗槐种子在 10 月成熟采摘。采收后,放在阳光下摊晒,除去杂物,每日翻拌几次,约 5~6d 晒干后,即进行把干净种子装袋贮藏。每公斤种子 8 万~9 万粒,一般发芽率仅 50%~70%。

(2) 种子处理。播种前,必须进行种子处理:因荚果皮含有油脂,可影响种子膨胀速度及发芽率。种子处理方法,可用热水处理,将种子放在容器中,边倒开水边搅拌,坚持 5min 搅拌,再加冷水浸泡一天一夜后,捞出放入箩内,上垫稻草,每天淋水,几天后待大部分种子露白即播种。实践证明,浸泡的比不浸泡种子提早 10~15d 出土。另种方法用 6%的尿水或草木灰浸泡 6~8h,以去种子油脂。上述这样处理,春播时带皮的种子可提早出土 10d 左右。

(3) 播种育苗。选择苗圃地以地势平坦,土质肥沃,土壤深厚,灌水方便的中性壤土为好。沙性较大或黏性较重的土壤作育苗地,应增施有机肥,改良土壤,增加肥力。育苗地应进行冬耕,施足基肥,然后培垄作床。播前下过透雨时最好,等 2~3d 播种。播种时间,根据气候条件决定:北方以土壤解冻后进行为宜;南方宜在 1 月中下旬播种。播种方法采用条播,沟深 3~4cm,播幅宽 8~10cm,行距 18~20cm。每亩播种量 15kg 左右,产苗量达 10 万株以上,现在一部分地区播种量有增大趋势。播种覆土 1~1.5cm,播后 8~10d 出苗。经 10~15d 苗木出齐后开始疏苗,一次疏苗株间合理密度。

(4) 插条繁殖。紫穗槐插穗含有大量养分,扦插成活率很高,但插条要注意保护芽苞不受伤,苗床最好用沙,或一半沙一半土,畦呈龟背形,四周开沟,以利排水,穗条应选择强壮为佳,老枝条或嫩枝条成活率低。应剪取 15cm 长,插入土中 7~8cm,株距 8~10cm,行距 20~25cm,每天要浇水,保持土壤湿润,并要搭好遮阴的棚,约一周后即有新根生长,又见芽苞萌动状,这说明插条成活了。

(5) 压根繁殖。在春季选择较粗壮根进行压根育苗。紫穗槐根特点发芽力强,遇土疏松湿润,富有腐殖质,便可生新根长新芽只要稍培土促其生根萌芽,压根即为苗木新株。

(6) 加强管理。为使紫穗槐培育壮苗,在苗期除草 3~4 次,结合配方施肥。在苗木生长高峰,每半年进行根外喷肥,如尿素、磷酸二氢钾,配水均匀喷洒于叶面。选择喷肥时间是阴天傍晚最佳。同时进行病虫害防治,以预防为主。

(7) 适地定植。造林密度应视选林目的和水土条件而定。如每年采割作绿肥、饲料等,可密些;水土条件差,也可密些,一般每亩栽植 300~400 株;以固沙护土为目的,可密到每亩 1000 余株。为了提高植树成活率,促其萌蘖,可在根茎以上 10~15cm 处裁去,这样枝条发得多长得快。

(8) 抚育管理。紫穗槐的抚育管理要求不严格。一般造林后每年幼林除草松土 1~2 次,就应隔年割 1 次。以收割绿肥等为目的的紫穗槐林,在造林的第一年平茬后,可适当地在行间距种粮间作,促发幼株生长,翌年、第三年,要在平茬地适时培土,以扩大根盘,争取多萌发枝条，芽旺条多。土壤贫瘠的山地，第一次平茬后，暂停一、二年割条和翻地；在风蚀沙荒地上的紫穗槐造林，要保留50%以上不平茬；以留作防护林带，实行隔行隔带的轮割，凡根据保留地为目的要100%不平茬；丘陵山坡的紫穗槐林，应沿水平等高方向，进行隔带采条平茬。

(9) 病虫害防治。紫穗槐苗木受金龟子和象鼻虫危害，但很轻，一般用90%的敌百虫或50%马拉松乳剂500倍液毒杀虫即可。紫穗槐病虫害少可能与其茎叶内含一种特殊气味的物质和单宁物质有关，能抑制病虫害蔓延和有驱除作用，这对栽培特用作物，实行轮作和营造混交林有很大意义。

文冠果

别名文冠木、文官果、土木瓜、木瓜、温旦革子。无患子科文冠果属。分布于东北和华北及陕西、甘肃、宁夏、安徽、河南等地。落叶小乔木或灌木，高可达8m。树皮灰褐色，粗糙条裂；小枝幼时紫褐色，有毛，后脱落。奇数羽状复叶互生。花杂性，整齐，白色，基部有由黄变红之斑晕；蒴果椭圆形，径4～6cm，具有木质厚壁。花期4～5月；果熟期8～9月。喜光，也耐半荫；耐严寒和干旱，不耐涝；对土壤要求不严，在沙荒、石砾地、黏土及轻盐碱土上均能生长，但以肥沃、深厚、疏松、湿润而同期良好的土壤生长好。深根性。主根发达，萌蘖力强。

文冠果是我国特有的一种优良木本食用油料树种。文冠果种子含油率为30%～36%，种仁含油率为55%～67%。其中不饱和脂肪酸中的油酸占52.8%～53.3%，亚油酸占37.8%～39.4%，易被人体消化吸收。文冠果油在常温下为淡黄色、透明，无杂质，气味芳香，芥酸含量低(2.7%～7.9%)，能长时间贮藏，可制多种维生素，提取蛋白质和氨基酸；对高血压、血管硬化、疽石症、风湿症、神经性遗尿症和消炎止痛等均有一定疗效。文冠果油含碘值125.8、双烯值0.45，属半干性油，亦是制造油漆、机械油、润滑油和肥皂的上等原料。果皮可以提取糠醛，种皮可制活性炭，花味甘可食，叶子经加工可作饮料，油渣经加工可作精饲料等。同时文冠果又是改善生态环境、绿化、美化国土的一种优良树种。

文冠果花序大而花朵密，春天白花满树，花期可持续20多天，是难得的观花小乔木，也是很好的蜜源植物；抗性很强，是荒山绿化的首选树种；木材坚实致密，纹理美，是制作家具及器具的好材料。

【文冠果育苗技术】

文冠果为喜光树种，对严寒有较强的适应性，在最低气温－41.4℃的可以安全越冬。文冠果耐旱性强。在东北等地的黄土丘陵、冲积平原的沙地和石质山区都能生长。以在土层深厚、湿润、肥沃、通气良好、ph值7.5～8的微碱性土壤上生长最好。文冠果为深根性树种，主根明显，侧根不发达。文冠果结实早，寿命长。在一般情况下，栽植后3～5年开始结果。

(一) 苗圃地选择，整地，施基肥，作床

(1) 苗圃地选择地势平坦，土质肥沃，土层较厚，光照充足，灌水方便，排水良好的沙质土壤。

(2) 整地上年秋季耕翻，深度20～25cm。

(3) 施基肥早春每亩施农家粪肥1500～2000kg。

(4) 文冠果育苗床有四种即低床、高床、高垄、抗旱排涝床。严重干旱地区且排水良好的条件下，可采用低床或抗旱排涝床；灌溉方便但排水不畅的易积水地区可采用高床或高垄育苗。

(二) 种子处理

种子处理的其作用有三:一是种皮变软有利于萌发;二是大分子内含物逐渐转化为萌发过程中所需要的小分子营养物质;三是清除抑制萌发的物质—脱落酸。

文冠果种皮厚且含油,吸水困难,故播种前需进行沙埋层积(沙种比 3∶1)处理。在上冻前,先将阴干的种子用清水浸泡 4～5d(每天换水 1 次),然后混拌湿沙(手握成团,松手即散),于室外沟藏 120d 以上,待翌春种子萌动时取出播种。秋后未来得及沙埋处理的种子,可在播种前用 80℃热水烫种 10min,然后恒温浸种 48h,捞出种子,混 3 倍河沙置于 26℃的恒温室内,5d 后 85%的种子裂口,即可播种。

(1) 混沙埋藏低温处理方法。土壤冻结前选背风向阳处挖条形坑,坑深约 1.20m,宽 1m,长度视种子数量定;准备经过筛的河沙,加水搅匀,沙之湿度以用手捏不出水而伸开手指散为 2～3 瓣为宜;将事先经凉水浸泡 2～3d(每天换水 1 次)的种子捞出与湿沙混匀,种子与湿沙体积比 1∶3;将混沙种子移入处理坑内,其厚度为 70～80cm,上层用湿河沙覆盖;沿坑长每隔约 1m 从坑底向上竖一直径约 20cm 的秫秸把,其顶端须露出所覆沙层之外,以利于处理层种子与外界处于通气状态。

(2) 湿沙埋藏处理方法。在土壤结冻前,选择背风、向阳的地方。挖探 30cm、宽 1m 的平底坑,坑长度可根据种子数量而定。把种子与湿沙按 1∶3的比例混合放入坑内,再在上面覆盖约 20cm 厚的湿沙。次年春季播种前半个月左右,在背风向阳处另挖深度为 50cm 左右的斜底坑,根据种子数量和播种进度确定坑的长度和宽度,将混沙的种子从埋藏坑内取出,再斜堆在上述坑内,倾斜面向着太阳,利用阳光进行高温催芽。经常翻动种子和补充水分,以保持湿润。晚间用草席覆盖催芽坑,以保持温度,大约 10d 有 30%左右的种子裂嘴时即可播种。

(三) 播　种

一般在 4 月中旬或 5 月上旬播种。播种量为每亩 15kg。床面开沟点播,株、行距 9m×15cm。播种前必须灌足底水,以保证幼苗所需的水分,减少幼苗期浇水的次数,以防根腐;播种时种脐要平放,以利扎根;覆土 2～3cm,轻度镇压。

板　栗

别名栗子,毛栗,与桃、杏、李、枣并称“五果”。栗是山毛榉科栗属中的乔木或灌木总称,大约有 7～9 种,原生于北半球温带地区,大部分种类栗树都是 20～40m 高的落叶乔木,只有少数是灌木。各种栗树都结可以食用的坚果,单叶,椭圆或长椭圆状,10～30cm 长,4～10cm 宽,边缘有刺毛状齿。雌雄同株,雄花为直立柔荑花序,雌花单独或数朵生于种苞内。坚果包藏在密生尖刺的种苞内,种苞直径为 5～11cm,一个种苞内有 1～7 个坚果。

美洲栗原来是美国东部的主要树种,但被一种真菌病传染几乎灭绝,欧洲和西亚的栗树种类也容易受感染,但中国和日本的栗树种类对这种真菌有抵抗力,所以现在被美国引种,培养能抗真菌的杂交树种。

本属植物分布于北半球的亚洲、欧洲、美洲和非洲。其中主要栽培种还有欧洲栗和日本栗。板栗是中国栽培最早的果树之一,已有 2000～3000 年的栽培历史。叶披针形或长圆形,叶缘有锯齿。花单性,雌雄同株;雄花为柔荑花序,成熟后种苞裂开,栗果脱落。坚果紫褐色,被黄褐色茸毛,或近光滑,果肉淡黄。果实含糖、淀粉、蛋白质、脂肪及多种维生素、矿物质。

中国的板栗品种大体可分北方栗和南方栗两大类:北方栗坚果较小,果肉糯性,适于炒食,著名的品种有明栗、尖顶油栗、明拣栗等。南方栗坚果较大,果肉偏粳性,适宜于菜用。树性强健,根系发达,有菌根共生。较抗旱,耐瘠薄,宜于山地栽培,适合偏酸性土壤。实生播种或嫁接繁殖。木材致密坚硬、耐湿,枝、树皮和种苞含单宁,可提取栲胶。

板栗多生于低山丘陵缓坡及河滩地带,喜光,光照不足引起枝条枯死或不结果。对土壤要求不严,喜肥沃温润、排水良好的砂质或砾质壤土,对有害气体抗性强。忌积水,忌土壤黏重。深根性,根据系发达,萌芽力强,耐修剪,虫害较多。另外,其品种不同,品种耐寒、耐旱程度也不同。寿命长达300年以上。

板栗枝叶茂密,树荫浓郁,树冠丰满,宜用作庭荫树,2、3株丛植,可配置在建筑的阴面,常群植片林用作常绿基调树种,有幽邃深山之效果。在工矿区绿化可作隔音、防风、防火林或作高墙绿篱,宜在风景区与色叶树种配置组成风景林。

【板栗种植技术】

板栗对气候土壤条件的适应范围较为广泛。其适宜的年平均气温为10.5～21.8℃,温度过高,冬眠不足,生长发育不良,气温过低则易遭受冻害。板栗既喜欢墒情潮湿的土壤,但又怕雨涝的影响,如果雨量过多,土壤长期积水,极易影响根系尤其是菌根的生长。

(一) 板栗园地选择

板栗园应选择地下水位较低,排水良好的沙质壤土。忌土壤盐碱,低湿易涝,风大的地方栽植。在丘陵岗地开辟栗园,应选择地势平缓,土层较厚的近山地区,以后逐步向条件较差的地区扩大发展。

(二) 合理配置、密植

栗树主要靠风传播花粉,但由于栗树有雌雄花异熟和自花结实现象,单一品种往往因授粉不良而产生空苞。所以新建的栗园必须配制10%授粉树。

合理密植是提高单位面积产量的基本措施。平原栗园以每亩30～40株,山地栗园每亩以40～60株为宜。计划密植栗园每亩可栽60～111株,以后逐步进行隔行隔株间伐。

(三) 合理施肥、灌水

合理施肥是栗园丰产的重要基础。基肥应以土杂肥为主,以改良土壤,提高土壤的保肥保水能力,提供较全面的营养元素。施肥时间以采果后秋施为好,此期气温较高,肥料易腐熟;同时此时正值新根发生期,利于吸收,从而促进树体营养的积累,对来年雌花的分化有良好作用。追肥以速效氮肥为主,配合磷、钾肥,追肥时间是早春和夏季,春施一般初栽果树每株追施尿素0.3～0.5kg,盛果期大树每株追施尿素2kg。追后要结合浇水,充分发挥肥效。夏季追肥在7月下旬至8月中旬进行。这时施速效氮肥和磷肥可以促进果粒增大,果肉饱满,提高果实品质。根外追肥一年可进行多次,重点要搞好两次。第一次是早春枝条基部叶在刚开展由黄变绿时,喷0.3%～0.5%尿素加0.3%～0.5%硼砂,其作用是促进基本叶功能,提高光合作用,促进罐花形成;第二次是采收前1个月和半个月间隔10～15d喷2次0.1%的磷酸二氢钾,主要作用是提高光合效能,促进叶片等器官中营养物质向果实内转移,有明显增加单粒重的作用。

板栗较喜水。一般发芽前和果实迅速增长期各灌水1次,有利于果树正常生长发育和果实品质提高。

(四) 整形修剪

板栗树修剪分冬剪和夏剪。主要方法有短截、疏枝、回缩、缓放、拉枝和刻伤。夏季修剪主要指生长季节内的抹芽、摘心、除雄和疏枝，其作用是促进分枝，增加雌花，提高结实率和单粒重。

(1) 短截。剪去1年生枝的一部分。短截可促进分枝，增强树势，紧凑树冠，减少雄花，调整营养物质的分配。对旺树、旺枝可采用延迟修剪，等萌芽后进行短截。

(2) 回缩。对多年生枝短截。多用于生长衰弱、结果部位外移、内膛光秃严重的多年生枝。

(3) 疏枝。即对生枝、挡光枝和内膛的纤细枝从基部疏除。

(4) 戴帽剪。在不同摘心次数的新梢轮痕附近进行冬季短截。在新梢轮痕上留2～4个小芽短截叫戴活帽修剪，如处理得当，则帽上小芽和轮痕下大芽才能抽生结果枝。在新梢轮痕上不留芽短截叫戴死帽修剪，使轮痕下大芽抽生结果枝。一般情况下，枝势不强的搞戴死帽剪，枝势强旺的搞戴活帽剪。

(5) 缓放。缓放就是不剪或少剪。主要作用是分散营养，缓和树势。对旺树多采用缓放修剪。

(6) 拉枝和刻伤。对树冠内未采用摘心的强旺辅养枝，于春季树液流动到芽开绽期间将其拉平，并在需要发芽部位的各芽子上方进行刻伤，使其抽生强旺枝，到冬季修剪时，再将缓放拉平的枝回缩到抽生强枝的部位上。

(7) 摘心。当新梢生长到30cm时，将新梢顶端摘除。主要用在旺枝上，目的是促生分枝，提早结果。每年摘心2～3次。初结果树的结果枝新梢长而旺，当果前梢长出后，留3～5个芽摘心。果前梢摘心后能形成3个左右健壮的分枝，提高结果枝发生比例，同时还能减缓结果部位外移。

(8) 除雄。在枝上只留几根雄花序，将其余的摘除。其作用主要是节制营养，促进雌花形成和提高结实力。

(五) 疏花疏果和授粉

疏花可直接用手摘除后生的小花、劣花，尽量保留先生的大花、好花，一般每个结果枝保留1～3个雌花为宜。疏果最好用疏果剪，每节间上留1个单苞。在疏花疏果时，要掌握树冠外围多留，内膛少留的原则。人工辅助授粉，应选择品质优良、大粒、成熟期早、涩皮易剥的品种作授粉树。当一个枝上的雄花序或雄花序上大部分花簇的花药刚刚由青变黄时，在早晨5时前将采下的雄花序摊在玻璃或干净的白纸上，放于干燥无风处，每天翻动2次，将落下的花粉和花药装进干净的棕色瓶中备用。当一个种苞中的3个雌花的多裂性柱头完全伸出到反卷变黄时，用毛笔或带橡皮头的铅笔，蘸花粉点在反卷的柱头上。如树体高大蘸点不便时，可采用纱布袋抖撒法或喷粉法，按1份花粉加5份山芋粉填充物配比而成。

(六) 采收与贮藏

(1) 采收。板栗采收方法有两种，即拾栗法和打栗法。拾栗法就是待栗充分成热，自然落地后，人工拾栗实。为了便于拾栗子，在栗苞开裂前要清除地面杂草。采收时，先振动一下树体，然后将落下的栗实、栗苞全部拣拾干净。一定要坚持每天早、晚拾一次，随拾随贮藏。拾栗法的好处是栗实饱满充实、产量高、品质好、耐藏性强。打栗法就是分散分批地将成熟的栗苞用竹竿轻轻打落，然后将栗苞、栗实拣拾干净。采用这种方法采收，一般2～3d打一次。打苞时，由树冠外围向内敲打小枝振落栗苞，以免损伤树枝和叶片。严禁一次将成熟度不同的栗苞全部打下。打落采收的栗苞应尽快进行“发汗”处理，因为当时气温较高，栗实含水量大，呼吸强度高,大量发热,如处理不及时,栗实易霉烂。处理方法是选择背阴冷凉通风的地方,将栗苞薄薄摊开,厚度以 20～30cm 为宜,每天泼水翻动,降温"发汗"处理 2～3d 后,进行人工脱粒。

(2) 贮藏。栗实有三怕,一是怕热,二是怕干,三是怕冻。在常温条件下,栗实腐烂主要发生在采收后 1 个月时间里,此时称之危险期。采后 2～3 个月,腐烂较少,则属安全期。因此,做好起运前的暂存或入窑贮藏前的存放,是防止栗实腐烂的关键。比较简便易行的暂存方法是,选择冷凉潮湿的地方,根据栗实的多少建一个相应大小的贮藏棚。棚顶用竹(木)杆搭梁,其上用苇席覆盖,四周用树枝或玉米、高粱秸秆围住,以防日晒和风干。棚内地面要整平,铺垫约 10cm 厚的河沙,然后按 1 份栗实 3～5 份沙比例混合,将栗实堆放在上面,堆高 30～40cm,堆的四周覆盖湿沙 10cm。开始隔 3～5d 翻动 1 次,半月后隔 5～7d 翻动 1 次,每次翻动要将腐烂变质的栗实拣出。为了防止风干,还要注意洒水保湿。

榛　子

别名榛子、平榛、山板栗。桦木科榛属。在世界范围内榛属有约 20 个品种,分布于亚洲、欧洲及北美洲;在中国境内有 8 个种类 2 个变种,分布于东北、华东、华北、西北及西南地区。榛子为落叶灌木或小乔木,高 1～7m。叶互生,阔卵形至宽倒卵形,长 5～13cm,宽 4～7cm,先端近截形而有锐尖头,基部圆形或心形,边缘有不规则重锯齿,上面无毛,下面脉上有短柔毛;叶柄长 1～2cm,密生细毛;托叶小,早落。花单性,雌雄同株,先叶开放;雄花成柔荑花序,圆柱形,长 5～10cm,每苞有副苞 2 个,苞有细毛,先端尖,鲜紫褐色,雄蕊 8,药黄色;雌花 2～6 个簇生枝端,开花时包在鳞芽内,仅有花柱外露,花柱 2 个,红色。小坚果近球形,径约 0.7～1.5cm,淡褐色,种苞叶状或钟状,由 1～2 个苞片形成,边缘浅裂,裂片几全缘,有毛。花期 4～5 月,果期 9～10 月。生山地阴坡丛林间。

榛子是果材兼用的优良树种。它果形似栗子,外壳坚硬,果仁肥白而圆,有香气,含油脂量很大,吃起来特别香美,余味绵绵,因此成为最受人们欢迎的坚果类食品之一,有"坚果之王"的称呼,与扁桃、胡桃、腰果并称为"四大坚果"。

【榛子的种植技术】

(1) 榛树建园。榛子的花为雌雄同株异花,即单性花,先花后叶。雄花为柔荑花序,着牛于新稍中上部的叶腋间,雌花为头状花序,着生于 1 年生枝的中上部或短枝丛枝顶部,借风媒传粉。因此,榛树建园应有花期相同或相似的品种作授粉树配置,一般同一园以 3 个品种为宜,比例可(5～6)∶1。

(2) 温度。不同种类的榛,对温度要求不一。欧榛喜温暖湿润的气候,适宜平均气温 13～15℃,绝对最低－10℃,极端高温 38℃。亚欧杂交种较欧榛抗寒,适宜年均气温 7.5～13℃,最低气温可达－30℃地区栽培。

(3) 光照。榛子为喜光植物,一般要求年日照时数在 2100h 以上,否则花芽形成少,产量低。

(4) 土壤。榛树喜在肥沃,通气性良好的沙壤土上生长,尤其平欧杂交种对土壤要求高.干燥的砂土,黏重土,沼泽地,盐渍地和低洼地均不宜建立榛园。平欧杂交种要求土壤 pH 值 6.5～7.5,欧榛为 5.5～7。

(5) 培育。榛子的枝条易生根,不定芽易萌发根蘖。因此,通常用压条或嫁接繁殖培育苗木。早春压条用 1 年生的健壮萌发枝,6 月压条用当年生的嫩枝作材料。嫁接育苗,多用平榛实生苗作砧木。

(6) 提高产量措施。榛子易落花落果,果实空粒和瘪仁率较高。防止的主要措施:

① 繁殖育苗时要选优良母树;

② 建园时配置好授粉树,并辅以人工授粉;

③ 加强管理营养充足。

沙棘果

又名醋柳果,酸刺果。为胡颓子科沙棘属植物。沙棘第1~2年生长缓慢,4~6年生长较快,以后生长渐慢。栽培4~5年开花结实,10~15年为盛果期,30年以后开始衰退。每年3~4月开花,果实8~10月成熟,成熟后的果实不易自然脱落,可宿存至第2年的3月份。

沙棘是地球上最古老的植物之一,大约经历了2亿多年的岁月,特别是经历过第四纪冰川和间冰期的反复洗礼,因而具备了喜光、耐干旱、耐瘠薄、耐酷暑(50℃)、耐严寒(-50℃)的特点。

沙棘喜光性强,能适应庇荫和潮湿土地,可生于疏林下或阴坡,尤其以阴坡湿地生长最为茂盛。对气候和土壤适应性强,抗寒、抗风沙,并耐干旱和高温,在-50℃的严寒地区也可安全越冬;夏季不畏酷热,在地面60℃的高温下也不致枯死。

沙棘对土壤要求不严,耐盐碱,耐水湿,更耐干旱瘠薄。可在石质山地、丘陵,以及黄土高原的塬峁、阳坡、阴坡、阶地、沙地和平原、河岸、沟谷、低湿地、河漫地、洪积扇和低盐渍土地生长。沙棘根生有根瘤,生长过程中,在最干旱、最瘠薄的地力条件下,也能产生大量的根瘤菌。

沙棘是营造水土保持林、防风固沙林的先锋树种,可用作营造护坡林、沟头防护林、沟底防冲、护岸林、护库林、护堤林、护坝林和薪炭林、饲料林等,在生态建设中起着重要作用。同时,沙棘果有着十分重要的经济价值。

【沙棘育苗技术】

(一) 果实采收与贮藏

(1) 采收果实。沙棘果实较难采收,一般方法有两种。

① 冻打采集。冬季沙棘果实冻结以后,选择冷天早晨,先将树冠下进行清理,然后铺放布单或塑料薄膜等,用竹竿或较轻的木棍敲打果枝,因果柄受冻后很易脱落,将果实震落收集。或先用250~2500mg/L的乙烯利喷洒结果枝,能使果实的附着力减弱30%~70%。采后的果实带回放在容器中将其捣碎,加水搅拌冲洗,使果肉浮出,过滤杂物,晾干后得纯净种子,即可贮藏。

② 剪枝采集。用镰刀或剪枝剪剪取附有果实的小枝,不剪大枝,以免沙棘资源遭到破坏,也可结合整枝、砍柴、平茬时采集。将果枝剪下收集起来,放在场院里,用木棍敲打果实,使果实脱落后收集起来,然后用碾子将果实碾过,放在清水中浸泡1昼夜,揉去果皮、果肉,再用清水淘洗1遍,除去杂质,捞出种子,晾干贮藏。

采集应注意因利用目的不同而采用不同的方法,如利用沙棘果加工食品、饮料等,就不应捣烂果实;另外采集时间对果实营养成分含量有很大影响,如为获得维生素高的产品,应当在果实成熟期(果皮橙黄色,种子黑褐色)的秋季采果;如以生产沙棘油和提取胡萝卜素以及播种的种子为主,则可以在生理成熟期采果。

(2) 种子贮藏。沙棘种子一般是冬季采集,翌年春季播种,所以必须进行越冬贮藏,贮藏时将干燥的种子装入麻袋、缸等容器中,将麻袋或容器放在消过毒的低温(最好在 0～5℃之间)、干燥、通风的仓库里或普通的房屋里,室内温度不得有急剧变化。贮藏期间要定期检查,发现发热、潮湿、发霉时,应及时晾晒,同时注意虫害、鼠害和鸟兽危害,以保种子质量。沙棘种子在适宜条件下,连续贮藏 2～3 年不会失去发芽力,但保存 3 年以后,其发芽率会逐渐下降。

(二) 苗木的培育

常用的育苗方法有播种育苗、扦插育苗和插根育苗等多种。

(1) 育苗前的准备。育苗前应做好以下几方面的工作:①选择育苗地。②整地。③施肥。施肥时间应在翌年结合春耕进行,施腐熟的农家肥 37500～60000kg/hm²,或施坑塘泥 150.0～187.5t/hm²,再加磷酸二铵 188～225kg/hm² 作为底肥效果最好,施 10cm 深左右为宜。最好集中施用,如做垄时施于垄底,做床时按行施,但要注意将肥料和土掺均匀,以免烧根影响出苗。④做床。做床时间在干旱多风地区,春季育苗,一般在播种前 3～5d 把床做好。做床方法根据气候土壤条件的不同,可采用高床、低床或弓形床。高床适用于雨量较多和排水不良的地区,低床适用于降水量较少的干旱地区,弓形床便于地膜覆盖。

(2) 育苗方法。

① 播种育苗法。

选种:播前要精选种子,选择沙棘种子应注意种子要新鲜,没有病虫害。

播种季节:沙棘播种,在春、夏、秋三季均可,但以春季为宜。春季在土层 5cm 深处温度达 9～10℃时,沙棘种子就可以发芽,以土温 14～16℃时播种最为适宜。秋季播种,一般要晚,以防种子发芽易遭霜害。秋季播种不需要催芽,只播干种子。

播种量:一般播种量 60kg/hm²,可产成苗 82.5 万株/hm² 左右,播种量以 52.5～67.5kg/hm² 为宜。

种子催芽:沙棘播种前应做好浸种催芽。催芽时先用 0.5%的高锰酸钾水溶液消毒 2h,然后再进行催芽处理。主要方法为混沙处理:用 40～60℃的温水,浸泡 1～2 昼夜捞出,按 1∶3的比例混入湿沙,堆放在背风向阳处,用塑料薄膜或芦苇席草帘等物覆盖增温,保持一定温度,播前 5～6d,每隔 1d 翻动 1 次,以后每天翻动 1 次,约有 10～15d,当 30%～40%的种子裂嘴时即可播种;或直接装入麻袋,置于背风向阳处或热炕上,每天翻动 1～2 次,并用冷水淘洗 1 次,保持一定温度,经过 5～6d,当有 30%～40%的种子裂嘴时即可播种。

播种方法:为利于苗木生长和便于管理,沙棘应采取大行距、宽播幅播种,一般播种行距 20～25cm,播幅宽 10～15cm,沟底要平,将种子均匀地撒入播幅内,覆细沙土 2.0～2.5cm,稍加镇压,使种子与土壤接触。若春季播种时土壤干燥,播种前灌足底水,待土壤干燥后再将床面整平,然后播种,或边开沟边播种,然后覆土以保墒情。为防止土壤干旱或雨后板结,播种后覆盖一层草,当幼苗全部出土后再分期去掉,以免小苗过嫩发生日灼。春季播种后,要经常喷水保湿,约 5～7d 即可大部分出土,15d 以后可出齐全苗。秋季播种必须用发芽能力强的种子,幼苗多半在翌年的 4 月份出苗,比春季播种早出苗 10～14d,且发芽整齐。

② 扦插育苗法。该方法能够大量繁育优良品种,且速度快,质量好。

扦插时间:春秋两季均可,但以春季 4 月中下旬或 5 月上旬(寒冷地区可推迟到 4 月下旬)为宜。扦插时应注意区分真假沙棘。

采集插穗分两种方法。

第一种是嫩枝采集。在品种纯正的母树上,采集树冠光照部位生长居中的 1～2 年生枝条，一般采取第1轮分生的新枝，枝条向长度生长的初期和最盛期，生根效果最好。采集于夏季6月，日平均气温不低于12～15℃时开始，在清晨剪取半木质化的新梢，插穗长10～12cm。带梢部的插穗不必去掉未成熟的梢部，带生长点的插穗长13～15cm，侧枝也无须剪除。这样插穗会很快生根，并能很快生长。插条采下后马上浸湿并留3～4片叶，把下部叶片剪去，置于背阴处，并喷水湿润和用湿麻袋盖好。扦插之前，用快刀将基部削成马耳形新茬，上头剪平，使插穗上切面比芽高3～4mm，下切面则要低4～5mm，切面要平滑，然后分类打捆，每捆25～50根，用橡皮圈捆成捆。

第二种是硬枝采集。春秋两季均可采集，但秋季采条较好。春季3～4月份在母树树冠的结实区剪取健壮光滑发绿的2～3年生枝条下部，粗0.5～1.0cm，截取15～20cm长的插穗（方法同第一种），捆成50～100根的捆。应注意两种采集插穗的方法中，雌株插条应为90%，雄株插条应为10%。

扦插方法：分嫩枝扦插和硬枝扦插两种。

嫩枝扦插法主要采用塑料大棚扦插，必须精细整地做床，然后开沟，按株行距3cm×7cm，插深2.5～3.0cm，插穗470根/m^2，插后马上大量喷水；也可不做床，在塑料棚内采用营养杯进行嫩枝扦插育苗。插穗生根发芽后移到苗圃地里继续培养，株行距为25cm×70cm。

硬枝扦插育苗在早春整好的苗床里，采用株行距20cm×30cm扦插，扦插深度为插穗的2/3，插后踩实浇水保湿。硬枝扦插育苗若在裸露地，扦插后应设置遮阴棚。当插条生长到8～12cm时，再将遮阴棚逐渐拆除。

③ 插根育苗。在野生沙棘林多的地方可以采用挖取苗根的方法来进行快速育苗。

选择苗根。一般以在4～6年速生期的母树根上，选取2～3年生1cm粗的水平苗根为好。

挖根时间与方法：在秋末至春分树液停止流动期间挖根，春季育苗在2～3月份挖取苗根为好。挖根应在母树基部1m以外，只挖取筷子粗或手指粗的侧根，用利剪剪断，勿用手硬拔。每株母树只宜挖取几条根，挖取过多则会影响母树的生长。

苗根的处理与贮藏：秋季挖取根苗剪成15～20cm的根段（方法同前面的插穗），把苗根粗头和细头统一排放，且勿颠倒，然后每100根捆成一捆沙藏，沙藏时窖内温度保持在0～5℃之间。

插根时间与方法：插根时间与规格同上述插穗，采用冬季贮藏的苗根，翌年春季育苗前，应先在清水中浸泡3～4d。春季挖根浸泡1昼夜即可，插根时苗根上端朝上，直插、斜插均可。旱地苗圃应直插。苗根放入孔内，上端应与地面齐平。

金红苹果

又名123苹果，属中型苹果。果实圆锥形，平均单果重80g左右，果形指数0.88，外形美观，色泽浓红，口感好，肉质松脆多汁，含可溶性固形物10%，含糖12%，苹果酸0.24%，果肉硬度7.59/cm^2，耐储运。抗寒，早果，丰产。金红苹果口感香脆，含糖量高，果面红艳，无污染，耐贮藏等特点，具备了与一些大苹果竞争的条件，市场看好。

【金红苹果育苗技术】

1. 砧木培育。金红苹果的砧木种子一般选用山丁子种子，最好是八楞海棠种子。播种前60～70d，用0～5℃的低温沙藏后，于春季清明后播种。每亩播种量4～5kg，采用宽幅条播用细土覆盖。开沟深度 2～3cm，播幅宽度 5～7cm，播后覆细土 2～3cm。幼苗出齐后及时中耕除草，保持土壤疏松。幼苗 3～4 片叶时间苗，7～8 片叶时定苗，定苗距离 10cm。定苗后及时浇水。缺苗的地块进行补苗。幼苗期灌溉要适时适量，不宜过多，有利于蹲苗。结合浇水追肥 2 次，第一次在幼苗 4～5 片叶时，每亩施尿素 2.5kg。第二次在 6 月上旬，每亩施尿素 7.5kg。在 4～5 片叶时进行切根，随后灌水。苗高达到 30～40cm 时进行摘心，以利于加粗生长。为防治叶部病害，可用 50%多菌灵 1000 倍液，每周喷洒 1 次，直至不再发病为止。

2. 嫁接苗的培育。冬季结合修剪，选择生长健壮、无病虫害且进入结果期的金红果树 1 年生发育枝作接穗，放入储藏窖内，用湿沙埋严备用。4 月上中旬，将接穗剪成 7～10cm 的小段，两端沾蜡准备嫁接。嫁接时，将砧木距地面 5cm 以上部分剪掉，采用腹接法，接穗削面要光滑，形成层要对齐，塑料带要绑紧。接后半个月检查嫁接成活率，及时进行补接。苗木加粗生长之前，及时解除绑缚。为促进苗木生长，前期结合松土锄去杂草，并在 7 月中旬以前追施尿素 2 次，每次每亩用尿素 10kg 左右。施肥后及时灌溉。生长后期，每隔半个月左右喷施 1 次 0.5%的磷酸二氢钾，增加苗木的抗性，增强木质化程度。10 月下旬，苗木落叶后，便可起苗进行窖藏假植。

寒富苹果

是 1978 年选用国光作母木、富士作父本，经杂交授粉后获得杂交种子万余粒，经多年从 7000 余株杂种实生苗中精心选育而成。该新品种最突出的优点是综合了双亲的优良性状，因此同行专家认为这是世界苹果抗寒育种的新突破。寒富苹果 1997 年通过审定，具有短枝型特征，综合性状优良。目前已引种到辽、吉、黑、蒙、冀、晋、陕、甘、新等省市自治区。

寒富苹果种树体抗寒性明显超过国光，可以在过去划定的苹果冻害区安全越冬，正常开花结果。实践证明，该新品种的育成，已使优质大苹果适宜栽植范围北移 200km。

寒富苹果果实个头比国光大，颜色比国光好，肉质酥脆有香气，品质超过国光而相当于富士。寒富苹果果实成熟期比国光早 20d 多，可以提早供应国庆节果品市场，售价与红富上相同。成熟期早，有利于恢复树势及越冬准备。寒富苹果果实耐贮藏到翌年 5 月，肉质、风味不减当初。没有水心病，烂果率低于富士。

【寒富苹果栽培技术】

(一) 建　园

吉林省中东部地区栽培寒富苹果要选择以山丁子嫁接 GM-256 为中间砧的苗木，或在山丁子上高接寒富苹果的苗木。新建果园应尽可能有一定规模并集中连片，选土壤肥沃、有机质含量较高、有水源、排水良好、交通方便，远离污染源的地方建园。

寒富苹果属于短枝型，如选用矮化中间砧苗木，树高 2～3m，冠径 2～2.5m，栽植株行距为 2～3m×4m，适宜选用小冠疏层形，改良纺锤形等小冠树形。寒富苹果自花结实率较高，栽植时可以不配授粉树，但有授粉树可以提高坐果率。

(二) 土肥水管理

深翻扩穴，改良土壤，土壤瘠薄的丘陵山地果园，应采取深翻扩穴的方法，使活土层达到 60～80cm，能不断增加土壤有机质含量。

1) 施肥。

(1) 秋施基肥。最好在 8 月下或 9 月上进行，要求每千克果施 2kg 有机肥(圈肥、羊粪、腐熟的鸡粪等)，一般亩施4000～5000kg，有机肥应在采果后至封冻前施入，并掺入适量磷肥(过磷酸钙)，亩施150～200kg。

(2) 果树生长期根部追肥。按氮、磷、钾为2∶1∶2的比例施入化肥。施肥量按每生产100kg苹果，需施纯氮1.0kg、磷(P_2O_5)0.5kg、钾(K_2O)1.0kg计算。每年追施2～3次。

① 果树萌芽期(花前，4月中旬)，以氮肥为主。

② 花芽分化及果实膨大期(6月上旬)，氮、磷、钾配合施用。

③ 果实生长后期(9月份)，以磷钾为主，以利增色和增加营养贮备。

(3) 根外追肥。结合喷药进行，全年4～6次，一般果树生长前期喷0.3%尿素2～3次，后期(7～9月份)喷0.3%磷酸二氢钾2～3次；或全年喷施其他叶面肥4～6次。

2) 灌水。在灌溉方面，要用先进而节水的设施，如滴灌、渗灌。根据果树的需水规律，适时进行灌水，关键在及时浇好花前水(萌芽至开花前)、膨果水(落花后5～10d)及封冻水等。雨季应注意果园排水。

(三) 整形修剪技术

寒富苹果适宜的树形为小冠疏层形、细纺锤形、自由纺锤形等。

细纺锤形的树体结构，干高60cm左右，树高2.5m上下，冠径2～2.5m，在中心领导干上均匀分布15～18个侧生分枝或者叫骨干枝，与树干呈70°～90°。树冠下部骨干枝略长，上部稍短。这种树形修剪方法简单，适于密植，容易实现一年栽树二年有花，四、五年进入盛果期。

(1) 苗木定植时，按苗高70～80cm定干。当年春、夏季，抹除主干近地面50cm以下的萌芽和嫩梢。50cm以上生长的新梢任其生长。8～9月份，对生长超过50cm以上的新梢进行拉枝以开张角度，使之与主干呈80°～90°。冬剪时，对正常生长的中心干在饱满芽处短截，促使明年发出健壮枝条留做主枝。

(2) 翌年春夏间，对上年拉平的主枝上如果有光秃带可以用刻芽法促其萌芽。直立徒长枝可以通过扭梢或摘心控制其生长势，同时用同样方法控制中心干上延长枝的竞争枝。秋季，拉平中心干延长枝上发出的新梢，培养又一层主枝，冬季对中心干延长枝除生长过弱者适度中截外，其健壮者可不行短截，有利于缓和树势和成花结果。

(3) 栽后3～5年，继续拉平主枝，控制竞争枝，保持中心干延长枝头的优势，加强对中、上部旺枝的拉平，或疏除，维持树势平衡。此时已进入结果期，应开始控制树冠大小疏密，培养稳健的结果枝组。如果树冠过高，可以把中心干头弯下逐渐落头。

① 生长季修剪。生长季修剪又分春剪、夏剪和秋剪。春剪多在萌芽期至花期进行。通常是采用刻芽、抹芽、疏枝、回缩等措施来完成。其作用是缓和树势，提高萌芽率，促生中短枝，提高坐果率。春剪的去枝量不大，只是对冬剪的补充。也有人称春剪叫“花前复剪”，也可以结合疏花进行。夏剪和秋剪多采用摘心、扭梢、拉枝、拿枝、捋枝等措施，缓和树势，改善光照条件，促使花芽分化，培养结果枝组，提高坐果率，改善果实品质，有利于树体营养的积累与贮存。及时进行复剪。为疏除直立旺枝、密生枝和剪锯口处的萌生枝，以增加树冠内通风透光度。

② 冬季修剪。时间是从冬季落叶后至春季萌芽前。采用的方法有疏枝、短截、回缩等。“疏枝”就是将多余的枝条从基部剪掉；“短截”是剪去1年生枝条的一部分。剪去枝条的1/3叫轻度短截，剪去枝条1/2叫中截；剪去枝条的2/3叫重截。“回缩”则是对已趋衰弱的多年生枝条在比较健壮侧枝前，将顶端枝剪掉。采用这些方法的目的就是疏除密生枝、徒长枝；短截中心领导枝和骨干枝，平衡树势，扩大树冠，增加结果部位；对进入结果盛期的骨干枝适度回

缩,复壮树势,延长结果年限。冬剪时,注意及时调整结果树的树体结构,修剪首先要形成骨干枝的角度,主枝角度保持 70°～80°,同时,疏除过密的大枝,打开光路;采取以疏为主,缓、疏、缩相结合的修剪方法,疏除过多的密生枝、徒长枝、细弱枝和多余的梢头枝,及时缩剪衰弱冗长的结果枝,控制背上枝。

(四) 花果管理

(1) 授粉。寒富苹果花期可以采取蜜蜂传粉和人工授粉等方法提高坐果率和果实整齐度,尤其在花期低温多雨年份更为重要。人工授粉应在铃铛花期采集花粉,在花开的当天进行人工点授,点授以中心花为主。授粉时应开一批花授一次粉,连续授粉 2～3 次。

(2) 疏花。从花序伸出期开始,依据花量进行,间隔 15～20cm,选留一个粗壮花序,然后把其他多余的花序全部疏除,坐果后再行定果,每个花序只留一个果。

(3) 疏果。落花后 10d 开始疏果,落花后 26d 内结束。一般按枝距离 20～25cm 留成单果,然后把多余的幼果全部疏除。疏果时应选留果形端正的中心果,多留中长果枝和果顶向下生长的果,少留侧向生长的果和腋花芽果,及早疏除梢头果、病虫果、畸形果和向上生长的果。

(4) 套袋。果实套袋后能避免农药污染,减少病虫为害,果皮光滑,促进果实成熟,增加着色率,明显提高果实的外观品质,提高商品果率,增加经济效益。

套袋前必须稀果,即套袋的部位必须留单果。苹果是伞形花序,中心花先开,果最大,所以留中心果,疏除边果,如果中心果不好可以留第一个边果,在果实长到山楂大小开始套袋,即花后 15～30d,5 月下旬至 6 月中旬进行。套袋前要先打一遍防治桃小食心虫、红蜘蛛和防治果实轮纹病、炭疽病、斑点病的药剂,如桃小灵、甲基托布津和大生 M45,三种可以混合同时打药。在一棵树上先套树冠上部冠内果,后套外围果。避免碰掉已套的果实。

(5) 摘袋。在果实采收前 15～20d 摘袋,寒富苹果是红色品种容易着色,一般在 10 月初采收,可在 9 月中旬开始摘袋,为了防止日灼,先撕开双层袋的外层,单层袋撕开一个角,使果实透风降温,3～5d 后将内层袋全部取下。

(6) 地下铺设反光膜。于果实着色期(9 月中下旬,套袋树应在除袋后)在树冠下铺设反光膜,促进果实着色。一般每行树冠下离主干 0.5m 处南北向每边各铺一幅宽 1m 的反光膜,株间一幅用剪刀裁开铺放中间,两边各 1 幅,行间留 1～2m 作业道,而后将反光膜边缘用石块、瓦片压实。采果前将反光膜回收洗净晾干备明年用,一般可连用 3 年以上。

(7) 疏枝、摘叶及转果。苹果采前 20～30d 开始进行疏枝,摘叶及转果,以增加果实的浴光量,增加着色。要疏除树冠外围和果实附近的密生新梢,重点去除背上直立徒长枝、密生枝和树冠外围多余的梢头枝。摘叶要分 2 次进行,第一次在 9 月底,首先摘除贴果叶片和果枝基部叶片,适当摘除果实周围 5～10cm 范围内枝梢基部的遮光叶片;第二次在采前 7～10d,摘除部分中长枝下部叶片。摘叶量一般控制在占总叶量的 30%左右。转果一般在除袋一周(7～10d)后进行,果实的向阳面充分着色后把果实背阴面转向阳面,有条件的可用透明胶带固定,促使果实背阴面着色,采前一般转果 3 次。

(五) 果园病虫害综合防治

针对寒富苹果果园存在的主要病虫害问题,全面贯彻"预防为主、综合防治"的植保方针,采取农业、生物、物理、化学等多种防治措施相结合,达到经济、安全、有效的目的。

主要防治对象:苹果叶螨(山楂叶螨为主),金纹细蛾,蚜虫,苹果轮纹病,早期落叶病(斑点落叶病为主)等。

(1) 加强病虫害的预测预报工作,借助果树物候期,昆虫性外激素诱捕器等方法,预测各种病虫害的消长动态,根据病虫害的发生规律,有的放矢地进行防治,全年喷药次数控制在8次左右。

(2) 萌芽前,全面清扫果园,彻底刮除枝干上的轮纹病斑(瘤),然后涂50%多菌灵可湿性粉剂50～100倍液加助剂(渗透剂),最后全树喷50%多菌灵100倍液加助剂(渗透剂)或腐烂敌100倍液。

(3) 萌芽至花序露出前(展叶期),全树喷40%氧化乐果乳油1000倍液或20%速灭杀丁乳油3000倍液,防治苹果瘤芽、黄蚜、小卷叶蛾等。

(4) 落花后10～15d,喷50%多菌灵可湿性粉剂600倍液或甲基托布津800倍液加20%螨死净2000倍液。

(5) 落花后25～30d(6月上旬),喷50%多菌灵600倍液加25%灭幼脲3号2000倍液;套袋前2～3d喷1次50%多菌灵600倍液或甲基托布津800倍液。

(6) 套袋后,喷施1∶2∶200倍波尔多液或600倍铜高尚2～3次或80%代森锰锌可湿性粉剂或大生M45度600～800倍液。

(7) 采果后至越冬前,清除落叶、杂草,深埋或烧掉。轮纹病严重的树,全树喷50%多菌灵可湿性粉剂100倍液。

(六) 适期采收和精细采摘

寒富苹果的适宜采收期应在10中旬。采摘时,尽量轻采、轻放,避免碰伤和指甲刺伤果实,采收用的篮、筐均须内衬蒲包、旧布等柔软铺垫物。从篮到筐,从筐到果堆、果箱等都要逐个拾、拿,禁止倾倒。采收作业时,应将左手食指抵住果柄着生部位,右手握果向斜上方弯曲上举,将果实摘下。注意保护果柄不要抽签或断裂,并防止折断结果枝。

【寒富苹果细纺锤形整形方法】

1. 苗木定植时,按苗高70～80cm定干。当年春、夏季,抹除主干近地面50cm以下的萌芽和嫩梢。50cm以上生长的新梢任其生长。8～9月份,对生长超过1m以上的新梢进行拉枝以开张角度,使之与主干呈80°～90°。冬剪时,对正常生长的中心干在饱满芽处短截,促使明年发出健壮枝条留做主枝。

2. 翌年春夏间,对上年拉平的主枝上如果有光秃带可以用刻芽法促其萌芽。直立徒长枝可以通过扭梢或摘心控制其生长势,同时用同样方法控制中心干上延长枝的竞争枝。秋季,拉平中心干延长枝上发出的新梢,培养又一层主枝,冬季对中心干延长枝除生长过弱者适度中截外,其健壮者可不进行短截,有利于缓和树势和成花结果。

3. 栽后3～5年,继续拉平主枝,控制竞争枝,保持中心干延长枝头的优势,加强对中、上部旺枝的拉平,或疏除,维持树势平衡。此时已进入结果期,应开始控制树冠大小疏密,培养稳健的结果枝组。如果此时树冠过高,可以把中心干头弯下逐渐落头。

梨

蔷薇科苹果亚科梨属。我国是梨属植物中心发源地之一,亚洲梨属的梨大都源于亚洲东部,日本和朝鲜也是亚洲梨的原始产地;国内栽培的白梨、砂梨、秋子梨都原产我国。我国梨产量最多的省是河北、山东、辽宁、江苏、四川、云南等。

梨果实供鲜食,肉脆多汁,酸甜可口,风味芳香优美。富含糖、蛋白质、脂肪、碳水化合物及多种维生素,对人体健康有重要作用。梨果还可以加工制作梨干、梨脯、梨膏、梨汁、梨罐头等,也可用来酿酒、制醋。梨果还有医用价值,可助消化、润肺清心、消痰止咳、退热、解毒疮的功效,还有利尿、润便的作用。梨木细致,软硬适度,是雕刻印章和高级家具的原料。梨含有蛋白质,脂肪,糖,粗纤维,钙、磷、铁等矿物质,多种维生素等,具有降低血压、养阴清热的功效,患高血压、心脏病、肝炎、肝硬化的病人,经常吃些梨大有益处;能促进食欲,帮助消化,并有利尿通便和解热作用,可用于高热时补充水分和营养。煮熟的梨有助于肾脏排泄尿酸和预防痛风、风湿病和关节炎。

【梨早期丰产技术】

(1) 良种壮苗。首先要选择在市场上有竞争力的名、特、优、新品种。各地应本着因地制宜,适地适树,扬长避短,适当集中的原则选用良种。

健壮的苗木是早期丰产的基础。苗木质量直接影响栽植成活率,栽植后根系恢复的快慢、抽枝状况,对结果早晚、树势强弱、产量高低甚至寿命长短都有一定的影响。无论是自育苗木,还是购买苗木,都必须坚持苗木标准。一级梨苗标准:侧根长 20cm 以上,根数 4 条以上,侧根基部粗度 0.45cm 以上,分布均匀,不偏于一方,舒展,不卷曲,有较多须根:茎高 100cm 以上,接口以上 10cm 处的直径 1cm 以上,茎已经木质化;健壮芽 7 个以上;砧桩剪除愈合良好;无机械损伤;无检疫对象美国白蛾;无根头癌肿病和胴痫病。

(2) 科学设计。栽植密度和形式不同,所采用的树形,地上、地下管理措施也不同。幼树期叶面积系数迅速增大,进入丰产期之后能维持较高的光合作用有效面积,方便管理。应采用永久植株和临时植株同时定植,每亩栽植 333 株或 111 株比较好。永久行株距 2m,行距 5m:在永久行中间 1m 栽植 2 行临时行,株行距均为 1m,这样每亩可栽植 333 株。栽植 3 年见果,4 年很容易超过 1500kg。若小行距 2m,大行距 4m,株距 2m,每亩可栽植 111 株。

(3) 精心整地、施足底肥。春季栽植的果园,要在头年秋季整地。永久植株挖直径 110cm、深 80～100cm 的定植穴。栽植密度较大、株距小的临时植株可以开宽 50～60cm、深 60cm 的定植沟。挖穴、沟时不要打乱土层,表土放在一边,心土放在一边,回填时注意先将肥沃表土填在根际周围。每株需要施 15～25kg 土杂肥和 50～100g 氮素化肥。栽树时把表土和有机肥按 3∶1的比例混匀填在树苗根系附近。挖出的土回填到 80%时就灌水沉实,等水渗下以后再埋上余下的土。

(4) 加强逐年管理。苗木定植后,要加强逐年管理,才能实现早期丰产。各年管理达到的目标是:第一年,苗全苗壮。为了达到这一目标,在备苗时要多余 10%～15%,假植到行间或空地。要做好间作、除草、根外追肥、防病灭虫和防寒工作。翌年促枝扩冠。春季解除防寒物、整形修剪,随之继续做好间作、除草、根外追肥、防病灭虫、施基肥、拉枝等田间管理。第三年成花见果。在做好整形修剪、追肥灌水、间作、中耕除草、根外追肥和秋施基肥、防病灭虫等综合管理的基础上,重点做好"刻"、"剥"、"拉"、"多"、"扭"促成花芽的措施。第四年优质丰产。在综合管理的基础上,着重做好人工授粉、疏花疏果,及时防治病虫等优质措施。人工授粉宜在盛花初期进行,一定要争取在开花 3d 以内,抓紧时机进行人工授粉。疏花疏果:花和果实的发育需要消耗大量的有机营养,如果花量过多,消耗大量营养,必然抑制新梢和根系生长,也影响当年的养分积累;如果幼果消耗营养过多,新梢生长将明显下降,也不利于花芽分化。所以疏花疏果,严格控制负载量可以节省养分,并使落花、落果大大减轻,克服大小年,增大果个,提高品质,增加产量,提高经济效果。及时防治病虫害:为害梨的主要病害有梨黑星病、梨腐烂病、梨锈病、梨疫病、梨褐斑病、梨黄叶病等;主要害虫有食心虫、食叶性害虫、枝干害虫,还有梨木虱、红蜘蛛、金龟子等。应根据发生的实际情况,做好预测预报,及时防治。

海棠果

蔷薇科苹果属植物的果实,品种较多,不同品种有不同的别名。海棠果因果实鲜红,有红海棠果、海红、花红的别称,还有楸子、柰子、八棱海棠、沙果的别名。海棠果是落叶小乔木,高3~10m;小枝幼时有毛。叶卵圆至椭圆形,花白色或稍带红色,单瓣,径约3cm,萼片比萼筒长而尖,宿存。喜光,抗寒、抗旱,也能耐湿、耐碱,对土壤要求不严格。深根性,生长快,树龄长。

海棠果圆形或卵圆形,果色红黄,玲珑可爱,主要供观赏,味酸甜,也可食用。全国都有种植。海棠花色娇艳,花姿潇洒,与"堂"字谐音,如与桂花、玉兰搭配种植,则有"玉堂富贵"之意,兼其果实颜色诱人,又可食用,是广受欢迎的花、果兼赏花木。

【海棠果栽培技术参考果树栽培技术】

李　子

蔷薇科植物李的果实,俗称"恐龙蛋"。我国大部分地区均产。7~8月间采收成熟果实,洗净,去核鲜用,或晒干用。饱满圆润,玲珑剔透,形态美艳,口味甘甜,是人们喜食的传统果品之一。它既可鲜食,又可以制成罐头、果脯,是夏季的主要水果之一。

【李子育苗技术】

李子育苗常用的砧木有李子共砧、毛桃、山桃、榆叶梅、毛樱桃、土杏和山杏等。其中榆叶梅砧嫁李子,具有抗寒性强、耐盐碱、树冠矮化、早结果、亲和力强、萌发早等特点。用榆叶梅嫁接李子达到当年播种、当年嫁接、当年出圃的效果。具体方法是:

(1) 苗圃地选择。圃地选择在地势平坦处,土壤疏松肥沃为好。冬前先灌水、深翻。3月下旬整地、铺地膜。地膜最好南北方向铺,便于苗木均匀地接受光照。地膜要求铺平、盖严。播种前2~3d,将经过层积处理的榆叶梅种子放在温室或室内进行催芽,将发芽的种子拣出待播。

(2) 播种。用人工在地膜上扎孔。要求株距3~5cm,孔深2~4cm,孔径5cm,行距为宽窄行,窄行30cm,宽行60~70cm。播种时将发芽的种子播在孔内,1穴1粒或2粒。在种子上盖2cm厚的湿细土,把穴口封严。为保证播种质量和出苗整齐,种子不发芽不播种。播种以4月上旬前进行为宜。播种后天气晴,4~5d就有苗子顶出地膜,7~10d苗子就可以出齐。出苗时每天检查,及时解除顶土苗子,防止苗子弯曲在地膜内,或被烫伤。

(3) 幼苗管理。砧苗前期管理极为重要,促进砧苗前期旺长除使用地膜覆盖外,还要进行根外追肥,砧苗长到5~8cm时,用0.5%的磷酸二氢钾加0.2%的尿素叶面喷雾6次,根外追肥2~3次,每次相距20d左右。6月上旬砧苗长到20cm时全部摘心,促进分根和加粗生长。

(4) 嫁接。嫁接在6月下旬为宜。嫁接前7~10d,选生长强旺外围枝摘心,促进接穗提早成熟,除嫁接时选用饱满芽外,嫁接部位应在地面5~8cm处,有利于嫁接芽早期萌发。

(5) 接后管理。一般剪砧比折砧萌发早。但夏季剪砧一定要离接芽3~5cm处剪断,砧木上留几片叶,待接芽萌发后再在接芽上1cm处剪砧。剪砧后应及时抹芽,把砧木上所发的芽全部抹除,只留嫁接芽。苗木后期应适时浇水。9月底嫁接芽长到70~100cm时全部摘心,并停止浇水,促进苗木加粗生长,使其老熟,以提高苗木的越冬能力。

杏

为蔷薇科李亚科杏属乔木。杏原产我国，在世界杏属植物划分10个种中我国就有9个：普通杏、西伯利亚杏、辽杏、紫杏、志丹杏、政和杏、李梅杏、藏杏、梅。栽培品种近3000个，普通杏种分布最广。杏树大，树冠开展，叶阔心形，深绿色，直立着生于小枝上。花盛开时白色，自花授粉。短枝每节上生一个或两个果实，果圆形或长圆形，稍扁，形状似桃，但少毛或无毛。果肉黯黄或橙黄色。果核表面平滑，略似李核，但较宽而扁平，多有翅边。有的品种核仁甜，有的则有毒。杏树喜轻质土，在排水良好的肥沃壤土上生长良好。多数品种耐寒能力与桃相近，但开花较早，易被晚霜冻死。杏树耐旱，寿命也很长，在良好条件下可达100多年。

杏是我国北方的主要栽培果树品种之一。山杏果供食用，种子入药叫杏仁。除含糖类、蛋白质、脂肪外，含量最丰富的是维生素B17等成分，对癌细胞有杀作用，而对正常的细胞和健康组织无毒性。果实含有多种有机成分和人体所必需的维生素及无机盐类，含蛋白质23%～27%、粗脂肪50%～60%、糖类10%，还含有磷、铁、钾等无机盐类及多种维生素，是滋补佳品。

【杏育苗技术】

(一) 砧木繁育

杏树苗木繁育砧木可采用共砧或异砧。共砧有普通杏、山杏；异砧有山桃、山李等。但主要以山杏为主。砧木种子一定要充分成熟，收藏在干燥地方防止发霉。播种可分为秋播或春播。

(1) 秋播。应在土壤封冻前进行。首先对苗圃地施足有机肥，精细整地。然后用50℃温水浸泡种子一昼夜，也可对种子不进行处理，直接开沟播种。每667m^2共砧用种量50～70kg，异砧40～50kg。播种时可用单行或宽窄行条播，单行行距一般为40cm左右，宽窄行育苗宽行为50cm，窄行为30cm。播后覆土8cm左右，最后灌足冬水。

(2) 春播。由于砧木种子外壳木质坚硬，不易破裂，需处理后方可播种。

① 沙藏。入冬前对种子进行沙藏处理。选择背阴高燥地方，挖深60cm、宽1m、长由种子量决定的坑，坑底先铺一层15cm厚的沙，再将1份种子和2份湿沙混合均匀后，放入坑内进行沙藏。坑的上部覆盖20cm厚的湿沙，再覆土高于地面呈馒头状，厚度为10～20cm。山杏种子壳较厚，沙藏时间一般在3个月以上。沙藏时间越早，次年自然破壳种子越多。

② 浸种。春播时可将贮藏种子浸泡后，装在塑料袋里，直接放太阳光下暴晒，每隔2～3d洒水搅动1次，15d后种核开裂后再播种。

③ 人工破壳。如果种量较少，可于春前人工破壳再用温水浸泡催芽后播种。

④ 播种。将经过以上方法处理过的种子，在3月下旬至4月上旬取出播种，播前对苗圃地灌水1次，待水分渗透后施足底肥，整地开沟条播。

(二) 苗木嫁接

(1) 夏季芽接。于7月中下旬当砧木粗度达到筷子粗时，用“T”字形芽接法进行嫁接。杏的芽片较软，插入时应缓慢，防止芽片皱折影响成活，还要注意芽接应在天晴进行，阴雨天伤口易流胶而降低成活率。

(2) 春季嫁接。春季嫁接可在次年树液流动时进行，一般采用劈接、皮下接、带木质芽接、单芽靠接等方法。劈接法由于伤口大，不如其他几种接法成活率高。嫁接后用塑料薄膜包严比用塑料条包成活率高。

（三）嫁接苗的管理

芽接苗在次年春季树液流动后及时剪砧，在加强肥水管理、锄草的基础上还要经常抹芽、除萌，使根系营养集中供应接穗或接芽发出的新梢。当苗子长到 30cm 时，及时绑设支柱，并根据生长情况解除包扎的塑料薄膜，以防风折或勒断苗子。

【山杏丰产栽培技术】

为了提高丘陵旱薄地山杏核的产量、质量和经济效益，应重点抓好以下几个技术环节。

（一）苗木繁育

育苗地要选择背风、土层深厚肥沃、排灌条件良好的沙壤土和壤土做苗圃地，注意不要在前茬为核果类和向日葵的土地上育山杏苗。播种前要耕翻苗圃地，施入腐熟的有机肥，一般每公顷施 60～75t。耙平后作畦或开垄，播种时再在播种沟内施过磷酸钙，每公顷施 750kg。山杏春播和秋播均可，多用条播，覆土 5cm 后轻压，每公顷播种为 450～600kg。秋播在土壤封冻前进行，种子不需要处理，播后适当浇水即可。春播要在土壤解冻之后，种子要经过越冬催芽处理，即在小雪前选择土质疏松，通风背阴排水良好的地方挖土坑，宽 1.5m，深 0.8～1m，长度由种子多少而定。先在坑底铺 5cm 厚湿沙，湿沙的要求是用手一握成团而又不滴水为宜。将 1 份种子与 3 份湿沙混匀后放入坑内，填至距地表 10cm 时，上面用干草等盖好后覆土，并培成土堆，在坑四周挖排水沟，以排除积水。为使坑内通风良好，防止种子霉烂，在坑中间插一束 1m 长的秫秸把。来年春天播种前半个月从坑中取出混沙埋藏的种子，放在向阳的地方继续保持种沙湿润，经常翻动检查，夜间用草帘盖上以利保湿，待种子有 70％裂嘴即可开始播种。幼苗出土后要及时中耕松土，除掉杂草，保持土壤墒情。待幼苗长出 3～4 片真叶时要进行一次间苗，长出 7～8 片真叶再间苗一次并定株，每公顷留苗 37.5 万株；发现缺苗断垄，由密度较大处带土坨移植补齐。定株后，一般 5 月下旬 6 月初，要进行 1 次追肥，每公顷施尿素 150～225kg，20d 后再施 1 次，品种和数量与上次相同。每次施追肥后，立即浇水，浇水后必须及时中耕除草，保持土壤疏松、湿润。山杏幼苗易遭受多种病虫害的侵袭，要做到预防为主，防治并举。

（二）造林技术

山杏虽然适应土壤干旱瘠薄的地块上生长，但是，如果管理不善，容易形成小老树，所以营造山杏林，也要注意尽量选择那些土壤条件较好，土层较厚，土质比较肥沃，光照充足的阳坡和半阳坡，土壤以 pH 值 6.5～8.5 的沙壤土和轻壤土为宜，以地尽其力，树尽其生育能力，早日达到造林的目的。切忌在低洼地上营造山杏林。栽植前一年要进行深翻整地，整地一般在雨季到来之前完成，以便蓄积雨水，从而有利于造林，提高造林成活率。而沙地造林不要提前整地，随整地随造林。整地方法应采取鱼鳞坑整地和水平沟整地。鱼鳞坑整地要按定植点挖成横山弦长 1～1.5m，深 40cm 左右的半圆形坑，坑挖好后将表土还回坑内，用生土或石块在坑的下缘做成土石埂。水平沟整地则沿等高线挖沟，规格为 200cm×60cm×50cm，挖好后将表土回填，用生土筑埂。山杏造林采用植苗造林或直播造林均可。但直播造林有许多弊端，如用种量太大，幼苗根系受到钙积层的阻隔，很难穿透，致使生长受阻，多呈低矮的“小老树”状态，结实也欠佳。

山杏植苗造林比直播造林效果好，是山杏造林的最好方法。山杏春栽或秋栽都可以，北方由于冬季寒冷，积雪多，最好采用春栽。一般在早春 4 月中旬，土壤解冻 50cm 时即可栽植。栽植密度按行距 3～4m，株距 1.5～2m，每穴可栽 2～4 株。栽植前要对苗木进行选择，分级假植、分级栽植,同一造林地块,苗木级别不能太悬殊,否则不便于管理。一般选用地径 0.5cm 以上,苗高 35cm 以上的健壮苗木,绝对不能用弱苗。栽植前将主根重新修剪,露出新茬口,有条件的可用 3 号 ABT 生根粉浸根,栽时再沾泥浆。栽植时将苗木直立于坑的正中,使须根伸展,先覆一半土后,用手将苗向上提一下,使根系舒展,踩实后再覆土,再踩实,然后在最上面覆一些虚土,防止土壤产生裂纹,减少土壤水分蒸发。即做到"三埋两踩一提苗",埋土深度要超过苗木根际原土印 2cm 左右。有条件的栽后要向坑内进行灌水。

(三) 管理技术

为了提高山杏林的经济效益,要实行集约化经营,按照经济林的标准进行管理。

(1) 土壤管理。山杏多数分布在黄土丘陵区和石质山地上,这里土壤瘠薄,气候干旱,只有抓住改土蓄水这一关键,才能改善山杏生长条件,促进其生长和结实。常用的土壤管理措施有以下几种。

① 挖树盘。这项工作每年可进行 1～3 次,即在每年的春、夏、秋三季都可以进行。春季挖树盘在土壤解冻后至杏树发芽前进行,夏季挖树盘在果实采收后进行,秋季挖树盘在落叶后至结冻前进行。挖树盘要掌握"里浅外深,春浅秋深"的原则,一般深度为 20～30cm,直径要大于树冠。挖树盘的同时要清除根蘖、石块和杂草等。该项措施在任何地型条件下的山杏林中实施都可以达到除草、松土、蓄水的目的,如果在土层薄、坡度大的石质山地,要挖成穴状。

② 机械抚育。在坡度较小的山地、丘陵等地,根据树冠大小,留出树盘,将其余部分利用拖拉机在行间进行全面深翻,深度以 40～50cm 为宜。此项工作最好在秋季树木落叶前进行,因为这时地上部分已停止生长,树体内的营养物质趋于积累过程,叶内的营养物质开始向主干及根部运输,而根系还有一个生长高峰,深翻后根系容易形成愈伤组织,并能在伤口处生出许多须根,有利于来年生长。深翻后的土壤可以积蓄秋冬的雨雪,截持地表径流,达到改土蓄水的目的。

③ 水平沟抚育。对于坡度较大,不便于机械化作业的地段,采取人工挖水平沟方法,进行改土蓄水。具体作法是在行间挖长 150cm、宽 80cm、深 50cm 的蓄水沟,挖沟时将熟上和生土分别放置,沟挖好后,拣出大石块,先将腐殖质和熟土填入沟内后,再将生土放在沟的下沿筑起土埂。注意等高水平,防止出现顺水现象。

④ 林粮(草)间作。适用于幼树山杏林,最好是距树行 50cm 左右的地方进行间作,这样不致伤害幼树,间作的作物最好是豆科植物和其他矮秆作物,一般可连续间作 3～5 年。通过间作,使林地的土壤养分和水分状况得以改善。这样不仅收获了粮食,同时也加快了幼树的生长和提早结实。

(2) 合理修剪。山杏一般不易抽出明显的中心领导枝,树冠多长成自然圆头形。只有栽培条件比较好的,能明显的抽出中心领导枝的山杏,可整成疏散分层形。自然圆头形在树干高 60cm 左右处打头,全树留 4～5 个大主枝,在各主枝上每隔 40cm 左右处选留侧枝,各类枝的留枝部位要本着合理利用空间的原则,分布要均匀。疏散分层形是在树十高 40cm 左右,留 3～4个主枝构成第一层枝,在距第一层枝 70cm 左右留二层主枝,一般以 3 个为宜,这样全树保留 6～7 个主枝,各主枝上再适当地保留各级侧枝。修剪时主要是合理短截各级主、侧枝,疏除过密枝,对辅养枝和内膛小枝一般不加修剪,以缓和枝条的生长势,促进提早形成花芽,开花坐果。对盛果期树的修剪,在保证树势健壮的前提下,要尽量保留结果枝,以增加每年的产量,并适当截短 1 年生枝,促进新枝发生,形成结果枝,以保证年年丰产。

(3) 加强肥水管理。山杏虽然耐干旱瘠薄,但对肥料的反映非常敏感,在肥水充足的条件下,不仅树势旺,生长快,而且坐果率极高。山杏施基肥,一般在秋末土壤上冻前,以有机肥为主。每株施优质厩肥或圈肥 50kg,混入磷酸钙 1～2kg 或尿素 0.5kg,这样施肥可促进根系生长,提高花芽质量,为来年壮树丰产打下基础。春季发芽前结合浇水追 1 次速效肥。每公顷施氮肥 225kg,可降低杏花败花率,提高坐果率,花期追施速效肥,每公顷施磷酸二铵 150kg,以提高坐果率,促进幼果生长。

(4) 花期防霜。山杏开花早,花期易受晚霜危害,可减产 30%～70%,严重的年份有的地块甚至绝收。因此,要重视花期防霜工作,具体做法是于晚秋树体喷 50～80mg/L 赤霉素,或早春花芽膨大期喷 500～800mg/L 青鲜素,一般可推迟花期 5～8d。也可于晚秋落叶后到上冻前,灌足防冻水,早春解冻初期再灌顶凌水,均可有效地降低地温而推迟花期,从而避免晚霜危害。熏烟防霜也是非常有效的方法,即若有霜冻预报,可在夜间凌晨 2 点以后,气温降至 2℃时,点燃备好的麦糠、落叶、秸秆等,熏烟防霜。此外,树干涂白(石灰乳)、树盘堆雪及树盘盖草等也可延迟花期,对防霜害也有不同程度的效果。

(5) 及时防治病虫害。首先要做好预防工作,即在秋冬剪除病枝、病叶、虫卵,捡拾落在地上的病枝叶,集中烧毁。在春季发芽前喷 3 度石灰硫黄合剂;展叶时喷 1～2 次 1%等量式波尔多液。其次要做好预测预报工作,本着预防为主、综合防治的原则,一经发现立即彻底根除,使病虫的危害所造成的损失控制到最低程度。

(6) 平茬复壮。山杏开始结实早,衰老死亡也早。一般在比较瘠薄的山地上生长的山杏实生林 30 年左右,萌芽生长的山杏林 15～20 年就开始衰老,结实量显著下降。甚至有的生长在贫瘠的荒山上的山杏次生幼林或种植的山杏幼林,造林后往往生长缓慢,有的已完全丧失结实能力,且年生长量几乎停止,已形成了小老树。对这些小老树和衰老的山杏林进行平茬,可有效地促进其生长,平茬时期在秋季树木落叶后至明年春季萌动前进行,尤其以冬季“数九”天采取一次性皆平的办法为最好。平茬的方法是用利斧或快镐将山杏树地上部分贴地砍去,要求茬口平齐、越低越好,注意防止伐根劈裂。待翌春伐根上萌发新条达 20～30cm 高时,要进行除萌定株,除掉细弱多余的萌枝,选留 3～5 根枝条,使其形成新的树冠。

樱 桃

别名车厘子,莺桃,荆桃,楔桃,英桃,牛桃,樱珠,含桃,玛瑙。蔷薇科李亚科樱属。在国内主要产于安徽、辽宁、吉林、河北、陕西、甘肃、山东、河南、江苏、浙江、江西、四川。樱桃属于蔷薇科落叶乔木果树,生长在海拔 300～600m 的山坡阳处或沟边。樱桃成熟时颜色鲜红,玲珑剔透,味美形娇,营养丰富,医疗保健价值颇高,又有“含桃”的别称。我国作为果树栽培的樱桃有中国樱桃、甜樱桃、酸樱桃和毛樱桃。樱桃成熟期早,有早春第一果的美誉,号称“百果第一枝”。据说黄莺特别喜好啄食这种果子,因而名为“莺桃”。

我国樱桃产量为 3500 万 kg,人均只有 29g,相当于每人有大樱桃 3 个或中国樱桃 15～17 个。我国栽培的甜樱桃品种主要为欧美品种,在我国北方地区表象很好,由于欧洲甜樱桃一般需 7.2℃ 以下低温 900～1400h 方可完成冬季休眠,限制了在我国南方的大面积栽培。中国樱桃的优良品种极少,栽培品种中普遍表现出果小、味酸,采前裂果、落果等诸多缺点。而中国樱桃优良品种黑珍珠的选育,成功地弥补了这些缺点。

【樱桃大棚密植高产栽培技术】

(一) 品种选择与栽植

樱桃大棚应按照实际情况，选择平坦地方，面积根据取暖方式确定。日光大棚是栽植樱桃的首选取暖方式。

中国樱桃抗寒力弱，喜温暖而润湿的气候，适宜在年平均气温 15～16℃的地方栽培。甜樱桃喜冷凉干燥。樱桃自然眠期 80～100d。甜樱桃完成休眠的需冷量为 7.2℃以下 1100～1300h。酸樱桃需要 1200～2500h。中国樱桃的休眠期较短，在冬末早春气温回暖时易萌发，若遇“倒春寒”(霜或雪)，使花器官受冻，会严重影响产量，甚至颗粒无收。因此发展中一定要注意当地每年春季低温寒潮侵袭的时间是否与花期重合，连年都在樱桃开花期发生不利天气(霜雪、大风)等的地方不能栽种。即使少有发生灾害性天气的地方，在建大棚时也要选择适宜的小地形种植。

樱桃为喜光树种，中国樱桃较耐阴，但光照良好，果实成熟期早，着色好。樱桃适宜于肥沃疏松、土层深厚的沙质土中栽培。土壤酸碱度，一般为 pH 值 6.0～7.5。

中国樱桃根的垂直分布，一般多集中在 20cm 左右深的土层中，要求土质疏松，排灌条件良好。重黏土不适宜种樱桃。栽植密度应依品种、砧木、土壤条件而不同。在肥沃的平地上，中国樱桃采用“Y 字”形整形密植，可按 1m×3m，每亩栽 220 株，若采用自然丛状形或自然开心形整形，可按 2～3m×3～4m。幼年期可再适当加大密度，成苗后采取间伐措施处理。

栽植前应进行土壤深翻熟化，挖大栽植穴。每穴施入有机肥 25～50kg。将肥料与土壤拌匀后，再栽苗，并立即浇定根水。

(二) 土肥水管理

樱桃的土壤管理，以灌水加覆盖，中耕除草的管理方法较好。由于覆盖减轻了旱情对植株的影响，对果实生长有良好作用。在樱桃采收后，拆除或翻埋覆盖物。据计算，一般成年大棚每亩应覆盖 2000～2500kg 秸棵为宜。樱桃树每年应施肥 3～4 次。即：

(1) 采果后施肥。主要是为恢复树势，促进花芽分化，提高来年产量。在采果后立即施入厩肥、禽畜粪尿，并加入适量化肥。每株视结果多少施禽畜粪 30～60kg。

(2) 萌芽开花前施肥。追施速效性氮肥为主的肥料。每株施禽畜粪水 15～20kg，或尿素 0.5kg。

(3) 果实速长期施肥。在谢花后，进入果实发育。对结果大树应追施速效性化肥 1 次，并配合适量的磷钾肥料。

(4) 施好基肥。秋季 9～10 月落叶前施好基肥，以复壮树势，增加植株体内贮藏养分含量。由于樱桃从开花到果实成熟仅需 40 多天，贮藏养分的多寡在较大程度上影响着果实的大小和品质。因此基肥的施用非常重要，需占全年施肥量的 50%～70%。应以有机肥为主，如堆肥、圈肥、鸡粪、腐熟豆饼等，并应适量加入过磷酸钙或钙镁磷肥等。

除上述土壤施肥外，在初花期至盛花期相隔 10d，连续喷两次 0.5%尿素，或 600 倍磷酸二氢钾液，或 0.3%硼砂液，有助于提高坐果率。

(三) 整形修剪

(1) 整形。

① 自然丛状形。中国樱桃的常用树形。一般主枝 5～6 个，向四周开张延伸生长，每个主枝上有 3～4 个侧枝。结果枝着生在主、侧枝上。主枝衰老后，利用萌蘖更新。此树形的角度

较开张，成形快，结果早。但树冠内部易郁闭。

② 自然开心形。多用于甜樱桃。干高 30～40cm，全树有 3 个主枝，分枝角度 30°。最初保留中心干，待栽植 4～5 年后，除去中心干为开心形。这种树形，整形容易，修剪量小，树冠开张，通风透光良好，结果早，产量高，果实质量也较好。

③ 主干疏层性。干高 40～60cm，有中心干。主枝数 6～7 个，分 3～4 层错落着生在中心干上。第一层 3 个主枝，开张角度 50°～60°；第二层 2 个主枝，开张角度 45°左右；第三、四层各有 1 个主枝。一、二层间距 60～80cm，二、三层间距 40～50cm，上层间距可适当小一些。每个主枝上配备侧枝 2～4 个。同时在各级骨干枝上培养结果枝组。

④ "Y 字"形树形。此树形行向南北，每株 2 个主枝对称在两边，整形期间需要设支撑架固定绑缚。此树形通风透光好，开花结果容易，适宜密植，管理方便，果实质量好。

（2）修剪

① 修剪应注意事宜。樱桃的枝分为发育枝和结果枝两类，幼树上发育枝较多，其前端叶芽延伸生长，扩大树冠，下部腋芽抽生结果枝。进入结果期后，大部分 1 年生枝顶芽为叶芽外，腋芽多为花芽，称为结果枝。结果枝依长度分为长果枝（15～20cm）、中果枝（5～15cm）、短果枝（5cm 左右）、花簇状果枝（1～2cm）。从结果能力看，长果枝坐果力较差，一般在 40%左右；中果枝结果能力因品种而不同；短果枝坐果率高，果实品质亦佳；花簇状果枝是盛果期旺树上的主要结果枝，坐果率能达 80%左右。果实品质最佳，而且寿命长，可连续结果 10～20 年。结果枝和花簇状果枝是产量形成的基础。

② 幼树的修剪。为了促使幼树早结果，在整形的基础上，对各类枝条的修剪程度要轻，以生长期的摘心为主。以控制枝梢旺长，增加分枝，加速扩大树冠。冬季修剪时间应推迟到萌芽前，以避免剪口失水干枯。除对主枝、延长枝短截和适当间疏一些过密、交叉枝外，其余中、小枝要尽量保留。

③ 结果树的修剪。夏季采用疏剪，去除过密过强、扰乱树冠的多年生大枝，进行树冠结构调整，促进花芽形成。在疏除大枝时，注意伤口要小，要平，以利尽快愈合。疏除 1 年生枝时，可先在其基部腋花芽以上剪截，待结果光秃后，再疏除。冬季修剪时，应注意对骨干枝先端和短果枝的 2～3 年生枝段进行适当回缩，以刺激营养生长和新果枝的不断形成，防止结果部位外移和树冠内部光秃。

④ 衰老树的修剪。及时更新复壮，利用生长势强的徒长枝来形成新的树冠。对骨干枝先衰弱而无结果能力的，要及时回缩。利用隐芽回缩更新时，樱桃的隐芽寿命约 5～10 年。为了回缩有枝更新，回缩处最好有生长较正常的小分枝，这对树体损伤较小。回缩修剪后发出的徒长枝，选择方向、位置、长势适当、向外开展的枝来培养新主枝、侧枝。过多的应疏除，余者短截，促发分枝，然后缓放，使其形成结果枝组。大枝更新时，亦应在采果后进行，以免引起伤口流胶。

（四）保花保果

保花主要应注意肥水管理，以促进花器官建造完全，开花正常。保果的目的是提高健壮果实的坐果率。措施有：人工辅助授粉；利用昆虫访花授粉；喷施植物激素，如赤霉素（GA3）、PP333、绿芬威叶面肥等；为了促健壮果，需要疏花疏果和预防、减轻裂果。

（五）病虫防治

危害樱桃树的主要病虫害有桑白蚧、刺蛾、桃红颈天牛、苹果透翅蛾、金缘吉丁虫、金龟子、梨小食心虫和炭疽病、樱桃叶斑病、细菌性穿孔病、流胶病、根颈腐烂病等,应采取综合措施加以防治。在冬季修剪时,剪除并烧毁病虫枝,同时在落叶期喷布波美 5 度石硫合剂 1 次;在春梢叶片停长前,喷 40%乐果 1200 倍液加 70%甲基托布津 800 倍液 1 次;7～8 月喷 50%马拉松乳剂 1000 倍液加 65%代森锌 400～500 倍液 1 次。

葡　萄

别名蒲桃、草龙珠、山葫芦、李桃、美国黑提等。葡萄属葡萄科植物葡萄的果实。为落叶藤本植物,是世界最古老的植物之一。葡萄原产于欧洲、西亚和北非一带。据考古资料,最早栽培葡萄的地区是小亚细亚里海和黑海之间及其南岸地区。大约在 7000 年以前,南高加索、中亚细亚、叙利亚、伊拉克等地区也开始了葡萄的栽培。多数历史学家认为波斯(即今日伊朗)是最早酿造葡萄酒的国家。欧洲最早开始种植葡萄并进行葡萄酒酿造的国家是希腊。在我国长江流域以北各地均有分布,主要产于新疆、甘肃、山西、河北、山东等地。茎蔓长达 10～20m。单叶,互生。花小,黄绿色,组成圆锥花序。浆果圆形或椭圆形,因品种不同,有白、青、红、褐、紫、黑等不同果色。果熟期 8～10 月,中国栽培葡萄已有 2000 多年历史,相传为汉代人张骞引入。

葡萄需要最适宜的气候和阳光。阳光照射太少会酸,太多则过甜。春天发芽时,葡萄喜 7～12℃气温,这时不能有霜和冰雹;葡萄枝生长的时候,温度最好在 20～25℃之间,不凉不热,还要阳光灿烂;秋天,葡萄开始成熟,理想温度 20～25℃,凉爽宜人,这时千万不可下雨。太冷的地方,葡萄树很难过冬,这些地区夏天的温度不高,葡萄难以成熟;太热的地方,病虫害多,假如它的冬天气温经常超过 10℃,葡萄根会继续向枯枝缓慢供应养分,翌年葡萄发芽时,便会营养不良。

葡萄品种很多,全世界约有上千种,总体上可以分为酿酒葡萄和食用葡萄两大类。世界栽培品系有欧洲品系及美洲品系两大系统,根据其原产地不同,分为东方品种群及欧洲品种群。我国栽培历史久远的“龙眼”、“无核白”、“牛奶”、“黑鸡心”等均属于东方品种群。“玫瑰香”、“加里娘”等属于欧洲品种群。在果品中,葡萄的资历最老,据古生物学家考证,在新生代第三地层内就发现了葡萄叶和种子的化石,证明距今 650 多万年前就已经有了葡萄。有的学者认为在 23000 万年前至 6700 万年前就有类似葡萄的植物。

【葡萄栽培技术】

(一) 园地选择与栽培方式

设置栽培园地应选择地势平坦、背风向阳、东西南三面没有高大遮阴物体的地点。土质以肥沃的沙壤土为好。栽培的主要类型有薄膜温室栽培和塑料大棚栽培两种。

(二) 品种、架式选择

提早成熟上市,选择极早熟、早熟和中熟葡萄品种;延后在晚秋或冬季成熟上市,选择极晚熟品种或易多次结果的品种。架式可选用篱架包括单臂篱架、双臂篱架、宽顶篱架和小棚架等架式。

(三) 定　植

(1) 定植时期。一年一栽制在 4 月中旬到 5 月上旬进行定植;对已经进行生产的温室,在 5 月下旬至 6 月中旬浆果全部采收后,立即拔除所有葡萄植株清园后进行定植;将 4 月上旬至 5 月上旬预先栽植在大型营养袋中,生长健壮的苗木移栽到温室内进行定植,最迟不得晚于 6 月底。多年一栽制在 4 月上旬至 5 月上旬进行定植。

(2) 栽植密度。栽植密度依据品种、土壤、架式等而定。栽植行向篱架以南北为宜,小棚架以东西行向为宜。篱架株行距为 0.5～1.0m×1.5m(单臂)，每 666.7m²(亩)栽 444～889 株；0.5～1.0m×0.5～1.0m×2.0～2.5m(双臂)，每 666.7m²(亩)栽 267～1333 株；0.5m×1.5～2.0m(宽顶篱架)，每 666.7m²(亩)栽 667～889 株；小棚架为 0.5～1.0m×4.0～5.0m，每 666.7m²(亩)栽 133～333 株。

(3) 苗木栽植前处理。定植苗木应选用大苗、壮苗，有条件的可使用脱毒苗木。先将苗茎剪留 2～3 个饱满芽，对底层的侧根进行适当修剪，对上层侧根进行短截，剪出新鲜茬口。再将苗木根系浸水 24h 左右，使其充分吸足水。用 2000mg/L 的萘乙酸或 1000mg/L 吲哚丁酸 70%酒精溶液浸根 5～10s，或将上述药剂与泥浆混合浸根后即可定植。

(4) 整地定植。对黏重或沙性较强的土壤，通过掺沙或掺黏进行改良；对坚实、黏重的土壤，进行深翻，打破不透水层。同时施入足量有机肥，每 666.7m²(亩)施优质腐熟厩肥 4m³ 或腐熟鸡粪 1.5～2.5m³。挖栽植沟，沟宽 0.6～1m，深 0.5～0.6m，表土与底土分放。苗木栽植时，嫁接口与地面相平，将根系舒展向四周均匀分布，并将苗木扶直，左右对准，使其纵横成行。填土时先将表土和足量腐熟有机肥、适量过磷酸钙肥混匀填入并踩实，底土撒开做畦，灌透水，全园覆膜，1 周后再浇水 1 次。

(四) 扣棚与升温

(1) 扣棚与升温原则。在满足葡萄自然休眠和设施内达到葡萄生长发育的环境条件后，根据计划果实的上市日期和果实发育期，确定升温时期。

(2) 升温时期。薄膜温室于秋季冬剪后覆盖薄膜、草帘，翌年外界日平均气温稳定在 −7～−5.1℃时开始揭帘升温。升温前 15～20d，用石灰氮 500g 对温水 2.5kg 进行搅拌均匀，涂抹葡萄的结果母枝。1 年生葡萄枝蔓从基部 40cm 处开始向上涂抹。塑料大棚于外界日平均气温为 5℃时(2 月下旬至 3 月中旬)，葡萄扣棚、出土、升温。

(3) 环境调控设施。葡萄不同生育期温、湿度应进行调控。设施内葡萄各生育期适宜温、湿度、相对湿度：催芽期白天温度 20℃左右、夜间温度 6～10℃、相对湿度 80%～90%；花前新梢生长期白天温度 25～28℃、夜间温度 15℃左右、相对湿度 70%～80%；花期白天温度 28℃左右、夜间温度 16～18℃、相对湿度 60%～70%；果实膨大生长期白天温度 25～28℃、夜间温度 18～20℃、相对湿度 70%～80%；着色至成熟期白天温度 28～30℃、夜间温度 15℃左右、相对湿度 60%～70%。

葡萄是喜光性植物，要通过选用无滴塑料薄膜、铺设反光膜等措施增加光照；通过加大放风、施用固体二氧化碳等方法补充室内二氧化碳的不足。

(五) 主要管理、技术措施

(1) 土肥水管理。

① 土壤改良与耕作。在浆果采收后结合秋施基肥对土壤进行深翻熟化。深翻时沿栽植沟两侧，将表土放在一边，心土放在一边，深度与原栽植沟一致。沟底可填入秸秆，然后再回填表土，最后将心土和粪肥(其中拌入过磷酸钙等)混合，填入栽植沟表层。根据杂草发生和土壤板结情况，在整个生育周期中进行 5～8 次中耕松土和除草。中耕的深度为 10～15cm，多在雨后或灌水后进行。

② 施肥。基肥以有机肥料为主，适当掺入一定数量的矿质元素，于秋季浆果采收后在根系周围挖施肥沟(穴)施入土壤和撒施于池面。每 667m² 施充分腐熟有机肥 5000～8000kg，过磷酸钙 100kg。追肥于萌芽前、开花前每 667m² 追施 1 次复合肥 20kg 或尿素 15～20kg；浆果

膨大期、果实着色期每 667m² 追施 1 次复合肥 15kg 和过磷酸钙 15kg；叶面肥在果实着色前每隔 10～15d 喷施 1 次 0.3%尿素或以氮素为主的叶面肥，果实着色后每 15d 喷施 1 次 0.3%～0.5%磷酸二氢钾。

③ 灌水。萌芽前灌水 1 次，花序出现至开花前 10d 灌水 1 次，浆果膨大期根据具体情况灌水 3～5 次，浆果着色初期灌透水 1～2 次，浆果采收后立即灌水 1 次，落叶后灌透水 1 次，利于根系正常越冬。提倡覆膜，采用膜下滴灌。

(2) 整形修剪。

① 整形。单龙干形，株距 0.5～0.6m，定植当年从萌发出的新梢中，选留 1 个生长健壮的新梢作主蔓培养。夏剪时主蔓不留副梢，直线延伸，直到主蔓长至整形长度后，进行摘心，控制延伸生长。如果主蔓生长较慢，北部地区 8 月中下旬还达不到整形长度，则此时也应及时摘心，促进新梢加粗生长和枝芽成熟。冬剪时，根据主蔓粗度和成熟度剪截，一般剪口下要求枝粗直径达到 0.8cm 以上，定植当年主蔓剪留长度不超过 1.5m，以防剪留过长中下部出现“瞎眼”。若主蔓粗度在 0.8cm 以下，应留 3～5 芽平茬，翌年重新培养主蔓。双龙干形，株距 1～1.4m，从定植苗中选留 2 个生长势相近的新梢作主蔓培养。如果苗木只抽生 1 个新梢，则待该新梢生长 5～6 片叶时，摘心促发副梢，选其中 2 个生长强壮的副梢作主蔓培养，其他副梢贴根抹除。夏剪和冬剪技术与要求，与单龙干形主蔓培养方法相同。

② 修剪。

生长期修剪：

a. 抹芽和疏枝。新梢长到 5～10cm 左右时，将过多的发育枝、主蔓靠近地面 30～40cm 内的枝芽以及过密过弱的新梢抹去，同一芽眼中出现 2～3 个新梢，只保留 1 个健壮的新梢。新梢长到 15～20cm 时，再进行一次疏枝。根据树势强弱和架面大小确定留枝量。单篱架新梢垂直引缚时每隔 10～15cm 留 1 个新梢；棚架每平方米架面保留 15～20 个新梢。抹芽和疏枝后，结果枝与发育枝比例以 1～2∶0.5～1 为宜。

b. 结果枝摘心。在开花前 5～7d 至始花期，在花序以上留 4～6 片叶摘心。

c. 副梢处理。定植当年的葡萄苗木萌发后，其新梢做预备枝培养结果母枝时，在主梢摘心后，其上的副梢除顶端 1 个留 1～2 片叶反复摘心外，余者全部从基部抹除；作为延长生长用的梢可将其上副梢各留 1～3 片叶进行摘心，以后发出的副梢保留 1 片叶反复摘心。葡萄开始结果后，结果枝上的副梢处理方法有两种，一种是主梢在花序前 4～6 片叶摘心后，果穗以下的副梢从基部抹除，顶端 1 个副梢留 3～4 片叶反复摘心，其余副梢留 1 片或 2 片叶反复摘心，使果枝上的叶片数最终达到 12～15 片；另一种是主梢摘心后，只保留顶端 1 个副梢 4～6 叶摘心，以后始终只保留前端 1 个副梢 2～3 叶反复摘心。

d. 除卷须及新梢引缚。在生长季修剪中结合其他工作，随时对卷须加以摘除。当新梢长到 40cm 左右时，即需引缚到架面上。篱架栽培可将部分新梢向外呈弓形引缚；棚架栽培可 30%左右的新梢引缚，其余的使之直立生长，以利通风透光。

e. 采收后修剪。根据品种的生物学特性和枝条生长的具体情况，对部分枝梢进行适当回缩、短截和疏除。

休眠期修剪：1 年一栽制葡萄在落叶后将充分成熟的主蔓剪留 2m 左右，将上面的副梢从基部疏除。多年一栽制葡萄对结果母枝的休眠期修剪有短梢修剪(2～4 芽)，中梢修剪(5～7 芽)和长梢修剪(8 芽以上)。中、长梢修剪时，在中梢或长梢的下位留 1 个具有 2～3 个饱满芽的预备枝，当中长梢完成结果后，在预备枝的上方剪除。预备枝上留下的 2 个新梢，靠上位的休眠期修剪时，仍按中、长梢进行剪截，下位的新梢剪留 2～3 个芽作为预备枝。短梢修剪时，采用单枝更新修剪法，即短梢结果母枝上发出 2～3 个新梢，在冬剪时回缩到最下位的一个枝，并剪留 2～3 个芽作为下一年的结果母枝。

(3) 花果管理。

① 诱发二次果。利用冬芽副梢诱发二次果：在葡萄花前 7～10d，在主梢花序以上留 4～7 片叶摘心，发育枝留 8～10 片叶摘心，并抹除所有夏芽副梢，激发冬芽萌发，待冬芽二次梢露出花序后，在其上留 2 片叶摘心。巨峰及巨峰系品种均可用此法获得二次果。

利用夏芽副梢诱发二次果：在主梢开花前 15～20d，在花序以上夏芽尚未萌动的节上，对主梢进行摘心，同时，将下部已萌动的夏芽副梢全部抹除。如夏芽副梢上没有花序，待其展叶 4～5 片时，再留 2～3 片叶摘心，利用夏芽三次梢结果。

② 疏花序与花序整形。对果穗重 400g 以上的大穗品种，壮枝留 1～2 个花序，中等枝留 1 个花序，短弱枝不留花序；对小穗品种，壮枝留 2 个花序，中等枝留 1 个花序为主，个别空间较大处可留 2 个花序，短细枝不留花序。花序整形上，对于果穗圆柱形、近圆锥形的品种，花序一般不用整形，部分花序过长的，于开花前 7～10d 将花序顶端用手指掐去其全长的 1/5～1/4；果穗较大、副穗明显的品种，将过大的副穗剪除，过长的分枝和过长的穗尖掐去，使果穗紧凑、果粒大小整齐。

③ 疏穗和疏粒。疏穗在盛花后 20d 左右，篱架上按 2 年生葡萄每株保留 4～6 个果穗，多年生葡萄架面每平方米保留 5～8 个果穗的原则，将多余的果穗疏除。疏粒于落花后 15～20d，果粒小、着生紧密的果穗以 250～350g 为标准，果粒大、着生稍松散的果穗以 750～850g 为标准，果粒中等、松紧适中的果穗以 450～550g 为标准，疏除部分过密果、畸形果和小粒果。

④ 提高着色率。在浆果开始着色时，通过调整果穗位置，摘掉结果新梢基部的 3～4 片老叶和疏除部分遮盖果穗的无用新梢，架下铺设反光膜等措施，促进果穗着色。

⑤ 化学调控。在盛花期和盛花后 11～14d，采用 30～50mg/L 赤霉素溶液浸蘸花序和果穗各 1 次无核化处理。浆果膨大处理在有核葡萄于谢花后 15～20d，无核葡萄于谢花后 5d 和 20d，采用 10mg/L 的葡萄膨大剂溶液浸或喷果穗，或无核葡萄于谢花后 12～15d，用 30～50mg/L 的赤霉素浸或喷果穗。

(六) 病虫害防治

农业防治：秋冬季和初春，及时清理果园设施中病僵果、病虫枝条、病叶等病组织，减少果园设施中初侵染菌源和虫源。采用滴灌、树下铺膜等技术。适当稀植，加强新梢管理，避免树冠郁蔽。

【葡萄高产栽培技术】

(1) 育苗及栽植。常用枝插繁殖，剪取生长粗壮、芽眼饱满的 1 年生枝条．用单芽或双芽剪成长 5～15cm 左右插条，按 15cm×50cm 距离 2 月扦插在苗床中。根据当地环境选用适应性及抗性强的砧木，用嫁接繁殖的方法培育适于当地气候条件的嫁接苗。在砧木选择上，美洲种的河岸葡萄耐热耐湿；东亚种的山葡萄对真菌病害有高度的抗性等均可应用。可以冬植也可春植。采用栅架的行株距为 3m×1.5～2m，1500～2000 株/hm^2；或宽窄行密植 4m×0.5～1m，2250～4500 株/hm^2。

(2) 肥水管理。葡萄需大量养分，早期以氮肥为主，进入结果期后磷、钾肥相应增加。除有机肥外，每公顷需氮、磷、钾三要素 80～150kg，应根据品种、产量、树势、地力不同，加以调节。基肥在入冬后施入，每公顷施鸡、鸭粪 3.0 万 kg、饼肥 3750kg、过磷酸钙 3750kg。追肥分别在萌芽前、开花前和果实膨大期施入，前期以氮肥为主。促使枝蔓生长和花穗发育，果实膨大期增施磷、钾肥，改善品质。根外追肥喷施 0.3%尿素和 0.2%磷酸二氢钾可促果实膨大和成熟。生产高品质葡萄，园地需有灌溉设施，以免园地土壤干湿剧烈变化。一般催芽期和幼果生育期需水较多，遇旱宜及时灌溉。

(3) 整形修剪。一般采用小棚架或“丁字”形篱架单干少主蔓整形。架式离地面较高，便于通风透光、减少病害和地面辐射对叶、果的灼伤。修剪是保证当年产量的重要措施之一。冬季在落叶后进行，长梢留 8～12 节、中梢留 5～7 节、短梢留 1～3 节。夏剪是萌芽期除去多余的芽，开花前疏除过多的花序，留大去小、留壮去弱。枝蔓生长到一定程度时绑在架面上，及时除去卷须，减少养分消耗。结果蔓在花序前留 5～7 片叶摘心以改善营养状况。葡萄坐果率高，可适当疏果，使果实大小均匀，否则出现畸形果和小果。

(4) 多次结果枝术措施。

① 利用副梢一年多次结果。气候温暖，生长期长，芽具早熟性，副梢多次萌发，花序原始体容易形成，可诱发葡萄一年多次结果。选用适宜品种如巨峰、白香蕉等。在开花前 15～20d，对结果蔓留 4～6 片叶摘心后，促顶端萌发 1～2 个副梢，其余抹除，使之形成花序原始体；副梢长 5～6 片叶时留 1～2 片叶强行摘心；摘心后又发生二次副梢，当长 3～4 片叶时留 1 片摘心；三次副梢同样处理，经过多次摘心处理，副梢即可一年多次结果。

② 人工落叶迫使当年萌发新梢。第一次采果后，约在 8～9 月，强行修剪和摘叶，或对枝蔓喷施 1.035kg/L 的石硫合剂加 1%～5%五氯酚钠，使叶片脱落，此时气温很高，可使当年萌发新梢，开花结果，约在 12 月上中旬成熟。一年二次结果，肥水管理要及时跟上。

【葡萄病虫害防治】

(一) 葡萄白腐病

(1) 症状识别。危害果实、早穗、枝蔓及叶片；其中穗轴是最容易感染的部位。果穗发病先从距地面较近的果穗梗或小果开始。病部出现浅褐色水渍状病斑。以后逐渐向穗下及果粒蔓延。料及整个果穗，悬于蔓上，不易脱落，许多灰白色突起小点，逐渐由浅褐色变成深褐色，软腐果极易脱落。但也有干缩成僵果，并有明显棱角，悬于蔓上，不易脱落。当雨后天气潮湿时，从病果粒点中流出黑色黏液。

(2) 防治措施。

① 此病防治关键时期是花后和 7 月中旬至 8 月中旬雨季喷药重点保护果穗。可喷 1000×50%多菌灵、800×50%退菌特或 1∶0.5∶180 倍波尔多液。每隔 10～15d 喷 1 次，共喷 3～4 次(喷药时加 6501 黏着剂或洗衣粉)。

② 实践证明，彻底剪除病枝，刮掉老皮，及时摘除病果、病叶、病蔓。消灭病源茵，也是减少发病的重要措施。

③ 生长期对下部果进行绑吊，保证果穗距离地面 20～30cm 以上，也可减少发病。

(二) 葡萄黑痘病(乌眼病、疮痂病)

(1) 症状识别。危害果实、果梗、叶片及新梢。幼叶染病后出现多角形病斑，叶脉受病部分停止生长，造成叶片邹缩以至畸形。叶片受病时，在主脉上生有淡黄色逐渐变成灰白色病斑，病叶干枯并穿孔。幼果受病出现褐色病斑，以后中间变成灰白色、稍凹陷、边缘红色或紫色，呈"鸟眼状"，后期病斑龟裂，病果小而酸。有时穗轴发病，造成全穗发育不良，甚至枯死。

(2) 防治措施。

① 此病防治关键是抓住开花前和落叶两次药。喷 1∶0.5∶180 倍波尔多液或 800×50％退菌特或 600×75％百菌清。

② 发芽前喷 5 度石硫剂。

③ 冬剪时彻底剪除病蔓，清除枯枝落叶。

(三) 葡萄霜霉病

(1) 症状识别。主要危害叶片、新梢，幼果也可发病。叶片发病时，正面出现半透明水渍状不规则病斑，呈淡绿色或淡黄色，病斑最后变成黄褐色或红褐色而干枯。邻近病斑相连成多角形大斑。与此同时，叶背长出灰白色霜霉状物。嫩梢被害后生长停滞、扭曲甚至枯死。幼果感病时，果面上发生灰白色霜霉，生长停止、裂果或脱落。

(2) 防治措施。

① 发病初期到盛期，每间隔半月喷 1 次 1∶0.5∶180 倍波尔多液。或 1000×25％瑞毒霉或 250×40％乙磷铝。

② 清除果园枯枝落叶，集中烧毁。

(四) 葡萄炭疽病(晚腐病、苦腐病)

(1) 症状识别。主要危害着色后的果粒。靠近地面的果穗先端最早发病。果实染病后表面发生灰紫色块斑，并逐渐成为中部色深边缘浅、有轮纹的病斑。以后病斑中隐约可见少数黑色小粒点。随病扩大，小黑粒点不断增多，并排列成背纹状。当遇气潮湿后，从小黑点涌出粉红色粘胶状物。病果粒很快全部软腐，最后变为僵果，易于脱落。

(2) 防治方法。

① 7～8 月为发病高峰，每隔半月喷 1 次 1∶0.5∶180 倍波尔多液或 500×50％退菌特(用药时要加 6501 黏着剂或洗衣粉)。

② 采收前发现病果及时摘除深埋，采收后清理枝蔓上病果深埋。

(五) 根瘤蚜

(1) 危害状及虫体识别。主要危害根部。根部被害后，生出瘤状物。初为鲜黄色，以后渐变为褐色而腐烂，使地上植株叶子变黄，果实变小，树势衰弱，产量质量明显下降，严重时可全株枯死。虫体身体柔软，外表很像蚜虫，但腹部没有腹管。

(2) 防治方法。

① 此虫是国际、国内的重要检疫对象之一，从可疑地区购进苗木、插条时，必须严格消毒，将插条分为 10～20 根为一捆，在 1500×50％辛硫磷中浸泡 1min。

② 及时刨除病株，烧毁。

(六) 二星叶蝉(小叶蝉、葡萄二点小浮尘子)

(1) 危害状及虫体识别。危害叶片。被害叶片出现失绿小白点，以后小白点连片成白斑，严重时叶片变白、脱落、并使果穗和枝蔓不易成熟。虫体淡黄色，体长 3～3.5mm。头顶上有两个黑色圆斑，翅膀黄白色，半透明。虫体多停留在叶子背面危害。

(2) 防治方法。

① 成虫或若虫发生期喷 3000×80％敌敌畏或 1500×40％乐果或 5000×20％速灭杀丁。

② 秋冬清扫果园，烧毁落叶，消灭越冬成虫。

(七) 葡萄红蜘蛛

(1) 危害状识别。危害叶片及果穗。叶片受害后呈现黑褐色斑纹,严重时焦枯脱落。果穗受害后,穗梗黑色,变脆易折断。果粒受害后呈铁锈色。果皮粗糙,有时龟裂,影响果实生长和着色。

(2) 防治方法。

① 春季发芽时喷 3 度石硫合剂加 0.3%洗衣粉。

② 7～8 月间喷 3000×73%克螨特或 1000×40%三氯杀螨醇。

③ 过冬防寒时,剥除枝蔓上老粗皮,集中烧毁。

(八) 十星叶甲

(1) 危害状及虫体识别。危害叶片和嫩芽。叶片被害咬成孔洞,严重时全部叶肉吃光,只留叶脉和一些薄膜。成虫为椭圆形硬盖虫,长 12mm,宽 8mm。硬翅黄色,体上共有 10 个黑斑。幼虫体扁,黄色。幼虫孵化时常集中一起,长大后分散。成虫常在叶面取食,但一经触动,就分泌具有恶臭的黄色液体,并落地假死。

(2) 防治方法。

① 喷 1200×90%敌百虫或 5000×20%速灭杀丁。

② 捕杀幼虫或振落成虫,集中杀死。

(九) 潜顺壁虱(锈壁虱、毛毯病)

(1) 危害状及虫体识别。危害叶片。葡萄展叶后,被害叶表面产生白色斑点,以后被害部隆起,背面凹陷并发生绒毛。绒毛初为灰白色,以后变为茶褐色,最后为黑褐色。叶片皱缩不平。成虫形状像胡萝卜白色。头前端有 4 条足。

(2) 防治方法。

① 春季葡萄芽萌动,少数芽露绿时,喷 0.5 度石硫合剂。

② 冬剪下来的枝叶,集中烧毁。

(十) 葡萄虎蛾(葡萄虎娥、葡萄虎斑夜娥)

(1) 危害状及虫体识别。危害叶片。幼虫食害嫩叶,严重时将上部嫩叶全部吃光。幼虫老熟后体长 40mm 左右。头、尾部黄色,背面淡绿色,每节有大小黑色斑点,其上着生白色长毛。

(2) 防治方法。

① 幼虫发生期喷 1200×敌百虫或 1000×520%敌敌畏或 5000×20%速灭杀丁。

② 早春在葡萄根附近,结合出土整地挖除虫蛹(虫蛹红褐色,长 20mm,尾部齐整)。

草　莓

又叫红莓、洋莓、地莓、地果、士多啤梨等。蔷薇科草莓属。世界上多数国家都有栽培。我国是世界上草莓野生资源最丰富的国家,很早利用野生草莓,并一直沿袭至今。草莓是一种红色的水果。草莓是对蔷薇科草莓属植物的通称,属多年生草本植物,花白色。现在我国各地都有草莓栽培,也有野生的。每年 6～7 月间果实成熟时采摘,鲜用。

草莓的外观呈心形,鲜美红嫩,果肉多汁,含有特殊的浓郁水果芳香。草莓营养价值高,含丰富维生素 C,有帮助消化的功效,与此同时,草莓还可以巩固齿龈,清新口气,润泽喉部。

【草莓露地栽培技术】

草莓露地栽培可采用 1 年一栽或多年一栽两种方式。但关键技术在培育 3 片以上叶片、

根系发达的壮苗，可适当密植。一次栽植，多年采收，秋季移栽，翌年5月收获。3年后，利用匍匐茎苗更新1次

(1) 整地施基肥。草莓根系浅，宜生长于通透性好富含有机质的壤土或沙壤土。前茬作物以小麦、豆类、瓜类及蔬菜为宜。也可与高秆作物套作。提早深翻土地，亩施入3000kg充分腐热的粪肥基肥，晒垡。整地时再施入磷酸二铵25kg。氯化钾10kg。定植前灌1次小水。

(2) 定植。移栽前选有5～6片复叶，植株健壮，根系完整的秧苗，在阴天或傍晚定植于大田。栽植秧苗以浅不露根，深不埋心为度，栽植密度为20～25cm×25～30cm，定植后即灌1次透水，水干后及时检查秧苗情况，松土、培土或补苗。定植时使秧苗弓背朝平畦内生长，便于管理和采收果实。

(3) 田间管理。草莓定植后，浇定根水，以后保持田间湿润，降低地温，视田间湿度适时适量灌水。灌越冬水时，结合施15～20kg/亩复合肥提高越冬能力。春季开花结果期为水分敏感期，应保持土壤湿润。灌水时结合施入氮磷复合肥或叶面喷肥，水分不宜过多，应及时排出积水。

草莓移栽成活后，应勤中耕，除草。果实采收后适时培土。越冬时适当采取地面覆盖，以便能防寒、保温，保持草莓顺利越冬。现在，多于1月底至2月初地膜覆盖，能促使草莓提早成熟，延长采收期。

【草莓大棚种植技术】

(一) 繁殖苗地的准备

(1) 选择排灌方便不易积水、肥力较高的水田，或菜园土(前茬作物及使用过绿黄隆除草剂的土块)。施足基肥(饼肥、家肥、人粪尿、磷肥)腐熟后撒施，同时每亩用50%辛硫磷0.5kg或3%呋喃丹1.5kg，拌细土12.5kg撒施后，翻土作畦。畦宽1.5～1.8m，龟背形以防积水，土要碎。

(2) 每株的选择及定植。选择新叶正常开展，小叶对称，叶色浓绿叶柄粗，叶片大，长势健壮，丰产性好，摘除病叶与老叶。一般在4月份定植于繁殖地(日平均温度在12℃以上)。每畦定植2行，离畦面边30cm处定植，株距60～80cm。栽后，立即浇水定蔸。

(3) 肥水管理，育苗地施肥的原则是：适氮，重磷、钾，每亩用腐熟的菜饼100kg加尿素3.5～4kg，磷肥25kg，钾肥5kg，水溶解后每隔20d灌溉1次。人粪尿也可代替。

(4) 每株定植成活后(一星期后)喷赤霉素(九二〇)，既每1克“九二〇”兑水20～25kg，(“九二〇”先用浓度高的白酒在干净的碗内化解)喷雾。连喷2次，时隔一星期至10d。8月份严格控制施氮肥，让其适当干旱，但不要过分。

(二) 适时移栽和移栽地的准备及规格

(1) 大棚准备：选择肥沃、排浇方便的农田或耕作大田用地，进行扣棚，或者利用日光大棚。草莓需肥量较大，加上后期(采果期)一般较少施肥，所以基肥要足，并以有机肥为主，一般每亩有机肥1500kg，饼肥50kg，复合肥25～30kg，尿素7.5kg，过钙40kg，钾肥10kg，除尿素和复合肥外，其他肥搅匀腐熟后，与尿素、复合肥搅匀撒施土面，接着翻土作垄。一般垄高25～30cm，垄底宽90cm，垄面60cm，垄沟宽30cm，垄底加沟宽100～120cm左右，垄面至沟底有一定的倾斜度。

(2) 定植时期与方式。一般在9月底至10月初移栽。定植密度与苗情、土地肥瘦分别对待，壮苗、旱苗、地肥宜稀植。反之宜密植。一般亩栽7000～9000株。垄作好后，从垄边往内

5cm 处定植,株距 12～15cm。垄长一般不超过 30m,按大棚长度而定。

在移栽时应注意,一是定向移栽,即弓背朝外,有利以后花序抽出。二是双行三角形(品字形)栽植,有利通风透光扎根。三是把握深度,做到下不露根,上不埋苗心,有利分蘖。四是带土移栽,有利成活。五是晴天下午栽,阴天全天栽。六是加强水肥管理,栽后立即浇透定根水,浇水时可按 800 倍液加甲基托布津。七是及时查苗补苗。

(三) 田间管理

(1) 入冬前,定植成活后至 11 月中下旬,应注意三点:一是薄肥勤施,以氮肥为主,最好是稀粪水;二是保持湿润;三是除草松土摘老叶、病叶。

(2) 开花前后用托布津、速克灵、乐果等防治病虫害。

(3) 越冬期寒潮来临前,要浇透水以防寒。

(四) 适时盖膜

盖膜能成倍地增加产量,减少果实损失防止污染。膜分大棚盖膜、地膜。盖膜时间应掌握在日平均温度降到 8℃左右时,开始盖膜。先盖大棚膜,后盖地膜。盖膜前先要除草、中耕、施肥,防治病虫害。盖膜后,晚上棚内应保持温度 8℃,白天 20℃左右,晴天中午要掀膜,下午 3 点覆膜。温度过高,花粉死亡,温度过低,花粉活性不够,难以授粉。早春大棚种植的草莓可以开花结果。

第 2 节　花　卉

丁　香

别名百结、情客、紫丁香、子丁香、公子香、支解香、瘦香娇、雄丁香、如宇香、索瞿香、百里馨。木犀科丁香属。丁香花原产欧洲和我国。据统计,世界上丁香花品种约有 28 种,我国就占 23 种。主要分布在华北、东北、西北及长江流域。主要品种及变种有:白丁香、紫丁香、佛手丁香、北京丁香、云南丁香、四川丁香、小叶丁香、羽叶丁香、红丁香、蓝丁香、花叶万香等。丁香属落叶灌木或小乔木。植株高约 4～5m,树皮暗灰色或灰褐色,有沟裂,枝条光滑无毛。叶卵圆形或肾脏形,先端锐尖,叶基心脏形,全缘,革质。初春开花,花单瓣或重瓣,开于前年小枝上,顶生或腋生,花端四裂,筒状,呈圆锥花序,瓣柔色紫,清香袭人,为我国著名园林花卉。丁香花花期 4～5 月,9～10 月蒴果成熟。蒴果呈压扁状,先端尖、每室有带翅种子 2 粒。种子收后即可播种,也可密藏至翌年春播种。

丁香主要应用于园林观赏,因其具有独特的芳香、硕大繁茂之花序、优雅而调和的花色、丰满而秀丽的姿态,在观赏花木中早已享有盛名,已成为国内外园林中不可缺少的花木。可丛植于路边、草坪或向阳坡地,或与其他花木搭配栽植在林缘,也可在庭前、窗外孤植,或将各种丁香穿插配植,布置成丁香专类园。还宜盆栽,并是切花插瓶的良好材料。丁香对二氧化硫及氟化氢等多种有毒气体,都有较强的抗性,故又是工矿区等绿化、美化的良好材料。

【丁香繁殖培育技术管理要点】

(一) 栽培管理

丁香性喜阳光,稍耐阴,耐寒性强,也耐旱,喜湿润,忌渍水。抗逆性强,对土壤要求不严,但适生于肥沃、疏松、排水良好的土壤中,切忌栽于低洼阴湿处。

栽植时宜选择土壤疏松而排水良好的向阳处。一般在春季萌动前裸根栽植，株距 2～3m，还可根据配置要求进行调整。栽植时多选 2～3 年生苗。栽植穴直径 70～80cm，深 50～60cm。每穴施 1000g 充分腐熟的有机肥料及 100～600g 骨粉，与土壤充分混合作基肥。栽植后每 10d 浇 1 次透水，连续浇 3～5 次。每次浇水后都要松土保墒，以利提高土温，促进新根迅速长出。栽植 3～4 年生大苗，栽后应对地上枝干进行强修剪，即从离地面 30cm 处截干，截干后很快就能长出健壮的枝条，使树冠丰满，翌年就可开出繁茂的花来。日常管理工作比较简单。

一般在春季萌动前进行修剪，主要剪除细弱枝、过密枝、枯枝及病枝，并合理保留好更新枝。如不保留种子，花后要剪除残留花穗。

一般不施肥或仅施少量肥，切忌施肥过多，否则会引起徒长，从而影响花芽形成，反而使开花减少。但在花后应施些磷、钾肥及氮肥，每株磷、钾肥不超过 75g，再加氮肥 25g 即可。若施用厩肥或堆肥，需充分腐熟并与土壤均匀拌和，每株施 500g 左右。灌溉依地区不同而有别，4～6 月是干旱和高温季节，正是丁香生长旺盛并开花的季节，因而每月要浇 2～3 次透水，浇后立即中耕保墒。7 月以后进入雨季时，要注意排水防涝。到 11 月中旬入冬前要灌足冻水。

丁香病虫害很少。主要害虫有蚜虫、袋蛾及刺娥。可用 800～1000 倍 40％乐果乳剂或 1000 倍 25％的亚胺硫磷乳剂喷洒防治。

（二）丁香繁殖

丁香可采用分株、压条、嫁接、扦插和播种等多种方法进行繁殖，一般多用播种和分株法繁殖。

播种在 4 月上旬进行。先将种子放在 40～50℃的热水中浸泡 1～2h，捞出后以一份种二份沙的比例混合，置于向阳处，盖上草袋或麻袋，经常浇水，以保持草袋、麻袋湿润，约经一周，种子可发芽，然后播种。

分株于 4 月或 10 月均可进行。只要将母株根部丛生出的茎枝分离出，另行移栽即可。扦插宜在秋季进行。嫁接多以女贞、水蜡树作砧木，采用高接法，一般在砧木离地 120～150cm 处进行嫁接，接芽、接穗要选自优良品种的母株。还要注意随时剪除砧木新发的枝芽，以免消耗营养，使接芽和接穗发育不良，喧宾夺主。压条繁殖于 3 月进行为好。压条时，粗枝要进行环剥处理。压条成活后 2～3 年可开花。

丁香宜地栽，也可盆栽。移栽时，根部要尽量多带土，这样容易成活。

（三）丁香栽种

丁香性喜阳光，稍耐阴，喜湿润，忌积水，耐寒耐旱，一般不需多浇水。要求肥沃、排水良好的沙壤土。如果栽在荫蔽环境中，则枝条细长较弱，花序短小而松散，花朵没有光泽。若种植在瘠薄的土地上，虽然也能生长，但花小而少，且长势瘦弱。因此宜栽在向阳、肥沃、土层深厚的地方。栽植时，需带上土坨，并适当剪去部分枝条，栽后灌足水。以后每年春季天气干旱时，当芽萌动、开花前后需各浇 1 次透水。丁香不喜大肥，切忌施肥过多，否则易引起徒长，影响开花。一般每年或隔年入冬前施 1 次腐熟的堆肥，即可补足土壤中的养分。花谢以后，如不留种，可将残花连同花穗下部两个芽剪掉，同时疏除部分内膛过密枝条，有利通风透光和树形美观，有利促进萌发新枝和形成花芽。落叶后可把病虫枝、枯枝、纤细枝剪去，并对交叉枝、徒长枝、重叠枝、过密枝进行适当短截，使枝条分布匀称，保持树冠圆整，以利翌年生长和开花。地栽丁香，雨季要特别注意排水防涝。因为积水过久，极易落叶死亡。

茶　花

别名曼陀罗、山茶、山茶花、耐冬。山茶科山茶属。原产地中国,主要分布长江、珠江流域、云南;国外分布在朝鲜、日本、印度。常绿灌木或小乔木。碗形花瓣,单瓣或重瓣。花色有红、粉红、深红、玫瑰红、紫、淡紫、白、黄色、斑纹等,花期为冬春两季,较耐冬。茶花生长适温在 20～25℃之间,29℃以上时停止生长,35℃时叶子会有焦灼现象。要求有一定温差。环境湿度 60%以上,大部分品种可耐−8℃低温(自然越冬,云茶稍不耐寒)。茶花培植土要偏酸性,并要求较好的透气性,以利根毛发育,通常可用泥炭、腐锯末、红土、腐殖土,或以上的混合基质栽培。茶花要求光照比杜鹃强,春、秋、冬三季可不遮阴,夏天可用 50%遮光处理。

山茶是中国传统名花,世界名花之一,也是中国云南省省花,中国浙江省温州市市花。因其植株形姿优美,叶浓绿而光泽,花形艳丽缤纷,而受到世界园艺界的珍视。

我国山茶的栽培早在隋唐时代就已进入宫廷和百姓庭院了。到了宋代,栽培山茶花之风日盛。南宋诗人范成大曾以"门巷欢呼十里寺,腊前风物已知春"的诗句,来描写当时成都海六寺山茶花的盛况。明李时珍的《本草纲目》,王象晋《群芳谱》,清代朴静子的《茶花谱》等都对山茶花有详细的记述。到了 7 世纪时,山茶首传日本,18 世纪起,山茶多次传往欧美。

【茶花的繁殖方法】

(一) 扦插法

此方法最简便,扦插时间以 9 月间最为适宜,春季亦可。选择生长良好,半木质化枝条,除去基部叶片,保留上部 3 片叶,用利刀切成斜口,立即将切口浸入 200～500ppm 吲哚丁酸 5～15min,晒干后插入沙盆或蛭石盆,插后浇水 40d 左右伤口愈合,60d 左右生根。用激素处理后扦插比不用激素的提早 2～3 个月出根。用蛭石作插床,出根也比沙床快得多。

(二) 靠接法

选择适当的品种如茶盅茶或油茶作砧木,靠接名贵的茶花。靠接的时间一般在清明节至中秋节之间。先把砧木栽在花盆里,用刀子在所要结合的部位分别削去一半左右,切口要平滑,然后使双方的切面紧密贴合,用塑料薄膜包扎,每天给砧木淋水两次,60d 后即可愈合。到时可剪下栽植,并置于树阴下,避免阳光直射。翌年 2 月,用刀削去砧木的尾部,再行定植。

(三) 叶插法

茶花通常采用枝条扦插繁殖法,但有些名贵品种由于受到枝条来源的限制,或考虑到取材后会影响其树形,所以也可采用叶插法。以山泥作扦插基质,可拌入 1/3 的河沙,以利通气排水,基质盛在瓦盆中,然后进行盆插。在雨季,可取 1 年生叶片作叶插材料,太老不易生根,过嫩又易腐烂。插入土深约 2cm,插后压紧土壤,浇足水,然后放在阴凉通风的地方。一般 3 个月可以发根,翌年春可以发芽抽枝。

常春藤

又名洋常春藤、长春藤、土鼓藤、木茑、百角蜈蚣,属五加科。常绿攀缘藤本植物。茎枝有气生根,幼枝被鳞片状柔毛。叶互生,2 裂,长 10cm,宽 3～8cm,先端渐尖,基部楔形,全缘或 3 浅裂;花枝上的叶椭圆状卵形或椭圆状披针表,长 5～12cm,宽 1～8cm,先端长尖,基部楔形,全缘。伞形花序单生或 2～7 个顶生;花小,黄白色或绿白色,花 5 数;子房下位,花柱合生成柱状。果圆球形,浆果状,黄色或红色。花期 5～8 月,果期 9～11 月。附于阔叶林中树干上或沟谷阴湿的岩壁上。产于陕西、甘肃及黄河流域以南至华南和西南。其茎生气根以攀缘他物，嫩叶以及花序被有星形鳞片，叶有柄，厚质，葡枝之叶稍做三角形，掌状。

常春藤其果实、种子和叶子均有毒，孩童误食会引起腹痛、腹泻等症状，严重时会引发肠胃发炎、昏迷，甚至导致呼吸困难等。但茎叶也可当发汗剂以及解热剂。叶有香气，形态优美，南方在庭院中可用以攀缘假山、岩石，或在建筑阴面作垂直绿化材料。北方可盆栽供室内绿化观赏用。

【常春藤栽培技术】

常春藤在北方多盆栽，盆栽可绑扎各种支架，牵引整形，夏季在荫棚下养护，冬季放入温室越冬，室内要保持空气的湿度，不可过于干燥，但盆土不宜过湿。

种子繁殖：果熟时采收，堆放后熟，浸水搓揉，种子洗净阴干，即可播种，也可拌湿砂贮藏，翌年春播，播后覆土 1cm，盖草保温保湿。幼苗出土搭棚遮阴，翌年春季移栽或定苗后培育大苗。

扦插繁殖：在生长季节用带气根的嫩枝插最易成活，插后搭塑料薄膜拱棚封闭，并遮阴，保持空间湿度 80%～90%，但床土不宜太湿，以免插条腐烂，约 30d 左右即可生根。

压条繁殖：在春、秋两季进行，用波状压条法，埋土部位环割后，极易生根。清明后幼苗带土球移截，定植后适当短剪主蔓，促使分枝。生长季节结合浇水施人粪尿肥 1～2 次，并设支柱，引其向上攀缘生长。

常春藤一年四季，除了冬季严寒与夏季酷暑外，只要温度适宜随时可以扦插。扦插的枝条多选用年幼的，老枝发根较差。一般剪取长约 10cm 的 1～2 年生枝条作插条，插在粗砂、蛭石为基质的苗床或直接插于具有疏松培养土的盆中。扦插前枝条先浸在水中，然后再取出扦插。扦插后置于较高空气湿度和稍阴的环境中，保持基质潮湿。在温度 15～20℃时，约经两周左右可生根。母株的走茎发根后也可剪下种植。有时将母株走茎埋压于沙土中，露出叶片，每节都可发生不定根，待节间生根后，可分段剪下种植。

主要病害：

病害主要有藻叶斑病、炭疽病、细菌叶腐病、叶斑病、根腐病、疫病等。虫害以卷叶虫螟、介壳虫和红蜘蛛的危害较为严重。

防治方法：一是深秋或早春清除枯枝落叶并及时剪除病枝、病叶并烧毁；二是发病前喷洒 65%代森锌 600 倍液保护；三是合理施肥与浇水，注意通风透光；四是发病初期喷洒 50%多菌灵或 50%托布津 500～600 倍液，或 75%百菌清 600～800 倍液。锈病：除可采用上述 1～3 项方法外，发病后喷洒 97%敌锈钠 250～300 倍液（加 0.1%洗衣粉），或 25%粉锈宁 1500～2500 倍液。

刺梅花

别名番刺梅、番仔刺、番仔树、虎刺、麒麟刺、麒麟花、铁海棠、虎刺梅等。大戟科大戟属。原产地非洲马达加斯加。刺梅花株高 1～2m，多分枝，体内有白色浆汁。茎和小枝有棱，棱沟浅，密被锥形尖刺。叶片着生新枝顶端、倒卵形，叶面光滑、鲜绿色。花有长柄，有 2 枚红色苞片，花期春季。蒴果扁球形。为多刺直立或稍攀缘性小灌木。性强健，喜温暖干燥气候，适生长温度为 18～25℃。冬季室温若能保持在 15℃以上，整个冬季能开花不断。温度太低叶片会全部脱落，进入休眠。花期要求阳光充足，每半个月施用 1 次追肥，有机液肥或复合化肥均可。

宜于疏松沙质土生长。

刺梅浑身长刺,朵朵红梅开,是优良室内盆栽花卉,也可加工制作盆景。

【刺梅花嫩枝扦插育苗】

(一) 准备插条

嫩枝扦插是在母树上剪取半木质化(1 年生)的枝条,这样的插条内源生长素含量最高,细胞分生能力最强。采下的枝条用干净毛巾包好,保持湿润,枝条剪成 5～7cm 长的小段,带 2 个腋芽,叶子保存好,有助于光合作用,促进生根和提高成活率。

(二) 激素处理

IBA(吲哚丁酸)1500ppm＋NAA(萘乙酸)500ppm 混合处理效果好,IBA 和 NAA 稀释后加入少许瑞毒霉或几滴漂白粉液,将插穗下部半厘米处速蘸 3s,配好的激素要在当天用完。

(三) 基　质

使用阔叶树锯末和中粗珍珠岩,比例为 3∶1,用清水泡 5～7d,捞起调整 pH 值 6～7 为宜,泥炭土亦可。用必速灭消毒,经处理后装入穴盘,用竹片刮去多余的基质。根据梅花叶子大小约 15cm 株距插于长条穴盘,以枝叶互不覆盖、不影响光合作用为宜。

(四) 扦　插

插穗处理好后,扦插深度为 2cm,不要过深,以免影响发根。苗床用 70％的遮阴网覆盖,下层最好加一层白色透光薄膜,以防雨水冲刷,并装上风扇,温度高时启动,最好控制在 25～32℃,创造微风、半阴凉、湿度适中的小环境。

(五) 喷雾保湿

扦插后采用自动喷雾装置,根据天气调整启动时间。空气湿度保持在 90％左右,但基质不能出现水渍(明水)现象。扦插后 10 多天长出新根,逐渐减少喷雾次数,30d 左右可移植。

穴盘育苗适宜规模化、专业化、工厂化生产,穴盘可重复使用,幼苗生长健壮,根系完整,病虫害发生少。因带基质定植,移植后无缓苗期,不受季节限制,成活率高,生长快而整齐,大大缩短了梅花的生长周期,更便于远程运输。韩国出产的穴盘每个孔内有纵向条纹,能使幼苗的根系沿其生长,有效防止绊根并增加须根数量,移苗时容易起苗并防止伤根。

黄刺梅

别名刺玫花,重瓣黄刺。蔷薇科蔷薇属。主要分布于吉林、辽宁、内蒙古、河北、山西、陕西、甘肃、青海等省区。黄刺梅为落叶灌木,高 1～3m。枝常为拱形;小枝褐紫色,无毛,具直立皮刺,皮刺基部扁平,稍宽大,老枝褐紫色。奇数羽状复叶,互生或簇生于短枝上;托叶细小,大部分与叶柄合生,先端分离成狭披针形裂片,边缘有腺齿或全缘,宿存;小叶 7～13,几乎无柄,基部小叶稍小;小叶片近圆形或广椭圆形,长 8～15mm,宽 6～8mm,基部近圆形,稍偏斜,先端钝,边缘有重钝锯齿,表面无毛,背面幼时微被柔毛,后脱落;叶轴具稀疏柔毛并疏生小皮刺或无毛或小皮刺。花单生于短枝顶端,无苞片;花梗长 1～2cm,无毛;花托无毛;花直径约 4cm;萼裂片披针形,长约 12mm,先端渐尖,全缘,外面无毛,内面密被白色绒毛;花瓣重瓣,长约 2cm,先端微凹,黄色;雄蕊长约 5mm;花柱离生,微露出花托口外,密被绒毛,比雄蕊短。蔷薇果近球形,直径约 1cm,红褐色,平滑,宿存萼片反折。花期 5～6 月,果期 7～8 月。

黄刺梅花瓣多重瓣,花色鲜艳如玫瑰,俗称刺玫花。黄花绿叶,绚丽多姿,株丛大,花色金黄,花期长。广泛用于道路、街道两旁绿化和庭院、园林美化,亦可在海拔较低,雨量较多,土壤疏松的中下坡大面积种植。是北方地区主要的早春花灌木，多在草坪、林缘、路边丛植，若筑花台种植，几年后即形成大丛，开花时金黄一片，光彩耀人，甚为壮观。亦可在高速公路及车行道旁，作花篱及基础种植。也可栽种于建筑物的朝阳面或侧面形成花篱，还可以瓶插观赏。黄刺梅花浓香，可提取芳香油，果可食，可制酱及酿酒，茎皮纤维是纸浆及纤维板的制作原料，具有很高的经济价值。

【黄刺梅繁殖栽培】

(一) 繁殖方法

重瓣黄刺梅多不结实，因而不能采用播种繁殖。无性繁殖常采用软枝扦插和分株、分根的方法。

(1) 分株繁殖：于早春萌芽前进行。分株时先将枝条重剪，掘起植株，将根劈开栽植即可。苗木移植须带土坨，栽后加强肥水管理。花后将残花和过老枝条适当重剪，以利更新。黄刺梅栽培容易，管理粗放，病虫害少。

(2) 分根繁殖：黄刺梅具有很强的根蘖性，一株 4～5 年生的黄刺梅，水肥管理得当，可从根际抽出新生枝条 20～30 个，在春季树液流动以前，把整株黄刺梅连根全部挖出，轻轻的去掉泥土，利用剪将根剪断分开。分根数量以枝条多少为准，剪完后使每个枝条带根尽量相同。这样，每一个带根的根条便可分离成一个单株的黄刺玫。分根后迅速将其栽入土中，踏实。为确保成活，分根时可将整个植株枝条剪去 1/3～1/2，以防止养分、水分过多消耗，影响萌发新根。如天气较旱，又难于及时灌溉，也可将地上部分枝条全部剪掉，栽植穴内要放些农家肥作底肥。半月后即可产生新根，并萌发新叶。一般在每年的春季移栽，新株栽种时应施足腐熟的有机肥作基肥，栽后浇 1 次透水，成活后不必经常浇水，可在生长季节每月浇 1 次透水，雨季注意排水防涝，入冬前浇足越冬水。每年花后在根部施以腐熟的有机肥。落叶后将枯枝、老枝、细弱枝、病虫枝剪去，过长的枝条剪短，疏剪内膛过密枝，以增加植株内部的通风透光，以利于翌年的生长。

(二) 栽培管理

发芽前 3 月中旬至 4 月下旬带土球栽植，栽后重剪，浇透水，分早春和夏末追肥 2 次。花后应剪除残花，并对老枝短截，促其形成更多新枝，疏剪内膛老枝，使其生长旺盛。主要害虫有蚜虫、红蜘蛛、蔷薇白轮盾蚧、玫瑰三节叶蜂。

大叶女贞

别名蜡树，木犀科女贞属。主要集中在长江流域，各省分布最多浙江，江苏，安徽，山东，湖南，湖北等。大叶女贞为常绿大灌木或乔木，树皮灰褐色，光滑不裂。叶长 8～12cm，革质光泽，凌冬青翠，是温带地区不可多得的常绿阔叶树，树干直立或二三干同出，枝斜展，成广卵形圆整的树冠，花两性，圆锥花序顶生。花期 7 月，果熟期 10～11 月。浆果长椭圆形，紫黑色，种子倒卵形。

大叶女贞是优良的绿化树种，用途广，可作为行道树或庭院树，也可作为绿篱。树冠圆整优美，树叶清秀，适应城市气候环境；适应性强，并对多种有毒气体抗性较强，可作为工矿区的抗污染树种；抗寒力强，凌冬青翠，在严寒的冬季，展现坚贞不屈的风姿；叶片大，阻滞尘土能力强，能净化城市的空气，改善大气的质量。

【大叶女贞栽培技术】

(1) 大叶女贞采种:女贞4～5月开花,10～11月种子成熟,成熟时果皮呈黑色,要适时采收,果实成熟后并不自行脱落,可用高枝剪剪取果穗,捋下果实,将果实浸水,搓去果皮,洗净,阴干。如不立即播种,可装袋干藏或用2份湿砂和1份种子混合贮藏。

(2) 大叶女贞育苗:女贞可用播种和扦插两种方法育苗,播种育苗较为普遍。

① 播种育苗。3月上旬至4月中旬播种。圃地土壤要求不严,只要疏松肥沃即可。播种前将去皮的种子,用温水浸种1～2d,然后播种,条播或撒播。条播行距为20cm,覆土1.5～2cm,每亩播种量为7kg左右。因为女贞出苗时间较长,约需1个月,播种后最好在畦面盖草保墒。小苗出土后要及时松土除草,苗高5cm时进行间苗,小苗怕涝,要注意排水,但过分干旱时也要灌水,按常规管理追肥1～2次。每月除草1次。1年生的苗高可达到50cm。如培养大苗,需换床种植,经2～4年出圃。

② 扦插育苗。可在11月间剪取春季生长的枝条埋藏,次年春4、5月取出扦插,插穗粗0.3～0.4cm,每穗长15～18cm左右,上端平口,下端斜口,上部留叶芽1～2个,将插穗插入土中2/3,株距10cm,插后约2个月生根,当年苗高达70～90cm。

小叶女贞

别名小叶冬青、小白蜡、楝青、小叶水蜡树。木犀科女贞属。主要分布中国中部、东北部和西南部。小叶女贞为落叶或半常绿灌木,高2～3m,枝条铺散,小枝具短柔毛。叶薄革质,椭圆形至倒卵状长圆形,无毛,顶端钝,基部楔形,全缘,边缘略向外反卷;叶柄有短柔毛。圆锥花絮,长1.5～5.0cm,花白色,芳香,无梗,花冠裂片与筒部等长;花药超出花冠裂片。核果宽椭圆形,紫黑色。花期4～7月,果期9～10月。喜光照,稍耐阴,较耐寒;对二氧化硫、氯气等毒气有较好的抗性。性强健,耐修剪,萌发力强。

小叶女贞主要作绿篱栽植;其枝叶紧密、圆整,庭院中常栽植观赏;抗多种有毒气体,是优良的抗污染树种。为园林绿化中重要的绿篱材料,亦可作桂花、丁香等树的砧木。

【小叶女贞繁殖方法】

可用播种、扦插和分株方法繁殖,但以播种繁殖为主。

10～11月当核果呈紫黑色时即可采收,采后立即播种,也可晒后干贮至翌年3月播种。播种前将种子进行温水浸种1～2d,待种浸胀后即可播种。采用条播,条距30cm,播幅5～10cm,深2cm,播后覆细土,然后覆以稻草。注意浇水,保持土壤湿润。待幼苗出土后,逐步去除稻草,枝叶稍开展时可施以薄肥。当苗高3～5cm时可间苗,株距10cm。实生苗一般生长较慢,2年生可作绿篱用。

扦插采用2年生小叶女贞新梢,最好用木质化部分剪成15cm左右的插条,将下部叶片全部去掉,上部留2～3片叶即可,上剪口距上芽1cm平剪,下剪口在芽背面斜剪成马蹄形。扦插基质用粗沙土,0.5%高锰酸钾液消毒1d后用来扦插,扦插前先用比插穗稍粗的木棍打孔,插后稍按实,扦插密度以叶片互不接触,分布均匀为宜。用清水喷透后覆塑料膜,用土将半面压严,其余用砖块压紧,以便喷水,再用苇帘遮阴。在生根前每天喷水2次,上午10:00～11:00,下午13:00～14:00,以降温保湿,保持棚内温度20～30℃,相对湿度在95%以上。每天中午适当通风,夏季为防其腐烂,插后3d喷800倍多菌灵,10d后再喷1次。插后21d左右两头小通风2d后,早晚可揭去塑料膜,中午用苇帘遮阴,注意多喷水,3d后全部揭去。炼苗4～5d后即可在阴天或傍晚时进行移栽，栽后立即浇 1 次透水，3d 后再浇 1 次，成活率可达 100％，冬季需扣小拱棚越冬。

分株方法较简单，于春秋两季将多株者分开单植即可。

杜　鹃

别名杜鹃花、红杜鹃、映山红、艳山红、艳山花、清明花、格桑花（藏语）、金达莱（朝鲜语）、山踯躅、红踯躅、山石榴等。杜鹃花科杜鹃花属。落叶灌木，高约 2m；枝条、苞片、花柄及花等均有棕褐色扁平的糙伏毛。叶纸质，卵状椭圆形，长 2～6cm，宽 1～3cm，顶端尖，基部楔形，两面均有糙伏毛，背面较密。花 2～6 朵簇生于枝端；花萼 5 裂，裂片椭圆状卵形，长 2～4mm；花冠鲜红或深红色，宽漏斗状，长 4～5cm，5 裂，上方 1～3 裂片内面有深红色斑点；雄蕊 7～10 枚，花丝中部以下有微毛，花药紫色；子房及花柱近基部有糙伏毛，柱头头状。蒴果卵圆形，长约 1cm，有糙伏毛。花期 4～5 月，果熟期 10 月。为酸性土指示植物。叶含黄酮类（杜鹃花醇）、三萜成分、乌苏酸。

杜鹃花是当今世界上最著名的花卉之一。它是杜鹃花科中一种小灌木，有常绿性的，也有落叶性的。北半球温带各地，都有杜鹃花的分布。在全世界 800 多个品种中，中国占有 600 多种。杜鹃花的代表种，就是俗称的“映山红”。杜鹃花十分美丽。管状的花，有深红、淡红、玫瑰、紫、白等多种色彩。当春季杜鹃花开放时，满山鲜艳，像彩霞绕林，被人们誉为”花中西施”。

【杜鹃花种植方法】

(1) 栽植。以盆栽观赏。盆土用腐叶土、沙土、壤土（7∶2∶1），搀入饼肥、厩肥等，拌匀后进行栽植。一般春季 3 月上盆或换土。春季萌芽前栽植，地点宜选在通风、半阴的地方，土壤要求疏松、肥沃，含有丰富的腐殖质，以酸性沙质壤土为宜，并且不宜积水，否则不利于杜鹃正常生长。栽后踏实，浇水。

(2) 光照与温度。4 月中下旬搬出温室，先置于背风向阳处，夏季进行遮阴，或放在树下避荫处，避免强阳光直射。生长适宜温度 15～25℃，最高温度 32℃。秋末 10 月中旬开始搬入室内，冬季置于阳光充足处，室温保持 5～10℃，最低温度不能低于 5℃，否则停止生长。

(3) 浇水与施肥。栽植和换土后浇 1 次透水，使根系与土壤充分接触，以利根部成活生长。生长期注意浇水，从 3 月开始，逐渐加大浇水量，特别是夏季不能缺水，经常保持盆土湿润，但勿积水，9 月以后减少浇水，冬季入室后则应盆土干透再浇。合理施肥是养好杜鹃的关键，喜肥又忌浓肥，在春秋生长旺季每 10d 施 1 次稀薄的饼肥液水，可用淘米水、果皮、菜叶等沤制发酵而成。在秋季还可增加一些磷、钾肥，可用鱼、鸡的内脏和洗肉水加淘米水和一些果皮沤制而成。除上述自制家用肥料外，还可购买一些家用肥料配合使用，但切记要“薄”肥适施。入冬前施 1 次干肥（少量），换盆时不要施盆底肥。另外，无论浇水或施肥时用水均不要直接使用自来水，应酸化处理 pH 值达到 6 左右时再使用。

(4) 整形修剪。蕾期应及时摘蕾，使养分集中供应，促花大色艳。修剪枝条一般在春、秋季进行，剪去交叉枝、过密枝、重叠枝、病弱枝，及时摘除残花。整形一般以自然树形略加人工修饰，随心所欲，因树造型。

(5) 花期控制。若想春节见花，可于 1 月或春节前 20d 将盆花移至 20℃的温室内向阳处，其他管理正常，春节期间可观花。若想“五一”见花，可于早春萌动前将盆移至 5℃以下室内冷藏，4 月 10 日移至 20℃温室向阳处，4 月 20 日移出室外，“五一”可见花。因此，温度可调节花期,随心所愿,四时开放,另外,花后即剪的植株,10 月下旬可开花;若生长旺季修剪,花期可延迟 40d 左右;若结合扦插时修剪,花期可延迟至翌年 2 月。因此,不同时期的修剪,也影响花期的早晚。

桂　花

木犀科木犀属。桂花原产我国西南喜马拉雅山东段,印度,尼泊尔,柬埔寨也有分布。中国西南部、南部均有野生桂花生长,北方室内栽培。桂花是常绿灌木或小乔木,高 1.5～8m。树冠圆头形、半圆形、椭圆形。花簇生,3～5 朵生于叶腋,多着生于当年春梢,2、3 年生枝上亦有着生,每朵花花瓣 4 片,花冠分裂至基乳有乳白、黄、橙红等色,香气极浓。花簇生叶腋生成聚伞状,花小,黄白色,极芳香。树皮光滑呈灰色。单叶对生,革质光亮,叶形及叶缘因品种而不同,叶形椭圆至椭圆状披针形,叶缘有全缘或具锯齿。花腋生呈聚伞花序,花形小而有浓香,花色因品种而异。有生长势强、枝干粗壮、叶形较大、叶表粗糙、叶色墨绿、花色橙红的丹桂;有长势中等、叶表光滑、叶缘具锯齿、花呈乳白色的银桂,且花朵茂密、香味甜郁;生长势较强、叶表光滑、叶缘稀疏锯齿或全缘、花呈淡黄色、花朵稀疏、淡香,除秋季 9～10 月与上列品种同时开花外,还可每 2～3 个月又开一次的四季桂。

桂花喜温暖湿润的气候,耐高温而不甚耐寒。桂花叶茂而常绿,树龄长久,秋季开花,芳香四溢,是我国特产的观赏花木和芳香树。桂花对土壤的要求不太严。桂花终年常绿,枝繁叶茂,秋季开花,芳香四溢,可谓"独占三秋压群芳"。桂花对有害气体二氧化硫、氟化氢有一定的抗性。桂花香气扑鼻,含多种香料物质,可用于食用或提取香料。

【桂花栽培要点】

(1) 栽植。应选在春季或秋季,尤以阴天或雨天栽植最好。选在通风、排水良好且温暖的地方,光照充足或半阴环境均可。移栽要打好土团,以确保成活率。栽植土要求偏酸性,忌碱土。盆栽桂花盆土的配比是腐叶土 2 份、园土 3 份、沙土 3 份、腐熟的饼肥 2 份,将其混合均匀,然后上盆或换盆,可于春季萌芽前进行。

(2) 光照与温度。盆栽应冬季搬入室内,置于阳光充足处,使其充分接受直射阳光,室温保持 5℃以上,但不可超过 10℃。翌年 4 月萌芽后移至室外,先放在背风向阳处养护,待稳定生长后再逐渐移至通风向阳或半阴的环境,然后进行正常管理。生长期光照不足,影响花芽分化。

(3) 浇水与施肥。盆栽前,盆内应先掺入草本灰及有机肥料,栽后浇 1 次透水。新技发出前保持土壤湿润,切勿浇肥水。一般春季施 1 次氮肥,夏季施 1 次磷、钾肥,使花繁叶茂,入冬前施 1 次越冬有机肥,以腐熟的饼肥、厩肥为主。忌浓肥,尤其忌人粪尿。盆栽桂花在北方冬季应入低温温室,在室内注意通风透光,少浇水。4 月出房后,可适当增加水量,生长旺季可浇适量的淡肥水,花开季节肥水可略浓些。

(4) 整形修剪。因树而定,根据树姿将大框架定好,将其他蘖条、过密枝、徒长枝、交叉枝、病弱枝去除,使通风透光。对树势上强下弱者,可将上部枝条短截 1/3,使整体树势强健。

红瑞木

别名红梗木、凉子木。山茱萸科梾木属。主要分布我国东北、华北、西北、华东等地,朝鲜半岛及俄罗斯也有分布。红瑞木为落叶灌木,高 3m。树皮紫红色;老枝血红色,无毛,叶片卵形至椭圆形，长 4～9cm，宽 2.5～5.5cm；侧脉 5～6 对。分瓣率房状聚伞药序顶生；花小，黄白色；萼坛状，裂片 4 片，萼齿三角形；花瓣 4 朵，卵状椭圆形；雄蕊 4 枚，着生于花盘外侧，花丝微扁，花药淡黄色，2 室，丁字形着生；花血垫状；子房近于倒卵形，疏被贴伏的短柔毛，柱头盘状，宽于花柱。核果斜卵圆形，花柱宿存，成熟时白色东稍带蓝紫色，花柱宿存；核棱形，每侧有脉纹 3 条。花期 6～7 月，果期 8～10 月。红瑞木性极耐寒、耐旱、耐修剪，喜光，喜较深厚湿润但肥沃疏松的土壤。

园林中多丛植草坪上或与常绿乔木相间种植，可取得红绿相映之效果。

【红瑞木扦插栽培技术】

红瑞木可以采取播种、扦插和压条法繁殖。

（一）扦插繁殖前的准备

(1) 采条。根据当地气候条件，枝条上的芽没有完全鼓起之前，3 月下旬至 4 月上旬为好。因为这一时期树液刚开始流动，枝条上不仅有充足水分，而且从植物学特性上看，是枝条上吐绿的新芽里内源生根激素开始形成的时候。

(2) 剪条。采完枝条后，立即剪条。剪条长度依据每个插条上保存 3 个芽为准。上端离上芽 1.5～2cm 处平剪，这有利于上芽不抽干；下端离下芽 0.3～0.5cm 处剪成马耳形，这有利于下芽的养分转化为生根原始体的形成。考虑这些因素，每个扦插条长度可达 8～12cm。扦插条的粗度是影响生根物质积累的主要因素。扦插条底径 0.4cm 以下，营养物质贮存少，不仅不易形成愈伤组织，常常生根之前吐绿放叶后由于底部吸收水分和新叶蒸腾消耗的水分达不到平衡，出现抽条现象而枯死；扦插条底径 1.2cm 以上，营养物质贮存的多，愈伤组织形成的太厚而容易老化，从愈伤组织中不易钻出新根，又因树皮厚而不易发出气根。因此，在红瑞木扦插繁殖过程中，插条底径 0.4～1.2cm 的气孔中生根和愈伤组织中生根的多，所以若是扦插条来源丰富，其底径应选择 0.5～1.0cm，其生根率更好。

(3) 处理。剪好的条，每 50 条要下齐上不齐地捆好后，在清水深度 5～6cm 的平底容器内水解处理 3 昼夜。有条件的地方，边灌水、边排水。没条件的每天早晚各换 1 次水，达到充分水解扦插条生根部位的单宁等生根抑制物质。接着在平底容器内摆好水解处理过的扦插条，再灌入 3～5cm 深 ABT1:500000 溶液。其浸泡时间，水温 8℃以下时 6～8h，水温 8℃以上时 3～4h 为宜。因为 8℃是大部分植物体内生理活动的起点。

(4) 催根。选择有遮阴的平坦地上铺 6～8cm 厚湿沙，把插条按 75°的斜角倒置（底部朝上，梢部朝下），盖上 5～6cm 厚湿沙。根据沙子的干湿情况，每天浇水（日晒过的水）2～3 次。这样延续 20～30d 后起出来扦插，由于插条底部朝上温度高容易形成愈伤组织，梢部朝下温度低不易发芽，达到倒插催根的目的。

(5) 建棚。选择朝阳、地势平坦、土壤透水性好、交通方便、水电条件具备的地方建棚，建棚面积根据有效插床面积按每平方米 250 株数量而定。建棚先在架上盖塑料膜，再盖遮光率 60%的遮阴网后用铁线固定。

(6) 做床。建棚后棚内平铺 10cm 厚的粗粒河沙，然后按床面 120cm、步道 40cm 规格拉线后，把步道上的沙子挖出来往床面上平铺，达到床高 10cm 厚。在床面和步道上用百菌清 1:800 消毒水喷湿，到插床基质上下湿透为准。

（二）扦插繁殖技术要求

(1) 条件。建好棚，盖好遮阴网，做好床，浇透水条件下，才能把倒插催根 20～30d 的插条起出来进行顺插。假如尚未盖遮阴网或者及时供应不了水以及插床基质用细沙代替粗沙的情况下,进行扦插,直接影响其生根率。因此,必须条件具备后方可扦插。

(2) 规格。120cm 的床面上,株距为 4cm,每行插入 30 个条,行距为 10cm,每米床面上插入 10 行。插入斜度为 75°,梢头朝北,上芽朝南,插入深度应达到中间芽与床面齐为宜。

(三) 扦插后床面管理

(1) 浇水。插完的床面上,当天浇水,每次浇水量必须达到步道上积水 2～3cm 为宜。每天早、晚各浇 1 次。检查时,若床面沙层干燥,应及时浇水。

(2) 打药。扦插后每半个月喷 1 次杀菌剂,喷药必须喷湿,喷 3 次后,没有病情就不打药。

(3) 追肥。红瑞木是扦插生根比较慢的树种,一般需要 60～90d 时间,个别的达到 100d 以上。红瑞木扦插 15d 左右开始吐绿放叶。因此,不进行叶面追肥,光靠插条本身的营养来促进生根是不行的。叶面追肥时间,应在放叶后用 1%葡萄糖或者蔗糖液每 10d 追 1 次,要在下午 4 点种左右叶面喷雾。放叶 1 个月后,每半个月 1 次用 0.5%的尿素加适量的锌、硼、镁、锰等微量元素,再加 7.5×10^{-6}深 ABT 液进行叶面喷雾,达到补充营养、保鲜、保护和增加叶绿素含量,促进生根作用。

(4) 温湿。棚内温度控制在 28℃以下,超过 30℃时及时采取降温措施,棚内湿度要求达到 85%～90%,达不到 75%时要及时采取有效措施,提高棚内湿度。

(5) 管护。随时摆正浇水和日常管理过程碰倒的扦插条,及时除掉鼓包和开花的花序,随时铲除杂草。扦插后 60d 左右 1/3 以上的条已经生根,这时选择下雨后移植地湿透的日子进行移植。要把被病菌感染底部发黑的插条拣出扔掉。要把叶新鲜,愈伤组织形成后尚未生根的条起出重新扦插。然后在叶面上喷 ABT7.5×10^{-6}溶液里加微量元素的肥料,继续进行正常管理。再过 40d 左右大部分生出了根,这时又要选择下雨后移植地湿透的日子进行移植,剩余部分再过 30d 左右拣出生根的进行移植,其余扔掉。移植地水分不充足时,要采取浇水、灌水措施,必须保证充足水分的前提下,配制 ABT7.5×10^{-6}溶液里加微量元素的肥料,进行 1 次叶面喷雾的同时,在根部周围挖坑施入磷酸二氨。8 月下旬和 9 月上旬用磷酸二氨进行 2 次叶面喷雾,促进新梢木质化。

(四) 栽培要点

(1) 红瑞木性极耐寒、耐旱、耐修剪,喜光,喜较深厚湿润但肥沃疏松的土壤。

(2) 红瑞木定植时,每穴应施腐熟堆肥 10～15kg 做底肥,以后每春或秋开沟施追肥。

(3) 早春萌芽应进行更新修剪,将上年生枝条短截,促其萌发新枝,保持枝条红艳。

(4) 栽培中出现老株生长衰弱,皮涩花老现象时,应注意更新,可在基部留 1～2 个芽,其余全部剪去,新枝萌发后适当疏剪,当年即可恢复。

兰　花

别名兰草(不同的品种有不同的别名)。兰科兰属。兰花的品种有很多,据不完全统计,全世界有 4 万多个兰花的品种,其中比较出名的有春兰、蕙兰、蝴蝶兰等。由于地生兰大部分品种原产中国,因此地生兰又称中国兰,并被列为中国十大名花之首。中国兰花主要为春兰、蕙兰、建兰、寒兰、墨兰五大类,有上千种园艺品种。

兰花多年生草本植物。根肉质肥大,无根毛,有共生菌。具有假鳞茎,俗称芦头,外包有叶鞘,常多个假鳞茎连在一起,成排同时存在。叶线形或剑形,革质,直立或下垂,花单生或成总状花序，花梗上着生多数苞片。花两性，具芳香。花冠由 3 枚萼片与 3 枚花瓣及蕊柱组成。萼片中间 1 枚称主瓣。下 2 枚为副瓣，副瓣伸展情况称户。上 2 枚花瓣直立，肉质较厚，先端向内卷曲，俗称捧。下面 1 枚为唇瓣，较大，俗称兰苏。成熟后为褐色，种子细小呈粉末状。

兰性喜阴，忌阳光直射，喜湿润，忌干燥，喜肥沃、富含大量腐殖质、排水良好、微酸性的沙质壤土，宜空气流通的环境。

【兰花栽培技术】

兰花多以分根栽培为主，分开的兰丛，不要拆得太零星，每丛至少有 3～5 苗，最好是 1 年生植株、2 年生植株和 3 年生植株保留在同一丛中。

（1）垫盆。盆底用一块瓦片盖住排水孔，再用砖块，瓦片或贝壳逐步填充，其中大隙缝填充以泥粒或豆石，一般约为盆内高度的 1/2～1/3。上余的净高约 10～15cm，留作培养土层。其具体高度应根据兰花的种类及兰根的长短和盆的高矮而定。铺垫物不要填得太密太实，应保留一点孔隙。实践证明，有的新根能在铺垫层的孔隙中生长良好。

（2）栽植。在铺垫层上，先填上 2～3cm 的培养土，用手稍压实，即可将兰花正立摆布其上，根据植株与花盆大小，可以几个单株、2 丛、3 丛或更多丛种在一个盆里。3 丛宜栽成鼎足之势。4 丛可栽成四方形，五丛宜列成梅花形。兰根要自然舒展，叶片要四方披拂。要缓缓地将兰根放入盆内，使兰根自然舒展，尽量不与盆内壁碰擦。

兰株入盆后，就逐步固定兰株姿势。一盆栽 1 丛的，应使老假鳞茎偏居一侧，使新芽有发展的余地。一盆栽数丛的，每丛的老假鳞茎应相对地集于盆之中间，使新根新芽向外发展各有足够的空间。

（3）填土。栽植时，一手扶叶，一手添加营养土，执住兰株基部稍往上提，以舒展根系，同时摇动兰盆。让培养土深入根际；继续添土，并摇动兰盆，调整兰株的位置和高度。用手沿盆边按压，但切勿过重而伤根，继续添土并挤压，直至盆面土壤高出盆口 2～3cm，略呈馒头形。培养土应将全部兰根盖住，掩至假鳞茎基部，填土的深浅，传统认为：春兰宜浅，惠兰宜深，但一般以不埋及假鳞茎上的叶基为度。新发兰花在山野里生长时，植株上留下了土表上下的明显标志，可以此标志为准。花盆的大小也要和植株的大小、多少相称，既不要盆大而株小又少，也不宜盆小而株大又多。一般植株的数量，以预计 2～3 年后刚好长满盆为原则。植株大小与盆的高度相称。既利于生长，又符合观赏要求。

（4）铺面。栽植完毕后，可在盆土表面铺上一层小石粒或青苔，最好是林下优质苔藓，既美观、又可调节水分，还可保护叶面不被泥水污染，新芽也不致感染泥土中病菌而烂心；此外，还可减缓雨水对盆土的冲刷，保持盆土疏松。

（5）浇水。栽植完成后，即浇第一遍水，必须让盆土湿透，水滴宜小，冲力忌大。若置于水盆中浸水，切不可浸泡太久。盆土一经浸湿，立即将兰盆搬出，然后移置于荫蔽之处养护。

莲　花

别名荷花、芙蕖、水芝、泽芝、水华、菡萏、水旦、草芙蓉、水芙蓉、玉环、六月春、中国莲、六月花神、藕花、灵草、玉芝等。莲科莲属。荷花原产于中国，从越南到阿富汗都有，一般分布在中亚、西亚、北美以及印度、中国、日本等亚热带和温带地区。中国早在 3000 多年前即有栽培。荷花为多年生水生植物。根茎（藕）肥大多节，横生于水底泥中。叶盾状圆形，表面深绿色，被蜡质白粉覆盖，背面灰绿色，全缘并呈波状。叶柄圆柱形，密生倒刺。花单生于花梗顶端、高托水面之上,有单瓣、复瓣、重瓣及重台等花型;花色有白、粉、深红、淡紫色或间色等变化;雄蕊多数;雌蕊离生,埋藏于倒圆锥状海绵质花托内,花托表面具多数散生蜂窝状孔洞,受精后逐渐膨大称为莲蓬,每一孔洞内生一小坚果(莲子)。花期6～9月,每日晨开暮闭。果熟期9～10月。荷花栽培品种很多,依用途不同可分为藕莲、子莲和花莲三大系统。

莲花的全株植物体都有利用价值。不仅有观赏价值,还有食用和药用价值。

【莲花繁殖技术】

(1) 分株繁殖。分株繁殖是睡莲的主要繁殖方法,于每年春季3～4月份,芽刚刚萌动时将根茎掘起,用利刀分成几块。保证根茎上带有两个以上充实的芽眼,栽入池内或缸内的河泥中。

(2) 播种繁殖。将黑色椭圆形饱满的种子放在清水中密封储藏,直至翌年春天播种前取出。浸入25～30℃的水中催芽,每天换水,两周后即可发芽。待幼苗长至3～4cm时,即可种植于池中,保证足够的水深。

【莲花栽培管理】

(1) 盆栽。每年春分前后,在花盆底部放入腐熟的豆饼或骨粉、蹄片等肥料,上面放入30cm以上肥沃河泥。然后将带有芽眼的根栽入河泥中,覆土没过顶芽,然后在盆中或缸中加水。高温季节及时换水,以免藻类的产生而影响其美观。

(2) 池栽。于早春将水放净,施入基肥后添入新塘泥,灌入充足的水栽植。冬季灌水深度保持1.1m以上,可使根茎安全越冬。

【碗莲的栽培管理】

依据《中国荷花品种图志》的描述,碗莲是指在口径26cm以内的花盆中能正常开花,同时必须具备以下三项指标:平均花直径不超过12cm,立叶平均高度不超过33cm,立叶叶片的平均直径不超过24cm。

碗莲是以藕身做种藕栽培的,在一个生长周期要经过萌芽、展叶、开花、结实、长藕和休眠等过程。从种藕萌发开始至立夏、小满期间为萌芽出土阶段。春分以后,当气温升到10℃以上时,种藕上的藕芽开始萌动,清明以后,气温达15℃以上时,开始长出浮时,并抽生藕鞭;当气温达20℃以上时,主鞭抽生立叶,并已有较强的根系,吸肥能力增强。

从立叶长出到出现后为旺盛生长阶段。6月下旬,进入梅雨季节,雨水较多,湿度大,气温高,最适宜于藕的生长,此时即进入旺盛生长期。以后,大约每隔5～7d长出1片立叶,而且一片高于一片;主鞭、侧鞭也很快生长,同时新的侧鞭不断出生,并现蕾开花。

(一) 栽培容器

现在许多碗莲品种种植株仍嫌高大,因而仅有少数品种可种植于市场出售的菜碗、汤碗之中。目前市场上还没有专供种植碗莲的花盆,而常见的素烧花盆(即泥盆、瓦盆)易渗水,所以不宜作为碗莲栽培容器。釉盆、瓷盆、紫砂盆,不易渗水,可选作碗莲栽培用盆。但这类盆一般都留有底洞,选用时可用水泥和砂堵死,或用橡胶垫片堵塞。花盆的形状、色彩要与碗莲相协调,使之浑然一体。可选用方形、圆形盆。花盆的口径在20cm左右,深为15cm左右。初种碗莲者可适当放大些,这样易于开花。

(二) 栽培场地

每天接受7～8h的光照,能促进其花蕾多,开花不断。碗莲最忌在阴处养护。光线不足,荷叶徒长减绿,不能孕蕾。在院落中栽培碗莲,花盆一定要放在光照充足或南向阳台的外沿上。开花季节,需要放入室内观赏的,可采取早进晚出,或晚进早出,每天仍应保持一定光照。碗莲需要有较充足的光照,但也忌雨后暴晴。

(三) 栽培土壤

碗莲要求含腐殖质较丰富的塘泥或稻田泥作栽培土,切忌用工业污染土。黄泥黏度大,使用量要适当,过粘会影响藕鞭的伸长和藕的膨大;沙质土疏松,黏性不够,容易遭风害而折损,有碍于根系的生长,一般以黄泥、沙质土按 7∶3的比例混合使用为宜。如无沙质土,可加黄沙,但比例要略小些。每盆用 20g 左右的腐熟干鸡粪或其他肥料,与盆土充分拌匀作基肥,拣去其中的杂质和石砾,清除土中的小虫和蚯蚓,然后放入盆中。土层一般占全盆容积的 3/5 左右。试验表明用干塘泥 100 份,豆饼水 2 份,草木灰水 6 份,猪、牛蹄水 2 份,烂头发水 2 份,骨粉 1 份的配方种植碗莲能收到良好的效果。

(四) 栽培温度

碗莲是喜温植物,对温度要求较严,一般 8～10℃开始萌芽,14℃藕便开始生长。早期播种时,也要求温度 15℃以上,否则幼苗生长缓慢造成烂苗,4 月中旬以前一般不采用露地播种育苗,主要是因为温度达不到种子萌发和幼苗生长的需要。随着温度升高,持续烈日高温(40℃以上),也不利于碗莲的生长发育。22～35℃是碗莲生长发育的最适宜温度。18～21℃时,开始抽生立叶,开花则需要 22℃以上,25℃生长新藕,这时需要日温较高,夜温稍低的气候。大多数栽培种在立秋前后气温下降时转入长藕阶段,表现为盆土明显上涨。

玫　瑰

又被称为刺玫花、徘徊花、刺客、穿心玫瑰。蔷薇科蔷薇属灌木。蔷薇属下的 200 多个大品种在国外都被称作玫瑰。按中国传统被称作“玫瑰”的亚洲只有 80 多个大种。玫瑰为落叶灌木,茎丛生,有茎刺。单数羽状复叶互生,小叶 5～9 片,连叶柄 5～13cm,叶椭圆形或椭圆形状倒卵形,长 1.5～4.5cm,宽 1～2.5cm,先端急尖或圆钝。基部圆形或宽楔形。边缘有尖锐锯齿,上面无毛,深绿色,叶脉下陷,多皱,下面有柔毛和腺体,叶柄和叶轴有绒毛,疏生小茎刺和刺毛;叶柄基部刺常成对着生。花单生于叶腋或数朵聚生,苞片卵形,边缘有腺毛,花梗长 5～25mm 密被绒毛和腺毛,花直径 4～5.5cm,上有稀疏柔毛,下密被腺毛和柔毛;花冠鲜艳,紫红色,芳香;花梗有绒毛和腺体。蔷薇果扁球形,熟时红色,内有多数小瘦果,萼片宿存。花单生数朵聚生,紫红色、粉红色、黄色、白色,有芳香。

蔷薇科中三杰——玫瑰、月季和蔷薇,其实都是蔷薇属植物。人们习惯把花朵直径大、单生的品种称为月季,小朵丛生的称为蔷薇,可提炼香精的称玫瑰。玫瑰油要比等重量黄金价值高,应用于化妆品、食品、精细化工等工业。当前开发的主要是:玫瑰精油、玫瑰浸膏、净油、玫瑰糖、玫瑰干花等都是极名贵的天然产品,用作高级香水、医药、食品、化妆品、香精、香料、及工艺品。

【玫瑰栽培技术】

(一) 栽植地段及品种的选择

选择土层深厚,土壤结构疏松,地下水位低,排水良好,富含有机质的沙质土壤为宜,且忌选在黏重土壤或低洼积水的地方。玫瑰的品种较多,根据不同的建园目的选用不同的良种壮苗,以生产花蕾为目的的玫瑰园可选用丰花玫瑰、重瓣玫瑰或紫枝玫瑰。萌生苗木要有 2～3 个分枝,嫁接苗木的砧木根系要发达。株高在 30cm 以上。

(二) 栽植时间及方法

玫瑰的栽植一年四季均可,生长季节要保持根系湿润,冬季要防寒,但以秋季落叶后至春季萌芽前为宜,其中秋季落叶后到封冻前为最佳栽植期。为使植株尽快生长扩大花丛,必须进行大穴栽植,穴长宽各 1m,深 0.6~0.8m,或挖掘深宽各 0.6~0.8m 的定植沟。栽后踏实,及时灌透水。

(三) 土肥水管理

(1) 根际培土。玫瑰根系 80%是水平根,在玫瑰落叶后或早春时间,对玫瑰基部进行培土厚度一般 4~8cm,这样既加厚了花丛土层,促进根系的生长,也使落叶、杂草埋入土中腐烂后增加土壤腐殖质,同时病叶埋入土中,也减少了病菌的传播。

(2) 深翻改土。在玫瑰栽植 2~3 年后开始,可分年进行,时间为玫瑰落叶前,春季解冻后至萌芽前或采收后结合施肥进行。主要采取挖沟深翻方式,从玫瑰丛带外缘顺行翻土,沟深 40~50cm,宽 50~70cm,深翻时要注意与原栽植沟穴打通,不留隔墙,尽量少伤植株大根。

(3) 中耕除草。在玫瑰生长期进行,每年进行中耕 4~5 遍,中耕深度一般为 10~15cm,结合中耕,及时地清除杂草,特别是多年生宿根杂草和蔓生攀缘植物。

(4) 合理间作。新建玫瑰园栽植后的 1~3 年内为了充分利用土地,增加经济收入,可间作矮秆经济作物或种植药材,但要留足玫瑰生长空间,否则会影响玫瑰的正常生长。

(5) 合理施肥。早春,当气温稳定在 3~5℃时,玫瑰花芽开始萌动,此时应施以氮为主,氮磷结合的速效肥料,如尿素、磷酸二铵等,每亩用量 10~15kg。4 月中旬至 5 月下旬是玫瑰现蕾开花阶段,此期间肥水不足,会直接影响鲜花产量和质量,使其花小瓣薄,含油率降低,并造成大量落蕾,此期间应追施适量速效复合肥,每亩用量 15~20kg。注意每次施肥时若土壤干旱,应在施肥后灌 1 次透水。8 月中旬至 10 月中旬,枝叶逐渐停长,光合作用积累的营养大量向根系回流,此期应施有机基肥,不可再施速效氮肥,施入基肥时可结合深翻同时进行,每亩用量 2500~5000kg,然后进行 1 次冬灌。

(四) 修剪整枝

玫瑰修剪可分为冬春修剪和花后修剪。冬春修剪,在玫瑰落叶后至发芽前进行,修剪以疏剪为主,每丛选留粗壮枝条 15~20 枝,空间大的可适当短剪,促发分枝,以保证鲜花产量。对于生长势、老枝多的玫瑰株丛要适当重剪,达到集中营养,促进萌发新枝、恢复长势的目的。花后修剪,在鲜花采收完毕后进行,主要用于生长旺盛,枝条密集的株丛疏除密生枝、交叉枝、重叠枝,但要适当轻剪,否则会造成地上、地下平衡失调,引起不良后果。玫瑰的病虫害主要有诱病、黑斑病、白粉病、金龟子、天牛、红蜘蛛等。一般在发芽前喷施 5 石硫合剂,消灭越冬病虫;4 月上旬喷施 0.5%的辛硫磷防治金龟子,象鼻虫;5~6 月喷 0.5%螨死净和 0.125%三氯杀螨醇防治红蜘蛛;6~8 月喷 2~3 次 0.125%~0.167%退菌特或 0.5%波尔多液。同时,在春季或生长期及时剪除锈病危害的枝条,人工捉拿金龟子、象鼻虫、天牛幼虫等。

(五) 更新复壮

玫瑰花的高产期一般在 7~8 年生,10 年生以后的玫瑰可逐步进行更新或复壮。主要有两种方法:一是一次更新法,即在霜降前后,把玫瑰枝条在离地面 5~6cm 之处以上全部剪去,然后用细土把玫瑰株丛培成馒头状,刺激翌年重发新枝。这种方法翌年基本没有产量。二是逐年更新法,此法是目前玫瑰生产中普遍使用的更新法。就是每年根据玫瑰花丛的生长情况,适当地剪去部分枯枝、纤细枝、衰老枝和病虫害枝,促使花丛每年长出新嫩枝条,保持花丛长势旺盛，既不减产，又达到更新复壮的目的。

（六）适时采收

4月下旬至6月上旬是玫瑰花的采摘期。玫瑰花从花蕾形成到花全开放的过程可分为现蕾期、中蕾期、蕾饱满期、花瓣始绽期、半开期和全开期6个时期。药用玫瑰花，要求花蕾充分膨大，花瓣尚未开裂，即蕾饱满期采摘；提炼玫瑰花精油，应在半开呈杯状，即花半开期采摘。采摘的具体时间是早晨5～8点最适宜。

【药用玫瑰的栽培技术】

药用玫瑰主要以花蕾入药，其叶、根也可药用。玫瑰花具有理气、活血、调经的功能，对肝胃气痛、月经不调、赤白带下、疮疖初起和跌打损伤等症有独特疗效，还可用于食疗，如玫瑰花泡茶可治疗食道痉挛引起的上腹胀痛。除药用外，从玫瑰花中提炼的芳香油畅销国内外市场。

（一）选地栽植

（1）选地整地。玫瑰花耐旱，应选阳光充足，地势高燥，土质疏松肥沃，排水良好的壤土或沙壤土。施堆肥3000kg/亩，深翻20～30cm，然后整平作畦。

（2）移植。按行距1.5～2m，株距0.6～0.8m挖穴，穴深15～25cm，穴径30～40cm，挖松底层，施入适量土杂肥，上盖5cm细土，将嫁接玫瑰苗栽入穴内，把根系向四周理平放开，使其舒展，再盖上至满穴，踏实，浇透定根水。

（二）田间管理

（1）中耕除草。幼苗期杂草用手拔除，中耕宜浅，勿伤及根。生长期应保持田间无杂草。

（2）施肥。春季施入稀薄人畜粪尿促苗生长，注意不要污染茎叶。孕蕾期再施人畜粪尿1次，并施用氮肥，配合适量磷、钾肥，以提供足够养分，增加孕蕾量。冬季植株进入休眠期，在植株周围开环状沟追肥，以农家肥为主，每亩用2000kg，加入适量饼肥、钙肥，拌匀施入。

（3）修剪。夏末开花后剪去纤细枝条和发白老枝，冬季落叶后再修剪1次，主要是截短和剪掉过密枝、病虫枝和衰老枝，这样可促使新枝抽生，使花蕾增多。玫瑰花生长5～6年后，应进行一次更新复壮修剪。于立秋前后，将每株(丛)保留少数生长健壮的枝条，其余的连根挖起，重新栽植到另一块地上，这样可扩大栽培面积。

（4）排灌。旱季注意灌溉，干旱会减少花的产量，降低花的品质。雨季要防涝排水，以防烂根。

（三）病虫害防治

（1）白粉病。多在夏季高温多湿时发生，危害叶片和嫩茎及花果。表现为叶片上有白色绒状霉斑，像撒了一层面粉。防治方法：①冬季修剪后彻底清园。②合理密植，改善通风透光条件，降低田间湿度。③喷50%托布津1000倍液，每7～10d喷1次，连喷2～3次。④增施磷钾肥，增强植株抗病力。

（2）锈病。病原为真菌，危害叶片及嫩茎，出现铁锈状红斑，引起落叶、落蕾，在高湿多雨季节发生较多。防治方法同白粉病。

（3）天牛。其幼虫蛀食茎和根，使枝干枯萎。两年发生一代，以卵或蛹越冬。防治方法：①剪除病虫枝，加强田间管理，及时除草清园。②保护其天敌啄蜡及蚂蚁。

（四）采收、加工、贮藏

（1）采收。药用花应在花蕾充分膨大但还未开放时采摘，每年可采摘3次，以“头水花”品质最佳。作食品、酿酒、熏茶用时，应在花朵初放，刚露出花蕊时采摘。

(2) 加工。可晒干、阴干或烘干。烘时将花蕾薄摊，花冠向下，烘干后再翻转迅速烘至全干。以干燥、色红艳丽、香味浓郁、无散瓣或碎瓣为佳。

(3) 贮藏。药用花最好不要压烂，要防潮、避光，避免发霉变质，夏季在凉爽库房内保存。

美人蕉

别名大花美人蕉、红艳蕉、兰蕉、昙华等。美人蕉科美人蕉属。分布于印度以及中国内地的南北各地等地，生长于海拔 800m 的地区，目前已由人工引种栽培。多年生球根草本花卉。株高可达 100～150cm，根茎肥大；地上茎肉质，不分枝。茎叶具白粉，叶互生，宽大，长椭圆状披针形。阔椭圆形。总状花序自茎顶抽出，花径可达 20cm，花瓣直伸，具 4 枚瓣化雄蕊。花色有乳白、鲜黄、橙黄、橘红、粉红、大红、紫红、复色斑点等 50 多个品种。花期北方 6～10 月；南方全年。喜温暖和充足的阳光，不耐寒。要求土壤深厚、肥沃，盆栽要求土壤疏松、排水良好。生长季节经常施肥。北方需在下霜前将地下块茎挖起，贮藏在温度为 5℃左右的环境中。因其花大色艳、色彩丰富，株形好，栽培容易。露地栽培的最适温度为 13～17℃。对土壤要求不严，在疏松肥沃、排水良好的沙壤土中生长最佳，也适应于肥沃黏质土壤生长。江南可在防风处露地越冬。分株繁殖或播种繁殖。分株繁殖在 4～5 月间芽眼开始萌动时进行，将根茎每带 2～3 个芽为一段切割分栽。

美人蕉株矮状，叶节密生，叶片大而浓绿，4 片叶时即可献蕾开花，是盆栽佳品，市场热销。更适宜城区、旅游景区、生活区、公园及行道绿化。无论用到何处，不管是片植、行植都是奇观风景线。

【美人蕉繁殖培育技术】

(一) 播种繁殖

每年 4～5 月份将种子坚硬的种皮用利具割口，温水浸种一昼夜后露地播种，播后 2～3 周出芽，长出 2～3 片叶时移栽 1 次，当年或翌年即可开花。是园林常见的灌丛边缘、花径、花镜常用材料。盆栽宜选用矮性品种。盆土用有机质含量丰富的壤土，加少量河沙混合。春季晚霜后种植，每盆栽 1～2 株，栽后浇足水，并保持盆土湿润，否则会导致叶边焦枯，甚至开花稀少。植株长至 3～4 片叶后，每 10d 追施 1 次液肥．直至开花。花后及时剪掉残花，促使其不断萌发新的花枝。秋季霜冻前及时移至室内养护越冬。美人蕉喜高温炎热，阳光充足。在肥沃而富含有机质的深厚土壤中生长健壮。怕强风，不耐寒，一经霜打，地上茎叶均枯萎，留下地下茎块。秋季将地下茎掘起，在窖内越冬，翌年再种，贮存时忌水涝、潮湿，防块茎腐烂。

(二) 用块茎繁殖

(1) 栽植。春季 5 月上中旬栽植。地栽采用穴植，每穴根茎具 2～3 个芽，穴距 80cm，穴深 20cm 左右，栽植后覆土厚 10cm 左右。盆栽时多选用低矮品种，每盆留 3 个芽。栽后覆土 8～10cm厚。

(2) 光照与温度。生长期要求光照充足，保证每天要接受至少 5h 的直射阳光。环境太阴暗，光照不足，会使开花期向后延迟，喜温暖，忌严寒，适宜温度 16～30℃。开花时，为延长花期，可放在温度低、无阳光照射的地方，环境温度不宜低于 10℃。

(3) 浇水与施肥。栽植后根茎尚未长出新根前，要少浇水。盆土以潮润为宜。土壤过湿易烂根。花葶长出后应经常浇水，保持盆土湿润，若缺水，开花后易出现“叶里夹花”现象。除栽植前施足基肥外，生长旺季每月应追施 3～4 次稀薄饼液肥。如果在预定开花日期前 20～

30d 还未抽生出花葶时，可叶面喷施 1 次 0.2%磷酸二氢钾水溶液催花。

(4) 花期控制。若欲“五一”节开花，1 月将贮藏的根茎用掺有少量肥的土盖起来，要求环境温度白天 30℃，夜晚 15℃左右，经过 10d 后即可出芽。出芽后，将留有 2～3 个芽的根茎栽入盆内，保持盆土湿润，酌量追肥。4 月上旬现花蕾，注意透风，“五一”便可开花。

(5) 根茎采挖。寒冷地区，在秋季经 1～2 次霜后且茎叶大部分枯黄时，剪去地上部分，将根茎挖出，适当干燥后堆放在室内，在温度 5～7℃的条件下即可安全越冬。暖地冬季可露地越冬，不必采收，但经 2～3 年后须挖出重新栽植，同时还可扩大栽植规模。

茉　莉

别名抹厉。木犀科茉莉花属。茉莉花原产于异邦，后移植到中国。关于茉莉花原产地有两种说法。一种说法原产印度，宋代王梅溪诗：“茉莉名佳花亦佳，远从佛国到中华”。另一种说法茉莉花祖先在亚洲西南、中国西域波斯地方。北方以盆栽为主。茉莉适合在家种养，能发出淡淡幽香，沁人肺腑，常绿灌木。枝条细长，略呈藤本状。叶对生，光亮，卵形。聚伞花序，顶生或腋生，有花 3～12 朵，花冠白色，极芳香。大多数品种的花期 6～10 月，由初夏至晚秋开花不绝，落叶型的冬天开花，花期 11 月至翌年 3 月。性喜温暖湿润，在通风良好、半阴环境生长最好。土壤以含有大量腐殖质的微酸性沙质壤土为最适合。畏寒、畏旱，不耐湿涝和碱土。冬季气温低于 3℃时，枝叶易遭受冻害，如持续时间长，就会死亡。而落叶藤本类就是很耐寒耐旱的了。

茉莉花叶色翠绿，花色洁白，香味浓厚，为北方盆栽观赏芳香花卉。茉莉花可提取茉莉花油，油中主要成分为苯甲醇及其酯类、茉莉花素、芳樟醇、安息香酸芳樟醇酯。茉莉花油的身价很高，相当于黄金的价格。茉莉花、叶、根均可入药。茉莉花还可熏制茶叶，或蒸取汁液，可代替蔷薇露。

【茉莉花盆栽和管理】

茉莉盆栽，要求培养土富含有机质，而且具有良好的透水和通气性能，一般可用田园土 4 份、堆肥 4 份、河沙或谷糠灰 2 份，外加充分腐熟的干枯饼末、鸡鸭粪等适量，并筛出粉末和粗粒，以粗粒垫底盖面。上盆时间以每年 4～5 月份新梢未萌发前最为适宜。按苗株大小选用合适的花盆。上盆时一手扶苗，一手铲填培养土，待土盖满全部根系后，将植株稍向上轻提，并把盆振动几下，使土与根系紧密接触。然后用手把盆土压实，让土面距盆沿有 2cm 的距离，留作浇水。栽好后，浇定根水，然后放在稍加遮阴的地方 7～10d，避免阳光直射，以后逐渐见光。日常管理的关键是水，要根据茉莉喜湿润，不耐旱，怕积水，喜透气的特性，掌握浇水时间和浇水量。至 6～7 月份可开花。这时根系已恢复正常生长，每 7～10d 要浇 1 次稀薄矾肥水。以后可按成株茉莉管理，当年不再换盆。

盆栽茉莉花一般每年应换盆换土 1 次。换盆时，将茉莉根系周围部分旧土和残根去掉，换上新的培养土，重新改善土壤的团粒结构和养分，有利于茉莉的生长。换好盆，又要像上盆那样浇透水，以利根土密接，恢复生长。换盆前应对茉莉进行一次修剪，对上年生的枝条只留 10cm 左右，并剪掉病枯枝和过密、过细的枝条。生长期经常疏除生长过密的老叶，可以促进腋芽萌发和多发新枝、多长花蕾。春季 4～5 月份茉莉正抽枝长叶，耗水量不大，可 2～3d 浇 1 次水，中午前后浇，浇必浇透；5～6 月为茉莉春花期，浇水可略多些；盛夏 6～8 月为高温气候，正值茉莉生长快、叶面蒸发作用也加快的盛花期，日照强，需水多，可早晚各浇 1 次水。天旱时还应用水喷洒叶片及盆周围的地面。因茉莉既不耐干旱,又怕渍涝,故夏季雨天时应及时倒除盆内积水,秋天气温降低,可减为1～2d浇1次水;冬季则要严格控制浇水量,如盆土湿度过大,对越冬不利。

茉莉喜肥,特别是花期长,需肥较多。它还喜酸性土,平时可每周浇1次1:10的矾肥水。第一次花后,宜用豆饼等作追肥,施于表土中,开花时酌施骨粉、磷肥,有条件的可浇腐熟的人粪尿,这样可使茉莉花香浓郁。在盛花的高温时,应每4d施肥1次,不妨大肥大水,一般上午浇水,傍晚浇肥,第二天解水,这样有利于的茉莉根部吸收。浇肥不宜过浓,否则易引起烂根。浇前用小铲将盆土略松后再浇,不要在盆土过干或过湿时浇肥,似干非干时施肥效果最好。

为使盆栽茉莉株形丰满美观,花谢后应随即剪去残败花枝,以促使基部萌发新技,控制植株高度。9月上旬停止施肥,以提高枝条成熟度,有利越冬。茉莉花畏寒,在气温下降到6～7℃时,应搬入室内,同时注意开窗通风,以免造成叶子变黄脱落。这时气温常不稳定,遇有天气暖时,仍应搬到室外,通风见光。茉莉搬入室内过冬,宜放置在阳光充足的房间里,室温应在5℃以上。每7d左右浇1次水,使盆土微湿。这样,冬季亦能保持枝叶鲜绿,不失其观赏效果。

牡　丹

别名百花王、鹿韭、木芍药、富贵花,谷雨花。芍药科芍药属。原产于中国西部秦岭和大巴山一带山区,汉中是中国最早人工栽培牡丹的地方。牡丹为多年生落叶小灌木生长缓慢,株型小,株高多在0.5～2m之间;根肉质,粗而长,中心木质化,长度一般在0.5～0.8m,极少数根长度可达2m;根皮和根肉的色泽因品种而异;枝干直立而脆,圆形,为从根茎处丛生数枝而成灌木状,当年生枝光滑、草木,黄褐色,常开裂而剥落;叶互生,叶片通常为二回三出复叶,枝上部常为单叶,小叶片有披针、卵圆、椭圆等形状,顶生小叶常为2～3裂,叶上面深绿色或黄绿色,下为灰绿色,光滑或有毛;总叶柄长8～20cm,表面有凹槽;花单生于当年枝顶,两性,花大色艳,形美多姿,花径10～30cm;花的颜色有白、黄、粉、红、紫红、紫、墨紫(黑)、雪青(粉蓝)、绿、复色十大色;雄雌蕊常有瓣化现象,花瓣自然增多和雄、雌蕊瓣化的程度与品种、栽培环境条件、生长年限等有关;正常花的雄蕊多数,结籽力强,种子成熟度也高,雌蕊瓣化严重的花,结籽少而不实或不结籽,完全花雄蕊离生,心皮一般5枚,少有8枚,各有瓶状子房一室,边缘胎座,多数胚珠,骨果五角,每一果角结籽7～13粒,种子类圆形,成熟时为共黄色,老时变成黑褐色,成熟种子直径0.6～0.9cm,千粒重约400g。

牡丹喜凉恶热,宜燥惧湿,可耐－30℃的低温,在年平均相对湿度45%左右的地区可正常生长。喜光,亦稍耐阴。要求疏松、肥沃、排水良好的中性壤土或沙壤土,忌黏重土壤或低温处栽植。花期4～5月。多采用嫁接方法进行栽培,因为与芍药同属芍药属,又多选用芍药作为砧木。牡丹由野生变家种后,因环境条件变化及人工不断地选育和栽培,除花色、花型、花期早晚有变异外,而且在株的形态,根的长短、粗细,叶的色泽、形状等方面也发生了变异。

牡丹可在公园和风景区建立专类园;在古典园林和居民院落中筑花台养植;在园林绿地中自然式孤植、丛植或片植。自身存在的酶水解,成为牡丹酚阿拉伯糖。根皮对咽炎引起的咽痒、咽干、刺激性咳嗽等症,效果良好。

【牡丹栽培技术】

(一)栽　植

选择向阳、不积水之地,最好是朝阳斜坡,土质肥沃、排水好的沙质壤土。栽植前深翻土地，栽植坑要适当大，牡丹根部放入其穴内要垂直舒展，不能卷根。栽植不可过深，以刚刚埋住根为好。一般盆栽较少。

(二) 光照与温度

充足的阳光对其生长较为有利，但不耐夏季烈日暴晒，温度在25℃以上则会使植株呈休眠状态。开花适温为17～20℃，但花前必须经过1～10℃的低温处理2～3个月才可。最低能耐－30℃的低温，但北方寒冷地带冬季需采取适当的防寒措施，以免受到冻害。南方的高温高湿天气对牡丹生长极为不利，因此，南方栽培牡丹需给其特定的环境条件才可观赏到奇美的牡丹花。

(三) 浇水与施肥

栽植前浇2次透水。入冬前灌1次水，保证其安全越冬。开春后视土壤干湿情况给水，但不要浇水过大。全年一般施3次肥，第一次为花前肥，施速效肥，促其花开大开好。第二次为花后肥，追施1次有机液肥。第三次是秋冬肥，以基肥为主，促翌年春季生长。另外，要注意中耕除草，无杂草可浅耕松土。

(四) 整形修剪

花谢后及时摘花、剪枝，根据树形自然长势结合自己希望的树形下剪。若想植株低矮、花丛密集，则短截重些，以抑制枝条扩展和根蘖发生，一般每株以保留5～6个分枝为宜。

(五) 花期控制

盆栽牡丹可通过冬季催花处理而春节开花，方法是春节前60d选健壮鳞芽饱满的牡丹品种(如洛阳红、盛丹炉、葛金紫、朱砂垒、大子胡红、墨魁、乌龙捧盛等)带土起出，尽量少伤根、在阴凉处晾12～13d后上盆，并进行整形修剪，每株留10个顶芽饱满的枝条，留顶芽，其余芽抹掉。上盆时，盆大小应和植株相配，达到满意株型。浇透水后，正常管理。春节前50～60d将其移入10℃左右温室内每天喷2～3次水，盆土保持湿润。当鳞芽膨大后，逐渐加温至25～30℃，夜温不低于15℃，如此春节可见花。

一般栽培牡丹花的盆土宜用砂土和饼肥的混合土，或用充分腐熟的厩肥、园土、粗砂以1∶1∶1的比例混匀的培养土。如栽培土壤中水分过多，其肉质根部容易腐烂。因此，遇到连续下雨的天气时，要及时排水，切不可让其根部积水。牡丹不耐高温，夏季天热时要及时采取降温措施。最好搭个凉棚，为其遮阴。中午前盖上草帘或芦苇，傍晚揭去。这一措施及时做好，可以防止落叶，若任其受热、落叶，将严重影响以后开花。牡丹因根须较长，植株较大，因此适合于地栽，若要盆栽，则应选大型的、透水性好的瓦盆，盆深要求在30cm以上。最好用深度为60～70cm的瓦缸。牡丹花的繁殖，用播种法、分株法、嫁接法都可以。

爬山虎

别名爬墙虎、地锦、飞天蜈蚣、假葡萄藤、捆石龙、枫藤、小虫儿卧草、红丝草、红葛、趴山虎、红葡萄藤、波士顿常春藤、日本常春藤，也称巴山虎、常青藤。葡萄科爬山虎属。我国东北、河北、陕西、山东、江苏、安徽、浙江、江西、湖南、湖北、广西、广东、四川、贵州、云南、福建都有分布。爬山虎为多年生大型落叶木质藤本植物，其形态与野葡萄相似。藤茎可长达18m。夏季开花，花小，成簇不显，黄绿色；浆果紫黑色，与叶对生。花多为两性，雌雄同株，聚伞花序常着生于两叶间的短枝上，长4～8cm，较叶柄短；花5数；萼全缘；花瓣顶端反折，子房2室，每室有2胚珠。树皮有皮孔，髓白色。枝条粗壮，老枝灰褐色，幼枝紫红色。枝上有卷须，卷须短，多分枝，卷须顶端及尖端有黏性吸盘，遇到物体便吸附在上面，无论是岩石、墙壁或是树木，均能吸附。叶互生，小叶肥厚，基部楔形，变异很大，边缘有粗锯齿。花枝上的叶宽卵形，长 8～18cm，宽 6～16cm，常 3 裂或 5 裂，或下部枝上的叶分裂成 3 小叶，基部心形。叶绿色，无毛，背面具有白粉，叶背叶脉处有柔毛，秋季变为鲜红色。幼枝上的叶较小，常不分裂。浆果小球形，熟时蓝黑色，被白粉，鸟喜食。花期 6 月，果期 9～10 月。

爬山虎适应性强，性喜阴湿环境，但不怕强光，耐寒，耐旱，耐贫瘠，气候适应性广泛。它对二氧化硫等有害气体有较强的抗性。爬山虎生性随和，占地少、生长快，绿化覆盖面积大。一根茎粗 2cm 的藤条，种植 2 年，墙面绿化覆盖面便可达 30～50m^2。常攀缘在墙壁或岩石上，适于配植宅院墙壁、围墙、庭园入口处、桥头石堍等处。可用于绿化房屋墙壁、公园山石，既可美化环境，又能降温，调节空气，减少噪音。

【爬山虎繁殖栽培技术】

爬山虎可采用播种法、扦插法及压条法繁殖。10 月采种，可冬播，或翌年春播。移植或定植在落叶期进行。爬山虎通常用扦插繁殖，成活率达 95%。扦插，从落叶后至萌芽前均可进行。事实证明，种子繁殖也是一种好办法，其出苗率可达 80%，苗期管理也较方便。压条可于春季进行，将老株枝条弯曲埋入土中生根。翌年春，切离母体，另行栽植。爬山虎的生命力极强，故而繁殖极易成活。小苗成活生长 1 年后，即可移栽定植。栽时深翻土壤，施足腐熟基肥。当小苗长至 1m 长时，即应用铅丝、绳子牵向攀附物。

(一) 播种法

采收后的种子搓去果皮果肉，洗净晒干后可放在湿沙中低温贮藏一冬，保温、保湿有利于催芽，次年早春 3 月上中旬即可露地播种，薄膜覆盖，5 月上旬即可出苗，培养 1～2 年即可出圃。

(二) 扦插法

早春剪取茎蔓 20～30cm，插入露地苗床，灌水，保持湿润，很快便可抽蔓成活，也可在夏、秋季用嫩枝带叶扦插，遮阴浇水养护，也能很快抽生新枝，扦插成活较高，应用广泛。硬枝扦插于 3～4 月进行，将硬枝剪成 10～15cm 一段插入土中，浇足透水，保持湿润。嫩枝扦插取当年生新枝，在夏季进行。

(三) 压条法

可采用波浪状压条法，在雨季阴湿无云的天气进行，成活率高，秋季即可分离移栽，次年定植。

(四) 繁殖与管理

(1) 种子沙藏和催芽。9 月份当浆果成熟呈紫蓝色时立即采下，经过清洗、阴干，用 0.05%的多菌灵溶液进行表面消毒，沥干后即进行湿沙层积贮藏。至翌年 3 月上旬，用 45℃温水浸种 2d，每天换水 2 次，然后以湿沙种子 2∶1的比例拌匀，置于向阳避风的地方，上盖草包，常喷细水保持湿润。约经 20d，待有 20%的种子露白时即可播种。

(2) 播种。先把播种床整细理平，浇透水，种子和沙一起播于床面，每平方米播种量为 100g。上覆 1cm 厚疏松的林下腐殖质土，上搭小拱棚，覆盖聚乙烯塑料薄膜。

(3) 幼苗管理。子叶出土后，薄膜在晴天要昼揭夜盖，阴雨天全天覆盖，以提高土温，促使出苗整齐，并可预防金龟子的危害。另外，要常洒水保持土壤湿润。

(4) 移栽与后期管理。待真叶展开 3 片后，选阴天或下午 3 时以后，以 30cm×30cm 密度移植。植后立即浇清粪水(1∶8)1 次。梅雨季节切不可积水过久。2 个月后，藤蔓一般长 60cm

以上，此时可进行第一次摘心，以防止藤蔓互相缠绕遮光，并可促使藤苗粗壮。每月摘心一次，结合辅养。采取以上措施，到落叶时期，实生藤苗平均粗度可达 0.5cm 以上，就可以出圃栽种。

(5) 在生长期，可追施液肥 2～3 次。并经常锄草松土做围，以免被草淹没，促其健壮生长。爬山虎怕涝渍，要注意防止土壤积水。爬山虎耐修剪，在生长过程中，可依情修剪整理门窗处的枝蔓，以保持整洁、美观、方便。

(6) 注意以下病虫害：白粉病、叶斑病和炭疽病等。常见蚜虫危害。

山刺玫

别名刺玫果。蔷薇科蔷薇属落叶灌木植物。分布于我国东北、华北地区。朝鲜、俄罗斯远东和西伯利亚地区也有。山刺玫高 1～2m。小枝及叶柄基部常有成对的皮刺，刺弯曲，基部大。羽状复叶，小叶 5～7 枚，具圆形或长卵圆形，长 1.5～3cm，宽 0.8～1.5cm，边缘近中部以上有锐锯齿，上面无毛，下面灰绿色，有白霜、柔毛和腺体。花单生或数朵聚生，直径约 4cm、深红色。蔷薇果球形或卵形，红色，直径 1～1.5cm。花期 6～7 月、果期 8～9 月。生长于落叶阔叶林地带和草原带的山地，生于林下、林缘及石质山坡上。

山刺玫花的蛋白质含量远胜于牛肉、鸡蛋；维生素 C 含量高于水果。特别是花中含挥发油，香气极佳，风味独特。利用花、果可作重要的食品辅料添加剂。具有特殊的药理作用，补肺养脾、止痛解毒、润燥通便、减慢心率、强心降压、抑制血栓形成、镇咳、平喘、消除疲劳、促进新陈代谢、延缓衰老，提高记忆力和人体免疫力。刺玫果根系发达，抗逆性和适应性极强，非常有利于气候干燥、土壤沙化地区的水土保持和绿化改造。还能对渠道和堤坝、公路护坡起到最有效的保护作用。刺玫果对恢复植被、控制水土流失、净化空气、绿化、美化、香化环境、涵养水源、吸音降尘及改善生态环境具有重要意义。一次种植，多年受益。

【山刺玫栽培技术】

(一) 种子处理

把山刺玫种子浸泡在 5%红糖和 5%的多菌灵溶液中 36h，然后捞出，与过筛的湿河沙按种子与河沙的体积比 1∶3混匀。放在 25℃条件下催芽，当有 30%～40%种子发芽时即可播种。

(二) 种植与分株定植

垄播一般株距 20cm，镐穴深 5cm，每穴 4～5 粒种，播后覆土 3cm 踩实，最后浇透水。也可在春季萌发之前或秋季落叶之后，分株头一年母株分蘖根苗，按株距 50cm、行距 100cm，开穴直径 25cm、深 30cm，穴内施入适量腐熟肥，与土拌匀后，将用生根剂处理好的幼苗植入穴中，将根系舒展开，覆土压实，浇透水，盖土稍高于地面。

(三) 田间管理

小苗出 3～4 片真叶时，及时拔除杂草，施 1 次液体腐熟肥，待花苞露红中耕时节，施 1 次腐熟肥或硫酸铵等。旱季注意灌溉，以免影响花的质量和产量。雨季要防涝排水，以防烂根及病虫害。秋季要剪 1 次长枝、病虫枝、衰老枝，留健壮有形的枝条。

(四) 采收与加工

食用花：当花蕾已充分膨胀、花肉厚、香味浓、花苞红艳，但还未开放时采摘，加工或晾干。

提花油：花冠呈杯形，花蕊鲜黄、香气浓郁时，上午 8～11 点采摘(此时含油量最高)，及时提油。

药用花:采集开放后的花及散花瓣晾干。

食药用果:秋季果实艳红时采收、晾干。

干花贮藏:将色泽艳丽、芳香浓郁的干花,用纸袋封装好,贮入装有石灰容器中盖封。

芍　药

别名将离、离草、婪尾春、余容、犁食、没骨花、黑牵夷、红药等。芍药科芍药属。多年生宿根草本植物,高 1m 左右。具纺锤形的块根,并于地下茎产生新芽,新芽于早春抽出地面。初出叶红色,茎基部常有鳞片状变形叶,中部复叶二回三出,小叶矩形或披针形,枝梢的渐小或成单叶。花大且美,有芳香,花生枝顶或生于叶腋;而牡丹花只生于枝顶,这是牡丹与芍药的区别之一。芍药花瓣白、粉、红、紫或红色,花期 5～8 个月。

芍药性耐寒,在我国北方都可以露地越冬,土质以深厚的壤土最适宜,以湿润土壤生长最好,但排水必须良好。积水尤其是冬季很容易使芍药肉质根腐烂,所以低洼地、盐碱地均不宜栽培。芍药性喜肥,圃地要深翻并施入充分的腐熟厩肥,在阳光充足处生长最好。

【芍药培育繁殖技术】

芍药的繁殖有播种、扦插和分株法,通常以分株繁殖为主。分株期以 9 月下旬至 10 月上旬为宜,将根株掘起,震落附土,用刀切开,使每个根丛具 2～3 芽,最好 3～5 芽,然后将分株根丛栽植在准备好的圃地。如果分株根丛较大(具 3～5 芽),翌年可能有花,但形小,不如摘除使植株生长良好。根丛小的(2～3 芽),翌年生长不良或不开花,一般要培养 2～5 年。

播种繁殖以种子成熟后采下即播种为宜,越迟播发芽率越低。芍药种子有上胚轴休眠现象,播种后当年秋天生根,次年春暖后芽才出土。幼苗生长缓慢,有的芽 3～4 年才可开花,还有到第 5～6 年才开花的。

扦插法可用根插或茎插。秋季分株时可收集断根,切成 5～10cm 一段,埋插在 10～15cm 深的上中。茎插法在开花前两周左右,取茎的中间部分由二节构成插穗,插温床沙土中约一寸半探,要求遮阴并经常浇水,1 个半月至 2 个月后即能发根,并形成休眠芽。

水　仙

别名凌波仙子、金盏银台、落神香妃、玉玲珑、金银台、姚女花、女史花、天葱、雅蒜、中国水仙、天蒜、俪兰、女星、雪中花等。石蒜科水仙属。除了常见的白色水仙外,还有一个黄色的品种叫喇叭水仙。水仙主要分布于我国东南沿海温暖、湿润地区,福建漳州、厦门及上海崇明岛最为有名。水仙是草本花卉,又名金银台、玉玲珑、雅蒜等,原产于我国浙江福建一带,现已遍及全国和世界各地。水仙为多年生草本植物,地下部分的鳞茎肥大似洋葱,卵形至广卵状球形,外被棕褐色皮膜。叶狭长带状,二列状着生。花葶中空,扁筒状,通常每球有花葶数支,多者可达 10 余支,组成伞房花序。雄蕊呈椭圆形,花粉为黄色。雌蕊近似三角形,乳白色,中部发绿。因多为水养,且叶姿秀美,花香浓郁,亭亭玉立水中,故有“凌波仙子”的雅号。

水仙花朵秀丽,叶片青翠,花香扑鼻,清秀典雅,已成为世界上有名的冬季室内和花园里陈设的花卉之一。

【水仙种球繁殖栽培技术】

中国水仙需要经过 2～3 年的种植才能开花。在秋季 9～10 月间栽培,翌年 5 月叶子枯黄,6月以鳞茎球形式进入休眠,休眠期间鳞茎球继续进行生理、生化活动。用侧球繁殖的,翌年进入休眠后挖球,经过贮藏期,其中大球冬天开花,一般每球1枝花,市售的崇明水仙就是这样。用侧芽繁殖的,翌年休眠后挖球,秋季再行种植,冬季开花,也是1球1枝花。从侧球种植一年(跨两年)的和侧芽种植两年(跨三年)的球根中,精选大型的优良鳞茎球作种球,秋季进行阉割加工后,再行种植,精心培养,次年可获得1个形体大、两边具侧球、开多枝花的鳞茎球,即商品球。

水仙生长发育各阶段(如营养生长期、鳞茎膨大期、花芽分化期、开花期)需要不同的环境条件。其根、茎、叶、花各部器官对环境条件的要求也不一致。水仙生长期喜冷凉气候,适温为10～20℃,可耐0℃低温。鳞茎球在春天膨大,干燥后,在高温中(26℃以上)进行花芽分化。经过休眠的球根,在温度高时可以长根,但不发叶,要随温度下降才发叶,至温度6～10℃时抽花苔。在开花期间,如温度过高,开花不良或萎蔫不开花。在温度适当的情况下,它喜光照,也较耐阴。对培养开花的球根,长时间的光照能抑制叶片生长,有助花葶伸长,高出叶片。生长期间好肥水,如缺水,则生长欠佳。生长后期需充分干燥,否则影响芽分化。土壤要疏松、膨软、中性或微酸性。

(一) 侧球繁殖

这是最普通常用的一种繁殖方法。储球着生在鳞茎球外的两侧,仅基部与母球相连,很容易自行脱离母体,秋季将其与母球分离,单独种植,次年产生新球。

(二) 侧芽繁殖

侧芽是包在鳞茎球内部的芽。只在进行球根阉割时,才随挖出的碎鳞片一起脱离母体,拣出白芽,秋季撒播在苗床上,翌年产生新球。

(三) 双鳞片繁殖

一个鳞茎球内包含着很多侧芽,有明显可见的,有隐而不见的。但基本规律是掀两张鳞片1个芽。用带有2个鳞片的鳞茎盘作繁殖材料就叫双鳞片繁殖。其方法是把鳞茎先放在低温4～10℃处4～8周,然后在常温中把鳞茎盘切小,使每块带有2个鳞片,并将鳞片上端切除留下2cm作繁殖材料,然后用塑料袋盛含水50%的蛭石或含水6%的沙,把繁殖材料放入袋中,封闭袋口,置20～28℃温度中黑暗的地方。经2～3月可长出小鳞茎,成球率80%～90%。这是近年开始发展的新方法,四季可以进行,但以4～9月为好。生成的小鳞茎移栽后的成活率高,可达80%～100%。

(四) 组织培养

用MS培养基,每升附加30g蔗糖与5g的活性炭,用芽尖作外植体,或用具有双鳞片的茎盘5mm×10mm作外植体,pH值5～7;装入20mm×100mm的玻璃管中,每管10mL培养基,经消毒后,每管植入一个外植体,然后在25℃中培养,接种10d后产生小突起,20d后成小球,1月后转入在含NAA0.1/mg/2MS的培养基中,6～8周后有叶、有根,移栽在大田中,可100%的成活。用茎尖作外植体的,还有去病毒的作用。

桃 花

蔷薇科李属。原产于中国中部及北部,栽培历史悠久,后来逐渐传播到亚洲周边地区,从波斯传入西方。桃花为落叶乔木。叶椭圆状披针形,叶缘有粗锯齿,无毛,叶柄长1～1.5cm.高可达6～10m。树干灰褐色,粗糙有孔。小枝红褐色或褐绿色,平滑。叶椭圆状披针形,边缘有细锯齿。花单生,有白、粉红、红等色,重瓣或半重瓣,花期3～4月。核果近球形,表面密被短绒毛,因品种不同,果熟6～9月。主要分果桃和花桃两大类。变种有深红、绯红、纯白及红白混色等花色变化以及复瓣和重瓣种。桃花性喜阳光、耐寒、耐旱、不耐水湿,种植时最好选择空气流畅处。营养需要为氮肥,秋季时最好追加些骨粉。现中国各地广为种植。

桃花是中国传统的园林花木,其树态优美,枝干扶疏,花朵丰腴,色彩艳丽,为早春重要观花树种。桃的果实是著名的水果;桃核可以榨油;其枝、叶、果、根俱能入药;桃木细密坚硬,可供雕刻用。

【桃花繁殖栽培技术】

(一) 繁殖方法

桃花繁殖以嫁接为主,多用切接或盾形芽接。砧木多用毛桃(桃之半栽培类型),北方则用山桃,但用毛桃或山桃砧所接之桃树,皆有树龄短而病虫害多之弊;如改用杏为砧木,虽嫁接较费力,初期生长略慢,但寿命长而病虫少。

砧木种子以秋播为宜;用湿沙秋后层积种子,至来年早春取出播种即可。播种时,通常行距40～50cm,株距10～20cm,沟深约5cm,每处1粒。春播时如芽已萌发,要用土覆好幼芽。

芽接多在7～8月进行,砧木以用1年生充实的实生苗为好,2年生砧亦勉强可用。芽接成活率很高,多在95%以上;当年多不萌发,来春检查一次,成活者去砧芽使桃花接穗抽发,未活者可即补行切接繁殖。

切接在春季芽已开始萌动时进行,选去春生长充实的桃花枝条,截成6～7cm长枝段,要带2节芽(1节亦可),切口长2～3cm,砧木以1、2年生苗为好,过老者欠佳。约在砧木离地5cm处截顶,然后切接。接后即须培土,略盖过接穗顶端即可。切接成活率一般可达90%或更高。

(二) 栽培技术

桃花移栽、定植多在早春或秋冬落叶后进行,种在排水阳光充足的地方,种植穴内当施基肥(人粪尿、堆肥、饼肥、骨粉等),促使花芽分化。幼龄苗木可进行裸根移植;大苗及大树,尤其是较名贵的品种,最好带土团移植,或至少根部浸蘸泥浆,然后移栽,以保证成活。整形以自然开心形为主,修剪可较梅略重,既行疏剪,又加短截,对树冠内的纤细枝、交叉枝和病虫枝,都加以剪除,多于花前进行,盆栽者则可延至花后进行。一般每年冬季施基肥1次,花前和6月前后各追肥1次,以促开花和花芽形成。此外,平时应适当中耕、除草。病虫害主要有桃蚜、桃粉蚜、桃浮尘子、梨小食心虫、桃缩叶病、桃褐腐病等,当及时防治。

(三) 养护要点

桃花浇水:不干不浇,浇时要适量,防止积水造成烂根。

桃花施肥:每年开花花后各施1、2次液肥,其余时可不施肥。

桃花修剪:桃花为1年生充实之桃的腋芽,7月间分化花芽,翌年春季开花的习性,因此要注意修剪,幼桃以养成桃冠为主,开花后及时进行修剪,对开过花的枝条,只保留基部2～3个芽,其余剪除。夏季对生长过旺的枝条,进行摘心,促使花芽形成。对于长势不大好的植株,应避免修剪过多,应抑强扶弱,并注意枝条分布均匀,造成优美的株形。

桃花换盆:每年春分时进行。换盆时在盆底放些磷肥作基肥,剪除过密根系,填入新的盆土。桃花为春节室内瓶插的好材料,为了确保它在春节开花,可进行催花处理。一般是在落叶后把盆移放到7℃以下冷凉地方,春节前1～1.5个月再把盆移入室内,先给10℃左右的温度,以后逐渐提高室温,在20～25℃环境中,经过15～25d即可开花。

(四) 防治病害

桃花防治病虫害:桃花会产生缩叶病,可在病初起时每半月喷 1 次波尔多液刷涂树干防治。蚜虫、刺蛾、天牛等虫害可人工捕捉或喷农药杀除。

桃穿孔病、桃炭疽病、桃流胶病是三种最为常见的桃花病害。

桃穿孔病主要危害叶片,同时也危害枝梢和果。一类是由细菌引起的穿孔病称细菌性穿孔病,另一类是由真菌引起的真菌性穿孔病。桃真菌性穿孔病则容易在温暖多雨的条件下发生,树势衰弱、排水不良、通风透光差的桃花植株易感病。加强管理,增施基肥,改良土壤,增强树势,提高抗病能力是防治桃穿孔病的主要方法。同时注意剪除病残体,减少再侵染病原。在早春发芽前喷波美 3～5 度石硫合剂,可兼治害虫,生长期可喷 70%甲基托布津可湿性粉剂 800～1000 倍。对细菌性穿孔病可选用链霉素、土霉素、井冈霉素等杀细菌性药剂。

桃炭疽病主要为害果实,叶和新梢也能发病。桃花开花时如遇低温多雨则更易发病。消灭病梢、枯枝、僵果,减少越冬菌源是其主要防治方法,也可于花前喷波美 5 度石硫合剂。花后可用 50%退菌特 600 倍,70%甲基托布津 800～1000 倍喷施。

桃流胶病主要危害枝干,对树龄较大的植株危害较为严重。加强桃树管理,增强树势,提高抗性,及时有效地控制树干害虫,减少不必要的机械损伤是防治的主要方法,也可根据具体情况选择适当的杀虫剂、杀菌剂。

绣线菊

别名柳叶绣线菊、蚂蟥梢等。蔷薇科绣线菊属。分布于东北、华北以及陕西、甘肃、湖北和安徽等地。为落叶直立灌木,高可达 2m,枝条密集,小枝有棱及短毛,单叶互生,叶片长圆状披针形,缘具细密锐锯齿,两面无毛,叶柄短,无毛,长圆形圆锥着生于当年生具叶长枝枝顶,长可 6～13cm,被生毛,花密集,两性花,花具短,花瓣粉红色,雄蕊 50 枚伸出花瓣外,花有花盘、苞片、花萼和萼片,均被毛,蓇葖果直立,高约 5mm,沿腹缝线有毛并具反折萼片,花期 6～9 月,果熟 8～10 月。喜光也稍耐阴,抗寒,抗旱,喜温暖湿润的气候和深厚肥沃的土壤。萌蘖力和萌芽力均强,耐修剪。

绣线菊树姿优美,枝条潇洒,秋季叶变为橘红色,非常美丽。是街道、草坪、公园、楼前等地绿化中不可多得的观花、观叶树种。绣线菊以根及嫩叶入药;又是蜜源植物。

【绣线菊栽培技术】

(一) 种子繁殖

7 月采收种子,采收后进行晾晒、揉搓、脱粒、筛选,得到纯净的种子。保存时放在通风干燥处,待翌年春季即可播种。

(二) 扦插繁殖

扦插床应设在南北向,上有遮阴网。床宽 1.0m,长 5.0m,床底铺 15～20cm 马粪,用于保湿,上铺河沙 20～30cm,扦插前浇透底水,喷洒 0.5%高锰酸钾进行消毒后备用。

(三) 扦插时间

在 6 月中下旬进行,开花以后,剪取当年生半木质化枝条,长 10～15cm,随采随插于沙床中,插穗只保留顶部少许叶子,其余叶子剪掉,以减少蒸发。插穗在 $1000\times10e^{-6}$ 吲哚丁酸中速沾,即插入沙床中,扦插深度为 1/3,株距 3～5cm,行距 6～10cm,直插,插后压紧,浇透水,扣上塑料棚。棚内温度控制在 25～30℃,相对湿度在 85%以上,插后头一周每天浇水 1 次,一周后减少浇水量,半月作成愈伤组织根,生根率 95%以上。生根后,逐渐撤去塑料膜,进行浇水、除草、病虫害防治,翌年春季即可移出,栽入大地。

月　季

别名长春花、月月红、斗雪红、瘦客。蔷薇科蔷薇属。中国是月季的原产地之一。全国各地都有栽培。月季为有刺灌木,或呈蔓状与攀缘状。常绿或落叶灌木,直立,茎为棕色,具钩刺或无刺,也有几乎无刺的。小枝绿色,叶为墨绿色,多数羽状复叶,宽卵形或卵状长圆形,长 2.5~6cm,先端渐尖,具尖齿,叶缘有锯齿,两面无毛,光滑;托叶与叶柄合生,全缘或具腺齿,顶端分离为耳状。花朵常簇生,稀单生,花色甚多,色泽各异,径 4~5cm,多为重瓣也有单瓣者;萼片尾状长尖,边缘有羽状裂片;花柱分离,伸出萼筒口外,与雄蕊等长;每子房 1 胚珠。果卵球形或梨形,长 1~2cm,萼片脱落。花期 4~10 月。大多数是完全花。春季开花最多,肉质蔷薇果,成熟后呈红黄色,顶部裂开,"种子"为瘦果,栗褐色。

月季适应性强,耐寒耐旱,对土壤要求不严,但以富含有机质、排水良好的微带酸性沙壤土最好。喜日照充足,空气流通,排水良好而避风的环境,盛夏需适当遮阴。多数品种最适温度白昼 15~26℃,夜间 10~15℃。较耐寒,冬季气温低于 5℃即进入休眠。如夏季高温持续 30℃以上,则多数品种开花减少,品质降低,进入半休状态。一般品种可耐－15℃低温。要求富含有机质、肥沃、疏松之微酸性土壤,但对土壤的适应范围较宽。空气相对湿度宜 75%~80%,但稍干、稍湿也可。有连续开花的特性。需要保持空气流通,无污染,若通气不良易发生白粉病,空气中的有害气体,如二氧化硫、氯气、氟化物等均对月季花有毒害。

月季花种类主要有小月季、月月红、变色月季、切花玫瑰、食用玫瑰、藤蔓月季、大花月季、丰花月季、微型月季、树状月季、地被月季等。

【月季的盆栽技术】

(1) 上盆。指小苗或地栽月季发芽前由大棵起苗开始用盆栽植。用粗沙或水培的小苗以及地栽裸根苗上盆,宜用素沙壤土栽植一段时间,待根系生长壮实再用加肥培养土并垫上底肥倒大一号盆栽培。用培养土扦插的小苗或地栽带土坨的小盆,可用普通培养土栽植。上盆时,新盆先用水沤透,旧盆洗刷干净,根据盆子大小分别在盆底垫 1~3cm 厚粗沙作排水层。然后比照棵子大小填一部分土。裸根上盆的,盆中心堆成小丘,左手把植株放正扶直,右手填土,随填土随向上轻提苗,使根条呈 45°下垂。栽好后把土敦实,根丛带土上盆的也要把根须理顺植株栽正。小苗上盆一般不拘时间,培育成活即应及时上盆以防徒长变弱。地栽大棵上盆必须在入冬落叶之后或早春发芽之前的休眠期进行,否则影响正常生长发育,树势减弱,需要很长时间才能复壮。上盆时用土要求湿润松散,上盆后暂不浇透水,注意遮阴避风,这样不仅可促进断伤根须迅速愈合,并易复壮旺长。

(2) 倒盆。根据植株生长态势和发展的需要从小盆整坨脱出,栽到大盆中,包括从素土栽植过渡到培养土中。倒盆一般不拘时间,如春季上 2 号盆栽的小苗,生长旺盛的,到 7~8 月间又可倒到 9 号筒盆。植株再大的还可倒到更大一号的花盆栽植,脱盆时用右手食指和中指挟住植株茎部,手掌紧贴土面,左手托住盆底翻过盆来。小苗的用手轻捶盆边,大盆的双手托盆在硬处轻磕盆沿,即可整坨脱出植株。原盆土事先应浇好水,脱盆时不可过干过湿,倒盆用培养土栽植,先把整坨表层土(宝盖儿)及下部排水层去掉,再把根坨外围盘绕的须根稍加疏开理顺,轻手操作不可散坨,随即放在盆中,加入 20g~60g 蹄片作基肥,填土敦实倒盆后即可继续正常养护。

(3) 换盆。盆栽2年已发展成型的各类月季为保持植株生长旺盛，株姿匀称，每年落叶之后发芽之前结合修剪，更换盆土，加施底肥。换盆一般仍用原规格的花盆，不再加大号码。冬季入土窖中封闭保存的，整坨脱盆后镬根，先把根坨表层盖及底部排水层去掉，再把根坨外围盘绕过密的须根剪掉，注意检查剔除朽根及根瘤，保留护根土不可散坨，取消的旧盆土不超过1/2，然后入冷窖假植，来春用新土盆栽。冬季放在冷室或薄膜阳畦内的，即可换新土栽入原盆，操作要点与倒盆相同。换盆后浇1次透水，即可入冷室或阳畦养护。

(4) 水肥。盆栽月季生长期应适时浇水，经常保持盆土湿润。高温干燥时节宜向叶面及周围环境喷水保持枝清新，寒冷时节宜向叶面及周围环境喷水保持枝清新，寒冷时节控水，但也不能盆土干透。施肥应根据不同品种的喜肥习性和生长发育各个阶段的需要，以及气温、光照和长势强弱，适时适量施用基肥或追肥。

紫　藤

别名朱藤、招藤、招豆藤、藤萝。豆科紫藤属。紫藤原产我国，朝鲜、日本亦有分布。东北、华北、华东、华中、华南、西北和西南地区均有栽培。中国南至广东，北至内蒙古普遍栽培于庭园，以供观赏。花可炒作菜食，茎叶供药用。紫藤为暖带及温带植物，对气候和土壤的适应性强，较耐寒，能耐水湿及瘠薄土壤，喜光，较耐阴。以土层深厚，排水良好，向阳避风的地方栽培最适宜。主根深，侧根浅，不耐移栽。生长较快，寿命很长。缠绕能力强，它对其他植物有绞杀作用。3月现蕾，4月盛花，每轴有蝶形花20～80朵。紫藤各地均有野生或栽培，根、种子入药，性甘，微温，有小毒。树皮含甙类，花含挥发油，叶子含金雀花碱等。

紫藤为长寿树种，有枯木逢生之意。可做成姿态优美的悬崖式盆景，置于高几架、书柜顶上，繁花满树，老桩横斜，别有韵致。紫藤又是优良的观花藤本植物，一般应用于园林棚架。春季紫花烂漫，别有情趣，适栽于湖畔、池边、假山、石坊等处，具独特风格，盆景也常用。

【紫藤繁殖栽培技术】

紫藤繁殖容易，可用播种、扦插、压条、分株、嫁接等方法，主要用播种、扦插，但因实生苗培养所需时间长，所以应用最多的是扦插。

(1) 扦插繁殖包括插条和插根。

插条繁殖一般采用硬枝插条。3月中下旬枝条萌芽前，选取1～2年生的粗壮枝条，剪成15cm左右长的插穗，插入事先准备好的苗床，扦插深度为插穗长度的2/3。插后喷水，加强养护，保持苗床湿润，成活率很高，当年株高可达20～50cm，2年后可出圃。

插根是利用紫藤根上容易产生不定芽。3月中下旬挖取0.5～2.0cm粗的根系，剪成10～12cm长的插穗，插入苗床，扦插深度保持插穗的上切口与地面相平。其他管理措施同枝插。

(2) 播种繁殖。播种繁殖是在3月进行。11月采收种子，去掉荚果皮，晒干装袋贮藏。播前用热水浸种，待开水温度降至30℃左右时，捞出种子并在冷水中淘洗片刻，然后保湿堆放一昼夜后便可播种。或将种子用湿沙贮藏，播前用清水浸泡1～2d。

压条、分株、嫁接均在3月中下旬进行。

下面就是简单介绍几种繁殖方法：

① 播种繁殖。秋天种子采下即播种，或在开花时进行人工授粉，促使结荚，成熟后连荚采

下干藏(沙藏更好),翌春播种。

② 扦插繁殖。南方在早春,北方以土壤解冻后,取 1～2 年生嫩枝,剪成 10～15cm 段,直插斜插均可。

③ 压条法。在落叶后取 2 年生枝,削去部分皮后压入土中。

④ 分蘖法。切取根际发出的幼小植株,于冬春进行移植。

⑤ 嫁接法。以 1～2 年生枝在根部进行嫁接,成活后移出。

盆栽紫藤,除选用较矮小种类和品种外,更应加强修剪和摘心,控制植株勿使过大。如作盆景栽培,整形、修剪更需加强,必要时还可用老桩上盆,嫁接优良品种。

(3) 栽培管理。

栽植紫藤应选择土层深厚、土壤肥沃且排水良好的高燥处,过度潮湿易烂根。栽植时间一般在秋季落叶后至春季萌芽前。紫藤主根粗长,侧根少,不耐移植,因此在移栽时,植株要带土球,对枝干实行重剪,栽植穴施有机肥作基肥,栽后浇透水。对较大植株,在栽植前应设置坚固耐久的棚架,栽后将粗大枝条绑缚架上,使其沿架攀缘。紫藤的日常管理简单,可根据土壤的水肥状况进行适当的水肥管理。

紫藤修剪时间宜在休眠期,修剪时可通过去密留稀和人工牵引使枝条分布均匀。紫藤萌发枝能力强,花芽着生在 1 年生长枝的基部叶腋,枝顶端易干枯,要对当年生的新枝进行回缩,剪去 1/3～1/2,并将细弱枝、枯枝齐分枝基部剪除。

第 3 节　中　草　药

人　参

别名棒槌、山参、园参、人衔、鬼盖。五加科。分布吉林、辽宁、黑龙江、河北(雾灵山、都山)、山西、湖北。濒危种。人参为第三纪孑遗植物,也是珍贵的中药材,以“东北三宝”之称驰名中外,在我国药用历史悠久。人参为多年生草本;主根肉质,圆柱形或纺锤形,须根细长;根状茎(芦头)短,上有茎痕(芦碗)和芽苞;茎单生,直立,高 40～60cm。叶为掌状复叶,2～6 枚轮生茎顶,依年龄而异:一年生有 3 小叶,两年生有 5 小叶 1～2 枚,三年生 2～3 枚,四年生 3～4 枚,五年生以上 4～5 枚,最多的 6 枚;小叶 3～5,中部的 1 片最大,卵形或椭圆形,长 3～12cm,宽 1～4cm,基部楔形,先端渐尖,边缘有细尖锯齿,上面沿中脉疏被刚毛。伞形花序顶生,花小;花蓓钟形,具 5 齿;花瓣 5 朵,淡黄绿色;雄蕊 5 枚,花丝短,花药球形;子房下位,2 室,花柱 1 根,柱头 2 裂。浆果状核果扁球形或肾形,成熟时鲜红色;种子 2 粒,扁圆形,黄白色。喜阴凉、湿润的气候,多生长于昼夜温差小的海拔 500～1100m 山地缓坡或斜坡地的针阔混交林或杂木林中。由于根部肥大,形若纺锤,常有分叉,全貌颇似人的头、手、足和四肢,故而称为人参。

人参含多种皂甙和多糖类成分。味甘,气温、微寒、气味俱轻,可升可降,阳中有阴,无毒。乃补气之圣药,活人之灵苗也。能入五脏六腑,无经不到,非仅入脾、肺、心而不入肝、肾也。五脏之中,尤专入肺、入脾。其入心者十之八,入肝者十之五,入肾者十之三耳。人参能调节中枢神经系统兴奋过程和抑制过程的平衡;可改变机体的反应性;能提高心肌收缩力,对健康人及高血脂病人均有降血脂作用;增强肾上腺素对肝糖原的分解;具有抗肿瘤作用等。

【人参栽培技术】

人参多生长在北纬 40°～45°之间，1 月平均温－23～5℃，7 月平均温 20～26℃，耐寒性强，可耐－40℃低温，生长适宜温度为 15～25℃，积温 2000～3000℃，无霜期 125～150d，积雪 20～44cm，年降水量 500～1000mm。土壤为排水良好、疏松、肥沃、腐殖质层深厚的棕色森林土或山地灰化棕色森林土，pH 值 5.5～6.2。多生于以红松为主的针阔混交林或落叶阔叶林下，郁闭度 0.7～0.8。人参通常 3 年开花，5～6 年结果，花期 5～6 月，果期 6～9 月。

人参喜寒冷、湿润气候，弱强光直射，抗寒力强。种子可阴干贮藏，种胚有形态后熟和生理后熟特性；前者要求 10～20℃变温，后者需要 2～4℃低温，需时各为 3～4 个月，没有完成后熟的种子不能发芽。对土壤要求严格，宜在富含有机质，通透性良好的沙质壤土、腐殖质壤土栽培，忌连作。

人参用种子繁殖为主。催芽，将 1 份种子混拌 3 份河沙，装入催芽箱中，置于室内或室外适当场所催芽，注意经常检查翻倒，控制好温度和湿度播种。于 6 月下旬播干籽(上年采收干藏种子)，8 月初播当年采收未经晒干的种子，也可于春秋季播催芽种子。以 5cm×4～5cm 点播，覆土 3～4cm。移栽，春栽或秋栽。春栽于 4 月中下旬、宜于越冬芽萌发前栽完；秋栽于 10 月中下旬，宜于土壤封冻前栽完。随起，随栽，一般按行株距 15～30cm×6～12cm，平栽或斜栽，覆土 5～9cm。搭棚分全荫棚、双透棚、单透棚或双透大棚等荫棚种类，可根据气候、土质及地势条件选择。

人参田间管理。栽植人参的畦面要覆盖，出苗后，盖碎稻草或半腐熟落叶，松土除草，一般每年进行 3～5 次，防止土壤板结，消除杂草病株，培土扶苗。追肥，开沟根侧施有机肥，叶面喷施过磷酸钙或微量元素。调阳，伏前做好扶苗，插花(用青树枝插在参畦边挡阳)和挂面帘(用透光花帘挂在参棚上挡阳)。疏花摘蕾，留种田，开花初期疏掉 1/3～1/2 花序中部花蕾；生产田，开花前全部摘蕾。越冬防寒，封冻前畦面培土或覆盖落叶，厚 5～15cm。参畦四周或风口处搭设防风障，以防冻害。

灵　芝

别名灵芝草、菌灵芝、木灵芝、三秀、茵、芝、瑞草、赤芝、铁菌。为多孔菌科真菌。主要分布在亚洲、澳洲、非洲及美洲的热带及亚热带，少数分布于温带。地处北半球温带的欧洲仅有灵芝属的 4 种，而北美洲大约 5 种。我国地跨热带至寒温带，灵芝科种类多而分布广。

灵芝分 108 种，有青芝、赤芝、白芝、紫芝等。不是每种灵芝都是有效的。一般药厂选择赤芝，而赤芝又分 32 种。购买灵芝者须小心辨认，深褐色、无异味。赤芝：外形呈伞状，菌盖肾形、半圆形或近圆形，直径 10～18cm，厚 1～2cm。皮壳坚硬，黄褐色至红褐色，有光泽，具环状棱纹和辐射状皱纹，边缘薄而平截，常稍内卷。菌肉白色至淡棕色。菌柄圆柱形，侧生，少偏生，长 7～15cm，直径 1～3.5cm，红褐色至紫褐色，光亮。孢子细小，黄褐色。气微香，味苦涩。紫芝：皮壳紫黑色，有漆样光泽。菌肉锈褐色。菌柄长 17～23cm。根据我国第一部药物专著《神农本草经》记载：灵芝有紫、赤、青、黄、白、黑六种，常见多为紫芝或赤芝的全株。紫芝主要含麦角甾醇、有机酸、氨基葡萄糖、多糖类、树脂、甘露醇和多糖醇等，又含生物碱、内酯、香豆精、水溶性蛋白质和多种酶类。

灵芝性味甘，平。归心、肺、肝、肾经。补气安神，止咳平喘。主治虚劳、咳嗽、气喘、失眠、消化不良，恶性肿瘤等。动物药理表明实验：灵芝对神经系统有抑制作用，循环系统有降压和加强心脏收缩力的作用,对呼吸系统有祛痰作用,此外,还有护肝、提高免疫功能,抗菌等作用。

【灵芝袋栽培技术】

(一) 养料的配制

① 杂木屑约 75%,麦麸约 25%,硫酸铵约 0.2%,拌料含水量 70%;

② 杂木屑约 75%,麦麸约 25%,拌料含水量 60%;

③ 杂木屑约 50%,麦麸约 50%,尿素 0.1%,拌料含水量 60%;

④ 棉籽皮 79%,麦麸约 20%,蔗糖 1%,拌料含水量 60%～65%;

⑤ 玉米轴渣 50%,杂木屑约 30%,麦麸约 20%,拌料含水量 60%～65%;

⑥ 杨树叶 75%,米糠(或麦麸)25%,拌料含水量 60%;

⑦ 稻草粉 45%,杂木屑约 30%,麦麸(或米糠)约 25%,拌料含水量 60%～65%。

(二) 装料和灭菌

将培养料拌好后,焖放半小时后装料。常规塑料袋可装干料 0.25～0.3kg。装袋时用手压实,料面要平,然后用锥形木棒从料面中央扎一直径 2.5cm 的通气孔,袋口塞好棉塞,包一层牛皮纸。如装瓶,可用容积为 500～1000mL、口径为 3.3～4.6cm 的广口瓶或蘑菇瓶,装料法基本同袋装法。

装料后把料袋(或瓶)分层排在锅内,在每平方厘米 1.5kg 的压力下灭菌 1～2h,或常压灭菌 8～10h。要求当天装料,当天灭菌,当天接种。

(三) 接种和培养

接种最好在接种箱进行,若无接种箱,在酒精灯火焰上方或水蒸气上方亦可。接种室内和接种工具亦应严格消毒,工作人员戴上口罩,用肥皂洗手 3 次。用接种镊子从瓶内取出一块枣子大小的菌种,迅速放入栽培料瓶(袋)内,然后将瓶口(或袋口)塞好棉塞并包扎牛皮纸,移到灭过菌的培养室进行培养灭菌。保持室温 24～28℃,接种后 25d 左右菌丝便长满瓶(袋)。在发菌阶段应加强管理,防止杂菌污染,有杂菌污染者应及时淘汰。当瓶(袋)内长满菌丝后,培养料表面逐渐出现白色的指头大的菌蕾,即子实体原基。当其生长接近于棉塞时即可拔掉棉塞,室温控制在 26～28℃,相对湿度提高到 80%～90%,给予散射光,每天通风换气,过 20d 左右菌柄就可长出瓶(袋)口,柄端分化出菌盖。当菌盖边缘的浅白色或浅黄色消失时,菌盖边缘就停止生长变硬,颜色由艳丽转为暗粉棕色时即可采收。

(四) 病害防治

生产过程中要注意防止杂菌感染,主要杂菌有青霉菌、毛霉菌和根霉菌等。防治方法:接种过程要严格无菌操作;培养料消毒要彻底;适当通风,降低湿度;轻度感染的用消毒刀片将局部杂菌和周围树皮刮除,再涂抹浓石灰乳,或用蘸 75%酒精的脱脂棉填入孔穴中;污染严重的应及时淘汰。

半　夏

又名三叶半夏、半月莲、三步跳、地八豆、守田、水玉、羊眼。我国大部分地区有分布。为天南星科植物半夏的块茎。多年生小草本,高 15～30cm。块茎近球形。叶出自块茎顶端,叶柄长 6～23cm,在叶柄下部内侧生一白色珠芽;1 年生叶为单叶,卵状心形;2～3 年后,叶为 3 小叶的复叶,小叶椭圆形至披针形,中间小叶较大,长 5～8cm,宽 3～4cm,两侧的较小,先端锐尖,基部楔形,全缘,两面光滑无毛。肉穗花序顶生,花序梗常较叶柄长;佛焰苞绿色,长 6～

7cm；花单性，无花被，雌雄同株；雄花着生在花序上部，白色，雄蕊密集成圆筒形，雌花着生于雄花的下部，绿色，两者相距5～8mm；花序中轴先端附属物延伸呈鼠尾状，通常长7～10cm，直立，伸出在佛焰苞外。浆果卵状椭圆形，绿色，长4～5mm。花期5～7月，果期8～9月。野生于山坡、溪边阴湿的草丛中或林下。

半夏为中国植物图谱数据库收录的有毒植物。半夏辛散温燥有毒，主入脾胃兼入肺，能行水湿，降逆气，而善祛脾胃湿痰。水湿去则脾健而痰涎自消，逆气降则胃和而痞满呕吐自止，故为燥湿化痰，降逆止呕，消痞散结之良药。

【半夏栽培技术】

半夏繁殖力强，能耐寒，不耐干旱，忌烈日暴晒，喜温暖阴湿的环境，生长在沙质壤土，在房前屋后、山野溪边、林下都可见到半夏，前茬以豆科和玉米为宜，忌黏重土壤。

(1) 选地整地。半夏对土壤要求不严，除盐碱地之外，一般土壤均可，以沙质壤土为宜。在果园和高秆作物下边进行间作，与玉米间作每隔130cm栽一行玉米，穴距66cm，每穴2株。上面宜平，每公顷地施圈肥或土杂肥37500～60000kg，施过磷酸钙225～300kg，撒于畦面。

(2) 繁殖方法。分块茎繁殖、珠芽繁殖、种子繁殖，但种子和珠芽繁殖当年不能收获，用块茎繁殖当年能收获。

① 块茎繁殖。挖当年生的小块茎用湿沙土混拌存放在阴凉处进行繁殖。栽植时间分为春秋两季。春季3月份，栽前浇透水，块茎用5%草木灰液或50%多菌灵1000倍液或0.005%高锰酸钾液或食醋300倍液浸泡块茎2～4h，晾干后将块茎按大小分别栽植，行距16～20cm，株距6～10cm，穴深5cm，每穴栽2块，覆土3～5cm，每公顷需块茎750kg左右，大的块茎300kg左右。

② 珠芽繁殖。夏秋利用叶柄下珠芽栽培，行距10～16cm，株距6～10cm，开穴，每穴放株芽3～5个，覆土1.6cm。

③ 种子繁殖。此法由于种苗不足或育种时采用，从秋季开花后10余天佛焰苞枯萎采收成熟的种子，放在湿沙中贮存，备播种，分春秋两季播种，春天在做好的畦上按行距10～13cm开沟，将种子均匀撒入沟内，覆土1～1.3cm，并盖稻草保墒，当苗高10cm时定植。此外也有一种很粗放的繁殖方法，半夏繁殖力很强，种过的地上每年连绵不断地有半夏生长，所以不必另播种，加以管理，即可收获，但产量低。

(3) 田间管理。

① 浇水。半夏喜湿润，无论哪种方法播种前必须浇水，在生长期天气热，需要经常浇水，土壤中不可缺水，如果遇到干旱，引起苗子枯萎倒伏。有了水分条件再长新芽影响产量，但不能有积水，否则乱根。

② 培土。珠芽生长需要培土，所以6、7月份在叶柄下部培土，追肥2次，每公顷施圈肥7500～15000kg，或稀薄人粪尿。每次培土从行间取土盖上珠芽，培土1.6cm以上，生长期要经常松土除草。

③ 摘蕾。除作种子外，生长期长出的花蕾全部摘掉，促使块茎生长肥大，可提高产量。

(4) 病虫害防治。

① 叶斑病。在叶上长紫褐色小斑。防治方法：发病前和初期，喷1∶1∶120波尔多液或60%代森锌500倍液，每7～10d一次，连续2～5次。

② 红天蛾。7、8月份幼虫把叶子咬成缺口。防治方法：幼龄期喷90%敌百虫800倍液，

人工捕捉。

(5) 采收加工。当秋季地上部枯萎,开始采收;用块茎和珠茎繁殖,在当年或翌年采收;种子需3～4年才采收。用三齿或二齿耙挖畦土,收块茎,大的作药用,小的作繁殖材料。作药用的在室内堆放10～12cm厚"发汗",筛去泥土,按大中小分档装入麻袋或化纤编织袋内,每袋装2/3,扎紧口袋放在水泥池内,灌入冷水,水面淹没盛药袋的一半,穿上高统水鞋连续踩25min左右,并注意翻袋,至此袋内鲜半夏已全部脱皮。放在清水中洗去皮,捞出半夏,使块茎洁白,晾干表皮水,用硫黄熏至透心,放在阳光下暴晒,不断翻动晒干,每公顷产干货3750kg左右,切忌生半夏有毒,不可内服,必经泡制才能用。

烘干:用无烟火烘干,温度35～60℃,不时翻动,力求干燥均匀。

高丽参

别名朝鲜参、别直参。为五加科植物。分朝鲜红参和韩国红参。高丽参依形色又可分为水参、白参及红参。我国东北人工栽培较多。高丽人参呈长柱状,上半部均压制成不规则的方柱形,长7～16cm,直径1～2cm;表面红棕色至深红棕色,有光泽,略透明,皮细腻显油润;根茎(参芦)短而粗凹窝状,有的具两个参芦,参芦的茎痕(芦碗)大,略似碗状;根的上部有横环纹。中下部有纵皱和少数浅纵沟,底端下部支根(参腿)1～3支,稀有4支,较粗;质坚重,不易折断,断面较平坦,红棕色,有光泽,呈角质,形成层色淡;气香特异,味微苦后甘甜。

高丽参具有大补元气、滋补强壮、生津止渴、宁神益智等功效,适用于惊悸失眠者,体虚者,心力衰竭、心源性休克等。

【高丽人参栽培技术】

高丽人参是多年生草本植物,它的栽培和生长条件特殊,对土壤和气候非常敏感。高丽参既怕冷也怕热,只能生长在阳光斜照的地方,土壤必须干燥,不允许雨水沉滞。一般来说,只有平缓的斜坡和山麓附近的干燥土地上才能种植。为避免潮湿,参圃里的坪都筑得很高,坪上还要用树枝和席子搭成一行行天棚,随着阳光变化随时开闭,使人参免受阳光的直接照射。人参的播种期是3月末到4月初,经过6年的培植才能够收获。在这漫长的岁月中,种植者必须每日精心护理,因为人参圃里一旦发生病虫害,数百坪人参就会在一夜之间毁掉。(具体生产参考人参栽培技术)

五味子

俗称山花椒、秤砣子、药五味子、面藤、五梅子,辽五味,辽五味子,北五味,北五味子等。为木兰科五味子属。主产于黑龙江、辽宁、吉林、河北等地。五味子是多年生落叶藤本,植株可供观赏。茎长4～8m,小枝灰褐色,叶倒卵形至椭圆形,生于老枝上的簇生,在幼枝上的互生。开乳白色或淡红色小花,单性,雌雄同株或异株,单生或簇生于叶腋,有细长花梗。夏秋结浆果,球形,聚合成穗状,成熟时呈紫红色。五味子喜肥喜光,要求疏松、肥沃而湿润的土壤。幼苗期需一定的阴湿环境,开花结果期则要求通风透光。主要用种子繁殖。因种子坚硬,光滑有油层,播前需将种子洗净层积处理。在4月下旬至5月上旬播种。条播每亩播种5kg左右。苗期须搭荫棚。翌年或第三年秋季落叶后定植,至翌年搭支架或依天然树供枝条攀缘。每年冬季植株休眠后至春季萌发前进行修剪。夏季需防治叶枯病和卷叶虫。定植后3～5年进入旺果期。秋后果实呈紫红色时采摘,晒干或阴干。

五味子性味温；酸、甘；归肺、心、肾经。收敛固涩，益气生津，补肾宁心。用于久咳虚喘，梦遗滑精，遗尿尿频，久泻不止，自汗，盗汗，津伤口渴，短气脉虚，内热消渴，心悸失眠。

【五味子栽培技术】

（一）繁殖方法

五味子除种子繁殖外，主要靠地下横走茎繁殖。扦插压条生根困难，处理时要求条件不易掌握，均不如种子繁殖。

（1）种子的选择。五味子的种子最好在秋季收获期间进行生穗选，选留果粒大、均匀一致的果穗作种用，单独干燥和保管。干燥时切勿火烤、炕烘或锅炒。可晒干或阴干，放通风干燥处贮藏。

（2）种子处理。

① 室外处理。于结冻前，将选作种用的果实，用清水浸泡至果肉涨起时搓去果肉。五味子的秕粒很多。出种率60%左右，在搓果肉的同时可将浮在水面上的秕粒除掉。搓掉果肉后的种子再用清水浸泡5～7d，使种子充分吸水，每隔2天换1次水，在换水时还可清除一部分秕粒。浸泡后捞出控干与2～3倍于种子的湿砂混匀，放入室外准备好的深0.5m左右的坑中，上面覆盖10～15cm的细土，再盖上柴草或草帘子，进行低温处理。翌年5～6月即可裂口播种。处理场地要选择高燥地点，以免水浸烂种。

② 室内处理。2月下旬将种子移入室内清除果肉，拌上湿砂装入木箱进行沙藏处理，其温度可保持在5～15℃之间，翌春即可裂口播种。

（二）播种育苗

（1）育苗田的选择。育苗田可选择肥沃的腐殖土或沙质壤土，也可选用老参地。育苗以床作为好，可根据不同土壤条件做床，低洼易涝，雨水多的地块可做成高床，床高15cm左右。高燥干旱，雨水较少的地块可做成平床。不论哪种床都要有15cm以上的疏松土层，床宽1.2m，长视地势而定。床土要耙细清除杂质，每平方米施腐熟厩肥5～10kg，与床土充分搅拌均匀，搂平床面即可播种。

（2）播种时期和方法。一般在5月上旬至6月中旬播种经过处理的种子，条播或撒播。条播行距10cm，覆土1.5～3cm。每平方米播种量30g左右。也可于8月上旬至9月上旬播种当年鲜籽，即选择当年成熟度一致，粒大而饱满的果粒，搓去果肉，用清水漂洗一下，控干后即可播种。

（3）苗田管理。播种后搭1～1.5m高的棚架，上面用草帘或苇帘等遮阴，土壤干旱时浇水，使土壤湿度保持在30%～40%，待小苗长出2～3片真叶时可撤掉遮阴帘。并要经常检查，保持清洁，翌春即可移栽定植。

（三）移　栽

（1）选地：选择土壤肥沃、土层深厚、排水良好的林缘地或熟地，以腐殖土和沙质壤土为好，选好地，每公顷施基肥20～30吨，整平耙细备用。

（2）移植：一般在4月下旬至5月上旬移栽，行株距120cm×50cm，为使行株距均匀，可以拉绳定穴，在穴的位置上做一标志，然后挖成深30～35cm、直径30cm的穴，每穴栽1株。栽时要使根系舒展，防止窝根与倒根，栽后踏实，灌足水，待水渗完后用土封穴。15d后进行查苗，没成活的需进行补苗。

(四) 田间管理

(1) 灌水施肥。五味子喜肥,生长期需要足够的水分和营养。栽植成活后,要经常浇水,保持土壤湿润,结冻前灌1次水,以利越冬。孕蕾开花结果期,除需要足够水分外,还需要大量养分。每年追肥1～2次,第一次在展叶期进行,第二次在开花后进行。一般每株可追施腐熟的农家肥料5～10kg。追施方法,可在距根部30～50cm周围开15～20cm深的环状沟,施入肥料后覆土。开沟时勿伤根系。

(2) 剪枝。五味子枝条春、夏、秋三季均可修剪。

① 春剪。一般在枝条萌芽前进行。剪掉过密果枝和枯枝,剪后枝条疏密适度,互不干扰。

② 夏剪。一般在5月上中旬至8月上中旬进行。主要剪掉基生枝、膛枝、重叠枝、病虫枝等。同时对过密的新生枝也需要进行疏剪或短截。夏剪进行得好,秋季可轻剪或不剪。

③ 秋剪。在落叶后进行。主要剪掉夏剪后的基生枝。

不论何时剪枝,都应选留2～3条营养枝,作为主枝,并引蔓上架。

(3) 搭架。移植后翌年即应搭架。可用水泥柱或角钢做立柱,用木杆或8号铁线在立柱上部拉一横线,每个主蔓处立一竹竿或木杆,竹竿高2.5～3m,直径1.5～5cm,用绑线固定在横线上,然后引蔓上架,开始时可用强绑,之后即自然缠绕上架。

(4) 松土、除草。五味子生育期间要及时松土、除草,保持土壤疏松无杂草,松土时要避免碰伤根系,在五味子基部做好树盘,便于灌水。

(5) 培土。入冬前在五味子基部培土,可以保护五味子安全越冬。

(6) 病害及其防治。

① 根腐病。5月上旬至8月上旬发病,开始时叶片萎蔫,根部与地面交接处变黑腐烂,根皮脱落,几天后病株死亡。防治方法:选地势高燥排水良好的土地种植;发病期用50%多菌灵500～1000倍液根际浇灌。

② 叶枯病。5月下旬至7月上旬发病,先由叶尖或边缘干枯,逐渐扩大到整个叶面,干枯而脱落,随之果实萎缩,造成早期落果。发病初期可用50%托布津1000倍液和3%井冈霉素50ppm液交替喷雾。喷药次数可视病情确定。

(五) 采收与加工

8月下旬至10月上旬进行采收,随熟随采。采摘时要轻拿轻放,以保障商品质量。加工时可日晒或烘干。烘干时,开始时室温在60℃左右,当五味子达半干时将温度降到40～50℃,达到八成干时挪到室外日晒至全干,搓去果柄,挑出黑粒即可入库贮藏。

天 麻

别名赤箭芝、独摇芝、离母、合离草、神草、鬼督邮、木浦、明天麻、定风草、白龙皮。为兰科天麻属。分布于全国大部分地区。现多栽培。多年生共生植物。块茎横生,椭圆形或卵圆形,肉质。有均匀的环节,节上有膜质鳞叶。茎单一,直立,圆柱形,高30～150cm,黄褐色,叶鳞片状,膜质,互生,下部鞘状抱茎。总状花序顶生,长5～30cm;苞片膜质,披针形,长约1cm;花淡绿黄色或橙红色,萼片与花瓣合生成壶状,口部偏斜,顶端5裂;唇瓣白色,先端3裂;合蕊柱长5～6mm,子房下位,倒卵形,子房柄扭转,柱头3裂。蒴果长圆形或倒卵形,长1.2～1.8cm。种子多而极小,成粉末状。花期6～7月,果期7～8月。

天麻味甘、辛,性平。归肝经。质坚微香,润而不燥,降而能升。平肝息风止痉。用于治疗头痛眩晕、肢体麻木、小儿惊风、癫痫抽搐、破伤风等病症。

【天麻种植栽培技术】

(1) 选地、整地。宜选半阴半阳的富含有机质的缓坡地、谷沟地栽种,土质以疏松的壤土、排水良好的沙壤土或砂土,尤以生荒地为好。土壤 pH5～6 为宜。忌黏土和涝洼积水地,忌重茬。此外还可利用防空洞、山洞、地下室等场所种植天麻。

(2) 繁殖方法。主要用块茎繁殖,也可用种子繁殖。

① 块茎繁殖。冬栽或春栽。冬栽天麻接菌率高,生长快,时间在 11 月。春栽在 3～4 月。栽前要培养好菌床。适宜蜜环菌生长的树种,常用壳斗科的青杠、槲栎、栓皮栎、毛栗等,以树皮厚、本质坚硬、耐腐性强的阔叶树为好。将选好的木材锯成 40～50cm 长的木棒,树皮砍成鱼鳞口。在选好的地块,于栽前 2～3 个月,挖深 25～30cm、宽 60cm、长度据地形而定的窖。窖底松土整平,铺放一层干树叶或腐殖质土,用处理好的新木棒与带蜜环菌的木材(俗称菌材)间隔摆一层,相邻两棒间的距离为 6～7cm,中间可夹些阔叶树的树枝,用腐殖质土填实空隙,以防杂菌污染,再覆土 3～4cm。同法摆第二层,上覆土 10cm。保持窖内湿润,上盖杂草遮阴降温保湿使蜜环菌正常生长,即成菌床。选无病斑、无冻害、不腐烂的块茎作种栽,大小分开,分别栽培。栽植时,把种麻平行摆放在菌棒间的沟内,紧靠菌棒,用腐殖质土填平空隙,再盖上 3cm,以不见底层菌材为宜。同法栽第二层,最后盖上 10～15cm 腐殖质土,上盖一层树叶杂草,保持土壤湿润,越冬期间加厚覆土层,以防冻害。

如采用人工菌床和塑料袋栽培,所用种麻为生长健壮的白麻和米麻,由于采用人工控温,栽培时间从 11 月至翌年 4 月均可进行。

② 种子繁殖:选择重 100g 以上的剑麻,按上法随采随栽,抽薹时要防止阳光照射,开花时要进行人工授粉。授粉时间可选晴天 10 时左右,待药帽盖边缘微现花时进行。授粉后用塑料袋套住果穗,当下部果实有少量种子散出时,由下而上随熟随收。由于天麻种子寿命短,采下的蒴果应及时播种。播种时,将菌床上层菌材取出,扒出下层菌材上的土,将枯落潮湿的树叶,撒在下层菌材上,稍压平,将种子均匀撒在树叶上,上盖一薄层潮湿落叶,再播第二层种子,覆土 3cm,再盖一层潮湿树叶,放入土层菌材,最后覆土 10～15cm。如每窖 10 根菌材可播蒴果 8～10 个,每个蒴果约有 3 万粒种子,种植得当,翌年秋可收到一部分剑麻、白麻、子麻和大量的米麻,可作为块茎繁殖的种栽。

(3) 田间管理:天麻栽后要精心管理,严禁人畜踩踏。越冬前要加厚覆土,并加盖树叶防冻;6～8 月高温期,应搭棚或间作高秆作物遮阴,雨季到来之前,清理好排水沟,及时排除积水,以防块茎腐烂。春、秋季节,应接受必要的日光照射,以保持一定的温度。

贝　母

按产地和品种的不同,可分为川贝母、浙贝母和平贝母三大类。百合科多年生草本植物的地下鳞茎。因主产于四川而得名,但在西藏、甘肃、新疆、华北、东北均有出产。贝母为多年生草本,鳞茎圆锥形,茎直立,高 15～40cm。叶 2～3 对,常对生,少数在中部间有散生或轮生,披针形至线形,先端稍卷曲或不卷曲,无柄。花单生茎顶,钟状,下垂,每花具狭长形叶状苞片 3 枚,先端多少弯曲成钩状。花被片 6 片,通常紫色,较少绿黄色,具紫色斑点或小方格,蜜腺窝在背面明显凸出;蒴果具 6 纵翅。花期 5～7 月,果期 8～10 月。

贝母性微寒而味甘苦,入心肺经,功能润肺、止咳、化痰,临床常与沙参、麦冬、天冬、桑叶、菊花等配伍用于热痰、燥痰、肺虚劳嗽、久嗽、痰少咽燥、痰中带血以及心胸郁结、肺痿、肺痈等病症的治疗。但属寒痰、湿痰者则应禁用。现代药理研究证实,川贝母含有川贝母碱等多种生物碱,川贝母碱有降低血压,兴奋子宫等多种药理作用。

【平贝母栽培技术】

平贝母又称平贝,为百合科多年生草本。主要分布于长白山脉,湿润的山脚坡地阔叶林带。

平贝母以鳞茎入药、味微苦,性微寒。有清热润肺、止咳化痰的功能。

(一) 栽培技术

(1) 选地与整地。栽培平贝母应选择疏松、湿润、肥沃的腐殖土或油砂土。在这样的土地上栽培的平贝母质量好、产量高。在秋季或春季深翻,除净残碎根茎和杂质,耕翻深度在20~25cm,耙细整平。保持土壤疏松、平整,有利于平贝的生长发育,获得高产。

平贝母多采用畦作,长度根据地形确定,宽1.2m,留作业道宽50cm,畦高在15~20cm。

平贝母是喜肥植物,应施足底肥,有利于平贝的生长发育,否则会影响产量。粪肥以腐熟的猪粪、鹿粪和马粪为好,但忌用生粪及鸡鸭、鹅和人粪,否则使用后发酵生热烧伤磷茎及根而导致腐烂。

(2) 繁殖方法。平贝生命力强,繁殖率高,既可有性繁殖,又可无性繁殖。有性繁殖一般需要6年左右才能收获,无性繁殖1~2年即可收获,所以生产上多采用无性繁殖,即用磷茎栽培的方法。

在5月下旬至6月上旬平贝母地上植株枯萎时挖取鳞茎,按大、中、小分开,随挖随栽,如不能及时栽种应用湿沙或湿土埋藏。栽培时间应在新根及新生芽分化前栽培完,否则影响新根、越冬芽及子贝的生成及分化,而影响来年的生长及产量。

栽前将种子用筛子筛选,分大、中、小三个等级,挑出破损、有病的鳞茎。分级栽种,鳞茎大小一致,植株的生长一致,采收期也一致。一般大贝栽后1年采收,中贝栽后2年起收、小贝栽后3年起收。平贝母植株矮小,又无分枝适宜密植。适当的密植能增强平贝的抗旱能力,提高产量。

栽培方法。在施完底肥,铺好畦土的畦上栽培,采用横畦条播,大、中贝行距5~10cm,株距5cm,小贝行距5cm,株距3cm。播栽完后将根据种栽大小覆盖4~6cm腐殖土,覆盖后搂平。然后在床面上覆盖2~3cm的盖头粪,以保证土壤疏松,保持水分,增加土壤肥力,缓解土温的变化,保护平贝母安全越冬。

(3) 种植。平贝母是早春植物,喜凉爽湿润气候,怕干旱炎热,早春温度在4℃时即萌发出土,温度在13~16℃时进入生长茂盛期。从出苗到枯萎只有60d左右生长期。平贝母植株枯萎后有遮阴物更有利于鳞茎更新芽的分化与子贝的分生生长。如果地面裸露,容易造成杂草丛生、影响平贝母正常发育。

遮阴作物以大豆,矮生豆角类为好,一般不影响平贝生长,其根瘤还可以提高土壤中氮的含量,有利于平贝母生长。同时大豆枝叶繁茂遮阴能力强,能控制杂草生长。

(4) 摘花蕾。不作为留种的平贝母,要掐花打蕾,以免浪费养分,促进鳞茎生长发育。

(二) 病虫害防治

(1) 平贝母菌核病。又名黑腐病。是危害平贝母鳞茎最严重的病害。病发区有零星无苗斑块区。感染本病的鳞茎全部变黑腐烂。并顺水流向方向传播感染,造成大面积缺苗,造成减产绝产。染病植株早期叶片边缘变紫色或黄色,整个叶片逐渐变黄变紫,叶缘向下卷曲,下部叶片卷曲严重、顶部叶片、叶卷须及叶尖萎蔫，最后全株枯死。

预防方法：

一是通过有性繁殖建立无病种子田生产无病种栽。

二是引种时要严格检疫，绝不引种有病源的种子。

三是发现发病植株要把病株和土壤一并挖出用石灰粉消毒换上新土补种新的种茎。

四是平贝出齐苗后要结合叶面喷施丰贝、多菌灵、甲基托布津等杀菌剂 7～10d 喷 1 次进行预防，并结合喷施叶面肥增强免疫力。对已发病的植株可结合叶面喷施杀菌剂和灌根处理。

(2) 平贝母锈病。又名“黄疸”，是危害平贝母较重的病害之一。主要危害茎叶，首先在叶片背面和基部呈黄锈色病斑，孢子成熟后呈黄锈色粉末，随风飘扬，传播迅速。茎叶病斑部位出现组织穿孔，逐渐枯黄，造成死苗。防治方法：发病前 7～10d 喷施杀菌剂防病。发病时用萎锈灵或粉锈宁叶面喷施，每 5～7d 喷 1 次，连喷 3～4 次。

(3) 主要虫害。平贝母主要害虫有金针虫、蛴螬、蝼蛄、地老虎等地下害虫。主要是因用未腐熟好的粪肥而引起。

防治方法：

一是毒饵诱杀。用敌百虫粉 0.5kg，麦麸子或豆饼 25kg，加水拌匀，黄昏时撒于田间、特别是雨后撒放效果更好。

二是用敌百虫和辛硫磷喷拌腐熟肥料，闷 24h 后再施用。

车前子

别名车辙草、车轱辘草子、牛舌菜、车前实、牛么草子、车前仁、虾蟆衣子、猪耳朵穗子、凤眼前仁。车前科、车前属。主产江西、河南。此外，东北、华北、西南及华东等地亦产。车前子为车前草科植物车前或平车前的种子。车前子全株光滑无毛或稍有毛，根状茎短，有多数须根，叶从根部丛生，叶片宽椭圆形或卵形，全缘或具有不规则波状锯齿，有 5～7 条弧形脉。花淡白绿色，顶生穗状花序。蒴果卵状圆锥形，内含黑褐色细小种子 4～8 粒。花期 4～6 月，果期 6～9 月。夏、秋两季种子成熟时采收果穗，晒干，搓出种子，除去杂质。车前子呈椭圆形、不规则长圆形或三角状长圆形，略扁，长约 2mm，宽约 1mm。表面黄棕色至黑褐色，有细皱纹，一面有灰白色凹点状种脐。质硬。气微，味淡。

原植物生于山野、路旁、花圃或菜园。喜温暖湿润气候，耐寒，山区平地均可生长，对土壤要求不严。

车前子性味甘，微寒。归肝、肾、肺、小肠经。清热利尿，渗湿通淋，明目，祛痰。车前子以干燥成熟的种子供药用；其全草称车前草。车前子或车前草均具有清热、利尿、明目、祛痰等功能。主治小便黄少、暑湿泄泻、尿路感染，目赤涩痛，痰多咳嗽等症。

【车前子栽培技术】

(一) 选好土地

每亩施厩肥 500～1000kg，捣细撒匀。深耕 20～25cm，耙细整平，做 1m 宽、15～20cm 高的平畦。天旱时向畦内灌水，待水渗下后将畦面锄一遍，耙平，以待播种。

(二) 育苗方法

车前子春播可选在清明至谷雨，秋播在白露至寒露进行。播种前用 70%甲基托布津浸种消毒 4h，将种子均匀撒播在畦面上，每亩需种 0.5～0.75kg。播后面上盖薄薄的草木灰细土，然后再铺上一层稻草。下种后每隔 3～5d 浇水 1 次。播种后 7～10d 出芽,揭去稻草。有 2 片真叶时追施 1 次淡尿水肥,以后每隔 1 周施肥 1 次,整个苗期约 1 个月。苗高 7～10cm 时移栽,在畦面上按行距 30cm、株距 25cm 挖穴。每穴栽 1 苗,随拔随栽。栽后浇定根水。

(三) 田间管理

移栽后 10d 浇水 1 次,同时施入适量人粪尿。半月后幼苗返青时中耕除草,补栽缺苗。以后每半月施 1 次有效肥,每亩施复合肥 15kg。当车前子抽薹开花时,重施 1～2 次壮籽肥,以利抽穗(过早抽穗的植株随时摘除),促其籽粒饱满。

(四) 防治害虫

蛴螬、蝼蛄为害植株时可用敌百虫毒饵诱杀。蚜虫为害时,可喷洒 40%乐果乳剂 1500～2000 倍液。

(五) 采收加工

车前子在端午节前后,当种子呈褐色时收获。可分批收采,将先成熟者剪下(注意勿伤及不成熟的果穗及叶子)。采后晒干,搓出种子,去净杂质,用专用的筛或加窗纱的竹筛将籽粒筛出,暴晒 1～2d,然后用风车去皮壳,即为成品。

丹　参

别名紫丹参、血参、大红袍、红根等。为双子叶植物唇形科。主产四川、山东、浙江等省,现全国大部分地区有分布。多年生草本,高 30～80cm。根细长,圆柱形,外皮朱红色。茎四棱形,上部分枝。叶对生;单数羽状复叶,小叶 3～5 片。顶端小叶片较侧生叶片大,小叶片卵圆形。轮伞花序顶生兼腋生,花唇形,蓝紫色,上唇直立,下唇较上唇短。小坚果长圆形,熟时暗棕色或黑色。花期 5～10 月,果期 6～11 月。

丹参性味苦,微寒。归心、肝经。活血调经,祛瘀止痛,凉血消痈,清心除烦,养血安神。应用于胸肋疼痛,风湿痹痛,症瘕结块,疮疡肿痛,跌仆伤痛,月经不调,经闭痛经,产后瘀痛等。治疗胸肋疼痛、症瘕结块,以及月经不调、经闭经痛具有良效,常与川芎配伍应用。在治疗胸腹疼痛属于气滞血瘀方面,往往配合砂仁、檀香等药同用。

【丹参栽培技术】

(一) 选地整地

应选择地势向阳的斜坡地,土壤要求深厚疏松,土质肥沃,排水良好的中等地块栽种,前茬豆科植物,过肥沃地块不宜种,最适宜果园空间栽植,否则病虫害多或枝叶疯长,影响根茎产量。

(二) 繁殖方法

丹参用种子、扦插、分根繁殖和芦头繁殖。

(1) 种子繁殖:春 3～4 月用种子按行距 30～40cm 开沟条播育苗,种子细小,盖土宜浅,以见不到种子为宜,播后浇水盖地膜保温,半月后在地膜上打孔出苗可植大田。直播 3 月份播种,采取条播或穴播,行距 30～45cm,株距 25～30cm 挖穴,穴内播种量 5～10 粒,覆土 2～3cm。条播沟深 3～4cm,覆土 2～3cm(7.5kg/公顷)。如果遇干旱,播前浇透水再播种,半月即出苗,苗 2cm 高间苗。

(2) 分根繁殖:栽种时间一般在当年 2～3 月份,也可在前年 10～11 月上旬立冬前栽种,冬栽比春栽产量高,随栽随挖。选种要选 1 年生的健壮无病虫的鲜根作种,侧根为好,根粗

1.5cm，老根、细根不能作种。栽细者省种，但产量低。粗的产量高，栽种时5cm长节，每节有2个芽，正立形栽，防止倒栽，影响出苗。壮实鲜红枝条边挖边分根，在准备好的栽植地上按行距30～40cm，株距25～30cm开穴，深3～5cm，穴内施肥，将选好的根条切成5～6cm长的根段，边切边栽，大头朝上，直立穴内，不可倒栽，每穴栽1～2段，盖土2cm压实。栽后60d出苗。为使丹参提前出苗，并且增加丹参生长期可用根段催芽法，11月初挖深27cm的沟槽，把剪好根铺入槽中，约6cm厚，盖土6cm，再放6cm厚的根段，上盖12cm厚的土，略高出地面，免去积水，天旱时浇水。翌年3～4月刚出，根段上部都长出了白色的芽，栽植大田。该法栽植出苗快、齐，不抽薹，不开花，叶片肥大，根部充分生长，产量高。3月整地作畦，畦宽150～200cm，长短根据苗而定，然后将根段按株行距3cm×7cm密植，盖塑料棚，发芽移植。

（3）扦插繁殖：春栽4月，秋栽7～11月，在整好的畦内浇水灌透，将健壮茎枝剪成17～20cm的插穗，按行距20cm，株距10cm，斜插入土2/3，成苗率90%以上。

（4）芦头繁殖：3月份选无病虫害的健壮植株，剪去地上部的茎叶，留长2～2.5cm的芦头作种栽，按行株距30cm×3cm，挖3cm深的穴，每穴栽1～2株，芦头向上，覆土盖住芦头为度，浇水，4月中下旬苗出齐。

（三）田间管理

（1）中耕除草。检查分根繁殖法因盖土太厚不出苗的，刨开穴土，以利出苗。除草3次，分别在5、6、8月份，育苗地拔草。

（2）施肥。第一次除草结合追肥，雨后进行，每公顷施尿素75～150kg。

（3）排灌水。天旱时要及时浇水，雨季注意排水。

（4）摘花。除了留做种用外，其余花蕾全部打掉，否则影响根的产量和质量。

（四）病虫害防治

（1）根腐病。多发生在高温多雨季节，根部发黑腐烂，地上部枯萎。

防治方法：选地势高燥，无积水，轮作。发病初期用50%多菌灵1000倍液浇灌。

（2）叶斑病。主要危害叶部。

防治方法：用1∶1∶150倍波尔多液喷雾叶面，7d喷1次，连喷2～3次。

（3）蚜虫。危害叶子及幼芽。

防治方法：用50%杀螟松1000～2000倍液或40%乐果1500～2000倍液喷雾，7d喷1次，连打多次。

（4）根结线虫病。在根上形成很多瘤，造成根部畸形。

防治方法：和禾本科轮作，播种前半个月每公顷用80%二臭氮丙烷30～37.5kg加水100kg浇灌。

（5）银纹夜蛾。夏秋季咬食叶片成缺刻。

防治方法：幼龄期喷80%敌百虫500～800倍液，或50%磷胺1500倍液，7d喷1次。

（6）棉铃虫。幼虫危害蕾、花、果。

防治方法：现蕾期喷50%磷胺乳油1500倍液或25%杀虫水剂500倍液。

（7）蛴螬、地老虎。4～5月份发生，撒毒饵诱杀，在上午10点人工捕捉。或用90%敌百虫1000～1500倍液，浇灌根部。

（五）采收加工

分根繁殖当年秋11月收获，种子繁殖2年收。丹参根脆易折，采挖时要注意晒晾5～6

成,将根搓揉一束,堆放2～3d再晒干。每公顷产干货3000～4500kg,贮存前用硫黄熏,放通风干燥处。

龙胆草

别名陵游、草龙胆、龙胆、苦龙胆草、地胆草、胆草、山龙胆、四叶胆、水龙胆。为龙胆科植物。主要分布于黑龙江、吉林、辽宁、内蒙古;浙江、湖南、江西、福建、江苏、广东、新疆也有分布。主产于黑龙江、吉林、辽宁。龙胆草宿根黄白色,下抽根10余本,类牛膝。直上生苗,高尺余。四月生叶,似柳叶而细。茎如小竹枝。7月开花如牵牛花,花作铃铎形,青碧色。冬后结子。苗便枯。2月、8月、11月、12月采根阴干。

龙胆草根和根茎味苦,涩,性寒,无毒。归肝、胆经。具有清热、泻肝、定惊之功效。主治清热燥湿、泻肝定惊、湿热黄疸、小便淋痛、阴肿阴痒、湿热带下、肝胆实火之头胀头痛、目赤肿痛、耳聋耳肿、肋痛口苦、热病惊风抽搐。

【龙胆草栽培技术】

栽种龙胆草每亩可收获干品250～300kg左右。在东部山区的坡荒地或坡耕地都可栽种,龙胆草的栽种分春栽与秋栽。秋栽技术如下:

(一) 选地整地

龙胆草属须根植物,没有主根,因此,土层不要求很深,只要土壤疏松,排水良好的地方就可。如选择在15°以下的坡荒地或坡耕地,坡向一定要避开正阳坡。如选择在平地栽培,一定要选择排水良好的沙壤土。土壤湿度过大或土壤板结易造成烂根或死苗。在栽种前要充分耕翻土地,达到松软程度,以利于龙胆草的根系生长。

(二) 作　畦

一般要在栽植前4～5d做畦,在坡耕地或坡荒地里要顺坡做畦,一般畦宽1.2m。

(三) 施足底肥

在做畦时,要亩施充分发酵好的优质农家肥3000～4000kg,施磷酸二铵30～35kg,将肥料均匀地耙入土中,再在畦面覆土20cm左右。

(四) 栽　植

龙胆草秋栽一般在10～11月进行。栽苗时一定要随起随栽,以免风干影响龙胆草的正常生长。

(五) 密　度

栽植密度可按行距18～20cm横畦开沟,株距为10cm,栽双株,保证每平方米栽苗80～100株为宜。由于龙胆草苗较弱,因此,栽植时一定不能直接与肥料接触,以免烧苗。

(六) 田间管理

龙胆草在栽后3～4年方可采收,因此,要多年的管理才行。一般在每年封冻时可覆盖些腐熟的农家肥,春季在5月上旬亩施磷酸二铵15～20kg即可,并注意防除杂草。

党　参

别名汶党参、晶党参、台参、仙草根、叶子菜。为桔梗科植物。主要分布在山西、陕西、甘肃、四川、云南、贵州、湖北、河南、内蒙古及东北现大量栽培。草质藤本,有白色乳汁。叶卵形,长1～6.5cm,宽0.5～5cm,先端钝或微尖,基部近心形,边缘具波状钝齿,两面被疏或密的伏毛。花单生于枝端;花萼贴生至子房中部,上部5裂;花冠阔钟状,黄绿色,内面有紫斑,先端5浅裂;雄蕊5枚,花丝花药近等长,雌蕊柱头有白色刺毛。蒴果短圆锥状。花期7～9月,果期9～10月。与人参类似,但分枝较少,仅根上端1～3cm部分有环纹,质稍软,断面裂隙少。味微酸。呈长圆柱形,稍弯曲,长10～35cm,直径0.4～2cm。根头部有多数疣状突起的茎痕的顶端呈凹下的圆点状;根头下有致密的环状横纹,向下渐稀疏,有的达全长的一半,栽培品环纹少或无;全体有纵皱纹及散在的横长皮孔,支根断落处常有黑褐色胶状物。质稍硬或略带韧性,断面稍平坦,有裂隙或放射状纹理,皮部淡黄白色至淡棕色。有特殊香气,味微甜。党参抗寒性、抗旱性、适生性都很强,全国各地都已引种栽培。

党参性味平,味甘、微酸。归脾、肺经。补中益气,健脾益肺。用于脾肺虚弱,气短心悸,食少便溏,虚喘咳嗽,内热消渴。用于气虚不足,倦怠乏力,气急喘促,脾虚食少,面目浮肿,久泻脱肛。

【党参栽培技术】

党参苗期喜潮湿、阴凉,干旱会死苗。育苗时要和高秆作物间套种。大苗喜光,高温高湿易烂根。

(一) 选地整地

育苗地选半阴半阳坡,离水源近的,无地下害虫和宿根草的山坡地和二荒地。疏松肥沃的沙质壤土,每公顷施厩肥或堆肥30000kg左右,翻耕、耙细、整平做平畦或高畦。移栽地要求不严格,山坡、梯田、生地、熟地均可。如果是生荒地,先烧荒,进行翻耕。熟地要施基肥、灶墙土、骡马猪粪等,每公顷60000kg左右。翻耕耙细整平,做成宽100～120cm的畦或垄,垄距离30cm。

(二) 繁殖方法

党参繁殖要用新种子,发芽率85%,隔年种子发芽率很低,甚至无发芽能力。最适发芽温度18～20℃,播种期分春、夏、秋,其中以夏秋播为好。春播,3月份,要在水源近的地方采取春播。夏播,7、8月份雨季播,秋播在地冻前。

播前种子处理:为了使种子早发芽,播种前把种子放在40～50℃温水中浸种,边搅拌边放入种子,搅拌水温和手温一样时停止,再浸5min;捞出种子,装入纱布袋中,用清水洗数次,再放在温度15～20℃室内砂堆上,每隔3～4h用清水淋洗一次,一周左右种子裂口即播种。

播种方法分撒播和条播两种。

(1) 撒播。将种子均匀撒于畦面,再稍盖一层薄土,以盖住种子为度,随后镇压使土与种手紧密结合,以利出苗。每公顷播种量7.5～15kg。

(2) 条播。按行距3cm开2cm深的沟,将种子均匀播于沟内,盖土。条播便于松土除草。

(三) 田间管理

(1) 中耕除草。清除杂草是保证党参产量主要因素之一,因此应勤除杂草,特别是早春和苗期更要注意除草。一般除草常与松土结合进行。

(2) 追肥。生长初期(5月下旬)追施人粪尿每公顷15000～22500kg,以后因藤叶蔓生就不便进行施肥了。

(3) 排灌。定植后要灌水,成活后可以不灌或少灌。雨季注意排水。需水情况视参苗生长情况而定。苗高5cm以上时应控制水分,以免徒长。

(4) 搭架。当苗高30cm时设立支架,以使茎蔓顺架生长,否则通风采光不良易染病害,并影响参根和种子产量，搭架方法可就地取材，因地而异。

(5) 移栽。参苗生长1年后，秋季或春季定植。春季在地化冻后(3月中下旬至4月上旬)，秋季于10月中下旬移植。在整好的畦面上，按行距18～30cm，开深沟5～6cm，将参苗按株距2～3cm斜放于沟内，盖土2cm，压紧、浇水。

(四) 病虫害防治

(1) 锈病。锈病是真菌中一种担子菌，危害叶片。病叶背面略突起(夏孢子堆)，严重突起时破裂，散出橙黄色的夏孢子。

防治方法：发病初期喷50％二硝散200倍液或敌锈钠400倍液。党参收获后，地上残枝落叶全部烧毁。

(2) 根腐病。根腐病又叫烂根病，主要危害地下须根和侧根。呈现黑褐色，造成地上部枯萎死亡。

防治方法：及时拔出病株，用石灰进行穴窝消毒。整地时进行土壤消毒，采取高畦，注意排水，忌连作。

地老虎、蛴螬、蝼蛄、红蜘蛛参考其他病害的防治。

(五) 采收加工

党参移栽，当年秋天即可采种。开花结果后，果实变褐色时采种，逐次采收产量高，一次性的采收产量低。种子干燥后，放于通风处。每公顷采收种子150～225kg。

甘　草

别名甜草根、红甘草、粉甘草、美草、密甘、密草、国老、粉草、甜草、甜根子、棒草。为双子叶植物豆科。产于东北、河北、山西、甘肃、内蒙古、青海、陕西、新疆等地。甘草茎挺拔直立，叶互生，奇数现状复叶，小叶7～17枚，椭圆形卵状，总状花序腋生，淡紫红色，蝶形花。长圆形夹果，有时呈镰刀状或环状弯曲，密被棕色刺毛状腺毛。扁圆形种子。花期6～7月，果期7～9月。喜阳光充沛，日照长，气温低的干燥气候。宜选土层深厚，排水良好的沙质壤土栽培。用种子或根茎繁殖，但以根茎繁殖生长快。

甘草性味甘，平。归心、肺、脾、胃经。补脾益气，清热解毒，祛痰止咳，缓急止痛，调和诸药。用于脾胃虚弱，倦怠乏力，心悸气短，咳嗽痰多，脘腹、四肢挛急疼痛，痈肿疮毒，缓解药物毒性、烈性。

【甘草栽培技术】

(一) 繁殖方法

采取有性繁殖和无性繁殖均可(生长快)。

(1) 有性繁殖。秋天地深翻30～45cm，施基肥每公顷37500kg，翻后耙平，种子繁殖。翌年春天4月份播种，磨破种皮，或者用温水浸泡，沙藏2个月播种。再者用60℃温水浸泡4～6h，捞出种子放在温暖的地方，上盖湿布，每天用清水淋2次，出芽即可播种。7～8月份播种，不催芽，可条播和穴播，行距30cm开1.5cm沟，种子均匀撒人沟内，覆2～3cm土。穴播：株距5cm，每穴播5粒，覆土后一定要注意种子和土壤密接，土干要浇水，每公顷用种子30～37.5kg。

(2) 无性繁殖：主要指根状茎繁殖。结合春秋采挖甘草时进行，粗的根药用，细的根茎截成4～5cm的小段，上面有2～3个芽，头一年秋天地整好的畦内，行距30cm开10cm深的沟，株距15cm把根平放，覆土整平、浇水。

(二) 田间管理

出苗前后保持土壤湿润,土干要浇水,苗长出 2～3 片真叶按株距 10～12cm 间苗。根状茎露出地面后培土,拔除杂草,防止草丛生,第一二年和粮食等作物间套种,合理利用土地。封冻前,追施农家肥料 2000～2500kg。

(三) 病虫害防治

(1) 锈病。被真菌侵害后,叶的背面出现黄褐色的疱状病斑,破裂后散发褐色粉末,是病原菌的多孢子堆和夏孢子,8、9 月形成褐黑色的冬孢子堆。防治方法:把病株集中起来烧毁。初期喷洒 0.3～0.4 波美度石硫合剂或 97%敌锈钠 400 倍液。

(2) 褐斑病。被真菌感染后,叶片产生圆形和不规则形病斑,中央灰褐色,边缘褐色,病斑的正反面均有灰黑色霉状物。

防治方法:病株集中起来烧毁。初期喷 1∶1∶1～160 波尔多液或 70%甲基托布津可湿性粉剂 1500～2000 倍液。

(3) 白粉病。被真菌感染后,叶片正反面产生白粉。

防治方法:喷 0.2～0.3 波美度石硫合剂。

(4) 蚜虫。蚜虫又叫蜜虫、腻虫,成、幼虫吸茎叶汁液,严重时造成茎叶发黄。

防治方法:冬季清园,将植株和落叶深埋。发生期喷 50%杀螟松 1000～2000 倍液或 40%乐果乳油 1500～2000 倍液或 80%敌敌畏乳油 1500 倍液,每 7～10d 喷 1 次,连续数次。

(5) 红蜘蛛。8 月份左右发生,9 月份左右危害严重,主要侵食叶片和花序。叶片被害后,叶色由绿变黄,最后枯萎。此虫多藏于叶背面。

防治方法:可用 0.2～0.5 波美度石硫合剂加米汤或面浆水喷洒。

(四) 采收加工

种子繁殖 3～4 年,根状茎繁殖 2～3 年即可采收。在秋季 9 月下旬至 10 月初,地上茎叶枯萎时采挖。甘草根深,必须深挖,不可刨断或伤根皮,挖出后去掉残茎泥土,忌用水洗,趁鲜分出主根和侧根,去掉芦头、毛须、支杈,晒至半干,捆成小把,再晒至全干;也可在春季甘草茎叶出土前采挖,但秋季采挖质量较好。

枸 杞

别名西枸杞、白刺、山枸杞、白疙针、又名狗奶子根。为双子叶茄科植物枸杞属。全国大部分地区有分布。落叶灌木,高达 2m。多分枝,枝细长,拱形,有条棱,常有刺。单叶互生或簇生,卵状披针形或卵状椭圆形,全缘,先端尖锐或带钝形,表面淡绿色。花紫色,漏斗状,花冠 5 裂,裂片长于筒部,有缘毛,花萼 3～5 裂,花单生或簇生叶腋。浆果卵形或长圆形,深红色或橘红色。喜光,稍耐阴,喜干燥凉爽气候,较耐寒,适应性强,耐干旱、耐碱性土壤,喜疏松,排水良好的沙质壤土,忌黏质土及低湿环境。可丛植于池畔、台坡,也可作河岸护坡,或作绿篱栽植。可做树桩盆栽,果实可入药。

枸杞性味甘,平。入足少阴、足厥阴经;入足少阴肾经、手少阴心经;入肝、胃二经,兼入肺经。补肾益精,养肝明目,补血安神,生津止渴,润肺止咳。用于治肝肾阴亏,腰膝酸软,头晕,目眩,目昏多泪,虚劳咳嗽,消渴,遗精。能补益精诸不足,脸色变白,明目,安神。坚筋耐老,除风,补益筋骨,能益人,去虚劳。主心病嗌干,心痛,渴而引饮,肾病消肿。滋肾,润肺,明目。疗肝风血虚,眼赤痛痒昏翳。治中风眩晕,虚劳,诸见血证,咳嗽血,痿、厥、挛,消瘴,伤燥,遗精,赤白浊,脚气,鹤膝风。

【枸杞的栽培技术】

枸杞是一种很好的水土保持树种,又是一种重要的中药材,其浑身是宝,叶、果、皮均可入药。枸杞喜光、耐旱、耐寒、耐碱,在黄土悬崖及沙荒边缘均能生长,是一种分布极广的树种,以宁夏中宁地区栽培最著名,历史较久。主要的优良品种有大麻叶枸杞、小麻叶枸杞。

(一) 作用与经济价值

(1) 保持水土。枸杞是干旱陡岸陡坡上的一种优良水土保持灌木,其地上部分生长迅速,植株上端枝叶茂密,下端枯枝交错,紧贴坡壁,有减缓地面径流的作用。地下部分根系强大,主根深达10余米,侧根发达,密集于土层1m深处,水平根幅可达6m,固土作用极大,能有效地防止坡面滑塌。

(2) 药用。枸杞常用于中药,根皮(地骨皮)为解热止咳药,可解结核性湿热症。果实(枸杞子)为滋养强壮药,补肝养血,益精助阳,有治糖尿病,肺结核,虚弱消瘦,明目之功效。嫩叶叫天精草。

(3) 榨油。枸杞种子可榨油,油为半干性,可作润滑油的原料。

(4) 食用与饲料。枸杞叶可食,早春代蔬菜。牲畜也喜食,营养价值高于草木樨。

(二) 种植方法

(1) 直播造林:可采取条播或穴播两种,于春季土壤解冻后3月下旬至4月播种,越早越好。播种深度1~3cm。枸杞在幼苗阶段,地上部分低,易被牲畜啃食而连根拔起,所以播种后必须禁牧。

(2) 育苗移植:四季均可进行育苗,但以春秋两季为佳。

(3) 扦插和压条:枸杞根萌力特别强,春秋两季扦插压条均易成活。可取荒坡生长的枸杞枝条浸泡2~3d后,剪成粗0.5~1cm,长30~50cm的插穗扦插即可。

(4) 分蘖繁殖:为了增加覆盖面积,在2年生的枸杞根颈以上将干截去,翌年便可萌发许多幼枝,或将枸杞主根截断,即从截断的主根两端萌发出许多幼枝,增加覆盖度。截根时间春季最佳。

(三) 栽培管理

(1) 栽培密度。因土壤条件不同,在土质瘠薄地可为1.5~3m,在土地平坦,土质肥沃地可为2~3m。

(2) 土壤及水肥管理。和其他果树一样,深翻可以疏松土壤,使深层土壤透气良好。枸杞种植2~5年为结果初期,深翻可将枸杞主根截断,有利于新枝萌发。

枸杞每年要保证2次施肥,施肥时间掌握在落叶后至发芽前施基肥,开花坐果期追肥,有条件时,最好施肥后结合灌水。

(3) 整形、修枝。枸杞从第五年开始进入盛果期,所以其整形必须在定植的第四年前完成。定植当年短截全部枝条,每枝上留4~5个发育良好的芽,翌年、第三年再对侧枝和延长枝进行疏枝和短截,使枝条发育粗壮,密集均匀,通风透光良好。

修枝对提高产量,培养大果球枸杞子很重要,修枝应坚持以下原则:

① 培养和保持株丛。拥有15~20个左右的骨干枝,保持株丛内良好的光照条件,剪去过密的枝条。

② 对基生枝剪去其全长的1/3~1/2,培养成骨干枝;对骨干枝上的延长枝及新梢依生长

势的强弱剪去顶端 3～5 个芽。

③ 为了培养寿命长及强壮的骨干枝，必须控制基生枝，因此修剪时要把它基部的芽抹去，但留作更新的芽保留。

④ 对有虫害、受伤或太弱的枝条应及早除去，同时留新枝补充。

（四）采收加工

枸杞子的采收要在芒种至秋分之间。采摘成熟果实，阴干或晾晒，不宜暴晒，以免过分干燥，并注意不要用手揉，以免影响质量。晒至果皮干燥而果肉柔软时即可，在夏季伏天多雨时可用火烤干。

金银花

别名忍冬、金银藤、银花、双花、二花、二道花等。为忍冬科忍冬属。主产山东、河南、河北，全国大部地区有分布。金银花呈棒状，上粗下细，略弯曲，长 2～3cm，上部直径约 3mm，下部直径约 1.5mm。表面黄白色或绿白色，贮久色渐深，密被短柔毛。偶见叶状苞片。花萼绿色，先端 5 裂，裂片有毛，长约 2mm。开放者花冠筒状，先端二唇形；雄蕊 5 枚，附于筒壁，黄色；雌蕊 1 枚，子房无毛。气清香，味淡、微苦。

金银花性寒、味甘、气平，具有清热解毒之功效，用于痈肿疔疮，喉痹，丹毒，热血毒痢，风热感冒，温病发热。

金银花亦可在家庭栽培，是著名的庭院花卉，花叶俱美，常绿不凋，适宜于作篱垣、阳台、绿廊、花架、凉棚等垂直绿化的材料，还可以盆栽。

【金银花种植技术】

（一）品种选择

金银花，又名银花、忍冬花，当地俗称花子。金银花有三大品系：鸡爪花、大毛花、山银花。

（1）鸡爪花。花蕾簇生于花枝顶端，呈鸡爪状，分为大鸡爪花和小鸡爪花，喜肥水，结花早，生产性能好。花蕾瘦小略短，色泽较淡，是加工的首选品种。

（2）大毛花。生长旺盛，墩形大而松散，枝蔓长而粗壮，花蕾长，根系发达，抗干旱，耐瘠薄，适于山岭薄地和梯堰地边栽植。

（3）山银花。是金银花的原始野生种，板蔓匍匐于地，叶长，花蕾瘦小，花有紫红色条纹，加工品质优良。

（二）育　苗

（1）压条栽植法。汛期选取 1、2 年生的健壮枝条，截 30cm 的段，去掉下部叶片，每穴 6～8 条，栽于整好的穴内，覆土压实，若墒情不足，则需浇水，成活率 90%以上。

（2）插条育苗。在修剪金银花枝时，截枝为 20cm 作插条。造畦扦插，行距 20cm，株距 2cm。春、夏、秋季均可扦插，100d 后即可出圃移栽。

（三）栽　植

金银花主要栽植于岭坡、地堰、沟边、道旁，多呈散生状，随着种植水平的提高，逐步发展金银花密植园。

栽植时间多在春季 3～4 月份，挖 0.5m 见方的穴，浇足底水，基肥以有机肥为主，每穴栽 3～5株。栽后覆土、压实。密植园栽植采有株行距 1m×1.3m，亩栽 500 墩左右。

(四) 生长期管理

(1) 施肥。一般于冬前施有机肥作基肥。生长期根据金银花生长状况,分期追肥3～5次,每次每墩追施有机肥15～20kg,或三元复合肥0.5kg,金银花生长期间一般不用浇水。如遇特大干旱,要浇水抗旱。

(2) 合理修剪。多在冬前或早春进行。要剪去弱病枝,以促发新枝,同时结合剪枝,进行金银花育苗。

(3) 防害治虫。金银花主要害虫有:金银花尺蠖虫、中华忍冬花圆尾蚜、白啄木虫等,亩用40%乐果乳油100～125g兑水50kg喷雾防治呀虫,亩用50%敌敌畏乳油150～200g兑水40～50kg喷雾防治尺蠖虫和白啄木虫。

(五) 采　收

金银花的花期,一般从5月下旬至10月中旬,约150d。头茬花在5月下旬,二茬花在7月中下旬,三茬花在8月中旬,四茬花10月中旬,每茬花期在7d左右。

适采期在花蕾上部膨大呈白色时,采得过早影响产量,过晚则降低品质。

(六) 加　工

金银花以花蕾入药。当花蕾显绿色将要开放时,摘下晒干,此时质量好;花开后再摘,产量低、质量差。日晒最好一天晒干,过夜影响质量。亦可烘干。4kg鲜花可晒干花1kg。一般亩产干花100kg左右。

沙　参

别名南沙参、泡参、泡沙参、桔梗。为桔梗科桔梗属。分布于东北及河北、山东、江苏、安徽、浙江、江西、广东、贵州、云南等地。多年生草本,有白色乳汁。株高30～50cm。主根粗肥,长圆锥形或圆柱状,黄褐色,粗糙,具横纹,顶端有芦头。茎常单生,少有丛生,除花序外不分枝,无毛。基生叶成丛,卵形、长椭圆形或近圆形;茎生叶常4片轮生,偶有5～6片轮生,外形变化很大,由卵形、披针形至条形,长4～8cm,宽1.5～3cm,边缘有粗锯齿、细锯齿至全缘,叶越宽,齿越粗。夏季开花,花序圆锥状,下部花枝轮生,顶部花枝有时互生;花萼光滑而小,杯状,先端5裂,裂片条状;花冠蓝色,窄钟形,长约1cm,先端5浅裂;雄蕊5枚;雌蕊1枚,下部具肉质花盘,花柱细长,突出花冠外,柱头2裂,子房下位。蒴果球形而稍扁,孔裂,含有多数种子。生长在山野阴坡草丛中、林缘或路边。栽培品种的生态型很多,且种质混杂。

沙参以根入药,含三萜皂甙、花椒毒素即8-甲氧基补骨酯素等成分。沙参性味甘,凉。清热养阴,润肺止咳。主治气管炎,百日咳,肺热咳嗽,咳痰黄稠。沙参具有滋阴生津、清热凉血之功效,配合放化疗用于肿瘤患者,尤其是对晚期肿瘤病人血枯阴亏、肺阴虚之肺癌、消化道肿瘤术后气阴两虚或因放疗而伤阴引起的津枯液燥者,具有较好的疗效。

【沙参栽培技术】

沙参种子发芽起点温度为8℃,萌发适宜温度为15～18℃,生长发育适温15～25℃,温度低于10℃生长发育不良,高于25℃时,长茎叶而不利于根生长。6～8月为根生长膨大期,8～9月开花,9～10月结果。

(一) 选地与茬口

沙参要求土层深厚、有机质含量1.1%以上、碱解氮70mg/kg以上、有效磷15mg/kg以上、有效钾15mg/kg以上,pH值6.3～6.5微酸性轻壤、中壤、棕壤土类种植均可。耕地以玉米为好，切忌重茬；种出的沙参，质地白皙，粉性足，肉厚，木质部细，通根洁白无黄梢，参根干重高。砂土种沙参鲜干比为 4:1；而轻壤、中壤鲜干比则为 3:1，水分少，干重高。

(二) 整地与施肥

沙参是直根系植物，要求土层要深，整地要细透 50cm 以上。同时，在深翻土地前每亩施入土杂肥 3～4t，碳铵 60kg，普钙基肥占 70%施入，翻犁后整平耙细。整理成宽 80～100cm、高 20～25cm 的墒，待植。

(三) 繁殖方法

用种子繁殖。可采取春播(2～3 月)或秋播(10 月中旬至 11 月下旬)播种。

(1) 确保密度。在整理好的墒上采取宽幅或窄幅开沟条播。宽幅每条 18cm，每墒播 2～4 条，窄幅每条 10cm，每墒播 3～5 条；沟幅深 3～4cm，沟底要平，土垡要细，沟距 10～15cm，亩播种 4kg 左右。播种后盖严踏实，先盖 1cm 细土，踩实后再盖 1cm 细砂。

(2) 苗期管理。苗出土后需有良好的墒情作保证，保持土壤湿润，出现第 1 片真叶时即可间苗，3～5 片时定苗，株距为 10～15cm，每亩留苗 14～16 万株。

(四) 田间管理

(1) 中耕除草。早春气温回升后，若地面板结，要用钉耙松土保墒。沙参是密植作物，行距小、茎叶嫩、易断，不宜用锄中耕，必须随时除草。沙参较抗旱，以田间持水量 65%为适宜，但在早春干旱时，注意补水促苗，以喷灌或泼浇为好。使土壤上干下湿，促根下扎伸长。多雨季节要特别注意排水。

(2) 追肥。结合雨前雨后或浇水进行，每亩以 15～20kg 尿素作提苗肥，一般分 2 次追施，分别于定苗后和旺长前施用。后期就不再追肥，只分别在旺长中、后期和花蕾期，用 0.2%磷酸二氢钾叶面喷施，根外追肥 3～4 次。

(五) 病虫害及其防治

(1) 根结线虫病。5 月初开始发生。线虫侵入植株根部，吸食汁液、刺激细胞形成根瘤，使苗发黄，甚至死亡。

防治措施：忌连作或前作为豆科作物；整地施肥时，每亩用 15%杀线虫颗粒剂、或 3%呋喃丹颗粒剂 2～3kg，均匀撒施后翻犁。

(2) 缩叶病。是一种由红蜘蛛传毒引起的病毒病。病株叶片皱缩、扭曲，生长迟缓，植株矮小畸形。

防治措施：选无病植株留种；于苗期，即 5 月上中旬发生红蜘蛛时，喷洒 20%螨死净悬浮剂 2000～3000 倍液，或 10%松脂合剂乳油 500～800 倍液。苗期发病前喷洒 1～2 次 20%病毒 A 可湿性粉剂 500 倍液，或 1.5%植病灵乳剂 1000 倍液。

(3) 大灰象甲。以成虫咬食幼芽和幼叶，造成严重缺苗。

防治措施：于清晨或傍晚，在根际附近人工捕杀成虫；每亩用鲜萝卜条或菜叶 5～7kg 切碎，拌 90%结晶敌百虫 10g 成毒饵，傍晚撒于地面诱杀。

(4) 钻心虫。幼虫钻入根、茎、叶、花蕾中危害，使根茎中空、花蕾不实，严重影响产量和质量。

防治措施：冬季清园，减少越冬虫源；掌握在幼虫孵化盛期，喷洒 18%杀虫双水剂 600～800 倍液，或 10%多来宝乳剂 1000～2000 倍液，或 25%苏云金杆菌乳油 2000～3000 倍液。防治效果均好。

(六) 良种繁育

选择沙质土壤地建留种地,施足基肥的同时,每亩增施15～20kg普钙。选择生长健壮,株形一致的1年生植株做种苗,每株只留主茎上的果盘,摘除侧枝上的小果盘,以集中养分促使籽粒饱满。7月中旬果实呈黄褐色时,标志种子成熟,随熟随采,否则容易脱落。

(七) 采收与加工

(1) 采收。春参(二年生参)在第三年7月收获;秋参(一年生参)在第两年9月收获。以秋参为好。以下部叶片微黄,顶叶深绿,80%以上植株心叶未长出时收获为好。收获时先在墒的一侧挖1深沟,露出根条用手拔除,除去参叶,抖去泥土,放于阴凉处。

(2) 加工。将参根按粗细分开,选晴天早上加工。先洗去泥,捆成0.7～1.2kg的把,将尾根先入开水内顺锅转2～3周(时长6～8s),再将整把撒入锅内烫煮,并用棍不断搅动,继续加热使水温沸腾,直到参根中部能捏去皮时,把参根捞出,剥去外皮,晒干即能药用。如遇阴天则应烘干,以免变色霉烂。

北沙参

又名沙参,珊瑚菜,为伞形科珊瑚菜属。主产于辽宁、吉林、河北、山东、内蒙古等地。多年生草本。茎大部埋在沙中,部分露于地面,密被灰褐色绒毛。基生叶卵形或宽三角状卵形,三出式羽状分裂或2～3回羽状深裂,具长柄;茎上部叶卵形,边缘具有三角形圆锯齿。复伞形花序顶生,密被灰褐色绒毛;伞幅10～14mm,不等长;小总苞片8～12mm,线状披针形;花梗约30mm;花小,白色。双悬果近球形,密被软毛,棱翅状。花期5～7月,果期6～8月。根长圆柱形,偶有分枝。表面淡黄白色,偶有外皮残存,全体有细纵皱纹及纵沟,并有棕黄色点状细根痕。顶端常留有黄棕色根茎残基,上端稍细,中部略粗,下部渐细。质脆,易折断,断面皮部浅黄白色,木部黄色。喜温暖湿润的气候,耐寒,怕高温。不宜同块地连作。黏土和低洼积水地不宜种植。

沙参性微寒,味甘、微苦。具有养阴清肺,益胃生津功效。用于治疗肺热燥咳、劳嗽痰血、热病津伤口渴。

【北沙参种植技术】

(一) 繁殖方法

用种子繁殖。种子有胚后熟休眠,经0～5℃低温处理数十天,发芽率达97%以上。播种前每亩施厩肥或堆肥25担,深翻30～40cm,整地作畦。

(1) 秋播。用当年采收的种子,播种前20多天将种子湿润,至种仁发软。按行距20cm开沟,深1.5cm,将种子均匀撒入沟内,覆土盖严,稍加镇压,浇水。纯沙地播种时,为防止地表砂土移动,撒盖小土块一层,翌春出苗前将未碎的土块打碎,以免妨碍幼苗出土。

(2) 春播。新收种子于11月中旬沙藏处理,即选背阳处,挖30～40cm深的坑(长、宽依种子量而定),将1份经湿润的种子与3份稍湿润的细沙混匀,放入坑内,上盖稻草或草帘,覆一层土。翌年种子将要发芽时播种。如春播干种子,要多浸润20多天。每667m^{2}播种量6kg。

(3) 留种:选用排水良好的沙质壤土建立留种田,施足基肥,加入过磷酸钙。选择健壮的1年生参根作种。9月份按行株距30cm×15cm种植。翌年春出苗后,加强田间管理,花前多追施氮、磷肥,促使籽粒饱满。7月中旬果实呈黄褐色时种子成熟。

(二) 栽培管理

(1) 中耕除草。出苗后及时中耕除草保墒,以利蹲苗。因北沙参是密植作物,随着幼苗长高,行距小,茎易断,不宜用锄中耕,可用铁耙松土或拔草。

(2) 间苗。小苗 5cm 高时间苗,株距 3～5cm。过稀根易分杈,过密苗木生长弱易发生病害。

(3) 追肥。苗高 10cm 时追施 1 次清淡人畜粪水。7 月初以施磷、钾肥为主,促使根的生长。施肥后浇 1 次水。

(三) 病虫害防治

病害有根结线虫病:线虫吸取汁液形成根瘤,使苗发黄,影响生长甚至死亡。

防治方法:选择无病株留种;在整地时每 667m^2 放生石灰 50kg,杀死幼虫和卵;发现病残枝、叶,及时清除烧毁。北沙参病毒病:感病植株的叶皱缩、扭曲,生长迟缓,矮而畸形。防治方法:选无病株留种;防治虫害。

(四) 采收加工

种植当年,叶子枯黄时刨收。去掉茎叶,洗净泥土。将参根按粗细分级,选晴天上午加工,以参尾对齐捆成小把,先将尾部放入沸水锅内转 3 圈,再放入锅内烫煮。直至参根中部能捏去皮时,立即捞出,放入冷水中,剥去外皮,晒干即可。每 667m^2 可产干货 380kg,栽培管理得当可达 500kg。

黄 连

别名川连、姜连、川黄连、姜黄连、姜川连、姜制黄连、萸连、萸黄连、炒黄连、吴萸黄连、酒连、酒黄连、酒饮连、猪胆汁炒黄连、盐炒黄连、黄连炭、姜汁炒川连、尾连等。为毛茛科植物黄连属。多年生草本,根茎有分枝,形如鸡爪。叶基生,有长柄;叶片卵状三角形,三全裂,主要分布四川,其他地方也有栽培。中央裂片棱形,羽毛深裂,边缘有锯齿。花葶 1～2 条,顶生,聚伞花序有 3～8 朵花。

黄连性味苦,寒。归心、脾、胃、肝、胆、大肠经。清热燥湿,泻火解毒。用于湿热痞满,呕吐吞酸,泻痢,黄疸,高热神昏,心火亢盛,心烦不寐,血热吐衄,目赤,牙痛,消渴,痈肿疔疮;外治湿疹,湿疮,耳道流脓。酒黄连善清上焦火热。用于目赤,口疮。姜黄连清胃和胃止呕。用于寒热互结,湿热中阻,痞满呕吐。萸黄连舒肝和胃止呕。用于肝胃不和,呕吐吞酸。

【黄连的栽培条件与管理方法】

(1) 气候条件。年平均气温 8～11℃,7 月最高气温不大于 30℃,1 月最低气温不小于－6.8℃,年降雨量不小于 950mm,生长季节平均降雨量 680mm。年平均空气相对湿度不小于 70%。

(2) 土壤条件。要求土壤肥沃、疏松,有机质含量 1.0%左右,pH 值 6 左右。

(3) 茬口。选生荒地,针阔叶混交林地。

(4) 园地规划。海拔 1500m 左右,以坡度不大于 25°,背风的阴山和半阴山为好。黄连人工栽培一般都要搭棚遮阴,遮阴度不小于 50%,行向依地形而就。平地、滩地和≤6°的缓坡地,南北行向栽植;6°～15°的坡地,等高线行向栽植。配备必要的排灌设施。有风害地区,应营造防风林。

(5) 种子质量。要求纯度不小于 95%,净度不小于 95%,发芽率不小于 20%。

(6) 品种选择。主栽品种:黄连(味连)和三角叶黄连(雅连)。

(7) 种子处理。黄连种子必须经低温后熟种胚分化方能播种。方法是将黄连种子与含水20%～25%的湿润细沙以 1∶2比例混合拌匀,摊放在空房或荫棚下,约厚 15cm,经常翻动不使种子霉烂变质,并防止鼠、鸟、虫害。若干燥可喷清水,保持种子湿润待播。

(8) 苗床地准备。苗床地选择早晚见阳光、土层深厚、疏松、富含腐殖质的缓坡地,或选择植被均匀,荫蔽好的小乔木林地。夏季整地,清除草根、树根,堆烧成灰,拣去石块,再平整耕翻15～17cm。播前作畦,宽 1m,高 13～15cm,长度以地形而定,畦间留 30cm 左右的作业道。11月播种为最适期,播种量约 2.5kg/亩,以净种掺细沙 20～30 倍,均匀撒入苗床,再用木板拍平,使种子与土壤充分接触,然后撒过筛的熏土或农家肥盖面。向阳山坡应覆草保墒。

(9) 苗期管理。荒坡地育苗,必须在播种后出苗前搭棚遮阴,保持荫蔽度在 70%左右,采用 1.7～2m 高的平顶棚为宜。苗期要求及时拔掉杂草,做到拔早、拔小、拔净。结合除草,进行间苗,密度以 1 株/cm^2 为宜。当幼苗出现第 3 片真叶时,可追施速效氮肥 1 次。立冬前施入以油渣、厩肥、火灰为主的缓苗肥。结合追肥在 6 月撒熏土 1 次,11 月撒腐殖细土 1 次。移栽苗龄约 1 年,苗高约 6.5cm,具有 7～8 片真叶,无病虫害,生长健壮。

(10) 移栽定植。秋冬季搭棚。搭棚时将直径 8～10cm 的木头截成 2.2m 长做桩柱,将桩柱的一头砍成楔形,作柱脚,另一头削成凹形,以架横杆。栽好桩柱,架好纵横杆,用铁丝固定,上面再覆盖阔叶树的枝叶。黄连棚搭好后,拣净石块,铲除杂草,堆放熏烧成灰作肥。然后耕翻土地 17cm 左右,使土壤风化。次年春解冻后施基肥耙耥。春季 2～3 月或秋季 8～10 月,以秋植为好。定植选阴天。理顺苗株,对齐根茎,每 100 株捆成一把。定植前用清水洗净根部泥土,剪去部分须根。定植时一手拿秧,一手分株,用食指和中指抓住秧苗茎部,插入土中,深插浅提,再覆土填实指孔。株行距 10cm×10～12cm,定植深度,视秧苗长短,约为 3～5cm,即埋没根茎为宜。

(11) 施肥方式。

① 基肥。结合整地深翻施入 500kg/亩左右的腐熟厩肥。

② 追肥。黄连生长前期应多施氮肥,后期增施磷、钾肥。春季返青后施尿素 20kg/亩;冬季施油渣 50kg/亩。黄连生长中期,每年冬季施农家肥 1000kg 亩。黄连生长后期一般不再追施速效氮肥,应增施磷钾肥、复合肥料。收获前 30d 内不得追施无机肥。

黄连根茎分枝多,需每年培土,促进根茎发育生长,提高品质。培土宜先薄再厚,逐年增加。一般定植后翌年培土约厚 1.5cm,第三、四年约 3cm,第五、六年约 4cm。

(12) 调节光照。随着黄连苗龄的增长,耐光性不断增强,要逐年增加光照,减少棚上覆盖物,以抑制地上部生长,促进养分向地下转移,提高品质。掌握育苗地遮阴度 70%～80%,黄连定植生长前期透光度 60%～70%,后期可保持在 50%左右。黄连收获当年,阴坡地在 2 月、阳坡地在 7 月、留种地在种子收获后要拆去棚上覆盖物,使其充分接受光照,抑制地上部分生长,促进根茎的物质积累。

(13) 植株调整。移栽的连苗,从第 2 年开始,除留种田外,每年需摘除花苔,以提高产量品质。

黄　芪

别名绵芪,棉芪,口芪,北芪,生黄芪,炒黄芪,炙黄芪等。豆科黄芪属。草本渐危种植物。

主要分布在我国北方地区，是一种较名贵的中药材，以根入药。由于长期大量采挖，近年来野生黄芪的数量急剧减少，若不加强保护和人工繁殖，有趋于绝灭的危险。黄芪为多年生草本，株高1m左右。主根直径1～2cm，长可达1m以上，直插入土壤深处。地上茎直立，具棱；被长毛。叶互生，奇数羽复叶，具小叶21～31片。小叶椭圆形，长7～30mm，宽4～12mm，先端圆或微凹，基部圆形。托叶披针形，长6mm。总状花序生茎上部叶腋，每花序10～20朵。花淡黄色，蝶形花冠，旗瓣倒卵形，顶端微凹，翼瓣与龙骨瓣近等长。子房有柄，花后荚果膨胀，长圆形，长2～3cm，顶端有短喙，果外被短毛，内有种子3～8粒。

黄芪味甘，温。归肺、脾经。气薄而味浓，可升可降，阳中之阳也，无毒。专补气。入手太阴、足太阴、手少阴之经。其功用甚多，而其独效者，尤在补血。具有补气固表、利水退肿、托毒排脓、敛疮生肌等功能。

【黄芪的栽培技术】

(一) 选地、整地和施肥

黄芪系深根作物，应选择土层深厚，土质疏松、肥沃、排水良好、向阳干燥的中性或微酸性沙质壤土，平地或向阳的山坡均可种植，前茬以禾本科作物为宜。早春利用灭茬机进行土壤深松起垄，深度达35cm以上，利于保墒，同时提高出苗率20%～30%。加深耕作层，改善耕层结构，利于根系伸长、增粗、分叉减少，提高产量和质量等级。结合整地化肥深施到耕层15cm左右做基肥，每亩施入有机肥3000～4000kg，三元素复合肥20kg，配以复合生物菌肥1kg。

(二) 种植方法采用种子繁殖方法

(1) 种子处理。由于黄芪种子种皮坚硬不易透水，存在休眠状态，故必须以机械、物理或化学方法促使其发芽。

① 沸水催芽。将选好的种子放入沸水中搅拌1min立即加入冷水，将水温调到40℃后浸泡2～4h时，将种子膨胀的部分捞出，未膨胀的种子再以40～50℃水浸泡到膨胀时捞出，加覆盖物闷12h，待萌动时播种。

② 机械损伤。将种子用石碾快速碾数遍，使外种皮由棕黑色有光泽的变为灰棕色表皮粗糙时为度，以利种子吸水膨胀。或将种子拌入2倍的细砂揉搓，擦伤种皮带砂下种。

③ 硫酸处理。对老熟硬实的种子，可用70%～80%浓硫酸溶液浸泡3～5min，取出迅速置流水中冲洗半小时后播种，此法能破坏硬实种皮，发芽率达90%以上，但要慎用。

(2) 播种：采用直播方式。春播在“清明”前后，秋播在“白露”前后。在垄上开沟8～10cm，施入三元素复合肥(N、P、K各15%)10kg做种肥，覆土5cm，踩底格子后采用条播方式，把处理好的种子均匀撒入沟内，再覆土3～5cm镇压一次即可。一般每亩用种量2～3kg。

(三) 田间管理

(1) 间苗、定苗、补苗。当苗高5～7cm时进行第一次间苗，通过2～3次间苗后，每隔8～10cm留壮苗1株。如遇缺棵，应小苗带土补植，也可重播催芽籽补苗。

(2) 中耕除草。黄芪幼苗生长缓慢，不注意除草易造成草荒，因此，在苗高5cm左右时，要结合间苗及时进行中耕除草。第二次于苗高8～9cm，第三次于定苗后各进行中耕除草1次。翌年以后于5、6、9月各除草1次。

(3) 追肥。黄芪喜肥，在生长前两年，每年结合中耕除草追1次肥，每亩追施腐熟人畜粪水1000kg或三元素复合肥(N、P、K各15%)7～8kg。第一年冬季枯苗后每亩施入厩肥2000kg加三元素复合肥(N、P、K各15%)10kg、饼肥150kg，混合拌匀后于行间开沟施入，施后培土防冻。

(4) 打顶。为了控制植株高度生长,减少养分的消耗,于 7 月底前进行打顶。可以增产。

(四) 病虫害防治

(1) 白粉病。高温多湿的 7～8 月间为盛发期,危害叶片和荚果。受害叶片两面和荚果表面均生有白色绒状霉斑,后期出现很多小黑点,严重减产。可于发病初期用 25%粉锈宁 1500 倍液或 1∶1∶120 波尔多液喷雾 2～3 次,效果较好。

(2) 黄芪紫纹羽病。俗称"红根病"。因发病后根部变成红褐色,先由须根发病,而后逐渐向主根蔓延,根部自皮层向内部腐烂,最后全根烂完。防治方法:除清除病残体、轮作、雨季排水外,可结合整地每 667m^2 用 70%敌克松 1.5～2.0kg 进行土壤消毒或发病初期用多菌灵、甲托、退菌特等灌根。

(3) 蚜虫。7～8 月份发生,为害嫩梢,高温干旱年份尤为严重,可用 40%乐果 1000～1500 倍或 50%避蚜雾 2000～3000 倍喷雾防治。

(4) 豆荚螟。成虫在黄芪嫩荚或花包上产卵,孵化后幼虫蛀入荚内咬食种子。老熟幼虫钻出果荚外,入土结茧越冬。在花期用敌敌畏或敌杀死按用量每隔 7d 喷施 1 次,连续喷 3～4 次,直到种子成熟为止。

(五) 留种与采种

留种选 3 年生以上(含 3 年)生长健壮、无病虫害地块作黄芪种子田。对种子田管理,在一般大田管理的基础上(切勿打掉花芽),于 7 月中旬增施 1 次磷肥、钾肥,每亩施过磷酸钙 25kg,氯化钾 10kg,促使花盛果多,籽粒饱满。结果种熟期间,如遇高温干旱,应及时灌水,降低种子硬实率,提高种子质量。黄芪种子的采收宜在 8 月果荚下垂黄熟,种子变褐色时立即进行,否则果荚开裂,种子散失,难以采收。因种子成熟期不一致,应随熟随采。若小面积留种,最好分期分批采收,并将成熟果穗逐个剪下,舍弃果穗先端未成熟的果实,留用中下部成熟的果荚。若大面积留种,可待田里 70%～80%果实成熟时一次采收。收后先将果枝倒挂阴干几天,使种子后熟,再晒干,脱粒、扬净、贮藏。

(六) 采收与加工

一般 2～3 年采收,生长年限过久可产生黑心,影响品质。一般 9 月中下旬采收为佳。用工具小心挖取全根,避免碰伤外皮和断根,去净泥土,趁鲜切去芦头,修去须根,晒至半干,堆放 1～2 堆,使其回潮,再摊开晾晒,反复晾晒,直至全干,将根理顺直,扎成小捆,即可供药用。质量以条粗、皱纹少、断面色黄白、粉性足,味甘者为佳。正常年份每亩可产干品 300kg 左右。

藿　香

为唇形科植物。主产四川、江苏、浙江、湖南;我国大部分地区有栽培,多年生草本,高达 1m,有香气。茎方形,略带红色,上部微被柔毛。叶对生,心状卵形或长圆状披针形,长 2.5～11cm,宽 1.5～6.5cm,边缘有不整齐钝锯齿,下面有短柔毛和腺点。轮伞花序组成顶生的假穗状花序;苞片披针形;花萼筒状,具 15 条纵脉,5 齿裂,有缘毛和腺点;花冠淡紫色或红色,2 唇形,下唇中部裂片有波状细齿;雄蕊 4 枚,伸出花冠外。小坚果顶端有毛。花期 6～7 月,果期 10～11 月。生于路边、田野。

藿香性味辛,微温。归脾、胃、肺经。芳香化浊,开胃止呕,发表解暑。用于湿浊中阻,脘痞呕吐,暑湿倦怠,胸闷不舒,寒湿闭暑,腹痛吐泻,鼻渊头痛。用于湿阻脾胃、脘腹胀满、湿温初起;用于呕吐、泄泻等。用于暑湿症;用于恶寒发热、胸脘满闷。

【藿香的繁殖及栽培管理】

(一) 繁殖:采用种子繁殖。

(1) 选地与整地。选排水良好,深厚、肥沃而疏松的沙质壤土为好。每亩施厩肥 1500kg 作基肥,均匀撒在地里。深耕 20～25cm,耙细整平,做宽 1.2m 的畦,两边挖排水沟。

(2) 种子繁殖

① 采种。选生长健壮、无病虫害的植株留种。待种子大部分变为棕色时收割,置于阴凉处,后熟几日。打落种子,簸去杂质,贮藏备用。

② 播种。春播或秋播均可。北方多于春季 3 月底 4 月初播种。在畦面上按行距 25～30cm 开深 1～1.5cm 的浅沟,将种子均匀播入沟内,覆土后稍加镇压,保持土壤湿润。一般温度在 18℃左右时,10d 左右即可出苗。每亩用种量为 1kg。

(二) 栽培管理

(1) 间苗。苗高 3～5cm 时间苗。拔除细弱和过密的苗。苗高 10cm 左右时,按株距 10～15cm 定苗。

(2) 中耕除草。在间苗、定苗的同时进行中耕除草,宜浅除或用手拔草。之后,再进行 2～3 次。

(3) 追肥。定苗后,每亩施稀薄人畜粪水 1000kg,助苗生长;苗高 25～30cm 时,再施人畜粪水 1600kg 或尿 10kg。第一年收获完后,每亩施厩肥 2000kg、过磷酸 15kg,开沟浅施,覆土后浇水。翌年春出苗后加强肥水管理。藿香种植 2 年后,因死苗较多,无保留价值,应换地另种。

薄　荷

别名野薄荷、夜息香、土薄荷,人丹草、野仁丹草等;土名叫“银丹草”。为唇形科薄荷属。在世界广泛分布于北半球温带地区,少数见于南半球;我国广泛分布于各地。世界薄荷属植物约有 30 种;薄荷包含了 25 个种,除了少数为 1 年生植物外,大部分均为具有香味的多年生植物。目前的主产地是美国,最好的薄荷产自英国。茎长约 90cm,毛茸茸的叶片呈锯齿状,花顶生,开紫色、白色和粉红色的花穗。中国现有 12 种,野生的有辣椒荷、欧薄荷、留兰香圆叶薄荷及唇萼薄荷等。薄荷的花朵较小。花萼基部联合成钟形,上部有 5 个三角形齿;花冠为淡红色、淡紫色或乳白色,4 裂片基部联合;正常花朵有雄蕊 4 枚(有的品种雄蕊不露或仅留痕迹),着生在花冠壁上;雌蕊 1 枚,花柱顶端 2 裂,伸出花冠外面。正常花(即雌、雄蕊俱全)的花朵较大,雄蕊不露或仅留痕迹的,花朵较小。在自然生长情况下,每年开花 1 次。而在人工栽培条件下,一年一般收割 2 次,开花 2 次(有的品种和某些地区例外),花期因品种和地区而异。一天中的开花高峰期,常随气候条件而变化。若天气晴朗,一般在上午 6～9 时,阴天或雨天向后推迟,下午停止开放。薄荷自花授粉一般不能结实,必须靠风或昆虫进行异花传粉方能结实。通常自现蕾至开花约需 10～15d,一朵花自开放至种子成熟约需 20d 左右。结实率高低因品种和环境条件而异。一朵花最多能结 4 粒种子,贮于钟形花萼内。果实为小坚果,长圆状卵形,种子很小,淡褐色,万粒重仅 1g 左右,每市斤种子可达到 500 万粒左右。

薄荷脑和薄荷素油具有特殊的芳香、辛辣感和凉感,主要用于牙膏、食品、烟草、酒、清凉饮料、化妆品、香皂的加香;在医药上广泛用于祛风、防腐、消炎、镇痛、止痒、健胃等药品中。全草入药,辛,凉。归肺、肝经,有发散风热,清利咽喉,透疹解毒,疏肝解郁和止痒等功效,适用于感冒发热、头痛、咽喉肿痛、无汗、风火赤眼、风疹、皮肤发痒、疝痛、下痢及瘰疬等症,外用有轻微的止痛作用,用于神经痛等。

【薄荷种植技术】

薄荷生于河沟边或山野潮湿地,现多为药农种植。家庭盆栽薄荷也极简便。

家庭盆栽可 3~4 月间挖取粗壮、白色的根状茎,剪成长 8cm 左右的根段,埋入盆土中经 20d 左右就能长出新株。也可在 5~6 月剪取嫩茎头遮阴扦插。薄荷属多年生植物,根系发达,每年春季翻盆换土时,可分离出大量的植株。平时保持盆土偏湿。施肥以氮肥为主,磷钾为辅,薄肥勤施。医药用草常在生长期采收两次。第一次(头刀)是在小暑节前 5~6d,叶正茂盛,花还未开放时,割取地上部分;第二次是在秋分至寒露间,花朵盛开,叶未凋落时。药用以第二次采收的为最好。两次采收的茎叶可洗净、切断、晒干,放甏中防失香气或被霉蛀,供全年药用。

薄荷除了少数品种为 1 年生植物外,大部分均为具有香味的多年生植物。薄荷的品种很多,但不管是哪一种,其共同特性皆是适应性强,耐寒且好种植,非常适合新手栽培。薄荷喜欢光线明亮但不直接照射到的阳光之处,同时要有丰润的水分。因此,浇水最好在土壤未完全干燥之时进行。薄荷生长极快,随时可采下食用,泡茶入菜都是不错的选择。有些草本香草植物越摘,植株会越茂盛,薄荷就是其中的一种。

薄荷可用分株法或扦插法繁殖,在生长季节(春至夏季为佳)中利用切成一节节的茎繁殖,非常容易发根。薄荷喜温暖潮湿和阳光充足、雨量充沛的环境。根茎在 5~6℃就可萌发出苗,其植株最适生长温度为 20~30℃。有较强的耐寒能力。栽培薄荷的土壤以疏松肥沃、排水良好的沙质土为好。水分对薄荷的生长发育有较大的影响,植株生长初期和中期要求水分较多。开花期需要晴天和干燥的天气,要求水分较少。

(1) 秧苗繁殖。薄荷可利用种子繁殖,但生产上大多采用根茎繁殖、插枝繁殖、分株繁殖等无性繁殖方式。其中以分株繁殖法简单易行而广为应用,其方法是:选择没有病虫害的健壮母株,使其匍匐茎与地面紧密接触,浇水、追肥 2 次,每亩施尿素 10~15kg。待茎节产生不定根后,将每一节剪开,每一分株就是一株秧苗。

(2) 整地定植。种植前每亩施腐熟有机肥 2000~2500kg 作基肥,深翻土地,耙平整细,开沟作畦,畦宽连沟 1.5m。定植时要按行株距 50cm×35cm 栽植,每穴 1 株。

(3) 田间管理。定植后要浇足定植水,使土壤保持湿润,促进新根发生成活。缓苗后及时中耕除草,保持土面疏松无杂草,且可避免土壤板结。为了使枝叶不相互遮光,要及时导引地上茎和地下茎的生长方向,使不至于拥挤。每次采摘后都要追肥,促进新枝梢的发生,一般亩追人粪尿稀液或尿素液 1500kg。

(4) 采收。薄荷在条件适宜的地区,可栽植 1 次连续 2~3 年采收。一般在主茎高 20cm 左右时,即可开始采收嫩茎叶供食。南方地区一年四季都可采摘,而以气候适宜的 4~8 月份产量最高,品质最佳,采收间隔 15~20d;北方地区冬季采用保护设施栽培,亦可达到周年供应的目的。

(5) 薄荷的病虫害主要有斑枯病、锈病和银纹夜蛾等。斑枯病要及时摘除病株在田外深埋或烧毁,减少浸染源,用 120 倍的波尔多液喷洒,或用 65%代森锌 500 倍液叶面喷雾。锈病应在发病初期用 15%粉锈宁可湿性粉剂 1000 倍液或 40%多菌灵胶悬剂 800 倍液喷雾。银纹液蛾用 90%敌百虫 1000 倍液或 2.5%溴氰菊酯、或 20%杀灭菊酯 1500 倍液喷雾。

细　辛

别名细参、烟袋锅花、小辛、细草、少辛、独叶草、金盆草、山人参等。马兜铃科细辛属。分布南起云南，北至陕西、吉林、黑龙江，西至西藏。多年生草本，有细长芳香的根状茎，先端生叶1～2片。花单生叶腋，贴近地面，常紫色，钟形。根茎上生多数细长的根，呈丛状。根茎顶部分歧，每分枝上生2～3枚鳞片及1～2枚具有长柄的叶；鳞片圆形、膜质，长7～10mm，先端钝圆。叶柄长10～23cm，有短柔毛或无毛；叶片心脏形，长4～8cm，宽5～10cm。花单一，紫红色，由两叶间抽出，花梗在花期长3～5cm多，近花被筒处成直角状弯曲，状如烟袋锅。花被裂片为3，三角状广椭圆形，长9mm，宽11mm，稍尖，由基部反卷。果为假浆果，半球形，长10～15mm，宽15～20mm，顶端有残存花被，成熟后不裂开，腐烂后不规则破裂。花期5月，果期6月。用野生细辛苗、种子、根状茎繁殖。5～8月采收阴干。

细辛生于林下腐殖层深厚稍阴湿处。常见于针阔叶混交林及阔叶林下，密集的灌木丛中，山沟底稍湿润处，林缘或山坡疏林下的湿地。细辛性喜湿润阴凉环境，耐严寒，因此以选疏林地、腐殖多、土层深厚、疏松、肥沃的壤土为宜，或带有轻砂性阴凉湿润的背阴坡栽培为佳。

细辛性温，味辛，是一种带“剧毒”的中草药。细辛功能温经散寒、化饮、祛风止痛，主治风寒头痛、痰饮咳喘、风湿痹痛、牙痛、鼻渊等症。全草含挥发油2.65%。挥发油中主要成分是：甲基丁香酚、黄樟脑油、优香芹酮、冰片等。细辛全草入药，用为解热、利尿、镇痛、镇静药。治头痛，有发汗、祛痰之效。也可做农药杀虫剂和杀菌剂。

【细辛栽培技术】

(一) 选地、整地

细辛喜疏松肥沃、富含有机质土壤，酸碱度以中性或微酸性为好。忌强光、怕干旱，因此东北主产区多选林下栽培，用老参地或农田种植必须搭棚遮阴。林下栽培对树种要求不严，但以阔叶林最好，针阔混合林次之。坡向以东西向为好，坡度最好在10°以内；山地栽培应选择北坡和东北坡。坡度在30°以下。

整地宜在春夏季进行，早整地有利于土壤熟化，使细辛生长好，病害轻。刨地前将林她的小灌木或过密树枝去掉，保持林下有50%～60%的透光率，刨地深度15～20cm，消除石块、树根，搂平土面，作成宽1～1.2m、长10～20m、高20cm左右的高畦，作业道宽50～100cm，土层厚作业道可稍窄，土层薄作业道宽些，以保证畦面有足够的土量。

山地栽培由山地的下端向上每开垦40～50cm，留10～15m植被带。耕翻晾晒后打碎土块，清除蒿草、树根等杂物，顺山做畦，畦高15cm。

(二) 繁殖方式

主要用种子繁殖，也可分根繁殖。

(1) 种子繁殖:种子处理的方法是在林下背阴处挖一浅坑，深约15cm，大小依种子多少而定，将1份种子与5份以上的沙子拌匀放入坑内，上盖约5cm沙子，上面再盖树叶或稻草。常检查，注意保温不积水，经45d左右应及时播种以免发芽。

① 播种方法。撒播、条播、穴播均可。撒播可将种子与10倍细沙或土拌匀撒于畦面每平方米播种子30g左右。条播在畦上按行距10cm，播幅4cm，每行播130粒左右。穴播行距13cm，穴距7cm，每穴播7～10粒。播后用腐殖土或过筛的细土覆盖，厚约2.5cm，其上再盖草或树叶3cm左右。保持土壤湿润。

细辛可直播,在原地生长 3～4 年收挖产品。在种子充足的情况下可以采用。目前产区为充分利用种子扩大种植面积,多采用育苗移栽。以移栽 2～3 年苗为好,在每年的秋末春初地上部枯萎后或幼苗萌动前进行。栽植方法是在施足基肥的畦上横向开沟,行距 17～20cm,株距 7～10cm,将种根在沟内摆好,让根舒展,覆土厚度以芽苞离土表 5cm 左右为宜,上面盖草或树叶。还可按行距 15cm 挖穴栽植,每行栽 7～10 穴。

山地育苗宜选择下半部较平坦湿润的地方,于 6 月中下旬细辛种子成熟后采收。选择饱满、无病的种子,在做好的畦上散播或条播。用鲜种子 100～120g/cm^2,保持畦面土壤湿润,利于细辛种子胚根和胚芽的生长发育。

② 移植时间及方法。山地适宜移植时间为 9 月下旬至 10 月上旬。移植前先将种苗用多菌灵可湿性粉剂 1000 倍液浸泡 1h,捞出控干浮水进行移植。沿山坡的下端,在作好的畦上横畦开沟斜栽,行距 20～35cm,穴距 15～20cm,每穴栽植一、二级苗 5 株,三级苗 6～7 株,覆土 3cm,搂平后覆盖松针或山草 2～4cm。

(2) 分根繁殖:利用收获的植株,将根状茎上部 4～5cm 长的一段剪下,每断必须有 1～2 个芽苞并保留根条,然后按 20cm×20cm 的株行距挖穴,每穴种 2～3 段根茎。

(三) 田间管理

(1) 浇水除草。细辛根系浅,不耐干旱,特别是育苗地,种子细小,覆土浅,必须经常检查土壤湿度,土壤干时及时浇水,以保证苗全、苗壮。应注意及时拔草,畦上畦沟均应无杂草。

(2) 调节光照。5 月份以前气温低,细辛苗要求较大光照,可不用遮阴。从 6 月开始,光照应该控制在 50%～60%的透光率,利用老参地栽细辛必须搭好荫棚,林间栽培也要按细辛对光照的要求补棚或修理树枝。

(3) 施肥培土。细辛是喜肥植物,种植在瘠薄的土壤里,如果不施肥,生长极其缓慢。基肥以猪圈粪为最好,熏土肥(老虎粪)次之,化肥以过磷酸钙为好。每年 5 月和 7 月可分别用过磷酸钙 1kg 加清水 50kg 搅拌溶解后取上清液,用喷壶向畦面浇灌,每 20m^2 用过磷酸钙 1kg。

入冬以后,每亩用猪圈粪 4000kg 掺入过磷酸钙 40kg 一起发酵,将已发酵好的肥料与 5 倍左右的腐殖土混合一起撒盖于细辛畦上,既起到来年的施肥作用,又可保护芽苞安全越冬。因为细辛根茎每年向上生长一节,其上芽苞如果不加保护,易受冻害。

(4) 摘除花蕾:多年生植株每年开花结实,消耗大量养料,影响产量,因此除留种地以外,当花蕾从地面抽出时全部摘除。

(四) 采收加工

采收年限为 5 年以上植株;以根入药最佳采收期为 4 月、5 月和 9 月;全草入药最佳采期为 8 月下旬。用镐深掘,将细辛连根挖出,防止须根拆断,除净泥土,保持茎叶根完整,捆成小把,悬挂在通风的棚下阴于或晾干,但不宜在强烈日光下晒干。也不得用水洗,以免气味降低。或者在加工厂水洗,低温烘干。

接骨木

别名公道老,扦扦活、马尿骚、大接骨丹。忍冬科接骨木属。主要分布东北、华北各省,内蒙古也有引种。落叶灌木至小乔木,达 4～8m,枝有皮孔,光滑无毛,髓心淡黄棕色。奇数羽状复叶,椭圆状披针形,长 5～12cm,端尖至渐尖,基部阔楔形,常不对称,缘具锯齿,两面光滑无毛,揉碎后有臭味。圆锥状聚伞花序顶生,花冠辐状,白色至淡黄色。浆果状核果等球形,黑紫色或红色。花期 4～5 月，果 6～7 月成熟。性强健，喜光，耐寒，耐旱。根系发达，萌蘖性强。

接骨木性味甘、苦，平。归肝经。接骨续筋，活血止痛，祛风利湿。用于骨折，跌打损伤，风湿性关节炎，痛风，大骨节病，急、慢性肾炎；外用治创伤出血。生长在林缘或水边，也可用于城市、工厂的防护林。

【接骨木栽培管理】

每年春、秋季均可移苗，剪除柔弱、不充实和干枯的嫩梢。生长期可施肥 2～3 次，对徒长枝适当截短，增加分枝。接骨木虽喜半阴环境，但长期生长在光照不足的条件下，枝条柔弱细长，开花疏散，树姿欠佳。接骨木初夏开白花，初秋结红果，适宜于水边、林缘和草坪边缘栽植，可盆栽或配置花境观赏。

(1) 选地、整地。宜选择山坡、溪边或灌木丛中，土壤肥沃疏松的坡地或缓坡地均可，翻耕土地，清除杂草、树根，作畦，宽 1～1.2m，高 20cm。秋冬翻耕，春季整地起畦，畦宽 1.2m，每亩施入 3000kg 的腐熟的农家肥作基肥。

(2) 繁殖方法。用种子繁殖。3 月下旬至 4 月初种植。在 10 月果实成熟时，采收晒干后取出种子，选粒大、饱满鲜果作种。种子较小，种皮坚硬，且不透水，需用砂纸摩擦种皮，或用 4 倍的干细沙与种子拌匀，于盛器中轻轻研磨，至种皮变得粗糙失去光泽为度。经过处理的种子发芽率可由 40%～60%提高到 90%以上，将种子均匀撒播在整好的苗床上，覆土 0.5cm，盖草，浇水保湿。

(3) 田间管理。

① 间苗。当苗长出 3～6cm 时，去弱留强，去密留疏。

② 除草浇水。苗期地面裸露较多，杂草生长快，应及时清除，直至封行。干旱时要及时淋水，保持湿润。

③ 追肥。苗长至 25～30cm 时，施 1 次人畜粪水肥，之后每隔 30～40d 追施 1 次。在收割清理田园后，适当施腐熟的农家肥以促进新芽萌发生长。

④ 接骨木病虫害。常见溃疡病、叶斑病和白粉病危害，可用 65%代森可湿性粉 1000 倍液喷洒。虫害有透翅蛾、夜蛾和介壳虫危害，用 50%杀螟松乳油 1000 倍液喷杀。

木　通

别名关木通、东北木通、苦木通。马兜铃科木通属。主产于黑龙江、吉林、辽宁和山西、陕西、甘肃等地。为多年生缠绕性木质大型藤本植物，藤茎呈长圆柱形，稍扭曲，茎长 8～10m，最长者可达 30m。节部稍膨大。叶互生，叶片圆状心形，全缘。花单一，腋生于短枝上。果实 6 柱棱形。种子心状三角形，浅灰褐色，背面凸起，有小突起，腹部凹入，平滑无毛。花期 5 月，果熟期 8～9 月。以茎条均匀、无粗皮、断面色黄者为佳。木通圆柱形，常稍扭曲，表面灰棕色至灰褐色，外皮粗糙而有许多不规则的裂纹或纵沟纹，具突起的皮孔。节部膨大或不明显，具侧枝断痕。体轻，质坚实，不易折断，断面不整齐，皮部较厚，黄棕色，可见淡黄色颗粒状小点，木部黄白色，射线呈放射状排列，髓小或有时中空，黄白色或黄棕色。气微，味微苦而涩。

喜湿润、耐严寒的特征。适宜中温带冬冷夏热湿山地气候，要求年平均气温 3℃左右，林间郁闭度为 0.5～0.8 之间。植株缠绕于乔木或灌木上生长。

木通性味苦，凉。入心、小肠、膀胱经。泻火行水，通利血脉。治小便赤涩，淋浊，水肿，胸中烦热，喉痹咽痛，遍身拘痛，妇女经闭，乳汁不通。

【木通栽培技术】

(一) 选地、整地

栽培地应选择灌溉方便、排水良好的杂木林,次生林山区沟谷地、缓坡地带,坡度不超过10°~15°,肥沃的棕色森林土、沙质土。播种前进行整地。

(二) 繁殖方式

用种子繁殖。适宜种植时间为 4~10 月。选阴雨天或晴天下午太阳偏斜时,按行距 20~25cm 开沟条播,株距可依土质肥瘠、管理粗细、排灌难易而定。种子播入沟内后,覆土 2~3cm,镇压即可。

(三) 田间管理

(1) 水分管理。播种后保持土壤湿润,幼苗生长期应注意排水。

(2) 搭架。苗高 30cm 以上应塔架扶蔓。采取人工搭架时,可将各种树枝搭成篱笆支架,可利用小乔木或灌木,如蔓荆子、山毛豆等。

(3) 施肥。生长期每年施农家肥 2~3 次。

(四) 病虫害防治

东北木通在生长期间病害较少,主要是虫害。

(1) 马兜铃凤蝶:幼虫在 7~9 月咬食叶片和茎。

防治方法:人工捕杀;发生期用 90%的敌百虫 500~800 倍液喷洒。

(2) 蚜虫。为害叶片。防治方法:用 40%乐果乳剂 2000 倍液喷洒。

(五) 采收加工

秋冬两季割取基部,去掉头尾和幼枝,刮去外表木柱质粗皮,晒干。干燥过程中,将藤茎理直,至七八成干时,按直径粗细分档扎捆,再继续干燥即成。

(六) 留种技术

选粒大、饱满、无病虫害的种子留种。

苜　蓿

亦称紫苜蓿或紫花苜蓿。紫苜蓿分布很广,我国大部分地区均有栽培。苜蓿豆科多年生草本植物,似三叶草,耐干旱,耐冷热,产量高而质优,又能改良土壤,因而为人所知。广泛栽培,主要用制干草、青贮饲料或用作牧草。植株高 30~90cm,主根长,分枝多,从部分埋於土壤表层的根颈处生出。植株生长时许多茎从根颈芽生出,通常直立,茎上有多数具三小叶的复叶,近无毛。小叶倒卵形或倒披针形,长 1~2cm,宽约 0.5cm,顶端圆,中肋稍凸出,上半部叶有锯齿,基部狭楔形;托叶狭披针形,全缘。总状花序腋生,紫色。荚果螺旋形,无刺,顶端有尖喙嘴,含 2~8 枚乃至更多的种子。花果期 5~6 月。花小。在阳光充足,热量中等,气候干燥,有传粉昆虫的地区生长繁盛。

苜蓿性味甘、淡,性微寒。归脾、胃、肾经。清脾胃;清湿热;利尿;消肿。

绿叶的苜蓿干草营养丰富,为牲畜所爱食,含约 16%的蛋白质及 8%的矿物质,又富含维生素 A、E、D 及 K。

【苜蓿耕作技术】

(一) 选　地

苜蓿适应性广,可以在各种地形、土壤中生长。但最适宜的条件是土质松软的沙质壤土,

pH 值为 6.5～7.5，冬季温度－20℃左右，年降水量在 300～800mm，不宜种植在低洼及易积水的地里。轻度盐碱地上可以种植，但当土壤中盐分超过 0.3%时要采取压盐措施。为了便于机械化运输及操作管理，尽量选择交通便利、大面积连片具有排灌措施的地块。

（二）整　地

苜蓿种子小，苗期生长慢，易受杂草的危害，播前一定要精细整地。整地时间最好在夏季，深翻、深耙一次，将杂草翻入深层。秋播前如杂草多，还要再深翻一次或旋耕一次，然后耙平，达到播种要求。

苜蓿有根瘤，能为根部提供氮素营养，一般地力条件下不提倡施氮肥。据有关研究表明，苜蓿施磷肥后增产效果比较明显，且一次施足底肥和以后分期施肥效果基本一样。播前结合整地施有机肥 2～3m^3/亩、纯磷 8～16kg/亩一次施入。由于苜蓿生长过程中茎叶带走大量的钾，有条件的地方可适当施些钾肥以维持高产，为了防止苗期杂草的发生，播前将 48%的氟乐灵（100mL/亩）喷入土中，结合整地施入 5cm 土中，有效期可达 3～5 个月。

（三）选　种

选择适宜的良种是种好苜蓿成功的第一步。因为苜蓿是多年生植物，一次播种后，少则利用 2～3 年，多则利用 4～5 年，一旦选错，几年受损。目前国内品种表现较好的有保定苜蓿、甘农 1 号杂花苜蓿、新疆大叶苜蓿、敖汉苜蓿、中苜 1 号耐盐苜蓿等。国外引进的比较好的有美国的皇后、WL323、WL320、安斯塔、百绿及日本的立若叶和北若叶苜蓿。国外引进的品种直立性好，利于机械化收割。

（四）种子处理

国内生产的种子有的杂质较多，品质不能保证，所以一定要清选，使净度 90%以上、发芽率 85%以上，纯度 98%以上才行。播前种子最好进行丸衣化处理。按“种子（500kg）＋包衣材料（150kg）＋黏合剂（1.5kg）＋水（75kg）＋钼酸铵（1.5kg）”的配方进行，使种子在苗期不受病虫害、杂草等的危害，才能健壮生长。

（五）播种时间

北方一年两熟地区，一般采用秋播。土壤水分充足，温度适宜，杂草和病虫害较少。播种期为 8 月 10 日～9 月 10 日。太晚影响正常越冬。

（六）播种方法及播种量

以条播为主，行距 30cm，利于通风透光及田间管理。播种量一般为 1kg/亩左右，采种田要少些，盐碱地可适当多些，播量过大苗细弱。播种深度是影响出苗好坏的关键，一般播种最佳深度为 0.5～1cm。

（七）田间管理

（1）除草。除草在幼苗期和夏季收割后进行，由于这两个时期苜蓿生长势较弱，受杂草危害较为严重，特别是夏季收割后，水热同步杂草生长快，不论采取什么方法，一定要做到及时规范。选择除草剂要慎重，以免造成牲畜中毒。

（2）灌水与排水。苜蓿耗水量大，每生产 1kg 干物质需水 800L。在冬前、返青后、干旱时要浇水。低洼地要注意雨季排水，水淹 24h 苜蓿会死亡。

（3）病虫害防治。苜蓿生育期间遇到病虫害时一定要及时防治，否则会影响产量和品质。一般用杀螟松、乐果、氰戊菊酯等喷雾，防治害虫，如发生锈病、褐斑病、霜霉病，用多菌灵、托布津等药剂防治。

我国苜蓿常见的病害主要有锈病、霜霉病、褐斑病、白粉病、夏季黑茎病、黑茎和叶斑病、黄斑病和轮斑病等8种。其中以锈病分布最为广泛,发生于我国13个区,从南到北均有分布,其次为霜霉病、褐斑病、白粉病等。在进行苜蓿生产时,对上述病害应给予充分注意。在苜蓿病害综合防治体系中,农药的应用十分有限。所以苜蓿病害的防治更加注重于"防",更加依赖于农牧措施。包括整地(区域、地点、前作、种床、肥力)、播种(品种、种子质量、种子处理、单播、混播、播期、播量、播深)、田间管理(肥料、水分、杂草、病害监测、虫害监测、田间建植、残茬)、利用与收获(刈割、放牧、收种、利用方式、利用时机、利用顺序)、储藏(温度、湿度、氧气、药剂)的全过程。

(八) 苜蓿收割

(1) 收割时期。一般在始花期,也就是开花达到1/10时开始收割,最晚不能超过盛花期。

(2) 收割次数及留茬高度。苜蓿为多年生植物,再生性强,每年可收割3～4次,最后一次收割不要太晚,否则影响养分积累,不利于安全越冬。一般收割后要留出40～50d的生长期。留茬高度以5cm为宜。

(3) 产量。一亩地割一茬可产1500斤左右。一年最多可以收割四茬,蓿根牧草,一次播种10年受益。

夏枯草

别名灯笼头、山菠菜等。为唇形科夏枯草属。主要分布黑龙江,吉林,辽宁,山西,山东,江苏,浙江,安徽及江西,海拔可达1700m。多年生草本,具有匍匐茎及从下部节上生出的密集须根。茎高20～60cm,钝四棱形,具疏柔毛,尤以上部为甚,紫红色。茎叶卵圆形或卵圆状长圆形,长3～4.5cm,宽1～1.5cm,先端钝或近急尖,基部楔形或渐狭,上面绿色,贴生微疏柔毛或近无毛,下面淡绿色;花序聚集于枝顶组成长3～5cm的穗状,每一轮伞花序下方均承以苞片;苞片向上渐变小,扁圆形,宽大,长5～8mm,宽6～15mm,先端染红色,具长2～3mm尾状尖头,膜质,有自基部放射状的脉,脉在边缘上闭锁。花萼连齿在内长约10mm,先端红色或紫色,筒长4mm,陀螺状,外面被白色具节柔毛,内面无毛,萼檐二唇形,上唇扁平,宽大,近圆形,宽约6mm,明显具网脉,外面在两侧肋上具疏柔毛,两侧边缘具纤毛。

夏枯草生于路旁、山坡草地、灌丛及潮湿地上。全草入药,民间用作利尿,降血压,治淋病及瘰疬,又可当茶饮。

【夏枯草的栽培技术】

(一) 繁殖方法

(1) 选地与整地。选阳光充足、排水良好的沙壤土为佳,其次为黏壤土和石灰质壤土。每亩施厩肥2000kg,深耕20～25cm,使土壤细碎疏松,整细整平,做宽1.2m的畦。

(2) 种子繁殖。

① 采种。花穗变黄褐色时,摘下果穗晒干,抖下种子,去其杂质,贮存备用。

② 播种。北方春播,于3月下旬至4月中旬;秋播于8月下旬。多用条播,在畦上按行距20～25cm开沟,沟深0.5～1cm。将种子均匀播入沟中覆细土,稍稍镇压,浇水,经常保持土壤湿润。15d左右出苗,亩用种量0.5～1kg。

(3) 分株繁殖。春季未萌芽时,将老根挖出,进行分株。按行株距25cm×10cm挖穴,每穴栽1～2株。栽后覆土压实,浇水,保持土壤湿润,7～10d出苗。

(二) 田间管理

(1) 间苗。种子繁殖，在苗高 5cm 左右时，去弱苗留强苗；苗高 8～10cm 时，按行距 5～10cm 定苗。

(2) 松土除草。出苗后及时松土除草，宜浅锄勿伤根，幼苗期勤松土除草。

(3) 追肥。幼苗高 10cm 左右时，每亩施稀薄人畜粪水 1000kg，施后再浇清水一遍。花前施圈肥 1000kg、磷酸钙 15kg，开浅沟沟施或撒施，施后浇水。

(三) 采　收

当苗高 7～8cm 时，可将间拔的幼苗供食。当植株高 15cm 以上时，则采摘嫩茎叶食用。可采收到 6 月下旬。未采摘茎叶的植株于 5 月上旬现蕾、开花，6 月下旬果实成熟。当花穗变成棕褐色及时采下，晒干收籽。

泽　泻

别名水泽、天鹅蛋、一枝花、如意花。为泽泻科泽泻属。主要分布黑龙江、吉林、辽宁、内蒙古、河北、山西、陕西、新疆、云南等地。原苏联、日本、欧洲、北美洲、大洋洲等均有分布。泽泻为水生植物，沉水叶条形或披针形；挺水叶宽披针形、椭圆形至卵形。花葶高 78～100cm，或更高；花序长 15～50cm。多年生草本，高可达 100cm，地下茎球形或卵圆形，密生多数须根。单生叶、数片单生基部，叶片椭圆形，有明显弧形脉 5～7 条。花丛自叶丛中生出，为大型轮生状的同锥花序，小花梗长短不一。果环状排列，扁平倒卵形，褐色。该物种为中国植物图谱数据库收录的有毒植物，其毒性为全株有毒，地下块茎毒性较大。茎、叶中含有毒汁液，牲畜皮肤触之可发痒、发红、起泡；食后产生腹痛、腹泻等症状，还能引起麻痹。生于湖泊、河湾、溪流、水塘的浅水带，沼泽、沟渠及低洼湿地也有生长。喜生长在温暖地区，耐高湿，怕寒冷，土壤以肥沃而稍带黏性的土质为宜，幼苗期喜荫蔽，移栽后则喜阳光充足，通常栽培于水田或烂泥田里，前作多为早稻。

可用于园林沼泽浅水区的水景布置，整体观赏效果甚佳。在水景中既可观叶、又可观花。泽泻性味甘，寒。归肾、膀胱经。利小便，清湿热。用于小便不利，水肿胀满，泄泻尿少，痰饮眩晕，热淋涩痛；高血脂。

【泽泻栽培技术】

(一) 栽培技术

用种子繁殖。先培育种子，再育苗移栽。种子培育是将经过选择的种株挖出，用分芽繁殖或块茎繁殖另行栽培，收得成熟种子。播种前将种子用清水浸泡 24～48h，晾干水气，与草木灰拌和。播种期，在 6 月中旬至 7 月上旬撒播，5d 左右，大部分萌芽。一般育苗 $1hm^2$，可栽种 $25hm^2$ 左右。移栽期一般在 8 月，选 17～20cm 的秋苗，按行株距(30～33cm)栽植。

(二) 田间管理

移栽后，3～5d 内应及时检查，如有缺株，应重新补苗，整个生长期中，中耕除草 3～4 次，与施肥结合进行，用人畜粪水，也可用厩肥与尿素拌和施用。施用前先排水，施后中耕除草，隔 1～2d 后灌水。

宜浅水灌溉，不同阶段，掌握不同的灌水深度。移栽后灌水深 2～3cm，生长旺盛期灌水深 3～5cm，在块茎膨大时期应减水田，使田内呈“花花水面”。11 月上旬逐渐排干。9 月中旬逐渐抽出花苔和侧芽，须及时摘除。

(三) 病虫害防治

病害有白斑病,为害叶片,可于播种前用40%甲醛80倍液浸种5min,洗净晾干后播种。虫害有莲缢管蚜为害叶柄、嫩茎,可用化学药剂喷杀。银蚊夜蛾幼虫咬食叶片,用90%敌百虫1000倍液喷杀。

紫 苏

别名赤苏、红苏、黑苏、红紫苏、皱紫苏。为唇形科紫苏属。全国各地均有栽培,长江以南各省有野生,见于村边或路旁。紫苏1年生草本植物,株高60~180cm,有特异芳香。茎四棱形,紫色、绿紫色或绿色,有长柔毛,以茎节部较密。单叶对生;叶片宽卵形或圆卵形,长7~21cm,宽4.5~16cm,基部圆形或广楔形,先端渐尖或尾状尖,边缘具粗锯齿,两面紫色,或面青背紫,或两面绿色,上面被疏柔毛,下面脉上被贴生柔毛;叶柄长2.5~12cm,密被长柔毛。轮伞花序2花,组成顶生和腋生的假总状花序;每花有1苞片,苞片卵圆形,先端渐尖;花萼钟状,二唇形,具5裂,下部被长柔毛,内面喉部具疏柔毛;花冠紫红色成粉红色至白色,二唇形,上唇微凹,下唇3枚,2强;子房4裂,柱头2裂。小坚果近球形,棕褐色或灰白色。紫苏适应性很强,对土壤要求不严,排水良好,沙质壤土、壤土、黏壤土,房前屋后、沟边地边,肥沃的土壤上栽培,生长良好。前茬作物以蔬菜为好。果树幼林下均能栽种。

紫苏子性味辛,温。归肺、脾经。发汗解表,理气宽中,解鱼蟹毒。用于风寒感冒,头痛,咳嗽,胸腹胀满,鱼蟹中毒。紫苏在我国种植应用约有近2000年的历史,主要用于药用、油用、香料、食用等方面,其叶(苏叶)、梗(苏梗)、果(苏子)均可入药,嫩叶可生食、作汤,茎叶可腌渍。近些年来,紫苏因其特有的活性物质及营养成分,成为一种备受世界关注的多用途植物,经济价值很高。俄罗斯、日本、韩国、美国、加拿大等国对紫苏属植物进行了大量的商业性栽种,开发出了食用油、药品、腌渍品、化妆品等几十种紫苏产品。

【紫苏栽培技术】

紫苏性喜温暖湿润的气候。种子在地温5℃以上时即可萌发,适宜的发芽温度18~23℃。苗期可耐1~2℃的低温。

(1) 栽培方式及栽培季节。北方4月露地播种,也可育苗移栽,6~9月可陆续采收,保护地9月至翌年3月均可播种或育苗栽种,11月至翌年6月收获。

(2) 种子处理及催芽。紫苏种子属深休眠类型,采种后4~5个月才能逐步完全发芽,如果要进行反季节生长,进行低温及赤霉素处理均能有效地打破休眠,将刚采收的种子用100μL/L赤霉素处理并置于低温3℃及光照条件下5~10d,后置于15~20℃光照条件下催芽12d,种子发芽可达80%以上。

(3) 播种育苗。每公顷用种量3kg。按种植面积的8%~10%准备苗床,苗床播种量为10~14g/m²。播前苗床要浇足底水,种子均匀撒播于床面,盖一层见不到种子颗粒的薄土,再均匀撒些稻草,覆盖地膜,然后加小拱棚,以保温保湿,经7~10d即发芽出苗。注意及时揭除地膜,及时间苗,一般间苗3次,以达到不拥挤为标准,苗距约3cm见方。为防止秧苗疯长成高脚苗,应注意及时通风、透气。进入4月份即可揭除小棚薄膜,促使植株粗壮,增强定植后对外界环境的适应性。

(4) 整地定植。土壤在定植前10~15d进行深耕晒垡,每公顷施复合肥1500kg,人粪尿45000kg,垃圾肥75000kg作为基肥。整地做成1.2m毛床,净床面0.9m,要求床面平整。在定植前喷洒除草剂,喷药后除定植穴外,尽量做到不破坏土表除草剂液膜。2d后进行定植,这样可使整个生长季节没有草害发生。定植一般在4月中旬,秧苗有2~3对叶时进行。每床定植6行,株行距均为0.15m。除露地栽培,紫苏可根据不同食用目的,利用保护地进行栽培,如:

① 芽紫苏。将种子播于用300mg/L赤霉素溶液湿润过的苗床或一些简易的育苗盘,当紫苏长至具有4片真叶时,齐地面剪断,收获芽紫苏。

② 穗紫苏:北方冬季利用温室生产,由于日照短,可以促进花芽分化,当长至6~7片真叶时抽穗,穗长至6~8cm时可以收获穗紫苏。

(5) 田间管理。生产期间看长势及时追施尿素7~8次。在整个生长期,要求土壤保持湿润,利于植株快速生长。定植后20~25d要摘除初茬叶,第四节以下的老叶要完全摘除。第五节以上达到12cm宽的叶片摘下腌制。有效节位一般可达20~23节,可采摘达到出口标准的叶40~46张。紫苏分枝力强。对所生分枝应及时摘除。

在管理上,要特别注意及时打杈。由于紫苏的分枝力强,如果不摘除分杈枝,既消耗了养分,拖延了正品叶的生长,又减少了叶片总量而减产。打杈可与摘叶采收同时进行。对不留种的紫苏,可在9月初植株开始生长花序前,留3对叶进行打杈摘心,此3对叶片也能达到成品叶的标准。

(6) 病虫防治。病虫害很少。如出现锈病,可用50%托布津1500倍进行防治,连续喷药2次,每周1次。害虫主要是蚱蜢和小青虫,可采用敌敌畏、速灭杀丁等残效期短的强力杀虫剂喷治。喷药一定要在叶片采摘后立即进行,为降低农药残留量,可延后下一次采叶时间,2对叶片同时采摘。

(7) 叶片的采收。菜用嫩茎叶,可随时采摘。作出口商品的紫苏,需按标准采收,其采收标准是:叶片中间最宽处达到12cm以上,无缺损、无洞孔、无病斑。一般于5月下旬或6月初,若秧苗壮健,从第四对至第五对叶开始即能达到采摘标准。6月中下旬及7月下旬至8月上旬,叶片生长迅速,是采收高峰期,平均3~4d可以采摘一对叶片,其他时间一般每隔6~7d采收一对叶片。从5月下旬至9月上旬,一般可采收20~23对合格的商品叶,腌制后可达株产120g左右。

作药用的苏叶,于秋季种子成熟时,即割下果穗,留下的叶和梗另放阴凉处阴干后收藏。

(8) 采种。以收获种子为目的时,应适当进行摘心处理,即摘除部分茎尖和叶片,以减少茎叶的养分消耗并能增加通透性。在花蕾形成前需追施速效氮肥1次,10kg,过磷酸钙1次,10kg。由于紫苏种子极易自然脱落和被鸟类采食,所以种子40%~50%成熟时割下,在准备好的场地上晾晒数日,脱粒,晒干。如不及时采收,种子极易自然脱落或被鸟食。

第4节　山　野　菜

薇　菜

别名紫萁、野豌豆、巢菜、元修菜、牛毛广。为豆科、大巢菜属植物。主要分布吉林、辽宁、黑龙江等地。多年生草本植物,一般株高达1m,根状茎直立;大的为树干状,直径达2cm;幼时密生红棕色绒毛。不育叶片长40~60cm,宽18~24cm。矩圆形或狭矩圆形,二回羽状深裂,裂片圆头,全缘。能育叶短小,紧缩,裂片条形。

薇菜性微寒,味苦;入肝、脾、肺经。清热解毒,润肺理气,补虚舒络,止血杀虫。主治衄血,吐血,赤痢,子宫功能性出血,风热感冒等病症。

薇菜作为蔬菜已有悠久的历史,过去是救饥荒,现已步入高档餐桌,其经济效益为一般蔬菜的4~5倍。野生薇菜鲜嫩味美,营养丰富,未展开的嫩叶尤为上品。薇菜既可鲜食,又可腌渍、干制。是出口的大宗山珍野菜。目前市场供应多为加工后的薇菜干,薇菜干品宜用温水泡发后食用。

【薇菜的人工栽培技术】

在野生条件下,可选择茎粗10mm以上、长20cm的薇菜单株,带土挖出保持水分,争取第二天定植培育。

(一) 育　苗

于5月底至6月初采集孢子。用20~40mg/L的赤霉素处理1h,播入草灰和土的混合基质中,在光照下萌发。长出营养叶后,减少光照。苗高10~12cm时即可定植。栽植时间春秋均可。

(二) 栽　植

在中性或微酸的土壤中,施足腐熟的有机肥料,做成平畦。栽植时密度按9株/m^2。栽植深度以栽子上部再覆土2cm为宜。栽后立即浇水。

(三) 田间管理

栽后要及时除草、追肥、灌溉,保持土壤湿润。在苗高50cm时,可追肥1次人粪尿,每公顷15000kg。栽培畦的周围可种上1~2行玉米做遮阴物,以利生长。

(四) 采　收

种植当年不采收,翌年采收1次,第三年采收2次。一般于4月采收,采收的标准是当叶柄出土18cm以上,基部直径0.5~0.7cm,头部有蜷缩的嫩叶。当叶柄卷钩半伸时即开始老化,不应采收。

采收时间为第一茬幼叶出土后的6~9d为宜。第一茬采收后,经7~10d第二茬叶出土,出土后6d即可采收。

薇菜采收后应立即加工,洗净去毛后,用沸水煮4min,捞出晾晒。晾晒时,揉搓3~4次,即可包装上市。

蕨　菜

又叫拳头菜、龙头菜、作龙头菜、如意菜等。凤尾蕨科。主要分布吉林、辽宁、黑龙江、河北、内蒙古等地。蕨菜一般株高达1m,根状长而横走,有黑褐色绒毛。早春新生叶拳卷,呈三叉状。柄叶鲜嫩,上披白色绒毛,此时为采集期。叶柄长30~100cm,叶片呈三角形,长60~150cm,宽30~60cm,2~3次羽状分裂,下部羽片对生,褐色孢子囊群连续着生于叶片边缘,有双重囊群盖。地下根茎黑褐色,长而横向伸展,直径0.6~0.8cm,长10cm余,最长可达30cm。叶由地下茎长出,为三回羽状复叶,总长可达100cm以上,略成三角形。第1次裂片对生,第2次裂片长圆状披针形,羽状分裂,小裂片线状长圆形,无毛或仅在背面中脉上有毛,细脉羽状分枝。叶缘向内卷曲。叶柄细嫩时有细茸毛,草质化后茎秆光滑,茸毛消失。夏初,叶里面着生繁殖器官,即子囊群,呈赭褐色。生长浅山区向阳地块,多分布于稀疏针阔混交林。

蕨菜性味甘、寒涩、无毒。归入大肠、膀胱。每 100g 鲜品含蛋白质 0.43g、脂肪 0.39g、糖类 3.6g、有机酸 0.45g，并含有多种维生素。既可当蔬菜又可制饴糖、饼干、代藕粉和药品添加剂。经常食用可治疗高血压、头昏、子宫出血、关节炎等症，并对麻疹、流感有预防作用。

蕨菜野生在林间、山野、松林内，是无任何污染的绿色野菜，不但富含人体需要的多种维生素，还有清肠健胃，舒筋活络等功效。蕨菜食用前经沸水烫后，再浸入凉水中除去异味，便可食用。经处理的蕨菜口感清香滑润，再拌以佐料，清凉爽口，是难得的上乘酒菜。还可以炒吃，加工成干菜，做馅、腌渍成罐头等。

【蕨菜繁殖栽培技术】

（一）有性繁殖

（1）收集孢子。选择外观棕褐色，孢子囊未开裂的孢子囊群，用干净的剪刀将带孢子的叶片剪下，放入纸袋中风干待用。

（2）制作培养基质。用混合土壤播种孢子，既经济又方便。用泥炭土、河沙和草皮灰按比例混合，拌匀、过筛，制成混合土，然后蒸汽灭菌半小时。

（3）孢子播种。播种前一天把准备好的混合土培养容器放在浅水中充分湿润，将孢子均匀地撒播在培养基质上，再盖好盖子，浸放在浅水中，第二天取出培养。

（4）孢子培养。将播种好的容器移到温床或培养箱中培养，温度保持在 25℃，湿度 80% 以上，光照每天 4h 以上。1 个月后孢子萌发，长出幼小原丝体，然后长成扁平心脏形或带状的配子体。在配子体的腹部长出颈卵器和球形精子器。这时每天喷雾 2 次，连续 1 周，精子借水流动出来与卵结合形成胚。1 周后发育成孢子体小植株。

（5）孢子体的移栽。孢子体长出 3～4 片叶后进行第一次移栽，仍倾向用混合土作床土。1～2 周后移到温床外，小苗长大后，进行第二次移栽或定植。

（二）无性繁殖技术

（1）无性芽孢繁殖。有些蕨类植物在羽片腋间和叶轴顶部下面会长出芽孢，有的轴顶端分生组织着地而产生新株，或营养叶顶着地也能产生新株。

（2）营养体繁殖。是将匍匐茎进行分段栽培，也可将直立的根状茎纵切为 2 份栽培，但每段上必须带根带叶才易成活。

（3）组织培养。蕨类植物的体细胞同样具有再生能力。采用这种方法只需采集一小部分营养器官就能培养大量蕨苗。

（三）栽培技术

（1）繁殖。蕨菜的繁殖方式有两种，即有性繁殖（孢子繁殖）和无性繁殖（根茎分株繁殖）。在生产上多采用无性繁殖方法。无性繁殖，将地下根茎挖出，选健壮者分株栽植，行距 70cm～80cm，株距 50～60cm，苗高 10～15cm 时定植。

（2）整地作床。选择富含腐殖质的土壤为宜，整地时施入落叶堆肥、厩肥，做成宽 1m 的平畦或高畦，待土壤解冻后即可栽植。

（3）田间管理。生长期间应勤中耕除草、浇灌，雨季加强排水，以免引起根的腐烂；多次追施薄肥，可采收一次施一次肥，施肥在采收 2～3d 后进行；入冬以枯草覆盖，以保湿防寒；初春发芽前应及时浇水和追肥，促进茎叶萌发。

（4）采收。蕨菜种植一次可采收 10 多年，每年春季和夏初，当幼茎长到 20～25cm 时，叶柄幼嫩，小叶尚未展开而呈拳钩状，即可采收。过晚会影响食用价值，并对来年收获有不良影响,过早则会降低产量。采收时,可用刀割或用手掐,要尽量贴近地面。采收一次后,10～15d可采收第二次,一年可连续采收 2～3 次。

(四) 蕨菜保护地栽培的要点

(1) 整地与栽植。亩施 5000kg 优质腐熟农家肥,深翻整平做畦,按 70cm×50cm 定植,每穴 2 株。栽植要求:苗根系完整,尽量不伤根系,栽植时理顺根系,不要窝根,栽后浇 1 次透水,水渗后如有定植穴渗土现象,再用手抓土填平。

(2) 扣棚及管理。土壤封冻前扣棚膜,温度掌握在 20℃左右,高于 30℃要及时放风。此期为休眠过渡期,苗畦不要浇水,只要严格掌握住温度即可。15d 以后可升至 25℃。

(3) 采收与加工。扣棚至萌芽需要 20d 时间,萌芽至第一次采收需要 10～15d,当幼茎长到 10cm 时即可采收幼芽。采收标准以嫩叶未展开为宜。每 7d 采收一次。亩产可达 1000kg。如果离市场较近,采收完绑成小捆,立即出售,一般不超过 12h。如果量大来不及出售,可用沸水焯 2～3min,连续翻动,使其均匀受热,捞出浸入冷水中定色,然后阴干或风干,理直包装入箱待售。

【蕨菜栽培田间管理技术】

(1) 施肥。露地栽培需 3～4 年更新一次,因此栽植前要施入充足的农家肥及磷肥,施用量为有机肥 1000～1500kg/亩,磷酸二铵 10kg/亩。翌年后,每年秋季要施入鸡、猪、马粪等做盖头粪随着松土翻到土层中。这样不仅增加了土壤肥力,疏松了土壤,而且还可起到保温防寒及保湿作用。如果粪源不足,也可以覆盖落叶,也有一定作用。

(2) 浇水排水。栽植时应在栽植沟内灌透水,以保证栽植成活率。雨季地内积水应及时排除,以免涝害。

(3) 覆盖。蕨菜的根茎栽植后,为防止干旱,提高成活率,在地面上应覆盖稻草、落叶、厚度 2～3cm,有条件的可试用地膜覆盖。这样做不仅保温,还可防止杂草丛生。

(4) 松土除草。为防止土壤板结和草荒,每年生长期可松土除草 2～3 次,尽量做到田间无杂草。

(5) 更新根茎。蕨菜的根茎主杆长几年后便逐渐老化而枯死,因此要进行更新。一般在 3～4年生的田间,于秋季用带犁刀的轮式拖拉机将切断蕨的部分根茎,这样可保障连年收获而不致大幅度减产。

刺拐棒

别名刺五加科。为五加科。东北各地都有分布。刺拐棒为灌木类,高 1～3m,分枝多,1～2 年生的通常密生刺,仅节上生刺或无刺;刺直而细长,针状向下。掌状 5 小叶。伞形花序,单个顶生或 2～6 个组成圆锥花序;总花梗长 1～2cm,无毛或基部略有毛;花紫黄色;萼无毛,边缘近全缘或有不明显的 5 小齿;花瓣 5 朵,卵形,长 2mm;雄蕊 5,子房 5 室。果实球形,有 5 棱,黑色,直径 7～10mm。生于林缘、山坡、灌木丛间。

刺五加茶即由该嫩叶炮制而成;果实入药泡酒饮用,治风寒骨疼;枝叶果其药用价值极高。

【刺五加种子处理技术】

刺五加野生资源破坏非常严重,人工栽培得到重视。其种子处理是栽培难点,主要技术如下。

(1) 种子形态特征。果实为浆果状。成熟时紫黑色,近球形、倒卵状球形,长 7～10mm,

径约 7mm，种子 4～6 粒，成熟种子很少，一般占 30%左右，种子千粒重 11.7g。种子半卵形、扁心月形，表面棕色，有一纵行暗棕色种脊，基部有一小尖突状种柄，种皮薄，贴生于种仁，胚乳丰富，胚细小，埋生于种仁基部。

（2）种子采集。采收时间为 9～10 月。当果实呈黑色变软时采集，放置数日，使充分后熟，浸水揉洗去果肉，取沉底种子洗净阴干。

（3）种子处理技术。刺五加种子与人参种子相近，属于种胚发育不完全型，种子处理技术以促进种胚发育为主，主要采用种子沙藏变温处理。种胚发育需要三个阶段：第一阶段高温高湿阶段，种胚后熟温度 18～20℃，一般需要 40d，胚芽伸长 0.3～0.5cm，该时期为胚形成发育始期；第二阶段为胚的伸长生长期，一般 15～18℃，当胚率达到 40%左右时，胚后熟最适宜温度为 10℃；第三阶段，当胚率达到 95%左右时，种子裂口，须经 0～5℃低温 40d 左右，完成生理后熟，播种后种子才能出苗。

生产上采取混沙层积的方法浸种：用 55℃的温水浸种 12h，然后每隔 12h 换 1 次水，连续浸种 3d。然后按 1∶3的比例混沙，放置于 18～20℃的室内进行层积处理，保持湿度 60%以上，必须每天翻动 1～2 次，40～45d 转入第二阶段；室温降至 15～18℃，经过 30d 左右，然后转入第三阶段；将种沙移至 0～5℃环境中，进行低温贮藏，一般采用窖藏或冷库，温度过低（－5℃以下）易产生冻害，第三阶段需要 40d 以上。播种前将种沙子取出，可直接进行播种，一般在 25℃以上的温度条件下，5d 即可发芽。

【刺五加苗木培育技术要点】

（1）播种育苗。

① 种子采集。9 月上中旬刺五加浆果由绿色变为黑色，此时即可采集。

② 种子处理。将采集的浆果用手揉搓或用木棒轻轻捣碎，使浆果与种子分离，再用水选的方法将沉在水底的种粒捞出晾干，然后按 1∶3种沙比混拌均匀，用 300 倍液多菌灵或百菌清杀菌剂灭菌，种沙湿度 50%左右，进行冬季窖藏。

③ 播种。选择透性好的沙质壤土，且具有排、灌条件的地块为育苗地。一般采取床播。做床前对播种圃地进行深翻并耙平后，床高 10cm，宽 100cm，长 10～20m 的苗床。播种可采用散播或条播，亩播种量 10kg 左右，覆土 1.0cm，镇压使种子与土壤密切接触，最后，覆盖稻草或树叶等。

④ 田间管理。保持床面湿润，当幼苗出土时及时解除覆盖物，控制杂草。

（2）扦插育苗（全光喷雾扦插）。

① 苗床的建造。根据所选择的设备类型做圆形或条形床。床的边缘用砖砌成高 40cm，宽 20cm 的围墙（基部保留透水口，防止积水），以拦挡沙子（扦插基质）。床底层铺厚 10cm 的小石子，中层铺直径 0.3cm 左右的粗沙，厚 5cm，上层盖直径 0.1cm 的细沙，厚 10cm。

② 采集插穗。6 月中下旬剪取半木质化嫩枝，插条只留一个掌状复叶或将叶片剪去一半，将插条在 1000ppm 吲哚丁酸溶液或 ABT2 号生根粉 50～100mg/L 溶液浸中浸泡 1h。

③ 扦插。在扦插前一天用高锰酸钾 200～300 倍液或 50%敌克松 300～500 倍液，将苗床细沙层浸透，以杀菌消毒。扦插宜在早晚或阴天进行。先把苗床喷湿，按 5cm×5cm 的株行距扦插，深 3～5cm。

④ 管理。插后连续喷水 2h，补充叶片水分，同时使插穗与苗床密接，以后可根据天气温度及叶片水分情况随时调节喷水及间隔时间，只要叶片有水珠，不发生叶片萎蔫，尽量减少喷水

量,以便提高地温,有利于根系生长,减少病害发生。当床面温度超过 35℃时适当增加喷水,当长出新根后,逐渐减少喷水量。因苗床湿度大,容易发生病害,一般隔 3～4d 在傍晚停止喷水,当叶片无水珠时喷甲霜灵或克抗灵 500 倍液 3～4 次,即可控制病害的发生。当多数根系长 7～8cm 以上时,只在中午高温时短时喷水。苗木秋季上冻前进行假植,并进行防寒处理。其他管理可参照常规育苗方法进行。

刺嫩芽

别名刺龙芽、刺老芽、龙芽楤木、鹊不踏等。为五加科楤木属植物。刺嫩芽原产于我国,主要分布在我国、日本、朝鲜和俄罗斯的西伯利亚等地区。目前主要分布在我国的东北。刺嫩芽是多年生落叶有刺灌木或小乔木,高 1～6m,小枝淡黄色,疏生细刺。叶大,连柄长 4～80cm,二回或三回羽状复叶,羽片有小叶 7～11 片,基部另有小叶一对;小叶卵形至卵状椭圆形,长 5～15cm,宽 2～8cm,先端渐尖,基部圆形至心形,边缘疏生锯齿。伞形花序聚生为顶生伞房状圆锥花序。果球形,5 棱,直径 4mm,成熟时黑色。它的芽和嫩叶,称为刺嫩芽,是中国、朝鲜、日本等国备受宠爱的著名山珍,一直畅销于日本、韩国。它具有特有的清香和荤香味,其风味可谓绝无仅有。

刺嫩芽的嫩芽为食用部分,食用方法多样。可以生食、炒食、酱食、做汤、做馅,或加工成不同风味的小咸菜。它味美香甜,清嫩醇厚,野味浓郁,是著名的上等山野菜,被誉为“山野菜之王”。多年来,一直是出口的主要野菜品种之一,而且供不应求。深受国内外广大消费者的称赞。可称得上是“美味山珍”。

【刺嫩芽栽培技术】

1）育苗及移植。

(1）种子育苗。

① 种子处理:层积处理。

② 露地育苗:首先应做床,做床时间在秋季、春季均可。选平坦地块松翻整细,亩施腐熟农家肥 $3m^3$,氮、磷、钾复合肥 50kg 结合整地一次性施入,然后做床,床宽 1.2m,高 10cm,做完床后即可播种,播种时间确定在清明节前后。刺嫩芽种子很小,为了提高播种质量,使之达到均匀一致,播种时应掺进细沙每亩用量 10～15kg。关于播种量,因为种子的饱满程度、种子处理水平等因素的存在差异,其发芽率有很大的差异,一般在 20%～60%,所以用种量大些比较安全,至少每亩干种子用量不能低于 0.5kg。播完种后随即盖土,最好是覆盖山皮土,因山皮土含草籽较少而且通透性强,有利于提高播种质量。覆土厚度应尽量浅些,看不见种子即可,为了防止地表干燥影响发芽,还必须在地面覆盖松叶、木屑等物。之后,经过一年的精心管理(如除草、间苗等),秋季即可成苗,翌年春季即可定植。

③ 钵盘育苗:采用塑料钵盘在温室里提前育苗,时间可定在移植前 2 个月左右。钵盘规格为 128 孔,按照每亩 1.8 万～2 万株计算,每亩须准备 150 盘。育苗前首先在温室内搭建大约 0.8m 高的台架,台宽能正好并排摆下 5 盘即可,基质可采用粉碎的泥炭,加入少量的腐熟优质农家肥和复合肥,为了增加黏度,使移栽进每株苗都能携带泥坨,基质里还需加入少量黄泥。播种时先向钵盘内填入 3/4 深的基质,浇完水后播入处理好的种子,为了稳妥起见,最好平均每孔播 15～20 粒种子,播完籽后上面薄薄盖一层基质或山皮土,最上面再薄薄铺上一层蛭石粉。管理方面主要注意水分和温度,表面应经常保持湿润,棚内温度应保持 28°C 左右,出

苗后可用镊子等器械间苗，每孔一株，待苗长至5cm左右，即可移植到苗圃。

移植前苗圃同样需要整地做床、施肥等作业，而且最好是覆盖地膜，按照每亩1.8万株自行设计株行距，然后扎眼移植。这种方法培育出来的苗无论是质量还是成苗率都远远高于露地直播。

种子育苗方法的弊病一是周期过长，因为育苗期需一年，翌年定植后也只有60%的茎能够供温室利用；第三年才能全部利用。二是由于种子繁殖，天然变异幅度较大，所以很难保持品种的纯度。

(2) 组培育苗。这种方法是采用生物技术，取刺嫩芽茎尖组织，在实验室利用试管培养、增殖，但一般农户不具备条件。

(3) 栽植方法。种苗可在早春进行定植，一般可栽在山坡或平缓地进行，方法与栽树一样，刺嫩芽属阳性植物，根系发达，枝叶繁茂，如果行距太窄，势必影响通风透光，导致茎徒长。根据多种密度实验得知，每平方米栽植1株较为合理，行距可适当宽些，最佳设计方法为行距1.8m、株距0.6m，这样，每亩可栽700穴。翌年每穴发出2株，第三年每穴发出4株。

2) 田间管理。

(1) 第一年的杂草防除及水分管理。由于第一年刺嫩芽还没有长成树，很容易受到杂草的侵害，所以必须防除杂草。据国外材料介绍，一般豆科作物应用的杀草剂效果较好，如氟乐灵等，但刺嫩芽除草应用哪种农药最为有效，还有待于进一步试验。如果采取人工除草，那么必须注意在锄草过程中不要伤害根系，因为立枯病、疫病的病菌主要是从根系伤口侵入，所以，在管理过程中，人员尽量不要到田里践踏，以免伤根。夏季以后，刺嫩芽已长到一定高度，枝叶也繁茂起来，这时杂草的威胁，可以放任管理。

关于水分管理，主要是防止春旱，繁殖茎的地块还需要离水源近些，一旦发生旱情立即浇水，保证苗齐苗壮。另外，刺嫩芽虽然喜水，但不耐涝，所以一旦发生洪水洪涝灾害，应立即在地块四周挖沟排涝，以缓解灾情。

(2) 翌年后的整枝。整枝方法可根据栽培目的而定，如果是专为温室生产提供茎，当年秋冬即可收割，收割时茎基部留2个发芽苞，然后全部割掉，翌年每穴发出2株，秋冬收割时，每株基部再留2个芽苞，第三年除每穴新苗的4个芽苞正常发出4株茎以外，还可从基部其他部位发枝，这时需要人工整枝，整枝时将细弱的枝条去掉，因为温室生产需要粗壮的茎，一般要求茎直径要达到2cm以上，总之，按照前面设计的密度每穴保留的茎数不能超过4株。

如果不准备从事温室生产，只是从陆地自然收获嫩芽，然后上市出售为目的，可尽量多留株数，提高顶芽产量。整枝时同样不能削头，每根茎基部留2个芽苞，然后全部割掉，但时间与前者不同，刺嫩芽自然生长一般是4月下旬萌发，4月下旬开始即可收获顶芽，顶芽收获还可收获第一侧芽和第二侧芽，第二侧芽收获完毕后，立即于基部留2个芽苞，割去其余部分，这样，从基部发出的枝到秋季同样可长充实的茎，当然，过于柔嫩的枝还是要在春季疏掉。

(3) 土壤消毒及轮作。土壤消毒主要是为了防治立枯病、疫病，但如果采用雷多米尔锰锌进行土壤全面消毒未免成本过高，目前国内生产的土壤杀菌剂哪一种既经济又有效还没有经过试验确定，采用敌克松药液进行土壤全面消毒或许能够收到良好的防治效果。

3) 促成栽培(反季栽培)。刺嫩芽作为山野菜之王，最受人们的青睐，经济价值较高，所以每年的春天到了刺嫩芽萌发时节，人们纷纷上山采摘，这时的市场供应量也最大，但过了这个收获季节，人们只能尝它的腌渍品，尤其是冬季，人们对新鲜的刺嫩芽需求日渐增加，于是，刺嫩芽反季生产应运而生,其配套技术也正日趋成熟。

(1) 茎的收获时间及贮藏。

① 茎的收获:收割时间是宜晚不宜早,秋季落叶以后,需要一段时间的养分回收,然后进入休眠,而且要经过一定时间的低温。刺嫩芽的休眠时间要在 5℃以下低温条件累计 400h 才能完成,所以,割早了将严重影响茎质量,从而影响温室内的产量。一般在 11 月中旬初雪过后即可收割,如果茎繁殖田离温室较近的话,最好是温室开始生产时收割。收割时每根茎基部留 2 节即 2 个芽苞,以待来年萌发新枝。

② 茎的贮藏:如果茎提前收回,绝对不能放在露天地里,刺嫩芽海绵组织居多,由于冬季空气干燥,风也较大,如果茎放在外面,短时间内表面就会风干,芽苞干瘪,将严重影响芽的质量和产量,所以茎收回后,一定要在上面盖稻草、玉米秸等覆盖物,而且要浇透水贮藏,如果开降大雪,最好是把茎埋在雪里,这样的茎在生产时,芽苞显得丰满而有活力。

(2) 栽培方法。栽培时间的确定:刺嫩芽在温室内栽好之后,第 12d 即开始萌发,30d 开始收获,收获期间 1 周左右,生产时间应确立在计划销售时间的前 40d。一般来说,刺嫩芽在春节前上市价格较高,应从春节向前推 40d 左右进行生产,如果茎数量充足的话,春节过后还可生产一茬,在农历 2 月初 2 以后上市,这时正值刺嫩芽青黄不接时期,其价位也较高,如果能达到一冬生产两茬的水平,温室效益将成倍增加。

① 水生法。这种方法比较传统,主要是以生产顶芽为目的,因为到目前为止,人工露地繁殖还属初期,农户主要是采集山上的野生茎,而野生茎大部分都是刺多、不充实、侧芽的芽苞也比较干瘪,所以,只能生产顶芽。

茎调制:采集直径 1.5cm 以上的茎,用电锯截成大约 30cm 长,然后 50 根捆成一捆,值得注意的是,长度一旦确定,自始至终都不能更改,因为摆到水床里之后,顶端必须保持整齐一致。另外,扎捆时,应扎在离顶端 2/3 处,这样,坐在水床里之后便于顶端的松散操作,以免过分拥挤。

设施及资材准备:事先应在温室内构筑水床,水床的档次可根据经济条件来定,条件好的可建造水泥床,实行工厂化生产,但对于一般农户来说,可采取简单实用,不需要较大投资的方法。床的规格是宽 1.2m 左右,若过宽,人工作业时手够不到中间;若过窄,步道所占比例大,浪费温室面积。方向应该是南北纵向,床间步道距离 30cm,沿后墙的步道宽为 70cm,前底角留出 0.5m,然后沿前底角挖条排水沟,便于换水时把废水排出去。做床时应做成大约 15～20cm 高的床,总之,床底要高于排水沟,而且要平整,要稍微向排水沟一侧倾斜,这样,便于换水时把废物水排到沟里。做完土床后,再按照床的规格做成高 15～20cm 的木框,放到床面上,木框靠近排水沟一端应留排水口,做完床之后用厚度 0.05mm 以上的农膜铺设,膜的四周要搭在木柜的外面,值得注意的是,厚度低于 0.05mm 的农膜很容易被扎漏,所以不能使用,为了安全起见,最好在床底平铺一层玻璃丝布等物。另外,温室里还必须有小口径水井和潜水泵,做完床之后还要准备竹条和厚度 0.04mm 的农膜,以备生产时使用。

操作方法:准备工作完毕后,即可把扎好捆的刺嫩芽茎头朝上,一捆挨一捆坐到水床里,坐好后用手将上部松散开,按照这种密度,每平方米纯面积可达到 800 株左右。装完茎之后立即灌水,水深 5～6.7cm 即可。许多农户在灌水后加入少量尿素配成的营养液,但经验证明此举没有必要,因为茎内贮存的养分足可以供应芽的生长,而且茎不带有根系,水中的无机盐很难能过茎传导、转化作用,再者说刺嫩芽如果死水管理,茎就会很快发霉,最终导致软腐病、灰霉病的大发生，所以，这也是农民自行栽培经常死芽的主要原因。灌完水后需用多菌灵和赤霉素两种药剂进行茎处理，多菌灵的作用主要是杀菌消毒，防止灰霉病和软腐病的发生，赤霉素的作用主要是打破芽苞休眠，促使其提早发芽，而且发芽时间集中，提高芽的整齐度。茎经赤霉素处理，发芽时间至少提前1周以上，而且芽的生产速度也较快。处理时，多菌灵800～1000倍液、赤霉素50mL/L对到一起后，全面喷雾，用量每平方米300mL药液。最后一道工序就是制作小拱棚插竹弓扣摸，拱棚应尽量高些，给芽的生长留有一定空间。小拱棚可起到缓冲作用，棚内的芽不至于遭受冻害。二是可以保证棚内的空间湿润，促使其及早发芽，出芽后可以作为芽水分的补充，降低芽的蒸腾作用，保持芽生长旺盛。

② 木段扦插法。这种方法不仅利用顶芽，而且可以利用每一个侧芽，水生法由于只利用顶芽，所以不仅极度浪费资源，而且增加了生产成本，木段扦插法解决了这个矛盾，就茎价格而言，木段扦插法成本比水生法降低了60%～70%。但目前的野生茎大部分侧芽苞不太充实饱满，所以，长出的侧芽比较细小，单位面积产量不高。培育出刺少，芽苞肥大的品种，再通过露地栽培繁殖出茎，那么木段扦插是最好的途径。

茎调制：这种方法由于是侧芽也全部利用，所以应选择粗壮的茎进行调制，茎直径应为2cm以上。茎调制主要是把杆切成大约10cm的段，刺嫩芽节间长度大致为10cm，每节带一侧芽芽苞，所以每个切段都带一个侧芽。切段用的工具为电锯、果树剪刀、菜刀等器械。切段速度惟果树剪刀最快，为了省力，可把一侧的剪刀把固定，做成简易铡刀。切断时，从芽上1cm处呈45°沿背面向下切，这样调制出来的木段两头都是斜茬，这样做的好处是下头的扦插时很容易插到基质里去，上头的斜面一是浇水后不停留水珠，从而减轻腐烂发霉的程度；二是高密度扦插后，上端的斜面之间形成了空隙，芽发出后不至于那么拥挤。至于木段长10cm是否可以满足芽的生长，实验结果是芽的重量与木段的长短关系不太大，而粗细有着直接的关系，所以要尽力培育粗壮的茎。切段后，体内的水分将很快从两头的切面散失，所以要边切边扦插。

设施及材料准备：木段扦插法首先要在温室内构筑温床，床宽1.2m，步道宽0.3m，南北纵向，因为是只浇水不排水，所以前底脚无须设置排水沟。做床时按照尺寸先向下挖10cm深，然后用12cm宽的木板框上，床底铺一层农膜，并且稀疏扎眼，以便浇水后向下渗漏，最后在床内装填基质，基质的厚度为10cm。

关于基质所用的材料，目前使用的有三种，第一种是木屑，木屑含水量高，而且有一定保温作用。目前使用的是阔叶树的木屑，那么，针叶树木屑究竟能否使用，实践尚无定论，只是随着天然林禁伐，木屑价格上涨，而且使用完的木屑只能自然腐烂，翌年还要重新购买。第二种是采用珍珠岩粉，其特点是体轻容易扦插，而且珍珠岩是经过高温加工而成，不含任何细菌，有利于预防病害的发生。生产结束后，可把珍珠岩粉晾干，装袋保管，翌年继续使用，所以使用珍珠岩粉虽然一次性投资大于木屑，但综合起来，成本还是低于木屑。实践得知，应尽量选择颗粒小的珍珠岩粉，这样床面不易干燥。第三种是采用石棉，石棉不仅可以重复使用，而且保水性能最好，据资料介绍，日本目前普遍使用石棉，但扦插时是否容易，还需实践。其他物质准备和水生法一样，水井、水泵、竹弓、农膜等是必备之物。

操作方法：扦插时要一根挨一根，密度为每平方米800～1000根，扦插深度为木段的2/3，方向为斜面向北，芽苞向南，扦插完后浇一遍水，待木段表面晾干后，再进行药物处理，方法和水生法一样，用多菌灵和赤霉喷雾，完毕立即插弓和扣膜。

(3) 管理

① 液体化肥应用。扦插后10～12d芽苞即开始萌动，芽出齐后10d左右，即可喷施液体化肥或植物生长调节剂，用来作为养分的补充。目前，市场上出售的液体化肥和植物生长调节剂除磷酸二氢钾、喷施宝、植物动力等以外，还有许多其他的产品，可购买当地有售的产品，依照说明书施用。为了防治灰霉病和软腐病，最好是将百菌清或代森锌混合施用。

② 湿度管理。无论是水生法，还是扦插法，扣小拱棚的目的除保温外，就是保湿，随着芽的渐渐长大，单靠茎向上传导水分有些困难，如果不扣小棚，芽完全暴露在外面，中午时分温度升高，叶面蒸腾作用散失水分较快，芽会立刻萎蔫，所以要经常扣膜，保持小棚内空间有足够的湿度，使芽能顺利生长，据有关资料介绍，棚内空气湿度应到100%，但经过2年的试验，发现湿度大也很容易感染灰霉病和软腐病，所以，在生长后期，偶尔在上午揭开膜晾2h还是很有必要的。

③ 温度管理。刺嫩芽在北方－40℃情况下也能安全越冬，早春最先发芽，所以刺嫩芽属耐寒植物。在温室内凌晨最冷的时候不低于5℃情况下刺嫩芽安然无恙，10℃以上刺嫩芽正常生长，因此，在夜间，室内温度保持在10℃左右为佳。白天太阳升起，温度逐渐升高，尤其是春节前夕，天气逐渐转暖，此时的刺嫩芽已接近收获，这时的温度如果超过25℃以上，灰霉病和软腐病就很难控制，所以白天的温度控制在20℃左右较为合理，绝不能超过25℃。

④ 活水管理。刺嫩芽反季生产最大的障碍就是灰霉病和软腐病，水床里的水如果不换，就会在水面长白菌，最后蔓延到茎，导致软腐病大发生，重者可全军覆没，因此，流水管理最为安全，但就目前我国农民的投资水平来看，流水管理设施很难达到，唯一有效的办法就是每隔3d换1次水，换水时，先将以前的水通过排水沟排净，然后再用新水把床底冲干净后注入新水，按此程序换水一直到收获完毕。木段扦插法也是如此，间隔时间长的话，一是床面干燥，茎水供应不足；二是床内发酵，很快感染，因此，必须每隔3d浇1次水，即使床面基质未见干燥，也要按时浇水。

⑤ 收获。芽长到10cm左右即可收获，收获前一天把膜揭开晾晒一天，目的是降低一下芽的水分，延长贮藏期，采收时不要用手，这样会降低芽的单重，最好是用剪刀等物抹根削下，削下的芽要整齐而松散地放在箱里。采收时应尽量避免碰伤相邻芽，一旦碰伤，病菌将很快传染、蔓延，削掉芽的茎也要及时清除，然后扣上膜待下一期采收。

大叶芹

别名山芹菜、假茴芹、明叶菜、蜘蛛香、禅那木尔等。伞形科多年生草本植物。主要分布在我国的东北部和俄罗斯远东地区。大叶芹株高50～100cm；根状茎短而粗，地上茎直立，单一，具棱条；叶片较薄，通常三出；复伞形花序，顶生，通常单一；花5瓣，白色；黑褐色双悬果，近圆形；花期7～8月份，果期8～9月份。大叶芹为林下荫性植物，多生长在针、阔混交林及杂木林下阴湿处，喜土层深、腐殖质丰富、含水量高但不积水的偏酸性腐叶土，其抗寒性强，可通过－30～－25℃低温而安全越冬。

大叶芹其嫩茎叶可食，翠绿多汁，清香爽口，营养丰富，是色、香、味俱佳的山野菜之一。含多种氨基酸及维生素，全株及种子含挥发油。

【大叶芹人工栽培技术】

大叶芹是人们非常喜食的一种山野菜，在食用方法上即可做馅包饺子(包子)，又可炒食、煲汤、凉拌等。近几年由于野生资源大量采集，可采集利用的野生资源日益减少，各地广泛开

展人工栽培,已成为农民致富的一个重要项目之一。目前生产上主要栽培方法如下:

(一) 平地人工栽培

(1) 种子采集。7 月末至 9 月末初采集饱满种子,将采下来的种子放在阴凉地方晾干贮藏。

(2) 种子处理。当温度降到 -15℃以下时,先用清水浸泡种子 24h 左右,然后混沙冷藏(细河沙与种子比例为 1∶1),翌年春季 3 月末 4 月初取出种子进行催芽,温度控制在 10～20℃,当约有 30%左右种子露芽时即可播种。

(3) 选地及整地。最好选择土质疏松的沙壤土,整好地施足底肥,每亩施发酵好的猪粪 2000～3000kg。

(4) 播种。4 月中旬当土壤化冻后,开始做床,床做好后浇足底水,第二天开始播种,播种时在床面上搂小沟,沟距 20cm,沟深 1～1.5cm,将混有沙子的种子均匀撒播在沟内,每亩用混沙的种子约 30kg,播后覆上 1cm 厚细土,然后再盖一层稻草,保持床面湿度。

(5) 田间管理。大叶芹出苗持续时间约 20～25d,须在播种后保持床面湿润,如遇天旱,床面要及时浇水。当有 80%大叶芹出苗露土后,在傍晚日落后揭开覆盖的稻草。揭开覆盖的稻草后要及时搭建遮阴网架,并用单层黑色遮阴网进行覆盖遮阴,高度不低于 2.5m,两侧不低于 1.5m。以后田间管理主要是控制杂草,每隔 10～15d 进行一次除草,不能造成草荒,除草应避免用化学除草剂。

(二) 温室和冷棚栽培方式

采用棚内种子直播或移栽。种子直播方法同上,移植繁殖每平方米栽 400～500 棵苗或根,将苗或根均匀摆在床沟内,再盖上山皮土,覆土必须过筛,最好用阔叶树林下的腐殖土,覆土厚度以 2cm 为宜,温室最适宜温度 18～22℃,不低于 5℃,低于 5℃大叶芹停止生长,当室内温度达到 20℃左右时,温室上面要挂遮阴网和进行通风。

(三) 林下栽培

(1) 选地。选择坡度小于 15°,土壤的土层深厚,腐殖质含量丰富,土壤湿润且不积水处,林分郁闭度 0.4～0.6 的针叶林(落叶松、红松)、针阔混交林以及杂木林。

(2) 整地。首先要清除林下规划栽培利用地的杂草,多余的灌木,适当修整树冠。为了保持水土和尽量减小对森林环境的破坏,要适当保留一定间隔的保留带,另外在对清除的杂草和灌木应避免采取用火烧除的办法,应堆放在林内任其自然腐烂。

在秋季至上冻前进行刨地作业,刨地的深度 20～30cm 为宜,边刨边清除石块、草根、树根等杂物。翌年春季土壤化冻后进行做畦床作业。床宽 1m,高 5cm 左右,长依据地形而定,一般不超过 10m。做床前要先施足底肥(最好是腐熟的农家肥),每亩 5000kg,并翻入畦床下 20cm,保证床面平整。

(3) 播种或移植。

① 播种(同上)。

② 野生苗移栽。

采挖种根:大叶芹主根茎在地表浅层,容易挖取。根茎挖出后,连同携带的泥土收集起来。不要把根部附着的泥土去净,以利根芽的成活和持续发育。将丛状根掰成单根,以备进行人工分根栽植用。一般在 5 月中下旬至 6 月初采挖。要防止日晒,保持新鲜,最好随采挖随移栽。

选苗:分全根和剪根两种苗。全根,即植株完整带叶,如根系过密可摘去一部分,要避免栽植时根成团。剪根是因为大叶芹苗大,需要剪短一些,根茎及须根共留 6cm 长,以便栽植。

移栽:每年春季 4 月初至 5 月中旬,采用床栽,床栽株行距 5cm×10cm。每穴栽大苗 2 株,小苗 3～4 株。也可开沟栽植,栽时要将须根展开,覆土一半时,浇水,水渗后再封穴封沟。

(4) 田间管理。

① 浇水。移栽后要及时浇水,保证栽苗成活。以后遇天旱时,视情况浇水。

在施足底肥情况下,一般不需要施肥,如需施肥尽量采用农家肥,避免施用化肥。

② 除草。以不造成草荒为原则,避免采用化学除草,土壤板结时进行松土。上冬前在床面覆盖枯枝落叶进行防寒。

猴　腿

又名猴腿蹄盖蕨、绿茎菜、紫菜。为蹄盖蕨科蹄盖蕨属。我国主要分布于东北、华北;朝鲜、日本也有分布。猴腿是长白山的一种主要山野菜,多年生草本植物,植株高可达 1m,根状茎短,斜升,密生黑褐色披针形鳞片,叶簇生,深禾秆色,基部黑褐色,羽片密集。多生于海拔 500～1300m 间的杂木林、针阔混交林下及林缘的湿润处。

猴腿卷曲未展的嫩叶,每年春季采摘,鲜食时需先将猴腿用开水烫过,也可加盐渍或晒成干菜。猴腿营养丰富,含多种维生素、碳水化合物、无机盐、蛋白质和脂肪,可做成多种美味佳肴,色、香、味俱佳,颇受广大群众的喜爱。

【猴腿菜立体栽培技术】

猴腿的根茎在其地上部分枯萎 1 个月后即可采集。挖大约 20cm 左右深,将猴腿的根成坨挖取,应尽量减少对植株根部的损伤,运到温室备用。

(一) 立体栽培模式

(1) 在温室的南北走向每 60cm 画一条直线,南端取到棚面 1m 高处;北端到作业道边缘。

(2) 每隔一个 60cm,挖出深 10cm 的浅槽,作为立体栽培墙的基础,中间为 60cm 的作业道(可视土地情况自行确定)。

(3) 将猴腿的根须向内,生长点的一侧向外,沿浅池的四周摆放一圈,然后用土将池内填平,撒一层腐熟的有机肥;然后用 80cm 左右的玉米秸(或细棍)成 45°摆放在肥土上,起到固定栽培墙的作用;然后浇透水。这样一层一层砌,每砌一层向里收紧一点,最后当墙垛收到只有 20cm 左右时,将根茎平铺上去,正好将顶部封住。这样就形成了一个有五个栽培面的梯形立体栽培墙,高度可达 1m 左右,可有效地提高栽培面积 2～3 倍。

(二) 温度管理

猴腿是喜温植物,但不耐高温,气温、地温达到 8℃时即可萌发,气温 15℃、地温 12℃以上时,叶片迅速生长。萌发的适宜温度为 20℃左右,嫩叶的生长适宜温度为 17～20℃,气温超过 30℃时停止生长,气温低于 5℃时嫩叶片受冻害。

(三) 光的管理

光照是猴腿生长发育的重要因素,当光照强时,细胞伸长受阻,叶柄短小,食用价值低;光照弱时,光合作用差,光合产物积累不足,品质差。适宜的光照强度为 10000～13000lx。如果光照强,可张挂遮阳网。

(四) 水分的管理

猴腿在栽后及采收期间要经常用喷壶喷水,保证每隔一天浇 1 次水,始终保持土壤湿润,尤其北方冬季空气干旱更应这样。

(五) 采收后的管理

嫩叶出土 6～10d,适时采收第一茬,再过 7～10d,当第二茬嫩叶出土后,长到 20cm 左右,小叶未展开并呈拳状时可进行采收。采收时,要尽量贴近地面,用手掐或用刀割。猴腿在保护地内一般可采收 2～3 次,但在后期长势稍弱一些。控制好往温室内定植的时间,可把采收期控制在春节前后,获得可观的经济效益。

栽培土的准备。猴腿原生地是富含腐殖质的林下,天性喜肥,适于土壤疏松地带生长。所以,在做床前要施足底肥,最好用腐熟的猪粪,其次是马粪,每公顷施入 75000kg,翻入床下 20cm 深处。根茎的移植在春季解冻之后,将根茎从温室中移出,可栽在温室后面做好的床内,由于猴腿喜肥水,又多在林下生长有喜阴的习性,所以,根茎栽完后,要覆稻草遮阴保湿。根茎经过培肥,以备冬季再用。

黄瓜香

别名荚果蕨、广东菜。为球子蕨科多年生草本植物。分布于吉林省长白山各县。黄瓜香植株高 1m 左右,根状茎直立,叶簇生,连同叶柄基部有密披针形鳞片。叶簇生、二型,有柄;不育叶片具圆倒披针形,二回深羽裂。下部多对羽片向下逐渐缩短成小耳型。能育叶短,挺立,一回羽状,纸质,向下反卷包被囊群。孢子囊群圆形。有营养叶和孢子叶两种类型。喜欢生长在针阔混交林下,灌木丛中及浅山河边湿地上。

黄瓜香是一种深受国内外人们喜食的山野菜之一,它具有清香适口、营养丰富等特点,被誉为“林海山珍”。黄瓜香含有大量的膳食纤维,各种氨基酸、抗坏血酸、维生素等,还含有人体必需的 5 种常量元素和 7 种微量元素,黄瓜香不仅营养价值高,还有食疗作用,具有清热、滑肠、降气、祛风、益气安神、化痰等功能。

【黄瓜香(广东菜)栽培技术】

(一) 荒山栽培

在具有荒山资源的地区,可利用荒山空地、疏林地的林中、林下或林缘处、山脚下,河溪边等地块栽植广东菜。一次栽植,常年受益。投入的成本少,经济效益高。是一项很有发展前途的产业。即可充分利用空闲地块,又创造了可观的经济收入。是山区农民脱贫致富的一项好产业。栽植的方法可选用穴栽、条栽和小床畦栽培。

(1) 穴栽。穴位栽培,适用于疏林地带中的空闲地块。或在林缘处、山坡旁等地。对于场地没有要求。不受地形的限制,不受地块大小的限制。可疏可密,随处可采,运用灵活。适合在大地块中的零星栽培。场地应选择半阴半背的地块。要求土质肥沃、疏松、腐殖质含量较多。穴栽是采用小坑穴栽培。栽培的方法是:先将地表层的草皮刨掉,挖出 30cm×30cm,深度在 20～30cm 的坑穴。坑穴的底层放入适量的农家肥。然后将广东菜的根茎栽入坑穴内。可根据坑穴的大小每穴栽植 2～3 株。盖土。踩实,浇水。每亩可栽植根茎 1000～2000 株。

(2) 条栽。场地的清理与穴栽相同。位置的选择可根据地形地势来选定。条栽适用于空地较小的地块的栽植。将地表的草皮清除掉,做成大垄,垄的高度在 20～30cm,垄的宽度在 50～60cm,垄的长度可根据一形和地势来定。做好垄后,在垄上采用穴栽的方法进行。具体的栽培方法可参照穴栽中所介绍的进行操作。采用条栽的栽植密度略大于穴栽培,每亩地可栽植根茎 2000～2500 株左右。

(3) 床畦栽培。小床畦栽培适用于在荒山中空闲地较大的地块进行。刨掉地表层的树根、草皮等杂物。场地清理干净后,做成小床畦。床畦的高度在 12～15cm,宽度在 1m 左右。床畦做好后,在床畦上采用穴栽或条栽。每平方米可栽植根茎 40～60 株左右。每亩可栽植 3000～4000 株左右。

(4) 田间管理。荒山栽培的田间管理比较粗放,工时费用较低。在林中的空闲地块进行栽培的幼苗,要防止杂草欺幼苗。当杂草长出后,要及时割掉。如有条件,可在幼苗长到 8～10cm 时,追肥 1 次。用腐熟的农家肥追施于幼苗的附近。

(5) 采收。当年定植的幼苗,应在第三年的早春进行采收。采收的标准是:幼叶长到 15～20cm 高时进行采收。卷曲头不伸开,叶柄不老化,鲜嫩、肥胖时采收。广东菜在幼叶生长阶段是非常迅速的,因此采收要及时,以防止叶柄老化,而失去商品价值。采收可分期分批进行,采大留小,多茬采收。采收时,用剪刀将广东菜的根茎上端 2～3cm 处剪下,放入筐中。或捆成小捆,并将叶柄的下部蘸上泥浆,以延缓老化。

(二) 大田栽培

在大田内栽培广东菜的根茎,施肥、浇水等条件较为方便,容易管理,而且栽植的密度较大,产量高,经济效益是种植农作物的几倍,而且是一次栽植,多年受益。在大田内栽培,要严格控制栽培地的各种有害物质的污染。在操作过程中,按着无公害蔬菜的操作规程实施,以保证所生产的广东菜是真真正正的有机蔬菜,是无公害蔬菜。

在大田内栽培一般与高棵作物间作的方法进行。即:在每床广东菜床畦间,种植一行或双行诸如玉米、高粱、向日葵等高棵作物。在大田中,每亩可栽植根茎 5000～6000 株左右。其栽培的方法与荒山栽培中小床畦栽培相同。选地、施肥、做床、定植等。在田间管理上也与上基本相同。

【黄瓜香仿生栽培技术】

主要技术内容:

(1) 孢子采集。5 月中下旬至 6 月中旬,采集孢子囊成熟的叶片,置于阴凉干燥处,待孢子囊开裂后收集孢子。

(2) 育苗。

① 孢子处理。用生长调节剂浸泡孢子。

② 培养土的配制。用园土加 1/3 的苔藓或 3 倍的草炭作育苗土。

③ 育苗盘填装及消毒。用 0.5%多菌灵消毒育苗盘,育苗盘装入 2/3 育苗土,用 0.5%多菌灵浇透。

④ 播种。用喷壶将清水和孢子的混合液均匀地淋入育苗盘内即可。

⑤ 播后管理。加盖保温、保湿,要求有散射光。

⑥ 炼苗。温室幼苗于 7 月中下旬出圃锻炼。

(3) 仿生栽培。选择适合广东菜生长的区域划定仿生栽培区。翌年 7 月中下旬雨季到来时,将经过锻炼的幼苗带培养基移栽,按株行距 0.5～1.5cm×1～2cm 定植,并将周围伴生植物修剪至 5～10cm 高,防止牲畜践踏及人为破坏,加强防护。

黄花菜

别名金针菜、萱草、紫萱、忘忧草。百合科萱草属多年生草本植物的花蕾。全国各地均有分布。黄花多年生草本,高 30～65cm。根簇生,肉质,根端膨大成纺锤形。叶基生,狭长带状,下端重叠,向上渐平展,长约 40～60cm,宽 2～4cm,全缘,中脉于叶下面凸出。花茎自叶腋抽出,茎顶分枝开花,有花数朵,大,橙黄色,漏斗形,花被 6 裂。蒴果,革质,椭圆形。种子黑色光亮。花期夏季。生于山坡、草地或栽培。

黄花菜味鲜质嫩,营养丰富,含有丰富的花粉、糖、蛋白质、维生素 C、钙、脂肪、胡萝卜素、氨基酸等人体所必需的养分,其所含的胡萝卜素甚至超过西红柿的几倍。黄花菜性味甘凉,有止血、消炎、清热、利湿、消食、明目、安神等功效,对吐血、大便带血、小便不通、失眠、乳汁不下等有疗效,可作为病后或产后的调补品。黄花菜常与黑木耳等斋菜配搭同烹,也可与蛋、鸡、肉等做汤吃或炒食,营养丰富。

【黄花菜的繁殖技术】

(一) 分株繁殖法

选择生长健壮的多年老黄花,从母株丛挖出一部分或全部根茎,抖去泥土,剪去根茎下部的老根,病根,并一株一株地分开,把根状茎的四周黄褐色衣毛扒去,露出主侧芽,每个根状茎保留 2～3 层新根栽植于大田。特点是操作简单,成活率高,一年四季都可进行,但以春秋两季为好,是生产中常用的一种无性繁殖方法。

(二) 分芽繁殖法

黄花的根是肉状茎,每个肉状茎上着生许多小突起叫隐芽簇,每个隐芽蔟含有 6 个隐芽,交替排在肉状茎的两侧,隐芽一般不萌芽,只有在主侧芽受到损伤时,萌发长出一个新的小生命。分芽繁殖根据黄花的这一特性,把根状茎按照隐芽簇的分布,有意用刀切开,通过培养,一个月隐芽萌发长出一个新的植株。这种方法技术性强,繁殖系数高,因此要选择生命力强、发育快、成活率高、年限短的根状茎进行分芽。一般一个单株可分4～10株,每亩老黄花通过分芽繁殖,可新栽黄花 4～6.7 公顷。

(1) 分芽技术。分芽繁殖一年四季都可进行,最好在春秋两季,把挖起的黄花株丛抖净泥土,扒去枯叶和衣毛,露出主侧芽,按照隐芽簇着生的位置分切种块。

① 横切法。用刀从主芽下边的年痕处把根状茎横切断,然后从上往下,依次从年痕处或每隔 1～2cm 处横切一刀,将根状茎分成若干段,每段保证 1～3 个芽簇。

② 斜切法。先用刀从主芽与侧芽连接处以 45°把主芽斜切下去,然后再朝相反方向以 45°把侧芽斜切下去,以此类推。

以上两种方法不论采取哪一种,每段带 3～7cm 的肉质根 1～3 条,为萌动,发芽提供营养。

(2) 栽培方法。

① 把种块直接栽大田。整地作畦,施农家肥 5000kg,硝酸磷肥 40kg,畦宽 2m,每畦栽 2 行,大行距 1.20m,小行距 80cm,株距 50cm 开穴。每穴放切好的种块 3～4 块,芽向上,根向下放展,覆土 3cm,栽后用小水浇足,水渗后覆膜。1 个月后注意放苗,要加强苗期管理,达到早发苗,发壮苗。

② 先育苗再移植,把切好的种块栽在苗床上,行距 15cm,株距 10cm,每亩苗 4.5 万株,苗龄 2 个月可移栽大田。这种方法发芽快,苗壮,成活率高。

(三) 种子繁育法

(1) 选种。选择生长健壮、无病虫、栽植 5～8 年的黄花,初花期每个花薹上留 5～6 个粗壮花蕾不采摘,让其结果,留作种子。其余花蕾继续采摘,作为商品出售。采种用的黄花初花期每隔7~10d喷1次氨基酸2000倍液,喷2~3次,待朔果成熟,顶端稍裂口时,摘下脱粒。种子要放在通风干燥处,妥善保管。

(2) 育苗。选择阳畦或温室等场地,用肥沃的菜园土做苗床,并进行土壤消毒。种子用25℃的温水浸种48h。播种时每畦(1.5~7m)施腐熟过筛的有机肥200kg,把畦平整后浇足底水,待水渗后,按行距15cm,株距3cm开沟点种,播后覆土2cm。采用阳畦育苗,可在上面插小拱秆盖膜,棚内温度白天保持25℃,晚上不低于12~15℃,1周可出苗,出苗后逐渐降低棚温,适应外界气候,防止幼苗徒长。

在苗期要加强田间管理,保持土壤湿润。注意防病治虫,要多中耕并喷一些叶面肥,促进幼苗生长发育,为来年的移栽培育大苗、壮苗。

柳　蒿

别名柳蒿菜、蒌蒿、藜蒿、水艾等。为双子叶植物药菊科柳叶蒿的全草。主要分布于黑龙江、吉林、辽宁、内蒙古、河北、山西等地。柳蒿多年生草本,高60~120cm。主根明显,侧根多数;根状茎略粗。茎直立,单立,紫褐色,有纵棱,中上部有斜展分枝,被蛛丝状毛。下部叶花期枯萎,中部叶长椭圆形、椭圆状卵形或线状披针形,长4~7cm,宽1.5~3cm,先端锐尖,基部楔形,渐狭成柄状,边缘深或浅裂齿或锯齿,上面无毛,下面除叶缘处被灰白色密茸毛;上部叶狭披针形,有齿或全缘。头状花序极多数,总状排列于腋生直立的短枝上,并密集成狭长的复总状花序,有披针形至条形的苞叶;总苞卵形,长4~5mm,宽3~3.5mm;总苞片约5层,边缘宽膜质,疏生蛛丝状毛;外层雌花10~15朵,黄色。瘦果倒卵形或长圆形,无毛。花期、果期8~10月。生于林缘、路旁、河边、草地、草甸及灌丛等处。

柳蒿其根系发达,根茎肥大,富含淀粉;抗逆性强,很少发生病虫害,是无污染的食、药兼用的优质野菜。柳蒿具有特殊香味,春、夏季食嫩茎苗,秋冬季食根茎。口感清香脆嫩、甘甜,可凉拌、炒食。其叶可加工成茶叶、保健酒等。

柳蒿性味苦、寒。有清热解毒。主肺炎、扁桃体炎、丹毒;且有痈肿疔疖、破血行淤,下气通络之疗效。

【柳蒿超高产四季栽培技术】

(一) 一般高产栽培技术

柳蒿对土壤要求不严,但以肥沃、疏松、排水良好的壤土为宜。只要温度适宜,可常年生长,无明显的休眠期。

(1) 种子繁殖。3月上中旬将柳蒿种子与3~4倍干细土拌匀直接播种,采用撒播、条播均可。条播行距30cm左右,播后覆土并浇水,一般3月下旬即可出苗,出苗后及时间苗、匀苗,缺苗的地方移苗补栽。但种子难采收,一般很少有人用种子繁殖。

(2) 无性繁殖。

① 分株栽种。5月上中旬,在留种田块将柳蒿植株连根挖起,截去顶端嫩梢,在筑好的畦面上,按行株距45cm×40cm,每穴栽种1~2株,栽后踏紧浇透水,经5~7d即可成活。

② 茎秆压条繁殖。每年7~8月将半木质化的茎秆齐地面砍下,截去顶端嫩梢,在整好的畦面上,按行距35~40cm开沟深5~7cm,将柳蒿茎秆横栽于沟中,头尾相连,然后覆土,浇足水,经常保持土壤湿润,促进生根与发芽。

③ 扦插繁殖。每年6月下旬至8月，剪取生长健壮的柳蒿茎秆，截去顶端嫩梢，将茎秆截成20cm长小段，在筑好的畦面按行株距35cm×30cm，每穴斜插4～5小段，地上露1/3，踏紧浇足水，经10d左右即可生根发芽。

温度适宜柳蒿生长，随时可以剪取嫩茎进行扦插繁殖。繁殖时注意适当用遮阳网遮阴，最好使用强力生根剂浸泡，同时注意每天喷雾10次以上即可在8～10d左右生根，15d就可以成苗移栽，有条件者用育苗仪控制自动间隙喷雾，则生根更快更好，随时可以繁殖。(强力生根剂1g可以繁殖1万株以上)

④ 地下茎繁殖。四季均可进行。地下茎挖出后，去掉老茎、老根，剪成小段，每段有2～3节，在筑好的畦面上每隔10cm开浅沟，将每小段根茎平放在沟内，覆薄土，浇足水。

(3) 田间管理。

① 整地施肥。选择前茬为非菊科作物、灌溉条件好、土壤肥沃的沙壤土为宜(其他土壤也可)。栽种前进行耕翻晒(冻)垡，结合施足底肥，每亩施腐熟猪、牛、粪3000～4000kg或腐熟饼肥150kg左右，整地作畦，畦宽1.5～2m，深沟高畦。生长期间，每收获一批，每亩用尿素10kg，撒施并结合浇水，以促进柳蒿的营养生长，防止早衰。

② 浇水。柳蒿虽然比较耐干旱，但喜欢湿润，高温干旱季节要经常浇水，保持田间湿润，促进生长。

③ 病虫防治。柳蒿虽然很抗病虫害但有时也有蚜虫等病虫害发生，可用抑太保、卡死克等菊酯类高效低残留农药进行防治。

④ 大棚覆盖。柳蒿地上部被严霜打枯后，应齐地面砍去柳蒿茎秆，清除田间枯枝残叶和杂草，浅松土，每亩撒施尿素10kg或复合肥80kg，浇足底水，5～7d后扣棚盖膜。一般在11月下旬至12上旬进行，同时用地膜直接浮面覆盖在植株上，棚四周压严压实。如土壤湿度过大，则地膜覆盖可推迟进行。晴天中午要在背风处通风换气以降低棚内空气湿度。

(4) 收获。柳蒿栽培分期分批覆盖，可提早上市，排开上市，均衡供应。大棚覆盖栽培柳蒿，一般覆盖后40～45d，株高20～25cm时即可采收。露地栽培柳蒿，随着自然界温度变化自行萌发，当日平均气温12～18℃时，嫩茎迅速生长，4月上中旬是露地柳蒿上市高峰。采收时，用利刀平地面在柳蒿基部割下，嫩茎上除保留极少数心叶外，其余叶片全部抹除，扎捆码放在阴凉处，用湿布盖好经8～10h的简易软化，即可上市。大棚覆盖柳蒿，第一茬采收后，应立即清除杂草、残枝落叶，并追施肥水，每亩追施5～10kg尿素，覆盖后管理同上。这样再经45～50d，即收获第二茬。

(二) 伏、秋柳蒿栽培技术

品种选用大叶青秆、大叶白茎。

(1) 整地施肥。以腐熟有机肥为主，每亩4000～5000kg，或用25%复合肥＋尿素40kg作基肥，深耕晒垡2～3次，使肥料与土壤充分翻匀，然后作畦宽1～1.2m，沟深20cm。

(2) 栽种。伏、秋柳蒿栽种最佳期在7月～8月初，将留种地块的植株齐地面砍下，截去顶梢和基部木质化部分，选中间部分截成20cm长小段，将茎秆放在1%的杀虫双药液中浸泡10～20min，防钻心虫为害。然后捞出，按行株距35cm×30cm，每穴4～5根栽种在筑好的畦面上，地上露1/3，踏紧浇水，上面覆盖遮阳网，保持土壤湿润，经10d后生根发芽。

(3) 田间管理。要及时拔除田间杂草，结合追肥稀粪水，每亩1000kg。搭架高0.8～1m，上面覆盖遮阳网，网四周扎紧，防风吹，盖网时间主要晴天上午10时至下午4时，早晚将网揭掉,加强盖网后的管理。

(4) 收获。柳蒿栽种后约 30d 左右,茎秆侧芽长出 15～20cm,即可剪取嫩枝,剪下的嫩枝需捂 2d,将嫩枝上叶片抹除即可上市。收割时剪大留小,分批收获。每收 1～2 次施 1 次肥,浇 1 次透水,保持畦面湿润,促进生长。

(三) 四季超高产喷雾栽培技术

(1) 栽培原理:利用柳蒿喜湿的生长特性进行自动化间隙喷雾,促进其生长和茎秆幼嫩;利用设施栽培满足柳蒿冬季生长的温度,同时还可以避免夏季过强的阳光。

(2) 设施设备:

① 塑料大棚或者小棚:为满足冬季低温时生长所需。另外大棚架也可以固定水管,夏季还可以在大棚架上覆盖遮阳网避免强光。

② 供水系统:包括水泵、PE 水管、微喷头。如果拥有足够压力的自来水则免去水泵改用电磁阀。选用微喷头等的注意事项同快繁技术。每隔 3m 安装一条直径 20～30mm 的水管,在水管上每隔 2～3m 装一个旋转式微喷头(出水量 60～70L/h)。

③ 自动化控制系统。主要就是能够自动化控制间隙喷雾的育苗仪,自动控制育苗。

(3) 管理要点。一般施肥、治虫等管理同常规栽培管理,一些特殊管理如下:

① 喷水。每次喷水 10s 左右,夏季中午的喷水间隔设定 2～8min,其余时间适当延长。

② 生长田排水。柳蒿喜湿但不能淹水中生长,所以田间排水系统要畅通。一般喷雾不会积水,但下雨积水就会影响柳蒿生长。

③ 水、肥可以结合。由于间隙喷雾实际每天喷雾总时长只有几十分钟,因此每天的用水量很少,如果做水池添加肥料同时喷雾则柳蒿产量更高,生长更快,茎秆更嫩。使用复合肥浸出液,或者尿素加磷酸二氢钾,其浓度为 0.1%～0.2%即可。即一吨水中溶解化肥 1～2kg。注意肥浓度高了会烧伤苗子。硫酸亚铁、硫酸锌、氨基酸肥料等也可以适当少量使用。

猫爪子

别名唐松草、猫爪菜、展枝唐松草。属于毛艮科多年生草本植物。主要分布于东北、西北、华北。猫爪子无毛。茎高 60～150cm。叶片 3～4 复叶;小叶后草质,倒卵形或近圆形,长 1.5～2.5cm,宽 1.2～3cm,3 浅裂,浅裂片全缘或具疏粗齿,脉微隆起。复单歧聚伞花序房状,具多数分枝;花直径约 1cm;萼片白色或带紫色,宽椭圆形,长 3～3.5mm;无花瓣;雄蕊多数,长 6～9mm,花丝上部倒披针形;心皮 6～8mm,子房具长柄,花柱短。瘦果倒卵形,不计柄长 4～8mm,具 3～4 条翅,基部突变狭,成为长 3～7mm 的细柄。生长在山坡、林缘、疏林下、灌丛。

猫爪子每 100g 鲜品含蛋白质 1.9g、脂肪 0.42g、糖类 3.19g,并含有多种维生素和矿物质。一般于 4～5 月间采集高 6～12cm 的嫩芽,是著名的山野菜之一。猫爪子地上部分有清热解毒,健胃治酸的功能,有颇高的药用价值,具有抑制癌细胞的作用,是发展有望的药用植物。

【猫爪子种植技术要点】

猫爪子多年生草本植物,可炒食、蘸酱、拌凉菜、腌制咸菜,也可保鲜、晒干和腌渍常年食用。人工栽培容易,对土壤及环境条件要求不严,病虫害发生少,不需太多的管理,长势比野生的旺,产量比野生的高。猫爪子喜温暖湿润气候,耐寒冷,耐阴蔽,也耐贫瘠,地下块根露地能越冬。

(一) 平地人工栽培

(1) 整地。选择坡度平缓撂荒地、山脚地、平地,土壤肥沃、土质疏松、土层深、腐殖质厚、有机质含量高、水分含量足的微酸性土壤,pH 值在 5.5～6.5、排水方便、空气湿度大的地块。要清除地内的杂草根茬,拣净石块,每亩撒施腐熟的农家肥 2000～3000kg,深翻 30cm,结合深翻施粪肥使之与土壤充分混合。翻后耙细整平做床,床宽 1.5cm,高 20cm,床间距 40cm,床长因地势而定,坡地做床要顺着坡向,以免雨天积水或冲坏床面。做床后耙平床面待种。

(2) 种子处理。每年 7 月末至 9 月末初采集饱满种子,将采下来的种子放在阴凉地方晾干贮藏。

每年春季 4 月中旬当土壤化冻后,先用清水浸泡种子 24h 左右,然后混沙冷藏(细河沙与种子比例为 1∶1),温度控制在 10～20℃进行催芽,当约有 30%左右种子露芽的第二天开始播种。播种时在床面上搂小沟,沟距 20cm,沟深 1～1.5cm,将混有沙子的种子均匀撒播在沟内,每亩用混沙的种子约 30kg,播后覆上 1cm 厚细土,然后再盖一层稻草,可保持床面湿度。播种前床做好后浇足底水。每亩播种 1.5～2kg。

(3) 田间管理。播种后保持床面湿润,如遇天旱,床面要及时浇水。当有 80%出苗露土后,在傍晚日落后揭开覆盖的稻草。揭开覆盖的稻草后要及时搭建遮阴网架,并用单层黑色遮阴网进行覆盖遮阴,高度不低于 2.5m,两侧不低于 1.5m。以后田间管理主要是控制杂草,每隔 10～15d 进行一次除草,不能造成草荒,除草应避免用化学除草剂。

(4) 移栽。当年秋季 9～10 月或翌年春 4～5 月进行移栽。春季移栽成活率高。在整好的畦上,按行株距 30cm×20cm 栽植。土稍湿润即可,天旱应浇水,雨季注意排水。

(二) 林下栽培

(1) 选地。选择坡度小于 15°,土壤的土层深厚,腐殖质含量丰富,土壤湿润且不积水处,林分郁闭度 0.4～0.6 的针叶林(落叶松、红松)、针阔混交林以及杂木林。

(2) 整地。首先要清除林下规划栽培利用地的杂草,多余的灌木,适当修整树冠。为了保持水土和尽量减小对森林环境的破坏,要适当保留一定间隔的保留带,另外在对清除的杂草和灌木应避免采取用火烧除的办法,应堆放在林内任其自然腐烂。

在秋季至上冻前进行刨地作业,刨地的深度 20～30cm 为宜,边刨边清除石块、草根、树根等杂物。翌年春季土壤化冻后进行做畦床作业。床宽 1m,高 5cm 左右,长依据地形而定,一般不超过 10m。做床前要先施足底肥(最好是腐熟的农家肥),每亩 2000～3000kg,并翻入畦床下 20cm,保证床面平整。

(3) 播种或移植。

① 播种按平地育苗要求,减少播种量,一般控制在每亩播种 1～1.5kg。

② 人工苗移栽按行株距 30cm×20cm 栽植。

③ 野生苗移栽要采挖种根,连同携带的泥土收集起来。将丛状根掰成单根,以备进行人工分根栽植用。一般在 5 月中下旬到 6 月初采挖。要防止日晒,保持新鲜,最好随采挖随移栽。

(4) 田间管理。林下栽培多数不具备浇水条件,尽量选择土质层厚、保水好的地块。要及时除草,以不造成草荒为原则,发现土壤板结时须进行松土。

(三) 采　收

每年春 4～5 月猫爪子萌发在顶叶未舒展前,进行采割。采割时要在根径分界点以上采收,采收后应对苗根进行培土。

蒲公英

别名尿床草、耩褥草、真痰草、狗乳草、黄花地丁、婆婆丁、苦菜等。为菊科植物蒲公英属。产于全国各地。多年生草本,高 10～25cm,含白色乳汁。根深长,单一或分枝,外皮黄棕色。叶根生,排成莲座状,狭倒披针形,大头羽裂或羽裂,裂片三角形,全缘或有数齿,先端稍钝或尖,基部渐狭成柄,无毛薮有蛛丝状细软毛。花茎比叶短或等长,结果时伸长,上部密被白色珠丝状毛。头状花序单一,顶生,长约 3.5cm;总苞片草质,绿色,部分淡红色或紫红色,先端有或无小角,有白色珠丝状毛;舌状花鲜黄色,先端平截,5 齿裂,两性。瘦果倒披针形,土黄色或黄棕色,有纵棱及横瘤,横瘤有刺状突起,先端有喙,顶生白色冠毛。花期早春及晚秋。生于路旁、田野、山坡。

蒲公英是著名的山野菜之一。一年四季都可以食用,生食、泡菜、炝拌。

蒲公英性寒,味苦、甘。全草含蒲公英甾醇、胆碱、菊糖和果胶等。清热解毒,消肿散结,利尿通淋。用于乳痈、瘰疬、疔疮肿毒、咽痛、肺痈、肠痈、目赤、湿热黄疸、热淋涩痛。

【无公害蒲公英体芽菜的生产技术】

蒲公英体芽菜是指利用蒲公英营养贮藏器官肉质直根,在适宜的栽培环境下直接培育成的芽苗菜。蒲公英具有很高的营养和医疗保健价值,它的肉质直根生产的体芽菜新鲜、富含营养并且无污染,对推进农村产业结构调整,增加农民收入具有重要的意义。

(一) 采　种

于 5 月下旬至 6 月上旬的上午 8、9 点钟采集野生的蒲公英种子。采种时选择叶片肥大、汁多色绿、锯齿较深、根茎粗壮的蒲公英作为采种株。将花托变黄的花序剪下,放室内后熟 1d,待花序全部散开,再荫干 1～2d,用手搓掉冠毛,晒干备用。蒲公英的留种采种最好有固定的种子圃地。

(二) 肉质直根的培育

野外直接采集直根,比较经济,但不肥大,应人工培育。

(1) 选地与播种前准备。选择土壤耕层深厚,地势平坦,排灌方便,无较大污染源的地块种植。秋收后净园并结合耕翻整地每亩施入 4000～5000kg 腐熟的优质农家肥。翌年土壤化冻后按 1.2m 宽做畦,待播。

(2) 播种。在土温达到 10℃以上时开始播种。在畦内开浅沟 2～3cm,沟距 10cm、宽 10cm,踏实浇透水,将种子与细沙拌均匀,撒播于沟内,覆土 2～3cm,最后在畦的两边插上竹弓子,盖上塑料膜以保持蒲公英萌发的最适温湿度。

(3) 苗期管理。播种后 9～12d 出苗。幼苗出齐后,去掉薄膜并及时浇水、中耕除草。2～3 片真叶期及 5～6 片和 7～9 片真叶期时,结合中耕除草分别进行 3 次间苗(间下的苗可上市),最后一次按株距 5cm、行距 10cm 选壮苗定苗。间苗、定苗后一般均需及时浇水。定苗后立即随水追施腐熟消毒的人粪尿。

(4) 蹲苗与田间管理。莲座期后一段时间不浇水,直到肉质根进入迅速膨大期。田间管理除清除杂草外,主要是水分管理,要经常保持土壤湿润。可根据植株生长状况追施有机肥。播种当年不采叶,以促其肉质根粗大,以利来年早春生产出优质的芽菜。一旦发生病虫害可选择高效、低毒、无残留的农药。

肉质根的收获与贮藏。肉质根的收获最迟应于上冻前完成。将挖出的根株进行整理，摘掉老叶，保留完整的根系及顶芽。选择背阴地块挖宽1～1.2m，深1.5m(东西延长)的贮藏窖。将肉质根放入窖内，码好，高不超过50cm。贮藏前期要防止温度过高引起肉质根腐烂或发芽，后期要防冻。该技术高产的关键是培育粗大、肥壮和充实的肉质根，并且冬季贮藏合理，营养消耗少。

(三) 肉质根囤栽技术

选用温度能稳定维持在8～25℃的保护设施。在设施内土厚40～50cm的栽培床，栽培基质用洁净的土壤或河沙等，最后设施内用熏剂消毒。囤栽前应将肉质根提前一天从贮藏窖内取出荫晾。按长度分级，然后按级别一沟一沟的码埋，码埋间距2～3cm，埋入深度以露出根生长点为度，码埋要整齐。码埋完毕后立即浇透水，水后2～3d插小拱棚、覆盖黑色薄膜。囤栽后一般床内温度保持在15～20℃，湿度控制在60%～75%为好。当叶片达到10～15cm时，用手掰或用刀割取叶片，注意保护生长点。收获一般应在清晨进行。芽苗清洗分级包装后及时放入冷库或运往市场销售。为延长市场供应期，可分期分批囤栽。

荠　菜

别名枕头草、粽子菜、三角草、荠荠菜、菱角菜、地菜、上巳菜、护生草、香荠、荠草。十字花科荠菜属植物。全国各地均有分布或栽培。荠菜为一年、二年生草本植物。荠菜根白色。茎直立，单一或基部分枝。基生叶丛生，挨地，莲座状、叶羽状分裂，不整齐，顶片特大，叶片有毛，叶把有翼。茎生叶狭披针形或披针形，基部箭形，抱茎，边缘有缺刻或锯齿。开花时茎高20～50cm，总状花序顶生和腋生。花小，白色，两性。萼片4个，长圆形，十字花冠。短角果扁平。呈倒三角形，含多数种子。荠菜属耐寒性蔬菜，要求冷凉和晴朗的气候。种子发芽适温为20～25℃。生长发育适温为12～20℃，气温低于10℃、高22℃则生长缓慢，生长周期延长，品质较差。荠菜的耐寒性较强，－5℃时植株不受损害，可忍受－7.5℃的短期低温。在2～5℃的低温条件下，荠菜10～20d通过春化阶段即抽薹开花。荠菜对土壤的选择不严，但以肥沃、疏松的土壤栽培为佳。

荠菜含有7种有机酸、11种氨基酸、7种糖分和多种无机盐，所含蛋白质、粗纤维、胡萝卜素和维生素B_1、B_2、B_6、C等也多为人体所需的营养物质，所以俗语说“三月三，荠菜当灵丹”。荠菜性味甘、淡、凉。归肝；心；肺经。凉肝止血；平肝明目；清热利湿。主叶血；衄血；咯血；尿血；崩漏；目赤疼痛；眼底出血；高血压病；赤白痢疾；肾炎水肿。

【荠菜栽培技术】

(1) 栽培季节。东北地区可进行两季栽培，春季栽培在3月上旬至4月下旬播种；秋季栽培从7月上旬至9月中旬。利用塑料大棚或日光温室栽培，可于10月上旬至翌年2月上旬随时播种。

(2) 选地整地。东北地区由于荠菜的市场需要量不大，故很少用大面积连片地块种植。一般用田埂、地头地边；大棚、温室的东西两侧或南侧栽培。种荠菜的地要选择肥沃、杂草少的地块，避免连作。播前每公顷施腐熟的有机肥45000kg，浅翻、耙细，做成平畦。

(3) 播种。荠菜的种子非常细小，因此整个播种都必须小心谨慎。

① 整地。荠菜播种时对地块的要求非常严格，要选择杂草较少的地块，畦面要整得细、平、软。土粒尽量整细，以防种子漏入深处，不易出苗，畦面宽2m，深沟高畦，以利排灌。

② 播种方法。荠菜通常撒播,但要力求均匀,播种时可均匀地拌和 1～3 倍细土。播种后用脚轻轻地踩一遍,使种子与泥土紧密接触,以利种子吸水,提早出苗。早秋播的荠菜如果采用当年采收的新籽,要设法打破种子休眠,通常以低温处理,用泥土层积法或在 2～7℃的低温冰箱中催芽,经 7～9d,种子开始萌动,即可播种。

③ 播种量。每 667m^2 春播需种子 0.75～1kg 夏播为 2～2.5kg,秋播为 1～1.5kg。

荠菜种子有休眠期,当年的新种子不宜利用,因未脱离休眠期,播后不易出苗。

(4) 田间管理。在正常气候下,春播的 5～7d 能齐苗;夏秋播种的 3d 能齐苗。出苗前要小水勤浇,保持土壤湿润,以利出苗。出苗后注意适当灌溉,保持湿润为度,勿使干旱,雨季注意排水防涝。雨季如有泥浆溅在菜叶或菜心上时,要在清晨或傍晚将泥浆冲掉,以免影响荠菜的生长。秋播荠菜在冬前应适当控制浇水,防止徒长,以利安全越冬。

春季栽培的荠菜,由于生长期短,一般追肥两次。第一次在 2 片真叶时;第二次在相隔 15～20d 后。每次每公顷施腐熟的人粪尿液 22500kg,或尿素 150kg。秋播荠菜的采收期较长,每采收一次应追肥一次,可追肥 4 次,施量同春播荠菜。

荠菜植株较小,易与杂草混生,除草困难。为此,应尽量选择杂草少的地块栽培、在管理中应经常中耕拔草,做到拔早、拔小、拔了,勿待草大压苗,或拔大草伤苗。

(5) 采收。春播的荠菜,生长较快,从播种到采收的天数一般为 30～50d,采收的次数为 1～2次。秋播的荠菜,从播种至采收为 30～35d,以后陆续采收 4～5 次。

采收时,选择具有 10～13 片真叶的大株采收,带根挖出。留下中、小苗继续生长。同时注意先采密的植株,后采稀的地方,使留下的植株分布均匀。采后及时浇水,以利余株继续生长。每公顷产 37500～45000kg。

(6) 病虫害防治。荠菜的主要病害是霜霉病,夏秋多雨季节,空气潮湿时易发生。发生初期可喷 75%百菌清 600 倍液防治。

荠菜的主要虫害是蚜虫。蚜虫危害后,叶片变成绿黑色,失去食用价值,还易传播病毒病。在发现蚜虫危害时,应及时用 40%乐果 1500 倍液;或 80%敌敌畏 1000 倍掖喷雾防治。

(7) 留种。荠菜留种要建立留种田,留种田要选择高燥、排水良好、肥力适中的地块。9 月底至 10 月上旬播种,每公顷播量 22.5kg 左右。播种出苗后,结合间苗,淘汰病、弱、残苗。翌春进行一次株选,将细弱、劣株和不具本品种特征特性的植株全部拔掉,定苗,保持株行距 12cm×12cm。定苗后追肥 1 次,每公顷施腐熟的人粪尿 15000kg,或磷、钾化肥 150～225kg。并注意防治病虫害。

从野生荠菜中采种。野生荠菜类型较多,常见的有:

① 阔叶型荠菜。形如小菠菜,叶片塌地生长,植株开展度可达 18～20cm,叶片基部有深裂缺刻,叶面平滑,叶色较绿,鲜菜产量较高。

② 麻叶(花叶)型荠菜。叶片塌地生长,植株开展度可达 15～18cm,叶片羽状全裂,缺刻深,细碎如飞廉叶型,绿色,食用香味较好。

③ 紫红叶荠菜。叶片塌地生长,植株开展度 15～18cm,叶片形状介于上述两者之间,不论肥水条件好坏,长在阴坡或阳坡,高地或凹地,叶片叶柄均呈紫红色,叶片上稍有茸毛,适应性强,味佳。

选苗采种方法是,在冬季或早春,可到田野里挑选种苗,将三种类型荠菜分挖、分放,也可根据选种目的,挑选其中一种类型。然后将种苗定植在经过施肥和精细整地的零星熟土菜地上(注意不同类型之间需进行隔离),成活后注意浇水施肥,防治蚜虫,使植株正常开花结荚。在种荚发黄,种子八成熟时收割,以免过熟后“炸荚”使种子散落。将收回的种荚摊于薄膜上晾干搓揉,取出干种子精细保管待用。

(8) 荠菜选留种关键

人工栽培荠菜要进行选留种,能迅速增加荠菜种子数量,扩大种植面积,而且建立留种田能省去从野生地采种的诸多麻烦。荠菜选留种应抓好以下关键。

① 精选留种田。一般选择9月下旬至10月初播种的迟播田块作为种子田。选择地势高爽,品种纯度高,生长健壮,无病虫害的荠菜田作为留种用。

② 坚持种选标准。当春节来临,在留种田采收荠菜时,应着眼于选留好种株。例如,在阔叶荠菜种子田里,应将符合阔叶荠菜特征的健壮植株留下来,将一些非阔叶荠菜挑收掉,将长势差而小的植株挑去上市。种株的株行距保持15cm,以利种株间有均匀的生长空间,促使其平衡生长,提高种子产量。因荠菜原属野菜,品种混杂,只有坚持株选,才能有效地提高品种纯度,确保下一熟商品菜优质高产。

③ 做好种子田的管理工作。前期的肥水管理、除草、防虫等措施与商品荠菜田相同。但在2月份去杂劣后,必须及时追施腐熟淡水粪1次,促使种株发好棵,使其根深叶茂,营养生长健壮。在抽薹现蕾后,应增施磷、钾肥,可结合防治虫害,在农药内加入0.3%的磷酸二氢钾液喷施。这不仅能增强种株的抗逆能力,而且有利于多结种菜荚并促进籽粒饱满。平时特别要勤查勤防蚜虫。即使至4月20日种株已进入结荚乳熟期,仍应防治蚜虫一次,否则会因蚜虫猖獗而使籽粒不饱满,造成种子歉收。平时亦须做好修沟理沟工作,以防雨水多时造成涝灾。

④ 适时采种,及时脱粒晒干贮藏。荠菜种株的成熟,一般在4月底5月初,当种株花已谢,茎微黄,从果荚中搓下种子已发黄时,为九成熟。这时采收最为适时。如过早采收,则种子成熟度不够,产量低,质量差。过迟采收,种子散落造成浪费。一般在晴天的早晨进行采收,中午不要收割,以免果荚裂开,种子散落掉。在收晒过程中,应随时搓下种子,随即薄摊于竹匾中,晒时手不要翻动。第一次脱粒的种子质量最好。以后脱粒的稍次,在正常年份,一般667m^{2}产达25～30kg。

适时采种是荠菜留种的关键。一般当种株上花已谢,茎微黄,种荚由青转黄,七八成熟,从果荚上搓下的一些种子颜色已发黄时为采种适期。在晴天上午收割,割后就地晾晒1h,将种子搓下,并晾干。切忌暴晒种子,以免降低发芽率。

成熟适度的种子里呈橘红色,色泽鲜艳,成熟过度的种子呈深褐色。使用期限为2～3年。

山胡萝卜

中药材称:羊乳。学名:轮叶党参、四叶参等。别名沙参、奶奶参、白蟒肉、山胡萝卜、假党参。为伞形科植物。我国各地都有生长,而且容易栽培,是很有利用和开发价值的资源。多年生草本,高20～90cm。根茎粗,密覆棕以枯鞘纤维,根圆柱形;茎通常单一,空管状,有条棱和浅纵沟纹,无毛;基生叶有柄,柄长3～12cm,基部有膜质叶鞘;叶片轮廓长圆形,长5～22cm,宽2～8cm,二至三回羽状全裂,第一回羽片无柄,卵形,第二回羽片无柄,长圆形或卵形,末回裂片线形,叶轴及两面叶脉上有短硬毛,边缘具长硬毛。复伞形花序顶生,通常不分枝,花序梗顶部密被糙毛;总苞片6～10片,线形,边缘白色,有毛;伞辐15～25mm,粗壮,稍不等长;小伞形花序有花15～20;花柄一等长;小总苞片比花柄长,有长柔毛;花瓣白色,先端小舌片内曲,花柱稍叉形，果成增长，花柱基黑紫色；萼齿钻形。分生果椭圆形，密被长柔毛，背棱稍突起，侧棱呈狭翅状；每棱槽内油管2～4个，合生面油管4个。主茎生少数分枝，4枚叶轮生，7月中下旬开钟状花，9月中旬后果实成熟(白露后)，每株结果100～200个。花期7～8月，果期9月。根茎粗糙有更多的横皱纹；口感松脆，呈淡黄白色，有多个裂隙。种子浅褐色，有膜质翅，千粒重1.5g，4月下旬至5月上旬萌动出土，9～10月萌动新芽苞。霜后进入休眠期。

山胡萝卜喜欢生长在以海拔300～900m灌木林中，含腐殖质肥沃的沙壤土，黄壤土的阳坡。

山胡萝卜含有碳水化合物、维生素、纤维素、矿物质、蛋白质、脂肪等营养成分，它的功效物质主要是皂甙。山胡萝卜煎剂有助于肝糖原和肌糖原的合成与利用，兴奋呼吸运动，降低血压，对抗肾上腺素的升血压作用，还对一些细菌、病毒有抑制作用。山胡萝卜可炒食、烘烤、腌渍咸菜，风味独特鲜美，是我国出口美国、日本、韩国的主要品种之一。

【山胡萝卜栽培技术】

(一) 选地、整地

山胡萝卜为深根性植物，选半阴半阳坡，宜在土壤肥沃、土层深厚、排水良好、砂质弱酸性土壤中栽培。忌连作，不宜在黏土、低尘地、盐碱地种植。定植地也应选择疏松肥沃的沙质土壤，地形要求向阳。

选好地后，翻耕15～20cm深，耕细，整平，然后作畦，每畦宽为120～140cm，作业道宽40～60cm，畦长按地所定。定好畦后，在所需做畦的地方开10cm深沟，在沟内施入农家有机肥，每平方米5～10kg，然后将土扶到畦面上。畦高约15cm，山坡地也可不做畦。

(二) 选种及种子处理

应选择无病害的种子，以防止种子带菌，影响出苗及苗的生长。选择经过几代进化的种子。这样的种子适应性强，生长快，出苗率和保苗率都高，抗病力及抗逆性都远远高于未经进化的种子。选择粒大及籽粒饱满的种子。目前山胡萝卜经过驯化、培养，已经培养出5个品种，其特性各异，应因地制宜的选择品种。由于人工选种，质量和品质均佳，而这些正是出苗率和保苗率的关键和前提，也是提高产量创造高产的基础。因此，我们选种一定要慎重，尽量到专门从事种子研究的单位和个人购种。不能盲目乱购，造成不应有的损失。用山胡萝卜专用生物肥拌种，在播种前将山胡萝卜种子与生物肥拌均匀，再播，发芽率可达90%左右，根的产量可提高60%。

(三) 播　种

用种子繁殖，常用育苗移栽，少用直播。春播和秋播均可，有灌溉条件的地区可采用春播，反之秋播。秋播较春播为宜，利于出苗，秋播时间在10月下旬至11上旬，即土壤结冻前进行；春播在4月下旬至5月上旬进行，但春播应注意保墒。播种方法：条播或撒播均可。

(1) 条播。按行距10cm开3cm左右深沟，踩好底格子，由于种子小，最好按1∶10掺入细沙混拌均匀，将种子均匀撒于沟内，覆土1cm，覆草厚度以不露地面为宜，不要太厚。条播每亩播种量0.5～1kg。

(2) 撒播。同样用细沙拌种，将种子均匀地撒于整平的畦面，然后用板锹等轻轻镇压，使种子与土紧密结合，以利保墒，用筛子覆土1cm，基本上不露种子并覆盖落叶或秸秆保墒。每亩播种量1～1.5kg，如畦面干燥，要及时浇水，保持畦面湿润10～12d，若土壤水分充足，20d内出苗。

以上两种方法，条播更有利于苗畦透风，便于田间管理，但种子分布不均匀，营养面积不一致，植株生长不整齐，山胡萝卜根大小不一，如在条播基础上，适当进行间苗，培养较高质量的种苗是可能的。

（四）移　栽

幼苗生长一年后于秋季 10 月中旬至封冻或翌年 4 月上旬解冻后，进行幼苗萌芽前移栽。将苗完整挖出，除去有伤残和病虫害的弱苗，按大、小划等分栽。移栽地作畦，平栽、立栽均可，立栽较抗旱。在整好的畦上按行距 20cm 开 15～20cm 深的沟，山坡地应顺坡横向开沟，将种根按株距 6～10cm 斜摆于沟内，注意芽苞向上。覆土深约 3～5cm，干旱地方应稍深些。每亩移栽种根约 2～5 万株，移栽后要及时灌水，以防苗根干枯，从而促进出苗和出齐苗。移栽时，边起边栽。春栽成活率比秋栽高。且春栽能躲过“缓阳冻”，保苗率高，有利于出苗。

（五）中耕除草

出苗后开始松土除草。幼苗生长缓慢，应注意及时松土除草，以免草大根深，拔草时伤害苗根，或把旁边苗也一起拔出，须做到有草就除。当苗高约 5cm 时将盖草逐渐揭掉，不可一次揭光，以防烈日晒死幼苗。当苗高约 15cm 时已逐渐增强了对光的适应能力，可全部揭掉盖草。当株高 5～10cm 时结合除草，并培土，以免芦头露出地面。同时查苗补缺，间苗，可随间，随补栽，栽后浇水。封垄以后不必再中耕与除草。松土宜浅，避免伤根。

（六）搭　架

当苗高 20cm 左右时搭架，以使茎蔓攀架生长，搭架方法可根据当地具体条件灵活掌握，就地取材，越适用越好，最好是每 4 根绑成一缚，既利于茎蔓缠绕，又起到稳固作用，加大通风透光度，增加光合作用面积，生长旺盛，能提高抗病能力，提高根和种子产量。

（七）花期管理

前期管理，当山胡萝卜长至半架时进行追肥，以速效氮肥为主，保证花期营养，最好实行叶面喷肥，当第一花序坐果后，中部节位出现花序时，进入中后期管理阶段，应开始浇水，做到见干就浇，促进开花结实和茎蔓生长同步进行。在这一时期，叶面喷肥 2～3 次，满足旺盛生长和结实对营养的需要。当主蔓达到 2m 高时 18～20 节位左右，可进行摘心封顶，促进养分回流，供中下部充分形成花序和结实。这一时期正处于雨季，应注意排涝，防止地面积水，保证根系正常生长，减少根腐病的发生。

水蕨菜

为蕨类水蕨科植物。分布全国各地。1 年生水生草本，高 30～80cm，绿色，根茎短而直立，叶二型，无毛，不育叶的柄长 10～40cm，肉质，叶片直立或飘浮，狭矩圆形，2～4 回深羽裂，能育叶较大，矩圆形或卵状三角形，长 15～40cm，宽 10～22cm，2～3 回状分裂。生于湿地、沼泽地、水沟旁。水蕨菜含有丰富的蛋白质、碳水化合物、维生素矿物质，以及脂肪等多种营养成分。

水蕨菜是亚洲地区食用最为普遍的几种蕨类植物之一，是森林蔬菜中独具特色的食用蕨品种，其藓苔或嫩叶翠绿色，无论炒食、凉拌、做汤，均不变色，味道独特、鲜美、清爽可口。水蕨菜性味甘淡凉，具有活血解毒、止血止痛的功效。治胎毒、痰积、痢疾、跌打损伤等。沸水焯后，清水浸泡，多用于热菜。

【水蕨菜根萌育苗技术】

水蕨菜主要繁殖方式为挖取野生植株进行整株移栽、分茎繁殖和孢子繁殖。挖取野生植株移栽对自然生态环境破坏较大，分茎繁殖的繁殖系数极低，孢子繁殖虽然繁殖系数高，但管理繁杂，培育时间较长，从孢子播种到幼苗出圃需要 3 年的时间，每亩产苗 2 万株左右。快速育苗技术是促进水蕨菜规模化发展的关键。

根据水蕨菜根能在根尖萌芽产生新植株特性，进行根萌育苗，头年秋季定植，翌年秋季出圃，每亩年产苗达 5 万株以上。

(一) 水蕨菜根萌特性

水蕨菜根萌苗的形成分为三个阶段：根的先端先由尖变钝，逐渐形成一绿色小球体；然后由绿色小球体分化成幼芽；再由幼芽发育成幼苗出土。

水蕨菜根系在 2 月中旬开始萌动，比地上芽萌动早 10d 左右，根端约 15d 后开始形成绿色小球体，50d 后形成幼芽，70d 后发育成幼苗。在整个生长期均能产生幼苗，但以 4～7 月为出苗高峰期，其出苗量约占全年出苗量的 70%。根萌能力随着母株年龄的增大而减弱，当年生和 1～2 年生植株根萌力强。采摘蕨苔能促进根萌苗的产生。

(二) 水蕨菜根萌苗培育技术

(1) 整地作床。培育水蕨菜根萌苗，宜选择地势平坦、水源充足便于灌溉的圃地，土壤以疏松肥沃的沙质壤土为宜。清除前茬作物残桩及根蔸，植苗前翻耕 1 次，结合翻耕每亩施腐熟有机肥 2500kg 和氮磷钾三元复合肥 50kg 作底肥，耙细、平整土地后作床，床宽 1m、高 20cm，沟宽 40cm。

(2) 母株挖取与处理。根系发达的当年生和 1～2 年生水蕨菜植株是培育根萌苗的优良母株，但水蕨菜苗源紧缺，在不破坏原生环境的前提下可适当挖取野生大龄植株作为母株培育，注意保持根系完整，尽量避免损伤根尖及不定芽，剪去叶片。对于根状茎较大的(粗度 6cm 以上)，定植前用快刀从根状茎中心纵向分切为 2 份。

(3) 定植。

① 定植时间。水蕨菜一年四季均可栽植，培育根萌苗以秋季定植母株为佳。秋季定植 2 周后根状茎产生新叶继续生长，根系活动仍然较强，可形成一定数量的绿色小球体和幼芽，待翌年早春萌动后即发育成新植株，这些植株既是培育出来的新苗，同时又成为新的母株，增加了单位面积的母株数量，从而提高单位面积的出苗量。

② 定植方法。采用宽穴浅栽，按 30cm×30cm 株行距定植，使根系平铺于床面 5～10cm 内，定植时要尽量防止损伤根尖和幼芽，使根群扭曲、悬空，定植后浇透水。

(4) 管理。

① 水肥管理。适时浇水，保持土壤湿润；生长期用腐熟人畜粪尿或沼液按 1∶2兑水浇施 2.5～3kg/m^2。每月追施 1 次。

② 光温管理。水蕨菜在强光或弱光下均能正常生长，生长最适宜温度为 15～25℃，夏季高温期可用遮阳网适当遮阴。

③ 土壤和杂草管理。定植后用稻草覆盖行间土表，覆盖厚度 5～6cm，可有效降低杂草数量。由于水蕨菜根系分布很浅，为避免损伤根上的不定芽及幼苗，圃地不进行松土，杂草宜人工拔除。

④ 留叶量。采摘蕨苔可促进根萌苗的产生，保留早期萌生的 3～4 棵蕨苔长成正常叶片，

以固定和转化母株正常生长及萌苗所需的光能，其余蕨苔在达到可采高度时即时采摘。

(5) 出圃

① 出圃苗规格。叶片 3 枚以上，株高 20cm 以上，长 10cm 以上的须根达 5 条。

② 出圃时间。翌年秋季或第三年早春。

③ 取苗。根萌苗根系分布较浅，一般分布在 0～5cm 的土层中。如遇干旱，土壤板结，应在取苗前 1d 将圃地灌透水；取苗时，用硬竹片（宽 4～5cm，长度以用起来方便为宜，先端削成刀锋）在距苗 10cm 处斜插至苗下 5cm 处后向上轻撬轻抖动，松动与母株及其他幼苗须根的连接，取出幼苗，保留母株。除去幼苗叶片后装入编织带内保湿并及时运至定植地定植。

苋　菜

别名青香苋、红苋菜、野刺苋、米苋、人旱菜，杏菜、荇菜、莹莹菜、玉米菜等。苋科苋属 1 年生草本植物。现全国各地均有栽培。苋菜根较发达，分布深广。茎高 80～150cm，有分枝。叶互生，全缘，卵状椭圆形至披针形，平滑或皱缩，长 4～10cm，宽 2～7cm，有绿、黄绿、紫红或杂色。花单性或杂性，穗状花序；花小，花被片膜质，3 片；雄蕊 3 枚，雌蕊柱头 2～3 个，胞果矩圆形，盖裂。种子圆形，紫黑色有光泽，千粒重 0.7g。苋菜按其叶片颜色的不同分三个类型：绿苋，叶片绿色，耐热性强，质地较硬。红苋叶片紫红色，耐热性中等，质地较软。彩苋叶片边缘绿色，叶脉附近紫红色，耐热性较差，质地软。苋菜喜温暖，较耐热，生长适温 23～27℃，20℃以下生长缓慢，10℃以下种子发芽困难。要求土壤湿润，不耐涝，对空气湿度要求不严。属短日性蔬菜，在高温短日照条件下，易抽薹开花。在气温适宜，日照较长的春季栽培，抽薹迟，品质柔嫩，产量高。6～10 月盛产。

苋菜性凉，味微甘；入肺、大肠经。清热利湿，凉血止血，止痢。主治赤白痢疾，大便不通，目赤咽痛，鼻出血等病症。苋菜富含易被人体吸收的钙质，对牙齿和骨骼的生长可起到促进作用，并能维持正常的心肌活动，防止肌肉痉挛(抽筋)。它含有丰富的铁、钙和维生素 K，具有促进凝血，增加血红蛋白含量并提高携氧能力，促进造血等功能。苋菜还是减肥餐桌上的主角，常食可以减肥轻身，促进排毒，防止便秘。

【苋菜种植技术】

选地势平坦、排灌方便、肥沃疏松的沙壤土或粘壤土，而且喜欢偏碱性的土壤。一般采用直播，很少育苗移栽，以采收幼苗供食用。早春 2～3 月播种，多利用大棚和小拱棚栽培；春栽播种(4～5 月)，多套种在瓜类、茄果类及豆类下，或与其他绿叶蔬菜混播，分期播种，陆续采收。播种前要将菜地深翻，并撒石灰，每 666.7m^2 撒 150kg。整地时施腐熟的人畜粪为基肥，每 666.7m^2 春播者约 3500kg，夏播者 1500kg，秋播者 2000kg。畦面整细耙平，宜高畦深沟，畦宽 1.2～1.5m 为宜。每 666.7m^2 播种量 0.5～0.75kg，播种期偏早，播种量稍大。播种后不盖土或盖薄土，或覆以细沙或草木灰或人畜粪尿。也可用镇土代替覆土。播种后视天气和土壤进行浇水追肥，10d 左右出苗。春季气温低，水分多，一般应控制浇水，只有在高温或干旱时才经常浇水。苋菜的生长喜晴不喜涝，俗话说："晴天的苋菜，雨天的蕹菜"，就是这个意思。从播种到长有 2 片真叶时，选晴天进行第一次追肥；约过 12d 后进行第二次追肥，当第一次间拔采收后进行第三次追肥，以后每间拔采收一次追肥一次。追肥以速效氮肥为主，每 666.7m^2 施尿素 10kg 左右或 2～3 成腐熟人粪尿。并及时除去田间杂草。

夏秋季播苋菜只需 3～5d 出苗，出苗后应及时除草，并加强水肥管理，保持土壤湿润。在盛夏高温期,还需覆盖遮阳网进行降温保湿,做到昼盖夜揭,创造有利于苋菜生长的适温环境,并有利于提高产量和改善品质。在植株高15cm左右时及时采收(可间拔,也可一次采收)。在采收前15d可追施2~3成腐熟人粪尿,在后期,追肥主要用速效氮肥,并及时浇水。否则急速开花结实,影响品质和产量。

苋菜梗即苋菜的主秆,俗称老苋菜,种植苋菜梗,是为制作霉菜梗提供原料。为了获得粗壮的主茎,要采用叶带毛秆粗壮的青绿色的苋菜梗专用品种;采用育苗移栽,按20cm×20cm株行距定植,施足基肥,多次追肥,使苋菜梗又粗又绿。由于苋菜梗在不少地方处于零星种植,至今尚无文献资料明确报道适于作苋菜梗的品种。

小根蒜

别名菜芝、荞子、藠、祥谷菜、小根菜、薤根、大头菜子、野蒜、小独蒜、宅蒜、薤白头、大脑瓜。百合科、葱属。分布黑龙江、吉林、辽宁、河北、山东、湖北、贵州、云南、甘肃、江苏等地。多年生草本,高达70cm。鳞茎近球形,外被白色膜质鳞皮。叶基生;叶片线形,长20~40cm,宽3~4mm,先端渐尖,基部鞘状,抱茎。花茎由叶丛中抽出,单一,直立,平滑无毛;伞形花序密而多花,近球形,顶生;花梗细,长约2cm;花被6个,长圆状披针形,淡紫粉红色或淡紫色;雄蕊6枚,长于花被,花丝细长;雌蕊1枚,子房上位,3室,有2棱,花柱线形,细长。果为蒴果。花期6~8月。果期7~9月。生于耕地杂草中及山地较干燥处。

小根蒜可以蘸酱生食、盐渍咸菜、炝拌、做汤、调味,又可以做面食菜馅。现在人们所食用的多以采挖野生的为主。

小根蒜性味辛苦,温。入手阳明经、入足厥阴肝经、手太阴肺经、手少阴心经。理气,宽胸,通阳,散结。有通阳散结、行气导滞、宽胸的功效;主治胸痹疼痛、痰饮咳喘、泻痢后重等症。

【小根蒜栽培技术】

(一) 选地、整地

选择地势平坦、向阳、排水良好的沙质壤土。整地前每亩施入腐熟的农家肥2000kg,然后深翻、耙平、做床。床宽90~120cm,长视地形而定。将床浇透水待播。

(二) 选种和繁殖

可用种子、珠芽和鳞茎繁殖。用野生种子、珠芽和鳞茎繁殖,产量低、品质差、效益低,可选用人工选育的优良品种"军研一号"进行繁殖。

(1) 种子繁殖。采用条播,在床面上横向或顺向开沟5cm深、行距8cm,每公顷用种子10kg,拌细沙播撒于沟内。每平方米需保苗350株左右,可在春末、夏初或秋末封冻前播种。生长1年半后方可收获。

(2) 珠芽繁殖。床上开沟,深5cm,按行距8cm、株距5cm点播,每公顷需用种珠芽50kg左右,每平方米播300粒珠芽。春播珠芽当年秋后收获;秋播可以在翌年春季5月中下旬采收,时间短,丰产性好。

(3) 鳞茎繁殖。每公顷用种鳞茎1000kg。每平方米需要保苗300株以上。春末、夏初或在秋末播种。

播种时在床上开沟,深5cm,将鳞茎按株距5cm、行距8cm播种。播后覆土2cm,稍镇压,可覆盖塑料薄膜或草帘,以利保苗。早春可架设地弓棚,以便提早上市;也可采收大棚温室栽培,打好时机差,以便获得更好的经济效益。

(三) 田间管理

在春秋两季生长旺盛，适宜生长温度为 8～18℃，夏季高温时进入休眠状态。鳞茎在地下越冬，不易发生病虫害，适应性强。

出苗后，撤掉覆盖物；3～4 叶时疏苗，保持株距、行距为 5～8cm，每平方米保苗 300～350 株。小根蒜喜湿润土壤，所以要及时浇水，保持土壤湿润。4 叶时地下鳞茎开始膨大，此时每公顷可追施尿素 100kg。夏季进入休眠期，植株萎枯。在生长过程中如果有植株抽薹，应及时摘掉，以免影响产量和质量；要及时除草，以免影响产量。大面积生产可采用药剂除草，播种后用“乙丁酯乳液”封闭效果好。秋季封冻前应铺施一层盖头粪，以腐熟的农家肥为好。最好在封冻前浇 1 次水。

(四) 采　收

小根蒜目前以食用为主，它的采收时间很关键。繁殖方法和播种时间的不同，其采收期也各有不同。一般在 5 月中旬开始逐渐抽薹，春季应在抽薹前及时采收，采收过早产量低，采收过晚会抽薹，质量差；秋季不抽薹，所以秋季在封冻前采收即可。小地弓棚或大棚温室栽培的，若使用种子繁殖的要保证生长期在 5～6 个月，采收珠芽和鳞茎繁殖的生长期最低不少于 3 个月。当植株长到 4 叶时，掌握在未抽薹前采收。采收时要注意叶片完整，去净泥土，扎成小把上市出售。

在保证苗数和田间管理的情况下，小根蒜可每公顷产鲜品 10000～15000kg。小根蒜的人工栽培，投入低、易管理、不易发生病虫害、时间短、见效快、效益高，适于大地和保护地栽培。

野韭菜

别名山韭菜、宽叶韭、岩葱等。百合科葱属多年生草本。我国各地均有分布。野韭菜为须根系，弦状根，分布浅，具根状茎，鳞茎狭圆锥形，外皮膜质，白色。叶基生，条形至宽条形，长 30～40cm，宽 1.5～2.5cm，绿色，具明显中脉，在叶背突起。夏秋抽出花薹，圆柱状或略呈三棱状，高 20～50cm，下部披叶鞘；总苞 2 裂，常早落；伞形花序顶生，近球形，多数花密集；小花梗纤细，近等长，8～20mm，基部无小苞片；花白色，花披针形至长三角状条形，内外轮等长，长 4～7mm，宽 1～2mm，先端渐尖或不等的浅裂。果实为蒴果，倒卵形。种子黑色。野韭菜多在山林、坡地生长。喜温暖、潮湿和稍阴环境。

野韭菜富含多种营养元素。野韭菜性味辛、温，有温中下气、补肾益阳、健胃提神、调整脏腑、理气降逆、暖胃除湿、散血行瘀和解毒等作用。适用于阳痿遗精、腰膝酸软、胃虚寒、噎嗝反胃、便秘、尿频、心烦、毛发脱落、痔漏、脱肛、痢疾、妇女痛经等病。野韭菜可炒食、汤用或作馅。民间常用野韭菜与鲫鱼作汤，不但味道鲜美，而且对食欲缺乏、烦热、尿频有治疗效益，尤其对老人脾胃气弱、食欲减少、羸怠等症有作用。

【野韭菜栽培技术】

(1) 整地施肥。野韭菜根系分布浅，地上部长势旺，宜选择肥沃、疏松、保水力强的土壤。种植前开沟施入充足土杂肥或腐熟粪肥，每亩 1500～2000kg。

(2) 繁殖。野韭菜用种子或分株繁殖。以分株繁殖为主，当植株具 3 分蘖以上时，可分株繁殖，一般可在春季进行。其他季节分株要注意遮阴保湿，可用遮阳网覆盖，并及时浇水。分株定植的株行距为 20～30cm×30cm。

(3) 田间管理。植后常淋水保持土壤湿润。结合浇水分次追肥，多为速效氮肥，每次每亩施尿素 10kg。

(4) 采收。野韭菜主要采收嫩叶，当植株大部分叶片长至正常大小时便应采收，采收应及时，以保证嫩叶质量。一般每隔 20～30d 采收 1 次，采收时离地面 1～2cm 处的叶片基部割取。夏季可收获花薹，秋冬季收取根茎。为保持产品质量，提高产量，每季施用腐熟有机肥。一般亩产 3000～4000kg。

(5) 软化。栽培野韭菜不仅采收韭青，也可进行软化栽培，一般以 2～3 年生生长健壮、分蘖数较多的野韭菜进行软化栽培较为适宜。当植株生长至发育旺盛健壮时，采收韭菜后进行软化处理。软化栽培常用竹筒、瓦筒等不透光的材料，竹筒和瓦筒具有不易传热等特点。一般瓦筒上有孔盖，白天将孔覆盖遮光，晚上将孔盖拉开，以利通风及降低湿度，防止腐烂。春、夏、秋季经过 7～10d，冬季、早春须经过 10～15d 可以收割 1 次，可亩产 800～1000kg。

第5节　食　用　菌

木　耳

别名黑木耳、光木耳。木耳科木耳属。分布于黑龙江、吉林、福建、台湾、湖北、广东、广西、四川、贵州、云南等地。木耳子实体丛生，常覆瓦状叠生、耳状、叶状或近林状，边缘波状，薄，宽 2～6cm，最大者可达 12cm，厚 2mm 左右，以侧生的短柄或狭细的基部固着于基质上。初期为柔软的胶质，黏而富弹性，以后稍带软骨质，干后强烈收缩，变为黑色硬而脆的角质至近革质。背面外面呈弧形，紫褐色至暗青灰色，疏生短绒毛。绒毛基部褐色，向上渐尖，尖端几无色。里面凹入，平滑或稍有脉状皱纹，黑褐色至褐色。菌肉由有锁状联合的菌丝组成，粗约 2～3.5μm。子实层生于里面，由担子、担孢子及侧丝组成。担子长 60～70μm，粗约 6μm，横隔明显。孢子肾形，无色，分生孢子近球形至卵形，无色，常生于子实层表面。

木耳新鲜时软，干后成角质。口感细嫩，风味特殊，是一种营养丰富的著名食用菌。含糖类、蛋白质 10.6g、脂肪 0.2g、热量 306J、氨基酸、维生素和矿物质。

木耳性味甘，平。补气血，润肺，止血。用于气虚血亏，四肢搐搦，肺虚咳嗽，咯血，吐血，衄血，崩漏，高血压病，便秘。木耳色泽黑褐，质地柔软，味道鲜美，营养丰富，可素可荤，不但为中国菜肴大添风采，而且能养血驻颜，令人肌肤红润，容光焕发，并可防治缺铁性贫血。木耳富含多糖胶体，有良好的清滑作用，是矿山工人、纺织工人的重要保健食品。还具有一定的抗癌和治疗心血管疾病功能。

【黑木耳大袋立体栽培新技术】

传统的黑木耳生产方法既毁掉了大量森林资源，又浪费了大量的人力、物力且产量低、成本高，采用大袋立体栽培黑木耳技术，不仅解决了黑木耳袋料栽培产量低、易污染的弊病，且具有不受气候条件、场地、资源、资金等限制，还有省工、省料、产量高、品质优、栽培难度低等优点。比传统发菌缩短 10～15d，使黑木耳袋料栽培的投入产出比例达到 1∶5～1∶2的高效益。黑木耳从接种到采收结束只需要三个月，其投入少、周期短、效益高，是致富的好门路，现将其技术介绍如下。

(1) 栽培场地。可利用蔬菜大棚、空闲场地、阳台、楼顶、林果树荫下等场地。进行木耳栽培，场地要求临近水源，通风好，远离污染源。

(2) 栽培季节。地区不同栽培的季节也各不相同。选择的标准是:以当地气温稳定在15～25℃为最佳出耳期,按此季节往前推45d就是最佳制作菌袋的时间。也可利用当地低温期生产菌袋,当气温回升到15℃即可排袋出耳。

(3) 原料选择及配制。可选用玉米芯、木屑、棉籽壳、葵花盘、稻草等农产品下脚料,具体配比方法如下:

① 木屑(硬杂木)86%,麸皮10%,黄豆粉2%,石膏粉1%,石灰粉1%。

② 棉籽壳90%,麸皮5%,玉米粉3%,石灰粉1%,石膏粉1%。

③ 玉米芯粉80%,麸皮10%,玉米粉5%,黄豆粉2%,生石灰粉2%,石膏粉1%。

(4) 装袋。栽培黑木耳的菌袋可选择22cm×38cm×0.04cm的高密度聚乙烯筒,高温季节选用17cm×33cm×0.04cm筒。装料时要装紧,不能使袋与料之间出现空隙,扎口要紧,否则灭菌时易使冷凝水进入袋内,形成水袋,使栽培失败。

(5) 灭菌。采用蒸汽灭菌,根据生产量大小选用不同规格的锅炉,家庭栽培,可用铁桶改制成蒸汽发生器。改制时在铁桶的一侧割开一个口,并用直径为2cm的钢管从开口处插入桶的另一侧,再将开口与钢管接触处焊严密。在开口的同一侧的不同位置开一个4cm的口,并用一根4cm的短钢管(稍插入桶壁即可)与开口焊接严密。2cm管作加水管,4cm管作排气管,用砖砌成灶,将桶座在灶上,桶内加水后即可于灶内烧火,使蒸汽产生。灭菌中间须经常加水以免将桶内烧干。

(6) 接种。接种人员进入接种室后首先用75%的酒精棉球仔细擦洗手一遍消毒,然后每3人一组,一人从瓶内挖出菌种,两人解袋、扎袋。每袋两端接入红枣大小菌种2～3块即可。操作时,动作要迅速。一次性将所有菌袋全部接完,操作期间不可随意出入,否则需要重新熏蒸灭菌后才可再操作。接种时不可有漏接现象发生。

(7) 发菌管理。

① 接菌后的菌袋放人干净的室内或大棚内避光培养。保持温度在25～28℃。前5d不要通风,棚内可利用增光或遮光的方法增降温度,增光时袋堆要用黑膜或草帘遮光。5d后,可利用外界温度较适合时适量通风,保持培养环境的空气湿度在70%以下。

② 经过40～50d的培养,菌丝发满袋后可转入出耳管理。

(8) 出耳管理。

① 场地管理。如选择在棚内,可在棚内作成15cm宽,15～20cm高的小土埂,土埂间距80cm,在室外也可按这种方式作成土埂,如在硬化的地面,可按上述距离铺一层砖即可。

② 菌袋开口。准备好场地后,就可对菌袋割出耳口。先将菌袋用1%的高锰酸钾溶液或0.2%克霉灵溶液清洗袋的表面,然后用锋利的刀片在两端分别划开4～6个“V”形口,口的上部直径为2cm。

③ 菌袋摆放。划口后将菌袋平放于土埂上,袋与袋间距5～8cm,中间用土填实,如系硬化地面,可不填土,填土的要在袋的上部也加上2～3cm厚的土层,然后按第一层摆法摆好第二层菌袋。不填土的要在第一层袋上摆上2根直径2～3cm的小竹竿,然后放第二层菌袋。这样,依次摆放6～8层。最后在土堆近处铺设一层地膜,以防止喷水时土粒溅到耳片上。

④ 出耳前的管理。摆放菌袋后,3d内不要喷水,露天出耳时遇到雨天可覆盖地膜。棚内保持较强的光线,以刺激耳芽分化,露天栽培可用竹竿搭设弓架,并覆上遮阳网遮阴。3d后,视天气情况每天喷水数次,保持环境湿度85%～95%,棚内保持湿度的同时,还要注意保持内

部空气清新,温度控制在 15～25℃范围内,最高不要超过 28℃。

猴　头

又称为猴头菇、猴头蘑、菜花菌、刺猬菌、对脸蘑、山伏菌,日本称为山伏茸。猴头菌科猴头菌属。在我国,猴头菇主要生产于黑龙江、吉林、辽宁、四川、贵州、山西、河北及湖北等。

猴头的外形似猴子的头,因而得名。孢子透明无色,表面光滑,呈球形或近似球形,大小约 6.5～7.5μm×5μm×5.5μm。菌丝细胞壁薄,具横隔,有锁状联合。菌丝直径为 10～20μm。子实体呈块状,扁半球形或头形,肉质,直径 5～15cm,不分枝(与假猴头菌的区别)。新鲜时呈白色,干燥时变成黄色至浅褐色。子实体基部狭窄或略有短柄。菌刺密集下垂,覆盖整个子实体,肉刺圆筒形,刺长 1～5cm,粗 1～2mm,每一根细刺的表面都布满子实层,子实层上密集生长着担子及囊状体,担子上着生 4 个担孢子。

猴头是一种药食两用真菌,猴头菌性平,味甘,能利五脏、助消化、滋补、抗癌、治疗神经衰弱,国内已广泛应用于医治消化不良、胃溃疡、十二指肠溃疡、食道癌、胃癌等消化系统疾病。它质嫩味鲜,是筵席上的佳肴,人们常将其与熊掌、海参、鱼翅并列为四大名菜,并有“山珍猴头,海味燕窝”之说。

【猴头(袋)栽培技术】

(1) 品种选择。目前栽培的主要品种有 C9、H11、H5.28、H401、H801、HSM。出菇快,产量较高的优良菌株主要有 C9、H5.28。

(2) 栽培季节。猴头菌的栽培季节,应根据其子实体生长温度以 16～20℃为最适宜的特点和当地的气候条件确定。一般春秋两季均可栽培,春季在 3～5 月开始接种,秋季以 9～10 月接种栽培为佳。

(3) 培养料的配制及装袋培养料的配制。

① 培养料的配方。

a. 棉籽壳 50%,木屑 30%,麦皮 16%,石膏或碳酸钙 2%,糖 1%,过磷酸钙 1%。

b. 草粉 50%,木屑 26%,麦皮 20%,石膏或碳酸钙 2%,糖 1%,过磷酸钙 1%。

c. 木屑 69.5%,麦皮 25%,黄豆粉 2%,石膏或碳酸钙 2%,糖 1%,尿素 0.5%。

配制时,先将主料拌和均匀,再将其他辅助料如石膏粉、过磷酸钙或糖等溶解于水后,缓慢喷洒入培养料中,料∶水＝1∶1.2～1.5,使含水量达到 70%左右。拌料后,将料堆成堆稍闷半小时,使料充分湿润,而且吸水均匀,防止干湿不匀现象。因为猴头菌喜欢酸性,培养料中不宜加石灰,使料的 pH 值控制在 4～5 之间。

② 装袋。装培养料的塑料袋规格不一,但以 15cm×55cm 的低压聚乙烯塑料袋常用,每袋可装干料 0.2～0.25kg。装料前先将袋口一头用线绳扎好,装料时将料压实,上下松紧度要一致,且袋口要擦干净,以避免杂菌从袋口侵入。装满料后,从中央打上通气接种孔,再用线绳将另一口扎紧。

(4) 培养料的消毒。采用高压消毒灭菌,也可采用常压灭菌,当温度达到 100℃后,保持 14h 以上,停火后再密闭 4～6h。

(5) 播种发菌。待料温降至 30℃以下时,在无菌条件下进行接种。每袋接 5 个穴,接种后,将菌筒搬入培养室,按“井”字形堆叠发菌,培养室内温度维持 20～25℃,空气湿度 65%左右,遮光培养。菌丝生长旺盛期(接种后 15d 左右),温度降低至 20℃左右。经 20～28d 培养,菌筒的菌丝基本长满，应及时将菌筒搬入菇棚进行催蕾出菇。

(6) 出菇期管理。丝长满后，应进行条件改变处理，加大温差，给予散射光，并进行立架出菇。

① 调节温度。实体形成后，温度应调节在14～20℃之间，以利其迅速生长，温度过高时，应早、晚开窗及时通风降温；温度过低时，以防子实体生长缓慢，应适当增加温度，促进其生长。

② 保持湿度。水应掌握“勤喷、少喷”的原则。空气相对湿度要求在90%左右。湿度过大，会引起子实体早熟，质量差；湿度过低，生长缓慢，易变黄干缩。

③ 加强通风换气。保持空气新鲜是促进子实体形成的主要条件之一。如果通气不良，CO_2 过多，易出现珊瑚状畸形菇。

④ 掌握适宜光线。猴头菌子实体生长阶段需要一定的散射光，若光线不足，子实体原基不易形成，对已形成的子实体，甚至造成畸形菇。但要防止阳光直晒。

(7) 采收。一般猴头生长7～10d，当猴头菌刺约0.5cm时，即将产生孢子前及时采收。猴头采收后，清理菌袋菇根和老菌皮，扎紧袋口，继续培养10d左右即或形成第二批菇。一般管理好可采收3～4批菇，生物转化率达90%～115%左右。

松 茸

学名松口蘑，别名大花菌、剥皮菌，纳西语称”裕茂萝”。分布吉林、辽宁、安徽、台湾、四川、贵州、云南、西藏。松茸子实体散生或群生。菌盖直径5～20cm。扁半球形至近平展，污白色，具黄褐色至栗褐色平状的纤毛状的鳞片，表面干燥，菌肉白色，肥厚。菌褶白色或稍带乳黄色，较密，弯生，不等长。菌柄较粗壮，长6～14cm，粗2～2.6cm；菌环以下具栗褐色纤毛状鳞片，内实，基部稍膨大。菌环生于菌柄商埠，丝膜状，上面白色，下面与菌柄同色。孢子呈白色；光滑，椭圆形至近球形，6.5～7.5mm×4.5～6.2mm。秋季生于松林或针阔混交林地上，群生或散生，有时形成蘑菇圈。

松茸性味淡，温。入肾、胃二经。补肾强身、理气化痰。治腰膝酸软、头昏目眩、湿痰之咳嗽、胸膈痞闷、恶心呕吐、肢体困倦等症。

松茸是一种纯天然的珍稀名贵食用菌类，被誉为”菌中之王”。它长在寒温带海拔3500m以上的高山林地。宋代《经史证类务急本草》有过记载。研究证明，松茸富含蛋白质，多种氨基酸，不饱和脂肪酸，核酸衍生物，肽类物质等稀有元素。松茸秋季的8月上旬到10月中旬采集、食用。有特别的浓香，口感如鲍鱼，极润滑爽口。

【松茸人工栽培技术】

松茸是一种菌根菌，用松茸孢子或组织分离的纯菌种，在试管内虽然能形成菌落，但生长速度极其缓慢，形成1个直径1cm的菌落需要一年时间，偶尔也可以在斜面上形成原基，但都不能形成子实体。目前松茸的人工驯化栽培主要是在松茸适生林内进行。已经取得成功的方法有以下几种：

(1) 孢子引种法。在松林里要使松茸孢子能萌发成菌丝并形成菌根，必须让孢子贴紧松树的细根；松茸孢子的寿命极短，必须将新鲜孢子及时播种到松林内才能成活。采用的方法有以下几种。

① 将细河沙洗净，放入小木箱内摊平，把采到的野生松茸子实体插到沙中，待其孢子降落后将沙搅拌，使每颗沙粒土都能粘上几粒孢子，然后将带有孢子的沙粒撒入赤松林中人工栽培

地段内。

② 在松茸充分成熟并大量地产生孢子时，将松茸采下放到桶中，按每个松茸用水2kg的比例加入干净的水，搅拌后立即用孢子液接种。接种前选好接种地，通常是在树周围细根茂密处，用铁棒或木棒凿出直径1～3cm、深10～15cm的圆洞，将孢子液灌入洞中，再盖上土。

(2) 移植法。在发生松茸的蘑菇圈中，选取长势好、将要开伞的子实体，以它为中心，挖出10～15cm见方、带有大量菌根的土块，并在准备种植松茸的松树周围挖出同样大小的方洞，把挖来的带有菌根的子实体土块放进去。这样除了活的菌根和菌丝能长到新的树根上外，子实体落下的孢子也能萌发后形成菌丝，并生长侵入到松树的细根中。

(3) 松茸细根地表诱导栽培法。在赤松树冠范围内松土，深度7～10cm，切断细根以促使细根增殖。在地面堆积秸枝落叶形成落叶层，使雨水不能很快渗入地表下，促使细根向上生长，可增加细根与松茸菌丝共生的机会。在未生松茸的地方取土，用4份土、加3份米糠、1份豆饼、少量尿素，堆积腐熟后，撒到落叶层上；也可结合施肥，撒一些人工培养的菌丝体，落叶层厚度下要超过3cm，否则对细根和松茸发育都不利。在细根和菌丝旺盛生长后，便可生长松茸。

(4) 赤松感染苗栽法。此法是利用被松茸感染的3～5年生赤松幼苗作为“运载工具”，把它栽到不长松茸的地方，使母树(17～18年以上的赤松)在土中的根再感染。

具体方法是选3～5年生细根多的幼苗，用水洗净根部，适当剪去部分细根，留7～8cm长，并剪去一半枝叶，再假植在装有肥料和厚土的塑料筐内，做成塑料筐苗待用。于秋或春天，在松茸发生位置，其外侧10～30cm处作为接种点，先把菌丝体附近40cm范围内落叶和腐殖层除掉，露出赤松在土壤内的菌根，把塑料菌框横放在菌根上，用厚土掩盖，防止雨水渗入。

要适度掌握松茸菌丝的感染程度，以根的一半被感染为好，若全部感染，幼苗容易死去。通常是在1年后挖出移栽。形成菌根的赤松苗，牙咬易断，并有松茸香味。移栽地最好是20年生、有充足阳光、土层较浅、比较干燥的赤松林。在选好移栽地的松树附近(约1m)细根多的地方挖坑放入感染苗，盖上厚土，加盖落叶以防干燥。移栽后，松茸菌丝每年向外伸展15cm，当直径达1m以上时才能长出子实体。因此，从培养感染苗到长出子实体，需5～6年时间。

(5) 赤松林保护培养法。在松茸自然生产林或人工引种林地上，每年做好蘑菇圈的位置记录和画出图形，也就能估计出下一年度秋季松茸发生的位置，也是菌根生长发育最旺盛的地方，大多数原基将在这里发生，可用人工控制的方法促进松茸发生。以预定松茸发生圈为中线，搭一个60cm宽、1m高的塑料棚，制棚材料要有适当的保温作用。松茸发生期到来的前10～20d，往棚内通冷气或放置冰块，使温度维持在18～20℃；同时每天浇水，数量相当于10～30mm的降水量，5～7d后，就可看到原基和子实体的形成。以后继续控制较低温度和较高的空气湿度，20～25d就可收一批松茸，其产量是干旱年份在自然条件下发生量的5～6倍。

此外，采用清林的方法也可提高松茸产量。清林的目的是为了改善林地生态环境，松林密度要高，长势中等，若密度不够，可保留一部分小灌林遮阴。清林后的松茸可明显增产，清林后10年，每公顷可产鲜菇120kg，而未清林的地方只有40kg。

榛　蘑

别名蜜环菌、蜜色环蕈、蜜蘑、栎蘑、根索蕈、根腐蕈。白蘑科蜜环蕈属。主要分布我国东北、内蒙古等地。榛蘑呈伞形，淡土黄色，老后棕褐色。盖顶中部有平伏或直立的小鳞片，老熟后近光滑，盖的边缘有放射状排列的条纹。撕开菌盖可见蘑肉白色。菌柄细长，圆柱形，基部稍粗，柄多弯，高5～13cm，有纵条纹，内部松软至空心。

野生榛蘑是中国东北特有的山珍之一，是极少数不能人工培育的食用菌之一。榛蘑味道鲜美，榛蘑炖小鸡是东北人招待贵客的不可缺少的传统佳肴。榛蘑含有人体必需的多种氨基酸和维生素，经常食用可加强肌体免疫力，益智开心，益气不饥，延年轻身等作用。

【榛蘑栽培窖栽法】

野榛蘑学名密环菌，是极少数不能人工培育的实用菌之一。

将刚砍伐的椴木用柴刀按每隔3～5cm砍3～4行鱼鳞口，深至木质部，把枝条菌种按在鱼鳞口中，再将接好种的椴木排在浅沟中，椴木与椴木之间的凹沟里放些木屑菌种，再用山土填平所有空隙，依次排好每一层接过种的椴木，共放四层，最后一层盖腐殖壤土，并堆成扁圆形土层。若土壤比较干，可洒些水，雨天窖上要覆薄膜，雨后揭膜。注意经常保持湿润。3、4月播种，10月份即可采收子实体。

榆黄蘑

别名金顶侧耳、金顶蘑。口蘑科侧耳属。主要分布我国东北、内蒙古等地。榆黄蘑子实体，多丛生或簇生，呈金黄色。菌盖喇叭状，光滑，宽2～10cm，肉质，边缘内卷，菌肉白色。菌褶白色，延生，稍密，不等长。菌柄白色至淡黄色，偏生，长2～12cm，粗0.5～1.5cm，有细毛；多数子实体合生在一起，榆黄蘑色泽金黄，艳丽美观，惹人喜爱，外观恰似一朵美丽的鲜花。

榆黄蘑味道鲜美，营养丰富，含蛋白质、维生素和矿物质等多种营养成分，其中氨基酸含量尤为丰富，且必需氨基酸含量高。属高营养、低热量食品，长期食用，有降低血压、降低胆固醇含量的功能，是老年人心血管疾病患者和肥胖症患者的理想保健食品。可入药，治虚弱萎症（肌萎）和痢疾等症。

【榆黄蘑栽培技术要点】

榆黄蘑生长力强、出菇快、生长期短、产量高，既可段木栽培，也可袋料栽培，菌丝生命力强，可在榆树、杨树、桦树、椴树、水曲柳、槐树等阔叶树锯屑培养基上生长发育，也可在红松、沙松、鱼鳞松、杉、柏等锯屑培养基上生长发育，不过产量很低。还可在棉籽壳、废棉、玉米芯、花生壳、豆壳、麦秸、稻草、茶渣以及栽过草菇和蘑菇的废培养料上生长发育。其中，以棉籽壳、废棉和玉米芯栽培榆黄蘑的产量较高。菌丝生长发育温度范围为7～32℃，最适生长温度为23～27℃，45℃以上经2h菌丝即死亡，但能忍耐零下38℃低温。子实体形成温度为10～28℃，最适生长温度为15～25℃。pH值5～7都能生长，以pH值5～6.5最适宜。（参考元蘑栽培技术）

元　蘑

别名冻蘑、冬蘑。主要分布吉林省。元蘑子实体丛生或叠生、肉质。菌盖宽5～21cm，扁半球形，后平展成扇形、肾形或半圆形。元蘑的形状像扇子，直径7～15cm，它的颜色变化很大，幼时菌面深褐色，以后呈暗灰色或淡灰褐色，长成后变为黄褐色，菌肉肥厚、白色；菌柄极短而偏生，基部有白色茸毛。菌肉白色，味极鲜。晒干后，成黄色大块，温水泡便恢复鲜时形状。

元蘑是长白山区独有的菌类，它是蘑菇中仅次于猴头蘑的上品蘑，营养成分是一般蔬菜的10几倍，元蘑含有丰富的蛋白质、脂肪、糖类、钙、磷等营养成分，滋味鲜美，有较高的食用价值。元蘑入药,具有舒筋活络、强筋壮骨的功能,主治腰腿疼痛、手足麻木、筋络不舒等症。

【元蘑栽培技术】

(一) 基料配方

元蘑栽培以木屑类原料为主,也可使用棉子壳、硬质秸秆等。基本配方:木屑 200kg,麦麸 50kg,石灰粉 10kg,拌匀堆闷 2～5d 后,加入豆饼粉 10kg,过磷酸钙 10kg,石膏粉 5kg,尿素 1kg,磷酸二氢钾 0.8kg,三维精素 1 袋。

(二) 作　床

菇床应选在地势平坦、近水源、水质好、无污染的地方。菇床要求床高 10～15cm,宽 1.5m,床与床之间应留 50cm 的工作道。然后向床面依次喷洒 500 倍的除虫药,除草剂,轻撒石灰。最后在床面上铺上编织袋,上面轻撒石灰。

(三) 割　口

菌袋经过 70～80d 室内培养后。菌丝体生理成熟,便转入出菇阶段。出菇必须进行划口,根据北方气候条件,应在 8 月中旬进行菌袋划口。菌袋割口时进行倒立割口,割口时下端留 4cm 上端留 2cm,划割“V 字”形口。开口个数 4 或 12 个口,呈倒品字形摆放。角度为 450°～550°,4 个口斜线长度 4cm,12 个口的斜线长度 2.5cm。划口的适宜深度为 0.3～0.5cm 左右。

(四) 管　理

(1) 地摆菌袋短草帘子覆盖。将开口后的菌袋放在浇透水、除虫、灭菌后的菇床上。袋与袋之间的距离为 18cm。随摆随将 2m 长的短草帘子将菇袋遮盖住,菌床中间草帘子上方应放一条雾管以利后期浇水。

(2) 菌丝扭结原基形成期。开口后 15～20d 菌袋表面可见菌丝扭结,此阶段喷水要少喷、勤喷,浇水使草帘子湿透但不滴水为宜,不要使开口处积水,以免引起腐烂。早晚将菌床每隔 15m 处将草帘子侧面少打开些。

(3) 发育迅速生长期。尖头菇蕾形成逐渐变成黄色,该期需要较多的水分。随着菇体的变大,浇水量也应随之加大,天天增加喷水次数,草帘子应有水滴滴落。天天早晚将草帘子侧面打开 10min 左右。

(4) 成熟期。菇蕾形成后,约 20d,元蘑子实体发育成熟,菌盖展平,边缘由内卷伸平至反卷,菌盖呈现黄色至浅黄绿色,表面有白色孢子放出。

(五) 采收与加工

菇体完全成熟时,菇体重量下降。应在 7～8 成熟,边缘内卷,未放孢子时进行采收,此期菇质鲜嫩、品质佳、产量高。

(六) 注意事项

元蘑以小规格如扁宽 20cm 以下的塑料袋栽培为宜,也可使用大口瓶栽培;熟料栽培时,应严格操作程序,使污染率降至最低点;发酵料或纯生料栽培时,应尽量安排好播种时间,使之在完成菌丝后熟培养以后,气温应稳定在 5℃以上,这样棚温即可顺利保持 8℃以上水平,利于出菇。

第一,元蘑属低温型品种,出菇温度宜在 8～15℃之间,超过 16℃后菌盖变薄、变脆,商品性降低。

第二,出菇期间应保持相应的光照强度,一般约在 500lx 左右。

第三,一潮菇后菌袋补水时,应采取浸泡措施,需要往菌袋灌水时,可保持 12h 后将水倒掉,不得使袋内长期积水。

第四，掌握八分熟前采收，不可使之老化。元蘑栽培种经过40～50d后成熟，就进入了后期的短草帘子覆盖地栽管理阶段。此期是生产的重要环节，决定着元蘑产量高低、品质优劣。

滑子蘑

别名滑菇、光帽磷伞、珍珠菇。球盖菇科环锈伞属。在东北三省已得到大面积推广，是一种很有发展前途的食用菌。滑子蘑与一般木腐菌相似，其碳氮营养是以木屑、棉籽壳、秸秆、麦麸、米糠等富含木质素、纤维素、半纤维素、蛋白质的农副产品作为营养来源。滑子蘑能分泌多种胞内酶和胞外酶，以分解和利用培养料中的营养物质。滑子蘑是低温型食用菌，出菇温度一般在5～20℃之间。滑子蘑分成早熟、中熟与晚熟型。要根据各地气候条件，选用适宜品种。滑子蘑菌丝生长最适温度为20～25℃。水分是滑子蘑新陈代谢和生长发育不可缺少的条件，一般培养料含水量以60%～65%为宜，子实体生长发育需要空气相对湿度85%～95%。在人工栽培时要经常注意通风换气。栽培滑子蘑不需要直射光，但必须有足够的散射光。培养料的酸碱度以pH值6～7为宜。

滑子其营养丰富，味美可口，滑菇因菌盖表面有黏液而得名，这种黏液对肿瘤有抑制作用。

【滑菇的栽培技术】

（一）滑菇栽培的营养、温度、水分与湿度、空气、酸碱度及光照六个基本生活条件

（1）营养。滑菇人工栽培，靠培养料供给其生长发育所需要的营养。人工配制的培养料搭配必须合理，所以培养基的合理配制是十分重要的。滑菇栽培的培养基即原料配方是：木屑50kg、麦麸10kg、水分含量要求是60%、pH值顺其自然。

（2）温度条件。温度是滑菇生长发育的重要因子，菌丝生长快慢，是否在某一时期内出菇，通常受温度所制约，这一点，滑菇表现得非常明显，早春低温接种，到6月份菌体才吃透培养料，但并不出菇，直到9月份气温下降之后，才开始出菇。滑菇属低温型菌类，菌体发育温度需要是10～25℃。出菇温度早熟种为18℃左右，中熟种15℃左右，晚熟种12℃左右，但它们的下限温度是5～7℃。

（3）水分与湿度。水分是滑菇菌丝体重要组成部分和代谢活动的重要介质，滑菇对水分非常敏感，各生活阶段都有严格要求，栽培中所指的水分包括养料中含水量、空气中的相对湿度、出菇时喷水量等。菌丝生长阶段，在培养料中水分含量应在60%～65%，子实体生长所需的空气中湿度应不低于85%～95%，出菇期料中的含水量应通过喷水使料保持在70%～75%左右，出菇前期料如果料干，就不能形成子实体原基，就不出菇，如子实体生长阶段缺水的话会造成菌柄细，盖小肉薄，早开伞，菇上不形成黏液，因此在生产中从开包起就喷水催菇使料块的含水量达到70%～75%左右，才能使菇获得高产，优质。

（4）空气。滑菇对空气要求也比其他菇类要求严格，它是好氧性菌类，并且生产周期长，各时期在管理上都有明确的规定。但是各生长时期气温变化较大，滑菇的呼吸强度变化也较大，气温低时滑菇的呼吸强度较小。如早春接种时气温就低，培养料中的含水量是60%～65%左右，料中和包膜中的空气已足够菌丝发育的需要；随着以后气温的升高，菌丝量的逐渐增加，新陈代谢也加快，其呼吸强度也随之增加，所以此时要注意菇房内要加大通风量，如果包内的菌丝停长，要注意稍微松松包通通气。总之空气中二氧化碳浓度不能过高，当CO_2积累达到空气的0.8%时，对菌丝和菇体生长就明显出现停长现象，当达到4%时，就会造成死菇，严重地影响产量。

(5) 酸碱度(pH)。pH值是影响细胞活性的关键因子,滑菇需要的pH值为5～6之间偏酸环境下生长,随着滑菇的生长过程中,其代谢产物中含有有机酸,会使料块中的pH值下降,但不影响正常生长,所以无需在管理中再对pH进行调节。

(6) 光照。因为滑菇不进行光合作用,所以栽培中不需直射光。当菌丝生长时在暗处培养为好;在出菇期光线对发育成熟的菌丝体有诱导出菇的作用,所以给散射光为宜,如给太强的直射光,会严重影响原基形成和菇体的伸长,并影响空气温度和空气质量及空气湿度等,但光线太暗,菇体的颜色变浅,品质差,也严重影响滑菇的产量和质量。

(二) 滑菇的栽培

室外在四季明显,或有较长时间的5～18℃稳定的温度条件的地区都可进行滑菇生产;但如果是工厂化栽培,因为可以人工控制温度,其可栽培地区就不受限制了。

滑菇的栽培可以进行木段栽培,瓶栽,塑料包栽,块栽(箱栽,盘栽)等方式,其中使用块栽方法简便易行,采用其他方法成本高,而且有一定的条件限制。

所谓的块栽就是将培养基制成长方形的块状进行栽培。培养基的块是放在去掉叶鞘的八根干玉米秆用竹秕、树枝条串成的帘儿上,帘子长60cm、宽30cm,然后用厚0.03mm、长1.2m、宽1m的无毒塑料薄膜将培养基块包起来,放在长60cm、宽30cm、高10cm的木框中作块包好,后放在玉米帘上在菇房中进行发菌,菌发好后打开塑料膜,在帘子上喷水进行出菇管理,这种方式老乡都叫帘栽。

良好的栽培场所是滑菇栽培的基本条件,根据目前农村的生产水平和经济条件,一般因陋就简应用空闲房,简易棚,塑料棚等保护地都可进行滑菇生产。但一般要求不漏雨、通风良好、有水源而没有污染源,冬天能保暖,夏天又便于降温和遮光等基本条件。室内的设施是菇架,菇架要求高1.8m,宽69cm,长可根据房间大小而设定,架层间的距离为50cm左右,架与架之间要留有通道,为的是便于人工操作管理。菇房在使用前应彻底清扫,并用高锰酸钾或甲醛以1∶2的比例进行熏蒸消毒,菇房的墙壁和菇架要用石灰乳来粉刷,地面应撒白灰,或铺3～4cm的河沙待干燥后备用。

(三) 栽培料、品种

其栽培料可分主料和辅料,其主料用杂木屑即可,但其针叶树木屑不得超过15%,培养基的通透性必需良好,木屑应粗细搭配,轮锯的木屑较粗,带锯的木屑较细,粗、细木屑应搭配混着用。用作辅料的麦麸或米糠,玉米面等必须新鲜,无霉变或异味。

滑菇分早生、中生、晚生的品种,用什么品种要根据当地气候条件和品种特性来选择,在温度较高的地区因高温期长,应选择晚生种,在低温寒冷的地区应选择中生、早生或极早型品种。

对滑菇品种要鉴别,首先目测菌种,如是上下为一体,颜色洁白,无杂菌,无黄水,不老化,不干固,手按时有弹性,掰开后能成块并不散碎,嗅时有菇的香味,即为合格菌种。

(四) 工艺流程

拌料—灭菌—作菌块—接种—发菌管理—出菇—采收加工。

滑菇每块用干料2kg左右,备多少料是根据计划栽多少块来备,拌料的多少是根据每次灭菌锅能投的量来进行。拌料时将100kg木屑加入麦麸15～20kg进行干拌,然后分几次边加水、边翻拌,一般水加到占培养料的55%左右,即可用手紧握料成团,张手时料团裂开,但不散碎即可。

水加好拌匀后再闷料30min,随后及时灭菌,不可放置时间过长以免原料发酵变质。料拌好后即可灭菌。多数地区普遍应用土蒸锅灭菌。

搭建土蒸锅时的首先用砖和水泥搭建比较结实的锅台，一定注意不要用泥土勾缝建造，以免遇水，塌跨。最好是建半地下式，以免锅体太高，操作不方便，样式如农村普通大锅台差不多，坐直径 110cm 大号锅，锅上用 1.0～1.5mm 铁板卷焊成 120cm 直径的圆蒸桶，桶壁下部留高 30cm，宽 25cm 的出料口，用铁门封严，留出料用。锅安蒸帘，高出水面 30cm；帘与出料口下缘相平，便于出料，帘上铺上麻袋片以免漏料。桶上盖对开木制锅盖。桶与铁锅，锅台接触的部位用白灰麻刀，三合土等抹平外圈再用黄泥或麦秸糊上一圈，护好，以免漏气。如有条件用木桶代替铁桶更好。为利用余热烧些温水备用，可在锅台与烟道连接处按上一个小铁锅或小铁箱装水用。为观察锅内水量可安装一个水位表。

滑菇生产原料的灭菌也叫蒸料，就是利用上述的锅里的蒸汽的热量来杀灭料中的杂菌，虫卵等，同时也是使原料熟化一下，便于菌丝快速分解料里的养分。

将拌好的料，翻得很松散，先向蒸帘上撒上一层 10cm 左右的料，灶内加旺火，锅里水沸腾，上大气后，向蒸桶内撒料，可少撒，勤撒，哪处见气，往哪处撒，注意料要松散，不得成团，不准拍压桶里的料，以免灭菌不到。

装到桶的八分满时，停止再撒料，待大气上来，盖上桶盖，上面伏上麻袋保温，待大气上盖，要计时，灶内不能停旺火，而且料温要达到 100℃，这样的温度一直维持 2～3h，停火后再闷锅 20min，然后从出料口中出料，装包作块。

(五) 菌块的接种

出料前将塑料薄膜用 3%的来苏尔溶液浸泡 2h，箱膜、箱模底部放一托板并用 3%的来苏尔溶液先洗刷干净。同时操作台，桌面也要用药液洗刷干净。操作者的衣服、套袖和围裙也要干净，双手及其他用具都要用药水洗净，把消好毒的塑料薄膜，抖掉药水，铺在箱模中，用消过毒的锹经出料口把热料倒在模里(每块约放湿料 4kg 左右)摊平，对折包好，然后把消好毒已干燥的玉米秸帘子放在模的下面，然后抽出托板，把料块放在帘子上，再将料块放在接种室里，待料块冷凉后即可接种了，就这样一帘一帘装好，直到这锅料装完，中间不可间断。等料冷凉到 25℃以下时，就可以接种了。

接种室用 6～8m^2 的房间、一个桌子，一个盆、二个凳子即可。在接种前先将接种室密闭门窗，并用一份高锰酸钾加二份甲醛进行熏蒸 2h。接种前工具都要作好消毒工作，即用 3%来苏尔水进行消毒。接种人员的衣服、围裙、套袖等应干净，双手要洗净。接种时两人操作，一人打开料块薄膜，另一个人把菌种瓶去掉瓶盖，将菌瓶外的表面用消毒水洗擦干净，并将菌种上部的老膜去掉，将菌种用匙划成玉米粒大小的块，并将菌种块撒在料的表层且用压板压平，每块料约用菌种 150～200g，将接好种的块用塑料薄膜原样包好、包紧，送到培养室的架子上去发菌。发菌前首先要把培养室、架子清扫干净，并用甲醛或硫黄彻底熏一下，以达到杀死杂菌的作用，如是老菇房还要用磷化铝熏一下，以便杀死虫卵，防止杂菌和病虫害发生。培养室内保持干燥，不要有直射光。朝阳的窗要有窗帘或遮阳棚，并注意通风换气。

菌种播种后，因为是春初季节，外面的温度很低(平均气温在－10～3℃左右)，可将料块呈品字摞在架上，关闭门窗，使室内达到 5℃以上，借助菌体自身呼吸作用而发热即可使菌丝慢慢开始萌动。在这个阶段每隔 3～5d 翻一下垛，并注意检查发菌状况。

当外界温度升至 8℃以上时，料块上的菌种由发白到封面，并逐渐向料中生长。以后随着外界温度的逐渐升高，菌块也会逐渐增加污染机会，此时要把料块单个地摆放在架子上，并加强通风，昼夜开窗，并控制温度在10℃以下，另外，地面要撒些石灰，以减小室内的湿度，严格控制杂菌的污染。

4月中旬外界温度一般可达13～14℃左右时，菌丝快速向料内生长，呼吸强度也大起来，需氧量加大，此时必须门窗大开，大量通风，保持菌块的正常发育，同时也避免厌氧菌出现，争取在5月上旬气温达到15～20℃以前菌丝就长满料块。此时如果发现菌体不吃料(即停止生长)说明料包的过紧，缺氧，应在料包的两端用手指轻轻伸入塑料折叠处慢慢提松塑料膜，但不能开包，即可使料块正常发菌；如发现有积水出现，可向一端倾斜慢慢控出水，以免影响菌丝吃料或杂菌侵入使料变酸。

5月中旬以后，菌块应初步长成，有的表面形成一层黄褐色腊膜，菌块还有弹性，这时快要进入高温期了，首先要把菌块摆开，更要注意强通风，降低室内温度，如遇30℃以上高温，会使料块缺氧，生理代谢失常，菌丝窒息自溶而死亡。为避免此现象的发生应对培养室遮阳、使其通风、并洒水降温和撒石灰防潮。室内如有菌蝇、菌蚊出现，应喷90%敌百虫500倍液等杀虫，并淘汰出已被污染的菌块。

(六) 催菇及催菇时间

所谓催菇就是滑菇进入出菇期前加强温、湿、光、空气等条件因子的控制和对菌块的处理，使其早出菇、出菇整齐，农民称为催菇。时间要根据各地季节气温情况而定，北方基本上是8月下旬，立秋以后，约在白露前后当气温降到20℃以下时，再开包催菇，不能过早，因为早了不适宜子实体分化生长而影响滑菇的产量。具体方法是先将菇房清扫干净，灭菌防虫。打开料块塑料薄膜，把菌块平放在架子上，用刀或铁锯条进行搔菌，搔菌就是划破菌块上面的菌膜，让原基快速长出。方法是在料块上面先划破菌膜，划的道与料块边缘平行，道之间的距离为3cm，深2cm，不可乱划，也不可揭掉表面腊膜。等料块干燥2d后就开始向菌块上喷细水，水温要低，白天喷3次细雾，地面、四壁也都应喷湿，以使室内空气湿度达到85%。在清晨、傍晚、夜间喷3次大水，使料块含水量达75%，当用手指按料块时发软、湿润、微见水痕即可。喷水后不要使料面有积水，以免菌丝自溶或杂菌滋生。

当料面出现许多小米粒大小的白色、黄色小粒状突起时，即已开始了原基分化，说明进入出菇期了。此时滑菇对水分特殊敏感，需要大量的水分，需较高的空气湿度和较低的室温，但此时不可向原基上喷水，因为刚形成的原基见大水会受刺激而萎缩或受积水而淹死，增加对地面和墙壁的喷水，以保持料内75%的水分，此时空气湿度应达到85%～95%，室温不能超过18℃，另外还要注意通风，此时必须满足温度、湿度及氧气的要求。否则，小原基会萎蔫软烂，死菇。同时要注意多喷夜间水，开背风窗，室内温度低时中午进行通风，外界温度高时要早晚或夜间通风。

当滑菇明显地看出来有小菇盖与柄的形成了就叫成形期，到了成形期说明滑菇已进入成熟生长的阶段了。当菇盖长成豆粒大，就可以逐渐地向菇料块上喷水了，随着菇体的长大，需要水量也相应增加，一般白天早晚各喷1次，午夜喷1次，但要注意不要大水喷而冲洗菇体，以免死菇，空气湿度要保持在85%以上，通风时要严防风流带走料块及菇体上的湿度。成形期的室温应控制在10～15℃为好，此时的水温不可低于10℃，外界温度低时要在中午通风换气。

随着菇体的充分长大而未开伞时，即可采收了，采收前要停水一天，不要使蘑菇开伞，以免降低商品的质量标准。一般由原基出现到采收约10d左右，每块每次可采0.5kg左右，高产的一次可采1kg。采收时用手捏住菇根扭下，不要带出料块的培养基。采收完，将料块上的死菇、残柄等清除，停水 3～5d，适当使料面干燥一下，白天关闭门窗，提高室温，使料菌丝恢复生长，积累养分，促进菌丝再次繁殖。停水期过后，再次向料块上喷水，使料中含水量恢复到75%，而后向地面、四壁喷水，使空气湿度达到 85%以上。使滑菇进入下潮菇的正常管理。随着季节的变化，外界温度越来越低，必要时可增设加温保暖设置，以保证滑菇的生长条件，滑菇可以收三茬。

鸡腿蘑

别名毛头鬼伞、毛鬼伞、刺蘑菇。鬼伞科。我国主要产于华北、东北、西北和西南，河北、山东、山西、黑龙江、吉林、辽宁、甘肃、青海、云南、西藏等省（区）均有报道。鸡腿蘑子实体群生。菇蕾期菌盖圆柱形，连同菌柄状似火鸡腿，鸡腿蘑由此得名。后期菌盖呈钟形，高 9～15cm，最后平展。菌盖表面初期光滑，后期表皮裂开，成为平伏的鳞片，初期白色，中期淡锈色，后渐加深；菌肉白色，薄；菌柄白色，有丝状光泽，纤维质，长 17～30cm，粗 1～2.5cm，上细下粗，菌环乳白色，脆薄，易脱落；菌褶密集，与菌柄离生，宽 5～10mm，白色，后变黑色，很快出现墨汁状液体。孢子黑色，光滑，椭圆形，有囊状体。囊状体无色，呈棒状，顶端钝圆，略带弯曲，稀疏。春夏秋季雨后生于田野、林园、路边，甚至茅屋屋顶上。

鸡腿蘑幼时肉质细嫩，鲜美可口，色香味皆不亚于草菇。鸡腿蘑还是一种药用蕈菌，味甘性平，有益脾胃、清心安神、治痔等功效，经常食用有助消化、增进食欲和治疗痔疮的作用。近年来，美国、荷兰、法国、德国、意大利，日本相继栽培鸡腿蘑成功，其生产的鲜菇、干菇（切片菇）、罐头菇，在国际市场都很受欢迎。

【鸡腿蘑栽培技术】

（一）栽培技术

鸡腿蘑栽培方法和白蘑菇大体一致，除了所使用的菌种，以及生活条件有所不同之外，可以参照白蘑菇的栽培办法操作。

（1）栽培材料。

① 主要材料马厩肥、牛粪、麦秸、稻草、棉籽壳和杂木屑。

② 辅料麸皮、米糠、玉米粉、复合肥、石膏粉、石灰粉和维生素 B1。

（2）栽培方式。鸡腿蘑在室内、室外栽培均可。熟料栽培、生料栽培都可以。可以袋栽，也可箱栽、床架式栽培，还可以和蔬菜、果木间种。栽培者可根据当地环境条件，采用最有利的栽培方式。

（3）栽培季节。春季至夏初、秋季都可以栽培鸡腿蘑。室内和大棚夏季也可栽培，但气候炎热，不易保鲜，若没有妥善的加工和保鲜措施，商业意义不大。

（4）栽培场所。室外栽培可以在果园、菜地、休闲田中整畦搭棚进行。室内栽培可以利用现有菇房、床架进行栽培管理。

（二）菌种制作

（1）母种制作。鸡腿蘑菌种主要采用组织分离法得到纯菌种。鸡腿蘑菌丝在 PDA 培养基（马铃薯 200g，葡萄糖 20g，琼脂 20g，加水至 1000mL）上生长良好。

① 马铃薯 200g、葡萄糖 20g、硫酸镁 1.5g、磷酸二氢钾 1.5g、磷酸氢二钾 1.5g、维生素 B_1 10mg、琼脂 20g，加水至 1000mL。

② 小麦 200g，浸泡 10h，煮 30min，滤汁，加葡萄糖 20g、蛋白胨 3g、硫酸镁 0.5g、磷酸二氢

钾1.0g、维生素(B1)0.2g、琼脂20g,加水至1000mL。

③ 小麦250g,浸泡10h,煮30min,滤汁,加马铃薯150g、葡萄糖20g、蛋白胨2g、硫酸镁1.5g、磷酸二氢钾1.5g、磷酸氢二钾1.5g、维生素B110mg、琼脂20g,加水至1000mL。

菌丝最初白色,然后变成灰白色,培养基的颜色也随之加深。在恒温箱中,25℃条件下菌丝在7～10d可长满斜面,最快的5～6d。

(2) 原种制作。采用稻草、棉籽壳、杂木屑三种原料为主制作培养基和用麦粒制作培养基。试验证明,鸡腿蘑的菌丝在这几种培养基上都可以正常生长,但在以麦粒和棉籽壳为主的培养基上生长最好。各种原种培养基的配方如下:

① 稻草培养基。稻草(切段或粉碎)60%、麸皮25%、玉米粉8%、复合肥5%、糖1%、石灰1%。

② 棉籽壳培养基。A棉籽壳90%、麸皮4.5%、玉米粉4.5%、石灰1%。

③ 棉籽壳培养基。B棉籽壳87.5%、麸皮10%、尿素0.5%、石灰2%。

④ 棉籽壳培养基。C棉籽壳78%、麸皮10%、玉米粉5%、复合肥5%、糖1%、石膏1%、维生素B_1微量。

⑤ 木屑培养基。杂木屑75%、麸皮15%、玉米粉8%、糖1%、石膏粉1%、维生素B_1微量。

⑥ 麦粒培养基。麦粒加水,浸泡10～15h,加1%石灰粉煮沸30min(至无白心,而皮不破),稍晾后装瓶。

以上培养基的含水量均控制在60%～65%,所有培养基均保持自然pH值,按常规方法装瓶,塞棉塞,常压或高压蒸汽灭菌。冷却后,在无菌箱或无菌室中无菌操作接入母种,置于24～26℃的温室或温箱中培养。经30～35d鸡腿蘑菌丝就可以长满全瓶。除固体菌种外,鸡腿蘑的原种也可以用液体培养基进行培养,制成液体原种。在各母种培养基配方中取消琼脂,即可作为液体培养基配方。

鸡腿蘑菌种的好坏对子实体的产量影响甚大,应加以注意。菌株不同,菌丝的形态也不完全一样。有的菌株起初是线状的,后来逐渐产生气生菌丝;有的菌株起初是棉絮状,后来逐渐变成线状,色泽为白色或灰白色。好的菌种利用培养料的能力强,菌丝生长较快。

(3) 栽培种制作。

① 栽培种培养基。

a. 同鸡腿菇原种培养基配方。

b. 杂木屑78%、麸皮20%、碳酸钙1%、蔗糖1%,料水比为1∶1.5,pH值自然。

c. 蘑菇堆肥28%、木屑60%、麸皮12%,料水比1∶1.4～1.5,pH值自然。

② 制作方法。栽培种的培养容器采用聚丙烯塑料薄膜袋(长34～36cm,宽14～17cm,厚度0.05～0.06cm)。

a. 具体操作。选用上述培养基配方,按要求把原辅材料备好,加水搅拌均匀,然后装袋。

装袋时先抓2～3把培养料装进袋中,用手把袋底的边角压入袋内,并压紧培养料使之成圆柱形,袋底平稳能直立于地面。在袋中插入圆形木棒或直径2～2.5cm的试管,最好插到底,但应避免刺破袋子,而后继续边装料边用手压实,装至袋长的2/3(约500g干料),压平表面,拔出木棒或试管。这样预埋管(棒)再装斜,拔出后留下的洞穴坚固,在搬运过程中不易堵塞,灭菌时蒸汽容易穿透培养料,灭菌能更彻底,而且接种时原种落入洞底,加速菌丝生长,缩短栽培种培养时间。培养料装好后，将袋口及表面弄干净，在袋口上套上硬塑料套环（内径3.5cm，高3.5cm），让袋口薄膜从环内通过，并向外顺环壁朝下翻转，然后将袋口整平，塞上棉塞，进锅灭菌。为防止棉塞受潮，进锅后每层塑料袋上方都要盖牛皮纸。以1.5kg/cm^{2}的蒸汽压力灭菌1.5h，或常压蒸汽灭菌8～10h，灭菌后取出冷却。

b.接种与培养。栽培种也应在无菌箱或无菌室内按无菌操作要求接种，然后与原种同样条件进行培养。

（三）栽培工艺

（1）熟料栽培。栽培菌棒的制作与栽培种相同。将培养好的菌袋脱袋后横排或竖排放入畦中，菌棒间间隔2～3cm，填以肥土，每平方米排放30个菌棒，排放完后，再覆土3cm左右。如果土壤太干，可稍喷水，然后盖上事先用5%来苏尔液浸泡过的聚乙烯塑料薄膜。竖排出菇较快，生物学效率较高。覆土宜分两步进行，先在菌棒间填满土，浇透水后再在菌棒表面覆土约3cm厚的细土，用喷雾浇水，以避免土层板结，而利于出菇。覆土以厚度0.5～1cm的为佳，不要大于2cm。保持栽培房内空气相对湿度在85%～90%，温度调节至16～22℃。室外或大棚应有遮阳措施，避免强光照射。一周后，菌丝恢复生长并连结成块，每天掀开塑料薄膜喷水，同时增加通风，以刺激菌丝体纽结，形成菇蕾。菇蕾破土后，在管理上以通风、增湿为主。经10余天精心管理，子实体迅速长大，约七成熟，即应及时采收。

（2）生料栽培。用生料栽培鸡腿蘑比熟料栽培鸡腿蘑更有实用价值。实践证明，北方和南方都可以推广。

① 培养料准备。

a.棉籽壳或落地废棉100kg、生石灰2～3kg（有的再加0.1%的多菌灵或甲基托布津），含水量60%～65%。

b.棉籽壳100kg、磷肥2kg、尿素0.5kg、石灰2kg、水160kg。

c.玉米芯（粉碎）100kg、尿素1kg、石灰2kg、水150～160kg。

d.稻草（切段或粉碎）40kg、玉米秸粉40kg、马粪（干粪并打碎）20kg、尿素1kg、磷肥2kg、石灰3kg、水150kg。

e.菌糠80kg、牛马粪20kg、尿素1kg、磷肥2kg、石灰4kg、水150kg。

② 栽培与管理。将培养料充分拌匀，堆积料高1m，宽1.2～1.5m，长度不限。盖上塑料薄膜保温，在60～70℃保持10h后翻堆，当温度又达到60～70℃，再保持10h，发酵结束。摊凉后铺于事先整好的畦面上，料厚10～20cm，分三层播种，用种量为培养料的15%。播种完毕，平整料面，稍加压实，最后盖上5cm厚的壤土或先盖上塑料薄膜保温、保湿。待菌丝长好后去掉塑料薄膜覆土，先覆粗土（事先用石灰水预湿，土厚0.8～1.2cm），然后再覆细土，喷水保湿。

露天栽培时，在覆土之后，畦面上还应搭拱形塑料小棚加以保护，小棚高30～40cm。

鸡腿蘑的产量因不同菌株、培养料和栽培条件而有较大的差异，每平方米产量4.5～18kg，生物学效率多数在20%～70%，好的可超过100%。

（四）采　收

鸡腿蘑子实体成熟的速度快，必须在菇蕾期菌环刚刚松动，钟形菌盖上出现反卷毛状鳞片时采收。若在菌环松动或脱落后采收，子实体在加工过程中会氧化褐变，菌腐甚至会自溶流出黑褐色的孢子液而完全失去商品价值。

金针菇

学名毛柄金钱菌，别名毛柄小火菇、构菌、朴菇、冬菇、朴菰、冻菌、金菇、智力菇等。白蘑科金针菇属。金针菇在自然界广为分布，中国、日本、欧洲、北美洲、澳大利亚等地均有分布。在中国北起黑龙江，南至云南，东起江苏，西至新疆均适合金针菇的生长。金针菇由营养器官(菌丝体)和繁殖器官(子实体)两大部分组成。在人工培养条件下，菌丝通常呈白色绒毛状，有横隔和分枝，很多菌丝聚集在一起便成菌丝体。金针菇的子实体由菌盖、菌褶、菌柄三部分组成，多数成束生长，肉质柔软有弹性。菌盖呈球形或呈扁半球形，直径 1.5～7cm，幼时球形，逐渐平展，过分成熟时边缘皱折向上翻卷。菌盖表面有胶质薄层，湿时有黏性，色黄白到黄褐，菌肉白色，中央厚，边缘薄，菌褶白色或象牙色，较稀疏，长短不一，与菌柄离生或弯生。菌柄中央生，中空圆柱状，稍弯曲，长 3.5～15cm，直径 0.3～1.5cm，菌柄基部相连，上部呈肉质，下部为革质，表面密生黑褐色短绒毛，担孢子生于菌褶子实层上，孢子圆柱形，无色。

金针菇是一种木材腐生菌，易生长在柳、榆、白杨树等阔叶树的枯树干及树桩上。金针菇氨基酸的含量非常丰富，高于一般菇类，尤其是赖氨酸的含量特别高，赖氨酸具有促进儿童智力发育的功能。金针菇干品中含蛋白质 8.87%，碳水化合物 60.2%，粗纤维达 7.4%，经常食用可防治溃疡病。金针菇既是一种美味食品，又是较好的保健食品，其营养丰富，清香扑鼻而且味道鲜美，深受大众的喜爱。

【金针菇栽培技术与管理】

金针菇栽培方法有熟料栽培和生料栽培两种。

1) 熟料栽培。熟料栽培金针菇，是指将培养料通过常压或高压灭菌，在无菌条件下接种栽培方法。此法成功率高，出菇整齐，产量高。

(1) 栽培季节。利用自然温度栽培金针菇，选择适宜的生产季节是获得优质高产的重要一环。

金针菇属于低温型的菌类，菌丝生长范围 7～30℃，最佳 23℃；子实体分化发育适应范围 3～18℃，以 12～13℃生长最好。温度低于 3℃菌盖会变成麦芽糖色，并出现畸形菇。

人工栽培应以当地自然气温选择。南方以晚秋，北方以中秋季节接种，可以充分利用自然温度，发菌培养菌丝体。待菌丝生理成熟后，天气渐冷，气温下降，正适合子实体生长发育的低温气候。高海拔气温较低的山区在 9 月接种，11 月出菇；也可以在早春接种，加温发菌春季长菇。低海拔地区，应适当推迟接种。为了解决夏季金针菇市场需求，可以利用冷库生产金针菇。

(2) 栽培场所。金针菇栽培分为发菌、出菇两大步。发菌阶段要求场所保温、通风、干净。出菇阶段最好选择在室外建半地下式菇房，即往地下挖 1m 深，再在四周用土垛起 1m 高的墙，上盖塑料膜及草帘。

(3) 原料配比。

① 棉籽壳 100kg、麦麸 20kg、玉米面 5kg、石膏粉 2kg、过磷酸钙 1kg、白糖 1kg。

② 玉米芯(粉碎)75kg、麦麸 20kg、玉米面 3.5kg、石膏粉 2kg、黄豆面 1.5kg、过磷酸钙 1kg、白糖 1kg。

高粱壳、锯末、花生壳、豆秆、玉米秆、油菜秆等大多数农作物秸秆粉碎后均可代替配方中的玉米芯，但无论选用何种原料，都要求新鲜、干净、无霉变。

按比例称量好各原料，除白糖需加水溶化外，其余均应拌均匀。加水充分搅拌并使含水量达到65%左右，再闷2～4h，即可装袋。

(4) 装袋灭菌。选用宽15～17cm、长33cm的塑料袋一头出菇，或15～17cm宽、55cm长的塑料袋两头出菇。装袋时边装料边压实，装好后两端用细绳扎成活结。按常规方法高压或常压灭菌。

(5) 接种培菌。灭菌好的塑料袋，冷却至室温后即可进行接种。接种箱按每立方米用甲醛10mL、高锰酸钾5g进行灭菌30min。接种时严格操作规程，两端接种，一般每瓶种(750g/瓶)可接25～30袋。接种后及时将袋移入培养室，在温度适宜的条件下，约24h菌丝开始萌发，在20～25℃室温下生长约40～50d即可满袋。9月中旬接种，大部分10月底发透菌丝，叫全期发菌。以后接种由于温度低，发菌半袋后便边爬料边出菇，叫做半期发菌出菇。

(6) 出菇管理。袋栽金针菇的栽培方式多种多样，归纳起来有五种：

① 满袋装料，套袋出菇。

② 满袋装料，套袋倒卧出菇。

③ 半袋装料，盖纸站立出菇。

④ 半袋装料，披膜倒卧出菇。

⑤ 中间装料，倒卧两头披膜出菇。

全期发菌的栽培袋出菇期的管理工序为解开袋口→翻卷袋口→堆袋披膜→通风保湿催蕾→掀膜通风1d→披膜促柄伸长→采收→搔菌灌水→保温保湿催蕾。管理方法同前，直至收获四茬菇。

(7) 发菌管理方法

半期发菌的栽培袋，在培菌期内，菌丝发满半袋后，两端即有幼菇形成，此时应及时按全期发菌的管理方法将菌袋移入栽培场。

① 堆袋披膜。堆袋披膜是近年来在生产中探索出的新技术，采用这项技术可提高场地利用率，提高产量，提高金针菇质量。

具体方法是将两端袋口解开，将料面上多余塑料袋翻卷至料面。可根据袋的长短决定一端解口或两端解口，一端解口摆放方法是将两个袋底部相对平放在一起，高度以5～6袋为宜，长度不限。在出菇场内地面及四周喷足水分，然后用塑料膜覆盖菌袋。此法保温保湿良好，后期又可积累二氧化碳，有利于菌柄生长。

② 保湿通风催蕾。披膜后保持膜内小气候，空气相对湿度85%～90%，每天早上掀膜通风30min，约7～10d可相继出菇，出菇后可适当加大通风，保证湿度，但不可把水洒到菇体上。

③ 掀膜通风抑制。当柄长到3～5cm时要进行降湿降温抑制。具体措施为停止向地面洒水，掀去塑料膜，通风换气，冬天保持2d，春秋保持1d，使料面水分散失，不再出菇，已长出的菇也因基部失水而不再分枝。

④ 培育优质菇。抑制完成后，进入柄伸长阶段，要培养柄长、色白、盖小的优质金针菇，必须控制好温度、湿度、光照、二氧化碳浓度这四因素之间的关系。

A. 温度：控制在6～8℃。

B. 湿度：空气相对湿度85%～90%。

C. 光照：极弱光，光源位置不能改变，否则子实体散乱。

D. 二氧化碳：浓度达0.11%～0.15%可促使菌柄伸长，超过1%抑制菌盖发育，达到3%

抑制菌盖生长而不抑制菌柄生长,达到 5%就不会形成子实体。通过控制通风量维持高二氧化碳浓度。一般温度在 10～15℃条件下,进入速生期 5～7d 菇柄可从 3cm 长到 12～15cm,10d 后可长到 15～20cm,这时可根据加工鲜销标准适时采收。

⑤ 搔菌灌水。第一茬菇采收后,要进行搔菌,即用铁丝钩将菇根和老菌皮挖掉大约 0.5cm 左右,并将料面整平。若菌袋失水,应往袋内灌水,可将塑料袋口多余的塑料膜拉起往料面上灌水,6～10h 后将水倒出,然后再进行催蕾育菇管理。一般情况下,金针菇种一次可采收三至四茬,生物转化率可达 80%～120%。

2) 生料栽培。金针菇生料栽培的关键是控制好温度,严防杂菌污染,而控制好温度主要是掌握好栽培季节。生料栽培播种时间不宜过早,气温稳定在 15℃左右为适宜的播种期。

(1) 菌床制作。菌床上先铺上用 0.2%高锰酸钾水溶液消毒过的塑料膜,塑料膜要比菌床宽 2.5 倍,薄膜上先撒少许菌种,再铺上一半的料,料面上再撒一层菌种。菌种分布是中下层少,四周及表层多,菌种量占投料总量的 10%～15%,床料厚 5～8cm,播种后将床面稍压实,再用塑料膜覆盖料面,以利保温保湿。生料栽培金针菇原料最好选择棉籽壳,在拌料时加入 0.1%的 50%多菌灵,加水量不可过大,一般含水量要求 60%～65%。

(2) 发菌管理。播种后在 10℃温度下,约 15d 菌丝长满料面并向深层发展。若播种 10d 后,发现个别地方菌种不萌发,可掀起薄膜 10～15min。发菌 40d 左右,菌丝可基本发透料。当床料菌丝发透后,每天揭膜通风 10～20min,当菌床表面呈白色并有琥珀色液滴出现时,将塑料膜撑高 20cm,上面铺放报纸,每天在报纸上喷雾保湿,雾粒要细、少、匀、勤,维持报纸湿润,不可直接喷雾在菇床上,否则易引起烂菇。子实体不同发育阶段要求不同的空气相对湿度,当菌柄长达 2cm 时,膜内空气相对湿度应保持在 90%,当菌柄长达 10cm 时,减少喷水次数,使菇床小区空间空气相对湿度降至 80%～85%。在出菇期,要注意加大菇房通气量,待菇长至 12～15cm 时,及时采收,并清理料面,干燥 1d 后,再补足水分,盖上薄膜,保温保湿,促使二茬菇形成。采菇后,管理方法同前,共采菇三至四茬。

3) 金针菇主要栽培品种。人工栽培的金针菇类型,按出菇的快慢、迟早分为早生型和晚生型;按发生的温度可分为低温型和偏高温型;按了实体发生的多少,可以分为细密型(多柄)和粗稀型(少柄)。

(1) 三明 1 号菌株。栽培普遍。该菌具有以下优良性状:菌丝生长快,7d 可满管,25～30d 菌丝可长满瓶或袋。出菇快,30 多天即可出菇;栽培周期短,70～80d 便可完成整个栽培周期。产量高,生物效率可达 70%～100%。质量好,菌柄粗细均匀,色泽淡,人体所需的 8 种氨基酸含量占氨基酸总量的 44.5%,高于一般菇类。适温宽,3～21℃下均可出菇。抗逆性强,病菇与畸形菇少。

(2) 浓色品系 007、008。幼菇菌盖淡黄至黄褐色,菌柄上部色淡,为白色至浅黄色,下部色深,为金黄至暗褐色,密被褐色短绒毛。抗逆性强,接种后菌丝吃料快,出菇早,产量较高。菇蕾生长期间只需微弱散射光(5～10lx),菇体颜色随光照增强而加深。浓色品系金针菇菌盖软滑,菌柄脆嫩,香味浓郁,适于生产鲜菇内销。

(3) 白色品系 F21。出菇整齐,每丛 200 株左右,柄长 15～23cm,菌盖内卷,不易开伞。白色品系对光线不敏感,即使栽培环境有较强的散射光,子实体仍是通体洁白,有光泽,适合制罐或盐渍加工出口。

白色品系金针菇菌丝生长较慢,抗逆性差,抗杂能力弱。瓶、袋栽培时,菌丝不易长透培养料。出菇期间对二氧化碳耐受力弱。在通气不良的环境中,菇蕾发生虽多,但成菇数量少,且菇柄易扭曲、畸形或腐心。这种现象在后期尤其严重,故生产中常只收前两茬菇,所以产量较低。白色品系金针菇菇体洁白,适合于加工成出口商品。因其味淡,内销有时不及浓色品系金针菇受欢迎。

(4) 杂19。菇体白至浅黄色,下部黄至浅褐色,菌丝生长温度3~30℃,最适温度22~24℃,子实体形成温度3~18℃,最适温度13~15℃,生物学效率80%~120%。

(5) 苏金6号。菇体白色至浅黄色至黄色,菌丝最适生长温度22~24℃,子实体形成温度3~20℃,最适温度13~15℃,生物学效率80%~120%。

(6) FU088。菇体纯白色,不易开伞,菌丝生长温度3~30℃,最适温度22~24℃,子实体形成温度3~18℃,最适温度12℃左右,生物学效率60%~80%。

(7) FV57。具有高产、优质、生物效率高的特点。据测定,生物效率高达83%,比对照“杂交19”提高16.6%。出菇最高适应温度比“杂交19”提高2℃,在16℃下不发褐,产品价值高;粗蛋白、可溶性糖比“杂交19”分别提高18.4%和78.6%,纤维素降低40%,品质明显提高。

口　蘑

别名白蘑、白蘑菇等。伞菌科、伞菌属。产于河北、内蒙古、黑龙江、吉林、辽宁等地。口蘑子实体伞状,白色。菌盖宽5~17cm,半球形至平展,白色,光滑,初期边缘内卷。菌肉白色,厚。菌褶白色,稠密,弯生不等长。菌柄粗壮,白色,长3.5~7cm,粗1.5~4.6cm,内实,基部稍膨大。担孢子无色,光滑,椭圆形。夏秋季在草原上群生,常形成蘑菇圈。

口蘑性味甘,平。入肺、心二经。有宜肠益气、散血热、解表化痰、理气等功效。口蘑是直接食用的名贵真菌,主要品种有白蘑、青腿子、马莲杆、杏香等,其中以白蘑色、香、味最佳。口蘑用来清炖、红烧、做汤均可,其味清香、鲜美,历来为席上珍馐。口蘑菌肉肥厚,质细具香气,味鲜美,营养价值高,是我国北方草原盛产的“口蘑”之最上品,畅销于国内外市场。口蘑属中有10多种都是味美的食用真菌。目前仍然是中国市场上最为昂贵的一种蘑菇。

【口蘑栽培技术要点】

(一) 培养料的选择

选择奶牛粪和玉米秸的效果最佳,要求粪草新鲜、无霉变,玉米秸需要揉搓,需要放入一定量的玉米轴效果更好,有条件的可以加些骡马粪更好,每立方米粪可种12m^{2}口蘑,每平方米口蘑需要16.5~17.5kg秸草,秸秆需要用生石灰水浸泡后方可堆发,粪的湿度手握刚能溢水为宜,在第一次翻料时需要加入石膏1kg/m^2、磷肥0.5kg/m^2。

(二) 发酵料的堆建和翻堆

选择一个向阳地面坚实的场地,第一层铺5寸厚浸泡后的秸草,宽度为2.2m,长度视情况而定,然后再铺1寸厚湿润的畜粪,紧接着再铺一层3寸厚的秸草,秸草上再铺一层1寸厚的粪,依此类推直至1.4~1.5m高,最后一层是以粪压顶呈龟背形。要求在堆制过程中四边整齐垂直,呈车厢状,此时可以量出该堆的体积,每立方米可种5m^{2}口蘑。堆好后过8~9d进行第一次翻堆,此时料内温度可达75℃左右,料堆明显下沉,此次翻堆应加入要求量的磷肥和石膏。翻堆后的堆形尺寸应为宽2m,高1.3~1.4m,长不限,仍呈车厢状。每翻一次,堆的高度和宽度分别减少0.1m和0.2m,间隔天数减少2d、料堆温度降低3~4℃,翻堆四次便可铺床接种。

(三) 发菌期管理

在自然条件下栽培口菇,播种时及发菌期的技术要点如下:

(1) 播种时的要求。所用菌种应是无杂菌污染,无虫害,菌丝生长浓壮洁白的优质菌种。凡是菌丝灰暗,吐黄水,菌丝老化的菌种不能使用。气温和料温都在28℃以下方可播种。选择低温凉爽的天气播种,可以降低杂菌污染率。

(2) 初期保湿。播种后的料床可覆盖报纸,纸表面喷0.5%的福尔马林溶液,以防止水分从菇床表面蒸发和病菌的孢子等落入菇床。播种后6d内,要求菇棚保湿、微通风,以促使菌种萌发。若菇房保湿差要喷水保持菇房湿度;若温度高或阴雨天气,可在播种后第2～3d选择早晚开窗通气10～15min,促进菌种萌发生长。

(3) 中期通风。播种7d后菌丝已基本封面,可打开通风孔加大通风量,即使料面干燥也无妨,以促进菌丝向料内生长蔓延。适度吹干料面,不但促使菌丝向料内生长,还防止料面滋生杂菌。

(4) 后期撬料。用木棍、双齿叉等细短工具撬动料层,主要作用是松动堆肥,排除菌床内废气,改善料层的透气性能,调节菌床的温度、湿度,促进蘑菇菌丝快速生长。撬料措施在发菌期和产菇后期经常采用。播种后10d以后,当菌丝长入料层约一半左右时,用1～2cm粗的锥形木棒撬料,自料面撬插至料底,间距15cm左右。2～3d后还可根据菌丝生长情况,再反方向撬料一次,同时加大通风,以改善料内通气状况,促使菌丝迅速向料层深部伸展。

(5)"吊菌丝"。在覆土之前把蘑菇菌丝从菌床的表面之下,较快地引生到表层来叫"吊菌丝",一般采用调水增湿的措施来实现。例如,在菌床覆土前对干燥的料面适度喷水,可使料内菌丝返回料面蔓延生长,这叫"吊菌丝"。菌床覆土后,对上层适度调水,以促使堆肥菌丝长入土层,这也叫"吊菌丝"。

(6) 注意事项。播种后的菇房温度以22～25℃为适,如果气温升到28℃以上,则必须通风降温。

① 通风降温。发菌期除最初3～6d采用不通风或微通风外,其余时间菇房都要保持较大的通风量,以控制菇房的室温和料温,降低菇房的湿度。当室温超过28℃以上时,菇房门窗及排气筒在早晚、夜间都要全部通风降温,防止高温灼伤菌丝。

② 先湿后干。发菌期要先湿后干,除最初几天需要保湿外,其余时间菇房的湿度和堆肥表面湿度要保持偏干的状态,即播种后于菌丝封面前6～7d,菇房空气湿度控制在75%左右。非必要时,料面一般不直接喷水。菌丝封面后,菇房空气湿度控制在70%左右,堆肥表层保持较干状态,手触摸料面略有刺手感觉。播种后至覆土前,要对菇房和堆肥内温度、湿度做到心中有数,调节措施要有效;要对蘑菇菌丝的生长情况仔细检查,发现问题及时采取措施。

正常情况下,播种后2～3d蘑菇菌丝就应呈萌动状态,用手电筒或照明灯照射菌床表面,若接种块已长出白色绒毛菌丝,则说明菌种已恢复生长。播种后大约7d左右,再检查菌丝是否长入堆肥,检查时轻轻拨开种块周围堆肥,若菌丝已投入料中,则表示菌种已经定植生长,俗称"吃料"。播种3d后,若不见种块萌发,或种块萌发后1周,菌丝仍不吃料,就应及时处理。如果只是个别不萌发、不吃料,可视具体情况进行补种;若是整个料的菌种不萌发、不吃料,就必须查明原因,然后再采取相应措施。不要盲目补种,以免一误再误损失更大。

(四) 覆土的消毒

覆土材料是病虫入侵菌床的重要媒体。覆土材料消毒处理的目的是最大限度地降低覆土材料中常见病原菌及害虫的含量，如疣孢霉、葡枝霉、假单胞杆菌、线虫、蚊蝇、螨类等，从而减轻蘑菇栽培的病虫危害。甲醛消毒法：1m^3 土粒用 0.5kg 甲醛，对水 5～10kg、均匀喷洒在土粒上，然后做堆并盖上薄膜，或者将土粒堆的顶部做一凹坑，坑内置一容器，将高锰酸钾倒入容器，并注入适量水溶解，再按 1m^3 土粒加入 0.5kg 甲醛，随即盖上薄膜，使甲醛在膜内气化。无论是喷雾消毒还是气雾消毒，施药后土堆都必须迅速用较厚的塑料薄膜覆盖，薄膜四周要压严，密闭熏蒸 48h。然后揭去薄膜盖，扒开土堆并翻动土粒，待土粒上残留的甲醛气味逸散消失后 3～5d 才可覆盖菌床，否则会产生药害，影响土层菌丝的正常生长，推迟出菇。

（五）出菇期用水技术

蘑菇堆肥自进入菇房到出菇结束，菇房管理工作都是围绕水分管理这个中心环节来进行的。菇房水分管理技术要点：

（1）喷“结菇水”。菌床覆土后形成原基到蘑菇成熟的过程大致为：土中许多菌丝体成较粗的纤维（菌索）；土表旺盛生长的气生菌丝倒伏，纽结出菌丝团；菌丝团发育膨大成原基，在解剖镜下可看出菇体各部分的分化组织；从原基长到大豆粒大小的幼菇，约需 4～5d 时间，此时菇体各器官的分化很明显，如内部已形成了菌褶；豆粒大的幼菇发育成不开伞的商品菇需要 4～5d；如菇体不采收，就会继续长大开伞，露出红褐色的菌褶，散布无数孢子之后，菇体逐渐衰败而结束一生。菌床覆土调水以后，当蘑菇菌丝在土层内已充分繁殖并长到一定部位时，需及时喷一次重水，以迅速增加土层的湿度，促使绒毛状菌丝倒伏变粗而形成索素，进而扭结出菇，因而第一潮菇形成之前喷的“结菇水”又称为“转潮水”或“返潮水”。

不同蘑菇菌株的耐水性能有差别。在秋菇阶段，耐水菌株只需喷 1 次较重的“结菇水”，而不耐水的菌株则要求喷 2～3 次较轻的“结菇水”。同一菌株因菌床的覆土材料不同，“结菇水”的用量也不一样，如河泥砻糠覆土因含水量大，甚至可以不喷“结菇水”。“结菇水”是菌床由发菌期转为产菇期管理的关键性用水。喷“结菇水”须同时进行大通风，利用大量的水分和通风降温，诱导菌丝由营养生长转为生殖生长，促使菌床出菇。

（2）喷“结菇水”的要求。

① 喷水时机。当菌床菌丝长到表层土中时，打开门窗进行大通风，让土层表面干燥，抑制菌丝长出土表，迫使先头直立生长的菌丝低头倒伏、增粗，呈线状横向生长。菇居大通风 2d 后，先覆盖一层细土，以保护原基，第二次细土覆盖后第二天即可喷水。贴生型菌株结菇性能强，耐重水，喷水要早，结菇部位要控制得低一些，以防出密菇、小菇。一般覆盖细土后，当菌丝普遍长至细土之上，并进入细土时，就应逐渐加大菇房通风，3d 后便可喷用“结菇水”。

② 喷水量。“结菇水”的量应视覆土材料的持水率、菌株耐水性能、菇房保湿条件及温度高低等具体条件而定。通常气生型菌的菌床，1m^2 用水量控制在 2.2～2.7kg；贴生型菌株的菌床，1m^2 用水量控制在 3.15～3.6kg，使粗土含水量分别恢复到 20%与 22%左右。喷水方法可结合用水经验及菌株类型灵活掌握，一般气生型菌株的菌床宜采用轻喷的方法，但必须在 1～2d 内分几次集中喷完；贴生型菌株可采用重喷的方法，即喷水次数可减少，每次用水要大，1d 内分 4 次喷完。

（3）喷水方法。

①“结菇水”用量要掌握偏重的原则，每次喷至细土层发亮，水分渗至粗土的上半部，要让粗土水分吸贮充足，同时将少量露头菌丝打退到粗、细土层之间。“结菇水”喷完后，粗土要捏得扁、无白心、无裂口；细土要捏得扁、搓得圆。贴生型菌株的菌床隔夜用水后，细土仍要达到

亮晶晶的程度。水分管理采用轻喷勤喷的菇房,此时菌床喷水量要适当提高,一般 $1m^2$ 喷水量约 1.8kg,2d 内分次喷完,以防菌丝徒长或结菇部位偏高。

② 喷"结菇水"时的气温一般较高,故宜在清早或夜间进行,喷水时的室温最好在 18~20℃。若室温高于 22℃,应避开高温再喷水,否则易造成菌丝萎缩,引发菌丝向上生长,升高出菇部位,防止形成"地雷菇"。

③ 喷"结菇水"时要加强通风,喷完后通风 1~2d,待土层表面水分适度散发,再逐渐减少通风,这样可防止土表"冒菌"。若温度适宜,菇房昼夜都要通风;若温度偏高,白天关门窗,夜间大通风。尽量满足原基发生时所需要的温、湿、气条件。

(六) 病虫害防治

(1) 病虫害种类。病害是由高温高湿通风不良环境所致,除熏蒸、喷药外还要注意温湿度和通风状况。病虫害主要有以下几种:

① 湿泡病。此病因高温高湿通风不良的菇房引起,所以避免在高温通风不良的情况下重喷水,一旦出现,应立即停止喷水,加大通风降温;对发病地方先撒食盐、后撒粉状石灰并把死菇彻底清除．并用 0.1%的克疣灵、疣孢净或高效杀菌剂按每 $100m^2$ 用 50kg 药液喷洒消毒。

② 干泡病和褐斑病。首先将病菇清除同时停止喷水并喷洒 50%多菌灵可湿性粉剂 500 倍液,或 70%甲基托布津可湿性粉剂 100 倍液,或 45%噻菌灵(特克多)2000 倍液。

③ 菇蝇、菇蚊的消灭方法。傍晚在菇棚的稍亮处集聚着大量的菇蝇、菇蚊,此时可用 DD6 水溶液集中喷杀或在夜间用灯光集中引诱喷杀。平时应在通风日吊喷有 DD6 液的布条,在床面插喷有 DD6 液的棉球。

(2) 预防方法。蘑菇的生理性病害:死菇的原因,持续高温、通气不良、养分不足、用水不当、菌丝老化、酸碱度不适、出菇过密且部位过高、病虫为害、滥用农药和菌种问题。

① 适时栽培。蘑菇属中低温结实性菌类,子实体发育最适温度为 16℃。栽培季节安排应视当地所处经纬度、海拔高度和地理小气候而定,一般气象平均温度稳定在 22~24℃为播种期。老菇区病虫害发生猖獗,特别是疣孢霉病重发区,适当推迟播种对预防病虫发生有利。为防止高温死菇,栽培期要注意天气预报,当高温出现时,要慎重喷水,多开门窗,加强通风,降低菇棚温度,减少死菇。

② 投足培养料。蘑菇的生长发育与任何生物一样,需要有充足的营养基础。要使蘑菇栽培获得高产,避免因营养不良而产生菇蕾死亡现象。在堆肥配制中,要求投料量 30~35kg/m^2,碳氮比为 28~30∶1,含氮量为 1.4%~1.6%。并认真做好堆肥的堆制和发酵工作,以利于克服出菇后期因营养不足而死菇,从而使栽培获得高产。

③ 用优质种。用于生产的菌种需挑选菌丝生长健壮有力的。菌种培养基养分要充足,培养室清洁卫生,空气新鲜。菌种培养过程要经常检查温度变化,使菌丝在适温下生长,及时淘汰被污染的菌种,使菌种生长旺盛,防止高温引起菌种老化和携带杂菌扩散蔓延,影响栽培生产。

④ 科学用水。蘑菇对水分和湿度极为敏感,栽培时应考虑菇棚内相对湿度和堆肥的水分。在产菇期,室内相对湿度以 85%~95%为宜。蘑菇子实体中含水量几乎达 90%,在产菇期所需的水分是从堆肥和覆土中获得,因此栽培时堆肥的含水量以 60%~63%为佳。在水分管理上应掌握因天气、因菇量、因时制宜,以"晴天多喷,阴雨少喷,菇多勤喷,菇少慎喷"和"结菇水要狠,出菇水要稳,转潮水要重,维持水要常"为原则进行科学管水,避免喷施关门水。

⑤ 通风换气。蘑菇的正常生长发育必须吸收氧气,排除二氧化碳,并散发代谢热。高浓

度的二氧化碳对蘑菇子实体发育有害，菇房长期通风不良，二氧化碳浓度过大，氧气不足，对蘑菇生长发育等新陈代谢活动带来不良影响，因此在栽培管理中菇房的通风换气是一项不可忽视的工作。

⑥ 病虫防治。栽培蘑菇产生病虫害的原因很多，病虫害的种类也多，因此在栽培管理上应贯彻“以防为主，药剂为辅”的综合防治方针。彻底清除菇棚存在的病源和虫源，防止病虫随堆肥带进菇床；利用发酵杀灭堆肥病虫害；消灭覆土内的病原菌及线虫等，并创造适宜蘑菇生长而不利于杂菌害虫生长繁殖的环境条件，避免病虫害发生。病虫害发生后要及时清除病菇死菇，并用药物防治，以防扩大蔓延。采用农药防治应严格掌握使用浓度，谨防药害。

用磷化铝防治虫害每立方米空间用粉剂 2～4g，熏蒸时间视温度而定，春季菇棚消毒需 2～3d，磷化铝的使用需在专业人员指导下进行。

药物防治病害用 70%的甲基托布津 500 倍吸喷洒。严重发病时，每 100m^2 菌床用多菌灵 1000 倍液 10kg 进行喷雾防治。

香　菇

别名香蕈、香菌、冬菇，俗称黑色森地菇。侧耳科香菇属。我国部分省份有野生外，普遍进行人工栽培。香菇子实体单生、丛生或群生。由菌盖、菌褶、菌柄等组成。香菇菌盖圆形，直径通常 3～8cm，大的可达 15～20cm；表面淡褐色至暗褐色，常覆有白色或褐色鳞片，肉厚，色白质韧，有特殊香味。菌褶初为白色，弯生，生长后期变为红褐色。菌柄近圆柱形或稍扁，中生或偏生，长 3～6cm，粗 0.5～1cm，内实，常弯曲。

香菇香味浓郁，味道鲜美，营养丰富，还含有多种能降低胆固醇，防治心血管病、糖尿病、佝偻病、抗流感病毒、抗肿瘤的生理活性物质。被誉为“天然的保健食品”。

【香菇栽培管理技术】

(一) 母种的培养

香菇“母种”是指利用香菇的孢子、组织(菇肉)或菇木分离培养而成的菌种。香菇母种的培养，用马铃薯和洋菜做培养基。培养基的制作配方为：去皮的马铃薯(或甘薯)200g、葡萄糖(或蔗糖)20g、洋菜 20g 及水 1kg。按上述比例，把已去皮的马铃薯洗净切碎后，放入锅中加水适量煮沸 20～30min，用几层纱布过滤去渣，把滤液加水至足量，再加入洋菜和葡萄糖，并加热使之融化。接着趁热分装到试管中，管口塞上棉花并束扎成捆，包上牛皮纸，立置在高压锅内，在 15 磅压力下维持 30min，或放在蒸笼中蒸 2～3 次(每日 1 次，每次 1h)，同样能达到灭菌的目的。将灭过菌的试管趁热斜置在桌子上，待凝固后即成。

母种的培养要选择出菇早，朵形正常，菇盖厚，菇柄短胖，无病虫害，7～8cm 成熟的香菇，放入接种箱(无菌箱)或接种室(无菌室)中，用刀片刮下表皮后，取干净无菌的菇肉约一粒绿豆大，用接种针接到上述培养基上，一管一块即可。将接种后的试管置于 25～27℃环境(保温室或温箱)中培养，2～3d 后在接种块四周，就长出孢状的白色菌丝。(试管内如发现有绿色、黑色等杂色菌或酵母状东西，说明其中有杂菌，应把它淘汰掉。)约培养半个月后，菌丝体就布满洋菜表面，母种培养即告成功。在分离和接种时，所用工具均需经灭菌处理。母种移到新的培养基上，进行扩大培养一般称之为“原种”。用作直接种到段木上去的菌种，一般称为“栽培种”。

(二) 栽培种的制备

目前香菇人工栽培所用的菌种，主要是木屑菌种和种木菌种两种。

(1) 制备木屑菌种的培养基。配方为:适合香菇生长的各种硬质实木的干木屑7.5kg,米糠或麸皮2.2kg,蔗糖0.15kg,石膏粉0.15kg及水15kg。按上述比例,把木屑、米糠先拌匀,把蔗糖和石膏粉溶在10kg水中,然后倒入上述混合物中和匀,再将余下的5kg水加入调匀随即分装到菌种瓶中,至近瓶肩,稍压实(下部稍松,上部稍实),再用尖形木棒钻一个直达瓶底的洞孔。然后瓶口塞上棉花塞,并用牛皮纸扎起棉花塞,移到蒸笼中续蒸4～6h(从水开算起,火要猛)、或放在高压锅中,在15磅压力下维持1h,进行灭菌。灭菌后,取出冷却,即可用来接种。接种过程要在无菌条件下操作,用接种针挑取经过扩大培养的原种一小块,接种在上述的木屑培养基上,接种后把它放置在25～27℃环境中培养1个月左右(或20～25℃培养1～2个月),待菌丝体长满全瓶后,即可接种到段木上去。

(2) 种木菌种的制备:香菇的种木菌种,主要是三角木和圆木两种。三角木是把适合种香菇的木材加工成厚0.8cm、宽1cm的木条,然后再加工成三角木块(规格是:厚0.8cm、宽1cm、高1～1.5cm)。圆木是先把木材横锯成1.2cm的木片,再用皮带冲一个一个冲下来。加工出来的三角木或圆木,应立即晒干备用。做10kg干种木用的培养基,要配木屑2kg,米糠(或麸皮)1kg、蔗糖0.1kg、石膏粉0.1kg、水4.5kg。先把干种木浸在1%糖溶液中12～24h或放在锅中煮开15～20min后,捞出种木,与3/4的混合物拌匀,并随即分装入菌种瓶(或其他瓶)、用余下的1/4盖面,装至瓶肩、稍压实、压平,塞上棉花塞,其消毒接菌和培养方法与木屑菌种同。经一段时期培养后,即成为三角或圆木菌种。

(三) 段木的接种与栽培

菇场的选择要从温度、湿度、光线、通风等方面考虑,最好选坐北朝南的缓坡或开阔地,要求靠近水源,排水良好,地面干爽,土壤以含石砾较多的酸性沙质土为宜,上面要有高大的遮阴树或遮阴棚,菇场四周要开排水沟。我国能长香菇的树种约200多种,壳斗科和桦木科是比较理想的树种,枫树、橡树、白桦树也可作树种。砍倒的菇木让其自然风干后,一般干燥到树心出现几条短裂纹时为适度,再锯成段木接种。

人工接种从12月至翌年3月均可进行,1～4月份最适宜。接种前应除去菇木枝丫,将原木锯成1m长的段木,并在断口处涂1%的石灰水消毒。

接种方法:

(1) 用皮带冲打孔,孔穴至少要深入木质1cm以上,一般株距20～30cm,行距6～10cm。

(2) 将菌种放入穴中,用手指稍加压实。

(3) 将事先准备好的树皮盖(略大于孔)盖在孔盖上,用铁锤轻轻敲打,使之紧紧塞住孔穴口。菌种要当天开瓶当天用,才不会沾染上杂菌。冬季接种后的菇木,应紧密堆放在菇场背风温暖处,四周用尼龙纸围住,上盖树枝,每隔3～5d掀动尼龙纸一次使之换气。20d后,如接种孔边缘长出白色菌丝,说明菌丝已定植成功。发菌期持续1～1.5个月左右。

(四) 养菇期

包括春、夏、秋三个季节。春夏季着重防雨和防晒,主要做好段木的堆放和翻动以及遮阴等工作。一般2～3个月翻堆一次,如长期阴雨,放晴后要立即翻堆。整个养菌期内,绝对不能让太阳直接,但要有一定的散射光。通常利用天然林的高大树木遮阴或用树枝、树皮及其他覆盖物盖在菇木堆上,也可搭棚遮阴。秋季菇木管理则以保温为主,表层可适当干燥,促使菌丝向深层生长,扩大菌体的营养范围。霜降前后加强出菇期的管理,当日平均温下降到15℃左右时,将秋季熟的菇木搬出菇场,重新架木,补淋水以促进出菇。淋水后的菇木,如遇10℃以下低温，应堆放在向阳处，用尼龙纸或草席紧紧覆盖，直至大量菇蕾长出时，再散堆架木。

采菇后的段木要移回养殖场堆放，按常规养菌方法管理，并特别注意防治病虫害，防潮、防晒，让菇木的菌丝继续生长，使来年再度正常产菇。

采菇时节一般在香菇长至七、八成熟，形成铜锣边时，即及时采摘。采菇应选择晴天进行，将整朵香菇连根摘下，并及时烘晒干燥。商品香菇干燥程度须达到含水量约 18%，以便长期保存。目前多采用火力干燥，也有采用半晒半烤的办法。

平　菇

别名北风菌、蚝菌等。白蘑科伞菌属。全国各地广泛栽培的食用菌。人工栽培的各个种菌丝体均白色，在琼脂培养基上洁白、浓密、气生菌丝多寡不等。侧耳属各个种子实体的共同形态特征是：菌褶延生，菌柄侧生。从分类学上鉴别不同种的主要依据是寄主、菌盖色泽、发生季节、子实层内的结构和孢子等。

平菇含丰富的营养物质，每百克干品含蛋白质 20～23g，而且氨基酸种类和成分齐全，矿物质含量十分丰富。

平菇性味甘、温。具有追风散寒、舒筋活络的功效。用于治腰腿疼痛、手足麻木、筋络不通等病症。平菇中的蛋白多糖体对癌细胞有很强的抑制作用，能增强机体免疫功能。常食平菇不仅能起到改善人体的新陈代谢，调节植物神经的作用，而且对减少人体血清胆固醇、降低血压和防治肝炎、胃溃疡、十二指肠溃疡、高血压等有明显的效果。另外，对预防癌症、调节妇女更年期综合征、改善人体新陈代谢、增强体质都有一定的好处。

【平菇的栽培技术】

目前我国栽培平菇的方法很多。有室内床栽、玉米或大豆与平菇间作、塑料大棚栽培等。

(一) 室内床栽

(1) 菇房建造。可把现有的空房、地下室等，改造为菇房。有条件的也可以新建菇房。菇房应坐北朝南，设在地势高、靠近水源、排水方便的地方。菇房大小以房内栽培面积 $20m^2$ 为宜。屋顶、墙壁要厚，门窗安排要合理，有利于保温、保湿、通风和透光。内墙和地面最好用石灰粉刷，水泥抹光，以便消毒。另外，可建造简易菇房，即从地面向下 1.5～2.0m 的半地下式菇房。为了充分利用菇房空间，还可在菇房内设置床架，进行栽培。床架南北排列，四周不要靠壁。床架之间留 60cm 宽的走道。上下层床面相距 50cm，下层离地 20cm，上层不要超过窗户，以免影响光照。床面宽不超过 1m，便于管理。床面铺木板、竹竿或秸秆帘等。

(2) 培养料的配制。栽培平菇的培养料有玉米芯、木屑、豆秸、稻草、树叶等。无论哪一种培养料均要求新鲜、无虫、无毒和无杂质。否则，易感染杂菌，造成减产。

培养料配方：

① 玉米芯(粉碎)78%、玉米面(或麦麸)30%、石灰 2%和适量水。

② 玉米芯(粉碎)40%、豆秸(粉碎)40%、玉米面 18%、石灰 2%和适量水。

③ 木屑 78%、米糠(或玉米面)30%、石灰 2%和适量水。

④ 稻草，将稻草切成 5～10cm 长，放入 2%石灰水中浸泡 24h，捞出滤去多余的水分，即可铺料播种。

(3) 菇房消毒。菇房在使用前要消毒，特别是旧菇房，更要彻底消毒。以减少杂菌污染和虫害发生。消毒方法如下：

① 每 100m² 菇房用硫黄 0.5kg、敌敌畏 0.1kg、甲醛 0.2kg，与木屑混合加热，密闭熏蒸 24h。

② 100m² 菇房用甲醛 1kg、高锰酸钾 0.5kg，加热密闭熏蒸 24h。

③ 喷洒 5%的石碳酸溶液。

④ 喷洒敌敌畏 800 倍液。

(4) 播种。平菇的播种方法很多，有混播、穴播、层播和覆盖式播种等。下面主要介绍一下层播。床面上铺一块塑料薄膜，在塑料薄膜上铺一层营养料，约 5cm 厚，然后撒一层菌种，再铺一层营养料，再在上面撒一层菌种，最后整平压实。床面要求平整、呈龟背形。一般每平方米床面用料 20kg 左右，厚度 10～15cm。在播种前，应先将菌种从瓶内或塑料袋内取出，放入干净的盆内，用洗净的手把菌种掰成枣子大小的菌块，再播入料内。播种后，料面上再盖上一层塑料薄膜，这样既利于保湿，也可防止杂菌污染。播种时间，一般从 8 月末到翌年 4 月末，均可播种。不过春播要早，秋播要晚，气温在 15℃以下是平菇栽培的适宜时期。既适于平菇生长发育，又不利杂菌生长。一般播种量为料重的 10%～15%。上层播种量占菌种量的 60%，用菌种封闭料表面，以防止杂菌污染。

(5) 管理。

① 发菌期的管理。菌丝体生长发育阶段的管理，主要是调温、保湿和防止杂菌污染。为了防止杂菌污染，播种后 10d 之内，室温要控制在 15℃以下。播后 2d，菌种开始萌发并逐渐向四周生长，此时每天都要多次检查培养料内的温度变化，注意将料温控制在 30℃以下。若料温过高，应掀开薄膜，通风降温，待温度下降后，再盖上薄膜。料温稳定后，就不必掀动薄膜。10d 后菌丝长满料面，并向料层内生长，此时可将室温提高到 20～25℃。发现杂菌污染，可将石灰粉撒在杂菌生长处，或用 0.3%多菌灵揩擦。此期间将空气相对湿度保持在 65%左右。在正常情况下，播种后，20～30d 菌丝就长满整个培养料。

② 出菇期的管理。菌丝长满培养料后，每天在气温最低时打开菇房门窗和塑料膜 1h，然后盖好，这样可加大料面温差，促使子实体形成。还要根据湿度进行喷水，使室内空气相对湿度调至 80%以上。达到生理成熟的菌丝体，遇到适宜的温度、湿度、空气和光线，就扭结成很多灰白色小米粒状的菌蕾堆。这时可向空间喷雾，将室内空气相对湿度保持在 85%左右，切勿向料面上喷水，以免影响菌蕾发育，造成幼菇死亡。同时要支起塑料薄膜，这样既通风又保湿，室内温度可保持在 15～18℃。菌蕾堆形成后生长迅速，2～3d 菌柄延伸，顶端有灰黑色或褐色扁圆形的原始菌盖形成时，把覆盖的薄膜掀掉，可向料面喷少量水，保持室内空气相对湿度在 90%左右。一般每天喷 2～3 次，温度保持在 15℃左右。

(6) 采收。当平菇菌盖基本展开，颜色由深灰色变为淡灰色或灰白色，孢子即将弹射时，是平菇的最适收获期。这时采收的平菇，菇体肥厚，产量高且味道美。采收方法，要用左手按住培养料，右手握住菌柄，轻轻旋扭下。也可用刀子在菌柄基部紧贴料面处割下。采大朵留小朵，一般情况下，播种一次可采收 3～4 批菇。每批采收后，都要将床面残留的死菇、菌柄清理干净，以防止下批生产烂菇。盖上薄膜，停止喷水 4～5d，然后再少喷水，保持料面潮湿。大约经 10d 左右，料面再度长出菌蕾。仍按第一批菇的管理方法管理。

(二) 玉米或大豆与平菇间作

(1) 栽培时间。在 6 月末三遍地铲趟完毕，在玉米或大豆地垄沟种菇。因玉米或大豆在 7～8月份枝叶生长茂盛，封垄较好，垄沟湿度大，正好适合平菇子实体生长。

(2) 培养料。选用整轴玉米芯或整捆豆秆,用2%石灰水浸泡24h捞出,控出多余水分,备用。

(3) 栽培方法。栽二垄,空一垄为作业道。首先将垄沟清理一下,然后铺一层整轴玉米芯或豆秆,撒一层菌种,再铺一层料,再撒一层菌种。最后用脚踩实,上面覆盖2cm厚土或覆盖地膜。

(4) 管理。接种20d后,菌丝长满培养料。如果天气无雨,较干旱的地区,可浇一次重水,一周左右就能出菇。管理方法及采收同前。

(三) 塑料大棚栽培

塑料大棚栽培,其生产方式多样。可按东西走向作畦栽培,也可与高杆蔬菜(黄瓜、豆角架中间的垄沟内)间种,也可作菌砖栽培,还可以用塑料袋栽培。培养料的调制、播种、管理同前。因受自然条件的影响,棚内温度变化较大,需要根据气候变化,注意调节温度。当气温偏高时,白天盖上草帘,以免太阳照射而增温;傍晚揭去草帘,并打开通风窗上的薄膜,以降低棚内温度。当气温降低时,白天揭开草帘,利用日照增温,晚上盖好草帘,关严通风窗,以利保温。

羊肚菌

别名羊肚菜、美味羊肚菌。羊肚菌科羊肚菌属。主要分布我国河南、陕西、甘肃、青海、西藏、新疆、四川、山西、吉林、江苏、云南、河北、北京等地区。羊肚菌子实体较小或中等,6～14.5cm,菌盖不规则圆形,长圆形,长4～6cm,宽4～6cm。表面形成许多凹坑,似羊肚状,淡黄褐色,柄白色,长5～7cm,宽粗2～2.5cm,有浅纵沟,基部稍膨大,生长于阔叶林地上及路旁,单生或群生。

羊肚菌可食用,味道鲜美,是一种优良食用菌。可药用,益肠胃,化痰理气。含有异亮氨酸、亮氨酸、赖氨酸、蛋氨酸、苯丙氨酸、苏氨酸和缬氨酸等7种人体必需氨基酸。可利用发酵罐培养菌丝体。羊肚菌性味甘,平。入脾、胃二经。和胃消食、理气化痰。用于食积气滞、脘腹胀满、痰壅气逆喘咳。

【羊肚菌栽培技术】

(1) 配制栽培料。栽培料配方:

① 农作物秸秆粉74.5%、麸皮20%、过磷酸钙1%、石膏1%、石灰0.5%、腐殖土3%;

② 木屑75%、麸皮20%、过磷酸钙1%、石膏1%、腐殖土3%;

③ 棉壳75%、麸皮20%、石膏1%、石灰1%、腐殖土3%。

以上三种配方,任选一种即可。

料水比为1∶1.3,拌好料后堆积发酵20d,含水量调至60%。采用17～33cm聚丙烯或聚乙烯塑料袋装料,每袋装料500～600g,然后在100℃条件下灭菌8h,灭菌后即可接入菌种。采用两头接种法,封好袋口,置于22～25℃下培养30d左右,菌丝可长满袋。菌丝满袋后5～6d,即可进行栽培。

(2) 室内脱袋栽培。菇房消毒后即可进行栽培。先在每层床面上铺一块塑料薄膜,然后再铺3cm厚的腐殖土,拍平后将脱去塑料袋的菌棒逐个排列在床上,一般每平方米床面可排放塑料菌袋40个。排完菌棒后轻喷水1次,然后覆土3～5cm,覆土后表面再盖2cm厚的阔叶树落叶,保持土壤湿润。1个月后可长出子实体。3月10日～4月20日之间出菇最佳。羊肚菌出土后7～10d就能成熟,一般颜色由深灰色变成浅灰色或褐黄色时就可采收。

(3) 室外脱袋栽培。选三分阳七分阴的林地作畦。畦宽 1m,深 15～20cm,长度不限。整好畦后喷水或轻浇水 1 次,并用 10%石灰水杀灭畦内害虫和杂菌。脱袋排菌棒方法和出菇管理方法与室内栽培相同,只是底层不可铺塑料薄膜,要注意畦内温度变化,防止阳光直射。

(4) 病虫害防治。菌丝生长与子实体生长期都会发生病虫害,应以预防为主,注意保持场地环境的清洁卫生。播种前进行场地杀菌、杀虫处理。后期若发生虫害,在出子实体之前可喷除虫药或 10%石灰水。

(5) 加工。加工方法主要是晒干或烘干。在进行干燥时注意不要弄破菌帽,保持其完整。可用烤烟房烘干或在阳光下晒干,不能用柴火烟熏,以免影响质量。分等级在塑料袋内防潮保存。

松　蘑

别名松菇、松蕈、鸡丝菌等。伞菌科松蘑属。分布在我国黑龙江、吉林、安徽、四川、山西、贵州、云南、西藏、台湾等地区。松蘑子实体中等至较大。菌盖直径 5～10cm,扁半球形至近平展,污白色,具黄褐色至栗褐色平伏的丝毛状鳞片,表面干燥。菌肉白色,厚。菌褶白色或稍带乳黄色,密,弯生,不等长。菌柄较粗壮,长 8～13.5cm,粗 2～2.6cm,菌环以上污白色并有粉粒,菌环以下具栗褐色纤毛状鳞片,内实,基部有时稍膨大。菌环生在菌柄的上部,丝膜状,上面白色,下面与菌柄同色。松蘑是目前唯一不能人工培植的野生菌之一。松蘑除具备一般蘑菇生长条件外,还必须与松树生长在一起与松树根共生,生长环境为海拔 700～500m 的阴坡或半阴坡的松树林中。秋季在松林或针阔混交林中地上群生或散生,或形成蘑菇圈。往往和松树形成菌根关系。

松蘑肉质肥厚,味道鲜美滑嫩。不但风味极佳、香味诱人,而且是营养丰富的食用菌,有"食用菌之王"的美称,不亚于猴头、灵芝,欧美尤视之为珍品。松蘑性味甘,平。益肠胃,理气止痛,化痰。主治腰腿疼痛,手足麻木,筋络不舒,痰多气短,大便干燥。松蘑肉质肥厚,味道鲜美滑嫩。不但风味极佳、香味诱人,而且是营养丰富的食用菌。

【松蘑人工驯化栽培技术】

松蘑是目前唯一不能人工培植的野生菌之一。松蘑除具备一般蘑菇生长条件外,还必须与松树生长在一起,与松树根共生,其生长环境为海拔 700～500m 的阴坡或半阴坡的松树林中。韩国科研人员用 5 年时间的研究,终于在无菌状态下促使松子发芽,使松蘑菌株附着在小松树的根部。附有松蘑的小松树在实验室内生长半年后,可将其移植到模拟野生环境,生长 3～4 年后,将其移到山里,等松树成长成材(约 10 年左右时间),松蘑也可以正式出产。

第2章　养殖业(品种、产品)技术

第1节　动　物

梅花鹿

别名花鹿。偶蹄目、鹿科、鹿属。主要分布黑龙江、吉林、山东、河北、陕西、江苏、浙江、安徽、江西、四川、台湾、广东、广西等。梅花鹿中型鹿类,体长125～145cm,尾长12～13cm,体重70～100kg。头部略圆,颜面部较长,鼻端裸露,眼大而圆,眶下腺呈裂缝状,泪窝明显,耳长且直立。颈部长。四肢细长,主蹄狭而尖,侧蹄小。尾较短。毛色随季节的改变而改变,夏季体毛为棕黄色或栗红色,无绒毛,在背脊两旁和体侧下缘镶嵌着许多排列有序的白色斑点,状似梅花,因而得名。冬季体毛呈烟褐色,白斑不明显,与枯茅草的颜色类似。颈部和耳背呈灰棕色,一条黑色的背中线从耳尖贯穿到尾的基部,腹部为白色,臀部有白色斑块,其周围有黑色毛圈。尾背面呈黑色,腹面为白色。雌兽无角,雄兽的头上具有一对雄伟的实角,角上共有4个杈,眉杈和主干成一个钝角,在近基部向前伸出,次杈和眉杈距离较大,位置较高,常被误以为没有次杈,主干在其末端再次分成两个小枝。主干一般向两侧弯曲,略呈半弧形,眉杈向前上方横抱,角尖稍向内弯曲,非常锐利。

梅花鹿繁殖期间雄鹿饮食显著减少,性情变得粗暴、凶猛,为了争夺配偶,常常会发生角斗。一只健壮的雄鹿通常可以拥有10多只雌鹿,在一个繁殖季节,雌鹿可以多次发情,其发情周期为5d,一旦受孕后便不再发情。妊娠期为230d左右,产仔于翌年5～6月,一般每胎仅产1仔,也有少数为2仔。产下的幼仔体毛呈黄褐色,也有白色的斑点,几小时就能站立起来,第二天可随雌鹿跑动。雌鹿觅食时先到林外四处探望,确信没有危险后,才把幼仔带出来,发现险情会发出惊叫,带着幼仔逃进密林。哺乳期为2～3个月,4个月后幼仔便可以长到10kg左右。1.5～3岁性成熟,寿命约为20年。

梅花鹿具有很高的经济价值。鹿茸有"补精髓、壮肾阳、健筋骨"之功。所以能补骨血,坚阳道,益精髓也。鹿茸含有内分泌素鹿茸精等,有增强人体各种机能的作用,被认为是滋补强壮药物。

【梅花鹿茸鹿的饲养管理技术】

(1) 鹿的标记。标记就是给鹿编号,目的在于辨认鹿只,这样利于生产管理和档案记录,对鹿的育种和生产性能的提高都是十分重要的。现在鹿的标记有两种:一种是卡耳法,即是在鹿的两耳不同部位卡成豁口,然后将每个豁口所代表的数字加起来,即是该鹿的耳号。这种方法是借鉴国际上猪的卡耳号法,很有规律,左耳代表的数字大、右耳小,且是对称的大小关系。具体言之,左耳上缘每卡一个豁口为10、下耳缘每卡一个豁口为30、耳尖一个豁口为200、耳廓中间卡一个豁口为800,而右耳相对应部位的一个豁口即代表1、3、100、400。二是标牌法,即是用特制工具将特制的标牌卡在鹿的耳下缘,然后用特制笔在牌上写出所需要的鹿号,永久不褪色。给鹿卡耳号和标牌应在仔鹿产后 3d 进行。

(2) 茸鹿的组群及布局。茸鹿应按其不同的品种、性别、年龄及健康状况分别进行合理的组群和布局,绝对不允许不分大小、公母、品种在一起混养。鹿的布局,应将公鹿安排在鹿场的上风头圈,以防配种期公鹿嗅到母鹿发情气味加剧其争偶、所造成的伤亡事故。妊娠产仔母鹿应安排在场内较安静的圈舍,仔鹿安排在靠近场部或队部的圈舍,以利于仔鹿的管理及驯化。

(3) 饲喂次数、时间和顺序。鹿一般每日饲喂 3 次,生产季节(产茸、产仔季节)喂 4 次精饲料为佳(白天 3 次、夜间 1 次),饲喂时间:4 月初～10 月末期间,早饲 4:00～5:00 时,午饲 11:00 时、晚饲 17:00～18:00 时;冬季白天喂 2 次(早 8:00 时、晚 16:00 时)、夜间喂 1 次(23:00 时左右)。鹿的饲喂次数和时间定下来后,应保持相对的稳定,这样才有利于鹿建立巩固的条件反射、采食和消化机能。饲喂顺序是先精后粗,即是先给精饲料,待鹿吃净了再给粗饲料。要求每次饲喂都应扫净饲槽内残余饲料和土等。精、粗饲料的增减和变换一定要逐渐进行,增加料量过急或突然变换饲料易造成"顶料"和拒食。

(4) 饮水。可以饮顿水(定时饮水)或自由饮水(即水槽内经常保持有水,鹿可随时饮用)。要求水质洁净,水量充足,冬季应饮温水,北方地区应防止水槽结冰。

(5) 圈舍卫生。保持圈舍卫生,每天打扫舍内的粪便、饲料残留物。冬季为了保暖,棚舍内的粪便可适当保留,并且做到圈舍经常消毒。

(6) 舍饲茸鹿的精饲料配方。豆类饲料、矿物质含量较高,适用于幼鹿、生茸期公鹿和种公鹿、母鹿产仔哺乳期、病弱鹿;配方以谷物饲料为主,仅为成年鹿生产淡季所用。

【梅花鹿成年公鹿的饲养管理技术】

1) 生产时期的划分。为了便于生产管理,提高鹿的生产力,根据公鹿的生产情况,人为地将其一年的生产期划分为四个时期。梅花鹿生茸前期(1 月下旬至 3 月中旬)、生茸期(3 月下旬至 8 月中旬)、配种期(8 月中旬至 11 月 15 日)、配种恢复期(11 月 15 日至翌年 1 月中旬)。每个时期的开始与结束因鹿种、所处的地理位置、气候条件、鹿群质量及饲养技术的好坏而有所区别,如上述某些因素好些,每个时期就可能提前,否则滞后。

2) 不同生产期的日粮。目前,公鹿的精饲料各地区差异不大,主要由玉米、豆类饲料和糠麸组成,各生产时期的给量也基本相同,而粗饲料则因地制宜。精饲料的质量应得到保证,配种期应补给胡萝卜等维生素类饲料。

3) 饲养管理技术。

(1) 生茸期:

① 公鹿在生茸期不仅需求自身生存的营养,而且还得满足鹿茸生长所需的营养。因此,生茸期必须有较高的营养水平。头、二锯梅花公鹿生茸期日粮中的蛋白质水平应在 23%、三锯鹿应在 21%时对体增重和生茸最佳。同时还应保证矿物质和维生素的需要量。

② 在生茸之前(梅花鹿于 2 月末)精饲料量应逐渐增加,促进公鹿增膘复壮,待到脱盘时,基本上应接近生茸期的日粮量。每 3～5d 或 7～10d 增加 0.1kg 左右。锯三杈茸后,精饲料马上应减至原来的 1/2～1/3,目的使公鹿膘情有所下降,以减少配种期公鹿争斗所造成的伤亡。

③ 生茸期正值炎热的夏季,应保持鹿有足够的饮水。给水量梅花鹿 7～9kg/d·头。

④ 密切注视鹿的脱盘情况,发现花盘压茸迟迟不掉的应及时将其掰掉,有趴、咬茸的恶癖鹿应及时拨出单圈饲养。

⑤ 生茸期应保持鹿舍的安静,谢绝参观。鹿进入生茸期之前,应清除圈舍内的墙壁、门、

柱脚等处的铁钉、铁线、木桩等异物,防止划伤鹿茸。

⑥ 锯茸开始后,应将锯完茸的公鹿单独组群饲养,以利管理。

(2) 配种期:配种期因公鹿性欲强,互相追逐、斗偶,吼叫,食欲差,体质下降得较快,所以应加强此期的饲养管理,否则越冬期易出现死亡及影响翌年的产茸量。

① 将公鹿按种用、非种用、壮龄、老龄、病弱等情况单独组群,然后对种用鹿、老弱鹿应给予优饲。

② 配种期的粗饲料应选择适口性强,甜、辣、苦等含糖和维生素较高的饲料,例如,青刈的全株玉米、鲜嫩的树枝、瓜类、胡萝卜、大萝卜、葱、甜菜等,以增加鹿的采食量。

③ 配种期应注意保持公鹿群的相对稳定性。种用鹿最好单独用小圈管理,调换出的种公鹿不可以放入非种用公鹿群,因其带有母鹿的异味,会招来"杀身之祸"。

④ 配种期应设专人看圈,观察公鹿的种用能力,一经发现不"胜任"的种公鹿应马上调换;同时,要制止公鹿间的斗偶。发现有垮台的王子鹿应及时拨出,单独饲养。

⑤ 配种期要求圈舍无泥水,地面无砖瓦、石块等。

(3) 越冬期:越冬期包括配种恢复期和生茸前期两个阶段,该期正值严寒季节,鹿体不但要消耗部分热量御寒,还需恢复配种期的体质,为生茸积蓄"力量",因此往往由于越冬期的饲养管理跟不上,常常造成春季鹿只死亡。

① 从营养角度,在满足能量饲料(谷物)供给的同时,逐渐增加蛋白质和维生素类饲料,促进鹿只尽快地增膘复壮。

② 冬季饲喂次数为白天 2 次、夜间 1 次,夜间最好喂热料。

③ 此期必须保证有充足的饮水,并应饮温水。

④ 加强舍饲茸鹿的运动,每天上、下午利用半小时的时间,在舍内驱赶鹿只运动。

⑤ 舍内应保持干燥、清洁、无积雪,棚舍的地面应有足够的褥草或干粪。

⑥ 应加强鹿群的管理,防止因斗偶造成鹿只的伤亡。随时将病弱鹿拨出,单独优饲。

⑦ 此期坏死杆菌病的发病率最高,应及时预防、治疗。

【梅花鹿成年母鹿的饲养管理技术】

母鹿性成熟即是生殖生理上的成熟,此时鹿可以生成成熟的卵子,并有性行为。茸鹿的性成熟与品种、类型、性别、遗传状况、营养情况及个体发育等因素有关,梅花鹿比马鹿早,雌性早于雄性,同一品种鹿营养状况好和个体发育快的性成熟也早。一般性成熟期:梅花母鹿约在 16 月龄左右,发育良好的鹿有 7 个月龄就达到性成熟,公鹿为 20 个月龄左右。适宜的初配年龄,梅花母鹿为 16 个月龄、公鹿为 40 个月龄(三锯公鹿)。

鹿是季节性的发情动物,在我国的北方(北纬 40°以北地区),茸鹿发情季节为 9～12 月份。发情持续期后 11～24h 为发情盛期。发情表现在行为、生殖道和卵巢变化三个方面。公鹿的发情表现为争斗、磨角、卷唇、扒地、颈围增粗、顶人或物、长声吼叫、食欲减退、边抽动阴茎边淋尿。母鹿的发情表现,初期为兴奋不安、游走、叭嗒嘴,有时鸣叫,愿意接近公鹿但拒配;发情盛期表现为站立不动、举尾拱腰、接受爬跨,常常表现泪窝开张、摆尾频尿、阴门肿胀、流出蛋清样黏液、嗯嗯低呻,或头蹭公鹿,摆出交配的姿势接受公鹿交配;发情末期表现,母鹿变得安稳、拒配,阴门的黏液由蛋清样变为橙黄、最后红褐色,并且干涸在阴毛上。根据鹿的表现可以判断是否发情。近年来,采用试情法来判定母鹿的发情,即用 1 只同品种的公鹿,将其阴茎手术或带上试情布,然后放入母鹿群,如果母鹿站立不动、接受爬跨,即说明该母鹿已接近排卵,此时赶出试情公鹿，放入种公鹿或人工授精，可基本保证受孕。

(一) 生产时期的划分

根据母鹿的生产周期和饲养特点，人为地将母鹿全年的生产过程分为配种期(9 月～11 月 15 日)、妊娠期(11 月～翌年 5 月)、产仔哺乳期(5 月～8 月)，当然，各期的划分不应是一刀切。

(二) 成年母鹿的日粮

应按不同生产时期配给相应的日粮，特别是妊娠后期和产仔哺乳期应注意日粮给量和质量，因此期母鹿不但应保证自身的营养需要，还得满足胎儿的发育和哺乳仔鹿的营养。

(三) 饲养管理技术

(1) 配种期。配种期母鹿离乳后，到 9 月中旬时膘情必须达到中等水平，这样才能保证正常的发情、排卵。

① 此期应供给一定量的蛋白质和丰富的维生素饲料，如豆饼、青刈大豆、切割的全株玉米以及胡萝卜、大萝卜等。

② 淘汰不育、老龄、后裔不良及有恶癖的母鹿，然后按其繁殖性能、年龄、膘情及避开亲缘关系组建育种核心群和普通生产群。配种母鹿群不宜大，梅花鹿每群 15～18 头。

③ 配种期应设专人看管，发现母鹿发情，公鹿不能“胜任”时，应立即将发情母鹿拨入公鹿可配种的舍内，并应马上调换原舍的公鹿。

④ 为了避免近亲繁殖，系谱清楚，一般应采用单公群母一配到底的配种方法，母鹿也不应随意调换。同时必须确保种公鹿有较强的种用能力。

(2) 妊娠期。妊娠期应保证妊娠母鹿的营养需要(妊娠后期的 3 个月，胎儿日增重 55±5g)，首先应满足蛋白质、维生素和矿物质的需求。妊娠初期应多给些青饲料、块根类饲料和质量良好的粗饲料；妊娠后期要求粗饲料适口性强、质量好、体积小。饲喂次数每日 3 次，其中夜间 1 次。饲料应严防酸败、结冰，饮温水。同时，妊娠期严防惊扰鹿群，过急驱赶鹿群。严禁舍内地面有积雪、结冰。

(3) 产仔哺乳期。产仔哺乳期产仔哺乳的母鹿需要大量的蛋白质、脂肪、矿物质和维生素 A、D 等营养物质，梅花母鹿每天需泌乳 700mL 左右，所以必须加强饲养管理，这样才能保证仔鹿的良好发育，并为离乳后母鹿的正常发情做好准备。

① 母鹿分娩后，消化道的容积和机能显著增强，饮水量也多，应保证量足、质优的青饲料，后期投给带穗全株玉米更佳。

② 精饲料最好喂给小米粥，或用豆浆拌精料饲喂，可提高母鹿的泌乳，进而促进仔鹿快速生长发育。

③ 要保持仔鹿圈的清洁卫生。产仔前，应将圈舍全面清扫后，彻底进行一次消毒，以后也应经常消毒。

④ 产仔期要设专人看圈，防止恶癖鹿舔肛、咬尾、趴打仔鹿。被遗弃的仔鹿要找保姆鹿或采取人工哺乳。

⑤ 要保持产仔圈的安静，谢绝参观。

⑥ 哺乳期要做好仔鹿的驯化工作，以利今后的管理。

【梅花鹿幼鹿的饲养管理技术】

幼鹿包括哺乳仔鹿和离乳后的育成鹿。幼鹿饲养管理的好坏直接影响未来鹿群的质量，所以一定要引起高度的重视。

(1) 哺乳仔鹿的饲养管理技术。初生仔鹿的护理显得十分重要。正常情况下,母鹿分娩后首先舔干仔鹿身体,然后使仔鹿吃上初乳(仔鹿产后 10～15min 就能站立起来找到乳头),但有的弱生仔鹿,或有的初产母鹿惧怕仔鹿,还有的母性不强的不管仔鹿,这时应人工辅助使其吃上初乳。对那些实在不能哺上乳的仔鹿,可以采取两种办法:一是用牛、羊的初乳代替,进行人工哺乳;二是用注射器强行抽取该母鹿的初乳喂新生仔鹿,3d 后可进行人工哺乳,或者找代养母鹿。代养母鹿选择性情温顺、母性强、泌乳量高的产后 1～2d 的母鹿。代养的方法是将代养仔鹿送入代养母鹿的小圈内(最好的办法取代养母产仔的胎衣或其尿液涂抹在代养仔鹿身上),如代养母鹿舔嗅代养仔,不趴打,让其哺乳,即说明代养成功,之后也应经常观察代养仔鹿是否能正常地哺上乳。另外,产仔圈应设仔鹿保护栏,可以保证仔鹿的休息、安全,减少疾病的发生,又可以待仔鹿产后 20 几天补料(仔鹿的精饲料配方:豆饼占 50%、高粱面 10%、玉米面 30%、麸子 10%,加入适量的食盐和骨粉),补给精料的量由少到多、次数由多到少,最后达到每日 2 次,每次投料前应清洁饲槽。其次,产仔期饲养人员每日要认真观察仔鹿的精神、姿势、鼻镜、粪便、哺乳、步态等,发现异常,马上诊治。

(2) 育成鹿的饲养管理技术。仔鹿离乳后即进入育成期。仔鹿离乳于 8 月中下旬一次性断乳分群或分 2～3 次断乳。方法是用驯化程度较高的几头成年母鹿领入预定的鹿舍内,然后再拨出成年母鹿。如果仔鹿的数量较多时,可根据仔鹿的日龄、体质情况分成若干个小群,分群时最好同时将公母仔鹿分开管理。应安排有经验的人员饲养管理,并应经常的接触仔鹿,做到人鹿亲和。

每日喂给 3 次精料,开始时每头鹿日量 150g,逐渐加量,以不剩料为原则。精饲料最好熟化,如能饮用熟豆浆更好。每天投给 4～6 次的优质粗饲料,最好饲喂嫩绿的青稞子或青刈大豆,再逐渐过渡到喂给柞树叶、豆吻子和玉米秸。从 10 月份开始每日喂 3 次即可。当仔鹿群稳定后,应抓紧时机采用饲料引诱和特定的口令进行驯化,上、下午各 1 次,每次半小时左右。

【梅花鹿人工授精技术】

我国是养鹿大国,驯养梅花鹿具有悠久历史,目前驯养梅花鹿约 35 万头。我国科研人员对梅花鹿人工授精技术,经过 40 年的探索研究。1961 年,赵世臻等人首次采取梅花鹿精液,经多年研究于 1984 年获得受胎率 62.5%的可喜成果。由于梅花鹿体型比马鹿小,直肠围度细,仅采用开腔器输精方法,受胎率较低,已经过 20 多年的漫长时间。1997 年,魏海军、陆纯志等人采取腹腔输精方法,受胎率 60%。1998 年,采取直肠把握法,给梅花鹿人工输精受胎率 50%;1998 年,赵广华研制出圆筒式开膣器输精方法,2001 年,薛光艳采用圆筒式开膣器输精方法获得受胎率 81.8%,2002 年,她采取直肠把握法获得受胎率 86.11%。相继魏海军、赵世臻等人进行多次试验。2002 年 7 月,梅花鹿人工授精新技术,通过了辽宁省西丰县鹿业发展局和哈尔滨农垦天山种鹿养殖场主持的成果鉴定。梅花鹿人工授精新技术,在公鹿的试管冻精、母鹿发情鉴定、适时输精以及输精方法上都有了新突破,获得受胎率 78.13%。2002 年,赵列平用同期发情方法给梅花母鹿输入马鹿冻精,获得受胎率 68.6%,结合后期用种公鹿补配获得总受胎率 92.1%,双羔率达 23.1%。

(1) 可以充分发挥优秀种公鹿的作用。全国梅花鹿产茸量高、质量好的种公鹿很少,单靠自然本交,每只种公鹿只能担负 12～15 只母鹿配种任务,而人工授精每只种公鹿采制的冷冻精液可满足 300～500 只母鹿配种。同时冻精可保存 30 年。采精的一只种公鹿总共可利用 40～50 年,大大延长了种公鹿的寿命。

(2) 提高母鹿受胎率。人工输精，公母鹿不接触，母鹿不受公鹿追赶，安定，促进采食上膘，及早发情。同时采精的种公鹿都在膘情最好的 9 月份采精（而 10 月份自然配种时公鹿膘情瘦），精液品质好，人工授精准胎率达 92%，远远超过自然配种准胎率。

(3) 用冻精配种方便。冻精可以随时运往全国各地，不受时间和地域限制。解决了目前优秀种公鹿不足的困难，也为大型鹿场和养鹿农户提供了方便。

(4) 人工授精可大幅度提高后代茸鹿产量。人工授精采用了优秀种公鹿精液，遗传基因稳定，单产大幅度提高。实践证明人工授精比自然配种产茸量高出几倍，最高一只梅花鹿公鹿产鹿茸 18kg（一般在 1～2kg）。

(5) 加速梅花鹿育种进展。人工授精可以选择优良种群或优秀个体，加快繁育，控制亲缘交配，建立基因库；还可以采取杂交，培育茸用、茸肉兼用的新品种。同时也为开展胚胎移植的研究和应用创造了条件。

马　鹿

别名赤鹿、八叉鹿、白臀鹿。偶蹄目、反刍亚目、鹿科。在我国分布于黑龙江、辽宁、内蒙古呼和浩特、宁夏贺兰山；北京、山西忻州、甘肃临潭、西藏、四川、青海、新疆等地的野外种群已经在 21 世纪初绝灭。主要是人工饲养。马鹿体长 180cm 左右，肩高 110～130cm，角长 1m 左右。体重成年雄性约 200kg，雌性约 150kg。寿命：16～18 年。头与面部较长，有眶下腺，耳大，呈圆锥形。鼻端裸露，其两侧和唇部为纯褐色。额部和头顶为深褐色，颊部为浅褐色。颈部较长，四肢也长。蹄子很大，侧蹄长而着地。尾巴较短。夏毛短，没有绒毛，通体呈赤褐色；背面较深，腹面较浅，故有“赤鹿”之称；冬毛厚密，有绒毛，毛色灰棕。臀斑较大，呈褐色、黄赭色或白色。

马鹿全身都是宝，鹿胎、鹿肾、鹿鞭、鹿筋、鹿血、鹿骨、鹿肉均可入药，鹿皮是制革的优质原料。

【马鹿的养殖技术】

1) 鹿场的搭建。选择地势干燥，背风向阳，排水良好，水源方便的地方搭建鹿场。鹿活动量较大，鹿舍占地面积每头 2～3m^2，运动场 8～10m^2。用石板或平滑木板或水泥板铺地，使粪便等易清扫。在鹿场周围设置栏杆，高 2.5～3m，以防鹿善跳而逃逸。（饲养参考梅花鹿饲养技术）

2) 提高鹿茸产量的方法。

(1) 控光养鹿增茸快：养鹿户可因地制宜建筑几个简易塑料大棚，占地面积约为 125～225m^2，棚顶安上 100～150W 水银灯 4 个，灯高距地面约 2.5～2.7m，照明度为 500℃左右。每年从春季开始（最好从 1 月初开始），每天可增加光照时间 6.8～9.5h，增加光照的天数可在 50～60d。大棚内的鹿群，饲养条件与露天一样。控制光照养鹿，鹿可提前 38～39d 脱角生茸。自然光照下的公鹿 4 月份还未脱角生茸，而大棚控光下的鹿群可提前在 2 月 20 日脱角生茸，为延长茸的生长发育期创造了条件。公鹿头杈茸产量可提高 0.88%～13.8%，特别是再生茸，不但长出二杠茸，而且产量平均可提高 2～3 倍（290%～310%）。

(2) 腐殖酸钠添加剂：腐殖酸钠是一种结构十分复杂的多元有机酸，它能促进机体的氧化酸类活力，增加新陈代谢和吸收营养的能力。因此，用腐殖酸钠作为鹿饲料添加剂，鹿的食欲增加，新陈代谢旺盛，为鹿茸的生长提供了充分的营养。每日分 3 次给每头雄鹿饲复方腐殖酸钠 0.2g,喂前 2h 将固体复方腐殖酸钠用水稀释为 0.05%,pH 值为 6.5,然后加入精料饲喂。连续喂 70d,到收茸为止。鹿茸单产 575g,对照组单产茸 490g,增长 17%。

3) 加工和割取鹿茸。

(1) 适时取茸:小公鹿头年取茸约在 6 月中旬。2 年以上的鹿,需待茸长成二杠、顶端呈凹形而第三个分杈还未长出时割取。此时的鹿茸质量好,价值高,一般在 6 月下旬取头茬,8 月下旬取二茬。取茸前应在其臀部注射麻醉药,一般体重 100kg 的鹿一次注射氯化琥珀胆碱注射液 0.3mL;取后应迅速注射 25%的尼可刹米注射 6mL。鹿注射了麻醉药倒地后,即用碘酒在其茸根部四周消毒,割茸后再用碘酒把茸茬消毒,并用止血药或捣烂的刺筋草(一种止血草)和陈石灰及适量龙骨粉混匀,涂于茸茬处进行止血。

(2) 鹿茸加工:

① 排血。把注射针头插进茸端,用打气筒针头注入空气,使茸内血顺着血管从茬口处全部流出。有条件的也可用排血机进行。

② 消毒。将鹿茸放在高锰酸钾溶液和碱水中消毒,洗去茸上的灰尘和杂质,然后在鹿茸茬口处用粗花线将外皮交叉缝数针,以防外皮滑离而影响质量。

③ 蘸煮。目的是使茸中残留的淤血流出来,所以要注意不能让开水浸入茬口,以防血凝而影响鹿茸质量。方法是:手拿茸的注口处把其放入开水中蘸 3s,取了晾一晾再蘸 3s,如此反复进行 10min,再将再次蘸煮时间延至 5s,反复进行 15min 再将每次蘸煮时间延长到 20s,反复进行 30min。当鹿茸茬口流出白沫时,说明茸内余血已出净了。然后,将茸摇动着全部没入开水中,5s 后取出晾 0.5h 再进行清洗。

④ 烘烤。将晾好的鹿茸挂在烘房内。第一天烘烤温度为 35～40℃,第二天为 40～45℃,第三天为 45～55℃,最高不超过 60℃,直到烘干为止。最后洗净消毒(不洗茬口处),晾干后即可出售。

野　猪

别名山猪、豕。哺乳纲、偶蹄目、猪科、猪属。野猪分布范围极广,世界各地除澳大利亚、南美洲和南极洲外均有分布。野猪体躯健壮,四肢粗短,头较长,耳小并直立,吻部突出似圆锥体,其顶端为裸露的软骨垫(拱鼻);每脚有 4 趾,具硬蹄,仅中间 2 趾着地;尾细短;犬齿发达,雄性上犬齿外露,并向上翻转,呈獠牙状;野猪耳披有刚硬而稀疏的针毛,背脊鬃毛较长而硬;整个体色棕褐或灰黑色,因地区而略有差异。皮肤灰色,且被粗糙的暗褐色或者黑色鬃毛所覆盖,在激动时竖立在脖子上形成一绺鬃毛,这些鬃毛可能发展成 17cm(6.4 英寸长)。雄性比雌性大。猪崽带有条状花纹,毛粗而稀,鬃毛几乎从颈部直至臀部,耳尖而小,嘴尖而长,头和腹部较小,脚高而细,蹄黑色。背直不凹,尾比家猪短,雄性野猪具有尖锐发达的牙齿。纯种野猪和特种野猪主要表现在耳、嘴、背、脚、腹的尺寸大小程度上。雌性野猪一般 18 个月性成熟,雄性则要 3～4 年,母猪妊娠期:112～130d,一胎就能生 4～12 头小仔;8～10 周断奶。繁殖期从 1 月～2 月和 7 月～8 月集中。野猪寿命 10～21 年,人工饲养条件下会长一些。

野猪白天通常不出来走动。一般早晨和黄昏时分活动觅食,是否夜行性尚不清楚,中午时分进入密林中躲避阳光,大多集群活动,4～10 头一群是较为常见的,野猪喜欢在泥水中洗浴。雄兽还要花好多时间在树桩、岩石和坚硬的河岸上,摩擦它的身体两侧,这样就把皮肤磨成了坚硬的保护层,可以避免在发情期的搏斗中受到重伤。野猪身上的鬃毛具有像毛衣那样的保暖性。到了夏天，它们就把一部分鬃毛脱掉以降温。活动范围一般 8～12km^2，大多数时间在熟知的地段活动。

野猪肉质鲜嫩香醇、野味浓郁、瘦肉率高、脂肪含量低（仅为家猪的 50%），营养丰富，含有 17 种氨基酸和多种微量元素，亚油酸含量比家猪高 2.5 倍。亚油酸是科学界公认的人体唯一最重要和必需的脂肪酸，它对人体的生长发育有着极为重要的意义，尤其对于冠心病和脑血管疾病的防治有着独特的疗效。食用野猪皮可消除高度疲劳和小孩发育不良等症状，特别对人体代谢紊乱、生殖机能障碍等疾病疗效显著。经最新研究表明，野猪肉里含有抗癌物质锌和硒等，是一种理想的滋补保健肉类。

【特种公野猪的饲养管理】

特种野猪市场火爆，养殖野猪效益好，但要达到高产、快长、高效，必须牢牢抓住种公猪的管理。公猪的质量决定了一个猪场的生产水平，俗话说："母畜好，好一窝，公畜好，好一群。"一语道出了种公猪对整个养殖场后代产品质量的关键作用。特种野猪种公猪必须身体健壮、精力充沛，反应敏捷，胸宽体阔，骨架大，全身各部位匀称健壮，雄性特征明显，性欲旺盛，能产生出量多质优的精液。

（一）科学饲养

（1）种公猪需要较多的粗蛋白质，如日粮中的蛋白质不足，会造成公猪的精液少而稀，精子发育不完全与活力差，受胎率下降，甚至丧失配种能力。因此动物性饲料，如鱼粉、骨粉、豆粕、小虾、蚕蛹等应常年供应，这些对提高种公猪精液的数量和质量有显著的效果。

（2）种公猪对维生素需求较多，特别是 VE、VB_1、VB_2，如不足则会影响种公猪的体质和精液品质。野猪因大量采食含有丰富维生素的青绿多汁饲料，一般情况下维生素不会缺乏，在北方冬季青绿多汁饲料不足或公猪交配后，可补充维生素添加剂。

（3）矿物质缺少时也会影响种公猪的健康和精液品质，尤其是钙、锰、锌和硒。平时饲养时可多喂各种含钙较多的青绿多汁饲料与干草粉、含磷较多的糠麸和补充适量的骨粉、石粉或贝壳粉等。

（4）季节性配种的公猪，在配种前 45d 时要逐步提高营养水平，采用常年配种的野猪应常年均衡供应种野猪所需的营养物质。种公猪精饲料用量应比其他类别的猪多些，青粗饲料少些，以免形成草腹影响配种，日粮的数量以占体重的 2.5%～3%为宜。

（二）科学管理

（1）适量运动。运动是增强公猪体质，保证其旺盛的性欲，提高精子活力必不可少的措施。野公猪小的时候，就要给予适当的运动，每天让它进行 1～2h 的运动，距离 1.5～2km。

（2）做好卫生。每天必须冲洗猪舍，要做到清洁、通风干燥，冬暖夏凉，冬季铺垫褥草，夏季要做好防暑降温。同时还要保持猪体的清洁，每天用硬毛刷刷拭野猪的皮毛一次，对保证野公猪的健康，防止各种疾病极为有效。

（3）定期称重。种公猪定期称重，了解其体重变化，以便随时调整日粮中的营养结构。总之，公猪必须保持不胖不瘦，腰板挺直，肚不下垂，行动灵活，性欲旺盛。

【如何提高野猪仔猪成活率】

近几年人们生活水平的提高，野猪以其草食动物肉质醇香、鲜美和营养更丰富而受到人们的喜爱，养野猪已成为中小投资者的首选项目，先期投入的养殖户普遍产生了很好的经济效益。但提高野猪仔猪的成活率是确保其高效的关键，母野猪产前做好保健、消毒、疫苗。

(1) 从产房抓起,进入产房母野猪必须全身淋浴消毒,产房用火焰消毒,确保母猪进入产房有个干净、舒适的环境。

(2) 产前 3d 用平安混感 10mL 一针保健,产后用头孢噻呋钠+鱼腥草注射液肌肉注射每天 2 次,连用 3d。

(3) 仔猪做好接产工作,预防脐带发炎用头孢噻呋,按说明使用直用 3~4d。

(4) 做好母猪护理,只有母猪管理好才能不使仔猪拉稀生长更快,合理给予全价营养且易消化饲料,增加青饲料及多汁饲料。当天给 1/3 饲料,第三天后逐渐增加饲料量,如发现母野猪无乳的应用中药催乳:王不留行 60g、天花粉 60g、当归 10g、黄芪 60g、僵蚕 30g、通草 40g、淘汰山鸡一只、红糖 50g、生姜 50g、黑豆 100g、糯米酒 150g 水煮拌少量饲料喂一只母野猪,1d 喂 2 次。

(5) 7d 龄野仔猪开始补料。一般情况下仔猪 7d 龄前死亡数占初生总数 60%左右,原因主要是:母野猪乳汁不足,仔猪吃不到初乳,使抵抗力下降,而导致腹泻、咳嗽。另外地面粪尿会污染母野猪乳头,根本措施是做高床产床、保育网床,栏舍潮湿阴冷是导致仔猪下痢原因之一。

(6) 做好仔猪保温是防止腹泻、咳嗽的关键,因此地板要垫木板加红外线保温灯,以保证动物精神好、活跃。

(7) 加强饲养人员的专业培训。饲养人员应认真细心观察毛色、呼吸、精神状况、吃食是否正常,一经发现立即治疗,成本最低、效果最好,一般治愈率达 95%以上。

(8) 疫苗使用操作合理,用法、用量准确。仔猪出生 3d 龄用伪狂犬滴鼻,30d 后断奶后肌肉注射瘟细胞 7 头份,母猪 25 头份。断奶期间饲料增加奶粉 200g,每天 2 次,自由采食、自由饮水,保持室内干净、干燥,饲料中增加适口性的红糖、抗生素预防拉稀。10d 后转至断奶仔猪栏舍。60d 做伪狂犬、猪瘟二免。

(9) 母猪断奶后至配种 3d 后换怀孕饲料,17d 开始查情,35d 第二次查确保发情再配种,90d 转入怀孕栏舍并增加饲料,产前一周转产房,使整个周期有个过渡时期,确保生出健康的仔猪才能提高仔猪的成活率,提高效益。

狐 狸

又叫红狐、草狐。食肉目、犬科、狐属。狐狸分布很广,我国几乎各省份都产。狐狸尖嘴大耳,长身短腿,身后拖着一条长长的大尾巴,全身棕红色,耳背黑色,尾尖白色,尾巴基部有个小孔,能放出一种刺鼻的臭气。狐狸是肉食性动物,主要以鼠类、鱼、蛙、蚌、虾、蟹、蚯蚓、鸟类及其卵、昆虫以及健康动物的尸体为食。在人工饲养条件下,以配使饲料为主,在重要饲养阶段,补饲一些动物肉杂碎如,肠、胃、头、骨等作为饲料,可基本满足狐的需要。

狐狸皮是我国传统的名贵毛皮,毛长绒厚,灵活光润,针毛带有较多色节或不同的颜色,张幅大,皮板薄,适于制成各种皮大衣、皮领、镶头、围巾等制品,保暖性好,华贵美观。

【狐、貉、貂科学饲养技术】

(一) 确定合理的饲养周期

狐、貉、貂是我国近年来人工饲养最多的皮毛动物,其饲养管理有别于家畜、家禽,其饲养管理必须根据其生物学特性,不同生产周期的生理特点和繁殖规律进行不同的饲养和管理,虽然各饲养时期互相紧密相连,又互相影响,不能截然分开,甚至还会出现一个兽群中(尤其是狐、貉表现明显)有的还在继续配种,有的正处在妊娠期,有的已进入产仔泌乳期(哺乳期)了,群体很难分出不同饲养时期。但为了饲养管理方便和更加科学，所以还是要把全年的生产周期划分为若干饲养时期，分别进行合理的饲养管理。

（二）动、植物饲料适当、合理搭配

狐、貉、貂属以食肉为主的毛皮动物，消化系统的解剖特点和功能，既能很好的消化和吸收动物性饲料，也能消化和吸收部分植物性饲料，所以饲料必须以动、植物性饲料多品种搭配使用，这不仅适合其生物学特性的营养要求，也可降低饲料成本，还能有利于各种饲料营养成分的互补，可提高饲料的营养价值。

（三）饲喂要定时定量

每天喂饲要有相对固定的时间、次数和数量，使其养成良好的进食习惯，有规律的分泌消化液，形成条件反射，有利对饲料营养的消化和吸收。否则由于长时期进食不规律而引起消化机能紊乱，对饲料营养消化吸收不良，影响其正常生长发育和繁殖生产能力。具体饲喂次数、时间和数量应根据其生物学特性和生产时期、性别、体型、季节等因素不同而异。比如狐狸、水貂没有冬眠的习惯，就是在冬季里也要天天饲喂，水貂日喂 2 次，狐狸可日喂 1 次。貉因有冬眠习惯可以在 12～1 月份的低能量、低蛋白营养时期，日喂 1 次或隔日喂 1 次，这样既适应其冬眠习性，大量消耗入秋以来所蓄积的皮下脂肪，调整了体况，有利繁殖，又能大大降低饲料成本，提高经济效益。

（四）保证饮足清洁饮水

水是狐、貉、貂生命所必需，保证饮水十分重要。供水量可根据动物的生理状态、生产时期、季节和饲料特点灵活掌握，如高温季节、妊娠母兽、产仔哺乳期和幼兽育成期饮水量要大些，冬季在寒冷的地方饮水量少些，可用清洁的碎雪或碎冰块解决饮水问题。喂给稀食，不饮水的做法是错误的，因为它不仅满足不了动物对水的随时需要，而且还不利于对饲料的消化和吸收。

（五）调换日粮要逐渐进行

狐、貉、貂对饲料的种类和数量要求很严，较长时间饲喂的饲料，胃肠道具有较好的适应性，消化机能正常。一旦饲料种类或数量改变时，动物都要有一个适应过程，因此，要将新替换的饲料量逐渐增加，被替换出的饲料量逐渐减少，直到全部换成新料，使胃肠消化机能适应，达到正常消化和吸收的目的。否则将会出现胀肚、便稀等消化不良现象。尤其是幼兽断乳，食物由乳汁换成粉料，属饲料的突变，更要遵照这个要求进行。

（六）保持环境卫生和安静

要定期定时清理和打扫窝箱、笼舍和地面，及时清除剩食和粪便、污物等，定期消毒。食槽、食盒，每次喂完饲料要及时取出，清洗和定期消毒。饮水用具也要定期清洗和消毒，饮水要经常换新，经常保持清洁。在配种期、妊娠期的产仔期一定要保持兽场的安静，过于嘈杂的环境或突然的响动，都会影响胆小的公母兽配种，在产仔、哺乳期遇声响，易出现难产、母兽叼仔、弃仔和吃仔现象，给生产带来重大损失。

（七）做好防暑、防寒工作

狐、貉、貂的汗腺均不发达。又加是被毛厚长，影响体热的散发，故在夏季天热时，易中暑死亡，尤其是幼兽死亡率高。防暑的措施是用青草、蒿子将棚盖和笼舍上部铺遮，用以吸热和遮阳；还可在兽场，笼舍周围喷洒凉水降温；保证充足、清凉的饮水，随缺随添。冬季较寒冷的地区饲养狐、貉、貂，要为其提供保暖的环境，窝箱要铺垫干燥、柔软的垫草，减少动物为抵御寒冷而大量消耗营养,增加饲料的投入。尤其是貉在寒冷的季节里有冬眠的习性,必须为其提供保暖、安静的暗环境,通过控制喂食,减少干扰,减少活动,使之安全越冬。

(八) 分群饲养和管理

按年龄、性别、用途(种用、皮用、试验用)和生产时期不同需要,进行分群饲养和管理。公兽和母兽在非配种期间可分开饲养对配种有利,而在临近配种和配种期再合群饲养,以加强异性刺激,促进发情和交配,可提高配种进度和配种质量,提高生产能力。

(九) 定期预防接种

狐、貉、貂在每年的 1 月和 7 月,分两次接种疫苗,以防传染病的发生。狐貉貂主要接种疫苗犬瘟热、病毒性肠炎、加德纳氏菌等。狐狸要接种脑炎疫苗。另外,还要根据当地和本场的发病情况,灵活选用巴氏杆菌、绿脓杆菌等其他疫苗接种预防。水貂还要定期进行阿留申病的检测,及时淘汰阳性貂,以杜绝该病的蔓延。

注意使用疫苗时,一定要选正规厂家生产的可靠疫苗(中国农业科学研究院特产研究所生产的疫苗,已获国家批准,可放心使用);用单苗好;疫苗的运输、保存和使用一定要按说明书执行。

赤　狐

别名狐、狐狸、红狐、南狐、草狐。食肉目、犬科、狐属。赤狐广泛分布于欧亚大陆、非洲最北部靠近欧洲部分和北美洲大陆,还被引入到澳大利亚等地,栖息于森林、灌丛、草原、荒漠、丘陵、山地、苔原等多种环境中,有时也生存于城市近郊。赤狐的体长为 50～90cm,尾长 30～60cm,体重 5～10kg,最大的超过 15kg,雌兽体形比雄兽略小。身体背部的毛色多种多样,但典型的毛色是赤褐色,不过也稍有差异,赤色毛较多的,俗称为火狐,灰黄色毛较多的,俗称为草狐。头部一般为灰棕色,耳朵的背面为黑色或黑棕色,唇部、下颏至前胸部为暗白色,体侧略带黄色,腹部为白色或黄色,四肢的颜色比背部略深,外侧具有宽窄不等的黑褐色纹,尾毛蓬松,尾尖为白色。赤狐听觉、嗅觉发达,性狡猾,行动敏捷。喜欢单独活动。在夜晚捕食。食物主要以鼠类为食,也吃野禽、蛙、鱼、昆虫等,还吃各种野果和农作物。

赤狐在每年的 12～2 月发情、交配,生活在北方地区的要推迟 1～2 个月繁殖,此时雄兽之间会发生争偶的激烈争斗。求偶期间,雄兽和雌兽通过尿液中散发出的类似麝香一样的气味互相吸引,受到雌兽引诱的雄兽会发出古怪而又可怕的尖叫声,进行一种复杂的求婚方式。雄兽不仅参与抚育后代,而且在雌兽产仔之前便开始修整洞穴备用,外出帮助觅食等。雌兽的怀孕期约为 2～3 个月,于 3～4 月间产仔于土穴或树洞里,每胎多为 5～6 仔,最多可达 13 仔,幼仔出生的时候,雄兽总是待在雌兽的旁边。半年幼仔便离开雌兽,开始独立生活,9～10 个月就能达到性成熟,寿命为 12～14 年左右。

赤狐皮经济价值较高。赤狐还是鼠类等有害动物的天敌。

【参考:狐、貉、貂科学饲养技术】

貉

俗称貉子。食肉目犬科貉属。分布于前苏联亚洲部分、朝鲜、日本和中国。在中国分布十分广泛。貉中等体型,外形似狐,但较肥胖,体长 50～65cm,尾长 25cm 左右,体重 4～6kg;吻尖,耳短圆,面颊生有长毛;四肢和尾较短,尾毛长而蓬松;体背和体侧毛均为浅黄褐色或棕黄色,背毛尖端黑色,吻部棕灰色,两颊和眼周的毛为黑褐色,从正面看为“八”字形黑褐斑纹,腹毛浅棕色,四肢浅黑色,尾末端近黑色。貉的毛色因地区和季节不同而有差异。

貉生境颇广,平原、丘陵、河谷、溪流附近均有栖息,穴居,一般利用其他动物的废弃洞穴或营巢于树根际和石隙间。白天在洞内睡眠,夜间外出觅食,行动缓慢。主要以鱼、虾、蛇、蟹、小型啮齿类、鸟类及鸟卵等为食,也吃植物性食物如浆果、真菌、谷物等。北方貉在冬季有蛰眠习性,但与真正的冬眠不同,呈昏睡状态,代谢活动并不停止。天敌有狼和猞猁等。每年 3 月间交配,一雄配多雌,5～6 月间产仔,每胎 4～8 只,多者达 10 多只,幼兽生长很快,当年秋天即可独立生活。

貉是一种较贵重的毛皮兽,毛长绒厚,板质轻韧,拔去针毛的绒皮为上好制裘原料。针毛弹性好,适于制造画笔。近年来已开展人工驯养。

【参考:狐、貉、貂科学饲养技术】

水　貂

别名紫貂。食肉目、鼬科、鼠属。主要分布我国北方。水貂体型比家猫小,但体细长,嘴尖,四肢短健。适于生活在寒冷气候,喜安静,多独居,一年两次换毛,食物多样化,以鼠、鱼、蛙、虾、蚌为主食,昆虫、蚯蚓和蚕蛹等为副食。也吃少量谷类、蔬菜和水果。水貂是水陆两栖动物,善于游泳和潜水。其性情凶猛好斗,不喜群居。即使是“两口子”也不能同居一室。故应单笼喂养,仔貂要及时分群,以防咬伤。公母貂每年 2～3 月间配种。雄性水貂的体重和体长均大于雌性水貂,一般成龄公貂重 0.8～2.5kg,体长 40～45cm;成年母貂重 0.8～1.3kg,体长 34～38cm,尾长 15～17cm。水貂生活中颇多趣事。通常,母貂怀孕 45d 左右产仔,一胎能产 7～8 头,可存活 5～6 头。小水貂出生 25d 后开始吃食。这时,它们排成一队跟着母貂就餐。小水貂先吃,母貂坐在一边看。小水貂吃饱后,母貂出来收拾残局。但母貂的谦让只维持 10d 左右,期限一过,便开始与子女争食。小水貂在开食半个月后也翻脸不认娘,与母貂厮打争食。仔貂 6 个月即为成兽。水貂的寿命为 12～15 年,母貂能够生殖 8～12 年。种用水貂可利用年限 3～5 年。

水貂毛皮细密柔软,手感爽滑,色泽美观,结实轻巧,又能防潮去湿。用水貂皮制成的裘服华贵、保暖、美观、耐用,有世界毛皮之冠的美称。我国古代有“一品玄狐,二品貂,三品穿狐貉”的传说。

【参考:狐、貉、貂科学饲养技术】

狍

学名矮鹿,别名狍子、傻狍子。鹿科狍属的一种。中国有 2 个亚种、中原亚种分布于东北、内蒙古、青海、河北向南至浙江;西域亚种分布在新疆。狍体长 0.95～1.35m,肩高 0.67～0.78m,尾长仅 2～3cm,体重 15～30kg;角短,长仅 23cm 左右,角干直,基部粗糙有皱纹,分枝不多于 3 杈;夏毛红褐色,耳朵黑色,腹毛白色;冬毛黄褐。腿茶色,喉、腹白色;臀有白斑块;幼狍有 3 纵行白斑点,当体重达 11kg 左右时即消失。栖息在疏林带,多在河谷及缓坡上活动(海拔一般不超 2400m),不喜进入密林。由母狍及其后代构成家族群,一般 3～5 只。晨昏活动,以草、蕈、浆果为食。雄狍仲夏才入群。一雄一雌,7～8 月交配。在繁殖期,雄狍追着雌狍转圈跑,地面出现花环状足迹。妊娠期 4 个月。临产前,母狍驱散去年生的幼狍,进入密林分娩。

幼狍 3～6 月出生，每胎 1～2 仔。若一胎产 2 仔，则出生地点相距 10～20m，分别哺乳。出生 10 日后，母狍带领初生幼狍归群。狍受惊时吠叫。在野生环境中，寿命 10～12 年，最长可达 17 年。每年 11～12 月角脱落，2～3 月生茸，4～5 月角长成。狍身草黄色，尾根下有白毛。雄狍有角，雌无角。

狍肉鲜美，高蛋白，低脂肪，营养丰富；狍肉抗多种疫病，有壮阳和延年益寿的功效。狍皮珍贵，是制裘衣的上等原料。

【狍子的饲养技术】

(一) 幼　狍

幼狍指 2 月龄断奶至年底 6 月龄的小狍子。狍一般 2 月龄断奶，离乳时间一般在 8 月份。刚离开母狍的狍羔，常留恋母狍而鸣叫不安，精神和食欲均受到影响，所以饲养人员要耐心护理，认真饲养，经常进入圈内呼唤，用嫩枝叶等食物逗引接近狍羔，抚摸爱护，使人狍亲和，一般 3～5d 后可恢复正常，幼狍可塑性强，所以要细心训练调教，为以后的饲养管理打下良好的基础。

刚断奶的狍羔，采食能力差，还留恋母狍的乳汁，饲养时要选择鲜嫩、易消化、适口性好、营养丰富的青绿饲料，少给勤添，不限量。断奶第一周仍按哺乳期的日粮配比，精料由 80g/只逐渐增到 100g/只。混合草粉饲料以各种青绿饲料为主，与精料按 1∶1的比例混合后每天分 3～4 次投喂，投料 2h 后将剩料清除。

自断奶第二周开始，应调整日粮配比，提高日粮质量。精料中花生饼 35%、炒大豆 15%，玉米 25%、麦麸 15%、骨粉 3g，数量由 100g/只逐渐提高到 300g/只(12 月初日粮)，以后青饲料缺乏，可在混合饲料中补充胡萝卜等多汁饲料，每天添加 2 次干树叶，数量以每次有少量剩余为度。

(二) 育成狍

育成狍各方面的发育比较成熟，应以粗饲料为主，锻炼狍的耐粗饲能力，饲料要求质量好，品种多。1～4 月以干树叶和草粉为主，精料仍按 300g/只。4～8 月以青绿饲料为主，草粉为辅，精料不变。因为此时狍处在性发育和体成长的重要时期，日粮要全价，保证喂饱喂好。

幼狍出生后第一次经历寒冬，而且正处在生长发育旺期，抗寒能力较成年狍差，应注意备足干燥的清洁垫草，将棚舍北面的窗户封闭，做好防寒越冬准备，让狍在避风朝阳温暖的圈舍里栖息过冬。狍有躺卧排便的习惯，应每天清扫、晾晒垫草，保持圈内清洁干燥卫生。饮水最好用胶皮桶，不易冻坏，水桶应放在棚舍一角，北方冬季气温太低，也可提供洁净积雪或干净冰块供狍舔舐代水，狍不用饮温水。

农家庭院养狍数量少，也可让狍羔随母狍一同生活，自然断奶，母仔亲和共食，幼狍也会健康发育生长。要注意提高日粮质量，照顾到幼狍的营养需要。幼狍 14 月龄后可按成年狍一样的要求饲养管理。

(三) 种公狍

种用公狍的饲养管理是家养狍繁殖成败的关键。种用公狍每年 70%的时间处于静止期，发情时间很短，配种期仅不足 1 个月，往往被养殖者忽视。种公狍每年 7 月初至 8 月 25 日为配种准备期，种公狍不可过肥，也不可过瘦，应达到中等偏上体况。因此配种准备期应提高日粮蛋白质水平，增加饼粕比例，使蛋白质饲料占日粮精料的 50%～60%，并选择营养价值高、适口性好的多种青绿饲料投喂。特别是枝叶类饲料，含维生素 E 丰富的青绿饲料，应达到日粮青绿饲料的60%以上。配种准备期种公狍应饲养在有宽敞运动场的大圈内，每天让公狍在运动场内奔跑活动几次，不要关在小圈内饲养，没有运动余地。体况过肥的公狍，应适当减少日粮总量，特别是减少含脂肪高的饲料品种，可少给或不给，并增加其每天的运动量，让饲养员每天驱赶公狍活动2～3次。体况过瘦的公狍，应选择适口性好的饲料投喂，并提高日粮营养水平，促使公狍增膘。根据日粮水平，若缺乏维生素E，应在精料中添加兽用维生素E每天30～40mg/只。对未锯茸的公狍，如果经常顶人，可将茸锯掉。

8月26日～9月25日为种狍交配期，由于性欲冲动，往往种公狍会出现食欲下降，食量减少，有时出现争母斗架现象，能量消耗大，应加强饲养管理，供给全价饲料，日粮营养水平应是全年最高的，精料中蛋白质饲料应占60%～70%，精料应增加到每只400～500g。青绿饲料应选择品质最好的，营养价值要高，适口性要好，以增进公狍食欲，促进食量增加，及时补充体力消耗。配种期公狍喜食辣、甜味青绿饲料，可投喂大豆青稞、大麦芽、大葱、榆、桑嫩叶、苜蓿草、籽粒苋、松香草等。

配种期要注意控制公狍饮水，不能让公狍在打架和交配后未恢复平静时饮水。公狍配种前后半小时不应饮水，过度喘息时饮水，容易造成伤亡或丧失配种能力。

9月26日～10月底为种公狍恢复期。10月5日前仍保持配种期的日粮水平，10月5日后逐渐减少日粮中精料量，至10月15日降至每只300～400g，青饲料不变，一直喂到10月底，以利种公狍尽快恢复体况。

11月至翌年6月底为种公狍静止期，可与育成狍混群饲养。此期正值冬春季节，青绿饲料缺乏，粗饲料以树叶和草粉为主，补充胡萝卜、菊芋等多汁块根饲料。

(四) 种母狍

种母狍达到14.5月龄后进入发情交配期，从此开始，以后每年12个月母狍全处于繁殖过程，环环相接，无一空闲。搞好母狍的饲养管理是养狍生产的重中之重。自8月26日～9月25日为母狍交配期，育成狍是初次交配，成年狍则刚刚结束哺乳期，一般母狍产羔后75d左右进入发情交配期。这时性活动能力不断增强，卵巢开始生成成熟的卵子，日粮要有足够的营养物质供给，使母狍达到中等体况，不能过瘦。母狍刚刚结束哺乳期，对狍羔的哺育使母狍机体消耗很大，一般此时母狍体况偏瘦。如果到交配期母狍体质太瘦弱，往往导致发情晚，不发情或不孕、产仔率低等。加强此期的饲养管理，是提高繁殖力的基础。这时正值夏季，青绿饲料丰富，母狍应以青绿饲料为主，精料依母狍体况增减，饼粕类蛋白质饲料应不少于50%，采集青饲料应注意选择营养价值高、适口性好的种类，尽量多种饲料搭配饲喂，以求全价。有条件的应尽量多投喂优质嫩枝叶饲料、松香草等，多喂含维生素、蛋白质丰富、品质优良的青绿饲料，以满足母狍正常发情、排卵、受孕的需要。

9月至翌年6月为母狍妊娠期，母狍怀孕7个月并不显怀，外观没有太大变化，只是母狍体重增加，膘情好，皮毛光亮。胎儿在最后两个月迅速发育生长。在母狍妊娠前期代谢旺盛，食欲增加，应保证有充足的粗饲料，最好3～4种粗饲料搭配投喂；精料与草粉混合饲喂，干树叶直接投喂，此期夜长，应在每天最后一次投给足够的枝叶饲料，以每天早晨有少量剩料为度。草粉应选择质量好，营养丰富的2～3种草粉混合投喂，每只日补充胡萝卜100g左右，精料300g，其中饼粕类占1/3，以满足母狍及胎儿发育的需要。

母狍怀孕7个月后，胎儿发育速度逐渐加快。由于胎儿在腹腔中占有很大容积，配合日粮时不仅要考虑营养丰富全面，投喂全价饲料，还要考虑饲料的容积，尽量选择品质好，营养全价,适口性好,体积小的饲料搭配投喂。多汁饲料和体积过大的粗饲料应少喂,有的可不喂。在临产前 30d 还应注意限制饲养,使母狍保持中等偏上体况,防止过肥难产。特别是初产母狍,更应注意膘情达到中等水平即可。对过瘦的母狍,应及早补饲,体质太瘦弱影响胎儿健康生长。分娩后泌乳量少狍羔生长弱。后期日粮中精料可达 400g,饼粕类蛋白质饲料应达 40%~50%,青绿饲料应选择水分少、质量好的枝叶类和优质青草、牧草等。初产母狍不仅要保证胎儿发育,还要维持自身生长,日粮水平应比已经产母狍高一些。

6 月至 8 月末为母狍哺乳期,饲养管理的中心任务是要保证母狍分娩后有丰富的乳汁,保证狍羔吃得饱,母体都能健康生长。这时母狍食欲旺盛,每天采食量很大,青绿饲料应满足供应,特别是"夜草"不能少。在泌乳期母狍每天要输出大量的乳汁,尽管这时母狍吃得很多,仍不能满足泌乳需要,所以体内的营养大量消耗,母狍体况一般都显消瘦。日粮水平应在前期基础上逐渐提高。加大精料量可增至 500g,对于产 3~4 羔的应增至 600g,青绿饲料也要选择营养丰富的投喂,特别是一些鲜嫩多汁饲料,应适当多喂,以利于泌乳。体质瘦弱、产羔多的母狍必要时可补喂豆浆或小米粥等,以确保母狍泌乳充足,狍羔吃饱吃好。

【野狍的饲养技术要点】

(1) 繁殖。仔狍出生后 400 余天即可发育为成年狍,体重达 40kg,10 月龄以后配种为宜,公母比例 1∶(4~5)。一般发情期多在秋末冬初时节,母狍发情一般表现为多动。将母狍放入公狍圈内,母狍便自愿接近公狍,一般在 2d 内交配 2~3 次即可怀孕,妊娠期 180d 左右,到次年 4~5 月份产仔,每胎产 1~3 仔。

(2) 建舍。狍圈要选择地势平、干燥、通风向阳、排水良好的地方。狍舍坐北朝南,由棚舍和运动场两部分组成。每只占面积 2~2.5m^2,四周用木杆或砖筑成 2m 高的围栏或围墙。运动场一角设食槽和饮水槽,在围栏外可植树遮阴。

(3) 饲料。野狍食物来源广泛,各种阔叶树叶、野生杂草、农作物秸秆、蔬菜、水果皮等都是其喜爱的饲料。饲喂 20%的豆科牧草(如苜蓿)更好,但不可喂水草,以防腹泻、肠炎等。饲料比例以粗料占 95%、精料占 5%为宜。在交配期、妊娠期、哺乳期等,要适当增加一些精饲料及富含蛋白质的饲料。仔狍出生 7d 后有吃土情况,要将半阴地的干净土壤堆放于舍内,供其自由采食。

(4) 饲喂。要做到三定:一是定时,每天喂 3 次,分别为早 7 点、午 12 点、晚 6 点。二是定量,狍食量小,成年狍日粮为粗料 1.5kg、精料 100g。三是定水,供足清水,不能间断,让狍自由饮用,冬季要饮温水。

(5) 防治疾病。狍抗病力强,很少生病,但要做到无病早防,每天打扫圈舍,清除粪便。春夏时节,狍棚每周用火碱或 20%的石灰乳剂消毒 1 次,每天要刷洗食槽、水槽。不能喂霉烂变质饲料,不能喂水草。狍的常见病有腹泻、肠炎等,一旦发现可按常规治疗。

(6) 适时出栏。仔狍 60d 断奶,断奶后即可出售种狍。商品狍多为公狍、淘汰狍。要注意选种,以保持优良种群。

麝

别名香麝、獐子、山驴子。偶蹄目、鹿科。在我国分布很广,东北地区的大、小兴安岭及长白山、三江平原等地,华北地区,西北的祁连山区,青藏高原,云贵高原,东北、内蒙古、四川、新疆等地均有。麝体形较小,体重 8~13kg,身长 65~95cm。被毛粗硬,曲折如波浪状,易折断。

雌雄均无角。耳直立，上部圆形，眼圆大，吻端裸露，无眶下腺及跗腺。雄性的上犬齿特别发达，长而尖，露出唇外，向下微曲。雌的犬齿很细小，不露出唇外。四肢细长，后肢比前肢长，主蹄狭长，侧蹄显著。尾甚短。雄兽鼠蹊部有麝香腺，呈囊状，外部略隆起，香囊外毛短而细，稀疏，皮肤外露。麝毛色均匀，为深棕色，体背及体侧毛色较深，腹面毛色较浅。背部有不明显的肉桂色斑点，排列成四五纵行，腰部和臀部两侧斑点比较明显。嘴、两颊、耳背、肩膀、体侧至尾及四肢外侧毛色为棕灰杂以肉桂黄色的麻斑。额部毛色稍深，耳尖及耳背纯棕灰色，耳廓内侧白色，耳基部有土黄色斑点，下颌白色，颈部两侧毛色发白延至右肩膀呈两条白带纹，脸部毛色较浅，鼠蹊部呈浅棕灰色。毛色及斑点差异较大。有些个体斑纹少，隐约可见，有的则较明显，连成片断的黄色斑块。栖于多岩石或面积较大的针叶林和针阔混交林中。很少在平坦的树林、平原、池沼或没有森林的山地。无固定的栖息地，多在荫蔽、干燥而温暖处休息。在早晨及黄昏活动，白天休息。平时雌雄独居，而雌兽常与幼兽在一起。能轻快敏捷地在险峻的悬崖峭壁和深雪地上走动，具攀登斜树的习惯，善于跳跃。视觉听觉灵敏，性懦怯。以松树、冷杉和雪松的嫩枝、叶子、地衣、苔藓、杂草及树枝嫩芽、野果等为食。

麝香为雄麝的肚脐和生殖器之间的腺囊的分泌物，是一种名贵的香剂，干燥后呈颗粒状或块状，有特殊的香气，有苦味，可以制成香料，也可以入药。具有芳香开窍、通经活络、活血止痛、消炎解毒、排脓生肌等功效。又是中枢神经兴奋剂，外用能镇痛、消肿。主治惊痫昏迷、中风痰厥、寒邪腹泻、痈疽肿毒、跌打损伤等症。

【麝(獐子)的饲养管理技术】

(一) 饲　料

成麝每昼夜食青粗饲料 10～15kg，精饲料 100～150g。人工饲养条件下，饲料大致分为动物性饲料、植物性饲料和矿物质饲料。

(1) 植物性饲料。分为精饲料和青粗饲料。精饲料主要有大豆、玉米、绿豆、麦麸等。青粗饲料包括青绿多汁饲料和粗饲料，青绿饲料有青草、野菜、树枝、树叶、地衣、苔藓、胡萝卜、萝卜、白菜、甜菜、马铃薯等；粗饲料有干草、干树叶、干菜及农作物的秸秆等。

(2) 动物性饲料。主要有牛奶、羊奶、蛋、奶粉、鱼粉、血粉等。

(3) 矿物质饲料。主要有食盐、贝壳粉、骨粉、蛋壳粉等。微量元素要制成添加剂，均匀拌在饲料中喂给。

(二) 饲养方法

公、母麝所需的营养不同，一般说，公、母麝在生长发育阶段，公麝的配种期、泌香期；母麝的妊娠期、哺乳期要求有营养全面、蛋白质含量较高的饲料，所以，在饲养期间，要及时调整，合理搭配饲料。

喂料要求严格定时、定量、定次数，每次给料量以吃饱而无剩料为宜，一般分早、中、晚 3 次给食，早晨喂日粮的 30%，中午 20%，夜间 50%。喂料要求先粗后精，饲料种类和质量要相对稳定。变换饲料种类时，应由少量到多量，使之逐步适应。突然变换饲料，可引起消化不良，甚至腹泻，食欲减退。供给足够的清洁饮水，夏天应每天换 1 次。饮水器要经常保持清洁卫生，防止粪尿污染。

(三) 饲养管理

麝应分圈饲养，以避免大欺小、强欺弱、公母互相追逐。麝场周围及舍内应种些杏树、核桃楸等，供麝采食树叶和避开阳光直射。圈内应保持干燥、通风，空气新鲜，冬暖夏凉，安静，无不良刺激源。圈舍及运动场每年要定期消毒 2～3 次,食槽必须每天刷洗。麝要有一定的运动场,使之有充分的运动,以促进新陈代谢,增强体质。种公麝应适当地运动,以增强体质,提高精子的活力,从而使受精率提高;妊娠麝适当的运动能保证胎儿正常发育,减少难产。饲养员接近麝时,态度要温和亲近,切忌简单粗暴的举动。

(1) 公麝。种公麝在配种前的 1 个月,就应增加饲料中蛋白质饲料的比例和富含胡萝卜素的饲料,保证充足的运动,使之体质健壮,性欲旺盛。配种期结束后,为保证公麝迅速恢复体况,配种期间的饲料不要立即变更,待体况恢复后,再转入非配种期的饲料。

(2) 母麝。适龄、体况好的母麝在配种期间要及时配种,防止漏配、空怀或受孕推迟,并做好配种记录,搞好产后护理工作。母麝怀孕后,必须与公麝隔离,并保证环境安静,防止惊扰和被公麝追逐而引起流产。母麝妊娠期间增加精料喂量,多喂蛋白质饲料及富含维生素的饲料,以保证胎儿发育的营养需要。临产前 1～2d,减少精料,加喂多汁饲料。

临产前,需根据分娩的症状及预产期,提前 1～2d 单圈饲养。产后,若遇母麝母性较差,乳汁不足,可用母性好、产仔期相近的其他母麝代乳或以羊乳进行人工哺乳。哺乳期间,精饲料要增至 150g/d 左右,供应优质青绿多汁饲料。

(3) 仔麝。仔麝生后 15d 开始吃草,这时供给的草料必须鲜嫩、质软。同时,要加强仔麝的护理,密切注意采食情况和精神状态,经常检查粪便,发现异常及时诊治。仔麝哺乳 4 个月以后,即可断奶,公母分群饲养。体弱有病的单独喂养。

黄鼠狼

学名黄鼬,属哺乳纲、鼬科、鼬属。我国几乎各省份都有分布。黄鼬体长 25～40cm,尾长 13～18cm,体重 1kg 左右,雌体比雄体较小。体形细长,四肢短,尾中等长,较为蓬松。肛门部有臭腺 1 对,遇敌时能放出臭气以自卫。全身毛棕黄或橙黄色,腹面毛色较淡,尤以腋下及鼠蹊部为甚,几呈淡黄灰色。鼻端周围、口角和额部为白色而掺杂棕黄色毛,眼周和两眼间为褐棕色。尾和四肢与背色同,冬季掌面被以灰褐色毛。栖息林区的河谷、土坡、沼泽及灌丛中。也常见于平原或村落附近,住石洞或树穴内。多夜间活动,性残暴,视觉敏锐,善游泳。适应性强,可栖于不同的环境,喜夜出活动。食物较杂,以鼠类、鸟类为主。黄鼠狼的皮张商品名为黄狼皮,经济价值较高,是制裘、制笔的高级原料,也是我国传统出口商品,产量与质量均居世界首位。

黄鼬的肉性味甘、温、有小毒。入肺、肾二经。杀虫疗疮、温肾缩尿。治疥疮、疮溃不愈合、尿频。黄鼬毛皮适于制作成衣、皮领、镶头、围巾等制品,保暖性好。

【黄鼠狼人工饲养技术要点】

(1) 黄鼠狼的人工饲养分笼养和舍养两种。

① 笼养:笼养箱舍分小室和运动场两部分,小室用木板制作,长宽高为 50cm×40cm×30cm,内设巢箱;运动场用直径 6mm 的铁棍焊成长宽高为 70cm×50cm×30cm 的框架,四周围上电焊网,并在 50cm 的一面焊制一个活动门。笼舍要离地 20～25cm 放置,以便于粪便落下。

② 舍养:可利用闲置旧房屋,面积不小于 $10m^2$,墙壁地面用水泥抹严,门窗钉制严密,室内放置稻草堆或土堆(土堆上挖许多小洞),便于黄鼠狼栖息与繁殖。一个 $10m^2$ 的房舍可养 10 只左右。

(2) 黄鼠狼 8～10 月龄即达性成熟，翌年春天即可繁殖。冬末春初交配，年产 1 胎，每胎平均产崽 8 只，多的可达 12 只。母黄鼠狼的发情季节在每年的 4～5 月间，发情表现为生殖器明显肿胀突出，呈粉红色或紫色，阴唇外翻，有黏液流出，阴毛束倒向两侧，此时为发情盛期，放对配种受胎率最高。黄鼠狼有多偶性，配种期可用 1 只公配 5～10 只母。

(3) 人工驯养后的黄鼠狼饲料可用畜禽屠宰下脚料(尤以鸡内脏为好)和鱼类及其副产品为主，再适当喂些谷物饲料如玉米、麦麸、豆饼和蔬菜，矿物质、维生素添加剂等。平常饲料配合比例为：动物性饲料占 55%，谷物性饲料占 35%，蔬菜占 10%。此外，再适当添加些骨粉、食盐、酵母及鱼肝油等。

黄鼠狼在不同时期，应采用不同类型的饲料配比：

1～2 月龄的小鼠，全靠母乳生活，应供给母鼠全价饲料，确保乳汁充足。哺乳期饲料配方是：肉类 40%、动物内脏 25%、乳或豆汁 5%、糖 5%、玉米 5%、麸皮 5%、豆饼 5%、菜类 5%、食盐 0.5%、骨粉 1.5%、酵母 2%、鱼肝油 1%。

45d 龄后，幼黄鼠狼开始觅食，应供给一些质量好、易消化的优质饲料，动物性饲料比例逐步提高。

4 月龄时，动物性饲料的比例可提高到 70%左右。

5～6 月龄时提高到 80%。

7 月龄后，黄鼠狼已接近成熟期，喂一般饲料就可以了。

一般饲料配方是：肉鱼类 30%、动物内脏 25%、糖 5%、玉米 10%、麦麸 7%、菜类 10%、豆饼 8%、盐 0.5%、骨粉 2%、酵母 2%、鱼肝油 0.5%。繁殖期黄鼠狼的饲料按照哺乳期的饲料配方。

加工黄鼠狼的饲料时，先将动物性饲料用绞肉机绞碎，再与粉碎的谷物饲料及蔬菜均匀搅拌后，放入食盆内饲喂。成年黄鼠狼每天日粮 150～200g(母 125～175g)，每天喂 1～2 次，每次喂量不可过多，防止剩食浪费。

老鼠也是黄鼠狼最好的饲料来源，采取笼、夹等捕捉方法，将捕获的老鼠活喂，或用绞肉机绞碎与谷物饲料及蔬菜饲料拌匀饲喂，对降低饲料成本、除害有一石二鸟的功效。此外，从夏季至立秋，可用一些禽畜粪便、农副产品的下脚料培育蝇蛆、蚯蚓，经冲洗、消毒后饲喂黄鼠狼，也是解决其动物蛋白质来源的经济有效途径。

黄鼠狼的饮水要充足，确保清洁，夏季在饮水中加入 0.1%食盐，具有预防中暑的作用。

(4) 在管理上，一是定时定量饲喂，饲料品种多样，不喂腐败变质饲料；二是舍饲情况下，食盐设置要充足，防止吃食不均，影响发育；三是做好环境、笼舍、食具的清洁消毒工作，防止疫病的发生。另外，对幼崽应从 15d 龄起，经常打扫小室。产崽过多的或母乳不足的，应及时采取代养措施或人工哺喂。幼黄鼠狼在生后 40d 龄断奶，断奶后要加强饲管。

(5) 农历小雪后至翌年 2 月可取皮，其中 12 月为取皮最佳期。一般是饲养到翌年的黄鼠狼才可取皮，但当年的公黄鼠狼饲养 9 月龄后也可取皮。取皮时，用木棒将黄鼠狼击死后，立即剥皮。用铁丝从黄鼠狼的上下门齿穿过，将牙齿固定牢靠，然后悬挂，用锋利的尖刀，从口部开始沿头往身部剥皮，当剥至前肢时，用剪刀从两前肢第一关节处剪断，五指带到腿的皮上，剥到后腿时也采用此法。将尾椎骨尽量从尾中脱出。剥完后，皮板朝外，毛朝里晾干，保存待售。

水　獭

别名獭、獭猫、鱼猫、水狗、水毛子、水猴。食肉目、鼬科、水獭属。全国大部分地区都有分布。水獭共有 10 多个品种,我国至少有 5 个品种。水獭为世界珍贵的毛皮动物,是国家一级重点保护动物。水獭流线型的身体,长约 60～80cm,体重可达 5kg。头部宽而略扁,吻短,下颏中央有数根短而硬的须。眼略突出,耳短小而圆,鼻孔、耳道有防水灌入的瓣膜。尾细长,由基部至末端逐渐变细。四肢短,趾间具蹼。体毛较长而细密,呈棕黑色或咖啡色,具丝绢光泽;底绒丰厚柔软。体背灰褐,胸腹颜色灰褐,喉部、颈下灰白色,毛色还呈季节性变化,夏季稍带红棕色。以鱼类、鼠类、蛙类、蟹、水鸟等和树嫩的软枝内皮为主。生活于河流和湖泊一带,尤其喜欢生活在两岸树木繁茂的溪河,巢穴选在堤岸的岩缝中或树根下。没有明显的繁殖季节,在夏季或秋季产仔,全年均可繁殖。通常 1 胎 2 仔。妊娠期 8 周。哺乳期约为 50d。性成熟年龄为 2 岁。

水獭的主要药用部位为其肝,药材名为獭肝。其足、肉、骨、皮毛、胆亦供药用,药材名分别为獭四足、獭肉、獭骨、獭皮毛、獭胆。獭肝性平、味甘咸。具有养阴、除热、宁嗽、止血等功能。主治虚劳、骨蒸潮热、盗汗、咳嗽、气喘、咯血、夜盲、痔疮下血等病症。

水獭是贵重的毛皮资源动物,獭皮针毛油亮,弹性极好,外观华丽,手感轻柔,皮板坚韧,底绒丰厚,几乎不为水浸湿,保温性能极强,是制作名贵大衣、领子、帽子的上等原料,具有较高的经济价值。

【水獭养殖技术】

水獭是珍贵的毛皮动物,多栖于湖泊塘河、水生植物较少而鱼类较多的淡水中。水獭善于游泳,夜晚潜入水中,一般都单独生活。它的听觉和视觉都很敏锐,常夜间捕食鱼、蛙、鼠、甲壳类水生动物。

(1) 栏舍建造。饲养水獭需要建造饲养小室,面积 2.8m×3.5m,并设有 3m×1m 的水池,在室内备有木制产箱(1m×0.6m×0.8m),留一小孔,箱内垫干草。小室外设有用铁丝网围栏(高 3m)的水泥地面。

(2) 饲养管理。仔獭生下后 40～50d 即可断奶,但断奶后要捉到另一个塘里养,每塘饲养密度 8～9 只。仔獭生长较快,1 年后可达成年体重。在人工饲养的条件下,水獭的饲料以新鲜的淡水杂鱼为主,每日每只供饲 0.8～1.2kg,并配合少量的动物肉渣、内脏和谷物、蔬菜等。在天气寒冷时,饲料标准需要增加 25%。到了夏季气温高时,可喂一些小鱼、泥鳅、青蛙和青绿饲料。幼獭日喂 4 次,成獭日喂 3 次,冬季可喂 2 次。非繁殖期雌雄水獭应分开饲养,待繁殖期,把雄水獭捉到雌水獭塘里让其交配。

成年水獭日喂 3 次,冬季每日喂 2 次。幼龄水獭日喂 4 次,可喂淡水杂鱼,或以米饭、碎肉、鱼粉等代替鲜鱼。

(3) 春夏季繁殖。水獭 1 年可繁殖 2 次。发情的公母水獭大声嘶叫追逐,互相咬被毛,情绪十分不安,食欲下降。母獭阴门红肿,发情的持续期一般为半个月至 1 个月。

交配的地点是在水中,交配的时间多在夜间或清晨进行。交配 1 次约 5～10min,交配时公獭咬着母獭的头部,在水里游动或翻滚。每只雄水獭可与 9 只雌水獭交配,交配时不让人接近,以免影响其繁殖。

母水獭受孕后雌雄分开饲养,怀孕初期食欲有所下降,怀孕 1 个月以后食量增加,腹部膨大,运动量应逐渐减少。母獭受孕后的妊娠期一般为 55～57d。母水獭临产前性情凶猛,常伏在窝里不出来。这时要备好产仔箱,箱里放上一些柔软的干草,以备母獭絮窝需要。

母獭产仔期根据地区的不同而有差异,如我国北方的母獭受孕后一般春夏季产仔,每胎产仔 2～4 只，生下的仔獭哺乳 3 个月后便能独立生活。

野　兔

别名山兔、山跳、草兔。兔形目、鼠科。全国各省几乎都有它们的踪迹，但在人烟稠密地区较少，荒凉地区较多。野兔种类较多，主要有东北兔、蒙古兔、华南兔等数种，它们的形态相似，习性相同。野兔与穴兔相比耳朵稍长一些。野兔一般单独活动，没有地洞，它们依靠快速奔跑来逃避危险，其奔跑速度能够达到每小时 50km。雌性野兔每年在浅而隐蔽的兔窝里生几窝幼兔，幼兔出生后几小时就能够奔跑。野兔毛色棕褐，也有红棕色和暗褐色的；腹毛白色或污白色。夏毛淡，短而无绒。毛色上的差异，与它们栖息的环境有关，说明它们能高度适应环境，隐蔽自己。野兔前肢较短，后肢长而有力，善奔跑，每秒可达 10m 左右。视觉佳，视野大；耳朵长，能作侧向扭动，捕捉声音，所以听觉十分灵敏。但华南兔耳较小，又名小耳兔。成兽体重 2.5kg 左右，体长约 40cm。春、夏季节，在茂密的幼林和灌木丛中生活，秋、冬季节，百草凋零，野兔的匿伏处往往是一丛草、一片土疙瘩，或其他认为合适的地方，用前爪挖成浅浅的小穴藏身。这种小穴，长约 30cm，宽约 20cm，前端浅平，越往后越深，最后端深约 10cm 左右，以簸箕状，匿伏其中，只将身体下半部藏住，脊背比地平稍高或一致，凭保护色的作用而隐形。受惊逃走或觅食离去，再藏时再挖。每年 3 胎或 4 胎，早春 2 月即有怀胎的母兔。孕期一个半月左右，年初月份每胎 2、3 只，4、5 月每胎 4～5 只，6～7 月每胎 5～7 只，月份增加，天气转暖，食料丰富，产仔数也增加。

野兔肉营养丰富，可食；皮毛可用，但皮板脆，价值低。野兔也是人工饲养具有狩猎价值的肉用兽。

【野兔养殖技术】

野兔是一种皮、毛、肉兼用的特种野生经济动物，主食各种野草、青菜、树叶等。经人工驯化的野兔，改变了其胆小、怕惊及家兔的一些不良习性，同时保持了原有的野味，平均产肉率却增加了 1 倍。随着野兔供求市场的日趋火爆，其巨大的市场潜力成了众多投资者的新热点，一批捷足先登者已取得巨大的成功。

（一）饲养方式

（1）笼养。是一种经济效益较好的饲养方式，特别是种兔，大多采用这种方式。

① 室内笼养。建正规兔舍或简单兔舍，把兔笼放在兔舍内。

② 室外笼养。把兔笼整年放在室外，农村家庭养殖可利用屋檐或走廊放置兔笼。

（2）放养。把兔群长期放在饲养场上，任其自由活动、采食、配种、繁殖。兔场周围用竹片、木条或铁丝围成栅圈，并可栽些树木、瓜豆、草，尽量让野兔生活在和野生相似的环境中，兔场内放置兔笼、建造兔舍，让其自由进出。

（二）野兔腹泻病的防治

野兔腹泻各地饲养场户均有所发生，特别是 1～3d 龄的仔野兔，死亡率轻者在 5%～10%，严重者达到 100%。这给养野兔生产造成了巨大损失。

（1）严格管理，科学喂养。一般来说，全价配合饲料中粗纤维的含量不得低于 14%，日常管理中要严把饲料关。霉变的饲草饲料坚决不能用，要保持饲料配方的相对稳定；污染的、冰冻的水不能用来饮野兔。夏秋季节，可在饮水中加入适量的消毒剂，如高锰酸钾等。

（2）加强管理，减少应激。野兔本身胆小怕惊，要保持环境的相对稳定和安静。

(3) 完善制度,定时消毒。要建立定期卫生消毒制度。对于野兔舍及用具,除每天清扫外,一般 15～30d 要用消毒药水给野兔舍喷雾消毒。如用火焰叶喷灯消毒更为彻底。给野兔消毒宜选用刺激性小的季铵盐类药物,如菌毒杀、百毒杀等。

(4) 适时驱虫,及时防疫。在温暖潮湿的夏秋季节,要及时进行驱虫。常用抗球虫药物有氯苯胍、地克珠利等,可根据情况选用。氯苯胍纯粉用量为每吨全价饲料 150～200g,一定要注意逐级混合,充分拌匀。一般是气温较高时连用 45d,停 15d,也可几种药物交替使用。大肠杆菌、魏氏梭菌、沙门氏菌已有疫苗可选用,但多数疫苗的保护率都不可能达到 100%,必须加强综合防治。

(5) 仔细观察,对症治疗。要每天定期检查野兔群,特别是在清晨喂野兔或打扫卫生时。要仔细检查野兔笼粪便、野兔的食欲、精神等状况,发现粪便异常应立即作出判断、分清病原,对症治疗。大肠杆菌腹泻为糊状稀粪或带有胶冻样黏液,可以用阿米佳、杀星类药物治疗。沙门氏菌又称野兔副伤寒,排出乳白或淡黄色稀粪;母野兔子宫阴道有脓样排泄物,怀孕母野兔常发生流产,可用氯霉素、罗红霉素等治疗。非病原微生物引起的腹泻一般为水样下痢,可改变饲养管理,增喂干草、杨树叶等。

另外,应注意不要随便添加药物(抗球虫药物除外),以免引起肠道正常微生物的平衡,降低野兔体自身的抵抗力。

(三) 市场前景

野兔肉质细嫩、醇香,属山珍野味,被世界兔学协会“钦定”为“美容肉”、“保健肉”,素有“飞禽莫如鸪,走兽莫如兔”之说。随着人们生活水平的不断提高,追求美味、营养、滋补、保健、品奇尝鲜已成为人们的消费新潮流。但 20 世纪 90 年代以来,猪、鸡、鸭、鱼等畜禽大量使用含添加剂、催长素的配合饲料,肉质下降,甚至还有副作用,不利健康,致使人们偏爱草食型畜禽。

野兔可红烧、白煮、油炸等做成许多美味的佳肴,在冬季更是各大小酒楼、饭馆少不了的火锅料。因野兔主食天然的牧草,无污染,肉质鲜美、野味浓又是无公害的绿色保健食品,备受消费者青睐。

【野兔养殖技术要点】

野兔是特养业新开发的一种特养新项目,饲养野兔具有投资少,见效快,利润高等优点。为确保野兔的高效养殖,掌握野兔的繁殖技术尤为关键。

(1) 掌握母野兔的发情规律。母野兔发情时,兴奋不安,抓挠笼子,啃咬饲槽;肛门红肿;母野兔还有拽毛、叼草垫窝行为;如果野兔群养,有互相追逐交配行为。

(2) 合理配种。3～4 月份及时配种。配种时把发情的母野兔放在单独饲养的公野兔笼内,而不要把公野兔放在母野兔笼内,以免影响公野兔配种。母野兔肛门红肿时交配。没有发情症状的母野兔应放在公野兔笼内,经公野兔的追逐、啃咬,再把母野兔放回原笼,这样经过 1～3 次的刺激催情,也会交配成功。配种后立即轻拍几下母野兔的后臀部,以防精液倒流。

交配成功的母野兔过 6～8h,再用同一个公野兔复配一次。产仔后的母野兔要进行血配,同样 6～8h 再复配下一次。经过血配的母野兔应加强营养,连产 3 窝的母野兔休息 1 个月后再配种。

(3) 抓好产仔期的管理。母野兔的妊娠期一般为 34～38d。在预产期的前两天,要用干净柔软的稻草在产仔箱内垫好窝,饲槽中用适当的容器备好充足、清洁的饮水,以防母野兔产仔后口渴残食仔兔。产仔箱应做得保暖,母野兔能自由出入,而且能够打开暗室。

(4) 抓好哺乳、育仔关。母野兔产仔后,每天哺乳1~2次。细心观察、看护好仔野兔,但不要惊吓母野兔。1d后仔野兔睁眼,8~12d便有出巢现象,20d左右能找食吃。此时应注意给母野兔优质草料。与此同时或提前2~3d把产仔箱内的垫草和兔毛清理干净,防止仔野兔吃进兔毛得毛球病,食入母野兔粪便得消化道疾病和球虫病。经过血配怀孕的母野兔,哺乳一段时间,断奶后的仔野兔除喂饲优质的草料、清洁的饮水外,要注意限制精料的供给量,因为小野兔不知饥饱,容易贪食,引起消化不良。要以预防量喂点治疗球虫病的药物(如:氯苯胍、球虫灵、虫克星等),在高温潮湿的季节,几种药物轮换拌入精料里喂,平时用切碎的大葱拌精料里喂,能防球虫病和消化道疾病;隔几天喂点磺胺米片(每只兔1/4片),放少许苏打,拌精料里喂,防止巴氏杆菌、魏氏梭菌、肠炎等病,这样可以提高成活率。

第2节 鸟 类

花尾榛鸡

别名飞龙。鸟纲、松鸡科。主要分布吉林、黑龙江。我国可见的有两种,花尾榛鸡和斑尾榛鸡。花尾榛鸡头小,颈短,胸凸脊平,爪细长,分五趾。比家鸽稍大。雄鸟体长近40cm。羽毛烟灰色,尾端有黑色条纹,眼栗红色。雌鸟稍带褐色,喉部棕色。善奔走,常隐于树上。生活在针、阔混交林或杨桦林中。春季繁殖期雌鸟产卵6~10枚,孵化时间20~25d。食物随季节变化,以植物为主,夏季也食昆虫。冬季结成小群生活;钻入雪下过夜。

花尾榛鸡肉质雪白细嫩,营养十分丰富,味道鲜美久负盛名,是世界上罕见的珍馐。俗语讲"天上龙肉,地上驴肉"中的"龙肉"即指花尾榛鸡(飞龙)肉。花尾榛鸡肉不仅营养丰富,而且有滋补作用,有扶正固本、强心之功效。

【花尾榛鸡(飞龙)育雏期的饲养管理】

花尾榛鸡育雏期的饲养管理是关键。必须做好以下工作:

(一) 温 度

1~10d龄育雏温度为37~32℃,温度每2d降1℃;11~20d龄为31~25℃;21~30d龄为25~20℃;31~60d龄为25~11℃,除阴雨天气外,正常天气白天不需给温,夜间室内适当给温;61~90d龄可在自然条件下正常生长发育。在保证温度的同时,必须注意通风换气。保温的要求:

(1) 看鸡给温。如果雏鸡缩颈藏头,拥挤扎堆,说明温度偏低,要适当提高温度;如果雏鸡张翅喘气,饮水频繁,说明温度偏高,要缓慢降温;温度适宜时,雏鸡精神活泼,活动自由,散步均匀,采食正常。

(2) 看天给温。晴天减少加温次数,阴雨天增加加温次数。加温的方法可以采用电暖器、火炕、火墙等取暖,也可利用红外线灯、电褥子及电热管作为热能的来源。

(二) 湿 度

1~10d龄育雏相对湿度为60%~70%;11~20d龄育雏相对湿度为60%~50%,每日要经常观察湿度计,发现湿度不适宜要及时调整,60d龄以后的雏鸡可在自然条件下生长发育。加湿的方法可以采用加湿器加湿或地面喷洒水等方法加湿。

(三) 光　照

1～10d 龄雏鸡宜昼夜给光,光照时间随着日龄增加而逐渐缩短,雏鸡长至 30d 龄以后夜间可以不给光,让其充分的休息。

(四) 饮　水

初雏应先饮水后开食。初次饮水应饮青霉素水,浓度为 2000 单位/(只·d),以消毒肠道。日常雏鸡饮水应采用自由饮水方式,这样有利于雏鸡的生长发育。

(五) 饲　料

雏鸡应以雏期颗粒料为主,因为花尾榛鸡的盲肠特别发达,所以饲料中应加拌粗纤维饲料,如玉米粉、麸皮等。为使雏鸡获得全面营养还应在饲料中适量添加鸡蛋、鱼粉、钙粉、小米、青菜、微量元素、维生素等。

(六) 防　疫

1～4d 龄小雏饮青霉素水,剂量 2000 单位/(只·d),可预防雏白痢病的发生;10～14d 龄雏饮用 1 次青、链霉素水,青、链霉素各 2000 单位/(只·d),可预防鸡球虫病;11 月份对鸡群作新城疫免疫预防接种,剂量按家鸡的 1/5 接种即可。

(七) 防啄癖

花尾榛鸡中雏期易发生啄肛、啄羽等恶癖。为此,要防止恶癖发生:

(1) 做好断喙工作。断喙在 15～20d 龄为宜,在断喙之前所用工具必须消毒,断喙时切去上喙 1/3,下喙 1/4 为宜。

(2) 在笼舍内放置一些落叶松嫩枝让雏鸡啄食。

(3) 在饲料中添加微量元素,维生素等进行治疗。

(4) 当发生啄癖时,必须将被啄伤雏鸡取出单独饲养治疗。

(5) 发现有淘气爱啄其他雏鸡的,可将淘气雏鸡隔离喂养。

(八) 密　度

1～10d 龄雏鸡密度为 40～50 只/m^2;11～30d 龄雏鸡密度为 20 只左右/m^2,随着日龄的增大育雏密度逐渐减小;到 60d 龄后育雏密度应降至 2～3 只/m^2,育雏密度一定不能过大,否则易导致恶癖的发生。

(九) 防意外事故发生

对雏鸡舍门、窗、网要经常检查与维修,防止雏鸡钻出飞逃。鸡舍内取暖设施为炉子或火炕的,火灭后一定要把灶炕门挡上,防止雏鸡钻进烫伤。

【花尾榛鸡(飞龙)育成期饲养】

(一) 育成期飞龙的生理特点

育成期是指 4 周龄到性成熟之前,此期飞龙虽有调节体温的能力,但应须注意室温的稳定及室外温度的变化。飞龙的盲肠特别发达,对粗纤维的消化能力强。飞龙 4～8 周龄生长速度最快。长到 8 周龄时雄性表现出性行为能力,但并不说明飞龙已发育成熟,为利于其生产发育和繁殖性能的提高,应雌、雄和强、弱分开饲养。

(二) 饲养方式

育成阶段应根据周龄与自然环境因地制宜,以低成本养好育成期飞龙。

(1) 笼养。在室内建筑叠层式(多层,单列或双列)育成笼。前期可用小饮水器和食盘,后期食槽与水槽全悬挂笼外,可集约化饲养和管理,饲养密度大,生长良好,疾病少。

(2) 网上。把育成飞龙育在离地的金属网上，生长情况最佳。因为空间大，能晒到阳光，有利增加活动量，减少疾病。网养又可分为半舍饲养和全舍饲养。前者由室内和室外围网运动场组成，都设有离地的金属网；后者完全在房舍内设金属网饲养，窗户钉上铁网以防逃逸。

(3) 地面。把育成飞龙育在铺有干净垫料，门、窗钉上铁丝网，并附设有围栏和围网的飞翔运动场，公母混养，对培育后备种飞龙有利，且饲养成本比网养、笼养都低，但对防疫不利。

(三) 育成期飞龙的饲养管理技术

(1) 转群。4～8 周龄应移到阳光能照射的地方，保证室内温度，根据天气情况开窗通风，8 周龄以后最好转到室外采取各种方式饲养有利通风，以降低呼吸疾病及维生素 D_3 的合成。保持每日光照 14h，光强度稍低些。

(2) 雌雄分群饲养。飞龙长到 8 周龄时，雄鸟即有性行为，为确保生长发育，应该雌雄分群饲养。雌雄差别主要在于，雌飞龙喉部为淡棕黄色，雄飞龙喉部为黑色。

(四) 选　种

到 13 周龄时体重基本达到成鸟体重水平。进行人工选择，不符合种用的淘汰作为商品及时处理，减少饲料及人工的消耗。

(五) 饲养密度

4 周龄每平方米 20～25 只，以后每 2 周左右疏散一次，使密度减半，直至每平方米 2～3 只。13 周龄后每平方米降为 1 只。

(六) 合理饲喂

采用干喂法，喂干粉或颗粒料，每天喂 3～5 次或自由采食。饲料以谷类为主，但不能缺少动物性蛋白。蛋白质水平 4～8 周龄不能低于 22%；8～13 周龄不能低于 19%；13 周龄到产前不能低于 16%。同时在饲料中加入适量麸皮满足胃肠对粗纤维的消化。夏季气温高时加 20%左右各种青菜，饮水天天换，保持清洁。冬季气温低可适当喂一些原粮。

(七) 疾病防治

一是防植物性蛋白过高，引起中毒；二是适当拌粗纤维饲料，如麸皮；三是合理搭配饲料防啄癖发生；四是 40d 龄以上进行新城疫Ⅱ疫苗接种，60d 龄进行Ⅰ疫苗接种，同时用抗生素，以预防霍乱、球虫、伤寒病发生。

(八) 防意外事故发生

防鼠、鹰及小动物，喧哗、敲击声、生人等刺激可能引起的飞龙惊群、炸群造成伤亡。

【花尾榛鸡(飞龙)的饲养管理技术要点】

(一) 饲养设备

饲养榛鸡的禽舍要求为砖瓦结构，有玻璃窗户，便于采光。内设食槽，饮食器、沙浴箱等。因花尾榛鸡为森林鸟类，因此禽舍内还要有栖架。育雏舍内要有取暖设备；种禽舍在冬季加强保暖，可提高榛鸡的年产蛋量。

禽舍外的运动场要求背风向阳，内种植小草、小灌木等。场地要带有斜坡，以便于排水。运动场要围以小孔的金属焊网及天网以防止其飞走。场内也要设食槽、饮水器和沙浴箱及栖架等。在榛鸡交配繁殖期，运动场内要设置屏障，以利于所有公鸡都有交配的机会。

(二) 饲料及饲喂

花尾榛鸡在人工饲养条件下，育雏期饲料主要是熟蛋黄、昆虫及熟制的肉末、鱼粉等。成鸟期的饲料可采用蛋鸡的混合料，并辅以蔬菜等。关于榛鸡的日粮标准目前尚未确定。根据人工养殖条件下的观察,春夏季每只榛鸡能吃 8～10kg 饲料,即每天应喂给 35～40g 混合饲料;秋冬季节每只榛鸡可吃 10～12kg 饲料,每天应供给每只榛鸡 100～110g 饲料。

成年榛鸡人工养殖每天可喂 2 次,春秋两季每天早晨 5:00～6:00,晚上 19:00～20:00;冬季早饲在 8:00～9:00,晚饲在 16:00～17:00。喂食时间应固定,以使其养成一定的规律。

(三) 饲养管理

榛鸡的驯养历史较短,目前尚无完整的管理操作规程,应根据榛鸡的生物学特性,在充分研究榛鸡自然条件下的营养特点和繁殖特点的基础上,逐步摸索、试验,找出规律。

花尾榛鸡胆小,受到外界刺激易产生应激反应,因此,在日常管理过程中,如清扫、饲喂等,动作要轻,特别在繁殖期,更应保持环境的安静,以保证种鸡正常发情和较高的受精率。

花尾榛鸡的日常管理工作主要包括喂食、饮水、通风换气、打扫卫生、换羽、检查和记录等。产蛋期还要及时收蛋,以保证人工孵化的孵化率。

在花尾榛鸡的饲养管理工作中,要注意搞好卫生防疫工作,防止白痢病、胃肠炎以及瘫痪,脱肛等疾病。

冬季外界气温低,采用喂干粒或颗粒料不易冻结,可增加采食速度,减少体能的消耗。用料量适当增加,同时适当提高能量饲料的添加,补足维生素,保证前期蛋白质不低于 16%,后期应提高到 18%,能量也要随之提高到 3.0～3.15kcal/kg。冬季可用雪代水,要采用洁白的雪。

大　雁

别名野鹅。大雁属鸟纲,鸭科,是雁亚科各种类的通称,一种大型游禽。中国常见的有鸿雁、豆雁、白额雁、斑头雁和灰雁等。大雁是雁属鸟类的通称。大雁形状略似家鹅,有的较小。共同特点是体形较大,嘴的基部较高,长度和头部的长度几乎相等,上嘴的边缘有强大的齿突,嘴甲强大,占了上嘴端的全部。颈部较粗短,翅膀长而尖,尾羽一般为 16～18 枚。体羽大多为褐色、灰色或白色。大雁群居水边,往往千百成群,夜宿时,有雁在周围专司警戒,如果遇到袭击,就鸣叫报警。主食嫩叶、细根、种子,或啄食农田谷物。每年春分后飞回北方繁殖,秋分后飞往南方越冬。

雁肉属于低脂肪、低胆固醇、高蛋白。雁肉性味甘平,归经入肺、肾、肝,祛风寒,壮筋骨,益阳气。据了解,大雁的羽绒保暖性好,又非常轻软,可作枕、垫、服装、被褥等填充材料,比较硬的羽毛可用来加工成扇子及工艺品等。

【大雁饲养技术】

大雁是候鸟,喜冷怕热,对气候要求高。

(一) 要巧渡野生驯化接触关

大雁性烈畏人,对人持有高度警惕性,自由空间常与人保持在百米开外的距离。被人缚捉时,会极力挣扎反抗,不食不喝,很快就会死亡。要度过这一关,可采取家鹅诱导法。家鹅是人类驯化了的,喂食时会听从人的召唤。把大雁与家鹅放在一起(应加笼或对大雁剪翅),使大雁不过于孤独,唤家鹅时,家鹅蜂拥而至,使大雁看到它们的同类与人的和善关系,从而逐渐解除它对人的畏惧感,使其性情逐渐温和。家鹅抢食时,也能诱发它进食。这一关很重要,是人工饲养大雁的成败关键。

(1) 如果笼养,笼要结实;如果圈养,圈壁不可用石头或砖块,以免初期大雁发急,冲破笼子或碰壁而亡。

(2) 如果和家鹅同养,家鹅数量不可过大或过小。过大时因其排异性,大雁会受到家鹅的群击而不安;过小时,家鹅受大雁的攻击可能引起家鹅骚乱不安。但有一点应了解的是,大雁和家鹅相比,虽然雁的体大嘴阔,翅膀有力,进攻时貌似凶恶,但实际上大雁嘴不如鸡,爪不如鹰,并不会致家鹅于死地。

(二) 加强食类驯化

大雁食物比较单纯,食性比较特殊,它食嫩不食老,食散不食黏,食脆不食软。例如对麦苗、麦子、小青菜特别爱食,进食速度极高,但对馒头、面条、米饭则很少食,对玉米则一定要用嘴咬碎后才咽下,对水果一定要切碎后才能食之。对鱼、虾、肉、油类则根本不食。为了便于饲养,需要对大雁的食物、食性加强驯化。在野生驯化初期,先以小麦、青菜为主食,每天定时喂养。喂养时要先给以驯化口令,再给食物。半年之后,大雁对人的畏惧解除。这时可以适当改变食种,如玉米、白菜、青草、果皮等。如果不食,可适当限食,强迫它改变食种。对粉状食物,要先加水搅拌成颗粒状喂之,以后逐步减少加水量,使其食粉状食物。

(三) 加强暑天管理,保障安全度夏

大雁怕热,度夏是个大难关。因此,加强暑天管理是大雁安全度夏的关键,也是人工饲养大雁成败的又一关键。暑天到来时,大雁因忍受不了高温,会急躁不安,食欲大减,喝水量大增,这样就会产生拉稀,逐渐消瘦。如不加强管理,很快就会死亡。

暑天管理的方法:

(1) 暑天饲料要精,在饲料中可增加防病治病的饲料添加剂(如维生素 AD3 粉),每隔 10d 或半月要喂 2 片土霉素片。特别是 8 月 1 日～8 月 25 日是大雁脱羽时间,更容易急躁不食。

(2) 加强降温措施。把大雁放到背阳有水的地方,如果缺水,至少每天供应 2kg 饮水,确保大雁的饮用。

(3) 加强卫生方面的管理。大雁食量大,胃排空快,进食后很快就会排便,如果不及时清除粪便,就容易使大雁染病。所以,暑天要加强打扫卫生的次数,以保障大雁有一个卫生的生存环境。在暑天只要遵照以上办法进行管理,大雁就能安全度夏。

大雁驯化后,就能像鸡鸭鹅一样和人和睦相处,既不怕人,也不攻击人。饿了见人会伸长脖子要食物,有时还叼人的裤角。吃不饱或不愿吃时会叼起食盆摔的当当响,以示要食或不吃。

天　鹅

别名白鹅、大鹄、黄嘴天鹅、金头鹅、咳声天鹅、大天鹅、黑天鹅。雁形目、鸭科、雁亚科、天鹅属。全国有江河湖泊都有分布。天鹅体型高大,嘴红、嘴基有大片黄色。黄色延至上喙侧缘成尖状。游水时颈较疣鼻天鹅为直。体羽色较疣鼻天鹅更为单调,嘴色亦淡。比小天鹅大许多。虹膜褐色;嘴黑而基部为黄;脚黑色。飞行时叫声为独特的声音,联络时叫声如响亮而忧郁的号角声。天鹅是一种冬候鸟,喜欢群栖在湖泊和沼泽地带,生活在多芦苇的湖泊、水库和池塘中。主要以水生植物的根茎和种子等为食,也兼食少量水生昆虫、蠕虫、螺类和小鱼。大天鹅,每年 3 月份成对北迁,筑巢于河堤的芦苇丛中,每窝产卵 5～7 枚,白色。孵卵由雌鸟担任,孵卵期 29～30d,50～70d 龄获得飞翔能力。每年 3 月中旬至 4 月中旬北迁,5～6 月进行繁殖,巢多置于干燥地面上或浅滩上的芦苇丛间。天鹅的飞行高度达 9000m,可轻易越过喜马拉雅山。它们大群地从南方飞向北方，在我国北部边疆省份产卵繁殖。雌鹅孵卵，雄鹅守卫在身旁，一刻也不离开。一过 10 月份，它们就会结队南迁。在南方气候较温暖的地方越冬，养息。

天鹅是我国老少皆知的传统名贵珍禽，民间传言“癞哈蟆想吃天鹅肉”，便可见人们对天鹅肉的向往，由于野生天鹅属于保护动物，人们只能在动物园内观赏天鹅。人工驯养繁殖天鹅，食用及观赏市场有着巨大的商机。人工饲养的天鹅肉，营养丰富，是高级宴会上等珍品。天鹅绒是高级保温材料，可以制作服装、羽绒制品。

【天鹅饲养技术】

(一) 雏鹅的养育

刚刚出壳的雏鹅与家鹅一样，全身羽绒因品种不同而呈灰色或白色，能自己取食，可由亲鹅抚育，也可人工育雏，用温箱保温饲养。一般 2 周后放在室内，地面铺细沙，其上铺一层垫草，用电灯或育雏器保温。第 1 周温度为 31～34℃，第 2 周为 28～30℃，第 3 周为 24～27℃，以后保持在 18～21℃的环境中饲养。

雏鹅的饲料是混合粉料蒸制成的窝头，还有鸡蛋、青绿饲料、骨粉、钙粉、鱼肝油和维生素及微量元素。育雏初期，环境温度较高，饲料易变质，喂食次数宜多，每天 4 次。以后随雏鹅日龄的增长和环境温度的降低，逐渐减少喂食次数。

天鹅的人工育雏工作，除了注意环境温度和饲料的调整外，还要搞好清洁卫生。因为天鹅的饲料稀软，吃食时又常“甩料”，因而绒羽及垫草容易弄脏，所以要经常更换垫草。在环境温度适宜时，让雏鹅多洗澡，每天 1～2 次，但一定要看守，以免雏鹅溺水而死。每天洗浴、游泳时间视雏鹅体质、能力而定，可由半小时逐渐增加到 1h。要争取雏鹅多晒太阳，多活动。经过一个月耐心细致的照料，雏鹅就会健康地成长起来。

(二) 成龄天鹅的饲养

其饲料分为粒料、粉料和青绿饲料。粒料有玉米、高粱、大米或稻谷，是常备饲料。粉料为大麦渣(面)、玉米渣(面)、高粱(面)、豆饼渣(面)、麸皮、鱼粉(或蚕蛹粉)、骨粉、盐和各种维生素及矿物质混合拌成，拌湿后喂给(或蒸制成窝头、压制成颗粒)。青绿饲料包括各种叶菜、水草、青草等。

粉料每天喂 1 次或 2 次(冬季)。粒料要经常饲喂，要勤添、少添。夏季大量喂青绿饲料，宜切碎拌入混合饲料中，也可扔到水中任其自由进食。冬季应补充适量维生素。

日常管理中，对成群饲养的天鹅，要把握好饲料的质和量，注意食物、饮水用具的清洁和环境卫生。对成对饲养的天鹅，则要每天打扫房舍，观察天鹅取食、排便和行为表现，注意有无异常的变化。

(三) 季节管理要点

(1) 春季。混群饲养的天鹅，要注意是否有争斗现象，发现有此情况要立即采取措施；要及时准备巢窝为天鹅繁殖做准备；繁殖期的天鹅应增加蛋白质饲料的比例。

(2) 夏季。尽量多喂青绿饲料。混群饲养的天鹅，要注意其饲料、食具卫生和水域的清洁，及时更换饮水。

(3) 秋冬。产于我国北方的天鹅虽不怕冷，但入冬也应采取一定措施，防止足趾冻伤。如保持有结冰的水面，地面铺较厚的垫草，增加挡风保暖设施等。

【黑天鹅饲养技术】

黑天鹅原产于澳洲，是天鹅家族中的重要一员，为世界著名观赏珍禽。其体貌特征为全身除初级飞羽小部分为白色外，其余通体羽色漆黑，背覆花絮状婚羽。喙鲜红色，前端有一“V”形白带。虹膜赤红色，蹼黑色，体重 4～7kg，颈常呈“S”形弯曲，体态端庄而美丽。其性情温顺，容易饲养。黑天鹅属留鸟，没有迁徙的习性，除夏季外，其他季节均能产卵繁殖，年产 20 多只，经公母天鹅轮流孵化，35d 后小天鹅即破壳而出。刚出壳的小天鹅毛色灰白色，几天后即可下水游泳了，3～4 月龄毛色逐渐转变成黑色，6 月龄后具有与成年天鹅一样的体型和体重了。在我国每年春、秋季可繁殖两窝，用人工刺激产卵的方法可产 4～5 窝，卵量可达 30 枚。黑天鹅的饲养方法简单，抗病力强，是一种省力、高效益的养殖业。

(一) 环境条件与饲养方式

(1) 大环境条件。场址宜选在远离城镇、村庄及生活区的地方，尽可能地避免外界的干扰。有自然水域，且水草丛生的地方较为适宜。

(2) 自然散养。黑天鹅在散养情况下，水面积可大可小，一般 100m^2 水域可放养 1 对种鹅。在水池中种植一些挺水植物，池周空地可根据季节轮作牧草，供其采食，并栽植一些乔木供夏季遮阳。散养区的周围设置 1.5m 高的网片或栅栏，以防其他动物进入干扰，影响其生长与繁殖。池水要定期消毒，一般每亩(1 亩约为 1/15 公顷)水面撒新鲜石灰粉 50kg 或漂白粉 20kg。黑天鹅在散养情况下，要求人工断翅或每年人工剪羽 1 次，以防飞逃。剪羽方法简单，具体操作方法是在每年秋季换完羽后剪去初级飞羽的 5～6 根即可。

(3) 笼舍圈养。舍面积为 30m^2，内含水池 10m^2，水深 60cm。每舍养 1 对种鹅，池水要定期更换。

(二) 饲料标准

(1) 种鹅饲料。以精饲料(可用产蛋鸡颗粒料)为主，青饲料(包括牧草、青菜等)为辅。进入繁殖期时，需在精饲料中加 5%的鱼粉与 3%的贝壳粉，以满足其繁殖需要。

(2) 雏鹅饲料要求。日粮中精饲料占 70%、青饲料占 30%。精饲料用蛋白质含量高的肉雏鸡颗粒料。

(3) 青年鹅。雏鹅长至 4 月龄即进入青年鹅饲养阶段，精饲料可转用蛋雏鸡颗粒料，并提供青饲料供其自由采食。

(三) 种鹅的配对

(1) 自由配对。青年鹅在 18 月龄进入繁殖预备期开始配对，可让其在散养区内自由择偶。配对成功的天鹅形影不离，出入成双，即可认为配对成功，一般配对的形成比较稳定，偶有一夫双妻的现象。

(2) 人工强制配对。对于自由选偶还没有配对成功的天鹅，可以用性刺激配对的方法来解决其配偶问题，方法是将没有配对的黑天鹅 1 雄 1 雌放入相邻笼舍内圈养，让其相互熟悉，若频现两鹅隔网相聚、点头示爱时即可放入同笼饲养。配对成功后，即可放入散养繁殖区；若失败，可再换 1 次公鹅，一般 1 次即可成功。

(四) 繁殖期的工作

(1) 提供巢材。黑天鹅在 20 月龄进入性成熟期，在此阶段要在其活动场周围提供干茅草、羊草、稻草等营巢材料，供其自由采撷来建巢筑窝。

(2) 自然孵化。黑天鹅建成巢后即可产卵，一般在初次交配后的 8～15d 产第 1 枚卵，以后隔天1枚,每窝可产6～7枚;若让其自然孵化,需在巢顶搭建1个小棚用来遮阳避雨,切记孵化期间杜绝人为干扰。

(3) 人工孵化。在产第1枚卵后即可从窝中将卵取出,以假卵代之,以后取出新产的卵,最后取出假卵。人工取卵时要注意采取防护措施,以防受到天鹅翅膀的袭击,造成伤害。一般隔20d即可进入第2个产卵期,第2窝卵可让其自然孵化。种卵可存放4～5d,卵量大时可用机器孵化,卵量小时可用简易方法人工孵化,一般以温水(热水袋)孵化为好。

施温方案以变温孵化为佳。1～15d为38℃,16～32d为37.5℃,33～35d为36.8℃,发育到25d时每天晾蛋1次,每次5～8min,32d后人工补湿(喷洒温水),以提高种蛋出雏率,雏鹅35d出壳。

(五) 育　雏

自然孵化的天鹅雏可让种鹅自行育雏,效果比较理想。人工孵化的鹅雏育雏要做好以下几点:

(1) 温度。出壳1～7d为35～32℃,以后每周降1～2℃,逐渐降至自然温度,温度合适与否视雏鹅精神状态而定。

(2) 防疫。雏鹅出壳后24h内在颈部皮下注射小鹅瘟血清0.5mL。

(3) 饲喂。雏鹅出壳后30h可以饮用温开水,水中加抗生素饮用3d,开饮后2h给食,每天投饲肉雏鸡料6～7次,自由饮水。

(六) 卫生防疫措施

(1) 养殖区内。定期打扫卫生,保持清洁,并用消毒药液喷洒消毒,以杀死各种病原体。常用的消毒药液有季铵盐类、含碘类等制剂,要定期更换消毒药物。

(2) 饲养期间。每月可用广谱抗生素如阿莫西林、土霉素、环丙沙星等或用中草药物拌料投饲3d,用来预防禽病的发生。

(3) 种鹅。每年3月初肌肉注射小鹅瘟血清与鹅副黏病毒疫苗各1次。

(七) 常见疾病的预防

黑天鹅的主要病害有小鹅瘟、大肠杆菌病、鹅副黏病毒病、禽霍乱、寄生虫病等,在做好常规工作的同时,要定期观察黑天鹅的精神状态,做到早发现、早隔离、早治疗,对症用药,以防禽病蔓延。

鸵　鸟

别名驼鸟。鸵鸟目、鸵鸟科。产于非洲和美洲;分布于非洲和阿拉伯半岛的部分地区。世界各地都有人工饲养。鸵鸟是世界上存活着的最大的鸟。不会飞但奔跑得很快,特征为脖子长而无毛、头小、脚有二趾。最大的鸟,高可达3m,颈长,头小,脖子长裸,嘴扁平,翼短小,不能飞,腿长,脚有力,善于行走和奔跑。雌鸟灰褐色,雄鸟的翼和尾部有白色羽毛。鸵鸟卵是现代最大的卵。雄鸟体羽大部呈黑色,但翅和尾羽白色;雌鸟大部褐色。头和颈的大部分淡红至浅蓝;稍有绒羽:头小,喙短而稍宽;眼大,褐色具浓黑色睫毛。它们生活在沙漠草原地带。群居,日行性。嗅听觉灵敏,善奔跑,跑时以翅扇动相助,一步可跨8m,时速可达70km/h,能跳跃达3.5m。以植物的茎、叶、种子、果实及昆虫、蠕虫、小型鸟类和爬行动物等为食。鸵鸟常结成5～50只一群生活,常与食草动物相伴。

鸵鸟在繁殖期内为一雄多雌,但雄鸵鸟与其中一只维持不严谨的单一配对关系。雌鸟通常每2日产卵1枚,数日内共可产卵多达10～20枚;约有6或更多只雌鸟会在同一穴产卵,但不负责孵卵,一窝蛋少则30枚,多则50～60枚。雄鸟夜间孵卵,白天则由雌鸟担任。6周的孵化期中只有不到10%的卵会孵化。雌鸟2年达性成熟,雄鸟较晚,约3～4年,寿命约30～40年。

鸵鸟是利用牧草的最佳经济动物,具有耐粗饲、适应性强、饲养成本低等特点。“鸵鸟全身都是宝”。鸵鸟的肉、皮、羽毛、蛋、骨综合加工潜力巨大。鸵鸟肉是世界公认的健康营养食品,具有“三高三低”的特点,即低脂肪、低胆固醇、低热量和高钙、高铁、高锌。鸵鸟蛋中的营养极高。鸵鸟皮张是皮革工业的高级原料,皮革制品具有奇特美观的花纹,质地柔软,透气性好,经久耐用。鸵鸟羽毛和蛋壳、骨头可加工成多种工艺品。

【鸵鸟饲养技术】

(一) 场址选择

(1) 场址选择。首先考虑满足鸵鸟的生态条件,故宜选择气候温暖、干燥、少“梅雨”、非雷区和无大风暴侵袭的地方。地址最好建在沙质缓坡地,要求干燥、坚实、周围排水通畅,不受山洪、水浸的影响;场周边环境宜安静,要远离交通干道、居民区、工业生产区和养禽场,避免噪音干扰、环境污染和疫病传播。此外,还要考虑交通方便和水、电、草料的供应条件。

(2) 规划布局。鸵鸟场设计要根据饲养规模确定占地面积,预留发展余地,按卫生防疫要求合理布局。

一个体系完整的鸵鸟养殖场,应分别划分饲养区、孵化区、饲料及产品加工区、工作生活区和饲料基地等。饲养生产区应与管理、生活区分开,以减少外界对鸵鸟的干扰。饲养区内也要划分种鸵鸟区、育雏区、后备种鸵鸟区、商品鸵鸟区等,每区之间要有适当的距离。加工房、堆粪场应设在饲养场的下风向。

(二) 栏舍建造

(1) 设计。

① 饲养面积。根据鸵鸟的生物学特征,要提供足够的饲养面积。如饲养面积不足,运动场狭窄,鸵鸟互相冲撞,造成损伤,导致生产性能下降,甚至出现消化性疾病。在广阔的草地围栏放牧,面积不受限制。在集约饲养条件下,则根据经济、合理、密度适当的原则安排。每只鸵鸟栏舍面积为:1～60d龄,室内0.3～0.8m^2,室外2m^2;61～180d龄,室内2m^2,室外15m^2;181～540d龄,室内4m^2,室外25m^2;种鸵鸟,室内10m^2,室外300m^2。

② 围栏。鸵鸟场以围栏相隔,栏高2m左右,材料应光滑不带刺,最好有一定弹性,以免鸵鸟碰撞时受伤。可用铁丝网、金属管栏栅,也可用简易的竹木栏栅。

③ 铺沙。室内、运动场铺5～20cm厚的沙,使地面硬度适中。

④ 排水。整个场地要分区、分栏建排水沟。

⑤ 绿化。栏舍周围最好能设1～1.5m宽的绿化带,既可净化环境又可种植青饲料。

(2) 种鸵鸟栏舍。种鸵鸟一般1雄、3雌为一个繁殖单位,分栏饲养,需使用面积1200～1500m^2,其中鸟舍面积40m^2,其余为运动场。鸟舍用作避风、挡雨、遮阴和调教种鸟产蛋。因鸵鸟高大,舍门应宽大,门高不得低于3m,便于鸵鸟进出。鸟舍正对运动场的一面敞开,舍内做一个宽1m、深0.2m的沙巢,供雌鸵鸟产蛋。在配种季节,相邻的种鸵鸟栏间最好用纤维布遮挡,避免种鸟间相互干扰配种。种鸵鸟栏舍的建筑方式有双列式小间、单列式大间和群养大围栏舍,也可根据饲养规模、地形等因地制宜选择建筑方式。

(3) 雏鸵鸟栏舍。雏鸟舍要求类似雏鸡舍，应具有保温、干燥、通风、防暑的功能，备有通风增温设施。栏舍宜坐北朝南，带有相应的半荫棚运动场。为防鼠害，室内做水泥地面。运动场有 1/3 的水泥地面，其余为沙地。

(4) 主要设备、用具。鸵鸟场应具备孵化设施和育雏保温设备。孵化设施大致与养鸡场相同，包括储蛋室、孵化室和孵化机、出雏机。孵化机可订做专用机，也可由常规孵化机改制蛋盘、蛋架后使用。常用保温设备有红外线灯、电热育雏伞等。

除切草、饲喂、消毒等用具外，鸵鸟场还应设置 V 型保定架，便于鸵鸟检查、诊疗时使用。

(三) 鸵鸟的性成熟与产蛋

人工饲养条件下的雌鸵鸟一般在 2～3 岁时发育成熟。第一年产蛋较少，一般为 20～40 枚，以后逐年增加，到 7 岁时达到产蛋高峰，达到 80～100 枚左右，有效繁殖期为 40～50 年。雄鸵鸟性成熟略晚于雌鸵鸟，所以在引种时要注意，雄鸵鸟须要比雌鸵鸟大半年或 1 年，才能达到比较理想的繁殖效果。

雌鸵鸟每年 3～4 月份开始产蛋，持续到 9 月份。其持续时间的长短受食物、气候及自身条件的影响。在自然条件下，繁殖季节一开始，一只雄鸵鸟带 2～3 只雌鸵鸟(即通常所说的“一妻二妾制”)形成一个单位而单独活动。当雄鸵鸟和雌鸵鸟求爱时，会做出优美的动作，炫耀自己的羽毛，交配时间约 30s 至 1min。雄鸵鸟一般一天交配 4～6 次，也有性欲强者可达 8 次以上。雌鸵鸟在交配后很快就会产蛋，一般隔一天产 1 枚蛋，通常产 12～16 枚就开始自然孵化。为了让母鸵鸟多产蛋进行人工孵化，可以在鸵鸟产蛋后把蛋取走，这样在整个繁殖季节可以连续产蛋，取蛋时要防止雄鸵鸟的攻击。食物供给不足，雌鸵鸟产蛋数就少；体况过肥，繁殖性能差，且无精蛋多。一般产 12～20 枚休息 1 周，然后开始下一个产蛋周期，但高产鸵鸟可连续产 40 枚才休息。主要与饲养管理有关。低产鸵鸟及老龄鸵鸟的产蛋几乎没有规律。正常种蛋的受精率为 60％～85％。

(四) 鸵鸟的选种选配技术

(1) 选种。

① 种鸵鸟选择项目。体形外貌。体格健壮，发育匀称，头部清秀，眼大有神，姿势端正，步伐灵敏。产蛋量高的雌鸵鸟，背部羽片污浊，毛尖干缩，背后半部羽毛稀短或无毛、尾巴下垂，后躯丰满肥厚。

生殖器。雄鸵鸟的阴茎粗、长，向左弯曲，阴茎长 25cm 以上。

生产性能。包括产肉性能和繁殖性能。产肉性能包括生长速度、料肉比、屠宰率。繁殖性能指开产日龄、年产蛋量、蛋重、受精率、孵化率、出雏率、育雏成活率等。

② 选种方法。个体选择。根据鸵鸟个体品质直接进行选种。它不仅是反映种鸟生产力的指标，并在一定程度上反映种鸟的育种价值。

家系选择：以整个家系(包括全同胞和半同胞家系)作为一个选择单位，根据家系生产性能的平均值进行选择。

系谱选择。根据系谱记录的祖先、同胞和后裔的品种和性能进行选择。

在实际工作中，要综合以上方法进行选种并有所侧重。幼鸟育成阶段以系谱选择为主，辅以外形和生长发育鉴定。当种鸟已表现出生产性能时，则以个体选择为主，系谱鉴定为辅。

(2) 选配。

① 选配方法。亲缘选配。种鸟群的选配常采用非近亲交配，即选配种鸟没有三代以内的

血缘关系。但为了巩固培育某些优良性状时，可采用全同胞或半同胞近亲交配。

同质选配。选用性能相同的雌雄种鸟进行交配。

年龄选配。用年龄较大的雄鸵鸟与青年雌鸵鸟交配，可以提高受精率。

② 雌雄比例。优秀的雄鸵鸟每天可交配 5 次，性欲强的每天可达 8 次以上。因此，一只雄鸵鸟可以配 4～5 只雌鸵鸟。但为了达到最佳繁殖效果，雄雌比例以 1∶3为宜。

在人工饲养条件下，雄鸵鸟对配偶没有明显的选择性，故可根据生产需要随时调配种鸟。繁殖季节按 1 雄 3 雌组成一个繁殖单位进行配种，有利于系谱记录和辨认后代血缘。

（五）鸵鸟的孵化

（1）种蛋采集、保存、选择和消毒：

① 种蛋采集。绝大多数雌鸵鸟在下午 3～6 时产蛋，个别产自上午或夜间。鸵鸟产蛋后要及时捡蛋，以减少破损和污染。雄鸵鸟有保护雌鸵鸟及鸟蛋的本能，捡时要 2 人配合，1 人将鸟赶开，1 人把蛋捡走。捡蛋时应将手洗净或戴手套，以免污染种蛋。对污染的种蛋用消毒湿毛巾擦干净。种蛋须登记，注明雌、雄种鸟号码和产蛋日期，并称重编号。

② 种蛋选择。合格的种蛋要求清洁，表面不应有泥土、粪便以及其他污物；其二要求大小适中，蛋重过大过小都会影响孵化率和雏鸟的质量，一般要求种蛋重 1.5kg 左右，超过 2kg 和小于 1kg 的种蛋一般应淘汰。第三要求种蛋的外形呈卵圆形，纵径 16～17cm，横径 13～14cm，过长、过圆、扁形及畸形蛋孵化率低。种蛋的颜色一般为乳白色或米黄色。洁白色的蛋孵化率较低。

③ 种蛋保存。种蛋贮存时应大头朝上垂直或倾斜放置，时间以 3～5d 为宜，如果贮存期不超过 7d，可不翻蛋。若种蛋贮存不超过 4d，保存温度以 16～18℃为宜；超过 4d 应为 13℃左右。相对湿度为 60%。

④ 种蛋消毒。鸵鸟蛋从母体产出时会被泄殖腔排泄物污染而附着细菌，随着时间的推移，细菌大量繁殖并通过蛋壳上的气孔进入蛋内，对种蛋的孵化有影响。因此，必须对种蛋进行严格的消毒。种蛋消毒方法较多，一般以甲醛熏蒸消毒法常用。方法是将种蛋放在储蛋室或消毒柜内，按每立方米空间用甲醛溶液（福尔马林）30mL、高锰酸钾 15g 的剂量，在温度 20～25℃的条件下密闭熏蒸 20min。使用这种方法要注意，甲醛与高锰酸钾反应剧烈，又具有很大的腐蚀性。所以，要用容积较大的陶瓷容器，先加入少量温水，投入高锰酸钾，再加入甲醛。20min 以后要及时排出消毒柜中的烟雾，待种蛋的温度逐渐降至 18℃时，转入贮蛋柜中或入孵化器进行孵化。

（2）孵化：

① 孵化前的准备。种蛋入孵前，要认真检查孵化室的密封、保温、通风条件，孵化室内温度最好恒定在 22～25℃。对孵化室、机具等进行全面消毒。开机试温、预热 2～3d 后即可入孵。

② 孵化期的管理、孵化温、湿度控制。鸵鸟孵化期为 42d，孵化中前期温度恒定在 36.8℃，孵化后期 30～42d，胚胎自身产生大量的热，需要的温度相对较低，以 36℃为宜。孵化要求的湿度较低，孵化器内相对湿度为 20%～40%。合适的相对湿度是根据孵化种蛋失重率来确定的。种蛋在整个孵化期内失重率为 14%时，说明孵化器内相对湿度最合适。孵化室内环境相对湿度在 40%时，孵化器内基本不用加湿。如果孵化室相对湿度低于 40%，就需要加湿。当环境相对湿度高达 70%时，孵化器本身无法把孵化器内的湿度降下来，需要采用孵化室内增设空调或对进入孵化器的空气进行抽湿处理。

照蛋。照蛋的目的是观察胚胎发育程度和异常情况,及时剔除无精蛋和死胚蛋。第一次照蛋是在入孵时进行,检查种蛋放入蛋盘时气室是否朝上。第二次照蛋是在入孵的第12d,此时鸵鸟的喙和喙尖开始形成,腿和翅膀大致分化,尿囊膜扩展到蛋壳膜内表面,胚胎的躯干部增大,照蛋时可见到清晰的血管,能见到头部和躯干部2个小圆团,称为"双珠"。入孵第34d进行第三次照蛋,此时蛋内全黑色,看不见血管,蛋的小头被胚胎充满,称为"封门"。

翻蛋。鸵鸟蛋黄含脂肪多,比重较轻,浮在蛋的中间由系带系着,胚胎吸收养分,排除废物。如果长时间处于一种位置,蛋黄不能维系在蛋的中央,容易与蛋壳的内膜粘连。翻蛋的目的在于使胚胎外部空间定位,同时也防止粘连,促进羊膜运动。

鸵鸟蛋孵化期内一般每2h翻蛋1次,40d转入出雏器后停止翻蛋。目前一般孵化器设计的翻蛋角度为前俯后仰各45°,据研究,如果翻蛋角度增大到50°～55°,会促进胚胎发育和血液循环,使孵化率有所提高。

落盘与出雏。鸵鸟胚胎孵化到40d由孵化器移到出雏器为落盘。此时胚胎是从尿囊绒毛膜呼吸转换为肺呼吸的生理变化最剧烈时期。胚胎气体代谢旺盛,如氧气供应不足会导致胚胎死亡。把胚胎转入出雏器后,可以得到较多的新鲜空气,而且散热条件好,有利于胚胎度过危险期。

如果小鸟的胎位正常,头在趾的上方,小鸟喙破蛋膜进入气室,约12h就可自行出壳。出壳后断脐非常重要,如果断脐不好,细菌通过脐带进入造成感染。自行出壳的小鸟一般脐带吸收良好,不会出血。可在脐带端涂碘酒消毒,然后用灭菌的纱布包扎。如果小鸟啄破蛋膜进入气室,12h还未啄破蛋壳,或是胎位不正,41d还未进入气室,就要在气室的顶端打一小孔,以供给小鸟充足的氧气,并逐渐剥掉顶部的蛋壳,让小鸟自行出壳。再过6h如果仍未出壳,就需助产,从鸟的头部开始往下剥壳,每次剥的壳占蛋纵轴长的1/5。发现内壳膜发白或有红色血管时要停止往下剥,停留2～3h再往下剥,从鸟的头部剥到背部直到尾部,最后从脐带部拿掉蛋壳。脐带用碘酒消毒包扎。过2d后,脐带再进行一次消毒和包扎。助产是不得已才用,不要急于进行助产,原则上让其自己出壳,助产应尽量往后推迟。

雏鸟出壳后应及时捡出蛋壳,然后让雏鸟在出雏器内待到羽毛全干,且能站立行走时再转入育雏室。人工助产的雏鸟体质弱,要在出雏器内多待一些时间。有的雏鸟出壳后就发现腿和趾有畸形现象,需要及时矫正。如果是呈外八字形,可用灭菌纱布把两条腿之间留一定距离拴在一起,一般几天后可矫正过来。

雌雄鉴别。15月龄以前的鸵鸟体形和羽毛基本一致,很难从外表上区别雌雄。进行雌雄鉴别有利于分群饲养和营养配给。雏鸵鸟的雌雄鉴别多采用翻肛法,即翻开雏鸵鸟的肛门,看是否有向左弯曲的阴茎。但这种方法只有70%左右的准确性。因此,雏鸵鸟的雌雄鉴别要进行几次,一般在1周龄、2月龄、3月龄分别进行鉴定。

(六) 鸵鸟的饲料与饲料配方

粗纤维是鸵鸟饲料中最重要的营养素之一,但目前尚未确定鸵鸟对纤维的需要量。饲料中纤维含量的确定取决于鸵鸟的年龄,一般在6%～18%之间。鸵鸟的蛋白质需要量也未准确测定,一般饲料的粗蛋白质含量为14%～22%,雏鸵鸟饲料中的粗蛋白质含量最高,以后随年龄的增长而降低。种鸵鸟饲料中的粗蛋白质含量以18%为宜。鸵鸟在10周龄时就能消化饲料中50%以上的中性纤维,10周龄以后的鸵鸟从饲料中获取能量的效率比鸡高40%。虽然10周龄以下的幼鸵鸟不能像成年鸵鸟那样有效利用纤维,但饲料应含纤维以促进幼鸵鸟后肠道中有益微生物区系的建立。

在鸵鸟产蛋期、育雏期和幼鸟的生长发育期，满足钙、磷的供给是非常重要的，如果饲料中供给不足或鸵鸟本身吸收发生障碍，将会严重影响幼鸟的生长发育，使新生幼鸟骨骼软弱，造成跗跖、脚趾弯曲，腿骨、翅骨易折断；种鸵鸟缺乏钙、磷时，表现为蛋壳粗糙或壳薄易碎，甚至下软壳蛋，影响产蛋数量和孵化率。镁不足的早期表现为血管扩张、充血和脉搏次数增加，严重不足时会使鸵鸟出现痉挛、神经过敏等症状。鸵鸟饲料中镁的适宜添加量为 0.23%～0.25%。

在鸵鸟的饲料营养中，维生素 E 和硒也是十分重要的。鸵鸟临床病例中的肌肉变性疾病与缺乏维生素 E 和硒有关。业已发现，鸵鸟的脑软化症可能是由于缺乏维生素 E。成年鸟缺乏维生素 E 主要表现为生殖器官病理变化和生殖机能的紊乱。如发情推迟，失配增加，无精蛋明显增多，产蛋数量下降，甚至不发情、不产蛋，也就是说雌鸟失去正常的生育能力。饲料中维生素 E 的推荐水平为 80 国际单位/kg。硒的推荐量为 0.1mg/kg。

（1）鸵鸟的饲料。

① 青绿饲料。鸵鸟的饲料主要有两大类，一是青绿饲料，二是配合精饲料。鸵鸟饲料以青绿饲料为主，约占全部日粮的 70%，成年鸵鸟日需青料 2.5～5kg。青绿饲料要求新鲜、无腐烂、无农药污染，洗净不带泥土。饲喂前切碎，长度为 0.5～3cm，放槽中自由采食。鸵鸟虽然可以消化粗纤维，但秸秆以及木质化程度很高的粗饲料不但利用率低，而且还容易造成腺胃阻塞。所以，鸵鸟对粗饲料的要求比较高。一般应以豆科牧草、禾本科牧草和各种青菜作为鸵鸟的饲料。包括苜蓿、红三叶、柱花草、象草、皇草、甘薯藤、苦荬菜、胡萝卜、黑麦草、墨西哥玉米、槐树叶等。在实际饲养中各种青绿饲料合理搭配，其饲养效果更好。下列植物对鸵鸟有毒有害：杜鹃花、黑刺槐、青绿色藻类、蓖麻、曼陀罗、飞燕草、毛地黄、金链花、毒芹、印度芜菁、桧属植物、刺豆属草、桑橙、附子、龙葵、橡树、夹竹桃、山扁豆属植物等。

② 精饲料的配制。鸵鸟精饲料所使用的原料与猪、鸡类似，最大特点是可以大量使用草粉。配合精饲料最好制成颗粒饲料，鸵鸟喜欢吃同时也减少浪费，粒径以 6～8mm 为宜。

（2）鸵鸟饲养中的饲料配方。

① 雏鸵鸟的精料配制。1～3 月龄雏鸟的混合料中，粗蛋白质的含量在 21%～22%，若单纯喂含高蛋白质的混合精料，很快会导致腿病的发生。其对钙、磷等矿物质元素的要求比雏鸡、鸭高得多，可在饲料中添加一些含钙的饲料如贝壳粉、碳酸钙、磷酸氢钙等。若以雏鸡饲料喂雏鸵鸟，应添加 2%～2.5%的骨粉，可有效防止腿病的发生。

饲料配方：玉米 56%，小麦 6%，豆粕 12%，麸皮 3%，进口鱼粉 6%，苜蓿草粉 10%，食盐 0.4%，碳酸氢钙 1.8%，贝壳粉 0.8%，骨粉 3%，蛋氨酸 0.4%，赖氨酸 0.4%，多种维生素 0.1%，微量元素 0.1%。日喂量：1～30d 龄 120g，31～60d 龄 120～600g，61～90d 龄 600～700g。

② 育成期鸵鸟的精料配制。3 月龄以上的育成期鸵鸟应改喂生长期料，推荐的粗蛋白质含量为 16%～17%。同时也要注意钙、磷的补充，育成期鸵鸟的钙磷需要量比生长鸡要高 30%～40%。

饲料配方：玉米 46%，小麦 6%，豆粕 8%，麸皮 10%，进口鱼粉 4%，苜蓿草粉 20%，食盐 0.4%，磷酸氢钙 2%，贝壳粉 0.5%，骨粉 2.5%，蛋氨酸 0.2%，赖氨酸 0.2%，多种维生素 0.1%，微量元素 0.1%。日喂量：4～7 月龄 0.8～1.4kg，7～12 月龄 1.4～1.9kg。

(3) 产蛋期鸵鸟的精料配制。产蛋期鸵鸟饲养的关键是供给平衡的日粮,特别是能量的供给量不能过多,代谢能以10.5MJ/kg为宜。否则雌鸵鸟就会肥胖,致使产蛋大幅度下降或停产。精饲料中粗蛋白质含量以18%为宜。钙及有效磷的含量分别为3%和1%。赖氨酸及蛋氨酸+胱氨酸的含量分别为0.90%和0.75%。

产蛋期鸵鸟的维生素和微量元素的需要量与种鸡相比差别较大。鸵鸟所需维生素除维生素E、泛酸、生物素与种鸡相似外,维生素A比种鸡高6000国际单位/kg,维生素D比种鸡高1000国际单位/kg,维生素B1比种鸡高1.2mg/kg,维生素B_2比种鸡高2.2mg/kg,氨酸比种鸡高20mg/kg,胆碱比种鸡高300mg/kg。其所需的铁、锌、碘也比种鸡高,而铜的需要量却比种鸡低。所以使用种鸡用的多维和微量元素添加剂是不科学的,有条件的饲养场应单独配制。

饲料配方:玉米44%,小麦5%,豆粕12%,麸皮5%,进口鱼粉7%,苜蓿草粉20%,食盐0.4%,磷酸氢钙2%,贝壳粉0.6%,骨粉3.3%,蛋氨酸0.25%,赖氨酸0.25%,多维0.1%,微量元素0.1%。

(七) 鸵鸟育雏期的饲养管理

雏鸵鸟从出壳到3月龄为育雏期。此期间的雏鸟由于各种生理机能尚未健全,抵抗力低,对环境条件的变化十分敏感。饲养管理工作稍有闪失,都将造成重大损失,影响到育雏成活率,或使淘汰率增加。因此,育雏期的饲养管理是养殖鸵鸟成败关键的一环。

(1) 育雏前的准备工作。

① 育雏舍。育雏舍专门用于饲养3月龄以内的雏鸟。要求干燥、卫生,保持良好通风。育雏前1周进行全面打扫和消毒,地面和墙壁用1%～2%的火碱喷洒消毒,然后关闭门窗,用甲醛溶液、高锰酸钾熏蒸消毒。在育雏室门口设置火碱消毒池。入雏前1d,将育雏室的温度升至22～25℃,保持相对湿度50%～60%。

② 育雏器具。目前我国大部分地区采用育雏伞或红外线灯来育雏。育雏伞一般采用大型号的折叠式电热育雏伞,伞顶装有电子控温器,伞内用陶瓷远红外线加热板或U型红外铁管加热,功率1000W。入雏前对育雏伞或育雏箱进行彻底消毒。开启育雏伞上的温控器或育雏箱上的红外线灯,温度调至34～36℃。在伞和育雏箱四周加置防护网。

食槽要求光滑平整,雏鸵鸟吃食方便,便于清洗和消毒。食槽要固定好,否则被雏鸟踩翻,既浪费饲料又可能压伤雏鸟。水槽一般使用水盆,使用前要进行清洗和消毒。鸵鸟饮水的特点是嘴向前要水,然后头向上抬。因此,要用宽阔的盆子盛水。

(2) 雏鸵鸟的饲养管理:

① 入雏。雏鸟出壳后在出雏器内停留24h,再转入育雏室内饲养。初生雏鸟的饲养密度为每平方米5～6只,随日龄的增加逐渐降低密度,到3月龄时雏鸵鸟每只最少$2m^2$。按雏鸟周龄的增长而逐渐分群。

② 温度调节。育雏第一周温度控制在34～36℃,以后每周降低2℃,至第七周达到21～22℃即可。1周龄雏鸟抵抗力低,温度骤变、风吹或雨淋等,都会使雏鸟引起感冒、肺炎而死亡。要经常观察雏鸟,根据雏鸟的活动状态来调整温度。温度低时,雏鸟就会靠近热源,挤在一起,发出震颤的吱吱叫声,易造成挤压伤或压死。尤其在晚上或停电时更要注意。温度高时,雏鸟张口呼吸,饮水增加。如果温度适中,雏鸟活泼好动,食欲旺盛,羽毛有光泽,休息和睡眠安静。2月龄时可以脱离人工保温,遇寒冷季节可适当推迟。

③ 开食与饲喂。刚出壳的雏鸟并不饥饿,其腹内的卵黄提供的营养足以满足48～72h的

营养需要。开食过早会使卵黄吸收不完全，损伤消化器官，对以后的生长发育不利。因此，雏鸟出壳后72h开食为好。开食前应先给饮水，水中加0.01%的高锰酸钾。饮水后2h再喂给混合精饲料，精饲料以粉状拌湿喂给，也可用嫩绿的菜叶、多汁的青草、煮熟切碎的鸡蛋作为开食料。在这期间不能在育雏伞、育雏箱内使用垫草和其他垫料，因为此时雏鸟分不清什么东西可食与不可食，只要能吞咽进去的东西就吃，往往造成肠梗阻。1周龄雏鸟的饲料以少喂勤添为原则，每隔3h投喂1次，以后逐渐减少到4h喂1次。每次先喂青绿饲料，后喂精饲料，每次以不剩料为准。1周龄以后喂料可不用拌湿料，而改喂颗粒料。1～3月龄的雏鸟精料占日粮的60%，青饲料占40%。镁的缺乏可引起骨骼病变，从3周龄开始，可以在饮水中补充硫酸镁，添加剂量为每10L中加5g。

④ 光照与通风。1～8d龄每天光照20～24h，2～12周龄每天光照16～18h。1周龄以后，如果天气晴朗，外界气温高，可将雏鸟放到运动场上活动晒太阳。阳光对雏鸟的作用很大，它可使雏鸟皮肤中的7-脱氢胆固醇转变为维生素D，后者参与体内的钙磷代谢，防止腿病的发生。所以，应尽可能让雏鸟在阳光下活动。在我国的北方，冬季育雏，可建玻璃温室运动场或塑料大棚运动场。

通风换气的目的是排出室内污浊的空气，换入新鲜空气，同时也调节室内的温湿度。在炎热的夏季，育雏舍应打开窗户通风。冬季通风要避免对流，要使雏鸟远离风口，防止感冒。一般通风以闻不到氨味为准。如果鸵鸟饲养密度较大，室内排泄物多，产生的氨就多，会直接影响鸵鸟的生长发育。

⑤ 综合防疫措施。雏鸟机体抵抗力较差，容易患病，所以要采取综合防疫措施。除饲料要保证营养外，主要应加强卫生和消毒，饮水要保证清洁，饲料要保证新鲜不变质。尤其是夏季喂给雏鸟的草和菜，切碎后应尽快喂，不要存放时间过长，否则极易腐烂和产生亚硝酸盐。环境卫生尤为重要，雏鸟有些疾病与环境卫生和饲养用具被污染有很大关系。如脐炎、卵黄囊感染、痢疾等，都是雏鸟常见病。主要是由于雏鸟脐部消毒不严或育雏室湿度太高，霉菌繁殖造成感染所致。运动场要经常清扫，不应存有树枝、砂砾、碎玻璃、铁丝或塑料袋等杂物，如果被鸵鸟吞食，就会导致消化不良、腺胃阻塞或创伤性胃炎。为预防疾病发生，对育雏舍、用具、工作服、鞋帽及周围环境进行定期和不定期的消毒。2月龄时，根据疫情，对雏鸟进行新城疫、支气管炎和大肠杆菌病的预防注射。

(八) 鸵鸟育成期的饲养管理

(1) 育成期的饲养。当鸵鸟长到4月龄时，体重已达到36kg，已能适应各种自然条件，应改喂育成期饲料。从育雏期过渡到育成期，要做好饲料更换工作。做法是:脱温后的第1周仍喂育雏料，第2周用2/3育雏料加1/3育成料，第3周用1/3育雏料加2/3育成料，从第4周起全部用育成料。饲喂育成期的鸵鸟，最关键的是防止其过肥。所以随着鸵鸟日龄的增大，吸收利用粗纤维的能力逐渐增强，应尽可能让其采食青绿饲料，限制混合精饲料的饲喂量。夏秋季早晨可以待露水消失后，把鸵鸟驱赶到苜蓿地或人工草地放牧。不能带露水放牧，因为露水会打湿鸵鸟的腹部，引起肚胀、腹泻。不放牧的育成期鸵鸟，饲喂应定时、定量，以日喂4次为宜。

(2) 育成期的管理。3月龄以上的鸵鸟在春夏季可饲养在舍外，晚秋和冬季的白天在舍外饲养，夜间要赶入饲养棚。鸵鸟原生活于沙漠地区，喜欢沙浴，通过沙浴可以洁身和清除体表寄生虫，增加运动量。饲养棚和运动场要垫沙，最好用黄色河沙，沙粒大小适中，铺沙厚度为

10～20cm。运动场可采用部分铺沙,部分种草,同时种植一些遮阴的树或搭建遮阴棚。

鸵鸟的神经比较敏感,受到惊吓时全群骚动狂奔,容易造成外伤和难产。

饲喂后 2h 应驱赶鸵鸟运动,以避免鸵鸟过多沉积脂肪,这对大群饲养的育成期鸵鸟更重要,驱赶运动每次以 1h 为宜。保证供给清洁的饮水,水盆每天清洗 1 次,每周消毒 1 次。育成期鸵鸟采食量大,排泄粪便也多。因此,运动场要经常清除粪便、异物,定期消毒。

当鸵鸟长到 6 月龄时,可进行第一次拔毛,因为出售羽毛是养殖鸵鸟的一项可观收入。一般在温暖的季节拔毛,冬季不能拔。拔毛时勿用力过猛以免损伤皮肤,腹部的毛不能拔。以后每隔 9 个月拔毛 1 次。

(九) 鸵鸟产蛋期的饲养管理

(1) 产蛋期的饲养。

① 饲喂方法。人工饲养的鸵鸟每天的活动比较有规律。因此,应根据其生活规律定时、定量进行饲喂。每天早晨天一亮,鸵鸟就在运动场上围着边网跑步,跑 15～20min 后进行交配、采食。所以首次饲喂时间以早 6 点半～7 点半为宜。1d 饲喂 4 次,每次饲喂的间隔尽可能相等。饲喂顺序可以先粗后精,也可以把精饲料拌入青饲料中一起饲喂。精饲料喂量一般每只控制在 1.5kg 左右,以防过肥而使产蛋量下降或停产。

② 饲料与营养。产蛋期鸵鸟配合饲料中粗蛋白质含量以 18%为宜,代谢能 10.5MJ/kg。青饲料以自由采食为主。特别要注意种鸟对钙的摄入,除了饲料中给予足够的钙磷外,在栏舍内可以设置饲喂骨粉的食槽,任种鸵鸟自由采食。

(2) 产蛋期的管理。

① 分群。雌鸵鸟在 24～30 月龄达到性成熟,雄鸵鸟在 36 月龄达到性成熟。性成熟前以大群饲养,每群 20～30 只,产蛋前 1 个月进行配偶分群。一般是 4 只(1 雄 3 雌)为一饲养单位。分群工作一般是在傍晚进行,先将雌鸵鸟引入种鸟舍,然后再将雄鸟引入,这样可以减少雌雄之间、种群之间的排异性。

② 运动场。鸵鸟体型较大,需要的运动场面积相应也要大。1 个饲养单位(1 雄 3 雌)约需 1500m^2 左右。这样可以给鸵鸟提供较为自由的活动范围,有利于提高受精率,防止过肥。鸵鸟一般是有规律的自由活动,不必驱赶运动。如果饲养群较大,7 只或 14 只以上为一饲养单位,则需要驱赶运动,最好在每天的上午和下午各驱赶 1～2h。

运动场要保持良好的卫生,随时清除场内的粪便和杂物,在鸟栏和食槽旁不要随意放置杂物,以免鸵鸟误食硬性异物,导致腺胃阻塞和肠穿孔,造成非正常死亡。运动场及棚舍最好每周消毒 1 次。

③ 休产。为了保持雌鸵鸟优良的产蛋性能,延长其使用年限,需强制休产。一般掌握在每年 11 月份至次年 1 月份为休产期。休产期开始时雌雄鸟分开饲养,停止配种,停喂精料 5d 使雌鸵鸟停止产蛋,然后喂以休产期饲料。

④ 捕捉。若要调换运动场或出售鸵鸟需要捕捉时,应特别小心。因为鸵鸟头骨很薄呈海绵状,头颈处连接也比较脆弱,均经不起撞击。捕捉的前 1d 在棚舍内饲喂,趁其采食时关入棚舍,捕捉时需 3～4 人合作,抓住颈部和翼羽,扶住前胸,在头部套上黑色头罩使其安定。鸵鸟一旦套上头罩,蒙住双眼,则任人摆布,可将其顺利装笼、装车。但对凶猛的鸵鸟要特别小心,在捕捉前 3～4h 适量喂一些镇静药物。

⑤ 运输。种鸵鸟运输前须减料停产,确保运输时输卵管中无成熟的蛋。运输前 3～4h 停

喂饲料，在饮水中添加维生素 C、食盐和镇静剂，以防止应激反应。运输季节以秋、冬、春季为宜，最好选择夜间进行，因鸵鸟看不清外界景物，可以减少骚动。运输工具和笼具要消毒，笼具要求坚固通风，顶部加盖黑色围网。运输过程中随时观察鸵鸟动态，长途运输注意定时给水。保持车内通风良好，对躁动不安的鸵鸟戴上黑色头罩。运到的鸵鸟由于应激，1～3d 内常会表现食欲下降，粪便呈粒状。应及时补充维生素、电解质，饲料投喂逐步过渡，以利鸵鸟运输应激后的恢复。

(十) 选种、育种

(1) 选购种蛋。外观选择种蛋上不应有泥土和粪便，蛋重以 1.5kg 左右为宜，蛋形以椭圆为好，蛋壳表面光滑，色泽正常，气室小。种蛋过大或过小，皱皮蛋及沙皮蛋等畸形蛋孵化率均很低。购种蛋的合同中，明确规定种蛋受精率，一般种蛋受精率要保持在 70%以上。最好在所选购种蛋的鸵鸟场观察，把当天产的种蛋登记清楚雌鸵鸟号、雄鸵鸟号、产蛋日期、蛋重等，筛选掉过小蛋和畸形蛋后，把所选好的种蛋装箱、运回，这样才能达到理想的目的。

(2) 选购小鸵鸟。如果选购小鸵鸟是用于扩群繁殖时，首先应考虑防止近亲问题。有些鸵鸟场的规模较小，或者虽有较大规模，但生产性能好的鸵鸟不多，所孵化出的小鸵鸟大多为近亲。如果购进这样的雏鸟，其近亲系数很高，会造成严重的退化。可考虑从两个场选购小鸵鸟，雌雄鸵鸟交叉婚配，可有效地避免近亲交配。其二，是认真查阅小鸵鸟的系谱，掌握雌鸵鸟的产蛋性能和小鸵鸟本身的生长曲线，是否符合生长规律。认真细致地观察小鸵鸟，看发育是否正常，特别是腿和脚趾，不能有变形和缺陷。还要特别注意，同批次的小鸵鸟中不能混入年龄大而长得很慢的僵鸵鸟。僵鸵鸟一般头比较大，脚趾也比较大，行动不灵活，羽毛无光泽，只要认真观察，很容易辨认出来。其三，是小鸵鸟性别的配比，因所购的小鸵鸟是扩群作为预备种鸟用的。配种用的鸵鸟雄雌性别比一般为 1 比 2 或 1 比 3，所以选购小鸵鸟不能按雄雌比 1 比 1 选购，否则，购入的 4 只小鸵鸟，其中就有 1 只雄鸵鸟将作为商品鸵鸟处理，而商品鸵鸟的价格远远低于种鸵鸟，所以，选购小鸵鸟的雄雌性别比应以 1 比 2 为佳。否则，一起步就会造成一定的经济损失。其四，是所选的雄雌鸵鸟的年龄不能是同批次的。因为雌鸵鸟的性成熟早于雄鸵鸟半年至 1 年。所以，选择同批次的小鸵鸟婚配，将会造成开产后至少有半年的蛋不受精，损失很大。一般要求雄鸵鸟的年龄至少比雌鸵鸟大 6～10 个月。其五，是小鸵鸟的年龄。小鸵鸟生长到 4 月龄以上，其消化机能逐渐完善，才可以适应各种气候条件。所以，最好选购 4～6 月龄以上的小鸵鸟。

(3) 雄鸵鸟的选择。雄鸵鸟的选择更为重要。如果雄鸵鸟不好，再好的雌鸵鸟也等于零。从外形看，雄鸵鸟要求头较大，喙红，眼圈红，眼睛有神，顶粗长，腿红，泄殖腔周围红，生殖器大而红。体躯前高后低，有雄相，性欲强，配种次数多，一般日配种超过 3～4 次，而且每次都能配种成功。受精率高，没有遗传缺陷，这样的雄鸵鸟是好的种雄鸵鸟。另外，在选购雄鸵鸟时还须注意，如果一栏鸵鸟中(无论雄雌比为 1∶2或 1∶3)，若雌鸵鸟生产性能都高的话，最好不要把雄雌鸵鸟分开来选购，否则会造成较长时间的婚配不好，产不受精蛋。

(4) 雌鸵鸟的选择。从外形看，产蛋高的雌鸵鸟，其头部清秀，眼大有神，颈细长，背较平直。背部羽毛污浊且后半部羽毛短而稀。尾巴下垂，紧贴尾部，后躯丰满、厚实。两翅经常抖动，头紧贴地面，两喙一张一合，左右摇晃，发情症状明显。雌鸟体形适中，不过肥或过瘦，性情温顺，愿意接近人，这样的雌鸟产蛋率比较高。反之，如果雌鸵鸟体型过于肥胖，羽毛蓬松，头较大，笨重，腿长，颈短翅高，尾巴平举或上翘，后躯呈三角形，没有发情表现，胆小，不敢接近人。这样的雌鸵鸟产蛋率很低或不产蛋。一般没有双翅振动、缺乏发情表现的鸵鸟不宜选购，可以说不是种鸵鸟。

优秀的雌鸵鸟一般隔 1d 产 1 枚蛋，连产 20 枚以上才休息 6～12d，接着又是一个产蛋期。一般 4 岁龄以上的雌鸵鸟，年产蛋在 80 枚以上的为优秀种鸵鸟。同时还必须注意所产蛋的质量，如所产蛋的表面是否光滑，是否出现有皱纹、扁圆的畸形蛋。还应特别注意种蛋的受精率，一般受精率应在 70%以上。除外表选择外，还需要一段较长时间的观察。所以，选购种鸵鸟必须掌握第一手资料，否则不会选到好的种鸵鸟。

鸳　鸯

别名乌仁哈钦、官鸭、匹鸟、邓木鸟。雁形目，鸭科。主要分布东北北部、内蒙古繁殖；东南各省及福建、广东越冬；少数在台湾、云南、贵州等地是留鸟。鸳鸯中型鸭类，全长 40cm 左右。体重 630g。雄鸳鸯为最艳丽的鸭类。颈部具有由绿色、白色和栗色所构成的羽冠，胸腹部纯白色；背部浅褐色，肩部两侧有白纹 2 条；最内侧两枚三级飞羽扩大成扇形，竖立在背部两侧，非常醒目，雌性背部苍褐色，腹部纯白。雄鸳鸯覆羽与雌鸳鸯相似，胸部具在粉红色小点。眼棕色，外围有黄白色的环，嘴红棕色。脚和趾红黄色，蹼膜黑色。栖息于内陆湖泊及山麓江河中，平时成对生活而不分离。据传说，如配偶一方因故死亡，则另一方从此独居，但据观察结果表明，该鸟并非如此，有些科普文章戏称之为“爱情的骗子”。鸳鸯善于行走和游泳，飞行力也强。筑巢在多树的小溪边或沼泽地、高原上的树洞中。洞口距地面 10～15m，洞内垫有木屑及亲鸟的成羽，产卵 6～10 枚或更多，卵呈灰黄色或白色，圆形，无斑，重 45～52g。人工笼养环境中，孵卵由雌鸟担任。雏鸟由成鸟守护，一般留巢 1 个月，2 个月后开始学飞，但他们仍同亲鸟一起生活。

鸳鸯肉性味咸，平。入大肠经。清热燥湿，杀虫止痒。治痔瘘，疥癣。鸳鸯还是高档观赏鸟。

【肉鸳鸯的养殖技术】

鸳鸯具有较高的肉用、药用、观赏等价值，它饲养条件要求不高，抗病力强，比较容易饲养成功，具滋阴壮阳、保肝益智、祛病健身之功效，并且有产蛋率高繁殖快，耐粗饲，适合水养、圈养、旱养等，是一种大有发展前途的特养禽类。

(一) 肉用鸳鸯的生活习性

肉用鸳鸯具有若干生活习性，比较明显的是喜水性、耐冷性和杂食性等。

(1) 喜水性。肉用鸳鸯属水禽，寻食、嬉戏和求偶交配可在水中进行，但不喜欢长时间在水中游泳，在水中游泳洗澡，能保持羽毛整洁，有助于体热散发，促进新陈代谢，保持身体健康。

(2) 合群性。肉用鸳鸯合群性强，只要有比较适宜的饲养场所和条件，它们都能在采食和繁殖等方面合群生活得很好，因此，肉用鸳鸯适宜大群饲养。肉用鸳鸯性情温驯，不怕人，耐粗饲，善觅食，可小群放养或大群圈养。

(3) 耐冷性。肉用鸳鸯对气候环境条件的适应性强，耐冷不耐热，只要饲养条件较好，在冬春季节温度较低时，并不影响它的产量和增重。相反，对炎热气候的适应较差，往往在夏秋季节休产换羽。

(4) 杂食性。由于肉用鸳鸯的嗅觉和味觉不发达，对饲料的香味要求不高，能吞咽较粗大的食团并贮存在食道膨大部，肌胃内压高，经常存留砂砾，能很好地磨碎食物。因此，肉用鸳鸯一次性食量较多，且食性颇广。

(5) 生产性能。据测定，在当前农村饲养条件下，肉用鸳鸯的平均初生体重为 40g，饲养 11 周龄公鸳鸯体重为 3640g，最大的可达 5000g 左右。成年母鸳鸯体重为 2600g。肉料 1∶(2.8～3.4)。成年公鸳鸯半净膛屠宰率为 80%，母为 84%；公全净膛屠宰率为 74%，母 75%，平均干重 360g 以上。饲养 6 个月产量，年可产蛋 200～220 枚，平均蛋重 72g，大的重 100g。

(二) 饲养场地的选择

(1) 舍址要环境僻静；

(2) 场地以背风向阳，坐北朝南，地势较高为宜，运动场坡度以 30°为宜。土质以砂质为好；

(3) 也可利用各闲房及空间笼养等。

(三) 肉用鸳鸯的饲养管理

(1) 育雏鸳鸯。

① 控温。1～3d 龄 30～31℃，4～10d 龄 25～26℃，11～20d 龄 21～24℃。平地育雏，地面上应铺松软稻草，并分隔小栏，7d 内每小栏雏鸳鸯 50～70 只。由于雏鸳鸯有睡堆天性，因此要有人日夜值班，每隔 1h 用手轻轻拨弄赶堆一次，防止打堆压死闷死，1 周后调整密度。

② 开食。先饮水后喂料，饮水中加入适量复合维生素 B 剂，要有充足饮水器备足清洁水，千万不能断水。饲喂次数一般 10d 内每天 7 次，10d 后每天 4～5 次，并进行防疫注射。

(2) 育成鸳鸯。饲养密度每平方米 10～15 只为宜，1 月龄后鸳鸯生长速度加快，尤其 2～3 月龄之间生长速度最快，所以也是鸳鸯食量最多的时期，需要全价料供给，以保证其快速生长的需要。在这个时期，有两次啄羽高峰。一是 1 月龄尾羽生长时，二是 2 月龄后翼羽生长时，为了减轻啄羽，应注意增加含硫氨基酸和治疗啄羽方面的添加剂，如羽毛粉、停啄灵等。

(3) 育种鸳鸯。70d 龄后按 1∶(5～6)选留公鸳鸯，选留母鸳鸯要头小、颈长、眼大；公鸳鸯应为体大、健壮、灵活，饲料可选用蛋鸭或蛋种鸭全价饲料，同时注意饲料中钙、磷比例，产蛋高峰期注意蛋白含量和喂料次数，以利于达到高产稳产。在产蛋期可在地上垫些松软稻草利于母鸳鸯产蛋。

蓝孔雀

别名印度孔雀。鸡形目、雉科、孔雀属。蓝孔雀主要产于巴基斯坦、印度和斯里兰卡，是印度的国鸟。孔雀可能是人类饲养的最早的观赏鸟类，它们是留鸟。今天世界各地均有孔雀被饲养。雄性蓝孔雀的总长度可达约 2m，重 4～6kg。头上具冠羽，眼睛的上方和下方各有一条白色的斑纹。头顶、颈部和胸部为蓝色。翅膀上的覆羽为黑褐色，飞羽黄褐色。腹部深绿色或黑色。尾羽约 152cm 长，可以竖起来像一把扇子一样“开屏”。尾羽上反光的蓝色的“眼睛”可以用来吓天敌。雌性蓝孔雀比较小，很不显眼，其身长仅约 1m，重 2.7～4kg。头上具冠羽。头顶、颈的上部为栗褐色，羽缘带有绿色。眼眉、脸部和喉部为白色。颈下部、上背和上胸部为绿色。上体其余部分为土褐色。翅膀具白色的边缘。下胸部暗褐色。腹部暗黄色。虹膜褐色。腿、脚褐色。

蓝孔雀是一种极其名贵的观赏、食用和药用动物。蓝孔雀还是野味浓郁的肉用珍禽，产肉多，全净膛屠宰率达 80%。蓝孔雀肉的蛋白质含量为 28%，脂肪约为 1%，富含十几种氨基酸及多种维生素。食孔雀肉辟恶，能解大毒、百毒、药毒，服食孔雀肉后服药必不效，为其解毒也。

人工养殖蓝孔雀不单扩大了观赏动物资源,也给高级工艺品、生物制品提供了原料。蓝孔雀的羽毛也深受欢迎,畅销海内外。由于住房条件的不断改善,许多人已将蓝孔雀列为庭院玩赏鸟饲养。孔雀到谁家,谁家就吉祥。

【蓝孔雀的人工养殖技术】

蓝孔雀的繁殖和培育成本较低,经济效益较好,发展蓝孔雀养殖是既能陶冶情操,又能带来财富的新兴产业。

蓝孔雀的饲养笼由内室和室外活动场地两部分组成。内室坐北朝南,长、宽、高均为 3m,室内需设约 1m 高的栖架。室外活动场地,长、宽、高分别为 5m、4m、3.5m。饲养场舍应选择在安静、向阳、干燥背风处;运动场宜大不宜小,场内应有树木或设置栖架及遮阴物。人工饲养时以 1 雄 3～5 雌一组为好,不宜组成多雄多雌的大群。因为两只雄鸟在一起争斗非常凶,不能正常配种,影响授精,给管理和繁殖带来麻烦。

房舍地面应坐北朝南,地势较高,有充足的光线,这样冬天可保温,夏天又比较凉爽。房舍地面的硬底,上铺沙土,1.5～2m 高处设栖架。如观赏蓝孔雀而与其他鸟类一起混群饲养并在舍外过冬的,应注意笼舍的空间,栖息物要安得适当,让其有一定的活动范围,否则蓝孔雀的尾羽生长、“开屏”都会受到影响。

蓝孔雀对温度的适应能力很强,但最好给它们创造一个不低于 10℃ 的外界环境条件,并且在保温的前提下要注意通风。在北方寒冷地区,必须在室内过冬。蓝孔雀对光照的要求较高。要使蓝孔雀早熟、多产蛋,适当增加光照时间、保持一定的环境温度特别重要,经常进行禽舍及运动场的消毒,一般采用 2%的烧碱水或 3%热食碱水加生石灰配制成消毒液,来喷洒墙壁、地面、栖架等。

蓝孔雀的饲料由 10%高粱、20%小麦、20%稻谷、40%玉米、10%动物性饲料(鱼或肉),以及适量青绿饲料(青菜、青草、水果、麦苗等)、矿物质、维生素等组成。蓝孔雀喜食昆虫,经常加喂一些面包虫、蝗虫、蚱蜢等。在人工饲养条件下,每只雌鸟每年最多可产卵 40 枚。在雌鸟产卵期间,应在饲养笼的地上铺一层木屑或细沙泥,以免卵着地时破碎。孵化时,孵化箱温度控制在 37.5～38℃,湿度控制在 50%～65%。除用孵化箱孵化蓝孔雀的卵外,还可用健康无病的母鸡代孵。

雉　鸡

又叫环颈雉、野鸡、山鸡。全国各地均有分布。山鸡适应性广,抗寒,耐粗生活环境从平原到山区,从河流到峡谷,栖息在海拔 300～3000m 的陆地各种生态环境中,夏季能耐受 32℃ 以上高温,冬季零下 35℃ 也能在冰天雪地行动觅食,饮冰碴水,不怕雨淋。山鸡集群性强,繁殖季节以雄雉鸡为核心,组成相对稳定的繁殖群,独处一地活动,其他雄雉群不能侵入,否则开展强烈争斗。自然状态下,由雌雉鸡孵蛋,雏雉鸡出生后,由雌雉鸡带领初生的雏雉鸡活动。待雏雉鸡长大后,又重新组成群体,到处觅食,形成觅食群。雉鸡在平时觅食过程中,时常抬起头机警地向四周观望,如有动静,迅速逃窜。因此,养殖场要求保持环境安静,防止动作粗暴及产生突然的尖锐声响,以防雉鸡群受惊。食量小,食性杂。雉鸡胃囊较小,容纳的食物也少,喜欢吃一点就走,转一圈回来再吃。雉鸡是杂食鸟,喜欢各种昆虫、小型两栖动物、谷类、豆类、草籽、绿叶嫩枝等。人工养殖的雉鸡,以植物性饲料为主,配以鱼粉等动物性饲料。据观察,家养雉鸡上午比下午采食多,早晨天刚亮和下午 5～6 时,是全天 2 次采食高峰;夜间不吃食,喜欢安静环境。

雉鸡肉质细嫩鲜美，野味浓，其蛋白质含量高达30%，是普通鸡肉、猪肉的2倍，脂肪含量仅为0.9%，是猪肉的1/39、牛肉的1/8、鸡肉的1/10，基本不含胆固醇，是高蛋白质、低脂肪的野味食品。野鸡补气血，食之令人聪慧，勇健肥润，止泻痢，除久病及五脏喘息等。雉鸡的羽毛别具特色，还可以制成羽毛扇、羽毛画、玩具等工艺品。

【雉鸡的饲养技术】

(一) 雉鸡的繁育特点

(1) 性成熟晚。雉鸡季节性产蛋。雉鸡生长到10月龄左右才达到性成熟，并开始繁殖。雄雉鸡比雌雉鸡晚1个月性成熟。在自然环境中，野生雉鸡的繁殖期从每年2月份到6～7月份，雉鸡的产蛋量即达到全年产量90%以上。在人工养殖环境中，产蛋期延长到9月份，产蛋量也较野生雉鸡高。人工驯化后的雉鸡性成熟期可提前。美国七彩雉鸡4～5个月就可达到性成熟期。

(2) 配种。野生状态下雉鸡在繁殖季节以1雄配2～4雌组成相对稳定的“婚配群”，每年2～3月开始繁殖，5～6月是繁殖高峰期，7～8月逐渐减少，并停止。人工养殖的雉鸡要掌握适时放对配种。

(3) 产蛋。野生状态下，雌雉鸡年产蛋2窝，个别的能产到3窝，每窝15～20枚蛋。蛋壳色为浅橄榄黄色，椭圆形，蛋重24～28g，纵径25～32.5mm，如第一窝蛋被毁坏，雌雉鸡可补产第二窝蛋。在产蛋期内，雌雉鸡产蛋无规律性，一般连产2d休息1d，个别连产3d休息1d，初产雌雉鸡隔天产1枚蛋的较多，每天产蛋时间集中在上午9时至下午3时。

(4) 就巢性。野生雉鸡有就巢性，通常在树丛、草丛等隐蔽处营造一个简陋的巢窝，垫上枯草、落叶及少量羽毛，雌雉鸡在窝内产蛋、孵化。在此期间，躲避雄雉鸡，如果被雄雉鸡发现巢窝，雄雉鸡会毁巢啄蛋。在人工养殖条件下，要设置较隐蔽的产蛋箱或草窝，供雌雉鸡产蛋，同时，可以避免雄雉鸡的毁蛋行为。

(二) 雉鸡的人工孵化

(1) 种蛋的选择。雉鸡种蛋的颜色有橄榄色、暗褐色、浅褐色、灰色和蓝色。蛋壳厚度0.25～0.28mm，纵径平均4.37cm，横径平均3.43cm，蛋形指数1.27左右。平均蛋重：地产雉鸡25～30g，美国七彩雉鸡29～32g。入孵的种蛋必须大小适中，蛋形正常，蛋壳颜色符合本品种标准，蛋重一般以26～30g为宜，小于23g，大于31g，都不适合种用。雉鸡种蛋的其他选择方法与家鸡相同。

(2) 雉鸡种蛋孵化时间。雉鸡的孵化期为23～24d，在孵化正常时，22d末开始啄壳，个别的开始出壳，23d半全部出壳，24d末清扫出雏器。

(3) 雉鸡孵化温、湿度。雉鸡孵化温、湿度要求既不同于家鸡，也不同于其他珍禽，温度采取变温孵化法，湿度掌握前高～中低～后高的原则。

(4) 晾蛋。从入孵后的第七天开始晾蛋，如夏季温度较高时，每天要晾蛋1～2次，每次10min左右。

(5) 孵化效果的检查与分析。人工饲养的雉鸡种蛋孵化，头照无精蛋不超过5%～6%，死胚蛋为2%～3%，如果死胚率过高，多数是由于种蛋保管不好，孵化温度过高或过低，翻蛋不足。无精蛋过多，则是因为种雉鸡雌雄比例不当，种雉鸡患病，雄雉鸡雄性不强或没有射精能力等原因。光照时，死胚蛋不应超过2%～3%，死胚蛋过多往往是种雉鸡饲养不良，胚胎营养不足及孵化温度不适合,通风不良所致,孵化后期移盘后死胚率为 6%～7%,如超过此值,有可能是中后期孵化条件不好,主要表现为啄壳不出的死胚蛋较多。

雉鸡的营养需要,由于雉鸡的不同生产目的,不同的生长发育期及繁殖期对营养需要有不同的要求。

(三) 雉鸡育雏期的饲养管理

雉鸡的育雏期是指雏雉鸡从出壳到脱温这段时间,一般为 1～30d 龄,有些地区可长达 42d 龄,育雏期是饲养雉鸡过程中最关键的环节。雏雉鸡在 1 周龄内死亡率最高,许多品质低劣的种蛋孵出的雏雉鸡多在这一时期死亡。雏雉鸡非常胆怯。对外界环境的微小变化特别敏感,任何刺激都会引起雏雉鸡惊慌逃窜,以致死亡。所以育雏鸡要特别保持环境幽静,操作按程序,不要随意更改或经常换人。如果环境条件较差时(如各种声响、黑暗、强光、各种颜色等),应在雏雉出壳 30h 内输送给雏雉鸡,建立对这种刺激的条件反射,以后遇到这种情况时,就不会引起恐惧而四处逃窜。育雏方式可分两种,一种是立体式育雏(笼式育雏);另一种是平面育雏(地面垫草育雏、网上平养育雏)。其中笼式育雏和网上平养育雏清洁卫生,便于防疫。地面平养垫草育雏容易感染胃肠道疾病和球虫病等。育雏前的房舍、饲养用具等准备工作均与家鸡相同,但有一些特殊要求。雉鸡育雏比家鸡难度大,要求高,刚出壳雉鸡体小娇嫩,必须提供完全符合雉鸡生长的良好生活环境和营养。

(1) 严格保温。温度是雉鸡育雏的重要条件,必须控制好适宜、恒定的温度。如温度忽高忽低,变化太大,雉鸡容易感冒,患消化道疾病等,影响生长发育,严重时可引起死亡。育雏温度随着雏雉鸡年龄的增长而降低,脱温时间应视育雏季节、天气变化、给温方法、雏雉鸡体况,灵活掌握,可采取 20d 龄以后白天脱温,晚上供温的方式,使育雏效果达到最佳。

(2) 湿度。育雏的环境湿度也很重要。育雏湿度过大,雏雉鸡水分蒸发散热困难,食欲不振,容易患白痢、球虫、霍乱等病;湿度过低,雏雉体内水分蒸发过快,会使刚出壳的雏雉鸡腹内卵黄吸收不良,羽毛生长受阻,毛发焦干,出现啄毛、啄肛现象。

(3) 密度。育雏雉鸡密度大小直接影响雏雉鸡的生长发育。密度大,雏雉鸡生长速度减缓,易发生啄癖。因此,应按时调整雏雉鸡的密度。1 周龄每平方米饲养 50 只雏雉鸡,2 周龄每平方米 40 只,从 3 周龄起每平方米面积的饲养密度每周减少 5 只,到 7 周龄时为 15 只。

(4) 光照。雏雉鸡的光照基本与家鸡光照制度一样,但是雉鸡胆小,敏感易惊吓,在控制光照开关应采用渐暗、渐明式开关调控器,避免引起对雏雉鸡的惊吓刺激造成意外损失。

(5) 及时断喙。雉鸡易发生相互啄斗,到 2 周龄时,就有啄癖发生,应对其进行断喙。在 14～16d 龄时进行第一次断喙,7～8 周龄进行第二次断喙,由于雉鸡喙部生长很快,应根据生产情况,及时安排断喙。断喙前 2d 要做好准备工作,为防止雉鸡应激,应在饮水中加入多维电解质、维生素 K3,连用 3d,同时料槽中饲料应加满。

(6) 初饮。雏雉鸡从出雏器出来后 24～36h,应进行第一次饮水,给予雏雉鸡 35℃温开水,为防白痢、大肠杆菌病,在水中加入 0.01%氟哌酸或环丙沙星均有良好的预防效果,同时还可在水中加入多维电解质或葡萄糖。

(7) 开食。在雏雉鸡进行初饮后 2～3h,将饲料用水调制到干湿适中,均匀撒在开食盘中或垫纸上,诱使雏雉鸡采食。喂料量控制在半小时内采食完,少给勤添,防止饲料腐败。1 周后饲料中拌 1%～2%沙粒,以助消化。

(四) 雉鸡育成期的饲养管理

雉鸡脱温后至性成熟前的这一阶段，为雉鸡的育成期，这时期正是雉鸡长肌肉、长骨骼、体重的绝对增长速度最快的时期，平均每只鸡日增重达 10～15g，到 3 月龄时雄雉鸡可达到成年体重的 73%，雌雉鸡可达到成年雉鸡的 75%。因此，育成期的饲养管理，对日后商品雉鸡的上市规格或种雉鸡性能的质量关系密切。所以对育成期的饲养管理同样也应给予高度重视。

(1) 饲养方式。

① 立体笼养法。以商品肉用雉鸡为目的大批饲养，在育成期采用立体笼养法，可以获得较好的效果。此期间雉鸡的饲养密度应随鸡龄的增大而降低，结合脱温、转群疏散密度，使饲养密度达到每平方米 20 只左右，以后每 2 周左右疏散 1 次，笼养应同时降低光照强度，以防啄癖。

② 网舍饲养法。网舍饲养法对作为种用的后备雉鸡可提供较大的活动空间，使种用雉鸡繁殖性能提高。在雏雉鸡脱温后，转到网舍饲养时，为防止由于环境突变，雉鸡惊慌突然起飞乱冲乱撞，造成死亡损伤，应将雉鸡的主翼羽每隔 2 根剪掉 3 根。网舍饲养应在网室内或运动场上设沙地，供雉鸡自由采食和进行沙浴。

③ 散养法。可以根据雉鸡的野生群集习性，充分利用荒坡、林地、丘陵、牧场等资源条件，建立网圈，对雉鸡进行散养，为防雉鸡受惊飞逸，可在雉鸡出壳后进行断翅，即用断喙器切断雏雉鸡两侧翅膀的最后一个关节。在外界环境温度不低于 17～18℃时，雏雉鸡脱温后即可放养。放养密度为每平方米 1～3 只。这种饲养方法，雉鸡基本生活在大自然环境中，空气新鲜、卫生条件好、活动范围大，既有天然野草、植物、昆虫采食，又有足够的人工投放饲料、饮水，极有利雉鸡育成期的快速生长。同时，在这种条件下生长的雉鸡具有野味特征，很受消费者的欢迎。

(2) 饲养管理。

① 饲养。5～10 周龄的雉鸡每天喂 4 次以上，11～18 周龄，每天喂 3 次。饲喂时间应早晚 2 次尽量拉开时间间距，中间再喂 1 次，这样就可避免夜间空腹时间过长，切忌饲喂不定时，饲喂量时多时少，雉鸡饥饱不均。在饲养过程中，必须给雉鸡不间断地供给清洁饮水。

② 转群。雉鸡胆小敏感，易受惊吓。因此，在雉鸡转群前，要进行大、小、强、弱分群，以便分群饲养管理，达到均衡生长。同时，雉鸡由育雏笼养转到育成舍平面饲养，环境条件的突然改变，使得雉鸡精神不安，惊恐万状，易在舍内四角起堆，互相挤压，造成局部密度过大，特别是夜间，天气较凉，雏雉鸡更易扎堆，造成死亡。为避免压死雉鸡，应在四处墙角用垫草垫成 30 度角的斜坡，将垫草踏实，这样雉鸡钻不进草下，减少了挤压的伤亡。在转群的前 2～3d 内，夜班人员要随时将挤堆的雏雉鸡及时分开。

③ 驱赶驯化。在网舍饲养条件下，在转群的 1 周内，将雉鸡关在房舍内，定时饲喂，使之熟悉环境及饲养员的操作动作等，建立条件反射，使之不怕人，愿意接近人。在天气暖和的中午可将雉鸡赶到室外自由活动，下午 4 点以前赶回房舍。1 周后，白天将雉鸡赶到网室运动场自由活动，晚上赶回房舍。如遇雨天，应及时将雉鸡赶回舍内，以防淋雨感冒，待形成一定的条件反射后，就可以昼夜敞开鸡舍门，使雉鸡自由出入。

④ 网养密度。5～10 周龄每平方米 6～8 只，如运动场面积计算在内则每平方米 3～5 只，雉鸡群以 300 只以内为宜。11 周龄每平方米 3～4 只，将运动场面积计算在内，每平方米为 1.4～2.5 只，按雌雄分群饲养，每群 100～200 只。据报道，育成期饲养密度直接关系到体重发

育、羽毛完整、疾病流行。饲养密度与雉鸡尾羽生长和长度呈反比关系,饲养密度为2只/m^2时,背羽和尾羽生长良好,无光背和尾羽损伤。饲养密度为4～5只/m^2时,背羽生长良好,但尾羽多有损伤,部分尾羽长不出。饲养密度8只/m^2时,虽然体重仍能达到上市标准,但光背雉鸡增多,尾羽受损,基本上长不出来。因此,要严格控制饲养密度在4只/m^2以下,保证羽毛特别是尾羽的生长。争取好的市场售价。

⑤ 光照。如果留作种用的雉鸡,应按照种鸡的光照要求,分别对雄、雌种用雉鸡适时达到同步性成熟来管理。对于肉用雉鸡,采用夜间增加光照来促使雉鸡群增加夜间采食、饮水,提高生长速度和脂肪沉积能力。

⑥ 日粮营养。在夏季天气酷暑和冬天寒冷时,应提高雉鸡日粮的能量水平,补充维生素、微量元素以保证育成期的生长发育所需。

⑦ 卫生防疫。在雉鸡的育成期间,应做好防疫工作,在育成期如果是网室平养,应预防球虫病和禽霍乱,可以在饲料中添加药物进行预防。

鸽 子

亦称家鸽、鹁鸽,鸽子的祖先是野生的原鸽。鸽形目、鸠鸽科、鸟属、鸽种。世界各地广泛饲养。鸽子体长295～360mm;体形丰满;喙小,性温顺。行走的姿态似高视阔步,并带有特征性的点头动作。平常所说的鸽子只是鸽属中的1种,而且是家鸽。地球上的鸽子有5个种群,250种。主要品种有:

野鸽——未经驯化的野生鸽子。主要分岩栖和树栖两类。分布于世界各地,有林鸽、岩鸽、北美旅行鸽、雪鸽、斑鸠等多种。在我国的北方和西北高原等广大地区,不仅有栖息在岩石上的岩鸽,也有栖息在树枝上的林鸽。野鸽具有多方面的适应性,充分表现飞翔落居本领,并凭借太阳、月亮和星辰,运用视觉、听觉和嗅觉来辨识方向。

斑尾林鸽——野鸽的一种。比家鸽大而重。在树上筑巢。羽色为黑色,翅膀边缘有白羽,颈部羽毛夹有白色。喙黄色,眼睛淡黄色。欧洲分布很广,不易驯养,可与家鸽杂交。

斑鸠——亦称“勃鸠”、“鹁鸪”。野鸽的一种。亚种甚多,体型大小及羽毛色彩因种类而异。多栖于平原和山地的灌木林中,食果实及种子等。在我国分布较广的有棕背斑鸠,亦称“金背斑鸠”或“山斑鸠”。

家鸽——由原鸽驯化而成。按用途可分竞翔、食用和玩赏三大类。竞翔鸽有强烈的归巢欲和快速的飞翔力,是人们组织体育竞赛的“运动员”。食用鸽体形大,肉质美,营养价值高,饲养方便,繁殖快,是供人佐餐的滋补食物。玩赏鸽以奇丽的羽装、羽色和各种表演技巧见长,是供人娱乐的宠物。家鸽体形大小悬殊,最小的玩赏鸽体重约300g,最大的食用鸽体重约1500g。羽色多种多样,主要有红、黄、蓝、白、黑,以及雨点和花等。有善飞的快速鸽,也有飞不起来的地鸽。

信鸽——亦称“通信鸽”。用于航海通信、商业通信、新闻通信、军事通信,民间通信等。

赛鸽——亦称“竞翔鸽”。专用于竞翔比赛的鸽子。人们从关养到放养的过程中,发现鸽子有认巢的性能,然后有意识地把鸽子带到乙地并使之飞归甲地,这就产生了通信鸽。为了提高赛鸽的归巢性能和飞翔性能,必须选好种鸽并进行科学的饲养管理与训练。挑选赛鸽的标准为骨骼发达而有力,羽毛紧密坚挺而富光泽,肌肤结实而有弹性。翅翼宽大,眼睛色彩明亮,更重要的是血统优良。中短程速度鸽和超远程耐力鸽又各具特点。

食用鸽——亦称“菜鸽”、“鸡型鸽”、“肉用鸽”。家鸽的一种,专供人们佐餐滋补用的鸽子。鸽子不仅味道鲜美,而且营养丰富,有较高的药用价值,是著名的滋补食品。

玩赏鸽——亦称“观赏鸽”。专供人们玩赏的鸽子。全世界多达600余种。我国玩赏鸽品种繁多,自成体系,为世界所公认。据不完全统计,约有200余种,是祖国宝贵的文化财富。

广场鸽——散养于广场上的鸽子。主要用作景物的点缀。鸽子被人们视为和平、美好、幸福的象征。

基础种鸽——亦称“基本命鸽”。养鸽者育成本品系的原种鸽。每一个养鸽者养鸽伊始总是先引进种鸽,有的一次成功,有的几经更迭,直到成功后才稳定鸽群。繁殖成功,育成品系,便构成本品系的主要血统。

种鸽——具有优良性状而作传宗接代用的鸽。有两种:一种为表现型,是得过冠军甚至多次夺冠的赛鸽;另一种为基因型,是优良品系的名种鸽。

蛋鸽——经过不断地驯化、选种、育种而形成的以产蛋为主的家鸽品种。鸽蛋鲜美,营养价值高,饲养方便,繁殖快,是供人佐餐的滋补食物。

【鸽子的繁殖习性与饲养技术】

(一) 繁殖习性

首先,鸽子是“一夫一妻”制的鸟类。鸽子性成熟后,对配偶具有选择性,一旦配对就感情专一,形影不离。不像其他家禽那样滥交滥配。在同一鸽群中,若雌雄鸽数量不相等,还可能出现2公或2母的同性配偶。鸽子配对后,公母鸽都参加营巢、孵化和哺育幼鸽活动。鸽子在丧偶后要经过较长时间才能重新配对。在生产中避免近亲繁殖造成品种退化,可有计划地人工选配。若雌雄鸽自由配对后,也可重新拆开再配,但非常费时费力。因此,在育种时,要掌握鸽子的这一特性,尽早制定人工选配计划,以防自由配对。另外,成年鸽失去配偶后,在发情季节,因性欲强烈,也可能出现乱交乱配现象,这就可能会扰乱鸽群,为了保持鸽群的安静,可以将发情鸽及时配对,或者暂时将其隔离。

父母亲鸽共同筑巢、孵卵和育雏鸽子。父母亲鸽交配后,就会寻找筑巢材料,构筑巢窝。生产性能好的公鸽还具有“躯妻”行为,若雌鸽离巢时,雄鸽会追逐母鸽归巢产蛋。雌鸽产下蛋后,雌雄鸽轮流孵蛋,公鸽每天上午9时入巢孵化,换母鸽出巢觅食、活动。下午5时母鸽入巢孵化至次日上午9时。就这样公母交替,日复一日,直到孵出雏鸽为止。幼鸽孵出后,父、母亲鸽共同分泌鸽乳,哺育幼鸽。鸽卵孵化期一般为17d左右,超出这个时间,幼鸽尚未孵出,父母鸽就会放弃旧巢,另寻新巢产蛋再孵。因此,生产中,若发现超过孵化期还未出雏,应及时取出未孵出的蛋,以便让鸽及时产蛋。

野生的鸽子在条件适宜的情况下,每年最多可以进行8次繁殖,每次都会有两个小生命诞生。鸽子繁殖的频率,取决于食物的充足程度。小鸽子大约需要18～19d才能孵化破壳,父母会用一种特殊的鸽子奶喂养小家伙。刚破壳而出的小鸽子1d之内体重就会增加1倍,不过4d之后才能睁开眼睛。大约2个月之后,小鸽子们就可以离巢了。

鸽是晚成鸟,与其他鸟类不同,幼鸽刚出壳时,眼睛不能睁开,体表羽毛稀少,不能行走采食,需经亲鸽喂养30～40d左右才可独立生活。

鸽食物以植物性食料为主无论是野鸽还是家鸽,均是以植物性食料为主,主要有玉米、麦子、豆类、谷物等,一般不吃虫子等肉食。鸽习惯吃生料,人工喂养也可适应熟食。在人工饲养场也可用颗粒混合饲料喂养。

鸽子的活动特点是白天活动，晚间归巢栖息。鸽子在白天活动十分活跃，频繁采食饮水。晚上则在棚巢内安静休息。但是经过训练的信鸽若在傍晚前未赶回栖息地，可在夜色中飞翔，甚至可在夜间飞行。

鸽子反应机敏，易受惊扰。在日常生活中鸽子的警觉性较高，对周围的刺激反应十分敏感。闪光、怪音、移动的物体、异常颜色等均可引起鸽群骚动和飞扑。在饲养管理中要注意保持鸽群周围环境的安静，尤其是夜间要注意防止鼠、蛇、猫、狗等侵扰，以免引起鸽群混乱，影响鸽群正常生活。

鸽子具有很强的记忆力。鸽子记忆力很强，对固定的饲料、饲养管理程序、环境条件和呼叫信号均能形成一定的习惯，甚至产生牢固的条件反射。对经常照料它的人，很快与之亲近，并熟记不忘。若平时粗暴地对待它们，往往会不利于饲养管理。鸽子还是习惯性较强的动物，要改变他们的原有生活习惯，需经过一段时间逐渐调适。在鸽子的饲养管理中，应固定日常饲养管理程序和环境条件。

(二) 饲养技术

鸽子的饲料以杂粮为主，比较常用的有小麦、荞麦、高粱、玉米、豌豆、绿豆、麻子等。喂时应至少选用两种饲料混合饲喂，例如平时选小麦、玉米、高粱共 3 份，豌豆 1 份，训练时改为麦、玉米、高粱共 3 份，豌豆 1 份，麻子 1 份。

除杂粮外，还可以供给青菜、卷心菜、麦苗等青饲料及矿物饲料。矿物饲料的配比是：黄泥、黄沙各 3 份，熟石灰 2 份，盐 1 份，贝壳粉或蛋壳粉 0.5 份，木炭 0.5 份，碾碎后加水混合搓成圆球晒干，喂时将圆球打碎置于鸽舍内。

每天喂料 2 次，上午 7 点左右 1 次，下午 4 点 30 分左右 1 次，上午的饲喂量占其日粮的 1/3，下午的饲喂量占其日粮的 2/3，每天每只成年鸽的饲料量为 50g 左右，训练时可适当增加一点。饲料应在鸽子回到鸽舍后喂给，使其形成回舍有食的条件反射，以利于归巢。

鸽子训练竞翔期间，应多喂玉米、豌豆，且要先喂水，后喂饲料。可先喂葡萄糖水，再喂淡盐水。夏季和孵幼鸽期间，可在其饮水中加适量食盐。

鸽子是极爱清洁的鸟类，必须十分注意鸽舍的清洁卫生，夏、秋季每周至少水浴 2 次，冬季每天水浴 1 次即可。

森林鸡

也叫草鸡、笨鸡、土鸡、柴鸡等。鸡形总目、雉科、家鸡属。家禽的一种。有别于笼养的肉鸡、蛋鸡。公鸡冠大而红，性烈好斗，母鸡鸡冠极小。森林鸡体温在 40.9～41.9℃之间，平均体温是 41.5℃。就日龄而言，成年鸡高于雏鸡，但养殖时，雏鸡舍温要求高，一般在 34～35℃。心跳 160～170 次/min，就日龄而言，雏鸡高于成鸡。就性别而言，母鸡高于公鸡。一只母鸡年平均产蛋 300 枚左右，平均出雏率 70%以上。由于品种间相互杂交，因而鸡的羽毛色泽有“黑、红、黄、白、麻”等，脚的皮肤也有黄色、黑色、灰白色等，市场消费也不一样。故要选养适宜当地消费市场的品种，三黄鸡、杏花鸡、麻鸡均是较好的品种。

森林鸡具有耐粗饲、就巢性强和抗病力强等特性，肉质鲜美。鸡蛋在城乡市场上非常畅销，且蛋价也高于普通鸡蛋。鸡肉由于其肉质鲜美、营养丰富、无公害污染，肉、蛋属绿色食品，近年来颇受人们青睐，价格不断攀升。

【森林鸡放养技术】

森林鸡是指放养在山野林间、果园的肉蛋兼用鸡。山区群众居住稀散，天然草场、林地面积广阔,饲养资源非常丰富,为森林鸡放牧饲养提供了优良的地理条件。

森林鸡放养地必须远离住宅区、工矿区和主干道路,且要求环境僻静安宁、空气洁净,附近有无污染的小溪、池塘等清洁水源。在放养区找一背风向阳的平地,坐北朝南的简易鸡舍,也可搭建塑料大棚,给鸡提供午休、憩息场所。

一片林地以放养2000羽为宜,规模大不便管理,规模小效益低。晚春到中秋可放养,冬季气温低,虫草减少,应停止放养。

森林鸡要选择抗病力强的良种鸡,3~4周龄前与普通育雏一样,选择保温性能较好的房间进行人工育雏,脱温后再转移到山上放养。小鸡刚开始放养时没有上山觅食习惯,要人为地训练才行。一般需2人配合,一人在前边吹哨并撒抛颗粒饲料,让鸡随后抢食,另一人在后用树枝驱赶,直到鸡全部上山。每天中午还应在山上补哨补食1次,强化训练,傍晚再用同样的方法训导鸡归舍,训练10d左右,鸡群就建立了条件反射。

开始放养的几天为防应激,可在饲料或饮水中加入一定量的维生素C或复合维生素;出笼前3个月不用抗生素和驱虫药。

(一) 饲喂前的准备工作

(1) 场地选择。鸡场应选择地势高燥、水源充足、排水方便,环境幽静的草地、河谷、林地、果园等,阳光充足的地点。

(2) 鸡舍建设。在林地较高平坦处建鸡舍。鸡舍可用竹木框架、油毛毡(石棉瓦或尼龙布)做成顶棚,棚高2.5m,用尼龙网或铁丝网圈围(冬天改用塑料布保暖),鸡舍内用竹木架起,距离地面0.3m左右,使鸡体与地面隔开,鸡舍面积大小根据养殖数量确定,一般以每平方米15~20只为宜,主要用于夜间栖息和风雨天避雨。

(二) 雏鸡品种的选择

为了杜绝外来疾病的侵袭,在选雏前要进行实地考察,尽量在本地无传染病史的鸡场,选择种鸡谱系登记齐全、管理规范、防疫制度健全的育雏厂调运,鸡的品种可选用抗逆性强的优良地方品种,如三黄鸡、麻鸡、大芦花等。

(三) 雏鸡的饲养

(1) 适时开食和饮水。雏鸡先在舍内饲养,在雏鸡入舍后1~2h即可给以饮水,可在水中加入5%的葡萄糖和多维维生素或配制0.01%的高锰酸钾溶液饮水,以增强鸡的体质,缓解应急反应,便于胎粪的排出。水温一般要接近舍温(20~22℃),雏鸡一般在出壳24h后开食,最初时可喂碎米,3d龄后改喂全颗粒饲料。

(2) 控制好鸡舍内的温度。刚出壳的雏鸡温度要求35℃(指与鸡背部同高处的温度)以后每5d降低1℃,在35~42d龄时温度最后降至20~22℃。在保温的同时,还需要通风换气,常用的保温方法有纸箱、热炕、育雏笼等。热炕的育雏方法是:炕上用砖砌成墙,用竹片做成拱形,棚高0.8~1.0m,四周用塑料薄膜覆盖做成简易小温室,在炕上铺垫短麦草、干锯末等,炕上的垫料2~3d要更换一次。

(3) 光照要适当。1d龄小鸡光照23h(灯泡不要过大,一个炕一个15~25W的即可),2~15d龄每天减少1h,16d龄后不再补充光照。

(4) 舍内饲养密度要适宜。0~10d龄的雏鸡每平方米40~50只,10~20d龄30~40只,20~30d龄20~30只,42d龄每平方米20只。

(5) 注意通风。鸡舍内要通风,它能给鸡保证足够的氧气,但要防贼风。

(6) 定期喂不溶性沙粒。沙粒能增强鸡的消化功能,有利于鸡的生长发育。

(四) 放养的时间及放养的密度

在舍内饲养 20d 后,即可选择晴天放养。最初几天,每天放 2～4h,以后逐渐延长时间。夏天 30d 龄、春秋 35d 龄、冬天 45d 龄即可转入舍外饲养,初进林地时要用尼龙网限制在小范围内,以后逐步扩大,最好用丝网围栏分区轮放,放一周换一块地方,每亩地 100～150 只即可。

(五) 饲养管理

雏鸡阶段用全价饲料。第 1 周龄每天喂 6 次,第 2 周龄每天 5 次,第 3～4 周龄每天 4 次,第 5～6 周龄每天 3 次,第 7 周后逐步过渡到成年鸡料,并减少饲喂数量。放养第 1 周后,早、晚各喂 1 次,第 2 周每晚一次,对品质较高,生长快的土种鸡 5 周龄后可逐步换为谷物玉米等杂粮。

(六) 疾病防治

(1) 防疫。1d 龄时雏鸡皮下注射马立克氏疫苗;5～7d 龄用鸡传染性支气管疫苗点眼或滴鼻;10d 龄用传染性法氏囊疫苗饮水;12～15d 龄用新城疫Ⅱ系或Ⅳ系苗首免;20d 龄胸部肌肉注射或颈部皮下注射禽流感疫苗;30d 龄、75d 龄各接种鸡痘疫苗一次、皮下刺种,2 月龄进行第二次新城疫免疫。在接种疫苗后可在饲料或饮水中添加 Vc、速补 14、氨基酸葡萄糖口服液等可增强免疫效果。

(2) 药物预防。4～21d 龄鸡白痢最易发生,从第 3 天开始在饲料中添加药物预防。预防药物如青霉素、土霉素、大蒜汁等;15～60d 龄易发生鸡球虫病,可用克球粉、氯苯胍、青霉素等,加入饮水中,药物连喂 5d 后停 2d,可继续饲喂。在肉鸡中后期防治疾病尽可能不用人工合成药物,多采用中药及采取生物防治,以减少和控制鸡肉中的药物残留。

(七) 适时销售

合适的饲养期是提高肉质的重要环节。饲养期短肉中水分含量多,营养成分积累不够,鲜味素及芳香型物质含量少,肉质不佳,味道不鲜,达不到优质土鸡的标准。饲养期过长,肌纤维过老,饲养成本太大,不合算。根据土鸡的生长生理和营养成分的积累特点,以及小公鸡生长快于母鸡,性成熟早等特点,小型肉公鸡约 100d 上市,母鸡 120d 上市;中型肉公鸡约 110d 上市,母鸡 130d 上市。此时上市,鸡的肉质鲜嫩,是体质、质量、成本三者的最佳时期。

(八) 加强管理

(1) 病死鸡的处理。如发现病鸡及时隔离,死鸡应立即深埋或烧掉,对场地用具和物品用 0.2%～0.4%的过氧已酸进行消毒。

(2) 鸡舍卫生及消毒。舍内用具及物品应经常清洗、保持干净。舍内鸡粪每隔半月清理一次,用 10%～20%的生石灰水消毒,并用尼龙布密封鸡舍用 40%福尔马林溶液熏蒸。同一块林地放养 2～3 年后要更换另一块林地,让林地自然净化 2 年以上,待全面消毒后再养鸡。

(3) 严防鼠害或其他动物侵害。林地或草地用铁丝网、尼龙网或竹栅栏圈围,防止鸡外逃或野兽入侵。

(4) 注意天气变化。要及时收听当地天气预报,在雨、雪来临前要做好鸡舍的防风、防雨、防漏、防害工作。

鹌　鹑

别名鹑鸟、宛鹑、奔鹑等。雉科、鹌鹑属。鹌鹑是雉科中体形较小的一种。野生鹌鹑分布于全国，各地区均有养殖。野生鹌鹑尾短翅长而尖，上体有黑色和棕色斑相间杂，具有浅黄色羽干纹，下体灰白色，颊和喉部赤褐色，嘴沿灰色。雌鸟与雄鸟颜色相似，但背部和两翅黑褐色较少，棕黄色较多，前胸具褐色斑点，胸侧褐色较多，雄的好斗。成体体重为66～118g，体长148～182mm，尾长约46mm。鹌鹑一般在平原、丘陵、沼泽、湖泊、溪流的草丛中生活，有时亦在灌木林活动。喜欢在水边草地上营巢，有时在灌木丛下作窝，巢构造简单，一般在地上挖一浅坑，铺上细草或植物枝叶等，巢内垫物厚约1.5cm，很松软，直径约10cm，产蛋7～14个，卵呈黄褐色。具褐色斑块，蛋平均大小为30mm×24mm。鹌鹑主要以植物种子、幼芽、嫩枝为食，有时也吃昆虫及无脊椎动物。

鹌鹑肉和蛋营养价值高，含有丰富的蛋白质和维生素，是极好的营养补品，有动物“人参”之称，是宴席上的佳肴。鹌鹑还可作药用和观赏鸟，长期食用补五脏，止泻、止痢、止咳，益中续气，实筋骨，耐寒暑，消结热。对血管硬化、高血压、神经衰弱、结核病及肝炎都有一定疗效。鹌鹑产蛋高，一年可达300多个，具有生长快、成熟早、繁殖力强、容易饲养等特点，现已成为最经济家禽。

【鹌鹑养殖技术】

(1) 饲养管理：鹌鹑饲料可分植物性和动物性两大类。植物性饲料包括：玉米、小麦、碎米、米糠、麦鼓、花生饼、大豆饼、清菜等。动物性饲料有鱼粉、无机盐等。

根据鹌鹑不同的生长期配合饲料。1～35d龄其饲料配方为：玉米54%、豆饼25%、鱼粉15%、麸皮4.5%、骨粉1.5%；成熟鹌鹑饲料配方为：玉米55.5%、豆饼22%、鱼粉14%、骨粉2%、槐树粉6.5%。

饲料多样性。动物植物饲料适当搭配，要保持饲料的相对稳定，不要变化太大，因鹌鹑对饲料变化敏感性强。自喂养方法应干湿结合，每次配合饲料不能使用过长，以免变质，影响鹌鹑生长发育或中毒死亡。

家庭养鹌鹑或专业养鹑，都要有一定的鹌鹑舍，它的形式和结构各异，既要经济实用，因地制宜就地取材，又要符合鹌鹑的生长发育繁殖需要。鹑舍可按饲养量分为小型、中型、大型三种。小型舍能养500～800只，适于家庭饲养。正面宽3.6m、长1.8m，前面高2.4m、后面高2.1m。舍内隔为大小两间，大间宽2.7m，长1.8m，作饲养室，剩下小间作存放工具及饲料用。舍顶可用镀锌铁皮、石棉瓦或瓦片盖成，开有两个排气孔，舍四周设有窗户，可将四个六层饲养笼放入鹑舍内饲养。中型舍可养1000～3000只，适于农村专业户。正面宽5.4m、长3.6m，用6.6m^2 饲料房，13.2m^2 作饲养室，室内设有工作室、育肥室、育雏室、种鹑室、孵化室，均有窗户和排气孔。大型养鹑场一般饲养5000只以上。其结构与中型舍相似，但面积较大。

(2) 繁殖：要选择优质抗病力强的鹌鹑留种，母鹌鹑应挑选腹腔容积大、产蛋力强，公鹑应选体型较大、爪必须完全伸开、有利交配繁殖的留种。雄雌比例应为1∶2(或3)，种蛋应选颜色鲜艳、斑点明显、大小中等，这样的蛋孵化率高。家养鹌鹑已失去孵蛋的习性，可采取两种形式。

① 自然孵化。利用母鹌鹑孵蛋，但每次只能孵7～8个蛋。

② 采用母鸡孵蛋，要挑选体型适中的母鸡，使其孵化20～30个蛋，幼鹑出壳后要立即取走，这样可连续孵3～4窝。

③ 人工孵化。种类多，有缸孵法、桶孵法、平箱或立箱孵化法等。桶孵法是将桶四周用纸糊几层，将炒热的稻谷装入麻袋内，作为热源，种蛋也用麻袋装好，一层蛋一层稻谷，放入桶内，

孵卵管理人员必须严格掌握孵化规律，才能获得高孵化率。平箱孵化法，一般适合中小养鹑场，构造简单，容易制造和操作，箱高 157cm，长 96cm，宽 80cm，用 5cm×5cm 木方做四周的支架，四周及门用两层纤维板，中间夹有玻璃纤维，起保温作用。平箱分上、下两层，上层为孵蛋室，下层为热源室，两层之间用 0.3cm 厚铁板隔开，热源室留一火门，用木炭、煤油或 500W 电炉供热。在孵化室内放有温度计和放蛋筐及翻蛋架，孵化室应保持 20～24℃，相对湿度 60%～65%，以利提高孵化率。孵蛋第 3 天后，每天翻蛋两次，每次晾蛋几分钟，孵到 11d 后，进行验蛋，蛋是红色或黑色，光线不能透过，则是正常发育蛋。孵到 15d 后，将蛋放入雏蛋盘，一般经过 17d 孵化，受精蛋就发育成雏鹑，雏鹑出壳 1～2h 绒毛已干，取出放入育雏室饲养。

最近，国内外多采用自制电孵器，其外壳和平箱孵化器，结构进行了改进，热源采用电源，用电阻丝加热，用电子继电器连接电接点温度计，自动控制温度，自制电孵器操作方便，效果很好。

(3) 疾病防治：鹌鹑生长快，成熟期短，繁殖迅速，饲养鹌鹑比较简便。但是，鹌鹑在饲养过程中，容易发生疾病，要贯彻预防为主的方针，加强饲养管理，搞好日常的卫生防疫和检疫工作，提高群体的抗病力，杜绝和减少发病机会。鹌鹑常见的疾病有雏白痢、球虫病、溃疡性肠炎、白喉病等。

① 雏白痢。雏白痢是常见危害大的细菌性传染病。病鹑精神萎靡。粪便呈白色糨糊状。在病鹑饲料中添加 0.4%磺胺嘧啶或 0.1%磺胺喹恶林均有一定效果。笼舍要保持清洁干燥，温度稳定，防止过密拥挤。

② 球虫病。此病为肠道感染所引起的急性流行性疾病，病鹑羽毛松乱，粪便带血。可将磺胺甲基嘧啶或磺胺二甲基嘧啶按 0.2%的比例拌入饲料或溶于饮水中。连服 4～5d 即可见效。

③ 溃疡性肠炎。这是家养鹌鹑的一种具有高度传染能力的疾病。鹌鹑弓背，双目紧闭，拉稀，双氢链霉素，泰乐菌素均为较好的治疗药物。四环素，呋喃类也有一定疗效。

④ 白喉病。此病多发生在梅雨季节，病鹑眼肿流泪，食欲不振。可将 0.1%的二甲氧基嘧啶钠粉拌喂或溶水饮用。同时还应把病鹑的头在 0.5%的高锰酸钾溶液中清洗消毒，效果更好。

第 3 节　爬　行　类

中国林蛙

地方名哈士蟆、田鸡、黄蛤蟆、油蛤蟆等。在动物分类学上属两栖纲、无尾目、蛙科、蛙属。广泛分布于我国北方各省，如黑龙江、吉林、辽宁、河北、山东、河南。在安徽、江苏、四川、湖北、山西、陕西、宁夏、内蒙古、甘肃、青海、新疆、西藏等省(自治区)也有分布，以东北三省为主要产区。中国林蛙体较宽短，头扁平，头宽略大于头长，吻端略突出于下唇。鼻孔一对，位于吻部背面，距吻端较近。鼓膜圆形，显著。前肢短而细；指端略尖，指较细长，指长顺序为 3、1、4、2；关节下瘤明显；第 3、4 指基部有指基下瘤。内掌突圆而大，外掌突小而狭长。后肢较发达，拉直前伸，胫跗关节超过眼部；内跖突明显；趾间蹼呈薄膜状，蹼缘凹；趾长顺序为 4、3、5、2、1；第 3 和第 5 趾几乎等长。皮肤略粗糙，背部及体侧有小疣粒，排列不规则；口角后部有一明显的长形颌腺向后延伸至前肢基部；背侧褶不平直，在鼓膜上方斜向外侧，随即又略折向中线，然后再向后延伸达胯部，在颞部形成曲折状。腹面皮肤光滑。

中国林蛙体色变异较大，在不同季节和不同产区其体色有所区别。典型体色，在冬眠和产卵期间体背及体侧为黑褐色，有些个体为土黄色或灰色，夹杂褐斑。鼓膜处有三角黑斑；两眼之间常有一黑横纹，或在头后方有“八”形黑斑；背侧褶有的呈棕红色；背部及体侧的疣粒上有的围以黑色；四肢背面有显著的黑横纹，有些个体不明显；前臂基部腹面，通常有一块长形黑斑。腹面乳白色，腹后部及大腿腹面为浅黄绿色。雄性腹面的典型颜色为白色带褐斑，有的褐斑多些，有的褐斑少些。雄性个体还有一对咽侧下内声囊。卵群团状，卵径为 1.5～1.8mm，棕黑色，约占卵表面的 2/3。

中国林蛙是我国名贵的集药用、食用、保健于一身的蛙类，与猴头、熊掌、飞龙并称“四大山珍”，被誉为深山老林珍品，属于国家二级保护动物，被国家环保总局和中华人民共和国濒危物种科学委员会列入《中国濒危动物红皮书》。我国从 20 世纪 50 年代开始进行林蛙人工养殖管理和围栏养殖试验，到 80 年代末期，已建立了一套成熟的半人工养殖体系，90 年代以来，对全人工养殖进行了试验性研究，从而使林蛙生产进入了集约化、产业化、高密度、短周期的新阶段。

【中国林蛙养殖技术】

野外半人工(散放)养殖林蛙是当前东北地区发展较快的一个产业。林蛙养殖必须要了解它的两栖性、食性、繁殖习性，满足其生长和繁殖条件才能养殖成功。

林蛙是典型的水陆两栖性动物，在其生长发育过程中，蝌蚪期和冬眠期在水中生活，而变态后的幼、成蛙的活动期在陆地生活，两栖生活的时间分别为 6 个月左右。林蛙每年春天完成冬眠和生殖休眠以后，沿着溪流沟谷附近的潮湿植物带上山，开始完全的陆地生活。林蛙对栖息的森林类型有一定选择，喜栖在林内郁蔽度大、枯枝落叶多、空气湿润的植被环境。如阔叶林或针阔混交林，林内有高大的乔木、中层灌木和低层蒿草的三层植被遮阴。林蛙不喜栖在针叶林内，特别是落叶枯林下。林蛙对山林的方向也有一定选择，春季气温低，林蛙喜欢在温度较高的南坡活动；盛夏时节林蛙喜欢在山林的北坡活动。林蛙在林中活动有一定范围，一般以越冬和产卵地为中心，向外 1～2km 距离，否则林蛙找不到适合的越冬场所而死亡。林蛙一般不越过山顶，但对低矮山岗也能越过。

林蛙在水中产卵，对产卵场所有一定选择，主要选择水层浅、水面小的静水区产卵。产卵场地多是泥质水域，有石块、植物茎秆等残杂物，水质呈微酸性或中性，pH 值为 5.5～7.0。蝌蚪期完全生活在水中，林蛙在 5℃时开始产卵，蛙卵在水中受精、孵化并发育成幼蛙。林蛙产卵的最适温度为 8～10℃。水中的溶氧量多少对蝌蚪和成蛙越冬的影响很大，水中溶氧量不足会使大量蝌蚪及越冬蛙死亡，水深是影响林蛙越冬成活率的关键因素。当气温降到 5～10℃时，林蛙开始下山入水冬眠，气温继续下降，水温降到 3～5℃时，林蛙向深水域转移，进入长达 4～5 个月的深度休眠阶段。林蛙越冬水深要在 1～2m，在冰下有较深的流动水，才能安全越冬。

(一) 林蛙的抱对产卵

翌年春天(3 月底 4 月初，各地区并不相同)，气温升至 10℃左右时林蛙即从冬眠中复苏，开始鸣叫。这时要将林蛙从越冬池中取出，按雌雄比例 1∶1放置于产卵池中抱对产卵。产卵池水深 15～20cm 左右，密度为 30 对/m^2，产卵池中要设置隐蔽物，池底要求平坦、无污泥。产卵高峰期为凌晨 4～5 点左右，白天一般不产卵。

(二) 卵的孵化

蛙卵产出后,卵团吸水膨胀,隔 2～3h 后,可以捞出放于孵化池中进行孵化,不是同一天产的卵不可放于同一池中孵化。应注意卵团不能捞出太早,否则会影响受精率。孵化池要求水质清新、无污染、溶氧充足,池底要干净无污泥,若卵团沾有污泥后会影响孵化率。孵化池水深在 20cm 左右,白天可适当降低水位,有利于水温上升,缩短孵化时间。卵团孵化后期,蝌蚪已基本成形,这时不能进行移动或运输。如果移动或运输会造成蝌蚪提前出膜,产出畸形蝌蚪,影响蝌蚪成活率。

(三) 蝌蚪的饲养管理

卵团经过 5d 左右时间的孵化,蝌蚪就会陆续从卵胶膜中出来,这时的蝌蚪以自身的卵黄为营养,不需要喂食。蝌蚪出膜一周后即开始投喂人工饵料,开始以泼洒豆浆、蛋黄浆为好,以后逐渐投喂煮熟的玉米粉、麸皮、青菜、鱼粉、猪肺等饲料。前期以植物性饲料为主,动物性饲料为辅;后期以动物性饲料为主,植物性饲料为辅。植物性饲料有利于蝌蚪个体的生长,动物性饲料有利于蝌蚪的发育变态。蝌蚪的饲养密度前期以 1000 只/m^2 为宜,以后随着蝌蚪的长大要根据蝌蚪的大小进行分池,降低密度。分池时同样大小的蝌蚪在同一池中饲养。

前期投喂饵料每天 1 次,量以池中略有剩余为宜。量不能过多或过少,过多则在水中腐败变质影响水质,过少则蝌蚪不能吃足影响生长发育。后期每天投喂 2 次,量也以池中略有剩余为好。饲料中蛋白质的含量要逐渐增加。从开始投喂饵料以后要经常换水,并要定期消毒。蝌蚪经过 30d 左右的养殖,就开始长出后肢进入变态期,以后再逐渐长出前肢。鳃开始萎缩,逐渐改用肺呼吸,尾巴逐渐变短直至消失,此时变态成幼蛙,在陆地生活。

(四) 幼蛙的养殖管理

蝌蚪进入变态期以后,要在尾巴消失之前将变态的蝌蚪转至预先消毒好的幼蛙池的水坑中养殖,让其变态。这时蝌蚪的放养密度为 200 只/m^2。刚变态的幼蛙,靠吸收尾巴的营养来生活,不需要投喂饵料。幼蛙的尾巴完全吸收以后,要开始投喂 2～3d 龄的小黄粉虫或 1～2d 龄的蝇蛆,并且用灯光引诱天然昆虫为辅助饵料。投喂时间为早晨和傍晚各 1 次,投喂量以场地中略有剩余为宜。并注意不要投进水坑中。幼蛙进池后,每大要根据场地中上壤的情况及时洒水,场地中既要保持潮湿但又不能有太多的积水。同时洒水的时间也要与投喂饵料的时间相隔 2h 左右。阴大、雨天可少洒水或不洒水,晴天多洒水,炎热的夏季每天要洒 2～3 次水。场地中要定期用漂白粉进行消毒,特别是夏秋炎热的季节更要注意。投喂的饵料要保持清洁,定期加抗生素拌料投喂,同时饵料也要多样化,不能单一。每天要进行巡池,观察蛙的生长情况,以及是否有敌害、逃逸等情况,发现问题及时补救。林蛙的主要敌害有鸟、鼠、蛇等,以鼠害最为严重。

【林蛙分池同期孵化技术】

林蛙由于蛙卵产出时间不一致,在卵团孵化过程中,往往同一池中的蝌蚪大小不一,容易出现大蝌蚪食小蝌蚪、小蝌蚪食未孵化的卵团及卵胶膜的现象。为了避免这种情况,养殖场采用将同期产的卵集中放在同一池中的办法,但林蛙产卵期长达 15d 左右,每天产量不等,有时 1～2d 所产的卵团才能装满 1 个孵化池,有时不够,这样所需孵化池的数量就要多,耗费大量人力来分池。在饲喂蝌蚪过程中,还要分池投放适合不同阶段蝌蚪的饵料。

在实际生产中,采用集中管理、同期孵化的办法,效果较理想,值得一试。做法如下:在仓库(东北叫仓房)中,掘一深坑(长、宽、深度灵活掌握),用不漏气的塑料薄膜平铺在里面,将每天所收集的卵团集中到这里，灌水，水深以浸没卵团为宜，坑上覆盖不透光的物品，如麻袋等。之所以选在仓库里，是因为仓库不透光，而且温度适宜。只要不见阳光，这些卵团可保存长达10几天，等到数量攒足时，再一起移送至孵化池中进行同时孵化。

很多养殖户误认为卵团需要阳光，就经常性地翻动孵化池中的卵团，以使卵团全部都能吸收到阳光，这是一个错误的做法。卵团在产下时就已经明确哪面朝下，哪面朝上，朝上的面叫阳极，朝下的面叫阴极。卵团放入孵化池中应按自然规律，不要人为地改变，否则，会降低孵化率。只有沾上泥沙沉底的卵团，才可以翻动以顺应正确的朝向。

【中国林蛙的雌性诱变技术】

中国林蛙在繁殖季节温度相对偏高时，会导致林蛙胚胎的生殖腺向雄性方向分化，导致雄性比例偏高，因此林蛙养殖的雌性化问题就显得更加关键。

(一) 原 理

中国林蛙在胚胎发育初期性腺并没有分化，当胚胎发育到一定阶段，其原生殖细胞向雌性和雄性两个方向分化。中国林蛙胚胎的生殖腺由皮质、髓质和原生殖细胞三个主要部分组成。如果原生殖细胞进入生殖腺皮质部分，生殖腺向雌性方向分化；如果原生殖细胞进入生殖腺髓质部分，生殖腺则向雄性方向分化。在性腺分化的关键时期，通过激素诱导或改变环境温度，均可促使其生殖腺向某一性别方向发育，并永久保持这一性别特征，而且不影响繁育后代。实验中发现，在一定时期施加一定浓度的激素可以提高雌性中国林蛙的比例，一般可以达到70%～85%。在变态初期对幼蛙进行比较发现，施加性激素的中国林蛙明显比没有加性激素的中国林蛙强壮。

(二) 雌性诱变方法

目前中国林蛙雌性诱变的方法主要有两种，一种是控温法，另一种是性激素诱导法。其中控温法比较安全，经济实惠，但是不易操作，雌性诱变率不稳定。与控温法相比，激素诱导法比较容易操作，雌性诱变率又比较稳定，但是从长远考虑，激素诱导法对中国林蛙的品质可能会造成影响。

(1) 控温法。即通过控制蝌蚪养殖期的水温来调节中国林蛙雌性个体的比例。在中国林蛙生殖腺分化期间，温度对生殖腺的分化发育的方向有明显影响。温度高，生殖腺向雄性分化发育的比例比较高；温度低，生殖腺向雌性分化发育的比例较高。在蝌蚪生长发育期间，特别是在缓慢生长期和变态期，将日最高水温控制在13～18℃，即可诱导生殖腺向雌性方向分化，达到提高雌性个体比例的目的，一般雌性个体可达70%左右。控温法有以下几种：

① 调节水位和光照。调节水位和光照是控温的有效手段，可以采取遮光、提高水位等措施来降低水温以达到控温要求。通过这种方法可以将水温控制在高于日最低气温3～4℃的水平。

② 调节产卵时间。通过人工催产来改变中国林蛙产卵时机，让中国林蛙提前产卵，具体产卵时间可以根据当地的气候条件而定。一般4月上旬以前水温很少超过20℃，因此可以通过人工调控，让中国林蛙3～4月份产卵，4～5月份变态，以充分利用自然的温度条件进行雌性诱导。

③ 用深井水降温。在蝌蚪期进行性诱变时，如水温超过20℃，有条件的可利用深井水来降温。白天水温高时不断加入井水并排出池水，即可达到降温的目的。利用井水时，最好事先对井水进行检测，以确保蝌蚪安全。

(2) 激素诱导法。即利用雌性激素来诱导中国林蛙的生殖腺向雌性方向分化发育。雌性激素属于固醇类激素,不溶于水,因此用药时要用酒精来溶解。另外激素的作用效力很高,在用药时一定要注意用药量,用药量过大会导致中国林蛙发育畸形。

① 用药时机。在中国林蛙的卵团胚胎发育至尾芽期生长过程中开始用药。

② 药物。雌性激素类药物种类很多,有雌二醇、雌三醇、雌酚片、雌烯酚、孕酮等多种,其中每一种又包括多种结构不同的成分,如雌二醇就有苯甲酸雌二醇、戊酸雌二醇、β-雌二醇等多种。因此在选择雌性诱变剂时要科学合理,并非只要是雌性激素就可以使用。另外,几种雌性激素类药物合理配比使用效果最佳。

③ 给药方式。药饵。尾芽期用药后,到了蝌蚪取食期,也可将激素混拌到饵料中投喂。在制作药饵时,要将药物和饵料充分混合。另外要注意用药量,过多会导致发育畸形,药量不够则起不到诱变的效果。水体给药。即将药物溶解后直接喷洒到养殖池中。水体给药法的吸收效果不如药饵好,但是这种给药方法药效持续时间相对要长一些。

【中国林蛙常见疾病防治】

(1) 红腿病。

病因。红腿病又称败血症,为蝌蚪、幼蛙和成蛙的常见病。其病原体为嗜水气单胞菌及乙酸钙不动杆菌的不产酸菌株等革兰氏阴性菌。该病一年四季均可发生,传染快,死亡率高。

症状。发病个体精神不振、活动能力减弱、腹部膨胀、口和肛门有带血的黏液。发病初期,后肢趾尖红肿,有出血点,很快蔓延到整个后肢。剖检以后可见腹腔有大量腹水,肝、脾、肾肿大并有出血点,胃肠充血,并充满黏液。

防治措施。保持水质清新,合理控制养殖密度,定时、定量投喂食物,及时将发病个体分离治疗,控制疾病蔓延。圈养要定期换水。

用3%的食盐浸泡病蛙20min,用氯霉素进行全池消毒,使水体浓度达到10×10^{-6},每天1次,连续3d。

在饵料中加拌磺胺嘧啶,每千克饵料加药1~2g,连续投喂3d。

(2) 气泡病。气泡病为蝌蚪常见病,及时诊治很容易治愈,但是如果诊治不及时也会造成大量死亡。

病因。水中浮游植物多,强烈光照条件下,植物光合作用产生大量氧气,引起水中溶氧量过分饱和;用土池时,地下水含氮过分饱和,或地下有沼气;温度突然升高,造成水中溶解的气体过饱和;这些过饱和的气体形成气泡,蝌蚪取食过程中不断吞食气泡,气泡在蝌蚪消化管内聚集过多便引发气泡病。

症状。蝌蚪肠道充满气体,腹部膨胀,身体失去平衡仰浮于水面,严重时,膨胀的气泡阻碍正常血液循环,破坏心脏。解剖后可见肠壁充血。

防治措施。投喂干粉饵料先用水稍加浸湿,植物性饵料煮熟以后投喂。勤换水,保持水质清新,控制池中水生生物数量。发现气泡病可以将发病个体分离出来,放到清水中,2d不喂食物,以后少喂一点煮熟的发酵玉米粉,几天后就会痊愈。另外可以向养殖池加入食盐进行治疗,每立方米水体加食盐15g。

(3) 脑膜炎。脑膜炎是近年来林蛙养殖过程中遇到的一种新病,该病具有传染性强、死亡率高、难治愈等特点。

病因。脑膜炎的病原为脑膜败血性黄杆菌,该病比较少见,蝌蚪、幼蛙和成蛙均可感染此病。

症状。病体精神不振，行动迟缓，食欲减退，发病蝌蚪后肢、腹部和口周围有明显的出血斑点。部分蝌蚪腹部膨大，仰浮于水面不由自主地打转，有时又恢复正常。解剖可见腹腔大量积水，肝脏发黑肿大并有出血斑点，脾脏缩小，肠道充血。

防治措施。引种时严格检疫，围圈养殖要勤换水。合理规划养殖密度。发病后可以用浓度为 3×10^{-6} 的红霉素溶液药浴，同时用漂白粉连池水带蝌蚪一起消毒，使水体浓度达到 0.3×10^{-6}。

(4) 水霉病。冬季气温高时，在林蛙越冬期、蝌蚪期常发生水霉病。该病病程长，死亡率低，多发生在蛙的四肢，如果不及时治疗常会给蛙造成残疾，并引发其他疾病。

病因。蝌蚪和越冬期的成蛙易患此病，病原体是水霉，由于有外伤而引发。

症状。水霉的内菌丝生于动物体表皮肤里，外菌丝在体表形成棉絮状绒毛，菌丝吸收蝌蚪和蛙体的营养物质，使蝌蚪和蛙体消瘦，烦躁不安。菌丝分泌的蛋白水解酶还使菌丝生长处的皮肤、肌肉溃烂。

防治措施。运输、分池过程中小心操作，谨防造成外伤。进入场地以前要用浓度为 10×10^{-6} 的高锰酸钾溶液浸泡 10min；定期用漂白粉(水体浓度为 0.5×10^{-6})进行全池消毒。

发病后可以用浓度为 20×10^{-6} 的高锰酸钾溶液浸泡 10min，每天 2 次；也可在水池内加福尔马林，浓度为 20×10^{-6}。

(5) 肠炎。肠炎是蝌蚪、幼蛙、成蛙共患的一种常见病，传染性强，死亡率高。

病因。投喂不洁饵料易引发肠炎，病原体为细菌，可能是气单胞菌和链球菌。如给蛙投喂天然的蝇蛆，如果消毒处理不当，极易引起肠炎，导致大批死亡。

症状。病蛙垂头弓背，机体消瘦，活动异常，取食量明显减少，反应迟钝；蝌蚪发病后多浮于水面。

防治措施。肠炎的发生多与水体和食物不洁有关，因此要定期换水，以保持水质清新；不投喂发霉、变质的饵料，并在饵料中加拌一些 FK 微生物制剂、大蒜、生姜、黄连等。另外，暴饮暴食也会引发胃肠炎，因此饵料投喂要定时、定量、定点。

发病后要及时进行水体消毒，可以全池泼洒漂白粉，使水体浓度达到 1×10^{-6}，并在饵料中加拌磺胺类药物或氟哌酸，每千克饵料加磺胺 3g 或氟哌酸 1g。

(6) 难产。

病因。冬季冬眠期气温高，而且温差变化大而频繁，如果冬眠期间水温控制不好，林蛙反复从冬眠状态中苏醒，则很容易导致林蛙难产甚至不产卵。主要原因如下：

① 休眠期间干扰过多，体力消耗过大；

② 雌蛙年龄过大，体质虚弱；

③ 雄蛙数量不足，雌雄比例不协调；

④ 产卵池环境不适于产卵，如水位过深、不够安静；

⑤ 种蛙在产卵前受到严重惊吓；

⑥ 产卵时间掌握不准确。

症状。雌蛙腹部膨大，已经完成跌卵，但是卵滞留在子宫内无法产出。解剖以后在子宫内可见黑色卵团已经溶烂。

防治措施。为产卵的雌蛙营造一个安静的环境，按合理的雌雄比例搭配种蛙(雌雄比为

1∶1)，对没有按时产卵的雌蛙及时注射催产药物，催产药物的用量为每只林蛙注射 10 只青蛙或蟾蜍的脑垂体提取液。

蛇

属于爬行纲、蛇目。身体细长，四肢退化，身体表面覆盖鳞片。分布在世界各地。蛇类其貌不扬，形状色泽奇特、浑身被鳞，头颈高翘、躯尾摆动、快速行进、寻偶鸣叫、泅水过渡。蛇的行走千姿百态，或直线行走或蜿蜒曲折而前进，这是由蛇的结构所决定的。蛇全身分头、躯干及尾三部分。头与躯干之间为颈部，界限不很明显，躯干与尾部以泄殖肛孔为界。蛇没有四肢，全身被鳞片遮盖，有保护肤体的作用。蛇分为有毒蛇和无毒蛇，无毒蛇头部一般呈圆锥状，前端细而后端粗；有毒蛇呈三角形状；蛇的躯干部呈长筒状；蛇的尾部为肛门以后的部位。蛇类喜居荫蔽、潮湿、人迹罕至、杂草丛生、树木繁茂、有枯木树洞或乱石成堆、柴垛草堆和田埂土墙，且饵料丰富的环境，这些都是它们栖居、出没、繁衍的场所，也有的蛇栖居水中。蛇类 4 月下旬至 5 月上中旬进入发情期。寻偶时，雌雄蛇发出的鸣叫声清晰明亮，“哒哒哒”如击石声。蛇类的产卵期一般在 4 月下旬到 6 月上中旬，因品种而异。所产蛇卵一般粘结成一个大的卵块，卵块中卵的数量为 8～15 枚不等。

蛇以鼠、蛙、昆虫等为食。一般分无毒蛇和有毒蛇。毒蛇和无毒蛇的体征区别有：毒蛇的头一般是三角形的；口内有毒牙，牙根部有毒腺，能分泌毒液；一般情况下尾很短，并突然变细。无毒蛇头部是椭圆形；口内无毒牙；尾部是逐渐变细。虽可以这么判别，但也有例外，不可掉以轻心。蛇的种类很多，遍布全世界，热带最多。中国境内的毒蛇有蟒山烙铁头、五步蛇、竹叶青、眼镜蛇、蝮蛇和金环蛇等；无毒蛇有锦蛇、蟒蛇、大赤链等。

蛇全身是宝。蛇肉鲜美可口，营养丰富，为餐中佳肴。蛇胆、蛇肝、蛇皮、蛇毒、蛇油、蛇蜕，乃至蛇血、蛇肠杂等均可入药治病。将蛇浸制药酒，能治风湿性关节炎、神经痛等症。五步蛇还是治疗顽固性瘙痒和麻风的传统中药。蛇胆非常名贵，能祛风除湿、明目益肝。蝮蛇干粉可治恶性肿瘤、风湿症，若配以草药，有延年益寿的奇功。蛇毒是稀世之宝，可制成镇痛、抗毒、抗凝血的良药。蛇毒远比黄金还贵，1g 蛇毒价值数万美元，所以我们要保护蛇。

【人工养蛇技术】

蛇类全身是宝。蛇胆明目益胆，蛇鞭益阴壮阳，蛇油营养美容，蛇蜕入药去痱，蛇血补血，蛇皮制革制成精美工艺品，而蛇肉则是上等的美味佳肴。一些蛇类保健品，营养滋补品也不断上市，加之市场经济条件下的南北大流通，近年来一股从南到北的“人工养蛇热”遍布全国，极大地刺激了众多人纷纷养蛇的热情。

人工养蛇只限于农村、郊区，城市的居民区和闹市区里不能养蛇，山区和林区是养蛇首选的好地方。只要当地有丰富的小动物资源，特别是靠近河边、库区、池塘、水田，水利条件较好，没有污染，没有 24h 不间断的噪音，有鼠类(蛙类)存在，有野生蛇出没的地方。养蛇场附近有孵化单位(孵鸡、孵鸭、孵鹅的均可，因淘汰的或公的雏禽做饲料都很便宜)的地方均可养蛇。建造蛇场应选择向阳、通风、地势较高，具有一定自然坡度的地方。如养殖的数量较少，可利用闲院和闲房养蛇，根本无须建造蛇场，这种方法尤其适合初养蛇者。

北方除蝮蛇、蝰蛇外，其他种类的毒蛇不易在北方养殖，就算创造的条件养殖再好，成功的系数也很小。这是因为毒蛇根本不能适应北方所特有的环境和气候所决定的。如不耐严寒、不耐干燥、无法解决蛇食问题。因为大多数毒蛇都有喜食蛇类的习惯，而北方野生杂蛇较少，无法满足毒蛇吃蛇的这一“嗜好”，所以北方不适合人工养殖毒蛇。

北方可以饲养的肉用蛇品种也很少，但是，肉用蛇市场前景十分广阔，是今后蛇类养殖的又一大“热点”。肉用蛇与毒蛇相比，具有适应性强、耐粗饲、繁殖率高、长势快、肉质厚、咬伤无危险、幼蛇成长迅速、可多品种同场混合养殖的诸多优点，越来越得到养蛇户的青睐。

(一) 建造立体蛇房

蛇饱食一顿后盘蜷在窝内连续几天，甚至10几天不动，直到腹内的食物完全消化掉，才会再爬到窝外饮水和觅食。因此，给蛇建造一个安全、舒适的窝非常重要。鉴于这种情况，设计一种楼房式的“多层立体地下(上)蛇房”。此蛇房深入地下1～2m，用砖有规律地层叠在一起，形成9～14层的地下(上)蛇房，供蛇自由的选择居住层次。此蛇房不仅扩大了原有养殖面积，也扩大了存蛇量。此外，还能克服过去早春、隆冬两季无法取蛇上市的缺点，可随时取活蛇供应市场，在蛇价较高时出售。

养肉用蛇根本无设备可买。不用像养殖毒蛇那样，不管成功与否，必须先期购买昂贵的采毒设备。

(二) 混合用药

蛇不易患病，但由于人工养蛇的面积一般不大，有时饲养密度严重超标，预防工作不可忽视。我们给蛇打防疫针时，是将消炎的、驱虫的、营养的混在一起，一针进去可收到防病、驱虫、营养三不误的效果。具体的药物配方为：庆大霉素(20万单位)10支、左旋咪唑2支、地塞米松5支、维生素$B_1$21支，对注射用水100mL，可注射50条蛇(1kg左右)，一般连注2次即可。

(三) 给活饵注射药物防疫

给饲喂蛇的蛙、鼠、小鸡等活饵注射防疫针，食饵营养健康，没有寄生虫，蛇吃后长得快，少患病。其药物配比剂量可掌握在给蛇的1/2～1/3。

(四) 同场混养

蛇类有群居的习性，养蛇户若摸透它的习性，把几种脾气相投的蛇放在一起同场混养，不仅便于管理，还可省下了另建蛇场的钱，降低成本，增加效益。

(五) 分割食饵

蛇贪吃成性，有时自己不捕食，专好抢食其他蛇“口”中现成的肉，可经常发现2条或3～4条蛇在争食一只蛙，这样容易导致自相残杀，造成不应有的损失。遇到这种情况，可用剪刀把被抢食的蛙剪开，分割为两块或数块，以避免争食。

(六) 蛇场安灯捕食

在蛇捕食旺季到来之前，在蛇场里安装几盏节能灯和黑光灯，可诱捕各种飞蛾和昆虫供蛇、蛙一块捕食，以此增加蛇和蛙的食物品种，有利于蛇的生长，并延长蛙的寿命，保证让蛇随时捕食到鲜活的食物。同时，也便于饲喂人员在夜间观察蛇的活动和进食情况。

(七) 蛇场罩“网”降温

面积较小的养蛇场，若在盛夏来临之前未做好遮阴避暑工作，很可能就有热死蛇的现象发生。应抓紧设置遮阳网，罩上蛇场的一小部分。注意不能将整个蛇场罩住，否则会因太严，不透气，直接影响蛇场的通风。在梅雨季节，若湿气不能及时散发，易造成场或蛇窝湿度过大，严重时会引发霉斑病。因此，一定要合理用好遮阳网，确保蛇类平安越夏。

(八) 注意事项

(1) 初养者没有扎实的养蛇技术和经验。蛇场建造得不够合理，其中包括防逃、防盗、水源、食源、密度、采光、温度、湿度及越冬、越夏等各方面,设计得不合乎人工养蛇的标准和要求。如果以上哪一方面有欠缺的话,均可能导致人工养蛇的失败。

初养者应该先从半大蛇养起来比较好,也就是青年蛇。因它在长势、抗病、吃食、适应新环境方面均好于小蛇苗,并且饲养不久便可产卵或产仔蛇。如遇到市场价高,当年便可出售,有利于回笼资金和增加养蛇者的信心。若从一开始便从成蛇养起,不但先期投入的资金比较大,而且从方方面面来讲,都不如养半大蛇合算。特别是投入资金较少者,可能买不到几条蛇,根本不像养蛇的,倒像是买来娱乐"玩耍"的,这种做法不可取。假如从小蛇苗养起,刚开始技术上肯定有一定难度,待自己孵化了幼蛇,有个心理适应的过程后再养,相对来说就比较容易了。因此,建议初养者应从青年蛇养起。

(2) 人工养蛇失败的另一重要原因离不开蛇种问题。大多数的养蛇户刚开始不知道该引进什么品种,也不懂得如何辨别蛇种的优与劣,存在很大的片面性和盲目性。养蛇户应该选择本地区能够适应、好养的蛇种来养殖。所购蛇种必须健壮凶猛、大小相宜且没有内外伤的为佳。自捕本地的蛇种虽较为理想,缺点是从野外直接捕捉的蛇种,未经过人工驯养,普遍存在着不合群、野性大、难伺候等现象,有时还会出现拒食而活活饿死的现象(只是个别少数)。到市场或集市上去收购或异地购买他人的蛇种,在选种时一定要注意不要买到被拔牙、取胆、注水、灌沙的劣质蛇,因这些蛇虽能存活一段时间,但均不能养殖。换句话说,谁养谁失败。如果稍不小心购得有内伤或瘦弱的蛇,投放饲养一段时间后,也会死掉一部分。养蛇户一定要把好蛇种关,以免造成不应有的经济损失。

(3) 购买回来的蛇种未经消毒或药浴,便直接投入蛇场,特别是有猪舍、鸡舍、兔舍及其他禽舍改建而成的蛇场更应在未投蛇种前多消毒几次,避免因细菌蔓延而造成蛇群病害,从而导致疾病传播,引发大量死亡。特别是远途购进的蛇,因多日的运输颠簸已削弱了蛇的正常的免疫力。加上又未在短时间内适应新的环境,饲养管理也一时跟不上,任何一点疏漏,都会要了蛇的命。

(4) 若养殖的是毒蛇,刚引进不足1个月就急于采毒,致使大部分毒蛇拒食,造成非正常的自然死亡。毒蛇养殖多适合于南方地区,北方地区的养蛇户若养殖毒蛇,一定要慎之又慎,不要盲目引进,以免造成亏本。此外,养殖毒蛇所面临的最大难题是蛇毒无销路,短时间内难有起色。

(5) 在每年的梅雨季节,时值雌蛇的产卵(仔)期,刚分娩后雌蛇身体特别虚弱,加之这段时间内天气特别炎热,若供水、供食不足,会引起蛇群因争抢食物而撕咬打斗,严重时会引起大蛇吃小蛇,雄蛇吃雌蛇,甚至有雌蛇吞食蛇卵(仔)的现象发生。此季节的防暑降温、排雨防潮工作未能做好的话,也会造成体弱的雌蛇引发霉斑病、肺炎、营养不良(枯尾病)等症状的发生。若治疗不及时,喂养跟不上,均会导致蛇的大批死亡。

(6) 蛇卵人工孵化出壳以后,没有分开单独喂养,而是与成蛇或半大蛇一同饲养。因二者在体重、体长及年龄上相差太大,若放在一起混养,均会造成大蛇吃幼蛇的现象。如蛇类一旦养成"嗜蛇"习性,终生难以改变。再者,少数养蛇户为减少场地资金的投入,所养毒蛇与无毒蛇未分开单独饲养,势必会造成毒蛇吞吃无毒蛇的现象。据考证,绝大多数毒蛇有"嗜蛇"习性。另外,不同种的毒蛇也要分开单养,以防多种毒蛇混养,因不同种、不合群的毒蛇更有撕咬现象发生。

(7) 在建蛇场的同时,要一次性地建好高标准或合理化的越冬、越夏场所。蛇属变温动物，对温度、湿度都有它特定的标准和要求。如有的蛇场，越冬场所干脆没有，只是在冬季来临时，简单地将蛇移至它处来解决其冬眠，这样做既不方便也不合理，更没有一定的连贯科学性，使蛇类在它体质最脆弱的季节里，处在陌生的环境里，对蛇的身体健康极为不利。这样做注定会加大明春出蛰后蛇的死亡率，更何况有的蛇在那样的环境里根本就越不了冬，更谈不上来年的养殖和繁育了。在炎热的盛夏季节也是如此，如果只是简单的泼水降温，效果也不是十分理想，无法从实质上解决蛇场高温这一根本性气候难题，导致因蛇场或蛇窝内高温持续不降，出现热死蛇的现象。

(8) 小规模、小数量在室内试养的养蛇户没有切实注意到室内面积小、密度大、通风条件差、采光不良等诸多不利蛇正常生长的所需因素，也是导致人工养蛇失败的主要原因。

蟾　蜍

别名癞蛤蟆、癞刺、苦蘁、蟾、癞蛤蚆、蚧蛤蟆、蚧巴子。在全国各地均有分布。蟾蜍是无尾目、蟾蜍科动物的总称。最常见的蟾蜍是大蟾蜍，俗称癞蛤蟆。皮肤粗糙，背面长满了大大小小的疙瘩，这是皮脂腺。其中最大的一对是位于头侧鼓膜上方的耳后腺。这些腺体分泌的白色毒液，是制作蟾酥的原料。蟾蜍一般是指蟾蜍科的 300 多种蟾蜍，它们分属 26 个属。

蟾蜍从春末至秋末，白天多潜伏在草丛和农作物间，或在住宅四周及旱地的石块下、土洞中，黄昏时常在路旁、草地上爬行觅食。行动缓慢笨拙，不善于跳跃、游泳，只能作匍匐爬行。大蟾蜍多隐蔽在阴暗的地方，如石下、土洞内或草丛中。傍晚，在池塘、沟沿、河岸、田边、菜园、路边或房屋周围等处活动，尤其雨后常集中于干燥地方捕食各种害虫。大蟾蜍冬季多潜伏在水底淤泥里或烂草里，也有在陆上泥土里越冬的。

蟾蜍是一种药用价值很高的经济动物。蟾酥、干蟾皮、蟾衣、蟾头、蟾舌、蟾肝、蟾胆等均为药材。蟾蜍的耳后腺、皮肤腺分泌的白色浆液的干燥品叫蟾酥，是珍贵的中药材，内含多种生物成分，有解毒、消肿、止痛、强心利尿、抗癌、麻醉、抗辐射等功效，可治疗心力衰竭、口腔炎、咽喉炎、咽喉肿痛、皮肤癌等。蟾蜍除去内脏的皮，性寒、味苦，可用于治疗小儿疳积、慢性气管炎、咽喉肿痛、痈肿疔毒等症。蟾衣是蟾蜍自然脱下的角质衣膜，对慢性肝病、多种癌症、慢性气管炎、腹水、疔毒疮痈等有较好的疗效。此外，蟾蜍的头、舌、肝、胆均可入药。

【蟾蜍养殖技术】

(一) 蟾蜍的品种特征及生活习性

(1) 蟾蜍的品种特征及分布。蟾蜍俗名癞蛤蟆。主产于中国、日本、朝鲜、越南等国家，广泛分布于我国南北地区，常见主要品种为中华大蟾蜍、花背蟾蜍和黑眶蟾蜍三种。这几个品种个体大，体长 10cm 以上，背面多呈黑绿色，布满大小不等的瘰疣。上下颌无齿，趾间有蹼，雄蟾蜍无声囊，内侧三指有黑指垫。

(2) 蟾蜍的生活习性。蟾蜍雌雄异体，产卵于浅水中孵化繁殖成蝌蚪，幼成蟾蜍水陆两栖，喜欢湿、暗、暖避光地方。夏秋季节，白天常栖息于沟边、草丛、灌丛、屋后砖墙乱石孔洞阴暗潮湿处。傍晚和清晨出来捕食蚯蚓、蜗牛、昆虫并兼食嫩草嫩叶等。半夜成群活跃于露地。冬季气温下降到 10℃以下进入土穴、乱石洞中或水底泥中冬眠。次年春季气温回升到 10～12℃时，又出来开始活动，捕食昆虫，繁殖产卵。

(二) 蟾蜍养殖对环境的要求

(1) 蟾蜍对生活环境条件的要求。饲养蟾蜍应根据它的生活习性，为其提供潮湿、阴暗、温暖凉爽的地方，水源良好，四季不涸，与水连接处有绿色草丛、蔬菜栖息地，并有充足的饵料来源，为其繁殖产卵创造条件。

(2) 饲养蟾蜍最适宜的地方。蟾蜍最适宜于野外天然环境条件中饲养。选择村庄附近，四周有草丛、灌丛并靠近水源，排灌方便，常年不干涸的池塘、水田、水沟、沼泽地放养，四周设1m 以上围栏，产卵水域须静，有水草。也可在稻田、藕池中放养，但应设围栏防逃，注意科学施用农药，防止药死蟾蜍。还可建人工养蟾蜍场，场周围设围墙、场内建养殖池、繁殖产卵池、孵化池。养殖池周围种植饲用牧草及蔬菜，供蟾蜍避光栖息。池中投放少量水浮萍、水葫芦等水生植物，调节水质，繁殖水蚤供蟾蜍捕食。可在场中安灯诱杀昆虫作为饵料，还可人工养殖蝇蛆、黄粉虫、蚯蚓等高蛋白鲜活动物饵料，保证蟾蜍不缺饲料。

【蟾蜍养殖技术关键环节】

(1) 建蟾蜍养殖场。场周围设围栏 1m 高。内设养殖池、产卵孵化池。面积大小以规模而定。保证水源充足，排灌方便，池中或池边留空地种植草坪或蔬菜，池中适量投养水生植物。饲养黄粉虫、蝇蛆、蚯蚓或安灯诱虫增加饵料。

(2) 人工繁殖蟾蜍。捕养中华大蟾蜍、花背蟾蜍和黑眶蟾蜍做种。成蟾在 10℃产卵，每次产卵约 5000 粒，放孵化池中，水温 18～24℃经 3～4d 孵出蝌蚪，加强饲养。

(3) 蟾蜍放养密度。每平方米小蝌蚪 2000～4000 只；20d 减为 500～1000 只，幼蟾蜍 30～40 只。按不同发育阶段分池分群饲养。

(4) 蟾蜍饲料配制。刚孵出的小蝌蚪 5d 后以熟蛋黄、水蚤等新鲜适口饵料，日喂 2 次。幼蟾饲喂蝇蛆、蚯蚓、黄粉虫、球藻饵料。成蟾蜍食量大，可采用豆饼、糠麸、面粉、鱼粉、槐叶粉配合饲

(5) 蟾蜍病害防治。蟾蜍病少，主要是防止老鼠、蛇、鸟等危害。搞好围栏、巡查，冬天将其转移到地洞或水下泥土中安全越冬。

第 4 节　昆　虫

柞　蚕

别称野蚕、槲蚕。鳞翅目大蚕蛾科柞蚕属。主要分布在中国。在朝鲜、韩国、俄罗斯、乌克兰、印度和日本等国也有分布。柞蚕一种吐丝昆虫，因喜食柞树叶得名。柞蚕属完全变态昆虫，一个世代经卵、幼虫、蛹、成虫四个发育阶段。经四次眠和蜕皮。每蜕皮 1 次，递增 1 龄。一头蚕从孵化到 5 龄老熟结茧需要 50d 左右，春蚕一生食叶 30～35g 左右，秋蚕食叶 50～58g。其中大蚕食叶占总食叶量的 80%以上。春蚕体重 14g，秋蚕 21g 左右。至生长极度时，分别比蚁蚕体重约增加 2000～3000 倍。仅幼虫期取食，以蛹越冬。柞蚕卵在室内加温孵化，幼虫则通过人工管护下放在野外柞树上任其自行觅食生长、吐丝结茧。以柞树叶为食料。

柞蚕茧可缫丝，主要用于织造柞丝绸。中国是最早利用柞蚕和放养柞蚕的国家。柞蚕蛹可供食用，残渣可作鱼、畜、禽的饲料。

【柞蚕放养技术】

柞蚕在自然条件下有一化性和二化性。化性由遗传因素决定，但易受环境条件的影响而改变。中国柞蚕在地理分布上有明显的化性分界带，从山东省泰安地区经河南省林县至甘肃

省平凉地区一线以北，为二化性地区；从山东省费县经河南省嵩县至甘肃省天水地区一线以南，为一化性地区；两线的中间地带则一化性或二化性均相对稳定。

柞蚕卵在室内加温孵化，幼虫则通常在人工管护下放到野外柞树上任其自行觅食生长、吐丝结茧。放养时间和方式因地区而异。一化性蚕区一年放养春蚕 1 次，一般在 4 月上旬进行，约 55～60d 营茧结束。二化性蚕区一年放养春蚕和秋蚕各 1 次，春茧一般 5 月初放养，6 月下旬采茧；秋蚕多在 8 月初放养，中国柞蚕在地理分布上有明显的化性分界带，10 月初采茧。近年在部分无霜期短的二化性蚕区，常用低温抑制种茧发育，使二化性柞蚕年仅放养 1 次，夜间交配。称“二化一放”，时间控制在 7～9 月，可避免早霜、晚霜危害，并防止柞树树势衰退。在一化性蚕区，也有采用人工长光照(17h)照射春蚕(蛹)，使蛹解除滞育，一年放养 2 次，称“一化二放”。

(一) 放养的技术环节

(1) 孵卵。时间与柞叶萌发生长情况相适应，一般春蚕在放养前 15d 左右，蛹经感温后于茧内羽化成蛾，秋蚕在放养前 8～11d 进行。孵卵温度，春蚕(包括一化性品种)适温为 20～22℃；秋蚕适温为 22～26℃。相对湿度春蚕为 70%～75%；秋蚕为 75%～90%。孵卵前或孵卵中用药液进行卵面消毒。孵卵后期卵鸣结束第 4d，蚁蚕即破壳而出。

(2) 放养。常用柞蚕幼虫不喜摄食而喜群集的植物叶引集蚁蚕，然后均匀撒放在有新梢嫩叶的柞树上。也可将种卵袋或剪成条状的种卵纸分散挂在柞树新梢基部，使蚁蚕孵化后自行爬上嫩叶摄食。1～2 龄幼虫也可将鲜嫩柞枝采回用土坑加温，或用塑料薄膜覆盖在室内饲养。然后吐丝结茧。室内饲养面积小，管理方便，又可避免虫、鸟、兽、风、雨、干旱、低温等的侵害。

(3) 匀蚕。用腹足倒抓柞枝，即通过剪枝将分布过密的蚕调整到邻近无蚕或少蚕的柞树上，以利摄食和栖息。一般从 2 龄开始进行。

(4) 移蚕。为使叶质、叶量适合不同龄期柞蚕生长发育的需要并维护柞树生长繁茂，到适当时期将蚕全部移至另一蚕场。一般春蚕多移，可适应略干燥的环境条件，秋蚕少移；种蚕多移，生产丝茧的蚕少移。在眠中、眠起、烈日、雨大、露重和风大时不宜移蚕。

(5) 结茧。5 龄末期当出现少量熟蚕时，即可将蚕全部移至专门的茧场，任其自行结茧，同时加强管理，防止鸟、兽危害。

(6) 采茧。一般在蛹体壁硬化时进行，腹部由 10 个环节组成，早采易伤蛹体，晚采有损丝质。采后即将柞叶剥去。雨天、露重和高温时不采茧。

(二) 采 种

中国柞蚕种繁育程序采用母种、原种和普通种三级制。母种由省级蚕种场繁育，原种由市或县级蚕种场繁育，普通种则由繁种村、户繁育。

叶质硬化时，种茧通常在人工控制温度、湿度、光线的保种室内平摊或串挂保存。秋期用自然温度，冬期适温为－2～2℃。越冬后蛹解除滞育，保持 2～5℃至暖茧。“二化一放”种茧置保种库内，从冬季至翌春保持 0～5℃，夏至以后库温保持 6～8℃。保种适宜相对湿度为 50%～70%。暖茧温度：二化性春用种初期宜逐日升高 1℃左右，至 18～21℃时保持恒温；秋用种宜控制在 22～27℃之间。一头雌蛾产卵约 200～400 粒，春蚕因雄蛾比雌蛾早出 2～3d，宜将雌茧提前 2～3d 暖茧，或将雄茧作降温处理，可使出蛾期相近，称卵涡；胚胎发育至气管完成期，提高交配率。卵面一度出现凹陷，雄蛾善飞，胚胎发育过程中，应及时捉蛾，雌雄分放，宽

1.8～2.6mm，晾干体表水分，长 2.2～3.2mm，展翅后放置一处任其自行交配。扁椭圆形，雄蛾数量一般应比雌蛾多 10%～15%。交配适温春期为 18～22℃，色灰白，秋期用自然温度。已配对的蛾经半小时后提放另一处，以蛹越冬。16h 后拆对，并剪除雌蛾翅 3/4，逐一置于产卵袋内或产卵纸上产卵。选蛾宜严，晾蛾时选雄蛾，拆对时选雌蛾。春期产卵 2d 后，将卵移入 2～8℃的保卵室内保护。

(三) 病虫害防治

主要病害有柞蚕核型多角体病或称柞蚕脓病(病原为柞蚕核型多角体病毒)、柞蚕微粒子病(病原为柞蚕微孢子虫)、空胴病(病原为柞蚕链球菌)、柞蚕寄蝇病或称蝇蛆病(病原为柞蚕饰腹寄蝇)和线虫病(病原为线虫，人工放养技术自明代中叶以后渐趋完善，中国分布较广的是两索线虫)等。应通过严格检验，及时淘汰病蚕、病蛹、病蛾。进行卵面和蚕室、蚕具消毒，施用化学药剂和选育抗病品种等方法防治。

蜜　蜂

膜翅目、细腰亚目、蜜蜂总科的通称。有产蜜价值并广泛饲养的主要是西方蜜蜂和东方蜜蜂(以中华蜜蜂为代表)，全世界已知约 1.5 万种，中国已知约 1000 种。蜜蜂有前胸背板不达翅基片，体被分枝或羽状毛，后足常特化为采集花粉的构造的蜂类。成虫体被绒毛，足或腹部具有长毛组成的采集花粉器官。口器嚼吸式，是昆虫中独有的特征。蜂王在巢室内产卵，幼虫在巢室中生活，营社会性生活的幼虫由工蜂喂食，营独栖性生活的幼虫取食雌蜂贮存于巢室内的蜂粮，待蜂粮吃尽，幼虫成熟化蛹，羽化时破茧而出。家养蜜蜂一年繁育若干代，野生蜜蜂一年繁育 1～3 代不等。以老熟幼虫、蛹或成虫越冬。一般雄性出现比雌性早，寿命短，不承担筑巢、贮存蜂粮和抚育后代的任务。雌蜂营巢、采集花粉和花蜜，并贮存于巢室内，寿命比雄性长。蜜蜂的飞翔时速为 20～40km，高度 1km 以内，有效活动范围在离巢 2.5km 以内。

蜜蜂是对人类有益的昆虫类群之一，它为农作物、果树、蔬菜、牧草、油茶作物和中药植物传粉，产量可增加几倍至 20 倍。蜂蜜是人们常用的滋补品，有“老年人的牛奶”的美称；蜂花粉被人们誉为“微型营养库”，蜂王浆更是高级营养品，不但可增强体质，延长寿命，还可治疗神经衰弱、贫血、胃溃疡等慢性病；蜂毒对风湿、神经炎等均有疗效；蜂蜡和蜂胶都是轻工业的原料。

【特色蜂蜜的生产技术】

蜂蜜一直被人们视为纯天然的营养保健佳品。如果蜜蜂采集几个花种配制的分离蜜，称为混合蜜，或杂花蜜；如为单一花种，则称为单一花蜜；如果人为加入一定营养成分，饲喂蜜蜂后，经过蜜蜂酿造而成的蜂蜜，称为生物强化蜜。所谓“特种蜜”，就是指生产具有一定营养保健价值的单一花种蜜或生物强化蜜。

(一) 单一特种花蜜的生产

蜜蜂采集不同的蜜源植物的花蜜，酿造出的蜂蜜的色泽、成分、味道和营养价值也有所不同。如果选择有特种药效的单一花种，酿制出的蜂蜜，就具有一定的特殊保健作用。如纯的枇杷蜜，具有止咳润肺作用；党参蜜具有滋补作用；益母草蜜对妇科疾病具有一定治疗作用；苦刺花蜜具有清热作用；黄连蜜具有清热解毒作用等。此外，纯的紫云英，苕子、刺槐，柃木、椴树、荔枝、龙眼等蜜，色泽好，气味芳香，称为一等蜂蜜。如有计划地选择有关蜜源场地，有目的地采集单一花种的特种蜂蜜，很受消费者欢迎。

生产单一品种的特种蜂蜜，首先必须组织强大的采蜜蜂群，选择该种蜜源较为集中的地方，放养蜜蜂，还可对蜜蜂进行专一的采集该花种的训练，每天用该种植物的花香糖浆（用新鲜花朵先浸泡于清水之中，然后加入蜂蜜或白糖水配制而成）饲喂蜜蜂，蜜蜂外出采集，就会专门采集该种花蜜。生产单一花种的特种蜜，必须注意，第一次取出的蜂蜜，因巢脾上还存留有上一个花期的蜂蜜，比较混杂，应分开单独存放，第二次所取的蜂蜜，才是真纯的单一特种蜂蜜。

（二）生物强化蜂蜜的生产

用人工的方法生产生物强化特种药用蜂蜜，建立疗养型蜂场，效果也很好。其方法是按一定比例，根据治疗不同疾病的需要，配置药物糖浆，每天饲喂蜜蜂，利用蜜蜂酿制成疗效较高的药用特种蜂蜜。例如用三七煎汁与糖水配合饲喂蜜蜂，经蜜蜂体内加工配制，贮存于巢壁上，成熟后用摇蜜机取出，分别包装和贮存，这便是药用价值较高的“三七蜜”。其他如“党参蜜”、“山楂蜜”、“首乌蜜”等，也可用同样方法进行生产。

如果在蜂蜜中加入人体必需的微量元素饲喂蜜蜂，也可生产出特种蜜，如钙蜜、碘蜜、锌蜜、硒蜜等，可防治许多疾病，价值较高。

生产生物强化特种蜂蜜，必须注意下列几点：

（1）蜂群的群势要强（应在 8 脾足蜂以上）。

（2）外界蜜源植物大流蜜期结束之后，生产的生物强化蜜，纯度较高。

（3）饲喂的糖浆必须丰富，足够蜜蜂的生活和繁殖的需要，还应该有充足的剩余。

（4）根据不同的需要，加入一定比例的相应药物。

（5）加入药物后，必须进行实验，蜜蜂是否愿意接受这种药物。只有蜜蜂愿意吸食这种药物糖浆，才可以进行生产。

第3章　林业产业实用技术常识

森林是林业产业发展的基础，选择优良树种，培育优质壮苗，又是培育森林的基础。将一粒种子培育成森林，要经过若干年时间；经过采种、育种、催芽、苗圃整地、做育苗床或做垄、土壤消毒、播种、灌溉、施肥、间苗、中耕除草、病虫害防治等苗木培育环节；还要经过整地、造林、抚育等森林经营环节。林业产业凝聚着森林环境、森林物质的长期积累，形成了森林生态文化，构成了丰富多彩的知识和技术。

第1节　林木育种(苗)技术

【选择苗圃地】

圃地应选择土层深厚，排水良好，靠近水源，光照充足，土壤肥沃的土地。不宜设于易受水淹的河滩，山谷洼地，沙地，排水不良，土层浅薄，风害严重，地下害虫多的土地；也不宜选择种植过易感染病害的作物如薯类、蔬菜等的土地。

选择苗圃地时主要考虑以下七个因素：

一是苗圃要设在造林地的附近，这样可减少因长途运输而造成的苗木失水过多、降低苗木质量、影响造林成活率、增加造林成本而造成的损失，这样所培育的苗木能很好地适应造林地的环境条件，造林成活率高；

二是苗圃地要尽量设在交通方便的地方，有利于生活用品、育苗生产资料和苗木的及时运输；

三是苗圃地应距居民点较近，能保证季节性劳动力的来源，方便得到技术上的管理指导和机具的维修；

四是要避开人、畜活动对育苗产生的干扰；

五是要有充足的能源和符合要求的水源供应；

六是苗圃地应选在排水良好、地势平坦的地方。山顶、风口、山谷以及地势低洼容易积水的地方不能作苗圃；

七是苗圃地选结构疏松、排水透气性良好的沙壤土为好，土层深厚，至少要40～50cm，酸碱度适中，长期种植玉米、烟草、马铃薯、蔬菜等退耕地因病虫害较严重不能作苗圃用地。

【选择育苗树种】

首先根据苗圃所在地区选择树种，要选择适合本地区造林和绿化的树种。其次根据苗圃地面积和资金选择树种，一般来说苗圃培育的树种越多抵御市场风险的能力也越强，所以，面积较大、资金充足的苗圃应多培育不同树种，既有造林苗，也有绿化苗；既有1～2年生出圃的苗木，如杨、柳树和花灌木等，也有多年才能出圃的大苗，如松树和大规格乔木。如果是个体育苗户，苗圃地面积小、资金少，最好以培育1～2年生出圃的短周期苗木为主，因为大苗培育年限长，资金周转慢，个人无法承受。第三根据市场需求选择树种，了解苗木销售信息，做好市场分析，做到心中有数，再确定育苗树种。

【整地、改土】

整地是指对育苗用的土地进行土壤耕作。苗圃地土壤的深耕细作是壮苗高产的重要保障，这是因为，合理的土壤耕作，有三个方面的作用。一是疏松和加深了耕作层，从而改善了土壤的理化性质。二是翻动了上下层土壤，促使下层土壤更好的熟化，也使上层土壤恢复团粒结构。同时具有翻埋杂草种子、作物残茬，混拌肥料、消灭病虫害的作用。三是平整了土壤表层，不仅能减少土壤水分蒸发，也为灌水、播种、幼苗出土创造了良好的条件。总之，通过深耕细作，可改善土壤结构，提高保水保肥能力，减少杂草，为种子萌发、插条生根、苗根生长创造了良好的条件。

(一) 整　地

(1) 育苗地的土壤耕作。在气候干燥、降水较少、风多、土壤水分不足的地方，为了储水保墒，秋天起苗后，要立即平整土地，深耕细耙，灌足冻水，来年春天提早做床播种。冬季有积雪地区，秋耕地不耙，翌年春天再耙地。在干旱地区秋耕地后灌冻水，来年春天顶浆耙地。

苗床床面宽 1m(阔叶树 1.3m)，步道底宽 25cm、面宽 33cm，床高 15cm 以上，仔细打碎床面表土，床面平整略呈龟背形，并加镇压或打紧。做床要求深沟高床，中沟低于步道，边沟低于中沟，沟沟相通，永不积水。土地利用率应在 50%以上。培育移植大苗的，可利用行间开沟，以提高土地利用率。

(2) 农耕地的土壤耕作。农作物收获后立即浅耕，待杂草种子萌发时，再进行深耕细耙，灌足冻水，翌年春天再顶浆耙地。

(3) 生荒地及撂荒地的土壤耕作。杂草不多的荒地，秋耕秋耙后，翌年春天可育苗。杂草茂盛的荒地，先割草压绿肥，浅耕灭茬，切断草根，待杂草种子萌发后再耕地。耕地时间在雨季之前，冬季无积雪地区，要求耕后立即耙地，冬季有积雪的地区，可以耕后不耙。

(二) 改　土

改土是指对育苗用的土地瘠薄土壤进行换土或施肥。

(1) 精耕细作，及时换土整地，做到三犁三耙，仔细碎土，消灭杂草、害虫，改良土壤，提高肥力。

(2) 土壤消毒，应选用高效、低毒的药剂，不使用高残留、污染大的药剂。

① 立枯病危害严重的土地，每亩用硫酸亚铁粉 10～15kg，或生石灰粉 25～50kg(如基肥已用石灰粉，可不再施)，撒于床面。

② 地下害虫危害严重的土地，每亩用 3%敌百虫粉剂 2.5～4.0kg，撒后翻入土中。

③ 容器育苗的培养土，一般要疏松肥沃，可用黄心土与草炭土各半，加磷肥 3%，或肥土 60%，草炭土 37%，磷肥 3%。

(3) 施足基肥。每亩可施腐熟的有机肥 2000kg(或饼肥粉 100～150kg)，火土灰 2000kg，磷肥 25～50kg。酸性土壤缺磷、钾肥，尤其是钙，每亩可加施生石灰粉 25～50kg。

(4) 新圃地育松类、栎类等根部有菌根共生的苗木时，要接种同种菌根，即从培育过同种苗木的老苗床或林下取表土，翻入苗床中。容器育苗的培养土，育松类、栎类苗时，要加菌根土 10%。

(5) 实行轮作。不宜在同一块地上连续培育同一树种的苗木。育苗一、二年后，苗木与水稻轮作，如土地限制，也可采用针—阔叶树种、豆科—非豆科树种、深根—浅根树种轮种。

【育苗地连作弊病】

连作又叫重茬，是在同一块圃地上连年培育同一树种的苗木。实践证明，连作容易引起病虫害或因其他原因使苗木的质量下降，产量减少。原因主要有三个：一是有些树种对某些营养元素有特殊的需要和吸收能力，连作容易引起某些营养元素的缺乏，致使苗木生长不良。二是长期培育同一树种的苗木，给某些病原菌和害虫造成适宜的生活环境，使他们容易发展，如猝倒病和蚜虫等。三是有些树种的苗木本身能从根系中分泌酸类及有毒气体，长期积累也会对苗木生长产生毒害作用。但对有菌根菌的树种如松属（油松、樟子松、红松、落叶松）和壳斗科等在不发病的前提下，连作的效果很好。

【育苗地轮作好处】

轮作又叫换茬或倒茬。轮作有以下好处：一是轮作能充分利用土壤养分。不同树种或作物吸收土壤中营养元素的种类和数量是不同的，如针叶树对氮的吸收量比阔叶树多，但对磷的吸收量却较少，所以连年培育一种苗木容易引起土壤中某种元素的缺乏，从而降低苗木质量。松树苗木有菌根菌，病虫害不严重的情况下，松苗可连作。二是轮作能改良土壤结构，提高土壤肥力。起苗后，带走了大量肥沃土壤，减少土壤中的有机质。轮作种农作物或绿肥作物，既能大量增加土壤中的有机质，又能改善土壤结构。三是轮作是生物防治病虫害和杂草的一个重要措施。因为轮作改变了病原菌和害虫的生活环境，使他们失去生存条件而死亡。也改变了杂草的生存环境，在一定程度上能抑制杂草。四是轮作可减少和调节土壤中有害物质和气体的积累。

【苗圃地轮作方法】

常用轮作方法主要有三种：

(1) 树与树轮作。要做到树种间合理轮作，应了解各种苗木对土壤水分和养分的需求、各种苗木易感染病虫害的种类、树种互利与不利作用。常用的树种轮作有：油松与杨树、紫穗槐轮作，苗木生长良好，而且病虫害少；油松、白皮松与复叶槭、皂荚轮作，可减少立枯病。轮作最好是在豆科树种与非豆科树种、深根树种与浅根树种、喜肥树种与耐贫瘠树种、针叶树与阔叶树、乔木与灌木之间进行。在进行轮作时，不要选择有共同病虫害的树种进行轮作。如为了预防锈病就不要用落叶松与杨树、桦木轮作；云杉不要与稠李属轮作；桧柏不要与苹果、梨等轮作。

(2) 树与农作物轮作。由于农作物收割后有大量的根系遗留在土壤中，增加了土壤的有机质，因此，苗木与农作物轮作不仅可以增加粮食收入，还可以补偿起苗时土壤中消耗的大量营养元素，这是目前最切实可行的方法。生产上用来轮作的农作物最好的是豆类，其次是小麦、高粱、玉米等。但必须注意，苗木与农作物轮作一定要防止引起病虫害，如在育苗地种植蔬菜或马铃薯等易感染猝倒病和招引虫害，所以不要选用这类作物与苗木轮作，也不易间种和套种。

(3) 树与绿肥轮作。这种轮作方式能增加土壤中的有机质，促进土壤形成团粒结构，调整土壤中的水、肥、气、热等状况，从而改善土壤的肥力，对苗木生长极为有利。目前生产上应用较多的绿肥植物有苜蓿、三叶草、草木樨等，这些植物同时还是很好的牧草。在土地面积较大，气候干旱、土壤贫瘠地区的苗圃地，应采用这种方式轮作。

【选择育苗方式】

育苗方式有许多种，主要根据投资和规模来选择和确定。通常有常规育苗，这是在苗圃中进行的，经播种或扦插培育出造林和绿化用的苗木；再次是组培、工厂化育苗技术是在温室中进行的；另外还有嫁接育苗和容器育苗技术。大田常规育苗劳动强度大，育苗周期长，受自然环境影响大，苗木质量不易保证；组培、工厂化育苗缩短了育苗周期，加快了育苗速度，大大提高了苗木质量，对提高苗木成活率大有好处；组培育苗、嫁接育苗和容器育苗是在种子或插条等繁殖材料紧缺、技术和设备设施具备情况下采用。但对大多数集体和个体育苗和经营者来说，首选成本低、技术相对简单的常规育苗，其次是嫁接和容器育苗，组培、工厂化育苗。

目前常规育苗应用的育苗方式有床作育苗和大田育苗。床作育苗应用最广，按苗床的种类又可分为高床育苗和低床育苗。大田育苗又叫农田式育苗，是采用和农作物相似的作业方式育苗，大田育苗分垄作和平作两种。

(一) 高床通常采用的规格、优缺点及适宜的条件

床面高出步道 15～30cm，一般采用 17～20cm；床面宽度，采用侧方灌溉一般 90cm 左右宽为宜，用喷灌的床面可达 1m 以上。步道宽度为 40～50cm，一般多用 50cm。苗床的长度依地形而定，其长度越长，土地利用率越高。采用地面灌溉的苗床长度多为 10～20m，床过长灌溉不均匀；采用喷灌其苗床长度可达数十米。

高床育苗的优点是：排水良好，可增加肥土层厚度，土温较高；用侧方灌溉，床面不易板结；步道既能用于灌溉又可排水，也便于起苗。高床的缺点是：做床和以后的管理费工、成本高。

高床适用于要求排水良好、对土壤水分较敏感的树种，如：落叶松、红松、云杉、冷杉、油松等很多针叶树种和部分阔叶树种；易积水的圃地、降水较多或气候较寒冷的地区。

(二) 低床育苗通常的规格、优缺点即适宜的条件

低床是指床面低于步道的苗床。通常床面低于步道 15～25cm，床面宽度 1～1.5m，人工操作以 1m 比较适宜，床埂兼步道 40cm；需要搭遮阴棚时，床埂可达 50～60cm

低床的优点是比高床保墒好。低床的缺点是，由于灌溉易使苗床土壤板结，增加了松土的工作量；在降水量多的地区或低洼地，床内容易积水。

低床一般用于降水量较少、干旱地区；以树种而言，对土壤水分要求不严、稍有积水无妨碍的树种，如杨柳等大部分阔叶树种和侧柏、圆柏等少部分针叶树种采用低床育苗。

(三) 垄作的规格及优点、平作的方法及使用条件

垄作的规格。垄底宽一般为 60～80cm，垄面宽 30～40cm，垄高 17～20cm。垄宽对垄内的土壤水分状况有直接影响，干旱地区最好用宽垄，垄内水分条件好；在湿润地区宜用窄垄，能提高土壤利用率。

垄作的优点。垄上肥土层厚，土层疏松，通气条件较好，与高床相似；温热情况比低床好，有利于排水，不需设毛渠，灌溉方便，节约用地，垄距大通风透光良好，因而所培育的苗木根系发达；采用垄作还便于机械化或畜力作业，节省劳动力。

平作是在育苗前，将苗圃地整平后直接进行播种和移植育苗。平作适用于多行式带播或大苗移植，能提高土地利用率和单位面积产量，同时也便于机械化作业。但必须是苗圃地形平坦，而且有喷灌条件。不然灌溉不均问题突出。

【林木苗圃常用肥料】

选择肥料以有机肥为主，因为有机肥是保持土壤肥力最好的肥料，所以为了改良土壤，提高土壤肥力，应大量施用有机肥。如果长期以化肥为主，会使土壤板结而硬化。这样的土壤缺乏有机质，通气不良，肥力下降。苗圃应以有机肥为主，有机肥与无机肥搭配使用。

碱性土壤用酸性肥料。氮肥选氨态氮，如硫酸铵或氯化铵效果较好。在碱性土壤中，磷容易被固定，不易被苗木吸收，选水溶性磷肥，如过磷酸钙和磷酸铵效果较好。

酸性土壤用碱性肥料。氮肥选用硝态氮较好，酸性土壤中的磷更易被土壤固定，钾、钙、和氧化镁等元素易流失，所以应使用钙镁磷肥和磷矿粉等磷肥以及草木灰、可溶性钾盐或石灰等。

（1）有机肥：以含有机物为主的肥料叫有机肥。如堆肥、厩肥、绿肥、泥炭（草炭）、腐殖质、人粪尿、家禽粪、豆饼等。有机肥含多种元素，也叫完全肥。因为有机质要通过土壤微生物分解，才能被苗木吸收利用，所以又叫迟效肥。

（2）无机肥：无机肥又叫化肥或矿物质肥。大部分是工业产品，不含有机质，营养元素含量高，主要成分溶于水，容易变为能被苗木吸收的成分，肥效快。大部分无机肥属于速效肥，如氮、磷、钾肥，还有颗粒肥、复合肥、微量元素肥等。

（3）微生物肥：微生物肥是利用土壤中对苗木生长有利的微生物，经过培养而制成的各种菌剂肥料的总称。它包括固氮菌、根瘤菌、磷化细菌、钾细菌等各种细菌肥料和菌根真菌肥料。

【苗圃地选择肥料和施肥方式】

（一）氮、磷、钾对苗木的作用

氮、磷、钾是苗木生长不可缺少的三种主要营养元素，如果营养不足会严重降低苗木质量与合格苗产量。尤其是氮和磷对苗木的影响效果显著。苗木对氮、磷、钾的吸收量，多数树种是氮〉钾〉磷。苗木需要磷的数量虽然较少，但是磷对苗木质量影响较大，有些针叶树种更加明显。氮肥和磷肥配合施用效果最好，比单施氮肥或单施磷肥的效果要好得多。

氮是构成苗木活细胞原生质的蛋白质、核酸和磷脂的主要元素。又是叶绿素的组成元素之一，所以氮对苗木光合作用有重要影响。

磷有利于使植物从营养生长顺利地转入生殖生长，促进繁殖器官的形成，可提早开花结实。磷能有效地促进根系发育，增强苗木根的吸收能力，加速苗木生长，并在一定程度上提高苗木抗逆性。

钾能增加细胞液的渗透压，减少水分从叶面散失，从而可提高苗木的抗旱性。钾有利于增加植物体内全纤维和木质素，抗倒伏和抗病虫能力都较强，所以钾肥又叫茎肥。钾与镁有拮抗作用，如土壤中钾比较充足，再施钾肥，会引起苗木缺镁。

（1）苗木缺氮或氮肥过多对苗木影响。苗木缺氮时，细胞变小，整株生育不良。叶子从下部开始变淡绿至黄绿，逐渐蔓延到上部。见到苗木叶片淡黄绿色、黄绿色，根也发育不良。

当氮肥过多时，茎叶柔软，苗木疯长，容易受病虫害侵袭，抗性差，不利于苗木健壮生长发育，苗木成活率下降。

（2）苗木缺磷对苗木影响。苗木缺磷时，叶片表现发污的暗绿色，还带有紫色至红紫色。严重缺磷时，老叶变黄，植株矮小，根系不发达，特别是根系分支不好。苗木磷素不足时，生长初期发育很慢，并萎缩，特别是新梢发育不良。叶片为浓绿色至暗紫色。赤松、落叶松苗木除顶芽外，从下叶开始均呈暗紫色。

（3）苗木缺钾对苗木影响。苗木缺钾时，在老叶的叶脉之间和叶尖的边缘产生黄褐色的斑点。茎细、有时向下弯曲。严重缺钾时，整株变黄。缺钾的落叶松、赤松苗木呈暗绿色至淡黄色，顶芽萎缩。

（二）钙、镁、硫、铁对苗木的作用

钙有加固细胞壁和增加对病虫害的抵抗作用；钙能使原生质的水合度降低，而黏性增大，

有利于苗木抗旱;钙能加快植物体内氨的转化,从而减轻了氨在植物体内的毒性。

镁是构成叶绿素的主要元素之一。镁主要存在于种子和苗木的幼嫩器官,促进磷的吸收和运输,有助于核蛋白、卵磷脂等含磷化合物的合成。

硫在植物中为含硫氨基酸的组成元素,是构成蛋白质的重要成分。硫能促进叶绿素的形成,有利于光合作用。

铁虽不是叶绿素的组成部分,但在叶绿素形成过程中他是催化剂,从而有利于叶绿素的形成。

(1) 苗木缺钙对苗木影响。植物缺钙时,生长点活动减弱,顶芽弯曲呈勾针状,然后枯死。林木种子在萌发时缺钙,幼苗的生长发育受到强烈抑制。

(2) 苗木缺镁对苗木影响。苗木缺镁时,下部叶变黄绿褐色至红色,逐渐波及上部新叶。苗木在发育中期至后期,从下叶尖端呈黄绿色至桃黄色,或者出现红褐色。随着缺乏程度的加重将波及上部新叶。落叶松、赤松苗木缺镁时,叶黄绿色至黄色。

(3) 苗木缺铁对苗木影响。新叶不枯死,褐色变成黄至白色,有时叶子凋萎。苗木缺铁、锰时出现黄化现象,有时伴随发生组织坏死。赤松缺铁、锰时,新梢变黄至黄白色,逐渐扩展至下部叶。

(三) 氮磷钾肥配比

施肥的效果是由许多因素决定的,其中氮、磷、钾的配比是影响肥效的主要因素之一。例如氮、磷、钾的总量相同,如果配合的比例不同,其效果相差很大。以配比 3∶2∶1处理(即氮150kg+磷 100kg+钾 50kg)的效果最好。苗木的地径、苗高及干物质明显高于其他苗木,合格苗产量达 212 万株/公顷,也是最高的。其中 4∶2∶1处理的合格苗百分率最低。说明氮量过多使氮、磷、钾比利失调,抑制了苗木生长。

多种肥料混合或配合施用,因为氮、磷、钾混合使用能相互促进发挥作用。磷能促进根系发达,促进苗木多吸收氮素,还能促进氮的合成。速效氮、磷与有机肥料混合作基肥,能减少磷被土壤固定,提高磷的肥效 25%~40%。又能减少氮流失,提高氮的肥效。在出苗期与幼苗期能及时供应苗木速效氮和磷,而有机肥料逐渐分解是苗木整个生长期的营养来源。

混合施肥必须了解各种肥料的相互关系,并不是所有肥料都能混合施用,有些肥料不能同时混在一起施用,例如硝酸铵不能与过磷酸钙混施,因为混施磷酸不易被苗木吸收;带“铵”字的肥料不能与碱性肥料混合施用,以免损失氮素。

(四) 苗木的施肥方法

苗木的施肥方法主要有基肥、种肥、土壤追肥、根外追肥。

(1) 基肥。最好结合秋耕深施,耕作层的湿度和温度都比浅层好,有利于肥料分解,深度以不少于 15~17cm 为宜。

(2) 种肥。对促进幼苗期生长有明显效果。因为许多树种的种子发芽生根就能吸收磷素,一般用磷肥制成颗粒肥料作种肥。绝对不能用粉状的磷肥作种肥,那样它会烧死幼苗。

(3) 土壤追肥。一年生播种苗,氮肥一般应从幼苗期的前期开始追,第一次少量追肥;以后几次应从幼苗期的后半期开始,到速生期的高生长第一个高峰之前一星期,为“追肥适期”;最后一次追肥不应晚于两个高生长高峰之间的暂缓期。磷素易被土壤固定,一般不用于土壤追肥,多与有机肥混合作基肥。磷酸二氢钾和磷酸钙都适用于根外追肥。2 年生以上留床苗,以生长初期和高生长速生期为重点,高生长停止后,可在径、根速生期之前追施最后一次氮肥,促进苗木直径和根系生长。当年移植苗从成活后期开始追肥，以后参照留床苗。追肥方法有沟施、浇灌、撒施。三种方法中，沟施法的肥料吸收率最高。沟施一般在 7～10cm 深，施肥后盖土。

（4）根外追肥。根外追肥也叫叶面施肥，优点是见效快，喷后 20min～2h 苗木就开始吸收，24h 能吸收 50％以上，在不下雨的情况下，3～5d 可全部吸收。根外追肥节省化肥 2/3，能按苗木生长需要供给营养元素。一般喷 3～4 次效果较好。喷后 2d 内下雨，雨后再补喷 1 次。急需补充磷、钾或微量元素时宜用根外追肥。

（五）适时施肥

苗木在幼苗期对氮、磷的需要量虽然不多，但很敏感。这个时期氮和磷对幼苗地下和地上的生长都很重要。所以施肥应在幼苗期和速生期进行。到速生期后期要停止施氮肥，有利于苗木充分木质化。在北方土壤含钾较多，一般幼苗期不需施钾肥，以后的需要量因树种而异。针叶树种如云杉和松树在速生期施钾肥能提高抗旱性。总之，根据不同树种的需要，在它最需要的时期施肥，才能收到良好效果。

（1）根据气候条件选择肥料施肥。气候温暖而多雨的地区，有机质分解快，有机养分易流失。施用半腐熟的有机肥；追肥应少量多次。在气候寒冷干旱的地区，有机质分解慢，可使用腐熟的有机肥，但不要腐熟过度，以免损失氮素。养分流失较少，所以追肥次数不宜过多，每次用量可适当增加。

基肥要以有机肥为主，并要与矿质磷肥混施。氮肥也可以作基肥，但不要用硝态氮作基肥如硝酸铵等，可用硫酸铵和尿素。在降雨多，易发生肥料流失的地区，不宜用氮作基肥。钾肥也可和其他肥料配合作基肥。追肥应以速效无机肥为主，如氮肥和钾肥。磷肥一般不用作土壤追肥。

（2）根据环境和苗木生理因素确定施肥量。

① 气候、土壤因素。降水量少的地区，土壤含氮、磷少，含钾较多，施肥应以氮、磷为主，钾肥少用或不用。降水多的地区，土壤中氮、磷、钾都比较少，施肥时三要素都应多一些。酸性土壤中磷和钾都较少应增加磷、钾肥。

② 树种特性。不同树种对氮、磷、钾的需要量不同，阔叶树苗木对氮的吸收量最多，钾次之，磷最少。但针叶树苗木对氮、磷都较敏感，尤其对磷更为敏感。有根瘤菌的树种如槐树、沙棘等能从大气中固氮，因此氮的施用量可适当减少，而磷应适当增加。在幼苗期更需要磷，因为磷有利于根瘤菌的繁殖。

③ 苗木年龄。苗木越大需肥量越大。如 2 年生苗比 1 年生苗需肥量成倍增长；苗木的重量越大，需肥量也越多。因此，为了提高苗木的质量和产量，要逐渐加大施肥量。

④ 前茬和前肥的因素。前茬种绿肥作物的休闲地比育苗地的肥力高。培育豆科苗木的茬地，含氮量比非豆科树种的茬地多，豆科树种消耗磷较多。上一年施用厩肥或堆肥等有机肥料多的土壤，肥料有后劲。

⑤ 肥料元素的利用率。各种肥料元素的利用率不同。无机肥料中的氮肥利用率为 40％～60％，通常按 50％计算，磷肥利用率为 10％～25％，钾肥的利用率为 50％。堆肥氮的利用率为 20％～30％，磷 10％～15％，钾 40％～45％。

【种子消毒】

为了预防苗期病害，尤其是松苗立枯病的发生，一般在播种前或催芽前进行种子消毒。用于种子消毒的药剂主要有:硫酸铜溶液、高锰酸钾溶液、福尔马林溶液、五氯硝基苯、敌克松等。

(1) 用硫酸铜溶液进行种子消毒。用0.3%～1%硫酸铜溶液浸种4～6h,然后捞出滩晒阴干后播种或进行催芽处理。若用3%浓度的溶液,只需浸种1h。

(2) 用高锰酸钾溶液进行种子消毒。用0.5%的高锰酸钾溶液浸种2h,或用3%高锰酸钾溶液浸种30min,然后取出阴干后播种或进行催芽处理。但是,对胚根已突破种皮的催芽种子,不宜用高锰酸钾溶液消毒,以免产生药害。

(3) 用福尔马林溶液进行种子消毒。在播种前1～2d,将种子放入0.15%福尔马林溶液中(即1份福尔马林加入260份水稀释),浸种15～30min,取出后封闭2h,然后将种子摊开阴干后立即播种。浸种消毒后的种子不宜久存,否则会降低种子发芽率和发芽势。

(4) 用五氯硝基苯溶液进行种子消毒。用75%五氯硝基苯粉剂拌种,拌种用药量为种子重量的0.2%～0.3%,每千克种子用2～3g药,最好先于10～15倍细沙混拌配成毒土,再进行拌种消毒。拌种后堆起封闭一昼夜,再进行种子催芽或播种,效果良好。

(5) 用敌克松溶液进行种子消毒。用90%敌克松粉剂拌种,用药量为种子种量的0.2%～0.5%。一般先用药量的10～15倍细沙配成药土,然后拌种消毒。

【种子催芽】

种子催芽处理就是使处于休眠状态的种子,在适宜的水分、温度和通气等条件下解除休眠,提早发芽,播后种子出土快,出苗整齐,缩短出苗期,提高场圃发芽率。因此,种子催芽直接关系到播种育苗的成败,是苗木速生丰产的前提。

(一) 种子休眠种类

凡是具有发芽力的种子,由于内因和外因的影响而使种子一时处于不能发芽的状态叫做休眠。种子休眠有两种情况,即被迫休眠和长期休眠。

(1) 被迫休眠:有的种子成熟后由于得不到发芽所需要的基本条件,而处于休眠状态。如果给予适当的发芽条件,就能很快发芽。这类休眠叫被迫休眠或短期休眠,如落叶松、油松、赤松、樟子松、云杉、冷杉、杨、柳、榆、桦、花曲柳等。

(2) 长期休眠:有的林木种子成熟后,即使给予一定的发芽条件也不能很快发芽,一般需要经过较长时间或者经过特殊处理才能发芽。这类休眠叫长期休眠或深休眠、生理休眠,如红松、水曲柳、椴树、黄檗、银杏、山里红、皂角、元宝槭、刺槐等。

(二) 影响种子发芽的因素

(1) 影响种子发芽的内因有种皮的结构、种胚发育不完全、含有抑制物质等。

(2) 影响种子发芽的外因有水分、温度、空气(氧气)、光等。

(三) 长期休眠种子的催芽方法

露天埋藏法、温床催芽法、变温催芽法等比较常用。

(1) 越冬埋藏法。越冬埋藏法也叫露天埋藏法。适用于长期休眠的种子催芽,具体方法是选择地势高、排水好、地下水位低的地方,在土壤结冻前挖好埋藏窖。深1.2～1.5m,宽1.0～1.2m,长依种子多少而定。窖底中间挖一道深、宽各25cm的渗水沟,填以卵石。窖底铺10～20cm厚的湿沙或鹅卵石,上铺席子。将经过水选、消毒的种子用水浸泡7d,每天搅拌和换水。种子充分吸水后捞出与2～3倍细沙(用手攥成团,但不出水)拌匀下窖,或一层种子一层湿沙,种沙厚度不超过1m。上面再铺20cm厚的沙子与地面平,上填土堆成1m高的土丘。窖内每隔1～2m设一通气孔,可在通气孔内放入温度计。在窖的周围挖小沟,以利于排水和防动物危害。来年春天播种前2～3周将种子从窖中取出，筛选后放在通风好、阳光足的地方晾晒，每天翻动，少量喷水保持湿润，当有一半种子咧嘴时播种。

(2) 温床催芽法。有时种子调入较晚，又急于播种，可采用温床快速催芽法。播种前40d左右，将经过选种和消毒的种子用45℃的温水浸泡，并充分搅动，使温度降到10～20℃，每隔1～2d换1次水，一直浸泡7～10d。捞出与2～3倍湿沙混拌均匀，放入背风向阳的土温床内(挖深0.3m，宽1.0～1.2m，长依种子多少而定)的长方形窖，四周边上木板或用席子围上，窖底铺一层砖，上面铺席子，盖上塑料薄膜，每天傍晚用草帘盖上，以利保湿，日出后揭去席子增温。每日上下翻动1～2次，当50%种子咧嘴时即可播种。

(3) 变温催芽法。这种方法也适于调种较晚，亟待播种的情况下而采用。将经过筛选和消毒的种子用45℃温水浸泡6～7d，每天换1次水，对种皮含油脂的种子，可在水中加入1%的面碱或3%～5%的细草木灰，起脱脂作用。将浸好的种子与2～3倍湿沙拌匀，放在火炕上或室内架好的木板上摊平，厚度20～30cm，然后进行变温处理。

高温处理时，室内温度保持在30～35℃，种沙内温度控制在20～25℃，每6～8h上下翻动一次，边翻边浇温水，保持湿度，经过30～35d，有一半种子的种胚变成淡黄色时转入低温处理。

低温处理时，种沙温度控制在0～5℃，湿度在60%左右，每天翻动2～3次。经20d左右，移到室外背风向阳处晾晒，每天翻动2～3次，勤浇温水，保湿润。夜间用草帘盖上，1周左右种胚由淡黄色变为绿色，大部分种子开始咧嘴即可播种。

(四) 被迫休眠种子的催芽方法

有混雪埋藏法、混沙埋藏法、水浸法。水浸法又分温水浸种催芽法和热水浸种催芽法。

(1) 混雪埋藏法。混雪埋藏法适用于冬季积雪多而稳定的地区。在土壤结冻前选地势高燥、排水良好、背风向阳的地方挖埋藏坑，坑的深和宽各50cm左右，长度依种子数量而定。降雪不融化时进行埋藏。坑底先铺草帘和席子，再铺10cm厚的雪(或碎冰)，然后把种子和雪(或冰)1∶3混拌均匀后堆放坑内，上覆盖10～20cm厚的雪(或碎冰)高出地面成丘状，最后再盖几层草帘或成捆的草，踏实盖严。播前1周撤出覆盖物，在温暖的中午翻倒2～3次，坑内雪融化后，清水冲洗，每天浇水、翻动，3～5d约有1/3以上种子咧嘴即可播种。

(2) 混沙埋藏法。混沙埋藏法适合冬季积雪少气候温暖的地方。播种前2～3周采用此法催芽，也能收到较好效果。种子选好、消毒后，先用45℃温水浸泡一昼夜，然后与2～3倍细沙混拌均匀，放入埋藏坑(坑的位置和规格同混雪埋藏法)内，坑底先铺草帘和席子，再铺5～10cm细沙，将种沙混合物摊平，最上部盖一层细沙和草帘。埋后1周开始昼撤夜盖勤翻动，播前3～5d每天翻动3～2次。1/3种子咧嘴时筛出阴干，随即播种。

(3) 水浸法。水浸法分温水浸种和热水浸种。

温水浸种催芽法。用40～45℃温水，浸种一昼夜后，装入木箱或筐篓中放在室内暖和地方或火炕上。盖上湿麻袋片或草帘，保持种温20℃，湿度60%左右。每天用温水淘洗1次，翻倒1次。在这种温暖湿润条件下3～5d种子开始发芽，大部分种子咧嘴时即可播种。

热水浸种催芽法。刺槐、皂角等种子，种皮致密、坚硬，播前在80～90℃的热水浸泡，先将2倍于种子的热水到在缸里，边倒种子边用木棒搅拌，待水凉为止。将浮在水面上的瘪种子捞出，用细筛筛出未膨胀的坚硬的种子，再用上述方法继续浸种。将已膨胀的种子装入筐篓中，用湿麻袋或草帘盖上，放在温暖的地方，2～3d取出，稍加阴干既可播种。

(五) 种子催芽新技术

赤霉素(九二〇)浸种、微量元素浸种、超声波处理、激光处理、电离辐射处理等。

(1) 用赤霉素浸种。一般采用 5～30ppm(ppm 是百万分之一)溶液浓度浸种效果较好。如浓度低于 5ppm 时,催芽效果不明显;浓度超过 30ppm 时,则发芽率和发芽势均有下降趋势。但各种树种要求的浸种浓度是不同的,如落叶松种子 30ppm 溶液浓度效果较好,种子发芽率由对照的 43%提高到 58%,油松种子则以 20ppm 溶液浸种效果显著,发芽率由对照的 61.5%提高到 78.5%。

(2) 用微量元素浸种。用微量元素浸泡椴树种子,可促进种子提早萌发,提高发芽率和发芽势。其中钼、铜对促进椴树种子发芽的作用较显著。用 3.0g/L 浓度的钼浸种 24h,浸种后混沙埋藏催芽(低温处理),80d 时发芽率为 71.8%,用同一浓度和方法的铜浸种处理,80d 时发芽率为 63.5%,而对照(水浸),发芽率仅为 22.7%。

【播种育苗】

(1) 选用优良种源的种子,或从本地优良类型的优良母树上采种。

(2) 种子要精选,除去杂质和废种子。

(3) 播种用的种子,必须经过检验。

(4) 播种量。播种量因树种、土壤、气候、种子品质、育苗技术、管理水平和对苗木质量及产量要求不同而异。

(5) 种子消毒和促进发芽。① 用 0.5%～1.0%硫酸铜浸种 4～6h,也可用 0.5%高锰酸钾浸种 2h,阴干后播种。② 种壳不易透水或有蜡质的要采取针对措施,以促进发芽,如用开水烫种,碱水退蜡,浸泡软壳等。

(6) 播种。

① 冬播。冬播有利操作,种子出土早,发芽整齐,扎根深,生长快,苗壮大,抵抗力强。具体时间在 12 月～翌年 1 月进行。

② 春播。宜早,早播早发芽,扎根深,生长快,抵抗力强。具体时间在 2～3 月进行。

③ 种子在春、夏成熟的,宜随采随播,大粒种子和硬壳的核果,以及需要湿藏或贮藏困难的种子(如栎类)宜秋播。为便于管理,可临时密播于苗床,或用沙藏,待来春取出播种。

④ 播种方式和密度因种子大小、生长速度、出苗后是否移植或留床等不同情况而异。一般中、小粒种子采用条播或撒播,大粒种子多用点播。条播时条距针叶树为 15～20cm,阔叶树为 30～35cm,播种沟底宽 2～3cm。分床播种,细小的种子可混砂、土播,最好用石灰拌种,先稀播,后补播,直至均匀。

⑤ 松类可用芽苗移栽。将种子密播于砂床上,发芽后,在阴天或下午 3 时后,将刚脱掉种壳的芽苗,用拇指和食指按住根茎部,轻轻向上提,把起出的芽苗放入盛有少量清水的碗中,保持根系湿润,防止风吹日晒。起苗后,即行定植。用 1cm 宽 3mm 厚的竹签在定植床上插一洞,略深于根长,将苗根放入洞中,不使苗根白痕露出土面,再用竹签插入苗旁,将下部和上部土壤向苗根压紧。根据种子发芽迟早,分批起苗。移苗前育苗床浇足水分,移苗后浇足定根水。

⑥ 播种后立即覆土。杉、松等中、小粒种子播种前加铺细碎的黄心土,播种后覆黄心土或火土、细沙、锯屑等,要求覆土均匀,厚度适宜,一般为种子直径的 2～3 倍。

⑦ 盖草。小粒种子和大部分针叶树种子,播种覆土后,一般都需盖草,厚度以不见床土为宜,并在苗床两头打椿,拉上草绳,防止大风掀动。发芽后在傍晚将草分次撤除或置行间。

【无性繁殖育苗】

(1) 扦插。

① 选用优良类型的优良单株，或从苗圃中选择超级苗作母本建立采条圃。采条的母本，最好用根部萌条或 1、2 年生的实生苗干。

② 硬枝扦插。以 1～3 月芽萌动前采条扦插为宜，用发育充实的 1 年生枝条，下端在离节 0.5～1cm 的下部切成斜口，上端离节 1cm 左右切成平口，长约 10～20cm，短穗扦插的插条长约 5cm。难生根的树种，插前基部可浸水；含树脂较多的树种，可将插条下端浸入 30～35℃水中 2h 脱脂，再用快刀削去切面。

③ 嫩枝扦插。能提高难生根树种的成活率，在夏、秋季选当年生半木质化粗壮枝条(带 2 年生节部)扦插，插条长 10～15cm，剪去下部枝叶。

④ 根插。根蘖性强的树种，取粗 0.5～1.5cm，长 10～15cm 的根作插条。含水分多的根应晒 1～2 天后扦插。

⑤ 扦插时垂直插入土中，粗头朝下。根插的则粗头朝上。插条露出地面 1/3～1/2，有芽 1～2 个。常绿阔叶树留叶 1～2 片。插前苗床灌足底水。

⑥ 一般行距 15～20cm，株距 5～7cm，生长快的树种行距 30～35cm，株距 20～25cm，扦插成活后应及时抹芽。

⑦ 常绿树插床最好四周砌砖，底垫块石，再铺 20cm 厚的蛭石或用河砂、煤渣、冲积砂土等作插壤，可提高插条生根率。

⑧ 插条下端浸在 4%～5%或 10%的蔗糖液，或 0.03%～0.10%(嫩枝用 0.06%)的高锰酸钾中 24h，能促进生根。

⑨ 用生长素处理插条能促进生根。常用的生长素是吲哚丁酸(IBA)和萘乙酸(NAA)，通常用 500～2000ppm 的粉剂，或 50～100ppm(嫩枝用 10～30ppm)的稀溶液或 1000ppm 的浓溶液中。处理插条下部约半寸(注意不要浸到顶芽)。用粉剂时先浸水中再粉，用稀溶液时浸 12～24h，用浓溶液时浸 5s。

吲哚丁酸和萘乙酸用 95%酒精溶解后加水稀释。浓溶液用 50%酒精作溶剂。生长素尽可能用新配制的，一般稀溶液在几天内便失效，粉剂可保存几个月，浓溶液可保存更久。

(2) 嫁接。

① 接穗和砧木在嫁接时的亲善是嫁接成败的重要因素。通常都用休眠接穗嫁接在生长活动的砧木上。事先对母本和砧木施肥，可获得较好的嫁接效果。

② 接穗应取自优良的品种、类型的优良单株，树冠上部外围充分受光、组织充实的 1 年生枝条。徒长枝、病枝、弱枝均不宜采用。老树上采的接穗，其初期生长不如从壮龄树上采的好。

③ 砧木一般在嫁接前 1～3 年播种育苗，要求嫁接部位粗度适当。嫁接苗生长与砧木大小成正比，即砧木大的接穗生长旺盛。

④ 嫁接方法主要有劈接、切接、皮下接、芽接，大粒种子还可采用芽苗嫁接。

⑤ 芽苗嫁接是将砧木的种子播于 21～27℃室内发芽，当幼苗初生真叶张开前，把子叶着生点上面的胚芽切去，自下胚轴中心垂直切开长约 13mm，注意勿伤子叶柄。用休眠的或用软组织的接穗，长约 10cm，带有 2～3 个芽，粗度与下胚轴大小一致，将基部削成薄楔状，插入砧木切口中。接合部位用棉线包扎时，不要把幼嫩的胚轴勒坏。将嫁接苗深栽，以保证接合部位能良好地覆盖。接株套上塑料袋保湿，并加支撑，防止损伤生长点，同时遮阴。接株长出真叶

后除去塑料袋,并停止遮阴。

⑥ 接穗要求切口平滑,砧木粗度不应小于接穗,嫁接时应与砧木形成层至少对正一侧。捆扎塑料薄膜带时,不使接面移动。接后用塑料袋套在接穗上保湿,并遮阴。

⑦ 定期修剪砧木的侧枝,如与接穗相比,砧木长势下降时,则应保留砧木上的一些侧枝。针叶树嫁接有斜向生长的,要支撑扶正,直至直立生长为止。

⑧ 凡以生产种子或果实为目的的树种,如油茶、油桐,以及种子园的无性系苗等,应尽量选用矮化砧。

【除草、松土】

除草、松土要及时。松土要浅。除草做到除早、除小、除了,不伤苗,不漏除,步道、沟内杂草都要清除干净。拔草时,圃地干燥的应先灌溉,至土壤湿润时进行。

目前育苗大量使用化学除草,应注意合理选择药剂、掌握用药量、选择施药方法、把握施药时间。

(一) 合理选择药剂

除草剂的种类多,它们除草的作用机理也不相同,应根据不同的苗木品种,不同时期的杂草,有针对性地选择除草剂。通常,针叶树种抗药性强,可选用除草醚、盖草能等;阔叶树种抗药性较差,可选用地乐胺、扑草净等;苗圃主、副道,可选用草甘膦。杨柳等速生树种,扦插苗圃的1年生苗木,可用果尔或扑草净、高效盖草能等除草剂。松树苗圃地在种子播种后到出芽前除草,可选用果尔乳油等。

(二) 掌握用药量

苗木对除草剂的抗药性是有差别的,不同苗木对除草剂有不同的承受能力,超过这一能力,就会发生药害,所以不能随意加大药量。例如杨、柳插后到萌芽前化学除草,可用32.5%果尔乳油,每亩用商品量50～80mL(1两～1.6两),用50%扑草净,商品量为150mL(3两),用20%百草枯水剂,每亩用商品量为100mL(2两),均兑水50kg(100斤)均匀喷施在杂草上,除草效果较好。一般针叶树抗药性强,用药量大一些,阔叶树抗药性差一些,用药量要低。同一树种对除草剂的抗药性随着苗龄的增长而提高。苗龄增大,用药量相对增加。

化学除草,做到压住春草。例如松类等针叶树,在播种后出苗前,用25%除草醚每亩1.5～2.0kg喷洒土壤或撒毒土(将除草剂每亩用25kg潮润的土拌匀)。药效期约20d,根据草情,分次施药。阔叶树可在苗木出土前1星期,每亩用五氯酚钠0.75～1.0kg加水20kg喷洒,草多的用0.8%草甘膦喷洒。

(三) 选择施药方法

在直播或移栽的苗床上,可先用草甘膦除老草,然后进行整地,整地后再用乙草胺封闭土壤,杀死刚发芽的杂草,在10 d后开始播种或移栽,既可有效杀死遗留的老草,又可抑制土中杂草种子的萌芽。苗圃地除草,拉索可在播种之后,出苗前施用;都而、精稳杀得可在杂草幼苗期施用,对苗木比较安全。使用灭生性除草剂草甘膦等,为防止苗木受到伤害,可以用可乐瓶剪下前半部分,套在喷头上做成一个防护罩,防止药液飘移到苗木绿色部分。苗木对除草剂敏感时,最好采用配制毒土的办法,以免产生药害。

(四) 把握施药时间

化学除草原则上尽量除早,即在杂草四叶期之前进行。为了做到安全有效,苗木在苗前期采用毒土法比较安全。苗木的速生期,对除草剂比较敏感,使用时要特别慎重。苗木硬化期虽有一定抗性，但大部分杂草也已经成熟，除草剂的作用也就不大了。

一般情况在大量发芽后约15d开始间苗；间苗应在雨后或灌溉后进行除草，以防牵动留下的幼苗根部。间苗分2～3次进行，使苗木分布均匀。7～8月份定苗，根据产苗量要求，确定每平方米的保留株数。另外，间苗时结合补苗，移密补稀，留优去劣。通常在真叶出现前进行。间苗后培土1次，夏季培土可防日灼。

【播种及田间管理技术要点】

(一) 按季节播种

(1) 春播。春播从播种到幼苗出土之间的时间较短，可以减少播种的管理用工。春季土壤较湿润，气候适宜，有利于种子发芽。幼苗出土后可以避免低温和霜冻危害，减少种子遭受鸟、兽、虫、病和牲畜为害。北方大多数地区的自然条件和多数树种都适合春播。春播时间宜早，一般在幼苗出土后不受低温危害的前提下，以早播为好。

(2) 秋播。秋季也是主要播种季节，除了种子很小的和含水量大的树木种子之外，大多数种子都可以秋季播种，尤其是红松、水曲柳、椴树等一些休眠期长的种子或栎类、核桃、核桃秋、板栗、文冠果、山杏等大粒种子更适宜秋播。

秋播的优点是种子在播种地的土壤中度过休眠期，完成了播种前的催芽阶段，来年春天幼苗出土早而整齐，因而延长了苗木的生育期，幼苗生长健壮，成苗率高，抗性强。省去了种子贮藏和催芽等工作，减缓春季作业繁忙人力不足的矛盾。

(3) 夏播。夏播适于春夏成熟而又不适宜久留的种子。如杨、柳、榆、桑、桦等树木种子，种子成熟正值夏季，难以贮藏，也易丧失发芽力，所以一般是随采随播。夏播应尽量早播，可延长苗木生育期，苗木生长健壮，抗性增强。比较干旱的地区，应趁雨后或灌溉后播种。

(二) 按作业方式播种

主要有撒播、条播、点播这三种。

(1) 条播。条播的优点是苗木有一定的行间距离，可在苗木生长期间经常进行行间松土，保持土壤疏松；光照和通风条件较好，苗木受光均匀，生长健壮，苗木质量高。条播便于各种作业，能用机械作业。但小粒种子条播，苗木产量不如撒播高。条播适合中粒种子。

(2) 撒播。将种子均匀地播于苗床上，称为撒播。一般用于小粒种子，如杨、柳、桑等。撒播的优点是能充分利用土地，土壤易板结，通气不良；苗木密度大，通风不良，光照不足，不利于生长发育；不便于机械作业，比较费工；浪费种子。

(3) 点播。点播是按一定株行距将种子播于播种沟内。一般多用于大粒种子，如核桃、板栗、文冠果、山杏等树种的播种育苗。进口珍贵树种，因种子少、价格高，也采用点播。

(三) 确定播种量

播种量是单位面积上(或单位长度上)播种种子的重量，有时大粒种子则以粒数来表示。一般应根据树种、种子质量、圃地的自然条件以及育苗技术等来决定。如果种子质量差，圃地自然条件差，育苗技术水平低，应适当加大播种量，以保证单位面积产苗量。

计算播种量：

可按下面公式计算播种量：$X=10NP/EK$。式中，X是每平方米或每米长播种沟播种量(g)；N是每平方米或每米长播种行上计划产苗量(株)；K是场圃发芽率(%)；P是种子的千粒重(g)；E是种子净度(%)；10为常数。由上式计算出的数值是理论值，应用时加15%的损耗数，即得需要的播种量。

(四) 确定苗木密度

苗木密度是单位面积(或单位长度)上苗木的数量。确定苗木密度,原则上是在不降低苗木质量的前提下争取获得最多的苗木。不同树种或同一树种不同苗木种类,不同苗龄要求的密度不同。生长快、苗龄大比生长慢、苗龄小的苗木密度小些,如阔叶树比针叶树苗木密度要小。同一树种的苗木,由于土壤、气候条件和育苗技术水平等不同,密度也不一样。在土壤、气候条件好,水肥充足、育苗技术高的情况下,要比相反的情况密一些。

(五) 播种下种

(1) 人工播种。中、小型苗圃多采用人工播种。用手推播种磙比手工播种提高工效 4～5 倍,两人操作,每天可播种中、小粒种子 20 亩左右,如落叶松、樟子松、油松等。手工播种时,先画线定行距,然后用开沟器开沟播种。如用苗床撒播,两人一组分别在苗床两侧用手撒播,先稀播,后补播。杨、柳等小粒种子,播前可用适量沙子混合。如条播,可先在苗床(或垄)上开沟或划行,开沟的深度依种粒大小和土壤质地而定。开沟后顺着划定的播种行方向手工撒播。各环节要配合紧凑,互相衔接,才能保证播种质量。

(2) 播种机播种。目前全国试制出许多是用于林业育苗用的床作和垄作播种机,如推广应用的 LB-8 型床作播种机和 BDL-2 垄作单体播种机。这种播种机开沟、播种、覆土、镇压等工序一次完成,播种均匀,覆土厚度一致,工效高,每天可播种 40 亩,适用于大、中型林业苗圃播种。

(六) 播种床覆盖

覆盖的目的是保持土壤湿润,调节地表温度,防止表土板结和杂草滋生。覆土厚度以种子直径 2～3 倍为宜,小粒种子如杨、柳以不见种子为度,落叶松、樟子松覆土 0.5～1cm,水曲柳、槭树、椴树、红松 1.5～2cm 为宜,大粒种子如核桃、板栗、文冠果、山杏覆土 4～8cm 为宜。秋播比春和夏播覆土适当厚一些。覆土不仅厚度适当,而且要均匀,否则出苗不齐、密度不均,影响苗木产量和质量。

(七) 出苗前灌溉

播种前要灌足底水,播后墒情好尽量不浇水,以免降低地温,引起表土板结。如气候干燥、土壤水分不足,应适量浇水。有覆盖物的浇水可少些,覆土厚的大粒种子尽量少浇水。杨、柳、桦等小粒种子少量多次浇水,经常保持土壤湿润为宜。

(八) 出苗前松土除草

在种子发芽和幼苗出土前后,一旦出现土壤板结和杂草应及时进行松土除草。松土除草时,不要碰动种子和损伤幼芽,可进行行间松土除草,覆土厚的可进行全面的浅层松土,但深度要比覆土厚度浅一些。最好在雨后天晴或灌溉后进行松土除草,易于作业并能保持水分。

(九) 苗木遮阴

苗木遮阴是为了降低地表温度,减少苗木本身的蒸腾和土壤水分蒸发。遮阴方法很多,生产上普遍应用的是搭遮阴棚,在苗木周围打木桩,然后拴上粗铁线,上铺遮阴网(透光度 50%～60%),这种方法透光均匀,保持土壤湿度好,但成本高。在不影响苗木生长的情况下,尽量缩短遮阴时间。

(十) 出苗后灌溉和排水

灌溉时间和量应根据树种、苗木生长发育时期、苗圃气候和土壤条件来定。小粒种子灌溉次数多些,中粒种子适当少些,大粒子尽量少灌溉。幼苗生长初期,必须是表土经常保持湿润,适当增加灌溉量,减少灌溉次数。苗木速生期,采用少次多量,一次灌透的方法。苗木生长后期，防止贪青徒长，应停止灌溉。灌溉时间尽量在早晨、傍晚、夜间。

（十一）出苗后松土、除草

除草应掌握“除早、除小、除了”的原则。在苗木生长初期，需要精细抚育，要及时松土除草每隔10～15d进行1次，速生期每隔15～30d进行一次，苗木生长后期，应停止松土除草。松土除草工作最好在雨后或灌溉后进行，既省工又达到保墒的目的。

（十二）间　苗

间苗工作应早疏早定，此时幼苗扎根浅，容易拔除，还可以减少被间苗木对土壤水分和养分的消耗，改善幼苗生长条件。间苗次数以苗木生长快慢和抵抗力强弱而定。大部分阔叶树，幼苗出齐后长出两片真叶时间苗，并尽量一次定苗。大部分针叶树，幼苗生长慢，易遭干旱和病虫危害，可采取2～3次间苗。第一次在苗出齐后15d，第二次在第一次建苗后1周进行，最后一次定苗。间苗宜在雨后或灌溉后进行。

（十三）苗木切根

为控制苗木主根生长，促进侧根和须根的生长，获得生育健壮、根系发达、木质化充分的壮苗，在苗木生育期要进行切根。切根在7月中下旬进行，用起苗犁（去掉碎土板）从苗床（垄）表土下10～15cm深处切断主根。切后要及时灌透水，以利于苗木根系迅速恢复生长。切根后可适量追施磷、钾肥。切根苗比不切根苗根系发达，造林成活率高。

（十四）水肥管理

（1）7～9月生长季节，高温干旱，应加强水肥管理，做到适时、适量。灌溉应在早晚进行，最好引水浸灌或采用喷灌。注意不要使水浸过床面，当床面湿润时即应排水。

（2）圃地过湿，易发生病害，下雨、灌溉后应注意排水，防止圃地积水。

（3）看苗施肥，量少次多。根据苗木长相、长势判断苗木是否需要追肥。注意观察叶片大小、叶色深浅、节间长度、生长速度等。一般在4～8月生长季节，可着重追施氮肥，每亩施尿素10～15kg。8月后至生长停止前，追施磷、钾过冬肥，每亩5～10kg。

（十五）病虫防治

1）病害防治。

（1）发现病苗立即拔除烧毁，并喷洒药剂，以防病害蔓延。

（2）苗木立枯病：

① 每2周喷0.5%波尔多液1次。

② 草木灰8份与石灰2份混合，每亩撒100～150kg。

③ 65%敌克松每平方米4g与黄心土拌匀后撒于苗木茎部，再松土1次。

④ 喷65%敌克松500～800倍液。

（3）杉苗赤枯病：喷1%波尔多液或70%百菌清500～800倍液，或50%退菌特500～600倍液。

（4）松苗叶枯病：每2周喷0.5%～1.0%波尔多液1次，或波美0.2～0.3度的石硫合剂每次每亩75～100kg。

（5）4～6月间为立枯病发病盛期，6～9月为黄化病发病期。在易发生上述病害的期间，一般1～2周应喷洒1次药剂进行预防。

2）虫害防治。

（1）地老虎、蝼蛄、金针虫的防治：用菜枯饼炒香后拌90%敌百虫30倍稀释液150g，做成小块,也可用90%敌百虫50g或2.0%敌百虫粉0.5kg与切碎的鲜草25～40kg,加水少量拌和,傍晚放置床面诱杀。地老虎也可在傍晚将菜叶、泡桐树叶放置床面,次晨捕捉。

(2) 金龟子(幼虫):喷施90%敌百虫800～1000倍液,或80%敌敌畏1000～1500倍液。

3) 防鸟、鼠害。松、杉等种子发芽后至种壳脱落前应注意驱赶鸟类防止啄食幼苗。冬播种子注意防鼠。

(十六) 苗木调查

苗木生长停止后,进行苗木产量和质量调查,按树种分块进行。机械设置样方。调查样方内三级以上的苗高、地径和株数。

样方内有苗30～50株时所占的面积,即为样方面积或样行的长度。

产苗量计算:产苗量=苗床面积(m^2)/亩×平均苗木数(株)/hm^2。

(十七) 苗木出圃

(1) 起苗时注意保全根系,不伤根,不使苗根在风日下暴露过久。土壤干燥的要在起苗前1～2d灌溉1次,使土壤湿润,利于起苗。

(2) 出圃苗应具有一定高度和粗壮的茎干,枝梢无徒长现象,充分木质化,无病虫害及机械损伤。针叶树苗应顶芽健壮饱满,根系发达,病苗、弱苗、缺顶、双杈的废苗应剔除。实生苗还应将低产的不良类型剔除。

(3) 大苗主根过长,或侧枝过多的应适当修剪。

(4) 外调苗木,应做到随起随运,裸根苗起苗后对根系要采取保湿措施,运输时不得重压、日晒,运到后立即栽植。一时不能起运或栽植的苗木,应选避风、排水良好之地假植,假植是将苗根用土遮盖,要求做到"疏排、深埋、踏实"。

(5) 苗木要分级包装。

(6) 常绿大苗需带土,土球大小为根径的6～10倍,用草绳捆扎,适当修枝、摘叶。

(十八) 苗木越冬防寒、防霜冻

(1) 苗木越冬防寒主要是防止冻害、冻拔和生理干旱。最根本的措施是提高苗木的抗寒能力,适当早播、合理施肥、适当增施磷、钾肥、适时停止灌溉、加强苗期抚育管理等。具体防寒方法有:覆土防寒、覆草防寒、设障防寒、灌水防寒、涂白防寒等。

(2) 苗木越冬防霜冻也是防止冻害。

① 薰烟法。根据霜冻降温预报,在有寒霜的夜晚,准备半干不湿的稻草、锯末、麦秸等,均匀堆放在苗圃周围,每亩3～5堆,每堆15～20kg,当气温下降到零度以前,点燃草堆,可防止地温散失,烟粒能吸收一部分水蒸气,凝成水滴放出潜热,使地表气温提高1～2℃,防霜冻效果好。

② 灌溉法。在预知降霜的傍晚,向苗床(垄)沟灌水。因水的比热较大,冷却慢,结冻时放出大量热,能提高地温2℃以上。

【无性繁殖育苗方法】

无性繁殖育苗是指利用根、干、茎、枝、叶,培植促进生根育苗木的方法。无性繁殖育苗包括:硬枝扦插育苗、嫩枝扦插育苗、埋条育苗、压条育苗、插根育苗、留根育苗、嫁接育苗等。

(一) 硬枝扦插育苗

(1) 硬枝扦插育苗季节选择。硬枝插条多在春季进行,也可秋季扦插。春插宜早,一般在腋芽萌动前进行。秋插在土壤结冻前进行,采条即插,穗条不需进行沟藏。对一些珍贵树种也可在冬季于塑料大棚或温室内进行插条育苗。

(2) 硬枝扦插育苗地选择。

① 灌排水:扦插后灌水,以利于插穗与土壤紧密结合,又可满足插穗对水分的需要,有利于成活。在土壤干燥时,要及时灌水,一般插后每隔 3～5d 灌水 1 次,共计灌 2～3 次。灌水次数不宜过多,以免降低土温和影响土壤通气,不利于生根。若土壤水分过多,经常处于饱和状态,会导致插穗下端腐烂死亡。苗木生根后更要适当延长灌水间隔期,可每隔 1～2 周灌水 1 次。雨季要注意排水,避免圃地积涝。

② 除萌及抹芽:在插条苗成活后,要及时选留 1 个健壮新梢培养苗干,除掉基部多余的萌生枝。随着插条苗的生长,要及时抹除苗干下部的侧芽和嫩枝,以利于苗木茎干的正常生长。

③ 中耕、除草以及病虫害防治:均可参照播种苗的管理实施。

(3) 硬枝扦插育苗。将穗条直插或斜插皆可,生产上以直插的居多。扦插时要注意插穗的上下,必须使插穗下切口与土壤紧密接触,并防止擦伤插穗下切口的皮层。为此,可用开沟法将插穗摆放好埋入土中;也可用干树枝、铁条等先在插床穿孔,再插入插穗,但穿孔的深度要比插穗长度稍浅一些,以使插穗能插到底土处。扦插深度,一般以地上部露 1 个芽为宜;在干旱地区和沙地苗圃,可将插穗全部插入土中,上端与地面相平,插后踏实。为了增加地温和保墒,应减少灌水次数,圃地可先用塑料薄膜覆盖,再用穿孔法扦插,并将插穗的外露部分用土覆盖。或者,先扦插后覆盖薄膜,但应注意在插穗萌芽时要及时在穗芽处开口,防止嫩芽被灼伤。

(二) 嫩枝扦插育苗

嫩枝插条是在生长期中用半木质化的枝条进行扦插育苗,也叫软枝插条育苗。由于嫩枝的组织幼嫩,并含有丰富的生长激素和可溶性糖,酶的活化旺盛,有利于插穗形成愈合组织和生根。所以,它主要用于一些采用硬枝插条不易生根的树种。如银杏、松类、落叶松以及一些常绿阔叶树种。但嫩枝插条对培育环境条件要求较高,需要一定的设备和细致的管理,如管理不当易被菌类感染而腐烂。

(1) 嫩枝扦插采条。从生长健壮的幼年母树上,采集当年生半木质化的枝条。采条期因树种而异,前期生长的树种如赤松等,在高生长停止,针叶生长即将结束之前采条最好;大多数树种适合在半木质化时采条。采穗适期为 5～8 月份。同样,在采条时要选择健壮的幼龄母树或根蘖条。采条宜在早晨进行,剪下的枝条要立即用塑料布包好或放在水桶中并覆盖遮阴,防止其失水萎蔫。

(2) 嫩枝扦插剪取插穗。嫩枝扦插的插穗长度一般为 5～15cm,带有 2～4 个节间,上切口距最上一个芽 1～2cm,下切口呈斜面并靠近腋芽 0.5cm,以利于生根。叶片应尽量保留;阔叶树要留 3～4 片叶,只去掉插穗基部的部分叶片或针叶。

(3) 嫩枝扦插技术要点。

① 插壤。为保持良好的通气性和适当的水分,防止嫩枝插穗腐烂,一般用干净(经高锰酸钾等消毒)的蛭石、珍珠岩、石英沙、河沙等作插壤。

② 扦插深度。以 2～4cm 为宜,切勿过深,以利通气。

③ 扦插密度。以插穗叶片相连接,但不相互重叠为度。

④ 生长调节剂处理。扦插前最好用 ABT 生根粉或其他生长调节剂处理插穗,促进生根,方法与硬枝插条基本相同,药剂浓度要稍低一些。

(4) 嫩枝扦插插后管理。嫩枝扦插插后应注意控制水分和湿度、控制温度和光照、练苗和移栽等几个方面。

① 嫩枝扦插水分和湿度的控制。为了防止插穗失水枯萎，扦插后必须经常喷雾或喷水，空气相对湿度以保持 80%～95% 为宜，一般每天喷水 2～3 次，如气温高时每天喷 3～4 次。每次喷水水量不能过大，以达到降低温度，增加空气湿度而又不使插壤过湿为目的。插壤中尤其不能积水，否则，易使插穗腐烂，为此，有条件的情况下，多采用自控定时、间歇喷雾或电子叶喷雾装置。

② 嫩枝扦插温度和光照的控制。温度控制：嫩枝扦插棚内的温度控制在 18～28℃ 为宜。如温度过高要采取降温措施，如喷水、遮阴或通风等。但因插穗生根需要其叶片合成物质的供应，需要有适宜的光照条件，采用遮阴措施降温时，遮阴度不能过大，以利于插穗叶片进行光合作用。采用全光喷雾法嫩枝插条成活率较高的原因也在于此。

③ 嫩枝扦插行炼苗和移栽。

炼苗。插穗生根后，若用塑料棚育苗时，要逐渐增加通风量和透光度，使扦插苗逐渐适应自然条件。

移植。插穗成活后要及时进行移植，或移于苗圃地，或移于容器中继续培育，因为插壤中有机质和其他养分有限。在移植的初期，应适当遮阴、喷水，保持一定的湿度，可提高成活率。其他管理参照硬枝插条育苗部分。

(三) 埋条育苗

埋条是将枝条平放，埋于苗床促其发芽、生根的育苗方法。此法也包括将带根的 1 年生苗作育苗材料进行埋条育苗，称为埋苗法(埋棵法)。待其发芽生根并长到一定高度时，再逐一将母条切断，即成为独立的苗株。本法因枝条较长，贮藏的营养物质较多，利于生根，只要有一处生根，即可促进全条成活，故多用于扦插难成活树种的育苗。但此种育苗方法存在出苗不整齐、产苗率较低等缺点。

(1) 埋条育苗季节。埋条育苗多在春季进行。采条及其贮藏与插条法相同，但要截去枝条梢端生长发育不充实的部分。埋条育苗多用低床育苗，以南北向为宜，床宽 1.2～1.5m，长度为种条长度的 2 倍，床的两端均为灌水沟。

(2) 埋条育苗技术要点。顺床开沟，沟的深度要超过种条粗度 2cm 左右，将种条梢端交叉相对。平放于沟中；覆土厚度 2cm 左右。种条的基部要埋在床端灌水沟的垄背内，以利于种条基部切口从灌水沟中吸收水分，在种条发芽生根期间苗床不需灌溉，故称为基灌埋条育苗法；埋苗育苗也同样，将苗木根系埋于苗床两端水沟垄背内。

(3) 埋条育苗地管理。幼苗出土前只通过垄沟供水，可防止苗床土壤板结。待苗木出土后再进行苗床灌溉。苗高达 10cm 左右时，在苗茎基部培土促进生根。到夏季当每株苗都生出根时，再按株断开种条，促进其自根的发育。

(四) 压条育苗

压条育苗是将母株上的枝条直接埋于土壤或包于湿润基质中，待生根后再切离母株的育苗方法。此法在未生根前由其母体供应养分和水分，育苗成活率较高，多用于插条和埋条法不易成活的树种，如苹果的矮化砧木品种、樱桃等。压条方法主要有低压法和空中压条法两种。

(1) 低压法。低压法即利用母株基部的枝条进行压条，因压条的方式不同又分为直立压条和水平压条。在前一年秋季或早春萌芽前，将母株基部于第 6 至第 7 个芽处平茬，促进其多萌生枝条，当年夏季或翌年春季，利用其萌生的枝条进行压条育苗。

(2) 直立压条法。直立压条法是在母株基部堆土，将母株全部萌生枝的基部均埋土 15～20cm 促其生根(也可分几次培土)，生根后将其断离母体即成苗木，所以也叫堆土压条法。为了促进生根，可先将枝条基部进行环割(切断皮层)或缠拧一圈细铅丝，再进行埋土。

(3) 水平压条法。以母株为中心向外开放射状沟，沟深 15cm 左右，再把枝条分别平压于沟中，用带杈的干枝或带钩的粗铁丝插入土中，将其固定，待枝上的芽萌发生长到 20cm 左右时，将沟埋平，并在每株苗木基部培土促进生根，生根后分别将其与母条断离，促进根系发育成为独立植株。母株由于连年切断萌芽枝条，根桩逐渐生高，继续压条困难。所以，每 5～6 年要复壮 1 次，即沿地面截断母株根桩，促其萌发新条，每 10～12 年要更新母株。

(4) 空中压条法。空中压条法是在母树的树冠上，对当年生或 1 年生枝进行压条的一种方法。先对拟压条的枝条基部进行环割或环剥(环状剥皮的宽度应为枝粗的 1/10 左右)，再用湿润的苔藓、锯末、蛭石等作基质包裹伤口，外加塑料薄膜等保湿物，两端捆扎严密。要保持基质经常处于湿润状态，干燥时要及时加水。为促进生根，环剥处最好用 ABT 生根粉处理。生根后断离母体成苗。

(五) 插根育苗

插根是用根段作插穗进行扦插育苗，它与插条育苗的不同之点在于，插条是由扦插的穗条上生出新的不定根而成活，插根则是由穗根上形成的不定芽萌发而成活。有些树种插条生根比较困难，成活率较低，而用根繁殖则比较容易成活，如山杨、刺槐、板栗、玫瑰、黄刺玫等，均可用根繁殖，尤其用苗木或幼树的根作繁殖材料效果更好。即便从成龄树取根进行根繁，也可使苗木起到幼化的作用。

(1) 采集根条时间。采根宜在树木休眠期，从苗木、幼龄或壮龄母株上采根。北方不宜在严冬采根，以免树木的根受到冻害。所采取根的粗度(直径)在 0.5～2cm 左右为宜。采根后要立即采取保湿措施，防止失水。根条的贮藏方法与插条相同。

(2) 截取根穗。一般在扦插前制穗，随剪截随扦插，并时刻注意保湿，防止日晒。根穗截制长度 10～20cm，大头粗度不应小于 0.5cm。扦插时，必须注意根的上下端，根穗是上端粗，下端细。

(3) 插根育苗的技术要点。插根多用低床，也可用高垄，在春季进行。根穗比较细软，扦插时既较难入土，又容易受损伤影响成活率。因此，对插床必须细致整地，使土壤疏松。插前要灌足底水。扦插时最好采用开沟或挖穴埋插，上切口略低于地表，覆土 1cm 左右，插后踩实。扦插后至幼芽出土前，如土壤不太干，不宜灌水，以防降低土温或水分过多，影响发根和萌芽，甚至引起腐烂。对根系多汁的树种，根穗易腐烂，在扦插前应放置阴凉通风处 1～2d，使其略失水后再扦插(插后适当灌水，不宜过湿)。根插后圃地用地膜覆盖，可显著提高成活率，但幼芽出土后要及时在出芽处将地膜穿孔使芽苗伸出，防止日灼。

(六) 留根育苗

留根育苗是利用母株的根蘖，或在苗圃地起苗时留在土壤里的根系培育苗木的方法。适用于根蘖性较强的树种，如刺槐、火炬树、香花槐等，也叫根蘖育苗。

(1) 利用母树的根蘖育苗：早春在环母树 2m 以外的适当地方开沟，沟宽 20～30cm，深 40cm 左右，切断根系，然后填土 30cm 左右并灌水，以促进母株的根蘖萌发。当根蘖苗长到 20cm 左右时，距苗木 10～15cm 切断母株根系，以促进其自根的发育，待成苗后出圃。也可利用母树自然萌生的根蘖苗，但应当先将自然萌生根蘖苗移植于苗圃培育 1 年，使其根系得到良好发育再起苗出圃,称为归圃育苗。

(2) 苗圃地留根育苗:一般先用埋条法或插条法育苗,但当年不起苗只平茬,以培育良好的根系。翌年秋季起苗开始留根。起苗时,先将苗木周围 20cm 左右的侧根切断,再挖出苗木,留下部分根系,然后施肥,平整土地后灌水。翌年春季土壤解冻后再次灌水,进行浅松土,松土深度 3~6cm,再平整床面。在幼芽出土前,尽量不灌溉以防止土壤板结,出土后及时灌水和松土除草。幼苗长到 10cm 左右时,要进行间苗和定株,并在幼苗基部培土,促进其多生根。其他管理与插条育苗相同。

(七) 嫁接育苗

嫁接是切取植物的枝或芽作接穗,接在另一植株的茎干或根(叫砧木)上,使之愈合成活为一个独立的植株。用这种方法培育的苗木叫嫁接苗。嫁接苗长出的树,他的根系和树冠是分别由砧木和接穗发育起来的,因而,兼有二者的遗传特性。接穗是培育目的树种和品种。嫁接苗接穗与砧木的组合十分重要,必须选配适当。砧穗组合常以"穗/砧"表示,例如,毛白杨/加杨,表示嫁接在加拿大杨上的毛白杨苗。

(1) 嫁接育苗特点。

① 根系具有砧木植株的遗传特性。嫁接苗既可以通过选择适宜的砧木种类,增强嫁接树对环境条件的适应性,如抗旱、耐涝、耐盐碱性等。又可以利用砧木的乔化或矮化特性,控制树体的大小。

② 树干与树冠是母株营养器官生长发育的延续。嫁接苗的树干与树冠是接穗母株生长发育的延续,因此,既能较早保持其母株的特性,遗传性比较稳定,一般不会像实生苗那样容易产生性状分离现象。所以,建立林木种子园,果树和经济林栽培以及观赏植物的繁殖等,多采用嫁接苗。尤其对于一些用其他营养繁殖方法,如插条等生根比较困难的树种,更适合采用嫁接方法育苗。

(2) 影响嫁接成活的因素。

① 亲和力。亲和力是砧木与接穗双方嫁接能否良好愈合成为一个新植株,且正常生长发育的能力。亲和力与砧木和接穗树种之间的亲缘关系相关。一般地说,亲缘关系愈近的树种之间亲和力也愈强。如同品种或同种间嫁接亲和力最好,叫本砧嫁接,像油松接于油松。同属不同种之间嫁接也较亲和,像苹果接于海棠。不同属之间的树木嫁接就比较困难,不同科之间的树种嫁接就更困难了。

② 树木的内含物和分泌物。砧木或接穗树种若具有某种特殊的内含物质或分泌物质会影响嫁接愈合成活。例如核桃内含单宁物质,核桃还有伤流,松树类分泌有松脂,这些物质均对砧穗的愈合成活有影响,需要采取一定的措施才能提高嫁接成活率。

③ 砧木与接穗产生愈合组织的能力。对于有亲和力的树种,嫁接之所以成活,是因为植物受到创伤后,其形成层细胞具有产生愈合组织的能力(形成层是介于树木干茎的木质部与韧皮部之间,再生力很强的薄壁细胞层)。砧木和接穗自身产生愈合组织的能力,以及二者接口处形成层相互密接程度,直接影响嫁接的成活率。

④ 温度。砧穗产生愈合组织需要一定的温度,一般树种需 20~25℃。田间嫁接宜在砧木形成层细胞分裂最活跃的时期,即茎干加粗生长的时期进行,但在生产上,往往在穗条贮藏中因难以控制芽的萌动,而嫁接时间略有提前,一般树种枝接,春季在砧木树液开始流动时即可嫁接。

⑤ 嫁接技术。嫁接的各个技术环节操作质量的好坏，直接影响嫁接成活率。

(3) 选择嫁接砧木。砧木对嫁接树的生长有重要影响，选择不当，将给生产造成不良后果。在选择砧木时，应注意以下各点：一要与培育目的树种(接穗)有良好的亲和力；二要适应栽培地区的环境条件；三要对栽培目的树种或品种的生长发育无不良影响；四要具有符合栽培要求的特殊性状，如矮化或抗某种病虫害等；五要容易繁殖。

【插穗采集、贮藏、促进生根】

扦插育苗是截取树木的一段苗木干茎或一段枝条作育苗材料，扦插于土壤或基质中，促其生根而培育苗木的方法。所截取的这段育苗材料称插穗。

(一) 插　穗

硬枝扦插育苗是用完全木质化的枝条作插穗进行扦插育苗。由于其扦插技术比较简单，容易掌握，在苗圃育苗生产上应用很广泛。适于硬枝扦插的树种很多，主要有杨树、柳树、桑树、沙棘等。

(1) 影响插条生根的因素。插条能否成活取决于能否生根。影响插穗生根的主要因素有树种特性、母树年龄、枝条着生部位、穗条年龄及其发育状况与环境条件等。

① 树种特性对插条生根的影响。树种特性使不同树种其枝条的生根难易有很大差异。硬枝插条容易生根的树种有杨树属(其中的毛白杨、新疆杨、山杨等树种较难生根)、柳树属、柽柳属；比较难生根的树种有槭树、刺槐、枣树、侧柏、落叶松等；极难生根的树种有核桃、板栗、栎属、山杨、冷杉、松树等。

② 母树年龄和枝条着生部位对扦插成活的影响。母株年龄及枝条着生部位，一般同一种树种，年幼植株上的枝条插条较易生根；在同一母树上，着生于基部的萌蘖条、萌条较易生根。

③ 穗条年龄及其发育状况对扦插成活的影响。穗条年龄及其发育状况：穗条年龄对生根有很大影响，但因树种而异。杨树类 1 年生枝生根率最高，柳树属、柽柳属可用 1～2 年生枝条，而针叶树类可在 1 年生插穗基部带一点 2 年生枝段。枝条发育充实、粗壮的较易生根；生长细弱的枝条不宜用作插穗。

(2) 采集穗条。穗条采选最好从采穗圃中专门培养的良种母株上采条，或采用一年生苗木的茎干，也可采取幼龄树的枝条或母株基部的萌蘖条等作插穗。作插穗用的枝条必须生长健壮、充分木质化和无病虫害。

(3) 截取插穗。

① 一般生长粗壮充实的枝段生根率高，如杨树、柳树等树种，以截取枝条中下部粗度 0.8～2.5cm 枝段作插穗为好，多剪去不充实的种条梢头；灌木树种如连翘、紫穗槐等，插穗粗度可为 0.3～1.5cm。

② 插穗长度。一般乔木树种的插穗长度为 15～20cm，灌木树种为 10～15cm。生根慢的树种或干旱环境条件下可稍长些；反之则可短些。

③ 切口。插穗上切口多为平口，下切口多为斜口，以增加其与土壤的接触面，有利于吸收水分。切口与芽的距离，上切口宜距芽 1～2cm，下切口可距芽 0.5cm 左右。切口要平滑，防止劈裂，并保护好插穗上端的芽，不能被损坏。

④ 插穗分级。截制好的插穗要按粗细分级，每 50～100 个捆成 1 捆，上下端不要颠倒，以利于苗木生长整齐和防止倒插。

(二) 贮藏穗条

穗条贮藏:采条后要标记树种、品种,注意保湿防止干燥、失水。春季扦插要进行越冬贮藏。越冬贮藏方法,以室外沟藏为宜。要选择地势较高、排水良好的背阴处挖沟,沟宽1～1.5m,长度依穗条数量而定,沟的深度因当地气候而异,一般60～80cm,切勿过深,防止沟内温度过高(以保持0～4℃为宜)。埋藏时,在沟底先铺一层湿沙,再将截制好的插穗每50～100个1捆,分层立置于沟内;若分层贮藏枝条,则每10cm一层,分层平埋,每放一层穗条要加一层10cm的湿沙隔开,当穗条放置到距地面10cm左右时,用湿沙填平,再加土封堆呈屋脊状。为了防止沟内穗条发热,在埋穗条时要每隔一定距离加1个通气孔,如秸秆把束或带孔的竹筒等。早春在气温回升时,要注意检查,防止穗条发热受损,如发现温度过高要设法降温。

(三) 促进生根

穗条生根的环境条件,一般树种插穗最适温度多在20～25℃。插床的土壤质地要疏松,有良好的透气性,土壤水分宜保持在田间持水量的80%左右,空气相对湿度保持在80%～90%,最利于生根。光照要适当,充足的光照能提高土壤温度,促进插穗生根。但光照过强会因增温而加大常绿树种插穗蒸腾量,失去水分平衡,降低成活率。为了提高插条成活率,在扦插前或扦插时应对插穗进行促进生根处理,主要的催根方法有水浸法、生长调节剂催根法和温床法。

(1) 水浸法促进生根。水浸法即在扦插前用水浸泡插穗。水浸插穗最好用流水,如用容器浸泡要每天换水。浸泡时间一般为5～10d,不仅能使插穗吸足水分,还能降解插穗内的抑制物质。当皮层出现白色瘤状物时进行扦插,可显著提高插条成活率。一些阔叶树种如杨、柳等均用此法。松脂较多的针叶树,可将插穗下端浸于30～35℃的温水中2h,使松脂溶解,有利于愈合生根。

(2) 生长调节剂促进生根。对较难生根的树种,可应用植物生长调节剂等处理促进生根。生产上常用的生长调节剂有:ABT生根粉,NAA(萘乙酸),IAA(吲哚乙酸),IBA(吲哚丁酸)等。

① 浸泡法。将插穗下切口4～6cm浸泡在药液中,取出后用清水冲洗再扦插。溶液的配制:ABT生根粉按其商品中的说明配制;其他生长调节剂取1g,先用少量酒精溶解,再加水至1000mL,配成1000ppm的原液。然后,依需要的溶液浓度及数量,取一定数量的原液加水稀释到所需要的浓度。其计算方法:加水量(1份原液的加水份数)=原液浓ppm/所需浓度ppm－1。例如,原液为1000ppm,所需浓度为200ppm,则加水量=5－1。即取1份原液加4份水。通常萘乙酸、吲哚丁酸应用浓度为50～200ppm,浸泡12～24h。

② 速蘸法。用浓度较高的溶液(多用1000ppm)浸蘸5s;或用粉剂浸蘸插穗,使下端2cm处蘸上粉剂,蘸后随即扦插。粉剂的配制也同样先用少量酒精溶解1g药物并加少量水稀释,再与1000g的滑石粉或木炭粉混合均匀,即配制成为1000ppm(0.1%)的粉剂。

(3) 温床法促进生根:为了促进生根,早春在扦插前,可采用对插穗下切口增温的方法进行处理,生产上常用阳畦或电热温床催根。

① 阳畦温床催根。在背风向阳、排水良好的地方挖深度25～30cm,宽1m,长10m的床(或槽):底部垫5cm干净的河沙,然后,将用ABT生根粉或NAA处理过的插穗捆成捆,倒置于床内(下切口朝上)再于插穗上面覆盖2～3cm的干净河沙,随即洒水,每平方米10L左右。温床表面用塑料薄膜严密覆盖,夜晚要覆盖草帘等保温,温度保持10～25℃,待插穗出现根突

起时(一般需 10～15d)进行扦插。

② 电热温床催根。插穗下切口朝下放置,温度调节控制在 20～25℃。

【育苗嫁接方法】

常用的嫁接方法有:芽接、枝接、根接、子苗砧嫁接;培育中间砧苗的嫁接方法[包括连续芽接法、芽接枝接法、二重枝(芽)接法]、嫁接插条育苗法(包括枝接插条法、芽接插条法)。

(一) 芽　接

芽接是从接穗枝条上取芽(称接芽),嫁接在砧木上,使其成活萌发为新植株的嫁接方法。芽接穗枝多取用当年生枝的新生芽,随接随采,并立即剪去叶片,保鲜保存。但若采用带木质芽接,可用休眠期采集的 1 年生枝的芽。芽接节省接穗,1 个芽即可嫁接发育成 1 株嫁接苗;嫁接技术简单,容易掌握,工效高;愈合较快,接合牢固;嫁接时期长,在整个生长季节都可进行,但以砧木皮层容易剥离时最好;接芽不成活的可以及时补接,能保证单位面积的嫁接苗产量。

芽接有"T"形芽接、芽块状芽接、带木质嵌芽接、套芽接等四种。

(二) 枝　接

枝接是用枝条截制成接穗进行嫁接的方法。接穗的长短,依不同树种节间的长短而异,一般每枝接穗要带有 2～4 个饱满芽,为节省接穗,也可用单芽枝接。枝接的优点是嫁接苗生长较快,在嫁接时间上不受砧木离皮与否的限制,可早春进行嫁接,嫁接苗当年萌发,秋季可出圃。但不如芽接节省穗条。必须在低温、湿润条件下保存好穗条,保持穗芽处于不萌动状态,才可提高嫁接成活率。采用绿枝嫁接多在新梢停止生长,枝条半木质化时进行。

常用的枝接方法有劈接法、切接法、插皮接法、切腹接法、插皮腹接法、合接与舌接法、髓心形成层对接法、靠接法和绿枝接法。

(三) 根　接

根接是用树木的根段作砧木进行枝接的嫁接方法。砧根的粗度以 2～3cm 为宜,在嫁接方法上可用劈接、切腹接、插皮接等。一般粗度不同可正接,也可倒接,只要插入时对准形成层并缚紧,成活率都很高。根接的接口一般均埋入土中,绑缚材料最好用容易腐烂的麻绳、马阑等物,可省去成活后的解绑用工。根接可以在室内进行,春季随接随栽植于苗圃;如在休眠期嫁接,接后可植于温室苗床,或在背阴处开沟用湿沙埋藏,翌春栽植于田间。

(四) 子苗砧嫁接

子苗砧嫁接也称芽苗嫁接或子苗嫁接,只适用于核桃、板栗等大粒种子的坚果类树种。是采用种子发芽后叶片将展开时的幼苗作砧木进行枝接的嫁接方法。

(五) 培育中间砧苗的嫁接

中间砧是指在一般的实生砧木与栽培品种之间,加接一段具有特殊性状的枝段,此枝段称为中间砧。所以中间砧嫁接苗是由基砧(多为实生苗)、中间砧品种的枝段、栽培品种三段组成。可表示为:栽培品种/申间砧品种/基砧树种。

(六) 芽接插条育苗法

有些树种,例如白杨派等,直接插条育苗生根比较困难,可以借助于插条容易生根的其他杨树,采用嫁接与插条相结合的方法进行繁殖,称为嫁接插条育苗法。就是将此类树种嫁接在与之亲和力较好且插条易生根的杨树枝段上,再用以进行扦插育苗。具体方法有枝接插条法和芽接插条法。

【嫁接苗的管理技术要点】

(1) 检查成活。芽接一般 15d 左右即可检查成活情况。凡芽体和芽片呈新鲜状态，叶柄一触即落的，表示叶柄产生离层，已嫁接成活；凡芽体变黑，叶柄不易掉落的，未接活。对未接活的，应立即补接。枝接未活的，要从砧木萌蘖条中选留一健壮枝进行培养，用作补接，其余的均剪除。

(2) 除萌蘖。为集中养分供给接口愈合和促进已接活新梢的健壮生长，要随时将砧木上的萌芽和萌蘖条剪除。

(3) 解绑带。当确认嫁接已经成活，接口愈合已牢固时，要及时解除绑带，避免因植株增粗绑带缢入皮层，影响生长。芽接一般 20d 左右即可解除绑带，但对秋季芽接的，不要过早解绑，有利于保护接芽过冬防止干萎。枝接的最好在新梢长到 20cm 以上时解除绑带。如解绑过早，接口仍有失水的危险而影响成活。对于套塑料袋保湿的，要及时开口通风降温，再逐渐撤除。

(4) 剪砧。芽接的接芽成活后，将接芽以上砧木的枝干剪掉，叫做剪砧。夏秋季芽接的，为防止接芽当年萌发，难以越冬，应在翌年春萌芽前剪砧。春夏季早期芽接的可在嫁接时或在接芽成活后立即剪砧。剪砧的剪口宜在接芽以上 0.3～0.5cm，并稍向芽背面倾斜。剪口过高影响断面愈合，往往形成干桩；过低会伤害接芽，不利萌发和新梢生长。

(5) 立支柱。在春季多风害的地区，为防止接活的新梢遭风折，当新梢长到 20～30cm 时，要立支柱用绳拢缚新梢。也可以分两次剪砧，即在第一次剪砧时，在接口以上留一定长度的茎干，作为活支柱拢缚新梢，等风害季节过后再进行第二次剪砧，从新梢以上剪断。在立支柱时，新梢绑缚不要过紧，稍稍拢住即可。

(6) 其他管理。嫁接苗的病虫害防治及施肥、灌水、排涝等，均与其他育苗方法相同。

【容器育苗】

容器育苗与裸根苗相比，容器苗能形成完整根团，起苗、包装、运输时不伤根，苗木活力强；造林成活率高，栽植后没有缓苗期；由于是带原土栽植，根系不受损伤，对造林地适应性强，所以春、夏、秋三季均可造林，不受常规造林季节限制，延长了造林时间。

育苗所用培养基质经过精心配制，最适于苗木生长，而且容器苗多在大棚或温室内，温度、水分、光照等生态因素可调整到苗力所需的最佳状态，因此，苗木生长迅速，育苗周期短，3～6 个月即可出圃造林；育苗时节省良种，每个容器只播 1～3 粒种子。由于营养体积、光照、肥力、水分基本一致，培育出来的苗木整齐、健壮。对于种子缺乏地区或珍贵树种不易获得种子时更有意义。

(一) 选择容器苗的育苗地

由于容器苗是在容器内，采用人工配制的基质育苗，所以对育苗地的要求比裸根苗简单，对土壤没有特别要求，一般能培育裸根苗的苗圃都能培育容器苗。育苗环境可在露地，也可在温室或塑料大棚内。

但是，由于温室造价一般较高，为提高温室利用率，降低成本，可将温室和露地结合起来。早春当室外气温还较低时，在温室内先播种，待苗木生长 1～2 个月后，将其移出温室，同时，在温室内进行第二次播种，有的甚至可进行第三次播种。

无论是露地还是温室，育苗时尽量不要将容器直接码放在土壤上，最好将容器放在离地面 20～100cm 的架子上，使容器苗底部保持良好的通风条件，当根系长出容器时，根尖暴露在空气中，会停止生长，起到空气修根的作用。

(二) 育苗容器

育苗容器种类很多，形状、大小、制作材料也多种多样，可根据树种、育苗期限、育苗方法、苗木规格等不同要求进行选择。为了避免根系在容器中盘旋成团，目前采取的有三种防止措施：一是在容器内壁上制作引导根系生长的突起棱，当根系长至容器壁时，沿突起棱向下生长而不会在容器内盘旋；二是在容器内壁上涂碳酸铜，当苗木根系接触到重金属离子时，会停止生长，防止根系盘旋，造林后苗木根系又会继续生长，形成发达根系，但是碳酸铜会污染环境不宜采用；三是容器制作时，在容器壁上留出边缝，当苗木侧根系长到边缝接触到空气时，根尖便停止生长。留下具有活力的根尖，同时又促进形成更多须根，但不会形成盘旋根，造林后根尖又继续生长，发展成发达根系。

容器大小相差很大，主要受树种和苗木规格的制约，为降低成本，应采用能保证造林成效所允许的最小规格。

制作容器的材料有软塑料、硬塑料、纸浆、合成纤维、稻草、泥炭、黏土、特制的纸、厚纸板等。我国绝大多数采用塑料单体容器杯和蜂窝连体纸杯容器。

(三) 容器苗的育苗基质

培养基质又称营养土或基质，它是容器育苗成功与否的关键因素之一。培养基质必须具有良好的物理性质，有较强的保水力和孔隙度，结构充实致密，重量轻，不带杂草种子和病虫。主要采用泥炭和蛭石的混合物，一般按 1∶1或 3∶2的体积比配制。有的用 50%表土，25%～50%泥炭，0%～25%蛭石的混合物。在大规模容器育苗时，也常用腐殖质含量高、保水能力强的腐熟有机肥和化肥制成。

菌根对松树苗木生长有明显促进作用，并可提高造林效果，一般菌根土应取自同种松树林根系周围 0～4cm 的土层，或从同一树种前茬苗床上取土，菌根土可混拌于培养基质中或用作播种后的覆土材料。用菌种接种应在种子发芽后 1 个月，可结合芽苗移栽时进行。

为预防苗木发生病虫害，培养基质需进行消毒。消毒方法很多，可用蒸气加热处理，也可在培养基质中拌入适量的杀菌剂或采用化学药剂熏蒸。例如，可用工业用硫酸亚铁(3%)，每立方米培养基质用 25kg，翻拌均匀后，用不透气的材料覆盖 24h 以上，或翻拌均匀后装入容器，在圃地薄膜覆盖 7～10d 后即可播种。

(四) 容器育苗技术要点

(1) 播种。容器育苗必须采用良种，种子品质应达到国家标准规定的二级以上。播种前要对种子进行催芽和消毒，具体方法参照裸根苗培育的有关内容。

容器装填培养基质后，应按“品”字形排列成行，置于用木材、竹材、塑料或铁制成的框架上。每个容器播 2～3 粒种子，播在容器中央，播后覆细土或珍珠岩，覆土厚度为种子短径的1～3倍，微粒种子以不见种子为度，覆土后要立即浇水。

(2) 浇水。浇水要适时适量，播种后第一次浇水要充分，出苗期和幼苗期要多次适量勤浇，保持培养基质适量湿润；速生期应量多次少，在培养基质达到一定的干燥程度后再浇水；生长后期要控制浇水。出圃前一般要停止浇水，以减少重量，便于搬运，但干旱地区在出圃前要浇水。

(3) 施肥。追肥时将含有一定比例氮、磷、钾养分的混合肥料，用 1∶200～1∶300 的浓度配成水溶液，进行喷施，严禁干施化肥，追肥后要及时用清水冲洗幼苗叶面。根外追氮肥浓度为

0.1%～0.2%。

追肥时间、次数、肥料种类和施肥量根据树种而定，一般针叶树出现初生叶，阔叶树出现真叶时开始追肥。根据苗木各发育时期的要求，不断调整氮、磷、钾的比例和施肥用量，速生期以氮肥为主，速生期后期停止使用氮肥，适当增加钾肥，促使苗木木质化。

(4) 病害防治。容器育苗一般很少发生虫害，但要注意防治病害，特别是灰霉病。要及时通风，降低空气湿度，并适当使用杀菌剂。在温室内培育松、杉类容器苗时，最容易发生猝倒病，应在配制培养基质时混用蛭石，并加入杀菌剂；或在种子萌发后，将容器苗从温室移到荫棚内。

(5) 间苗。种壳脱落，幼苗出齐后 1 周左右，间除过多的幼苗，最后每个容器中保留 1 株苗。

(6) 出圃。容器苗的出圃标准，主要不是根据苗木高度而是要求充分形成根系团。凡是未形成根团的，苗木长势衰弱的，有根腐现象的，都不能出圃。

容器苗的包装和运输，根据所采用的容器而定，对于采用硬质塑料容器育苗，一种方法是将苗木同容器盘一起放在运输架上，运到造林地，栽植人员有特制的挎容器盘的背带，1 人能同时携带 2 个育苗盘，共 80～90 株苗木，配合使用植苗器，能大幅度提高栽植效率和质量。造林后要回收容器。另一种方法是在苗圃将苗木从硬塑料容器中拨出，用塑料薄膜包裹好根团，放在包装箱内进行运输。运输时要防止根团损坏。

【苗木移植】

一般树种主要在苗木休眠期进行移植，常绿树也可在生长期的雨季进行移植，最好在雨季来临之前。春季是各种苗木适宜的移植时期，东北应以早春地解冻后苗木没萌动前进行比较合适。一般针叶树早于阔叶树。

秋季移植在北方应早移，对落叶树，当苗木叶柄形成离层，叶子能脱落时即可开始移植，常绿树应在直径生长高峰过后移植。因为无论是针叶树还是阔叶树，此时根系尚未停止生长，移植后有利于根系恢复伤口。

(一) 苗木移植前准备工作

(1) 土地和劳力的准备。在移植前先做好圃地的区划、定点、划印，组织好人力、物力。

(2) 苗木的准备。需要移植的苗木应做到随起苗、随分级、随运送、随修剪、随栽植，不立即栽植的苗木必须做好假植等贮藏工作。在移植过程中，必须保持根系湿润，切勿暴晒。

① 苗木分级。在移植前必须对苗木进行分级，分级的目的是将不同规格的苗木分别移植，使移植苗木生长均匀，减少苗木分化现象，另外也便于苗木出圃与销售。

② 修剪。移栽前要对根系和枝叶进行适当修剪，这是苗木移植很重要的一环。修剪要剪去过长和劈裂的根系，一般根系长度应在 12～15cm，过长栽植容易窝根，太短也会降低苗木成活率、生长量。常绿树种，侧枝可进行适当短截，以减少水分蒸腾，提高苗木成活率。

③ 为防止苗根在分级和修剪过程中干燥，作业应在棚内进行，且修剪后的苗木应立即栽植或假植在背阴而湿润的地方。

(二) 移植幼苗和芽苗

(1) 幼苗移植：对主根发达的阔叶树种可进行幼苗移植。在北方，当春季幼苗生出 2～4 片(对)真叶时，开始进行幼苗移植。移植时把主根切断，以限制其主根生长。

(2) 芽苗移植：种子萌发后，当胚根生出、上胚轴延伸、未长出侧根、种壳尚未脱落时，把主根生长点剪去，将芽苗移植到苗床或容器中培育。主要用于珍贵树种。

（三）确定移植密度

移植密度（株行距）决定于树种的生长速度，苗圃地的气候条件和土壤肥力，移植用苗的年龄和移植后需要培育的年限。另外，即使是同一树种在同一环境条件中，由于作业方式、育苗地管理所用的机器和机具不同，株行距也不相同。一般移植株距（12～20）～50cm，行距为 20～60cm。针叶树宜小，阔叶树宜大。

（四）苗木移植方法及注意事项

（1）移植方法。沟植法在移植时先按行距开沟，再把苗木按照株距移在沟中，填土踩实。穴植法在适用于比较大的苗木的移植，移植时按照预定的株行距定出栽植点，挖坑栽植。

（2）栽植技术。无论采用哪种移植方法，都要注意以下栽植技术要求。

① 栽植深度要超过苗木原土印 1～2cm。栽植时，根系要舒展，严防窝根。为此，人工栽苗时把苗木放于穴或沟中，先填土到八成，再把苗向上提一下使苗根下垂，再踩实覆土，填土再踩实，最后使覆土高出原地面 1～2cm。

② 带土苗移植时，苗干要直，萌芽力强的阔叶树，还可采用截干苗移植。针叶树在移栽过程中要保护好顶芽，起出的苗木要立即移栽，移植时一次不要拿苗过多。

（3）移植管理。苗木移植后要立即灌水，最好能灌溉 2 次，灌水后适时松土，改善土壤通透性，以促进根系的生长。另外，灌溉后要注意扶直苗干，平整圃地。

【培育大苗】

在苗圃培养大苗时，对阔叶树要求有通直良好的干形，主干高 2.5～4m，树高 5～7m；对常绿针叶树，要求枝条分布均匀，有发育匀称的树冠和各种冠形，一般树高 3～5m。栽植成活后的大苗要进行整形修剪，通过养干疏枝对苗干和苗冠进行控制和调整。

（1）养干。对于萌芽力强的阔叶树，如槐树，移栽后干形不直，长势不旺，应在春季发芽前贴地表进行平茬，平茬后覆土，待萌生条长到 15～30cm 时，保留 1 根生长健壮的枝条进行养干，培育成通直的主干。

平茬养干达不到目的的树种，如杨树可在苗干上部 2/3 处剪断留 1 饱满芽，抹掉其余的芽，促使饱满芽生长出新枝，达到养干的目的。

（2）疏枝。对徒长枝、过密枝、交叉枝、病虫枝要从基部剪去，促使苗冠均衡发展。在苗冠发育不匀称时，要抑强扶弱，对长势强的大侧枝，冬天应剪掉上部的强枝条，加大侧枝开张角度，剪口留弱芽或弱枝，以削弱生长势。对长势弱的一边应疏弱枝，用较强的一边换头，减少侧枝的开张角度，剪口留饱满芽，促进新梢生长。

（3）调整侧枝的伸展方向。芽是枝的缩合体，芽预示着今后枝条发展方向，要使枝条朝哪个方向长，就在哪个方向留芽。

（4）培养一定的冠高比。耐阴树种冠高比应大些，一般冠高比为 3/4～2/3，随着苗高的不断长大，逐渐剪去苗干下部的枝条，使枝下高不断提高，以达到定干的高度。苗木的主干达到定干高度以后，就不再修剪下部的枝条，尽可能地扩大苗冠，增加营养面积。

（5）修枝的时期。多数树种在秋季落叶后春季发芽前进行修枝，杨树在早春放叶前修枝效果最好，对于春剪伤流严重的树种，可在苗木生长期修枝。

【起苗应注意的环节】

生产上常见的起苗季节为春季、秋季和雨季。最好选在无风的阴天起苗，苗木水势较高，失水速度也较慢。一天内从晚上 10 点以后到第二天清晨 6 点这一时间范围为起苗的较好时间。目前生产上常用的起苗方法不外乎两种类型，一是机械起苗，二是人工起苗。

起苗的技术要求：一是应达到一定深度和幅度，不损伤根皮、撕断侧根和须根，不损伤苗木地上部分，尤其是针叶树的顶芽，保证苗木标准要求的根系长度和根幅。二是圃地土壤干燥时，应在起苗前 1 周适当灌水，使土壤湿润；最好选择无风的阴天起苗；随起苗、随假植、随分级和统计；裸根苗木应将根部进行遮盖，如有条件还可喷洒蒸腾抑制剂；防止根系风吹日晒，最大限度地减少根系水分的损失。三是适当修剪过长根系、劈裂根系、病虫感染根系，有些树种的苗木，还应修剪地上部分枝叶。

【苗木分级的标准和方法】

（一）分级标准

目前我国苗木分级标准主要根据苗木的形态指标和生理指标两个方面。常用的形态指标包括苗高、地径、根系状况（如根系长度、根幅和侧根数量）等。生理指标主要是苗木色泽、木质化程度、苗木水势和根生长潜力等。目前一般将生理指标作为一种控制条件，即合格苗木必须满足的前提条件，凡生理指标不能达标者均视为废苗。

由于根系在保证苗木成活及生长方面的重要作用，在分级过程中要体现出根系的重要性，要以根系所达到的级别确定苗木级别。如根系达一级苗要求，苗木可为一级或二级，如根系只达二级苗的要求，该苗木最高也只为二级。在根系达到要求后按地径和苗高指标分级，如根系达不到要求则为不合格苗。合格苗分一、二两个等级，由地径和苗高两项指标确定；在苗高、地径不属同一等级时，以地径所属级别为准。

（二）分级方法

具体分级方法在生产中不外乎有以下几种情况，一是起苗前对苗木进行质量调查，如绝大多数（90%以上）苗木已超过标准，则起苗后可立即包装，免除逐一分级的程序，减少苗木裸露失水的机会；二是完全按标准对苗木逐一进行分级，但是随着育苗用种子质量和育苗技术水平的提高，苗木整齐度越来越高，而且逐一分级方法成本高、劳动强度大，生产上较少应用；三是只剔除不合格苗木，防止受损伤、发育不良的苗木出圃。

【苗木包装要求】

包装前苗木根系处理的目的，是想较长时间地保持苗木水分平衡，为苗木贮藏或运输栽植之前创造一个较好的保水环境，尽量延长苗木活力。常用的方法有蘸泥浆、沾水、水凝胶蘸根和苗木根系保护剂蘸根等。

（1）蘸泥浆。将根系放在泥浆中蘸根，使根系形成湿润保护层，实践证明能有效保护苗木活力。

（2）沾水。在起苗后对苗木根部沾水，在定植前再沾 1 次水，效果比蘸泥浆更好。沾水最好用流水或清水，时间一般为 1 昼夜，不宜超过 3d。

（3）吸水剂蘸根。是将一定比例的强吸水性高分子树脂（简称吸水剂）加水稀释成凝胶，然后把苗根浸入，使其均匀附着在根系表面，形成 1 层保护层，防止水分蒸发的方法。

（4）HRC 苗木根系保护剂。HRC 苗木根系保护剂是黑龙江省林业科学研究院在吸水剂的基础上，加入营养元素和植物生长调节剂等成分研制而成的，以保护苗木根系为主要目的的复合材料。苗木根系保护剂为浅灰色粉末，有效磷含量为 10%，药剂吸水量为自身重量的 70 倍以上。一方面能保护苗木根系，另一方面是苗木在造林后处于较好水分和营养元素地微环境中，保持并提高了苗木活力，促进根系快发、速长。

【苗木贮藏要求】

对于起苗后不马上出圃造林的苗木，应立即进行贮藏，其目的是使苗木尽量减少水分蒸腾，防止发霉或根系腐烂，最大限度地保护苗木活力。常用的有假植和低温贮藏。

(1) 假植。假植是将苗木根系用湿润土壤进行暂时埋植，以防根系干燥，保护苗木活力。假植分临时假植和越冬假植两种。假植地应选在地势较高、排水良好、背风、春季不育苗的地段。平地后挖假植沟，沟深20～100cm，视苗木大小而定，沟宽100～200cm。沟土要求湿润。阔叶树苗木单株排列在沟内，每排数量相同，以便统计，苗梢向下风方向倾斜。苗干下部和根系要用湿润土壤埋好、踏实。针叶树小苗50株或100株为1捆，在假植沟内摆放整齐，根部用沙土相隔。越冬假植在苗木上方覆盖10～30cm土壤，以防风干和霉烂。假植期间要经常检查，特别是早春不能及时出圃时，应采取降温措施，抑制萌发。发现有发热霉烂现象应及时倒沟假植。

(2) 低温贮藏。低温贮藏是将苗木置于低温库内或窖内保存，低温能使苗木保持休眠状态，降低生理活动强度，减少水分的消耗和散失；既能保持苗木活力，又能推迟苗木萌发，延长造林时间。低温贮藏的温度要控制在0±3℃，空气相对湿度保持80%～90%以上，并有通风设施。低温贮藏苗木效果较好的方法是地窖和低温库。

【苗木运输过程中要求】

运输过程中包装材料应根据运输距离而定，短途运输可用稻草片、蒲包、化纤编织袋、布袋、麻袋等包装，运输过程中要经常检查，发现苗木干燥要随时浇水。长距离运输则要选用保湿性好的材料，如塑料袋等。卡车还必须有帆布棚遮挡，严禁苗木受风吹日晒，尤其是针叶树苗木更不许未经任何包装，裸根运输。

苗木运至造林地后，第一件最重要的工作不是马上栽植，而是将苗木妥善地保护起来。有条件的地方采用移动冷藏室来临时贮藏苗木，这是目前造林地苗木保护所能采取的最佳选择。然而，大多数地方则无法做到，常规的方法是选择背风和背阴之处，将苗木假植于土壤中，将根系与土壤充分接触、压实，并浇水。如果苗木包装采用保湿性较好的材料，而且袋内的水分有保证，可将苗木仍放在包装袋内，直接置于背风避荫处。

第2节　果树栽培技术

【果树育苗技术】

(一) 苗圃的建立

育苗首先要建立苗圃。有了好的苗圃，才有可能培育出健壮的苗木，适应生产发展的需要。

(1) 苗圃地的选择。

① 土壤。苗圃地土层应当深厚，一般以沙质壤土较好。黏重土壤易板结，春季地温回升迟缓，不利出苗，影响幼苗根系生长发育。土质瘠薄，肥力低，保水能力差的沙地和重茬地也不宜做苗圃。盐碱地育苗易使幼苗发生盐碱危害，导致幼苗死亡。重黏土、沙土、盐碱土都必须进行改良，分别掺沙、掺土、修台田，并大量施用有机肥料方能使用。

② 地势。应选择背风向阳、日照好、稍有坡度的开阔地。平地地下水位宜在1～1.5m以

下，其心土有良好的透水性，并且年水升降变化不大。地下水位过高的地块，要做好排水工作。高山、风口、低洼地以及坡度大的地方，都不宜作苗圃。

③ 水源。苗圃地要特别注意选择有水利条件的地方。种子萌发和插条生根、发芽，均需保持土壤湿润。幼苗生长期根系较浅，耐旱力弱，要及时灌水，促使幼苗健壮生长。

(2) 整地施肥。

① 深耕施肥。果树苗圃地一般深翻 20～40cm，过浅不利蓄水保墒和根系生长。气候比较干旱，以秋耕较好，春耕地时，要耙耢镇压，以利保墒。

为改良土壤，提高肥力，促使苗木生长，确保苗木质量，应结合深翻，每亩施入腐熟的农家肥 5000～10000kg，草木灰 50kg 做底肥。

② 精细耕地。播种圃在地表 10cm 以内不能有较大的土块。种子越小，要求整地越细，以满足种子发芽和幼苗生长时对土壤的要求。

整地要做到上塇下实。上塇有利于幼苗出土，还可减少土壤水分蒸发，满足种子萌发所需要的水分，上塇下实的配合，才能给种子萌发创造良好的土壤环境。

③ 培垄作畦。山定子、海棠、杜梨等小粒种子，通常用平畦育苗。畦宽 1～1.2m，畦长 5～10m，埂宽 30～40cm，做畦时要留出步道和灌水沟。地势低洼，土质黏重，但灌水条件好的地方，亦可采用高畦育苗，以利排水和提高地温。同时，高畦不易板结，便于幼苗出土和起苗。大粒怕涝种子，还可以做高垄育苗。高畦的畦面高出步道 15～20cm 为宜；高垄下底宽 60～70cm，垄面宽 30～40cm，垄高 15～20cm 为宜。

(二) 实生苗的培育

凡由种子播种培育出来的苗木称为实生苗。果树育苗，除核桃、板栗常用实生苗直接培育果苗外，一般多培育砧木实生苗，然后嫁接。由于实生苗种子来源多，方法简便易行，便于大量繁殖，因此生产上普遍采用砧木实生苗来发展果苗。

1) 砧木种子的采集与贮藏。培育丰产优质的果树，必须有健壮的苗木，要有健壮的苗木，必须有优良的砧木，各类砧木的特性不同，适应性也不一样。选用的砧木应该是对当地环境适应性强，如比较抗旱、抗寒、耐涝、耐盐碱等，根系发达，生长健壮，易于大量繁殖，对当地主要病虫害抗性较强；栽培品种嫁接亲和力好，成活率高；嫁接树生长良好，结果、丰产。因此，要根据本地自然条件，选用当地最佳砧木种类。

(1) 种子的采集。种子的好坏，是培育优良、健壮苗木的重要环节。不良的种子生命力弱，发芽率低，幼苗也容易造成枯萎现象。若种子良莠不齐，则难以掌握播种量，出土后缺苗断垄，给育苗工作带来困难。因此，要采集良种，培育壮苗，必须做好以下几项工作。

① 选择优良母树。种子的遗传性状与母树的优劣有密切的联系。因此，在采种时，应选择对环境条件适应性强、生长健壮、无病虫为害的母树。

② 采集时间。有些果树种子，其生理成熟和形态成熟在时期上几乎是一致的。生产上所说的成熟是指形态成熟。一般果实从绿色变成其固有的色泽；果肉变软；种子含水量减少，充实饱满，种皮色泽加深即表示达到成熟期，也就是已经到了采收期。有些果树种子形态成熟之后，隔一定时期才能达到生理成熟，还有的树种，种子形态成熟的时候，胚还没有成熟，需在采收后再经过一段后熟期，种子才有发芽能力。过早采收，种子未成熟，种胚发育不全，贮藏养分不足，生命力弱，发芽率低。

环境条件对果树种子成熟有一定的影响，一般是气温越高，成熟越早。同一纬度条件下，种子成熟期也有差异，一般平原早、山区晚；阳坡早、阴坡晚。通常从果实外形、果皮色泽可看出其种子发育的情况，一般果实肥大，果型端正，果色正常，种子也饱满。

③ 采集方法。砧木果实要在无风的晴天采收；母树高大，上树采收，要注意安全。果肉有利用价值的，要尽量减少果实碰伤，以增加经济收益。低矮的母树，可用梯子或高凳站在上面采收。

果树砧木果实的果肉，一般不能自然裂开，需要人工剥除后才能取出种子。剥除果肉多用堆积软化法，即果实采收后，放入缸内或堆积起来，使果肉软化。堆积期间要经常翻动，切忌发酵过度，温度过高，影响种子发芽率。果肉软化后取种，用清水冲洗干净，然后铺在背阴通风处晾干，不要在阳光下暴晒。板栗、樱桃等种子，一般在干燥后发芽力降低，取种后应立即沙藏或播种。近几年发现商品种子煮沸处理，造成重大损失，应废止。凡果肉可以利用的果实，加工温度必须低于 45℃，否则，将影响种子的发芽率。

(2) 种子的精选与贮藏。去肉晾干的种子常混入果肉，果皮碎屑、空粒，破碎种子和其他杂物。这类东西过多，种子在贮藏过程中容易霉烂变质。所以在贮藏前必须清除杂物，精选种子，以提高种子的纯度和质量。

经过精选的种子要标明品种或树种名称，严防混杂，然后妥善贮藏，以保持种子的生活能力。贮藏过程中，要经常注意贮藏场所的温度、湿度和通风状况，发现种子发热霉烂要及时处理。另外，还要做到防鼠、防虫等项的工作。

2) 种子后熟与层积处理。一般落叶果树砧木的种子与果肉分离之后，并不能随时萌发，而需要一定时间和一定的低温等条件，才能完成后熟。种子的后熟，是系统发育过程中避免冬季不良气候条件而形成的生物学的特性。形态成熟的种子，不能随时发芽的现象，通常叫做休眠。而后熟只是休眠的一种表现。休眠期的长短因树种而异。层积处理是目前生产上最常用的最可靠的一种人工促进种子后熟，或者叫做完成休眠过程的重要手段。

如果采用秋播法，播后立即进入冬季，种子可以在土壤中通过休眠阶段，因此，秋播种子不需要层积处理。如果在春季播种，播后即进入夏季，没有种子休眠所需要的低温条件。因此，必须在前一年冬季进行层积处理。砧木种类不同，所需要的层积的天数也不一样。

层积材料主要是干净河砂，用量为种子的容积的 3～5 倍。一般用砂量可多不可少。砂在湿度以手捏成团，不滴水，松手即散开为度。层积方法是先在木箱或盆底部铺一层湿砂，再将与湿砂混合均匀的种子装入，上面用湿砂盖好，放入窖内或埋在背阴的地方。

如果种子量大，可采用挖沟层积法。一般选择地势高燥、排水良好，背风背阴的地方挖沟。沟深 60～80cm，宽 50～100cm，长度随种子多少而定。贮藏种子时，先在沟底铺 10cm 的湿砂，再放入与湿砂混合均匀的种子，堆到距离地面 10～20cm 为止。上面再铺 10cm 厚的湿砂，最后覆土，成屋脊形。层积沟的四周要挖排水沟，以防积水。另外，最好沿沟长方向，每隔 1～2m 竖插一束从沟底到沟顶的秫秸把，作为通气孔道。春节后，温度开始回升必须注意检查种子萌动情况。

3) 种子质量检验。新种子生命力强，播种后发芽率也高，幼苗生长健壮，陈种子则因贮藏条件和年限不同，而失去生命力的程度也不一样。特别是目前果树种子商品性生产，多渠道经营，新、陈种子混杂不清，购入种子时又不经检验，往往出苗率很低，甚至育苗失败。因此，播种前必须经过种子质量的检验和发芽试验。

(1) 目测法。用肉眼或扩大镜观察种子内外部，以识别种子优劣。凡有发芽力的砧木的种子,具备固有的形状,大小均匀,籽粒饱满,其色泽、气味、硬度均能正确识别。为了进一步地检查种子内部形态,可先将种子浸泡,使其吸水膨胀,剥去种皮。凡胚和子叶呈乳白色,不透明,有弹性的种子为有生命力的种子,反之,则不能发芽。

(2) 挤压法。小粒种子可用水煮 10min,再用两块小玻璃片挤压,饱满的种子,能挤出种仁,空粒种子只能出水,变质的种子种仁呈黑色。有油性的种子,可放在两张纸之间,用瓶子压,显示油点为好种子,无油的为空粒种子或次劣种子。

(3) 染色法。将砧木种子浸入水中 12~24h,使种皮柔软,然后剥去种皮,放入 1%靛蓝胭脂红中,染色为 1h,再将种子取出,用水冲洗。凡胚和子叶全部染色的,为无生命力的种子,胚和子叶部分染色的,为生命力较差的种子,胚和子叶没有被染色的,为有生命力的种子。

(4) 种子纯度和发芽率。种子质量的检验,主要是种子纯度和发芽率两项。为了确切了解种子的优劣,根据上述质量检验的结果,在播种前还应该用下列检验办法计算种子纯度和发芽率。

① 种子纯度,就是纯洁种子的重量占被检验种子总重量的百分率。种子纯度越高,其品质越好。检验时,先称出种子的总重量,然后将种子铺在玻璃板上或洁白的厚纸上,把完好的种子拣出来放在一边称其重量计算种子的纯度。

② 种子发芽率是指种子在适宜条件下的发芽数占全部试验种子的百分率。它是确定播种量大小的一个重要依据。发芽试验一般是把经过层积处理的种子,放在铺好湿纱布的发芽皿或磁盘上,种子要排列整齐,互不接触。以便检查计数。种子上面也用湿纱布盖好。桃、杏种子应砸开种壳,用种仁作发芽试验。核桃则只需沿种壳缝合线轻轻砸开一条裂缝即可。按各类砧木种子发芽所要求的温度把发芽皿放在恒温箱内,或其他温度适宜的地方。发芽试验中,要适时给以水分,切忌干燥、泡水和在太阳光下暴晒。

4) 浸种与种子催芽。播种前的种子催芽处理,通常是指将层积过的种子,移到温度适宜的地方使其发芽,以提高出苗率和出苗整齐度。近年来,由于果树苗木商品化生产的发展,有时购入种子较晚,错过了层积时期,这种情况下,亦可采特殊的浸种,催芽处理方法,打破种子休眠,但是这种方法毕竟不太可靠,生产上应该慎用。

(1) 冷水浸种。核桃、桃等大粒种子,可放入冷水中浸泡 5~7d,每天换水 1 次,供给种子必需的氧气,并排除有害的二氧化碳气体。然后捞出种子暴晒 2~3h。以后每浸泡 1d,暴晒 2~3h,这样反复进行,有 40%~50%的种壳开裂即可播种。

(2) 两开一凉热水浸种,大小粒种子均可放入两份开水兑一份凉水的热水中,不断搅拌,水温降至室温时停止搅拌,继续浸泡,每天换水 1 次,2~3d 后捞出,移到温度适宜的地方催芽。有 10%~20%的小粒种子露白或大粒种子种壳开裂时,即可播种。

(3) 开水烫种。也叫变温浸种,适于大粒种子。先把种子倒入开水中烫种并不断搅拌,5min 后立即捞出倒进冷水中浸泡,每天换水 1 次,2~3d 捞出种子催芽,部分种壳开裂即可播种。

5) 播种。播种是决定育苗工作成败的关键,必须熟悉果树砧木的生长特性,正确掌握播种时期、播种方法和播种量,才能获得良好的效果。

(1) 播种时期。果树砧木种子的播种时期,有春播和秋播两种。采用春播和秋播,要根据当地的土壤,气候条件和砧木种类来决定。

春播在初春土壤解冻后进行,是生产上常用的播种季节。其优点是种子在土壤中停留的时间中以减少鸟、兽、病虫等为害。同时，春播地表不发生板结，便于幼苗出土，适时春播，幼苗不易受低温、霜冻等自然灾害，但要注意种子出土所需天数，方可正确掌握播种的迟早。

秋播是秋末初冬地表尚未结冻之前播种。其优点是种子在地里越冬，不必进行层积和催芽处理，翌年出土早而整齐。但冬季风大、严寒，干旱地区、土壤黏重地块和容易受冻害的种子不宜秋播。

(2) 播种方式与播种方法。播种方式有直播和床播两种。直播是直接播种于苗圃地，床播是先播在苗床上，出苗后再移到嫁接圃地。

播种方法有条播，撒播和点播三种。条播是在施足底肥，灌足底水，整平耙细的畦面上按一定的距离开沟，沟内坐水，把种子均匀地撒在沟内。播种后要立即覆土、镇压，并因材加覆盖物保湿。这是小粒种子播种常用的，也是可靠的一种方法，覆土厚度应根据种子大小，苗圃地的土壤及气候等条件来决定的。一般覆土厚度为种子大小的 2～3 倍。黏重土壤覆土要薄一些，沙质土壤土要厚一些，秋播覆土要厚一些，春播要薄一些，播后床面地膜覆盖要比不覆盖的薄一些，天气干旱、水源不足的地方覆土要稍厚一些，土壤黏重容易板结的地块，可用沙、土、腐熟马粪混合物覆盖。春季干旱，蒸发量大的地区，畦面上应覆草或覆盖地膜保湿。确保种子附近的水分供应，是播种出苗的关键之一。

冬播适于直播。为了苗床的管理方便，床播也可用条播法。

撒播主要用于床播。但在种源缺，圃地不足的情况下，为了充分利用土地，提高单位面积产苗量，小粒种子亦可在直播时采用撒播法。但出苗后会给追肥浇水、中耕锄草、嫁接抹芽等一系列管理工作带来很大的困难，生产上很少应用。

点播多用于核桃、杏、桃、板栗等大粒种子直播，播后也要覆土镇压。为了节省种子，管理方便，大粒种子床播也有用点播法。

(3) 播种量。播种量的大小，因土壤的状况，种子质量和播种方法而异。播种量在很大程度上关系到苗木产量和经济效益。

(4) 施用种肥。种肥是结合直播施入的速效肥料，以供给苗木生长初期所需要的养分。施入种肥的种类和数量，要根据土壤、地力和砧木种类来决定。

6) 实生苗的管理。

(1) 间苗与定苗。直播种子出土以后，一般在幼苗 2～3 片真叶时，开始第一次间苗，过晚影响幼苗生长。要做到早间苗，晚定苗，及时进行移植补苗，使苗木分布均匀，生长良好。间苗应在雨后或灌水后，结合中耕除草分 2～3 次进行。土壤孔隙度大的间苗后应进行弥缝，浇水，以保护幼苗根系。定苗时的保留株数可稍大于产苗量。当幼苗受到某种灾害时，定苗时间要适当推迟。

(2) 浇水。浇水是培育壮苗的重要措施，干旱少雨地区能否及时浇水，往往是育苗成败的关键。因此，凡有条件的地方，都要按照各类苗木档同生长阶段对水分的要求和气候，土壤状况合理浇水。一般说来，播种前应灌足底水，出苗前尽量不要浇头水，以防土壤板结和降低地力，影响种子发芽出土。幼苗初期，床播应用喷壶少量洒水，直播也要少浇，出真叶前，切忌漫灌，但要求稳定的湿度。旺盛生长期形成大量叶片需水量大；秋季营养物质积累期，需水量小。一般苗木生长期需浇水 5～8 次。生长后期要控制浇水，以防贪青徒长，否则不利于越冬。

进入雨季，应注意排水防涝，这是苗圃管理中的一项不可忽视的工作。如果苗木较长时间处于积水的状态，往往造成根系腐烂，病害发生，甚至死亡。

(3) 中耕除草。中耕可以疏松土壤,减少蒸发,起到抗旱保墒作用。对于轻盐碱地,松土还可以阻止盐分上升,改变土壤理化性状。中耕结合除草,多在浇水或降雨后进行,一般4～6次,杂草多的地方,应锄7～8次。杂草不仅与苗木争夺肥水及阳光,还是病虫繁殖场所,只有经常中耕除草,苗木才能健壮生长。拔除幅内杂草时,操作要细致,不要伤苗。

(4) 追肥。苗圃追肥要分2～3次进行。前期可施用氮肥,每次每亩施尿素5～10kg,后期应施用复合肥,每次每亩8～10kg,以加速苗木生长和木质化进程。追肥不可过晚,至迟不能超过8月下旬,否则砧木贪青徒长,推迟休眠期,容易受到冻害。施肥的方法,可把化肥均匀地撒在畦面上,随浇水,尔后结合除草,中耕1～2次。或在苗木行间开沟施肥,然后覆土浇水,再浅锄1次即可。另外,大雨后土壤中的氮素大量流失,若能立即追施速效氮肥,肥效是比较明显的。

(5) 摘心抹芽与副梢处理。砧木摘心能促使植株加粗生长和提前嫁接。摘心应在夏季,植株旺盛生长结束前进行。摘心过早,常刺激植株下部大量萌发副梢,影响嫁接,过晚则失去作用。一般芽接前1个月,苗高达30～40cm时摘心为宜。

砧木苗抹芽是指及早抹除苗干基部5～10cm以内萌发的幼芽。嫁接部位以上的副梢应全部保留,以增加叶面积,促进苗木加粗生长,副梢过多过密时,也可以少量间除,但保留基部功叶,采取摘心,抹芽和副梢处理措施,能提高当年砧木嫁接率和苗木质量。

(6) 病虫害防治。苗木受到病虫为害,轻则影响苗木生长,降低苗木质量,重则引起缺苗断垄,甚至成片死亡,使育苗失败,因此在培育果树苗木过程中,必须加强对病虫害的防治,采取有效措施,控制发生,保证苗木正常生长。

7) 塑料薄膜覆盖育苗。塑料薄膜覆盖育苗是近年来发展起来的一项果树育苗新技术,生产上大量应用的是地膜育苗和小拱棚育苗,塑料大棚育苗则应用较少。

(1) 地膜覆盖育苗。地膜覆盖的主要作用是提高地温,保持土壤湿度,防止杂草萌生,为种子发芽,幼苗出土和根系生长提供良好条件。地膜透光性好,光照强度大,在同一条件下,比砂粒覆盖地增高1.6～3.1℃,比炉渣覆盖地温增高2.4～3.9℃。同时,覆盖可使20cm以下的土壤水分向上移动,并到上层聚集。地膜内表面凝结的水珠受到重力的作用,又逐渐回滴到土壤表面,使表土始终保持湿润状态,地膜育苗的主要技术措施有以下几点。

① 覆膜方法有打孔和不打孔两种。打孔播种,是把按株行距打好孔的地膜覆盖在地表,每孔播小粒种子3～4粒,覆土1～1.5cm,大粒种子每孔播1～2粒,覆土2～3cm。不打孔播种的方法是先播种后覆盖,幼苗出土时,在地膜上抠孔引苗,或将地膜撕开一条裂缝,也可在幼苗出土时,完全揭掉地膜。不打孔地膜覆盖比打孔地膜内的温度高,有利于早出苗,打孔地膜出苗较晚,但可以避免高温苗。覆膜要在无风无雨天进行,做到地膜盖平、拄紧、压严、防止透风,否则难以达到预期目的。

② 防霜保苗。地膜覆盖,出土较早,而地膜又不能起到防霜作用。因此,一定要防止晚霜危害。防霜办法有两个:一是适当晚插,避开晚霜,二是提前做防霜的准备。采用床播地膜育苗时,防霜比较容易,但一定要等晚霜过后才能在露地定植。

③ 根外追肥。地膜覆盖幼苗出土早、生长快,揭膜前又不能进行土壤追肥,因此,在底肥不足的情况下,可用0.1%尿素或0.15%磷酸二氢钾作根外追肥,以防幼苗早衰。

④ 配用除草剂。地膜覆盖对防止杂草孳生有一定作用,若能配合化学除草剂,效果更好。播种后可用除草醚或灭草灵可湿性粉剂0.5kg,加水25kg地面喷雾,覆盖地膜时,不要踩踏喷

过药的畦面，保持药的膜层完整，这样既可控制生育期杂草，又能保证苗木出土后的安全。

⑤ 清理地膜。地膜是聚稀高分子化合物，在土壤中不能分解，残存于土壤中，对下茬作物生长影响极大，要及时清除使用后的废膜，以免污染农田。

(2) 塑料小拱棚育苗。塑料小拱棚育苗也叫棚膜育苗，通常用软树枝、细竹竿等物料做成拱架，再覆盖塑料薄膜。床播育苗时，往往地膜、棚膜同时使用。直播育苗时，棚膜加地膜成本较高，多见于快速育苗，在无霜期短，幼苗易受到晚霜为害的地区，采用小拱棚育苗，可延长苗木生长期，提高苗木质量。

棚膜覆盖以后，土温回升较快，棚内温度可高于露地 5～10℃，对幼苗出土和前期生长十分有利，但温度升高，同时也为病虫害的发生创造了有利的条件，因此要特别注意防治病虫害。

棚膜设置以后，不能随意揭膜，必须注意以下几个环节：

从播种到幼苗 1 片真叶，膜内应有良好的温湿度环境，一般保持 25～30℃，高温利于细胞分裂，促进早出苗，早扎根。

幼苗生长到 2～3 片真时，膜内温度一般保持 25～28℃，超过 30℃，要立即在棚架两头通风降温。

幼苗生长到 3 片真叶以上，生长迅速，组织柔软，抗逆性差，要逐步扩大通风面积，加强炼苗，为床播移栽或直播揭膜做好准备。

(3) 塑料大棚育苗。近几年来，生产上开始试用塑料大棚培育果树苗木，因为在大棚内的小气候比较优越，平均气温一般比露地高 2～14℃，相对湿度可达 70%～90%，所以种子发芽快，幼苗生长迅速，但目前成本较高，技术性较强，不易掌握。

塑料大棚有拱形和屋脊形两种，南北走向，跨度 4～6m。播前 7～10d 扣棚，棚内播种多采用平畦条播形式。为培育壮苗，可在大棚内的畦面上增加地膜覆盖，为提高大棚空间利用率，可在棚内设置数层框架，采用容器育苗，然后定植于露地。

棚内苗木是在比较优越的条件下生长起来的，为了使苗木适应外界环境，撤棚前要注意苗木锻炼。

(三) 自根苗的培育

凡是利用果树营养器官如根、茎、枝、蔓，通过扦插、分株、压条等方法繁殖的苗木，叫做自根苗。自根苗除作为果苗外，又可作砧木用。自根苗繁殖简便，成苗迅速，生长良好，是果树生产上常用的育苗方法之一。

(1) 扦插法。当前果树生产上扦插应用最广泛的是葡萄，通常在春季利用贮藏后的 1 年生枝条进行，叫做硬枝扦插，可直接育成新苗。若用半木质化新梢在生长季节扦插，叫做绿枝扦插。樱桃，海棠，杜梨等均可用绿枝扦插繁殖砧木苗。

扦插繁殖的另一种方法叫根插法，适合根上能形成不定芽的树种。如苹果，梨，柿，枣，山楂等均可用根插繁殖砧木苗。生产上常利用果苗出圃时剪留下来的根段或留在地下的残根进行根插繁殖。一般要求根的直径 0.5cm 左右，剪成长 10cm 的根段，上口平、下口斜，然后沙藏。枝插不易成活或生长缓慢，管理费工的树种用根插法容易成活。

随着生根剂的应用和果树育苗技术的发展，扦插繁殖进展很快，特别是葡萄硬枝扦插，已经开始走向工厂化育苗。

(2) 分株法。分株繁殖法是利用母株的根或匍匐茎生根后母株分离，另行栽植的方法。利用匍匐茎繁殖主要是草莓，叫做匍匐茎分株法。

(3) 压条法。压条繁殖是在枝条与母株不分离的情况下，把枝条压入土中，或基部培土使枝条生根，再与母株分开，由于压条法在枝条生根前不与母株分离，因此生根比较容易。扦插生根困难的树种，可用此法培育果苗或砧木苗。但是，压条法产苗量较低。

(四) 嫁接苗的培育。

嫁接育苗，就是将优良品种的枝或芽，接到另一植株的适当部位上，从而形成一棵新株的育苗方法。当前，嫁接育苗是培养果树苗木的主要手段，嫁接的优点多，除保持品种固有的优良特性外，还可以提早结果，早期丰产，增加对旱、水涝、盐碱、病虫的抗性，也可以改劣换优，将野果变家果。

1) 嫁接时期。随着果树育苗技术的不断发展树由春、夏扩大到秋、冬，就是说，在一年四季能嫁接。具体嫁接时期的确定，一是根据嫁接方法，二是根据嫁接目的，例如，枝接还是芽接，培育成苗还是半成苗，当年出圃还是不出圃。

2) 嫁接准备。

(1) 接的采集。接俗称“码子”，采集接的母树，应该选择健壮优质的壮年果树。用作接的枝条应该是组织，芽子饱满的发育枝，芽接用的接，用当年的生枝，枝接用的接可采用 1～2 年生枝，不要选取内膛枝，下垂枝及徒长枝作接。病虫害发生严重，特别是有检疫对象的果园，不宜采集接。采母树必须符合候选树品种区域化的要求，这是果树丰产栽培技术不可忽视的一项重要工作。

(2) 接的包装与运输。接最好就近采集，随采随接，夏秋季去外地采集接时，采下后应立即去掉叶片，留下叶柄，修整完好，每 50～100 根绑成一捆挂牌，标明品种，数量，采集时间和地点。然后用湿薄包或湿麻袋包装，再挂上同样的品种标签，放置背阴处及时调运。运输中要注意喷水保湿和通风换气。冬季调运接，可用塑料布包装保湿。

(3) 接的贮藏。夏季采集接数量较多一时用不完时，要立即贮藏。可将接装入筐内吊在较深的井内水面上，注意不要沾水。或竖放在地窖内，用湿沙埋半截，这样可以保持数天。

冬季采集准备翌年春季枝接用的接，采后要打成小捆挂好标签，土埋备用。土埋方法可在背阴冷凉处挖沟，深 40～60cm，宽 80～100cm，沟长视接多少而定，沟内保持湿润，沟底铺 10cm 厚湿砂，把小捆接放置沟内，捆与捆，枝与枝之间用湿砂隔开，放好后盖上 30～40cm 松散潮湿的松土，高出地面，以防积水，注意冬贮接不能用塑料布包裹埋藏，以免霉烂，造成损失。

(4) 接的检验。检验接，首先要看芽包是否饱满新鲜，有无破损，萌发，枝条发育是否充实，表面是否皱皮，变色，然后剥开皮下颜色是否正常。凡芽干、瘪、破损、萌发，枝条皱皮、变色者，均不宜采用。对稀有珍贵品种的接，表面轻微皱皮或皮下稍有变色时，可用清水浸泡后再接，这样虽然成活率低，但尚不至于全都报废。

(5) 嫁接工具。嫁接工作开始之前，检查准备嫁接用的修枝剪，嫁接刀，塑料布条等一切需用工具和物料备好待用。

3) 嫁接方法。目前生产中应用最广泛的嫁接方法有两种：凡是用一个芽片作接的叫芽接，用具有一个或几个芽和一段枝条作接的叫枝接。芽接和枝接都有许多方法，可根据当时具体条件和育苗要求，灵活运用。

(1) 芽接。采用芽接的优点很多，接利用率高，接合部位牢固，成活率高，操作方便，嫁接时间长，适宜大量繁殖苗木，而且传染根癌病的几率较低。

芽接包括四个基本步骤：削取芽片，切割砧木，取下芽片插入砧木接口和绑缚。由于接芽削取方法和砧木接口形成不同，芽接又分为“丁”字形芽接，“一横一点”芽接，“工”字形芽接，方块芽接，套接和带木质部芽接等多种方法，但不论哪一种方法，都要做到芽片与砧木紧密吻合，否则不易接活。使用的接芽，应该在接中段选取充实饱满的芽子，上端的嫩芽和下端的隐芽都宜采用。芽接应该在同一方位进行，以便田间作业和检查成活情况。在有季节风的地区，接芽宜在迎风面，以防接芽萌发后被风吹折断。接后用宽 1cm 左右的塑料布条绑严，绑紧。包扎的宽度，以越过接口上下 1～1.5cm 为宜(芽子和叶柄应该外露)。包扎过程中注意不要碰伤芽片和移动接合位置，否则不易成活，接芽包扎一定要细致严密，以防透风，进水，特别是 7～8 月雨水较多，桃杏等接口进入少量雨水，就可能产生流胶，影响成活。接后 10～15d，检查成活情况，凡接芽新鲜，叶柄一碰即落就是成活芽，可随即解除绑缚物，以免影响砧木继续加粗生长。凡叶柄僵硬不易脱落者就是未成活芽，要及时进行补接。

① “丁”字形芽接是适宜果树种类最多，育苗中应用最广的一种芽接技术。“丁”字形芽接，就是在砧木距地面 5～10cm 处选择光滑部位用芽接刀切开 1cm 长的横口，然后在横口中央向下切 2cm 长的竖口，成“丁”字形，再用刀尖轻轻剥开两边的皮层，将削好的芽片插入砧木的接口内，请注意芽片上端与砧木横肉切口紧密相接，并做好绑缚。削取接芽，应在芽子的上端 0.4～0.5cm 处横向切一刀，深达木质部，然后在接芽的下方 1～1.5cm 处由浅至深向上推，削到横向刀口时，深度以 0.3cm，剥取芽形成盾状，可使用。

② “一横一点”芽接是在“丁”字形芽接基础上改进的快速芽接法，用于苹果，梨的嫁接。操作程序和“丁”字形芽接基本一致。不同之处是在砧木嫁接部分横切 1cm 左右的刀口，再用刀尖于横口中向下点出一小口，并用刀尖将小口两边皮层轻轻拨开，随即把芽片插入，慢慢推下，砧木自行裂开，绑缚即可。

③ “工”字形芽接又称双开门芽接。此法比较费工，但芽片与砧木接触面积大，嫁接板栗，核桃，柿树，成活率较高，嫁接时，先用芽接刀或特制双片刀将接的芽位切出 1.5～2cm 的方形或长方形切口，芽片暂不取下，立即在砧木距离地面 8～10cm 处，按接芽的长短横向切两刀，竖切一刀成“工”字开，用刀尖将皮层向两边轻轻拨开，再将芽片取下贴在砧木口内，并用切开的砧木的皮把芽片盖好，用塑料布条由下而上绑紧即可。

如果照此法切取芽片，但砧木不切成“工”字形，而是接芽片大小将砧木皮取下，迅速将芽片贴补在砧木去皮的地方并绑缚，就是通常说的方块芽接法或贴皮芽接法。

④ 套接又称环状芽接，管状芽接或拧苗接，是一些地方习惯做法，成活率高，但较费工。板栗、核桃多用此法进行春季芽接，也用于苹果，梨，桃树的雨季嫁接。嫁接时，先将接上端剪掉，在 1～2 个饱满芽的下部环切，用手轻轻将芽套拧下，然后选择粗细与芽套一致的砧木剪断，将上端削成尖形，在与芽套长度一致的地方，将砧木环切，并剥去皮层，将芽套套在砧木去处，套紧，使两者形成层紧密吻合，稍加绑缚或不绑缚均可。

如果将砧木皮层竖切几刀，向下撕到预定套接部位，拧好的芽套套在砧木上后，把撕开的破皮向上合拢，包住芽套，并用塑料布条绑缚，这种方法就叫带破皮套接法。

⑤ 带木质部芽接。以上四种芽接方法，芽上一般都不带木质部，而且在生长季节砧木和接都离皮时采用，这并不是说，“丁”字形芽接或“一横一点”芽接所用的芽片上不能带木质部，恰恰相反，在一定条件下，带上一层薄薄的木质部，更有利于嫁接成活。但是，习惯上不论芽片是否带木质部，仍按砧木切口形式称之为“丁”字形芽接或“一横一点”芽接。为了与芽片带木质部的“丁”字形芽接，“一横一点”芽接等接法相区别，这里说的“带木质部芽接”特指“嵌芽

接”。生长期与休眠期均可采用。目前生产上已用于苹果，梨，桃，杏，柿子，山楂等果树嫁接。枝条具有棱角或沟纹的板栗，枣树以及皮层较薄的杏树，带木质部芽接比不带木质部芽接明显提高成活率。因此，应该大力推广，普及此项技术。

这种芽接方法在砧木和接选择上与一般芽接相同，其差异主要在削取芽和砧木的切口上。采用带木质部芽接法，要先在接饱满芽的上方 0.8～1cm 处成 30°向下切一刀达到第一刀的底部，取下背面适宜薄薄的一层木质部的芽放片，与“丁”字形芽接相比叫做倒削芽，砧木削法与接削法相同，但切口比片稍长，插入芽片后，芽片上端露出一线砧木皮层才好，然后用塑料布条绑缚严实即可。

通常说的休眠期木质部芽接，是指早春砧木已经发芽而使用结合冬剪采集并经过贮藏尚处于休眠状态的接进行嫁接的一种方法，若用此法。嫁接成活后，最好先在接口以上 10cm 处剪砧，以促使接芽的萌发，待新梢长达 20～30cm 再剪砧。秋季嫁接的，应在翌年春季发芽后剪砧。

⑥ 嫩枝芽接。也叫嫩梢芽接，是芽片带木质部的一种芽接形式。嫩枝芽接因枝条尚未成熟，组织不充实，接需随采随用，嫁接时期一般应从当年生枝干 30cm 开始，至停止生长均可。

（2）枝接。枝接发芽早，生长旺盛，一般可以当年成苗，但比较费工，接消耗量大，嫁接时期也受到了一定限制，一般枝接时期多在春分至清明节，果树开始萌动而尚未发芽之前进行，其中靠接可以在生长季节进行，如果能把砧木苗移至室内，冬季也可以嫁接，但是接后要假植，开春后再定植于苗圃。枝接适用于较粗的砧木，有插皮接，劈接，腹接，切接，根接等多种方法。

① 插皮接是把削好的接穗插在砧木的树皮与木质部之间，所以又叫皮下接。插皮接是枝接中容易掌握，操作简便的一种嫁接方法，但砧木直径应在 2cm 以上，过细则难以成活，要求在接穗发芽以前，砧木离皮以后进行，注意不可过早，否则砧木离皮程度差，强行插入接穗会使形成层受到破坏，或者根本不能插入形成层，造成嫁接失败。一般在 4 月中旬至 5 月上旬为宜。

砧木处理：选择光滑无伤疤的砧木，在地面以上 10cm 左右剪断，剪口要平滑。

在接穗上选取 2～4 个饱满芽，上端剪平，并在下端芽的下部背面一刀削成 3～5cm 长的平滑大切面，并在削面两侧轻轻削两刀，以削一丝皮层，露出形成层为宜，然后在大切面尖端的另一面再削一个小切面，以便插入湿布包好待用。

接合。用木签或竹签插入砧木的韧皮部和木质部之间深约接穗大切面的一半或多一半，拔出签子后，迅速将接穗大切面朝里插入，露白 0.5～1cm，给愈合的组织生长留下充分余地。一般一个砧木上插 1～2 个接穗，砧木粗的，也可插 3～4 个。接穗发芽成枝后，先留一个好的，多的剪掉。

插皮接一般成活率较高，但应注意砧木断面形成层呈圆弧形，而接穗大切面是一个平面，因此往往两者形成层接触不良而嫁接失败，所以在使用签子插入砧木皮下时，最好能使其木质部向内凹陷，这样两者形成层紧密吻合，成活率才能提高。

保湿。如何减少砧木特别是接穗的水分蒸发，保持湿润，是枝接成败的一个关键之一，传统的办法是埋土，其保湿作用固然好，但太费工。近年来有套塑料薄膜袋保湿的，但袋内温度过高时，容易灼伤接穗嫩芽，目前生产上多采用塑料布条绑缚接口，其本身兼有保湿作用，只要绑紧，包严，成活率一般较高，若接穗事先浸蜡，再用塑料布条绑缚，水分散失将更少，成活率也将更高。

② 劈接。适用于多种果树嫁接,但木质部纹理不顺的砧木效果不好。嫁接时先将砧木截去上部,用劈接刀在修整平滑的断面中央垂直劈开深5～7cm,选取8～10cm长的接穗,下端削成两面等长的平滑斜面,削面长3～5cm,上端要有2～4个饱满芽,顶芽留在外侧,最好能在削面或竹木签子插入砧木劈口作支撑物,然后把削好的接穗插入劈口内,使两者形成层对齐,再将支撑物拔出,使接穗和砧木紧密吻合。插入接穗时,不要把削面完全插入,要和插皮接一样"露白"。劈接要求砧木粗大,苗圃生产中应用不多。

③ 切接。方法与劈接相近,但适用于较细的砧木,切口也不在砧木断面中央,而靠近断面一侧1/3处,削取接穗时,不是在下端削成等长切面,而是先从芽下背面削一个长3～4cm大切面,对面尖端削一个长约1cm的小切面。接穗上可留1～3个芽,顶芽留在小切面。将大切面朝里,小切面朝外插入砧木切口,使接穗与砧木形成层对齐。一般应两边对齐,接穗和砧木粗细有合适时要对准一边,然后用塑料布条绑紧,保湿方法和插皮接相同。

④ 腹接。腹接有斜切腹接,皮下腹接等,其操作方法大体相同,这里斜切腹接为例介绍。这种方法适用于较细的砧木,操作也比较简便。接穗两刀削成长面3cm左右,短面1cm左右的两个削面。削好的接穗一边薄一边厚,上端留2～3个饱满芽要留在长削面一侧。总长8～9cm为宜。在砧木嫁接部位,用枝剪或切接刀斜向下切开,一般深达砧木直径的1/3左右,过深容易劈裂,过浅夹力太小,都不利成活。切口推开后,要迅速将接穗插入,长削面朝里,短削面朝外,使接穗两个削面与砧木两个切面的形成层都对齐,然后自接口以上10cm处剪砧,再用塑料布条绑缚,保湿方法可参照插皮接进行,

⑤ 搭接与舌接。搭接要求砧木与接穗粗细相当。嫁接时,先把接穗下端和砧木上端分别削成3～5cm长的斜面,注意两个斜面的斜度和长度要一致,然后将二者搭接在一起,用塑料布条绑缚即可,一般接穗和砧木粗度相差太大时不用此法;一定要用时,必须要保证削口一侧对齐,否则难以成活。

照搭接法削好的砧木和接穗的斜面后,在斜面前端1/3处,与削面的接近平行切入一刀即成能够彼此吻合的舌状物,然后对准接合,就是通常说的舌接,此法对接牢固,形成层接触面积大,容易成活,而且接后扦插不易松动,因此多用于葡萄嫁接。

⑥ 靠接。接穗与砧木亲和力较差,嫁接不易成活时可用靠接。两枝相靠后,由于双方都是活植株,因此有利于愈合。

靠接要求接穗和砧木双方能够靠在一起,事先必须做好准备。嫁接时,先把植株靠拢,选择好靠接部位,然后将砧木和接穗分别向结合的方向弯曲,用利刀在弓背上分别削一个长椭圆形平面,长3～5cm,深度以其直径的1/3为宜,砧木和接穗的粗细要一致,这样削面大小相当,便于形成层吻合。如果两者粗细相差较大,则要求较粗的一方浅削,较细的一方深削,尽量使削面宽度一致。削好后,两者靠紧,削面吻合,用塑料布条绑好即可,成活后分别将砧木上段和接穗下段剪除,即成一棵新植株

⑦ 根接。多用于砧木种子奇缺或发芽困难,名贵砧木种类嫁接失败后地上部分全部死亡或果树快速育苗等特殊情况。可依据砧根的粗细及接穗的不同,灵活选用根插皮接,根劈接,根切接,根腹接,根搭接,或者采用倒插皮,倒劈,倒切,倒腹等接法。

根接与一般枝接法相同,但应注意以下问题。

第一,圃地根接后立即埋土,接穗也要用湿土堆埋保湿。成活后可铲平土堆,但地下部不要扒开。如果冬季将根砧取回室内嫁接,接后参照类似贮藏接穗的办法,用湿沙埋藏越冬。早

春室内根接，最好先在温床上愈合 10～15d，然后再植于圃地。

第二，根接埋土后不再扒开解除绑缚，因此不要用不易腐烂的塑料布条，以防造成死苗。

第三，根接后不要过早浇水，否则接口进水，常造成腐烂死亡，因此圃地根接前一定要灌足底水。

4）嫁接苗的管理。

（1）检查成活与解除绑缚。这几项工作在嫁接方法中已有交代，芽接一般在接后 10～15d 检查成活情况，同时解除绑缚物。如果嫁接开始较早，有充分的时间进行补接，可推迟至 20d 后检查和解绑，一般来说，适当推迟解绑成活率高，但过晚则影响其加粗生长。

枝接一般在 1 个月左右检查成活情况，埋土保湿的应在苗高 15cm 左右铲平土堆，用塑料布条绑缚的最好在苗高 30cm 时解绑，过早愈合不牢，过晚影响生长。

（2）剪砧。蘖芽通常当年不萌发，剪砧应在翌年春天发芽前进行，剪砧时刀刃应该在接芽一侧，从接芽以上 0.5cm 处下剪，向接芽背面微下斜剪断成马蹄形，这样有利于剪口愈合和接芽萌发生长，注意不要伤芽，破皮，以免造成死亡。

剪砧后，砧木上极易发出大量萌蘖，必须及时多次地除去，以免分散养分，影响新梢生长，除蘖可用手掰，但不要损伤接芽和撕破砧皮，特别是掰除接芽以上萌蘖时要小心，如果发现萌蘖要及时剪掉。快速育苗的折砧和剪砧要依据不同情况，灵活掌握。

（3）立支法。接芽抽出的新梢，在未木质化以前，很容易被风吹折断，需要立支柱保护，枝干易弯曲的品种如鸭梨，也要立支柱，一般新梢长 20cm 时，将 50～60cm 高的支柱立于接口对面，并用活扣将新梢引缚在支柱上，苗高达 40cm 时，再引缚一次即可。如有条件，梨树绑三次更好，待新梢基本木质化大风季节过后，要及时拔除支柱并清理出圃地。

（4）防寒保护。冬季风大寒冷地区，芽接成活但没有萌发的嫁接苗，即通常说的半成苗易受到冻害，应在土壤结冻前培土或封垄进行保护。一般培土应高出 10～15cm，土壤含水分多时，培土后不要踏实。翌年春季发芽前要将培土除去，但土壤黏重降水又多的地区，为防止接芽窒息死亡，不宜培土。有条件的地区，可用高粱秆，玉米秸或芦苇设防寒障，如果是东西畦，一般 8～10 畦设一道，设置这种防寒障，可以减低风速，增加积雪，保温防寒，特别是引进新的品种，防寒工作更应注意。

（5）其他管理。嫁接苗的追肥浇水，中耕除草，病虫防治等，可参照实生苗的管理进行。圃内整形因树种品种，育苗方式不同而异，要具体分析，灵活运用。

5）苗木出圃。苗木出圃是果树育苗工作中的最后一个环节，出圃工作的好坏与苗木的质量和栽植成活率有直接的关系。秋末冬初对圃内的苗木进行调查，核对苗木的种类，品种，数量，准备包装材料和运输工具，确定临时假植和越冬的场所，做好出圃的准备。

（1）起苗。一般多在秋季落叶后至土地封冻前进行，也有在春季土壤解冻后而苗木发芽前起苗的，如果土壤干旱，可提前灌水 1 次，这样起苗省工省力，而且不易伤根。起苗可用刃口锋利的镢头、铁锹或起苗犁等工具，用镢头或铁锹起苗时，应先在苗行的外侧开一条沟，然后按序顺行起苗。起苗深度一般是 25～30cm。起苗不要在大风天气，以防苗木失水过多，影响栽植成活率，各种苗木的起苗先后顺序，可根据苗木停止生长的早晚和调运，栽植等具体要求而定，一般柿子，核桃，梨，桃，杏等苗木生长停止较早，可先起苗，苹果、葡萄等苗木生长停止较晚，可推迟起苗。

（2）分级与修整。

① 起苗后，立即移至背阴无风的地方，按照苗木出圃规格进行选苗分级，残次苗、砧木要分别存放，分别处理。各地对苗木的出圃规格要求不同，一般应具备的条件是根系生长良好，具有较完整的主侧根和较多的须根，枝条健壮，发育充实达到一定的高度和粗度，具有足够的饱满芽，无严重的病虫害和机械损伤。不符合出圃要求的，坚决不能出圃。

② 分级的同时进行修整，主要是剪掉带病虫的、受伤的枝梢、不充实的秋梢和带有病虫、过长的畸形的根系。剪口要平滑，以利早期愈合。为便于包装，运输，亦可对过长、过多的枝梢进行适当修剪，但剪除部分不宜过多，以免影响苗木质量和栽植成活率。

(3) 检疫与消毒。

① 植物检疫是防止病虫害传播的一项重要措施。因此，苗木出圃时要严格检验，目前列入检疫对象的病虫害有：小吉丁虫，棉蚜，黑星病，梨圆周介壳虫，核桃枯萎病，枣疯病，葡萄瘤蚜，美国白蛾等。发现带有上述的检疫对象的苗木，不论是调运中，还是已经栽植都应立即集中烧毁。其他病虫害也应严加控制。苗木出圃后，需经过国家检疫机关或接收委托的专业人员严格检验并签发证明，才能调运。

② 苗木消毒杀菌，常用3～5度石灰磺合剂喷洒或浸苗10～20min。然后用清水冲洗根部，已知带有某种害虫时，亦可选用相应的杀虫剂。

(4) 包装运输与贮藏。

苗木消毒后，就近秋植的，可随即定植于果园，来年春季就近栽植的，要尽快假植贮藏，外地苗，要及时包装调运。

苗木包装材料，可以就地取材，一般以廉价，轻质，坚韧保湿者为宜，如草袋，蒲包等。为保持根系湿润，防止干枯，包装内还应该用湿润的苔藓，木屑，稻壳，碎稻草等材料作填充物，包装可按品种和苗木的大小，每50～100株一捆，挂好标牌，注明产地，树名，品种，数量和等级。冬季调运苗木，还要做防寒保温的工作，

苗木假植应选择背阴，平坦，排水良好，土质疏松的地块挖沟，沟宽1m，沟深以苗木高矮，长以苗木多少而定。假植时，将分级，挂牌苗木向南倾斜置于沟中，分层排列，苗木间填入疏松湿土，使土壤与根系密接，最后覆土厚度可过苗高的1/2至2/3，并高出地面15～20cm，以利排水，北部寒冷地区覆盖要厚，严冬还可盖草，沟内温度保持在0～7℃，湿度保持在10%～20%为宜。翌年早春应及时检查，土壤干燥时要适当浇水。利用菜窖贮藏苗木时，根部覆盖沙土即可。

【果树快速育苗应注意的几个问题】

(1) 选用生长快的砧木。海棠果、西府海棠比较抗寒、抗旱、耐涝、耐盐碱，与苹果嫁接亲和力强，根系发达，幼苗生长迅速，当年夏季就能达到嫁接的粗度。

(2) 育苗时间以秋播为宜，播后随即覆膜，春播则要提早播种。这样才能早出苗，早生长，延长前期生长日数，达到提早嫁接，当年成苗的目的。

(3) 采取保护措施。早春应做好防寒、保湿措施，常见的保护措施有抗寒风障、阳畦、温床、地膜覆盖。

(4) 提早摘心、提早嫁接。砧苗长到30cm左右即可摘心，促使其加粗生长，基径0.5～0.6cm时可嫁接，并在6月底以前接完。只有这样，嫁接苗才有较长的生长时间。

(5) 采取高位芽接措施。高位接芽成活后不要立即剪砧，而是在接芽以上1～2cm将砧木折伤不折断，促使接芽萌发，待接芽长到5～6片真叶时再行剪砧，此外，提高嫁接部位，接芽下

边留 5～7 片功能叶，以供给接芽所需要的养分，接牙成活后可以剪砧。

（6）加强肥水管理。选择肥沃地块作苗圃，加大底肥施入量。定苗后到嫁接前，结合浇水每亩追肥尿素 10～15kg，嫁接成活后，每亩施尿素 8～10kg，8 月上旬和 9 月上旬，每次每亩追施复合肥 8～10kg，叶面喷肥每 15d 一次，前期喷 300 倍尿素，后期喷 300 倍磷酸二氢钾。

【国外果树栽培新技术】

（1）独枝栽培法。日本园艺技术人员研究出一种桃树栽培新法，即春季移栽高约 1m 的树苗，上留一条生长粗直的枝条，次年春季选择第二枝条，第一枝待果实收获后切除。第三年可以从第二条枝上收获果实，依次反复循环。此法优点是育成时间短、易于操作，有利轮作，枝高比常规的低 1m 左右，便于收获。采用此法栽培的果树果型大，产量高于常规栽培法。

（2）特殊灌溉法。澳大利亚果农春季不给落叶果树浇水，使果树长得矮小，既减少了大量的修剪，又增加了水果产量。因为春季不浇水可以抑制细胞增长，夏季浇水可以促进果实增大。虽然少浇 20%的水，但果树还增产 20%。

（3）梨树架线式大苗栽培法。德国科技人员试验发现，梨树苗主枝直立后，能快速生长，为此创造了梨树架线式大苗栽培法，比传统栽培法提前两年结果，而且产量高，适于大面积推广。方法是：每隔 6m 埋一根高 4m 的桩，在桩与桩之间拉几道铁丝，采用 1m 左右高的大苗，移植在水平铁丝下，株距为 1m，可栽两行。

当苗逐渐长高时，将其枝条固定在铁丝上使其直立，并加强水肥管理，这样，经两年即能开花结果。

（4）“金字塔”修剪法。加拿大果树专家对老龄苹果树复壮采用“金字塔”修剪法，取得成功。经复壮的老龄苹果树，可维持 10～20 年的高产。基本方法是：剪去生长旺盛直立枝条，给老树重新定型能促进树体中的营养集中到下部非直立枝条中，使其生长良好，萌发出较多的果枝，提高坐果率。

【果树花芽防冻方法】

果树萌发后，芽体抗寒力较低，很容易发生冻芽冻花现象，直接影响坐果率的提高。可采取以下方法：

（1）果园浇水。在果树萌芽前浇灌果园，能明显降低土温，延迟果树发芽期。也可在果树萌芽后浇灌果园，这样能推迟开花期 3～5d。

（2）果园熏烟。果园熏烟能减少土壤热量的辐射散发，有效提高园内温度。在寒冷或霜冻的凌晨，点燃稻草、杂草、锯末等烟堆，一般每亩果园应燃放 4～6 个烟堆，每个烟堆不高于 1m，重量不低于 20kg。用闷火熏烧，产生浓密的烟雾，布满整个果园，从而减轻冻害。

（3）喷施药剂。在果树萌芽前，将低浓度的萘乙酸、青鲜素等水溶液喷在果树上；也可喷施叶面肥增加树势和抵抗力，从而减轻寒冻的危害。对正在开花的果树喷 0.3%～0.6%的磷酸二氢钾加 0.5%的白砂糖，连喷 2～3 次。

（4）树干涂白。冬春对果树用自配的涂白剂将主干涂白，能有效减少太阳热能的吸收，延迟发芽和开花，有防寒防冻、防枝干害虫产卵等作用。涂白剂配制方法是：取生石灰 5kg，硫黄粉 0.5kg，食盐 1.5kg，植物油 0.1kg，面粉 0.5kg，水 15kg。配制时先将石灰、食盐分别用热水化开，搅拌成糊，然后再加入硫黄粉、植物油和面粉，最后将水加入搅匀。

【果园周围不宜植哪些树】

植物不同种类之间，存在相生相克现象。在实践中人们发现，葡萄园周围不宜植榆树，因为榆树分泌物对葡萄的生长发育有很强的抑制作用，只要榆树根系到达的地方，就会造成葡萄减产，甚至植株死亡。

葡萄园、苹果园、梨园周围不宜植刺槐，更不宜用刺槐作栅栏。因为刺槐分泌的鞣酸类物质对多种果树有较强的抑制作用，使果树长年不结果。此外，刺槐上的落叶性炭疽病菌会引起果树大量落叶。

果园周围不宜植松和桧柏。松孢子能危害多种果树，其中对梨树最为严重，可致其叶片黄化、坐果率降低、果实畸形；桧柏又是苹果和梨树锈病冬孢子的中间寄主，易造成锈病的蔓延。

【果园适合种哪些中药材】

根据果园类型套种。旱地果园只适合套种耐旱的中药材，如柴胡、黄芩、黄芪、知母等。水湿地果园可套种较喜湿润、不耐寒的元胡、附子、北沙参等。山区果园应套种喜湿怕热的黄连、党参、麦冬、西洋参等。

根据树种套种。桃、杏、樱桃等果熟期在最热月份到来之前的果树，可套种喜热怕践踏的茯苓等中药材，还可利用此阶段树冠的保湿、遮阳作用挂袋生产木耳和银耳。

根据树龄套种。幼龄果园因尚未封行可在行间栽种1～3年收获的地黄、远志、黄芩、菊花、黄芪、牛膝、板蓝根、白术、柴胡等喜光中药材。成龄果园则应套种喜阴或耐阴的中药材。

根据树冠情况套种。树冠及树叶较稠密的果树，如桃、樱桃、杏、葡萄等，可套种半夏、天麻、灵芝、黄连等喜阴湿的中药材。树冠较稀疏的果树，如苹果、梨、山楂等则可套种丹参、百合、天门冬等稍耐阴湿的中药材。

【果树的“双佳”施肥】

果树“双佳”施肥是指选择最佳的施肥时机和最佳部位。

(一) 追肥的最佳时期

根据果树各物候期的需肥特点，全年分4次补给肥料为宜。追肥量应依树势、树龄等灵活掌握。果树生长期追施速效肥料，不仅可调节当年生长和结果对养分需求的矛盾，还能为来年开花结果打下良好的基础。

(1) 花期追肥。果树萌芽至开花期消耗养分较多，如果上年贮存养分不足，养分供应不及时，就会使花期延长并降低坐果率。因此，花前应适量追施速效肥。有条件者在花期再喷一次250倍的硼砂水溶液，可大大提高坐果率。

(2) 花后追肥。落花后幼果和新梢迅速生长，此期追肥可使新梢生长健壮，扩大叶面积，提高光合生产率，减少生理落果。如果花前施肥量大，花后肥可少施。

(3) 花芽分化前追肥。此期部分新梢已停止生长，幼果在迅速膨大，及时追施适量的氮、磷、钾肥料，可提高叶片的光合效果，促进养分积累，有利于花芽的分化，减轻大小年现象。

(4) 果实生长期追肥。此期追肥可增加果实当年产量，提高品质，促进花芽分化充实饱满，增加树体养分的后期积累。

以上花前和花后两次追肥应紧密结合，并应以速效氮肥为主，施肥量以每株成龄树施尿素1kg为宜。第三、四次追肥应以有机肥为主，增施磷钾肥，一般每株成龄树施人畜粪50kg，过磷酸钙1kg、硫酸钾0.5kg。每次施肥都应结合浇水进行。

(二) 施肥的最佳部位

根系中的根毛是果树吸收肥料的主要部位，因此将肥料施于根毛分布集中的区域，是提高肥效的重要措施之一。在一般情况下，水平根的分布范围约为树冠的1～2倍，但绝大部分集中于树冠投影的外缘和稍远处为主。根系的垂直分布则随树种、土质、管理水平不同而异。一般苹果、梨、核桃、板栗和葡萄等根系分布较深，可达 70～80cm，而 80% 以上的根系集中于 60cm 左右深的土层中；桃、李、杏等根系分布较浅，绝大部分在 40cm 左右深的土层中。

只有依据上述特点掌握果树的施肥部位，才能最大限度地发挥肥效。此外，有机肥分解较慢，供肥期较长，宜深施，化学肥料移动性较大，可浅施。

【果树盆景栽培技艺】

果树盆景是将各种结果树以及山石、构件等材料，经艺术加工，合理布局，将大自然的景色形象地浓缩到咫尺盆中的一种艺术。它是果树栽培学原理与我国传统盆栽、盆景艺术的巧妙结合。果树盆景技术则是果树栽培技艺与中国传统盆景艺术的融合发展。果树盆景的佳作既有果树栽培的丰收美，又有中国传统盆景的艺术美，具有鲜明的自身风格和特色。

(一) 果树盆景的特点

(1) 形果兼备，光彩照人。果树盆景等于造型加硕果，就是说，它既要具有根、桩、形、神等造型艺术，又必须兼有足够数量的果实，二者缺一不可。在果树盆景中，果是型的重要组成部分，果的多少、布局、大小、色彩是构成果树盆景艺术的重要部分。尤其近年发展的大果型盆景，如苹果、梨、桃、柿、山楂及地方果树中的柑橘等，以型载果，以果成型，型果兼备，妙趣横生。

(2) 富有生活情趣。果树盆景的根、干、枝、叶、花、果、型组成了观赏的整体。尤其近年发展起来的北方果树盆景，它春花玲珑，婀娜多姿；秋果累累，色彩斑斓；冬季则疏枝硬骨，挺秀苍劲；而夏季恰值果实发育，枝繁叶茂的时期，青枝碧果旬日之间又换新颜，极富生活情趣和自然气息。

(3) 资源丰富，便于生产。我国果树资源极丰富。果树生产中的砧木、苗木、废弃树均可利用，山野之中各种野生果树及其砧木资源很少开发利用，尤其可弥补我国北方盆景资源贫乏的缺陷，因地制宜地发展具有本地特色的乡土盆景。果树的种类和品种较多，不同树种和品种间果实的形态、大小、色泽、成熟期均不一致，可适合多种造型。由于就地取材，各树种均适应当地的生态条件，无须特殊的养护设施，且管理简单，便于生产，无须多大投资即可形成规模化生产。

(4) 粗犷、自然的造型风格。与一般观叶类盆景不同之处还在于，果树盆景的培育除研究造型以外，还需注重于培养花、果。而花、果的培养则需要具有一定生长势的枝条和一定的叶面积，也就是一定的营养条件。此外，有些果树的花、果恰在枝条的顶端。这一切都决定了果树盆景不能像一般观叶类盆景那样对枝叶随心所欲地精扎细剪。果树盆景的自身规律决定了在造型和修剪上粗犷、自然的风格。在规格上，它可以小型化，但难于微型化；在枝叶处理上，它可以成层，但难以成“片”；在整体造型上，它的基本造型可以随心所欲，但细微之处难以精扎细剪；果树盆景的结果数量每年都有变化，结果位置每年均有改变，每年都要重新培花育果，不能一劳永逸。培育果树盆景需要一定的技艺，这也正是其魅力之所在。

(5) 技术独特。果树盆景技术既不同于一般观叶类盆景，又不同于一般果树栽培技术。从原理上，它是二者的融合，从技艺上，它是二者的发展。不同的树种均有其自身生长发育规律。在果树盆景技术中，它的野生树桩及生产中废弃树的利用，高龄果树(桩)移栽上盆提高栽培技术，越冬技术以及通过营养管理等综合措施进行生长发育的促控，通过嫁接、修剪等措施提早成型结果，通过环境因子的控制扩大栽培地域等，都大大丰富了果树栽培和传统盆景艺术的内容。

(二) 盆景果树的生长结果特点

盆景果树的生长发育既不同于一般盆景树木,与大田果树也不尽相同。

(1) 根系。根系既是果树固定、吸收营养和水分的器官,又是有机营养的贮存和合成器官。健壮的根系是盆景果树正常生长结果的基础。

在盆栽条件下,由于根系离心生长的习性和靠近盆壁处土壤通气条件优越等原因,根系多沿盆壁和盆底环绕生长,形成根垫和根团。2~3年后,随着根的伸长和根量的加大,根团充满盆内。这种老化的根团,使盆内土壤比例降低,直接影响了对养分的吸收和运输。因此,要及时换盆、修剪根系、更换新的培养土。换盆的年限应视根系和地上部生长情况灵活掌握,一般为2~3年。

与大田果树根系分布深而广的状况相比,盆树的根团对外界环境如温度、湿度的变化,土壤通气状况,施肥浓度,有害物质及病虫害等的适应性和抵抗能力大为降低。不良的环境条件和不适当的管理常造成根系损伤、衰弱甚至死亡。当盆树生长衰弱,叶片变暗、变黄,失去光泽,果实发育不良甚至脱落时,应首先检查根系是否受损,并及时采取措施补救。

果树根系如满足其需要的条件时,可以周年不停地生长,其生长高峰常与树冠的生长高峰有交替生长的现象,即在每次新梢发生前或新梢速长期以前,有一个根系生长的高峰期。这一时期根系发生的状况与此后出现的新梢生长状况有直接影响。果树根系均有很强的再生能力,切断之后,伤口附近容易生长大量新根。影响根系生长和吸收的因子有以下几个方面。

① 温度。一般果树根系在0℃以上开始活动,生长最适温度为15~25℃,土温超过30℃生长受抑制。树种不同,根系对温度的要求也有差异。如苹果根系在1~2℃开始生长,14~21℃为生长最适温;而柑橘根系在12℃左右开始生长,最适温度为26℃左右,生长的最高温度达37℃。早春解冻之后,苹果、梨、桃、山楂等盆树的根系即开始生长,在新梢速长期以前大量发生新根。柑橘、柿、枣及一些南方果树春季新根发生较晚,且根系生长较平缓。冬季北方落叶果树的根系处于休眠状态,仅维持最低的生理活动。同样,在温室越冬的南方常绿果树,其根系在冬季的活动也比较微弱。根系的抗寒能力与树种的遗传性有关。同一树种内与其贮藏营养水平的高低有关。根系强大的多年生根抗寒力强。同样的越冬条件,新上盆的幼树易发生抽条甚至冻死,栽培时应加强保护。夏日放置在阳台、屋顶,房前台阶等处水泥地面上的盆树,由于周围局部高温的熏烤和水泥地面的热量传导,其盆土温度往往过高而损伤根系,尤其在树冠较小,对盆树遮蔽度较差或土壤湿度偏低时,这种情形更为严重。可进行地面喷水和盆底加湿垫等办法予以调整。

② 水分。最适于根系生长的盆土含水量,约等于土壤最大持水量的60%~80%。

根的抗旱能力比叶片低得多。在干旱条件下,叶片从根部获取大量水分,造成根系的损伤甚至死亡。由于盆土容量的限制和散失面积较大,盆内水分的散失速度比大田果园表层土高4~5倍。管理疏忽,极易失水。用盆越小,树冠越大,气温越高,气候越晴、越干,特别在干热风季节,失水速度越快,越应注意及时向盆内补水。

③ 通气。盆土的物理结构是由土壤颗粒和孔隙组成,细小的毛管孔隙为水分所占有,粗大的非毛管孔隙为空气所占有。果树根系的呼吸、生长及其他生理活动均要求盆土中有足够的氧气供应。在盆土缺氧条件下,果树的正常呼吸及生理活动受阻,生长停止。同时,二氧化碳和其他有害气体积累引起根系中毒,造成根系死亡。对果树生长最适宜的土壤组成是,土壤孔隙占土壤全容重的50%左右,孔隙中的水分和空气也各占50%左右。

盆栽营养土的通气透水性能(简称通透性)即表示土壤孔隙的比例。配制时,可因地制宜取材,并视树种、用盆的不同而适当调节。例如,桃的根系呼吸作用强盛,耗氧量大,对盆土的通透性高,而枣的根系对氧要求不甚严苛,对通气性差的黏重培养土也可适应。紫砂或挂釉的盆景盆盆壁通透性远远不及泥制的素烧盆,应加大盆土的通透性。此外,各地原料不同,配制营养土时应根据原料的物理性状灵活调节。

④ 营养。根系的生长发育状况与土壤养分供应和地上部光合产物的供应有关。"根深"与"叶茂"是互为因果、互相促进的关系。例如,盆树结果过多,光合产物供不应求时,根系生长明显衰弱,但采取合理留果措施,减少地上部养分消耗,可明显地促进根系生长。同样,对于病弱树采取保叶措施并叶面喷肥,促进叶片功能,也能促进根系的生长强健。

⑤ 盆土酸碱度。以 pH 值表示的土壤酸碱度直接影响根系的生长和吸收。在酸度较高的盆土中,根系对磷、钙、镁等元素的吸收能力降低。在碱性强的盆土内,根系对锰、铁、锌的吸收受阻。多数果树喜微酸—中性—微碱的环境(pH 值 6.5~7.5)。盆土过酸或过碱,可能发生缺素症,影响果树的生长和结果。但树种不同,其对盆土酸碱度的要求也不同,这是配制土时应注意到的。

(2) 芽。所有的枝、叶、花、果都是由芽发育而成的,芽是形成这些器官的原始体,进行繁殖时,经嫁接的芽可形成新的植株。芽有以下几种类型:

根据芽在枝上着生的部位,可分为顶芽和侧芽。顶芽着生在枝条顶端,萌发力强,一般翌年都可萌发。侧芽着生在枝条叶腑间,又称腑芽,萌发力较差,翌年往往不能都萌发。

按芽在同一节上着生的数目,可分为单芽和复芽。一节之上仅生 1 个芽的叫单芽,如苹果、梨、柿即是。一节着生 2 个以上的芽的叫复芽,如桃、李、杏的复芽常有 2~4 个芽组成。此外,苹果、梨、枣、山楂等侧芽的侧方或芽基部,有的芽体很小,不易发现的侧芽,多呈休眠状态,当主芽受损时可以萌发。

依照芽的性质,可分为花芽和叶芽。叶芽只能抽枝发叶,花芽可开花结果。在外部形态上,花芽一般较肥大饱满,芽鳞较紧。树种、品种不同,其花芽、叶芽的特征也不同。盆栽工作者必须准确地识别。

有些果树如葡萄、桃、杏、李等当年形成的芽即可萌发,称为早熟性芽。它可使枝条多次生长,增加全树的分枝级次,所以具有早熟性芽的果树一般结果较早。

由于芽在形成发育过程中所处的环境条件和营养状况的差异,造成芽的质量、生长势以及外形特征等差别。如枝条基部的芽发生形成在早春,此时气温低,树体叶片很少,所以形成的芽发育程度低而成瘪芽,枝条基部呈"环痕"状态。此后,随着气温的升高和叶面积的增大,枝条中部所形成的芽质量变好,芽体大且饱满。同样,在春秋梢交界处,秋梢刚刚开始生长时所形成的芽也呈不饱满状态,这一部位俗称为"盲节"。

芽的质量及饱满程度明显地影响抽生新梢的生长势。饱满的壮芽、大芽抽生壮枝、长枝;弱芽、小芽抽生弱枝、短枝。在整形修剪中,常利用芽的这一特性,改变树体枝条长度和长短枝比例,促进成型和提早结果。

(3) 枝。枝是树冠、树形的重要组成部分,它不但着生叶片和花果,输运水分和养分,也是养分贮藏的重要器官。干粗枝壮是盆树连年结果的重要保障。

有的果树枝条在适宜条件下可产生不定根,如葡萄、柑橘、柠檬、石榴、无花果等常用枝条插播的方法进行繁殖。

枝可分为营养枝(生长枝)和结果枝。只着生叶芽的为营养枝。这种枝一般生长健壮，芽体饱满，可形成树体的骨架。着生花芽或花芽、叶芽有规律混生的为结果枝。结果枝的多少决定着盆树的产量，因此，未结果的树要尽快培育出足够的结果枝，已结果的树，要在养好果的同时，培育好健壮的结果枝，以保证翌年的开花结果。

分枝级次对生长结果有直接影响。分枝级次少的苹果幼树营养生长旺盛，难以成花。通过修剪和嫁接措施，增加分枝级次，缓和生长势，是早成花、早结果的重要途径。

芽萌发成枝的能力叫萌芽力。萌芽后能抽生长枝的能力叫成枝力。成枝力强，上盆后当年可形成圆满树形，而山楂二者均弱；同一树种，树龄小成枝力强，树龄大成枝力弱。根据这一特点，在修剪时，对萌芽力和成枝力强的应多疏枝以减少枝条；反之，应多短截以促进发枝，以此来调节树形和枝量。

枝的顶端优势，表现为顶芽或茎尖常常抑制其下侧芽的萌发和生长，顶芽萌发所形成的枝条长势最强，向下依次减弱以至不能萌发。去掉顶芽或尖端，可促进侧芽萌发和侧枝生长，但位于顶端的第一个侧芽仍保持顶端优势。

枝的垂直优势，表现为直立的枝条生长旺盛，斜生的枝条长势变弱、分枝增多；水平或下垂的枝条则生长量少，且分枝明显变短变弱。此外，拉枝后，枝条变曲部位的向上生长的背上枝或背上芽极易萌发徒长。

利用顶端优势和垂直优势，可迅速扩大树冠，有目的地整形造型。但由此而形成的强壮枝常使矮小盆树的树形紊乱，尤其对于成型树和已结果树必须严加控制。可采用改变枝条的方向和角度，及时摘心甚至彻底疏除等办法，防止“树上长树”和树势过旺，只长枝叶不见花果等局面。

枝条生长与结果的关系表现为，未结果的树生长旺盛；一旦结果，枝条的生长势即减弱，树冠大小容易控制；过量结果，枝条生长衰弱，短枝比例增加，花枝减少。

枝条生长与砧木的关系也十分紧密。同一树种的同一品种，嫁接在乔化砧木上，其新梢的生长势、生长持续时间、发枝数量、长短枝比例以及花芽的发生均有明显差别。因此，尽管品种相同但其砧木不同，其技术管理措施也应相应不同。

此外，枝的生长与用盆有很大影响。大盆不但营养多，而且根系大，则表现枝条强旺。由于根系的生长与地上部的生长保持一定的平衡，缩小根系体积也有效地控制旺长。用盆越小，枝条的生长越短，枝干的加粗越慢，树冠的大小越容易控制。

(4) 叶。果树的枝、芽、花、果 90％的干物质是由叶片光合作用合成的。没有足够的光合产物，就不能开花结果，因此，叶片的质量和总面积的大小，对盆树的生长发育极为重要。

叶是仅次于根养分吸收器官，可以吸收各种矿质元素。在盆树管理中，经常用叶面喷肥的办法向树体追施营养。

叶片的生长受肥、水、光照的直接影响。水分供应不足时，单叶面积明显变小，叶色暗淡无光，小叶过早变黄脱落，严重时，大叶脱水枯死。肥的供应左右叶片的大小、厚度、效能。叶面喷肥后，叶片变厚，颜色深绿，光合效率高。光照是影响叶片生长发育及实现功能的重要因子。见光不足时，叶色发浅，厚度变薄，功能降低。盆树的叶片质量较高，这与其树体小，见光好有直接关系，这也是盆树结果较多且果实发育较好的重要原因。

夏季久阴骤晴之后，强烈的阳光常使幼枝嫩叶萎蔫、干焦。主要原因是，阴或小雨天气空气湿度大，叶片蒸腾量少，盆土表面湿润掩盖了中、下部缺水的状况。骤晴之后，蒸腾量骤然加大，根系供水不足的矛盾加剧，加之新生枝叶组织幼嫩，蒸腾量大，所以首先表现并迅速受害。因此，遇到这样的天气，要注意及时向盆面浇水，必要时叶面喷水保叶。

(5) 花和果。花和果是果树盆景的重要特点，也是果树盆景的造型和观赏的重要组成部分。不同树种和品种其花果的形态，着生部位，促花办法，保花保果的方法以及花果的发育规律均有差异，围绕保花保果的技术措施各不相同，是果树盆景的重点技术之一。

第 3 节　花卉栽培技术

【花卉栽植养护常识】

(一) 花卉的栽植

(1) 露地花卉的栽植。露地花卉是指栽植在室外的花卉。栽花前首先要根据花卉的习性选择地点，或者根据空地的条件选择花卉。如地势较高的坡地上就栽种一些耐旱的花卉；而湖边、塘旁或地势低洼的地方，就宜种一些耐湿的植物；而多年生的木本花卉，就该种在较宽敞的场所。一般的花卉大多喜欢阳光，只有栽在太阳光充分照射的地方才能叶茂花盛。

选好地点以后，为改善土壤的性能，使水分、空气状况良好，利于种子发芽和根系生长，必须先整地。整地时，先翻起土壤，翻土的深度看花卉的品种可深可浅。栽宿根、球根花卉要深些，以七、八寸为宜；种 1、2 年生花卉可稍浅些，将翻起的土块敲碎，清除土中的石块、瓦片、残根断株及其他杂草，同时施适量的基肥。如果土壤过于贫瘠，可以用较肥沃的壤土或培养土来替代部分瘠土。根据地形和地势，整成适当的花畦。

花畦整好以后，要选择和配置各类花卉，合理栽植，尽可能做到四季有花，还要根据花卉的高矮、大小、花的颜色等做到排列错落有致，鲜明大方。家庭栽花尤其要注意庭院环境和其他条件。布置花坛、草坪，种植较多的树木花草需大的庭院。小的场地则只宜种植小型花卉、栽培盆花，不宜种大的木本花卉。

场地整理完毕，品种选择、配置设计完成以后即可栽植花卉。有些用种子繁殖的花卉，可以按照一定间距直播于花畦上，待发芽以后进行间苗，除掉多余的较弱的花苗。除了直播的花卉以外，大部分花卉都要经过移栽，移栽可以扩大幼苗的间距、促进根系发达，防止徒长。移栽起苗时应保持苗床湿润，并使一部分土壤附在根系上，起苗要小心、细致，起苗后要迅速栽植，避免大风和日光吹晒，如叶片较多时，可摘除一部分以减少水分蒸发。移栽最好在早晚进行，气温高的季节傍晚最好。移栽前，先在花畦挖一定植穴，其大小视花苗而定，比根部土球略大定植即可，花苗移入后，逐层填入松土，将四周压实。栽植完毕后，用喷壶浇水，一次浇足，新根长出后再浇水。注意防止强日光照射，可适当蔽荫。

(2) 盆钵栽植。在城市中盆栽花卉是家庭养花的主要形式。它不受地形、空间条件的制约，也不占用土地，只需阳台、走廊等，又可以移动、管理方便，是很好的室内外装饰品。由于盆钵的容积有限，土壤易干易湿，养料也受到一定限制，所以要求一定技术、细心和耐心。

① 盆钵的选择。花盆既是栽花的容器也可以作为观赏的艺术品，有许多工艺精致、造型美观、适于不同条件栽培的花盆类型，试选几种常见的予以介绍：

素烧盆。以黏土烧制而成，质地比较粗糙，通气排水性能良好，最适于花卉生长，价格便宜，缺点是外形看起来不很美观。

陶瓷盆。陶瓷盆为瓷质上釉盆，工艺精巧常附有各种图案，形状有方形、圆形、菱形、多边形等，比较美观，最适于作室内栽培或展览之用。但此类花盆通气排水不良、栽培效果不如素烧盆。

木盆。用木材制成，不易破碎，易于移动，可栽植大株花木，还可以悬空吊挂。

筐篓。用木条、竹条合订而成或竹片，藤条编织而成，通气性能良好，特别适于悬空立体栽培，因为容器本身的重量较轻。

兰盆。一类特殊的花盆，专用于栽植兰花，盆壁有孔，以利排水通气，质地较讲究。

水养盆：专供水生花卉栽培之用，盆面较大，盆底无孔，多为陶瓷上釉，外形讲究美观精致，可提高观赏效果。

除此之外，家庭可以利用一些废旧的盆缸等栽花，应注意在其底部打孔以便透水，当然效果一般比专门的花盆要差。

② 培养土的准备。培养土是盆栽花卉生长的物质基础。培养土良好，花卉则长势健壮、花色鲜艳，反之则焦黄枯萎。为观赏价值，所以家庭栽花要注重培养土的选择和制作。

培养土的最轻易的来源就是从花卉商店或园艺场所购买。也可以自己配制，以下简要地介绍一下有关配制的知识。

配制培养土的基本材料有腐叶土，园土（即壤土）和河沙。腐叶土由以下方法获得：秋冬季节，收集落叶、菜叶、稻草，于田土层层堆积起来，然后浇入人粪尿，再盖上稻草或破席、塑料布，几个月以后即翻开晒干、贮藏备用。园土为一般比较肥沃的壤土，含较多的腐殖质，具有良好的团粒结构。

大多数花卉生长的培养土配制比例如下：

播种用的培养土：腐叶土 5 份、园土 3 份、河沙 2 份。

一般花草的培养土：腐叶土 3 份、园土 5 份、河沙 2 份。

木本类的培养土：腐叶土 4 份、园土 5 份、河沙 1 份。

多数盆栽花草的培养土：腐叶土 4 份、园土 4 份、河沙 2 份。

虽然这三种原料必须搭配在一起，但比例不是完全按照上述的比例，也可根据具体情况酌量增减。

③ 上盆。当幼苗长到一定程度，就可以移到花盆中定植，此过程就叫上盆。上盆一般春、夏、秋均可进行，但春秋季节较好，夏季较少上盆。

上盆时，花盆的大小须跟花卉株型的大小匹配，按照“小花栽小盆，中花栽中盆，大花栽大盆”的原则进行。俗说“小花栽大盆、花必不发”就是因为盆大则土多，土多就水分多，花卉小根系差易烂根。使用旧盆必须将其内外洗净；若是新盆，须要先浸在水中 1～2d 后才能使用。

上盆装土前，先在盆底排水孔上垫两块瓦片，二者不能挤在一起，两块瓦片上再盖一片大瓦片，三块瓦片构成桥型。再在上面填上蚕豆大小的瓦块或细砖块，约占花盆的五分之一高，最后填上培养土，但不填足。

把花卉栽入花盆之前，应先对其进行一定的修剪，剪去部分病叶、弱枝和一些细弱的侧根。将修整的苗木的根群放在培养土上，注意花盆的高度与苗位的相对位置要恰当，然后再加培养土，固定好花卉。栽植完毕后，用细嘴喷水，直至盆眼有水漏出为止。或者将盆放进盛有浅水的桶内，让水从盆底口小孔渗进花盆，直至盆土表面湿润为止，等根系恢复以后再正常浇水。

④ 换盆。宿根类花卉定植到花盆中一定时间以后，根群充满整个花盆没有伸展的余地了，或者花盆中的培养土经过一定时间以后物理性能变劣、养分减少时，就需要换盆再植。一

般来说,换盆次数越多,植株生长越健壮。换盆时间宜在秋季植株生长即将停止时或早春枝条未萌发前进行。在植株出现花蕾时切忌换盆。换盆前1～2d要先浇水1次,使盆土不干不湿。用小竹片将盆壁四周土壤拨松,用左手按住盆而土向下倒,以右手拇指从底孔推动盆里土壤,则可将植株从原盆中倒出,倒出之后剪掉一些根须和老弱枝叶,亦可同时进行分株,最后按照上述上盆的方法定植,换盆即完成。

(二) 花卉的管理与养护

(1) 浇水。浇花的水质以软水为好,一般使用河水,其次为池水及湖水,泉水不宜。城市栽花可以使用自来水,但自来水一般是用漂白粉消过毒的,还有残留的漂白粉,因此不宜直接从水龙头上接水来浇花,而应在浇花前先将水存放几小时或在太阳下晒一段时间。不宜用污水浇花。

就浇水的时间和次数来说,应注意以下几点:在夏秋季节,应多浇,在雨季则不浇或少浇;在高温时期,中午切忌浇水,宜早,晚进行;冬天气温低,宜少浇,并在晴天上午10点左右浇;幼苗时少浇,旺盛生长多浇、开花结果时不能多浇;春天浇花宜中午前后进行。

每次浇水不宜直接浇在根部,要浇到根区的四周,以引导根系向外伸展。

每次浇水过程中,按照“初宜细、中宜大、终宜畅”的原则来完成,以免表土冲刷。

浇花的用具宜采用喷壶,配备粗细两种喷嘴,不用碗、口杯等直接倒水进入花盆。

(2) 施肥。肥料是花卉植物的养料来源之一,关于它的作用和种类以及一些应注意的问题,在花卉栽培的个体中介绍,不再赘述。

(3) 中耕除草。中耕除草是花卉养护的重要环节,如果忽视会影响其生长发育。土壤表层因降雨、浇水施肥等因素的影响,时间长了,会逐渐板结而妨碍土壤的透水通气性能,从而影响根系生长。因此必须中耕松土,恢复土壤的原有状况。中耕不宜在土壤太湿时进行。中耕的工具有小花锄和小竹片等,花锄用于成片花坛的中耕、小竹片用于盆栽花卉。中耕的深度以不伤根为原则。根系深、中耕深,根系浅、中耕浅;近根处宜浅、远根处宜深;草本花卉、中耕浅,木本花卉中耕深。中耕也可同时进行施肥。

在中耕过程同时拔除杂草,平时进行其他管理时看见杂草也应及时拔除,杂草应连根去尽,尤其不能拖过杂草结实成熟以后才除草,那样会留下后患。一般普通家庭栽培花卉,宜用手拔除杂草。如果栽植面积较大,杂草较多,也可以使用化学除草剂。

(4) 修剪。有时候一些花卉植物枝叶生长过于繁茂,内部通风透光受阻,易引起病虫害,为了调节植株各部的生长,促进开花,防止病虫害,就要对它们进行修剪,这是非常重要的工作。修剪一般从以下几个方面着手。

① 修枝。剪除枯枝、病枝、残枝和过密细弱的枝条,促进通风、透光,节省养分,改善株型。

② 摘叶。叶片过于茂密,影响开花结果,因此要摘去部分老叶、下脚叶和部分生长过密的叶。

③ 摘心。摘除某些枝条的顶芽,尤其是幼苗期早进行摘心,可促进分枝,使植株丛状,可增加花的数量或使花变大,提高观赏价值。

④ 除芽。即除掉过多的腋芽减少不必要的分枝,以集中养分,使花朵更美丽。

⑤ 去蕾。摘除过早发生的花蕾或过多的侧蕾,使养分集中,使花美而大。

(5) 整形。如果一盆花,枝叶纷乱,参差不齐,尽管枝繁叶茂,花朵盛开,也还是不利观赏。为提高花卉的观赏价值,保持植株的外形美观,就有必要对其整形。植株的外观造型一般有以下几种，要造就这些形状，必须从幼苗开始就进行设计修整。

① 单干式。整株花卉只留一主干，以后只在顶端开一朵大花。为达到此目的，就要从幼苗开始将所有侧蕾和侧枝全部摘掉，使养分集中。也可以一个主干顶端稍分出若干侧枝，形成伞状，这也要从小除侧枝，只最后才留部分顶端的侧枝。大丽花就可以采用单干式整形。

② 多干式。在苗期摘心，使基部形成数条主枝。根据所想留主枝的数目，再摘除不要的侧枝。一般主枝只留3～7条。如菊花。

③ 丛生式。灌木类或竹类，以丛生式定型，要疏密相称、高低相宜，使之更富诗情画意，如南天竹、美人蕉、佛肚等。

④ 垂枝式或攀援式。多用于蔓生或藤本花卉，需要搭架使之下垂或攀升，同时也要适当整枝，方法同上。如悬崖菊、牵牛花等。

【花卉栽培中常见病虫害的防治】

病虫害的防治首先要从加强栽培管理，提高花卉本身的抗病虫害能力入手，应及时发现并立即采取措施。

花卉的病害，一般由病菌寄生引起。如果场地阳光充足、空气流通、周围干净，病菌就不容易侵害。如果花卉一旦得病，应立即隔离栽培并喷施农药。有时为防止病害蔓延，应将病株或发病枝叶立即焚烧。

(1) 花卉常见病害有以下几种：

① 白粉病。一般发生在梅雨季节，发病初期，叶片上出现白色斑点，以后逐渐布满整个叶片，叶片最终变为灰色。通过改善通风光照和排水，清晨喷晒硫黄粉等综合措施就可以防治该病。

② 溃疡病。发病时，叶片上出现圆形赤褐色斑点，枝条呈淡色，久病后叶落。施肥过多，枝叶徒长，容易引起此病。如发病，可喷洒0.4%～0.2%硫酸亚铁溶液或波尔多液，应注意合理施肥，加强通风透气。

③ 炭疽病。发生初期，叶上呈现水渍状绿色小点，后逐渐扩展为褐色圆形病斑。防治方法为，喷射多菌灵溶液，改善通风透光状况。

④ 白绢病。此病发生时，在植株的茎部或根部出现白色绢丝状菌丝，叶片自下而上逐渐枯萎，甚至全部枯死，气温过高、空气过潮、土壤渍水，易得此病。应改善温湿状况、控制浇水，隔离病株，用石灰粉可防此病。

⑤ 猝倒病。发病时，幼苗基部开始出现水渍状斑块，后变为黄褐色，因为病变部位收缩而突然倒苗，传染迅速。应控制水分，加强通气，焚烧病株和土壤，可撒石灰防护。

(2) 对花卉产生危害的昆虫种类相当多，最常见的有：

① 蚜虫。个体很小，成群寄生于叶片及新梢上，吸其汁液，并分泌一种毒液，使叶片萎缩，落蕾落花，乃至植株死亡。可人工捕杀或喷洒600倍乐果溶液，或用烟蒂浸水喷洒。

② 蚧壳虫。有很多种，密生在茎叶上吸取养分和汁液，使被受害部位枯黄。可用毛刷蘸水清除或喷洒600倍乐果溶液。

③ 金龟子。幼虫于土中蛀食根部，成虫则咬食叶片，影响花卉生长和美观。可用800倍敌百虫溶液喷杀。冬季应深耕土壤，冻死幼虫，清除杂草。

④ 地蚕。白天潜伏土中，夜间出来，食花卉根部或幼嫩的茎干，使植株枯亡。可人工捕杀或撒六六六粉于土中。

⑤ 其他还有菊虎、尺蠖、青虫、毛虫等害虫，防治方法与上述相似，一般使用敌百虫、敌敌畏、乐果，稀释600～2000倍后使用，选择晴天傍晚喷药较好。也可以用“以虫治虫”的办法防治某些害虫，如七星瓢虫、异色瓢虫均可捕食蚜虫及蚧壳虫。

【养花灭花盆虫蚁六法】

(1) 敌敌畏。花盆中出现小飞虫时，可用三四根棉签（棉花棍），饱蘸敌敌畏，以不致滴下来为度，然后将柄端插在植株周围的盆土中，飞虫即可消灭。

(2) 洗衣粉。把一汤匙洗衣粉溶解在4L水中，每隔2周喷洒花叶，可彻底消灭白蝇和细菌。

(3) 牛奶。将4杯面粉和半杯牛奶掺入20L水中搅拌，用纱布过滤后喷洒在花叶上，能杀死壁虱和它们的卵。

(4) 啤酒。把啤酒倒入放在花盆土壤下的浅盆中，蜗牛爬入就会被淹死。

(5) 大蒜。把一个大蒜头捣碎，用一汤匙胡椒粉一起掺入0.5L水中，1h后，把它喷洒在花叶上，可防鼠的侵袭。

(6) 香烟水。花盆中出现蚂蚁时，可将烟蒂、烟丝用热水浸泡1～2d，待水变成深褐色时，将一部分水洒在花茎、花叶上，其余的稀释后浇到花盆里，蚂蚁即可消灭。

【养花巧用糖】

用糖喷施幼苗。晴天对草本、木本花卉幼苗喷施0.2%的红糖液，秧苗粗壮，心叶长得快。喷施时要成雾状，液珠越细越好，不宜形成水珠，不能流入花心，叶面潮湿即可。

用糖喷施叶面。观叶植物喷施0.2%～0.5%的红糖液后，叶片增厚增大，叶绿素含量增加，叶面光亮，抗菌能力增强。初用以浓度偏低为宜，喷施次数不可过频。

用糖喷施花果。观花观果植物在开花坐果期喷施0.5%～1%（最佳为0.7%）的红糖液后，果大花艳，配用0.3%的磷酸二氢钾液更佳。

用糖控制病害。对霜霉病、白粉病、黑斑病、叶枯病，喷施1%的红糖液，3～5d一次，连续喷3次效果较好。配制红糖液的水最好是凉开水。红糖比白糖好，粉状红糖比结晶状红糖好，要注意防蚂蚁。

【君子兰的栽培技术】

君子兰正常的生长发育、开花、结实与生长的环境条件是密不可分的。适合君子兰生长良好的环境条件就能适应植株各个生长发育阶段的需要，促其茁壮生长。反之，就会影响植株的正常生长发育。君子兰的环境条件主要有温度、光照、土壤、水分、肥料等五项要素。

(一) 对温度的需求

君子兰原产地处于亚热带非洲南部的山地森林地带，那里四季温暖如春。年平均最低气温不低于10℃，最高气温不超过22℃，年降水量500～1500mm。君子兰各部器官的生长发育适应了这种不冷不热、不湿、不旱的自然环境。因此，在人工莳养时，也要创造一个近似原产地的自然环境，这样才能使植株更好地生长发育。人工莳养的最适温度应控制在15～25℃。当温度降到10℃以下时，植株的生长发育缓慢，当降到5℃时，生长发育就会受到抑制，当温度降到0℃以下时，轻者冻伤叶片，重者全株冻死。当温度超过30℃时，叶片产生徒长，叶片细长软而薄。如果湿度小，叶片就会萎黄，严重时，全株萎干而死。夏季温度超过30℃时，要进行通风降温。

君子兰植株的大小不同对所适合的温度要求也不同。幼苗要求相对湿度高些。这是因为苗小，生长力旺盛，温度高有利于苗期快速生长，苗期需要的温差小些，幼苗生长温度要控制在20～30℃，低于 15℃新叶生长缓慢，低于 10℃新叶生长很慢，并易长出鸡舌叶，也就是新叶细尖。1 年生小苗，温度应控制在 20～25℃。2 年生大苗，温度要控制在 15～25℃。成龄兰温度要控制在 15～25℃。成龄兰特别是在冬季上箭季节，温度可在 10～25℃之间，人为造成较大温差，这样极有利于花窜箭，不产生夹箭现象。

温差，就是环境中最高温度与最低温度之差，也指昼夜之间的温度差异。温差可以使植株调节对养分的吸收速度，更有利植株的生长发育。有利于君子兰的叶片营养充分吸收。温度是君子兰苗壮生长的一个主要条件。窗台养与花窖莳养的君子兰的差异往往在温差这一项上就有明显的区别。花窖温差大，而窗台温差小。特别是冬季，窗台养兰几乎没有多大温差。花窖莳养的植株从叶片的亮度、色泽等几个方面都优于窗台莳养的植株。窗台上莳养的植株会出现叶片光泽度差，叶片下垂等情况，并易夹箭，温度对植物的光合作用和呼吸作用都有一定的影响，植物的光合作用和呼吸作用是相互依存的两个过程，光合作用是合成有机物贮存能量的过程，而呼吸作用则是分解有机物的过程。温度对光合作用和呼吸作用有直接影响。在适应的温度范围内，植株的生长，新陈代谢，吸收的速度与温度的高低有关。温度高，新陈代谢速度加快植株生长迅速，温度低新陈代谢缓慢植株的生长速度也变慢。当温度和光线不足时，植株就难以维持生命。

在不同温度下叶片生长的状态也不一样。夏天高温叶片易长窜，即细而长。而春、秋、冬，特别是冬季温度差由人工控制，新长出的叶片宽而短。温度对开花期也有很大的影响，温度过高，花期较短，温度低花期长。夏季 30℃以上高温时花期可能维持 15～20d。而冬季花期，温度在 10～15℃时花期可达 30d 以上。花期最适宜的温度 15～25℃，在这个温度范围内，温差较大有利抽箭。并开出的花大色艳，坐果率高。因此温度可以控制花期的长短时间的早晚。

（二）对水分的需求

水是植物生命存在不可缺少的重要因素，没有水任何植物都不能生存。君子兰原产地年降水量 500～1500mm，但各个月份的雨量又不平均，5～9 月份降水量偏少，10 月至翌年 4 月份降水量较多，11 月至翌年 2 月降水量又偏高。因而使植株适应了这种干湿变化的环境。当水分多时叶及根都可贮存一定量的水分，一旦土壤水分减少，植株体仍可利用贮存的水分来维持生命，耐过干旱季节。

水是君子兰植株进行光合作用的原料，同时也是吸收和输送养料的载体。土壤中的氮、磷、钾等化学元素，只有溶于水，才能被植株的根吸收。叶片制造的有机质必须溶解在水中才能传送到植株的各个器官和组织。水是植株体内的重要组成物质。君子兰植株根部水分占91%左右，而叶片中的水分占 90%左右，略低于根部的含水量。所以君子兰植株内有充足的水分，体内的细胞和组织才能正常的进行生理活动。如果缺水，植株就会萎蔫，叶片就会下垂。

君子兰对水的 pH 值要求为中性，即 pH 值在 6.5～7，适合植株的生长发育要求。

别把给君子兰浇水当做一个小事，因为这是君子兰莳养好坏的一个关键问题，给君子兰浇水不能教条，不能千篇一律，要根据季节的变化，天气的变化，而决定什么时间浇水，浇水量的大小。不能一见表面土干了就浇，造成盆中积水。检测盆内水分多少的方法，用食指关节敲击盆壁，如声音清脆，是盆中的水分少，如声音沉闷说明盆中湿润。另一种方法就是端起盆来依据以往经验，盆土比较沉重的不缺水，盆土比较轻，说明缺水。要想把水浇透，盆土必须疏松透气，保水性好，而盆土板结，干成一团，你浇再多的水，浇的遍数再多，水也会沿盆壁流到盆底。

全部从底孔流出，根系根本没有浇到水。如果你误认为水已浇透，那么，君子兰很快就会处于干旱状态，时间一长就会使植株打蔫，轻者，根系干瘪，重者整株死亡。

浇水的时间与季节有关，春季，冬季北方花窖室内都需采暖，晚上温度较高，早晨是一天中温度最低的时候，那么最好是早晨浇花。因为花窖里存放水的温度与盆土温度相近对植株生长有利。而夏、秋两季不需采暖，而气温炎热，温度较高，水分的蒸发量很大，盆土干得快。所以一般晚上浇花比较好。因晚上温度降下来了，浇水后，慢慢湿润到盆土中不至马上蒸发。若早晨浇，则浇完水后气温马上升高，还没来得及渗透湿润到盆土中即开始大量蒸发，使盆土中含水量大大降低不利于植株正常生长。夏季高温季节每天晚上浇完水后早晨最好再淋一遍浮水。小苗，中苗可直接往花叶上淋，大花需往盆里边土上淋。

君子兰植株在生长中的需水量，盆土中的湿度必须保持在40%左右。单纯强调见干见湿这种说法不科学，要根据季节，气候的变化灵活加以控制。春季要偏大而透，夏季要勤而小，秋季要不干不湿，冬季要见干见湿。给君子兰浇水要根据温度的变化，光照的强弱，环境的干湿程度，尽量做到定时，定量，定周期，形成规律，不可随心所欲，想什么时候浇就什么时候浇。特别注意的一点是，所浇水的温度一定要和盆土的温度相近，否则水与盆土的温差过大会影响植株的正常生长。也有人用磁化水，酸性水，增氧水等给君子兰浇水，我们可以在养兰实践中逐步体会，总结探索，不断总结出新的经验。

总之，掌握好给君子兰浇水这一环节，用适合君子兰生长的优良水质，按科学的方法，一定会培育出更加茁壮的君子兰。

(三) 对肥料的需求

在植物生长发育过程中，需要大量的营养元素，肥料是植物营养的重要来源。营养元素，有碳、氢、氧、氮、磷、钾、钙、镁、硫、铁等；需要量较少的微量元素有铁、铜、锰、锌、硼、氯等。植株体在生长发育过程中，一旦缺少这些营养元素，就会出现发育不良，严重时可造成病害。

植物主要通过根部从土壤，肥料中吸取营养元素。氮、磷、钾是植物大量需要的元素，仅靠土壤中的含量满足不了植株的需求，要靠人工补充的方法，才能保证植株的健康生长。

氮、磷、钾三要素的吸取，主要是靠空气中的二氧化碳和土壤中的水分来完成。其他元素靠营养土中即可获得。

氮肥是君子兰植株体蛋白质的主要成分。是构成植株体最基本的物质。没有氮素，就不可能生成蛋白质和原生质。

氮素是构成叶绿素的主要原料，而叶绿素又是进行光合作用必需的物质。因此，氮素供应好，植株生长旺盛，叶片宽厚，色绿株壮，结果率高，籽粒饱满。

缺氮时，植株生长缓慢，矮小瘦弱，叶片窄而薄，花期晚，坐果少，底叶变黄。但氮肥施用过多时，叶片变软变薄，并下垂，抗病力减弱，易发生病虫害。君子兰的氮肥施用，必须掌握适量的原则。

君子兰常用的氮肥有：腐熟的豆饼、花生、花生饼、蓖麻籽、芝麻、芝麻油渣、棉籽饼等。淡水鱼的下水也是较好的氮肥。这些肥料必须充分发酵腐熟才可使用。

磷肥磷素是构成君子兰植株细胞质和细胞核的主要成分。它能促进细胞的分裂和繁殖。使新根和幼苗发育生长快，成龄兰植株开花早结果多，籽粒饱满，磷可增强光合作用。

磷素能使茎叶坚韧，抗病力增强。植株缺磷时，根与幼苗生长缓慢，使茎部老叶变成紫红色或暗绿色。影响繁殖器官的生长发育。出现延迟开花，果实籽粒少，不饱满等现象。

君子兰常用的磷肥有：骨粉（不带盐）、鱼鳞、米糠等，发酵，腐熟即可使用。

钾肥钾素是君子兰植株体内含量较多的元素之一，在幼苗嫩叶中及根尖等部分含量最高。它能促进植株对氮素的吸收，促进蛋白质的形成。钾素可使植株的根长得粗壮，叶片宽厚挺拔，脉纹清晰凸起，能提高植株的抗旱和抗病虫害能力。植株缺钾时，细胞壁中的纤维素减少，叶片柔软，脉纹不凸起，易感染病害，老叶易出现黄褐色斑。

君子兰常用的钾肥有：草木灰、木炭、稻草、稻壳灰等。钾是以碳酸钾状态存在，易溶于水。君子兰的生长离不开氮、磷、钾三要素，它们对君子兰的作用主要侧重于：

氮肥，主要促进植株生长迅速，株叶繁茂，叶片宽大，对叶片的生长作用明显。

磷肥，主要是促进花色鲜艳，果实饱满，结实率高，花期早。对花和果实的作用明显。

钾肥，有增加叶片刚性，促进根系生长健壮作用。对根系的作用明显。

氮、磷、钾三要素是君子兰植株体所必需的营养元素，并各有独特的作用，不能互相替代，要互相搭配施用。

有机肥料是养兰者应用最多的肥料。有机肥对根系刺激小，便于吸收，肥效稳定，使用方便，适合大众需要。

化肥是获取速效性肥料，肥效快，持续时间短，但施用稍有不当即可产生烧根，黄叶等副作用。莳养时尽量不使用，或进行小量试用取得经验再大量采用。

（四）对光照的需求

光是植物光合作用的能量来源，光照是各种植物生长不可缺少的条件，对君子兰的生长影响非常重要。植物体中有一种光敏色素，在光的作用下，使植株体内发生一系列生理生化反映。君子兰依靠植株体内的叶绿素吸收阳光，把二氧化碳和水合成葡萄糖一类有机物，君子兰植株才能正常发育。

花窖里养的君子兰，因光照充足，叶片颜色浅淡，微黄，叶片宽大，对比度强，花脸明显，脉纹凸出。而室内养的花小，色淡，叶片颜色深，长势较差。

君子兰的莳养，不但要斜射光，更重要的是要有顶光。使叶片受光面积增大，增强光合作用。君了兰光合作用最适合的温度是20～30℃，当温度超过40℃时，光合作用趋于停止。所以夏季要防止光照过强，冬季要提高光的利用率。

在光强高温的盛夏，要采取遮光来控制光照。君子兰最好的光照季节在9、10月和3、4月份，此时气温不冷不热光照适宜，也是换土的季节，这期间，植株会出现两次生长高峰。花窖中的植株因冬天采取加温保温措施，光照也能满足需求，会出现最佳的生长阶段，这也是开花的旺盛时节。讲究光照，科学用光，君子兰才能叶片舒展，脉纹凸起，叶面光亮植株挺拔。

【蝴蝶兰栽培与管理】

蝴蝶兰又称蝶兰，是兰科植物中栽培最广泛的种类之一。原产于印度、缅甸、中国南部、马来西亚、菲律宾、澳大利亚和新几内亚。蝴蝶兰花朵硕大花期较长，花色艳丽多彩，花形美丽别致，深受老百姓的喜爱。现将其栽培与管理方法简要介绍如下：

（一）栽培用盆与基质

蝴蝶兰为典型的热带附生兰，栽培时要求根部通气良好。一般选用特制的素烧陶盆或塑料盆。为使透气性良好宜用浅盆，不宜用深盆，盆高最好小于直径。盆栽基质以水苔与蛇木为首选，也可采用树皮块、椰子壳块、蛭石等材料。一般来说，只要是排水和通气良好的盆栽基质均可用来栽植蝴蝶兰，并可生长良好。

（二）上盆与换盆

蝴蝶兰的单株寿命5～15年。若采用水苔和蛇木栽植，上盆时盆下部应填充碎砖块、盆片等，上面用1/3水苔和2/3蛇木将蝴蝶兰苗栽植在盆中。栽植时稍压紧，以能把兰苗固定在盆中即可。若完全用苔藓盆栽，注意不可将苔藓压得过紧，将苔藓浸透水后再稍挤干，松散地包在兰苗的根部，苔藓的体积约为盆体积的1∶3倍左右，然后将兰苗和苔藓轻压后栽入盆中。因为苔藓吸水量过大，若栽植太紧，往往容易引起根部腐烂。

（三）温　度

蝴蝶兰主要分布在热带低海拔地区和沿海地区。目前大量栽培的优良品种，主要是用热带地区的原种杂交培育出来的，栽培中对温度的要求比较高。最适栽培温度为白天25～28℃；夜间18～20℃。幼苗可以提高到23℃左右。在这样的温度环境中，蝴蝶兰几乎全年都可处于生长状态。尤其是幼苗，生长迅速。蝴蝶兰对低温十分敏感，长时间处在15℃以下，蝴蝶兰根部几乎停止吸收水分，造成植株本身的生理性缺水，老叶开始变黄而脱落，或叶片上出现坏死性黑斑，尔后脱落，久之则全株叶片脱光，植株死亡。夏季如温度在28～30℃，应加强通风，32℃以上高温对蝴蝶兰也是不利的，会促使其进入半休眠状态，影响将来的花芽分化。

（四）光线和遮阴

栽培蝴蝶兰切忌强光照射，应当给予良好的遮阴。一旦遇到阳光直射，水分丧失较快而得不到补充时，叶片很容易被灼伤，出现日灼病。开花植株适宜的光照强度为20000～30000lx，幼苗可在10000lx左右。

（五）湿度与通风

蝴蝶兰的原生地湿度比较大，故栽培好蝴蝶兰必须创造空气湿度大的环境。一般来说全年均应保持较高的相对湿度，约为70％～80％。温度低于16℃时要降低空气湿度，湿度太高易引发病害。夜间禁止将水喷洒到叶片上。蝴蝶兰喜通风良好的环境，忌闷热。通风不良易引起腐烂，且生长不好。冬季气温低，可在中午短时间通风，时间控制在10～15min，夏季必须开窗通风，时间宜长。

（六）浇水与施肥

蝴蝶兰的根部忌渍水，喜通风和干燥。如水分过多，容易引起根系腐烂。由于栽培基质不同，浇水的时间间隔不大相同。苔藓吸水量大，可以间隔数日浇水1次；蛇木、树皮块等保水能力差，可每日浇水1次，应尽量看到盆内的栽培基质表面已变干，盆面呈白色时再浇水。蝴蝶兰生长迅速，需肥量比一般兰花稍多，但掌握的原则仍应是薄肥勤施。常用的有化肥和农家肥，加水发酵后的有机肥液。春天只能少量施肥，开花期完全停止施肥。夏季是蝴蝶兰的旺盛生长季节，应当连续施肥，液体肥料每周施1次。南方夏季晚间高温闷热，最好停止施肥一段时间。秋末植株生长渐缓，应减少施肥，施肥过多往往造成植株过于旺盛生长，影响花芽的形成致使以后不能开花，至10月底可停止施肥。此外，可用0.1％尿素与0.1％磷酸二氢钾进行叶面施肥。

【红掌的养护方法】

红掌又名安祖花、花烛、火鹤花等。红掌属于天南星科花烛属，多年生常绿草本植物，可常年开花，一般植株长到一定时期，每个叶腋处都能抽生花蕾并开花。红掌常采用异花授粉，授粉方式主要借助于昆虫，如蜜蜂、蝴蝶、飞蛾等。红掌原产于哥斯达黎加、哥伦比亚等热带雨林区，常附生在树上，有时附生在岩石上或直接生长在地上，性喜温暖、潮湿、半阴的环境，忌阳光直射。

目前我国盆栽红掌生产用苗主要从荷兰进口，如安祖公司、瑞恩公司都是荷兰著名的红掌种苗生产供应商。红掌盆栽材料常见的有四种：组培苗、切株、穴盘苗和盆栽苗。一个基本的原则：越小的植株，栽培难度越大。组培苗和切株需要特殊的种植方法，难度较大，一般不推荐。对于种植者而言，如果栽培条件比较好，又有一定的经验，可选择株高 10～15cm 的盆栽苗，这种苗能直接种在最后的盆里，比较安全。当你有足够的经验时，可选用株高 6～10cm 的穴盆苗，这种苗运输比较方便。

红掌对温度较敏感，适宜生长温度 14～35℃，最适温度 19～25℃，昼夜温差 3～6℃，即最好白天 21～25℃，夜间 19℃左右，在这样的温度下，有利于红掌养分的吸收和积累，对生长开花极为有利。长时间低于 13℃左右，植株虽不会死亡，但很长时间难以恢复生长；当温度高于 35℃，且光照较足，叶面易出现灼伤，因受害叶片不会逆转，影响红掌整体品质，也为下步养护制造了困难。

在集约化生产条件下，升温常采用温度自动控制设备，冬季由锅炉供暖或安装暖风供暖设备，如燃油加温机、双层塑料布、防寒布、蒲席、稻草等。降温常采用水帘和风扇降温系统，这也是我国北方降温常用的方案，或水雾降温增湿设备，也可开温室顶窗、侧窗，卷起塑料棚侧面的塑料布。家庭养护，如住平房，冬季可放在阳面，夜间可放在窗帘里面，或离热源较近的位置，夏季放在房间阴面窗台，并注意通风，也可放在厅内，或白天移出室外，放置阴凉处摆放。

红掌属耐阴植物，忌阳光直射，但不要认为红掌是耐阴花卉，可不需光。据观测，当光照增加 1%，其产花量也会增加 1%，只不过这是在红掌适宜的光照强度范围内。较适宜的光照强度范围是 10000～20000lx，主要依据不同的品种、不同生长期的不同生长情况而定，在任何情况下要确保光照不可长时间超过 25000～30000lx。

在集约化生产条件下，遮阴常采用双层遮阴网，温室外用一层 40%的固定遮阴网，温室内架一层可移动的 60%遮阴网，每天视光照强度自由调节，其固定遮阴网是相对的，有能力也可做可移动式的遮阴网。

家庭养护，在夏季可放在房间的阴面或厅内有散射光的位置，也可放在室外阳光直射不到的地方，如树荫下、花丛下或阴凉处。在冬季应放在房间的阳面。

盆栽红掌有时会出现花早衰、畸形、粘连、裂隙及玻璃化和蓝斑等现象，这多为施肥、盆土和空气湿度管理不当或品种原因引起的生理性病害。防止方法是改善栽培管理，合理施肥，适当通风。

盆栽红掌主要的病虫害有细菌性枯萎病、叶斑病、根腐病、柱孢属、柱枝双孢菌属、线虫、红蜘蛛、蚜虫、鳞翅目害虫、白粉虱、介壳虫、蜗牛等。

【为盆花收集有机肥】

家庭养花不宜常用化肥。栽培花卉所需要的氮、磷、钾、等主要肥料在日常生活中都可以收集到。例如：发霉不能食用的废花生、豆类、瓜子以及杂粮等都是含氮素的肥料，经过发酵作底肥或泡制成溶液为追肥，都能促使花木苗壮生长；鱼刺、碎骨、鸡毛、蛋壳以及人们剪下的指甲、头发等，都含有丰富的磷。把这些废料掺入旧的培养土里，加些水后装入塑料袋中放在角落里，经过一段时间的腐熟，便能变成极好的有机肥。

【养花浇花六法】

(1) 残茶浇花。残茶用来浇花，既能保持土质水分，又能给植物增添氮等养料。

(2) 变质奶浇花。牛奶变质后,加水用来浇花,有益于花儿的生长。但对水要多些,使之比较稀释才好。未发酵的牛奶不宜浇花,因其发酵时产生大量的热量,会“烧”根(烂根)。

(3) 凉开水浇花。用凉开水浇花,能使花木叶茂花艳,并能促其早开花。若用来浇文竹,可使其枝叶横向发展,矮生密生。

(4) 温水浇花。冬季天冷水凉,用温水浇花为宜。最好将水放置室内,待其同室温相近时再浇。

(5) 淘米水浇花。经常用淘米水浇米兰等花卉,可使其枝叶茂盛,花色鲜艳。

(6) 家中无人时浇花。可将一个塑料袋装满水,用针在袋底刺一个小孔,放在花盆里,小孔贴着泥土,水就会慢慢渗漏出来润湿土壤。或者在花盆旁放一盛满凉水的器皿,找一根吸水性较好的宽布条,一端放入器皿水中,另一端埋入花盆土里,这样,至少半个月左右土质可保持湿润。

【养花施肥四法】

(1) 麦饭石肥。在花盆里撒上一层麦饭石颗粒,可促进花卉的生长,延长开花期。

(2) 碎蛋壳肥。将蛋壳压碎埋入花盆中,是很好的肥料,可以使盆花生长茂盛,叶繁花艳。

(3) 煮熟少量黄豆待用。每盆花穿 3 个穴,放入熟黄豆 3～5 粒,深及 2～3cm,不伤花根,并覆土如常。

(4) 用洗米水浇花。洗米水含氮、磷、钾等微量元素,即是复合肥料又是温和肥料,不伤花根,只要盆土不浸水随时可用。

第 4 节　食用菌栽培技术

【食用菌栽培常见问题与对策】

(一) 产生杂菌感染

(1) 原因。①培养料灭菌不彻底。表现为整个培养袋上都长出均匀的杂菌菌落,或培养袋被刺破而使杂菌侵入形成圆形扩散的菌落。②接种过程不规范。表现为长出的杂菌通常只在袋口周围,且菌丝稀疏。③菌种本身带菌。表现为菌种所到之处均有杂菌。④场地条件差或利用消毒不彻底的老菇房。表现为培养袋上出现无规则杂菌菌落。

(2) 对策。①选用新鲜无霉变的培养料。对质地坚硬、颗粒粗细不均的原材料进行过筛处理。②及时装袋,彻底灭菌。拌好料后,尽快装好袋并及时彻底灭菌(料温升至 100℃后维持 10～12h 以上)。③选用优质菌种。到信誉度高、经济实力强、技术力量雄厚的单位购买高产优质菌种。接种时仔细检查,确保菌种无感染。④要对接种室及接种用具严格消毒,接种时保证接种场所、工具和接种人员的清洁卫生,严格遵守操作程序。

(二) 接种后菌丝不吃料、不发菌

(1) 原因。①培养料含水量过高或过低或被杂菌感染。含水分过高,则菌丝前端与培养料有明显的分隔线,培养料颜色较深;水分过低则生长菌丝与培养料的界限不明显,培养料颜色较浅,菌丝生长前端不均匀,扩散也不整齐而且较为稀少。②酸碱度不适合。③用种量太少。

(2) 对策。配制培养料时严格按照各种食用菌生长要求的条件调节好培养料的含水量和 pH 值,使用适量菌种。

（三）发菌后期菌丝吃料慢，迟迟不满袋

（1）原因。①装料过紧或菌袋两端扎口过紧，袋料中间氧气不足。②环境温度不适合。

（2）对策。注意装袋和扎口松紧适合。根据天气变化随时调节发菌室的温度以适合菌丝生长。

（四）菌丝发满后却不出菇

（1）原因。①环境温度不适合。②培养料中的碳氮比例不适合。③光线不足。一般菌类发菌阶段在无光线甚至完全黑暗条件下都能正常生长，但在出菇阶段必须要有一定的散射光刺激才能正常出菇。④菌株温型与当时的环境温度不符。

（2）对策。选用适合季节的菌株和最佳培养料配方，调节好菇房的温度和光照。

【食用菌四类病害的防治】

（一）褐腐病

褐腐病又称水泡病、湿泡病等。主要危害蘑菇、草菇、平菇等。该病是由一种名叫疣孢霉的病菌引起的。主要特点为：疣孢霉的分生孢子和孢子只感染子实体，不感染菌丝体。子实体受到轻度感染时，菌柄肿大成泡状畸形，故叫湿泡病。但在子实体发育阶段不同，病症也不同。子实体未分化时被感染。则有一种如硬皮马勃状的不规则组织块，上面覆盖一层白色绒毛状的菌丝，并逐渐变成暗褐色，常从患病组织中渗出暗黑色汁滴。菌盖和菌柄分化后感染，菌柄变成褐色，感染在菌褶上则有白色的菌丝生长物。

（1）传播途径。疣孢霉是一种普通的土壤真菌，菇房周围的土壤和废弃物是它的病源。因此，疣孢霉病菌主要是通过覆土、空气、操作人员、工具及昆虫、老鼠等携带传染给菌床及菌块的。

（2）防治措施。如果覆土被疣孢污染，可采用巴斯德灭菌法（60℃）处理1h，也可用4%的甲醛消毒覆土。还可在覆土中喷1∶500的多菌灵药液或托布津药液灭菌。开始发病时，应该立即停止喷水，加大菇房通风量，往培养架上、墙壁上、地面上喷洒1%～2%甲醛溶液或1∶500多菌灵药液灭菌。发病严重时，需要除掉原有的覆土，更换新土；并且销毁病菇，把所有的工具在浓度为4%的甲醛溶液中消毒。

（二）枯萎病

枯萎病又称死枯病，是一种生理性病害。主要危害蘑菇、平菇、凤尾菇、灵菇、滑子蘑等。主要特点为：菇蕾形成后，大小不等的子实体都可以发生此病。发病后停止生长，变黄、逐渐萎缩、变软、变干，最后枯死或腐烂。

（1）病因。发生此病是生理上受阻的结果。主要原因是原基形成后培养料过干，而使菇蕾枯萎；或者是出菇过密；营养供应不上，使部分小菇死亡；或者是菇房温度过高，湿度过大，通风情况又不好，缺少氧气，使空气中的二氧化碳含量过多所造成的；还有采菇时不慎碰伤了小菇蕾、或者是出菇过量，产生药害而造成的。

（2）防治措施。子实体出现枯萎时，首先要弄清发病原因，采取相应措施。切忌在出菇后的菇房内喷药，否则容易产生药害。特别是平菇和凤尾菇，在出菇期间绝对不可以喷洒敌敌畏。

（三）畸形菇病

畸形菇病也是生理性病害。食用菌在形成子实体期间，倘若遇到不良环境和条件，使子实体不能正常发育，便会产生各种各样的畸形。主要特点为：菌盖小而薄、柄细长、早开伞。这种现象平菇和凤尾菇多发生在头茬菇之后，而香菇则发生在头茬。其主要病因是高温、光线不足、营养缺乏等。

长柄菇主要发生在侧耳属的子实体形成期间，子实体呈珊瑚状或菌盖极小，而菌柄根部粗大。其主要原因是光线不足、通气不佳、二氧化碳含量过高、氧气成分太少。子实体倒斜现象的发生，一般都是朝有光的一面倾斜，其原因是子实体在生长过程中的趋光性，主要是菇房中的光线不均匀造成的。在不同的生长过程中经常出现的菌丝萎缩，有时甚至死亡的现象，主要是菌种不健壮，接到新的培养料上不吃料；或者培养料含水量不适宜，过干或过湿；再有料内温度过高，造成烧菌，或者培养料内通气情况不好，还可能是培养料中的酸碱度不适宜。

其防治措施只有一个，就是在生产过程当中，每一道程序、每一个工艺都必须科学地严格按要求进行，以避免造成这样或那样的不良后果，致使生产失败。

(四) 猝倒病

猝倒病属于真菌性病害。主要是由镰孢霉和菜豆镰霉所引起。主要病症是子实体被侵染后，菌柄髓部萎缩变成褐色，菇体变得矮小不再生长。此病发生早期和健康菇在外形上不易察觉，只是菌盖变暗，菇体不再生长，最后变成僵菇。

(1) 传染途径。因为镰孢霉可在土壤中长期存活，所以通过土壤传染是主要传染途径，另外通过空气和一些使用器具也可以传染。

(2) 防治方法。对覆土进行灭菌是防治此病的主要方法。一般用 1∶500 的多菌灵或托布津药液喷洒，进行消毒。

【菌草代木代粮栽培食用菌综合技术】

(一) 概　述

世界各地香菇、木耳等多种食用菌的栽培主要用林木、麦皮和米糠等为培养料，因林木原料的培植周期长，制约了菌业的大规模发展。人工栽培菌草代替林木、麦皮和米糠栽培食用菌和药用菌，用菌草栽培食用菌、药用菌的废料生产优质高蛋白饲料，在观念上打破了传统的木生菌和草生菌的区分界线，突破了菌、草、牧等学科的界限。到目前为止可用 27 种菌草栽培 38 种食用菌、药用菌，它是实用性强、应用范围广、经济效益高、生态效益好的综合性新技术。

(1) 主要内容。

① 菌草。适宜栽培食用菌、药用菌的野草、牧草、海草等草本植物通称菌草。

② 菌草技术。利用太阳能合成菌草，然后用菌草栽培食用菌、药用菌、培养菌体蛋白饲料的综合技术简称菌草技术。

(2) 主要技术。

对菌草草种的筛选、种植、管理、采收、加工及用菌草培育食用菌、药用菌品种、菌株选育、栽培工艺、菌体蛋白饲料生产工艺等方面，已形成成熟配套的新技术，可在生产上大规模应用。

主要技术就是对菌草草种的筛选。可以用来代替林木资源栽培食用菌的高产优质菌草有 27 种。这些菌草中大多数品种都具有营养丰富、产量高、多年生、再生能力强、植株高大、分布广、适应性强、人工栽培管理易、现有资源丰富等九个优点，是食用菌的优质培养料。这些菌草的营养比杂木屑丰富，营养结构也较合理，蛋白质、氮、脂肪、磷、钾、镁的含量都比杂木屑的含量高，其中野生的芒萁、类芦、斑茅、芦苇、五节芒、菅的蛋白质含量是杂木屑的 237％～361％，含镁是杂木屑的 191％～303％，含脂肪为杂木屑的 101％～216％，含氮是杂木屑的 232％～353％，含磷是杂木屑的 225％～685％，含钾为杂木屑的 346％～908％。

可用繁殖力极强、蛋白质含量高的 DN2 菌类菌体蛋白来代替麦皮、米糠栽培香菇、木耳等多种食用菌。开辟了食用菌生长所需氮素营养的新途径。应用与菌草的营养、营养结构和物理性状特点相适应的菌草栽培香菇、木耳、金针菇等食用菌的高产稳产栽培工艺。

(3) 应用前景。菌草栽培食用菌与常规的林木、木屑栽培比具有八大优点：

① 有利于保护生态环境。"以草代木"栽培食用菌，实现了食用菌生产原料的一次大变革，从根本上解决了食用菌生产与林业生态平衡之间的"菌林矛盾"。

② 变野草为山珍、变废为宝、变害为利。开发利用了世界上尚未开发的最丰富的菌草资源。

③ "以草和菌代粮"栽培食用菌。缓解食用菌生产与畜牧业争粮的"菌粮矛盾"。

④ 太阳能和生物转换率高。在光、湿、热的自然条件下，太阳能转换成菌草的转换率是转换成阔叶树的 4～6 倍，而菌草栽培食用菌的生物效率又比杂木屑栽培高 20%～40%，而成本降低 20%以上。

⑤ 质量好。用菌草栽培香菇、木耳等食用菌的蛋白质、脂肪以及氮、磷、钾等主要营养物比杂木屑和段木栽培的高。汞、锡、铅、砷等重金属均在国际有关规定允许范围内。

⑥ 周期短。其中用菌草栽培香菇的全生育期比木屑栽培短 3 个星期，用菌草栽培竹荪比木片栽培提早 2 个月出菇。

⑦ 原料培育快、产量高。春季种植，秋季就可利用，只有阔叶树的培育时间 1/(6～20)，而且一次种植可多年采割。

⑧ 经济、社会、生态三大效益有机结合，资源可综合利用形成良性循环。在水土流失区种草、保土、栽培、废料作肥料形成草—土—菌—肥良性循环。在牧区可形成草—菌—牧—肥的良性循环，有利于实现植物、菌物、动物三物的良性循环。

菌草栽培食用菌是投入少、产出多、周期短、见效快、经济效益高、生态效益好的"短、平、快"项目。

(4) 实用性强。既可小规模生产，又可大规模生产，既适合农村应用，又可工厂化生产。在世界大多数国家和地边区均可应用。凡是有芒萁、类芦、五节芒、芦苇等菌草，有象草、宽叶雀稗等牧草地区，在种植玉米、高粱、小麦等地区均可应用。

【大棚黄瓜套种双孢菇】

(1) 大棚建造。棚长约 60m，宽 7m，要建在土质肥沃、浇排水方便、水质无污染的地方。棚建好后重施有机厩肥和钾、磷肥，深翻整平，并浇一遍大水。然后用 0.5%敌敌畏和三氯杀螨醇均匀喷洒棚内每个角落，再用 6kg 硫黄熏闷 3d，彻底杀死棚内的杂菌、害虫。

(2) 黄瓜的栽培与管理。黄瓜品种选用新泰密刺。在 10 月上旬待育苗畦内黄瓜苗长出第一片真叶后，以子叶平展的南瓜苗做砧木嫁接，并移栽至宽 1.2m 且浇透水的黄瓜畦内。每畦栽两行，行距 40cm，株距 25cm，成活后搭架并进行正常管理。

(3) 双孢菇的栽培。

① 培养料的制作。10 月初进行培养料发酵。按每 $100m^2$ 需麦桔或玉米秸 1500kg、湿牛粪 2000kg、鸡粪 500kg、尿素 20kg、过磷酸钙 50kg、石灰和石膏粉各 50kg 的比例备料。然后混合发酵 25d，其间需翻堆 4 次。发酵优良的料呈咖啡色，有香味，pH 值为 7.5，含水量达 65%。

② 培养料的进棚与播种。10 月底将发酵料入棚，在此之前用适量三氯杀螨醇和敌杀死、

克霉灵 400 倍液喷洒并堆闷 24h。入棚时把料覆在每行黄瓜两侧各 20cm 处并呈波浪形。实践证明,此法产量高、菇质好。料进完棚后,按每平方米 1 瓶种的比例采用撒播法播种,并轻轻压平料面。

③ 覆土。播种后约 20d,菌丝吃料 2/3 时进行覆土。覆土前给预留的浇水沟浇一遍大水。第二天深挖 7cm,把挖出的土均匀覆在波浪形料面上,厚约 3.5cm。

④ 出菇。播种后约 40d(12 月中旬)开始现蕾出菇。此时黄瓜藤长到 1m 以上,为双孢菇创造了良好的遮阴环境。在管理上,要及时喷水并正确掌握喷水量。当现蕾时喷 3d 出菇水,在早上与傍晚气温较低时进行,每次的喷水量为 400～700mL/m^2。停水 2d 后再喷保质水,方法同上。双孢菇与黄瓜可在元旦前同时上市,此时气温较低,正是蔬菜淡季,尽量拉长出菇时间,使菌丝充分休养,以便提高总产量。

(4) 综合管理。

① 严格控制棚内温度。出菇时,棚内白天气温应控制在 20～30℃,夜间在 10℃以上。阴天采光不足棚温较低时,要在夜晚适当用电灯增光增温,每隔 6m 安装一只 100 瓦灯泡。由于双孢菇栽培在地上,主要受地温影响,棚内温度只要不是过高或过低,一般不会影响双孢菇的产量。

② 正确掌握湿度和水分。棚内湿度一般应保持在 60%～80%。浇水或喷水后,如果外界气温较高,可适当通风。套作时双孢菇菌丝能吸收地下水分,喷水量应比普通菇房减少 1/3,出菇时只要覆土湿润即可。

③ 合理施肥。黄瓜要在浇水时定期增施微肥。双孢菇三潮菇过后,可用 0.2%的磷酸二氢钾和 0.5%的尿素溶液喷施黄瓜叶面和双孢菇床面。

④ 预防病虫害。在停止出菇期间及时清除菇根和死菇,整平料面,然后全面喷洒杀虫杀菌药。出菇期间尽量不要用药,尤其是杀菌药,防止对菇体造成伤害。

【巨大口蘑栽培技术】

(一) 菌种生产

(1) 母种制备。巨大口蘑菌丝在 PDA 培养基上生长正常。在 YMDA 培养基(麦芽膏 20g、酵母膏 10g、葡萄糖 20g、琼脂 18g、水 1000mL),CMYD 培养基(玉米粉 50g、葡萄糖 10g、酵母膏 10g、琼脂 18g、水 1000mL),或加富 PDA 培养基(PDA 培养基中另加蛋白陈 1～3g)上,菌丝生长更加旺盛、健壮。培养基按常规方法制作。在室温下,菌丝在 PDA 培养基上经 20～25d 在斜面长满;在相同培养条件下,其他几种培养基的满管时间为 15～19d。在 PDA 培养基上,菌丝绒毛状、极细、整齐,后期菌丝致密、呈半匍匐状,初生菌丝洁白,后乳白色。

(2) 生产种制备。巨大口蘑原种和栽培种在稻草、棉籽壳培养基上菌丝生长较差,但在发酵处理的草粉及棉籽壳培养料上发菌较好。以小麦、高粱粒制备培养基为最佳,在室温培养条件下,谷粒菌种满瓶时间约 25d,发酵草粉及棉籽壳菌种的满瓶时间约 30d。

(二) 栽培生产

(1) 栽培季节:根据巨大口蘑菌丝生长和子实体发育对温度的要求,北方地区以春末至中秋前为适宜出菇期,南方冬暖地区可常年栽培。

(2) 栽培方式:

① 稻麦草袋栽。选用新鲜稻草或麦草为原料,切成 2～3cm 小段,在水中浸泡过夜,捞起后建 2m×2m、长度适宜的发酵堆,堆料时间约 5～6d。待料温冷却至 35℃以下时装袋。采用

30cm×60cm聚乙烯袋栽培容器，每袋装干料约1.25kg。分三层播种，播种量约10%。然后堆放在室内发菌，室温控制在28±2℃发菌，后期松动袋口。每天早、晚各通风1次。

② 棉籽壳袋栽。每100kg棉籽壳加10kg麦麸，按前述要求进行发酵巴氏灭菌。栽培袋规格为26cm×55cm，分三层播种。播种后，按前述要求进行发菌管理。

③ 粪草堆肥床栽。堆肥配方为：草料50%、牛粪粉38%、麦麸10%、石灰1%，含水量65%。参照双孢蘑菇堆肥二次发酵法进行处理，亦可参用双孢蘑菇床栽法播种，料厚15～20cm，100m^{2}栽培面积用麦粒菌种120瓶或棉籽壳菌种230瓶。在适温发菌经25～30d，菌丝在培养料内长满，当料面呈白色，有少量原基形成时，便可进行覆土。

(3) 覆土。巨大口蘑无论是袋栽还是床栽，均需覆土。否则子实体不会形成。床栽可参考双孢蘑菇覆土法。袋栽可将发满菌的料袋排放在菇棚床架或室外畦床上，袋间1～1.5cm间距，然后在打开的袋口覆盖经灭菌处理的肥土，覆土厚3.5cm，土粒直径约0.5～1.5cm，含水量26%。

(4) 出菇管理。覆土之后每天喷水1次，每周喷施1次2%石灰清水。覆土层含水量不可过大，否则易造成菌筒腐烂并导致病害发生，同时要结合通风，增加光照，室温不能低于20℃，以25℃左右最为适宜。在上述环境条件下，从覆土到出菇12～18d。大约每袋丛生5～6个原基。其中有1～2个原基发育长大至成熟。应根据菇床出菇密度、发育程度、基质内菌丝发育情况以及气候条件来调节水分和通风管理。喷水后要开窗通风，待土表水分稍干后再关闭门窗。

(5) 采收加工。当子实体菌柄高度达15cm左右，菌盖尚未完全形成时采收品质量好。若菌盖直径已长到3～4cm时，应及时采收。采收过迟，成熟过度，品质下降。金福菇开伞后体积大(大者可达25cm)，不便运输和包装。采后应分离成单个并削去连接的基部，用塑料袋或托盘包装上市。采收后，清理料面剔除老化菌丝和残留菌柄，将料面整干，防止积水，停水5d后，结合补水喷施一次“菇丰保”营养液。2周内会形成第二批原基。一般可采收3茬菇，生物学效率平均在70%以上，高产可达100%。巨大口蘑像香菇一样，可以晒干和贮藏。

第5节　加工业技术

【集成材工艺(AA级别)技术】

集成材以小径料为生产原料，经过圆木切割成板材，板材烘干，制成板方条，断料、选料，指接，拼接，后续处理等一系列工序而制成具有一定宽度、厚度、长度的木材。它是建筑行业、家具、装修行业使用的一种新型基材。具有强度大，为天然实木的1.5倍，防火性能好、保温性能高等特点。其具体生产工艺如下：

(1) 圆木加工成板材阶段。即圆木经过跑车带锯，主力小带锯等切割成板材。

(2) 板材烘干。主要是通过熏蒸将木材中的水分及油分(主要指松木中的松油)烘出，因小径积的木材易发生开裂、变形，所以经过烘干脱水后，减少开裂等。

(3) 板方加工。板材经过烘干后，通过双面刨或平刨、压刨。将两面刨光，然后通过多片锯，将刨光好的板材切割成条。

(4) 选料、断料。将切割好的木条进行筛选，选出无缺材、无霉变、无油线、无开裂、无疤结的木条进行断截成200～700mm以下的长度。

(5) 指接。将造好的木条经过疏齿，用黏接剂接成条状。

(6) 刨平四面。经过四面刨将接好的木条刨成整齐的方条。

(7) 拼板。将规格方条通过压力机压成所需要的板材。

(8) 刨平、砂光。将压好的板材,压刨、砂光成所需要的厚度。

(9) 修补、整理、包装。

【仿古家具的制作方法】

第一类:老料新作。这类最常被误作原件。虽然原作损坏颇多,但用于修补损坏部分例如座面、背板等的,都是同质的老材料,看来几乎与原作一样。

第二类:零件拼合。用不同老家具的零残配件,拼凑成一个新形态的家具。例如方桌面上加上另一张椅子的四条腿,再加上某一半桌的面板拼成一张桌子,虽然看来都是老材料,但因为是拼凑而成,可能比例不对,已失去古家具的基本形态,本质上就是仿古。

第三类:新料新作。这类家具从形体或木料上都不难辨别,其价位可高可低,可视为具有古意的新家具。这类做法有两种情形,一是参考明式家具的图录,依书上的图形制作仿品;另一种则是不讲尺寸,不论比例,极具现代功能,但造型古典。

第四类:新料新作做旧。就是现在常说的假货,利用现代的物理,化学方法,采用喷涂,腐蚀等方法,制作出古香古色的感觉,这一类最难被发现,充斥收藏界。

【花草盆景制作技术】

花草盆景,是以花草或木本的花卉为主要材料,再适当地配置一些石配件,来表现花草景观的盆景。制作花草盆景,最重要的是巧立名目与拙互用。这样,才易表现出雅致和韵味。

如植物是大花大叶的种类,拙味浓一些,则石一定要选用精巧、奇特、造型通透玲珑的假山型为好;

若植物是小花小叶型,如兰花,品质淡雅,形体精巧,则石宜选用外形古朴的真山型山石与之相配。花草盆景重在体现韵味。因此,一定要从意境上下工夫,才能做出好的作品来。

以花草或木本的花卉为主,修饰加工,配置山石和配件,在盆中表现自然优美的花草景色。

【黄杨盆景的制作与养护】

1) 盆景制作。

(1) 取材。用播种或扦插繁殖的苗木,培养数年可移植上盆加工。亦可从山野选取老桩,掘起后,修剪过长根系及繁密枝条,先露地养坯 1～2 年,再上盆加工。

(2) 上盆。

① 选盆。黄杨常年油绿,宜用紫砂陶盆,盆色以紫色或浅黄为好。盆形则根据造型形式而定。悬崖式宜用深筒盆,斜干式或曲干式则用椭圆形或长方形盆。

② 用土。盆景用土以熟化田园土或腐叶土掺拌适当垄糠灰为培养土,宜肥沃疏松,以通气透水性好的壤土为佳。老桩上盆宜带宿土。

③ 栽种。黄杨较耐寒,可在春季萌芽前进行,栽时要修剪过长过密根系,切勿使根窝曲在盆中。刚栽种的黄杨宜放在半阴处。

(3) 造型。黄杨萌发性强,在造型前,可将主干截头,让截面四周或下方萌发新技,再按艺术造型的要求,攀扎枝干,在春季用棕丝攀扎为好。亦可粗扎细剪,制成云片状或馒头状,或加工成自然树形。主干则顺其自然之势,制成斜干式或卧俯式。若将黄杨桩景点缀秀石,则成"黄杨俯"。黄杨很耐修剪,萌发力强,为保持优美树型,必须经常加工整形。

2）盆景养护管理。

(1) 浇水。黄杨喜湿润，盆景需经常浇水，保持盆土湿润，但也不可积水。夏季高温期，要早晚浇水，并喷叶面水。

(2) 施肥。在生长期 5～8 月，施 2～3 次腐熟稀薄的饼肥水即可，冬季施 1 次基肥，用沤熟厩肥或干饼肥屑均可。

(3) 修剪。生长期随时剪去徒长枝、重叠枝及影响树形的多余枝条。黄杨萌发较快，一般在发新梢后，将先端 1～2 节剪去，可防止徒长。黄杨结果后，要及时摘去，以免消耗养分，影响树势生长。

(4) 翻盆。一般 2～3 年进行一次，时间以春季萌发前为好。结合翻盆剪去部分老根及过长过密根系，换去 1/2 旧土，覆以肥沃疏松的培养土，以利根系发育。

3）盆景病虫害防治。黄杨主要虫害有甲壳虫和黄杨尺蠖，介壳虫可用人工刷洗杀之，或用 80％敌敌畏 1500 倍液喷杀；黄杨尺蠖用 80％敌百虫可狙性粉剂喷杀，或用 40％氧化乐果 1000～2000 倍喷杀。主要病害有煤污病，会引起落叶现象，防治关键是清除甲壳虫，并经常喷叶面水，冲洗灰尘，使之生长良好。

黄杨盆景树姿优美，叶小如豆瓣，质厚而有光泽，四季常青，可终年观赏。黄杨盆景枝叶经剪扎加工，成“云片状”，平薄如削，再点缀山石，雅美如画。

黄杨春季嫩叶初发，满树嫩绿，十分悦目。古人咏黄杨诗，飓尺黄杨树，婆娑枝千重，叶深圃翡翠，据古踞虬龙。描绘了黄杨风姿，是家庭培养盆景的优良材料。

【果树盆景养护】

果树盆景不仅造型典雅，而且春华秋实；不仅有观赏价值还有实用价值；赏心悦目之余有佳果可食，及富有生活情趣。果树盆景简易好学。

(1) 光照。北方果树盆景为多喜阳树种，生长期要求光照充足，家庭养护多置于阳台或窗下见光处。

(2) 浇水。果树盆景需水量比花卉大，尤为高温季节，注意“见干见湿”，一天 1～2 次。

(3) 施肥。花店所售的花肥即可，7～10d 施 1 次，不能勤施。

(4) 修剪。①整形。依据个人爱好，整、拉、盘均可（春天发芽前进行）；②修剪。花芽认准时下剪为好，既花芽初露。齐花下剪，留出头与型。

(5) 疏花疏果。大果型的依据树冠大小而定，小冠（30～60cm），5～8 个；中冠（60～100cm），8～12 个。小果型的小冠 15～30 个；中冠 30～50 个。

(6) 延长挂果期。提前进入暖室，免霜打，温度 15℃以上为好，切忌干燥，少风。

(7) 越冬。置于室外，背风向阳处，用塑料膜将盆包严（注意要浇足水）即可。如有空地，可挖坑，将盆用土埋严，浇足水即可。

(8) 病虫害。盆景园病虫害防治管理制度严格，进入家庭后，又无传染源，一般大可放心养护。对于蚜虫、红蜘蛛，可用蒜、韭菜捣烂，5～10 倍水泡后喷洒即可。

【树桩盆景的栽培和管理】

盆景是中国优秀的传统艺术之一。它源于自然，而又高于自然，是自然美和人工美的有机结合，被人们誉为“立体的画、无声的诗、有生命的雕塑”。

盆景分树桩盆景、山水盆景和其他材料类盆景等。其中树桩盆景也叫树木盆景，就是把木本植物栽在盆中，经过修剪、绑扎、整形等加工过程和精心的栽培管理，使其成为古雅奇伟的树木缩影。树桩盆景的栽培和管理，包括以下几个方面内容：

（一）工具和材料

树桩盆景在栽培制作和养护时，需要有一些必备的工具和材料，如：修枝剪、木锯、木锉、切割刀、锤子、圆凿、竹压板、金属丝、棕丝等。

（二）树桩盆景苗木的培育

（1）树桩盆景所需的材料主要是树木，而树木主要来自人工繁育。人工繁育一般采用以下三种方法：

① 播种。采用播种的方法可适应苗木的大批量生产。以鼠李为例，将鼠李果实的外种皮去掉，冲洗干净，准备播种。在准备好的苗盆底孔垫上瓦片，取适量原土和腐殖土，按照1∶1的比例拌匀，填入盆内。将种子均匀播入苗盆，再盖上一层浮土，浮土的厚度是种子直径的3倍，浇水，盖上玻璃，这样可以保温保湿。为使其较快发芽，可放置于温湿的地方养护。翌年，可以将小苗分栽在瓦盆中或苗床里，再培育一年后就可以用其制作小型的盆景了。

② 高空压条。高空压条是利用植物的营养器官，使之繁殖成多个独立成活的个体。采用这种方法植物生根速度快，成活率高达99%。以九里香为例，先将所需植物部分，采取环状剥皮方法剥皮1～2cm，然后用透明塑料布把下面扎紧，敷上有一定湿度的营养土，包紧。因为植物的根部不喜光，最好再用黑色塑料布包一层。待长出新根后，再移栽到盆中养护。

③ 扦插。扦插可以因地制宜，利用现有植物的枝条进行苗木繁殖。以罗汉松为例，选取当年生的健康枝条，去掉2/3的叶子，插到准备好的苗盆里，苗盆内填上适量的纯净沙土，然后套上塑料袋，保持扦插盆内小环境的湿度和温度，4～5d观察1次，待生根之后进行分株栽植。

（2）养坯。无论用哪一种繁殖方法育出的树木，都必须先进行地植，培养一定的时期，叫做养坯。

在养坯的同时还要进行树木的造型加工，直到树木的干、枝和根等基本符合盆景的造型要求。养坯时间有2～3年的，也有10年以上的，如果要将一棵树苗培养成大型的树桩盆景，一般至少需要15年以上，松柏类时间更长，而制作小盆景的树木，一般养坯3～5年即可成型。

（3）改坯。树木经过养坯，主干达到一定粗度时，一般约在所需粗度的70%，便可挖起来进行粗加工，称为改坯。

改坯包括剪去树根，截去主干的上部，选定主要的枝干等工作，改坯的时间一般宜在春季发芽前进行，有些南方植物和常绿植物可到天气暖和时进行。

（三）树桩盆景的制作

由于制作者的创意和审美不一样，制作方法也会有所差异，因此树桩盆景就形成了几大流派，如苏派、海派、北方派、岭南派等。下面我们把一些常规的制作方法介绍给大家。

（1）根的整形。根裸露在外面，会使桩景显得苍老奇特，自然古朴，盘根错节，更具观赏效果，我们可以通过人为的方法来处理。一是在每年换盆时，可将根逐步裸露。也可在换盆时，把一块岩石夹在根部中间，这样把裸露出来的根绕在岩石之后，景致别具一格。如果采用附石式盆景，可将岩石凿成小沟，将根缚在岩石上，并在根外贴上苔藓或包上麻袋片用金属丝固定，这样金属丝不会对根造成直接伤害，待成活后，去掉包裹物。

（2）茎的整形。茎粗、茎老才能显示出自然枯朽的形态，可以利用雕刻的方法，剥去部分树皮，使树皮表面凹凸不平，以显苍老。剥皮前，要对所剥树皮部分用笔标示出来，剥后裸露出木质部，并用浅色墨汁涂抹木质部，使整体颜色达到和谐一致。弯曲茎既能表现出经常受到劲风吹拂的神韵,又能显示出长在山巅的千年古树之态,要想达到这种观赏效果,可以用金属丝或棕丝盘扎,使其弯曲。劈开茎的两半树生机盎然,自然古朴,方法是把主茎用凿子或斧子劈开,中间夹入小石块,固定其形态,再填上泥土,地植在背阴处,浇水,长出新叶后再移栽到盆里。

(3) 枝的整形、修剪。树桩盆景整形除冬季外都可以进行。根据树的不同种类和制作者的观赏角度,可以把树枝用金属丝在枝上缠绕,金属丝要贴紧树条,以金属丝和枝条成45°为最佳。可把当年新长出的交叉枝、对称枝剪掉,并要及时除掉头年捆绑的金属丝,以免勒伤枝干。平时注意留取长出的多余枝条,可用手摘叶、摘心的办法控制树形,或用锯截修剪的方法整形、定型,截取处要用浅墨汁涂抹处理。每一根枝条剪多长以及保留多少小枝,都必须根据造型的需要而定,要灵活处理,才能富有诗情画意。

(四) 树桩盆景的养护和管理

树桩盆景的日常养护和管理,主要对场地和光照、温度、湿度进行调试。遇到严寒天气,应及时收进室内,室外存放一定加强管理,喜阴植物要适当遮阳。夏天最好放置在室外露天地方,冬天要放在棚内和室内通风朝阳处,注意不要摆放在地势低的地方,要防止地面积水,冻伤苗木。

(1) 浇水。根据盆钵大小、深浅和植物生长的不同季节控制浇水,一定要浇净水、清水、酸碱度比例比较适中的存放水。不洁净的水不能浇花。常用的浇水办法:不干不浇,浇要浇透,夏秋季高温多浇,一般一天1次,冬季少浇,可两三天1次或时间更长一些。炎热夏季还要适当多喷叶面水,注意盆中不能积水。

(2) 施肥。常用的肥料种类有马掌片和麻酱渣,它们既可以做底肥,又可浸泡做液肥用。每次翻盆换土时,要施一次底肥,平常以施液肥为主,液肥主要在生长季节施,在北方,到8月底停止施肥,防止植物徒长,以免影响其木质化生长程度,不利于过冬。炎热夏季,中小型观叶类盆景,最好少施肥,以免烧伤根部。

(3) 翻盆。以每年3～4月份为好,小型树桩盆景2年1次,中大型盆景3～4年1次。翻盆必须保留2/3的原土,剪去老根及枯枝、烂根及无用的枝条。翻盆时重新调换大一点的盆,进行重新定型布局。

(4) 病虫害防治。盆景植物主要的病害是斑点病、白粉病等,可选用800～1000倍BT可湿性粉剂进行防治。

主要虫害有蚜虫病、红蜘蛛病等,可用1000倍吡虫啉溶液、1000倍阿克泰溶液防治。

盆景是雅俗共赏的艺术品。欣赏盆景,能丰富人们的文化生活,陶冶情操,提高艺术修养,有益于身心健康。

【石榴盆景的制作技术】

石榴花大色艳,花期长,既能赏花,又可食果,因而深受人们喜爱,用石榴制作的盆景更是备受青睐。

(一) 品种及花盆的选择

以观花为主,应选择花大、色泽鲜艳、复瓣品种,如大花石榴或牡丹花石榴等;以观果为主,则可选果形美丽的红色品种,如泰山红石榴等,也可根据个人喜好或需要而定。花盆选择以泥瓦盆为好,因其排水透气好,有利石榴生长,其缺点是不太美观,容易破损,而塑料盆、瓷釉盆等外形美观,花样繁多,但透气排水性较差,可视情况选择。盆的大小要根据苗木的大小来定。

(二) 培养土的配制

盆栽石榴土壤，要求疏松通气，保肥蓄水，营养丰富。可按园田表土 3 份、腐叶土 3 份、厩肥 2 份、细沙 2 份混匀即可，或者按马粪、园土、细沙各 1/3 的比例混合配成培养土，堆成堆用塑料薄膜盖严，高温杀菌 15～20d，过筛后装盆。

(三) 上盆定植

于春季萌芽前，用瓦片盖住花盆的底漏，然后装土，约装花盆的 2/3，将土堆成丘状。选择根系完整，须根多，树型好的苗木，将根系舒展的放进盆内，继续装土，边装土边将苗轻轻向上提起，以便使根系与土壤密切接触。盆土不可过满，根茎与土壤表面平，将土压实，浇透水，待水渗下后，用干土覆盖表面保墒，置于半阴处，一般发芽前不要浇水以利升温生根。

(四) 盆景的造型和制作技术

盆景依其选材和加工方法不同，主要分为树桩盆景和山水盆景两大类。如枣庄峄城石榴盆景则以树柱盆景为主，它以石榴树为主体，有时也用山石等作衬制作成优雅奇特的石榴盆景，主要观赏榴树各种造型的姿态以及干、花、果与枝叶等的特色。通过雕刻、绑拉、扭梢、修剪、摘心、抹芽、剥皮、剖伤、弯折等艺术加工和精心培育，长期控制生长发育，造成咫尺山林之势，苍老古朴之态的石榴盆景。主要形式有以下几种：

(1) 直干式。主干巍然挺直，亭亭玉立，在 20～30cm 的高度进行分枝，潇洒透逸。

(2) 斜干式。主干向一侧倾斜，枝叶分布自然有序，树型均衡中有动势，比主干直立形更有诗意。

(3) 曲干式。主干扭曲，树形富有变化，但不能过分弯曲，如弯曲次数过多，反而失去了美感。

(4) 卧干式。树干主要部分横卧盆面，似雷击风倒之木，树形苍老古怪，富有野趣。

(5) 悬崖式。主干虬曲下垂，似向下生长的苍松或萝藤。

(6) 枯干式。主干部分枯朽而枝叶仍然繁茂，如枯木逢春。

(7) 双干式。一木双干，宜一高一低，一俯一仰造型才显优美。

(8) 合栽式。两株以上的石榴树，品种多样，花开果熟，别具风格。

(9) 附石型。石榴树栽在石头缝中，根扎盆土里，远看似山岩上长树，古朴自然生动入画。

【石榴盆景管理技术】

(1) 枝叶管理。当新梢长到 10～15cm 时进行摘心，控长促花；主干、主枝以及根茎处萌发的不定芽，影响造型和通风，应及时抹除。为使树体矮化，在新梢旺长期，可喷 2～3 次 200 倍 15%的多效唑溶液，有利于控长促花，又可达到缩龙成寸的效果。

(2) 施肥。石榴喜肥，定植时要施足底肥，生长期内的各个物候期，要多次追肥来补充植株生长所需养分。春季以氮肥为主，秋季以磷钾肥为主，或用豆饼、鸡鸭粪等沤制充分腐熟液，进行浇灌，并在生长期内进行 3～5 次叶面喷肥，喷施浓度为 0.3%～0.5%的磷酸二氢钾液，以补充土壤施肥。

(3) 浇水。石榴树属耐旱树种，水多树易徒长，一般不干不浇，浇水则要浇透，不在雨后施肥，则施肥后一定要浇水。花期和坐果期，保持适当干旱，以防落花落果。

(4) 花果管理。石榴喜欢阳光充足且温暖的环境，每天光照时数最少要在 4h 以上才能开花，在整个生长发育期，花盆都要置于阳光充足通风处。花芽分化期，要使盆土保持适当干旱，有利花芽形成。花期要尽量避免喷药，为提高坐果率，可在花期喷 0.3%的硼砂溶液，或人工辅助授粉。方法是在花期每天上午10点前，摘下已完全开放的钟状花，对准筒状花的柱头轻敲一下，每朵钟状花可授15～20朵筒状花，坐果率可提高50%以上。

【水仙雕刻造型】

水仙的造型除了运用水仙花球特有的生长形态之外，更主要是通过雕刻，以破坏细胞组织的发展，造成畸形生长来完成的。下面介绍一种基本雕刻法。

(1) 净化。在雕刻前先把鳞茎球上的褐色外皮剥除，同时把护根泥、枯根及腐烂的杂质清除干净，避免水养时鳞片或根受污染而霉烂。

(2) 开盖。从芽体弯向的鳞面动刀，左手平捏鳞茎球，右手持传统水仙花刀，沿根盘1cm刻一条弧形线，沿线朝球端剥掉鳞片，至全部芽体显露出来为止。

(3) 疏隙。把夹在芽体间的鳞片刻除，使芽体之间的空间增大，便于对叶片和花梗的雕刻。疏隙有两种方法，一种是使用斜口刀和狭小平铲刀刻削，一种是使用传统水仙花刀尖伸进缝间刻削。

(4) 剥苞。把芽体露在外面的芽苞剥掉。一般是用斜口刀由芽苞末端拨动苞片朝基部方向顺剥，以防止花苞损伤。

(5) 削叶。根据造型的要求确定削叶的位置和宽度，先用斜口刀在叶片端部开一切口，再使用圆口刀顺叶缘由叶端朝基部方向顺削。因为圆口刀的构造是刀口外弧有一定斜度，在使用时便于削叶片，又可避免损伤花苞。叶片若需要削至叶基，可采用尖形三角刀，顺叶脉插至基部。

(6) 刮梗。根据造型要求确定刮花梗薄皮的分量和朝向，使用斜口刀由梗端向基部方向刮削。若需要刮至球根处，可使用尖形三角刀沿着花梗薄皮插穿球根，要防止插断花梗，造成哑花。在刮花梗的薄皮时还应注意保护梗体。

(7) 雕侧芽。母鳞茎一般都着生一对以上的侧芽，侧芽大多数无花箭，但也有部分肥硕的侧芽有花箭，在雕刻侧芽时要小心观察。侧芽是整个水仙花球的组成部分，也是水仙造型不可缺少的内容。

① 不动刀雕刻，让其自然生长，长势直高，后期叶片自然展开，一般是作为盆花的两侧对称的陪衬体或作为背景。

② 从芽体端部凹削一刀，使成型时叶端呈钩状，叶片比不动刀侧芽的叶片低矮些。一般是采用鳞片、芽苞、叶端一刀齐削，呈凹形。如果凹度大，成型时叶端呈钩戟状。

③ 从芽体弯向的鳞面动刀，离根盘朝芽端剥掉鳞片和芽苞的一半，露出叶片，从叶端顺叶缘削掉叶片宽度的1/2至叶基，使成型时有如禽类的绒毛或禽类的胸脯，也可卷曲成圆环，如鱼的眼睛等造型。

④ 从芽体弯向的鳞面动刀，靠根盘和芽端的鳞片各留1cm，把中间部分的鳞片、芽苞、叶片一齐刻削。以叶片为准，削掉叶片宽度的1/3，叶片就不从芽端生长，而从侧芽中部刻削面上长出，呈虬曲状。成型时如小山坡、丘陵状。如侧芽中有花箭，在花梗靠近花苞处轻刮一点薄皮，生长如山坡上的小树。

(8) 修整。最后要把所有切口修削整齐，既保持外观优美，又可防止碎片霉烂而影响花球。若要花球展开生长，要有规则地剖开底部的鳞片。

【月季采切保鲜】

月季应在温度低、湿度大时采切。月季采切过早，往往采切后花朵不易正常开放。一般是在开花前1～2d采切。采切的时间与品种有关，通常有4～6片花瓣已松开花蕾时，即可采切。有时发现，采切后的月季切花，花蕾还没绽开，就过早地垂头了，这种情况主要是蕾期采切过早，花萼还紧包着花蕾。最好在萼片同花瓣成90°时切取。剪切时枝条要有5个节间距或更长一些的长度，但在枝条上至少要有2个芽。切下1h后，插入水中吸水，然后按长度分级，10枝一束捆好，用玻璃纸包装。月季切花保鲜期短，不耐长途运输。

采切后如不出售，应立即入低温库贮藏，贮藏的温度为1～2℃，最好是插入水中进行湿贮。湿贮的水质很重要，pH值低，对月季切花有利。注意不要把叶子也插入水中。盛花容器中的促鲜剂是由硫酸银和硫酸铝组成的混合液。通常月季所有的瓶插保鲜液称为康乃尔配方液。若要克服月季弯颈现象，可在保鲜剂中加入质量分数为$360\times10E^{-6}$的醋酸钴。加外乙氨-甲酰磷铵可阻止红月季切花烂变及早萎。

【核桃仁加工技术的流程】

第一步：筛选。山核桃成熟经过剥皮进入筛选阶段，由筛选器将不同大小的山核桃分为2.15cm(特)、1.95～2.0cm(大)、1.85～1.95cm(中)三个规格。

第二步：蒸煮。这个过程的主要目的是让山核桃由生变熟，由涩变香。用时约5h以保证山核桃的熟透和涩味完全去掉。蒸煮完成后经过少时晒凉投入剥壳机进行剥壳。

第三步：剥壳。在这个过程主要是为了让山核桃外层的木质皮壳碎化，在进行烘烤的和调味的过程更容易渗透核桃仁。

第四步：高温烘烤。在180℃的高温下烘烤约15min然后移至特定的容器进行调味。

第五步：调味。为了调味料均匀地和每个山核桃接触，调味过程大约需要5～10min。

第六步：低温烘干。以140～150℃对已调味的山核桃进行烘烤，此过程用时约75min，以保证调味料完全的渗入核桃壳内的核桃仁。完成这个过程的山核桃已经可以食用了。

第七步：精选。要对已成品山核桃进行精选，才可包装上市。

第八步：包装上市。在包装方面首先采用透明保鲜膜进行内包装以保证山核桃的香味不会外泄，然后才配以外包装密封。

【梨的贮藏保鲜技术】

(一) 冷　藏

梨冷藏时要注意采用缓慢降温措施，降温过快会引起黑心病。开始库温应保持在10～12℃，1周后每5～7d降1℃，以后改为每3d降1℃；在35～40d内将库温降到0℃，并保持0℃，梨可贮藏8个月，好果率达80%以上。

(二) 窖　藏

在梨产地多用窖藏。将适时采收的梨分等分级，剔除病伤果，用纸单果包装后装入纸箱或筐中。由于梨采收时温度尚高，一般不直接入窖，要先在窖外阴凉处预贮。预贮时，白天要在货堆上遮阳覆盖，防止暴晒；晚上要打开覆盖物放风，使梨很快降温。当果温和窖温都接近0℃时可入窖。入窖时将不同等级的梨分别堆放，一般不再进行挑选。梨在窖堆码时，要注意堆间、箱间及堆的四周都要留有通风间隙。产品入库前期主要管理工作是控制通风，导入库外冷空气，排除库内热空气，降低库内浊度。为促使产品尽快降温，必要时还可打开库门，增加空气流量。中期则以防冻保温为主，这一时期的管理要特别注意防寒保温，在关闭通风系统的同时，适当更换库内空气。只能在白天或中午，库外气温高于冻结温度时，打开通气口作适当的通风换气。当春季来临时，库外气温和土温逐渐回升，库内已难维持低温条件时，再开启进出气口，引入冷空气调节库内温度。通风时间仍在外界气温低于库内温度时进行。当外界气温进一步升高，夜间温度也难以调节到适宜的贮藏低温时，应当及时将产品出库销售。

(三) 气调贮藏

梨的气调贮藏可采用12%～13%氧和1%以下的二氧化碳。但要预防二氧化碳的累积，会导致果肉或果心褐变。

【榛子采收、贮藏、加工技术】

(一) 榛子的采收方式分为人工采收与机器采收

(1) 人工采收：树型较矮的榛子树，可直接以手采摘，采收时可连同果苞一同采下，采后集中运到堆果场脱苞。树型较高的榛子树，可以事先清理园地，设法振动榛子树大枝，使榛果落地，再集中收集起来；也可待其自然熟透让果实脱苞落地，再拣拾集中起来。一般隔天拣果1次。

(2) 机器采收：采收之前，先将园地清理干净，平整土地。采收时，先用振动机抓住榛子树大枝将榛子振落地面，然后用吸收机收集起榛果。

(二) 榛子的贮藏与加工

(1) 榛子坚果成熟期与种类，品种及气候条件有密切关系。一般从雌花授粉到坚果成熟需147～176d。由于同一株树外围及顶部的坚果先成熟，下部及内膛较晚，生产中应分期采收。采摘的带苞榛子，堆积发酵1～2d，用棒敲击脱壳，除杂，干燥即为商品榛果。

(2) 榛子贮藏要求低温，低氧，干燥，避光，适宜气温15℃以下，相对湿度60%以下，暗光，否则脂肪转化而产生“哈喇味”不能食用。

(3) 我国榛子加工业还很落后，如意大利榛子加工分5大类，产品几十种，不仅带壳炒食，果仁制酱，还是多种糖果，食品的高档原料。随着我国食品工业的发展和人民生活水平的提高，榛子市场的前景很大。

【樱桃酒的酿制方法】

樱桃和葡萄一样，是可以用来酿酒的。樱桃酒颜色呈浅粉红色，酒香中散发出一阵淡淡的樱桃香，适合女性朋友饮用，还有美容的效果。原料：新鲜红樱桃\白酒\冰糖。

(1) 樱桃洗净去蒂。最好使用新鲜红色樱桃，这样才能出现漂亮的浅粉色。如果没有可以用其他颜色的樱桃，味道一样，只是颜色没有这么漂亮。取一干净容器，加入冰糖和樱桃。

(2) 倒入白酒，加盖密封后，放入冰箱。白酒就用平时饮用的白酒即可。最好使用38度，相较于52度，更适合于女士饮用。

(3) 一周后饮用，中途可取出稍稍搅拌一下，让冰糖和酒充分融合。放入冰箱里，防止樱桃腐坏，也可以保持酒低温下不挥发，饮用的时候冰冰凉，还带有淡淡的樱桃香气。

(4) 也可以在饮用时加入一片新鲜柠檬片，就是接近于鸡尾酒的饮法了，也会更加漂亮。

【樱桃保健食品加工】

(1) 樱桃甜汤。鲜樱桃2000g，白糖1000g。樱桃洗净，加水煎煮20min后，再加白糖继续熬一、二沸后停火备用。每日服30～40g。此汤具有促进血液再生的功效，可用于辅助治疗缺铁性贫血。

(2) 冬菇樱桃。水发冬菇80g，鲜樱桃50枚，豌豆苗50g，白糖、姜汁各适量。水发冬菇、鲜樱桃去杂洗净；豌豆苗去杂和老茎，洗净切段；炒锅烧热，下菜油烧至五成热时，放入冬菇煸炒透，加入姜汁、料酒拌匀，再加酱油、白糖、精盐、鲜汤烧沸后，改为小火煨烧片刻，再把豌豆苗、味精加入锅中，入味后用湿淀粉勾芡，然后放入樱桃，淋上麻油，出锅装盘（菇面向上）即成。具有补中益气，防癌抗癌，降压降脂的功效。

（3）樱桃酒。鲜樱桃500g，米酒1000mL。樱桃洗净置坛中，加米酒浸泡，密封，每2～3d搅动1次，15～20d即成。每日早晚各饮50mL（含樱桃8～10枚）。此酒具有祛风胜湿，活血止痛的功效。适用于风湿腰腿疼痛，屈伸不利及冻疮等病症。

（4）樱桃酱。樱桃1000g，白砂糖、柠檬汁各适量。选用个大、味酸甜的樱桃，洗净后分别将每个樱桃切一小口，剥去皮，去籽；将果肉和砂糖一起放入锅内，上旺火将其煮沸后转中火煮，撇去浮沫涩汁，再煮；煮至黏稠状时，加入柠檬汁，略煮一下，离火，晾凉即成。此酱具有调中益气，生津止渴的功效。适用于风湿腰膝疼痛，四肢麻木不仁，消渴，烦热等病症。

（5）樱桃汁。樱桃80g，冷开水1杯。樱桃洗净后去核，放入果汁机中加冷开水搅成樱桃汁，倒出供饮（可加适量白糖调味）。此汁具有润泽皮肤的作用，可消除皮肤暗疮疤痕。

（6）樱桃银耳。银耳30g，红樱桃脯20g，冰糖适量。银耳用温水泡发后去掉耳根，洗净，上蒸笼蒸约10min；汤锅加清水放入冰糖，微火溶化后放入樱桃脯，再用旺火烧沸，起锅倒入银耳碗内即成。适用于消化不良、饮食不香的人，可吃樱桃开胃消食。是瘫痪、四肢不仁、风湿腰腿痛、体质虚弱、面色黯淡、软弱无力、关节麻木患者的食疗佳品。糖尿病患者忌食。

【葡萄简易贮藏法】

（一）贮前处理

（1）采前喷药。盛花期喷1×10^{-6}浓度的赤霉素加1000倍液矮壮素，采果前20d喷1500倍液甲基托布津，采前3～5d再喷10000倍液萘乙酸，以防止裂果、落果，增进果实着色，提高糖分和防止发生孢霉病、赤霉病和白腐病。

（2）果实采收。选晚熟耐贮的红地球、黑提、黑莲子、黑奥林、大宝、巨峰等品种。果实要充分成熟，色泽好，果粉多，皮较厚，韧性强，含糖高，味香浓，耐贮藏。要在露水干后采收。采收和贮藏要轻拿轻放，以免碰破果粒和擦掉果粉。

（3）散热预冷。采回来的果穗，剔除损伤果和病虫果，修去不整齐的穗尖和副穗，并用熔化的蜡涂果梗剪口后，摊放在通风透气良好的冷凉室内的草席上，2～3d散热后预冷才贮藏。

（二）贮藏方法

（1）冷库贮藏。在果箱的底板和四周衬上3～4层软纸，放入0.04～0.06mm厚的薄膜压制成的贮藏袋，装入预冷的果穗，每袋10kg～15kg，袋内放1片二氧化硫防腐剂，封扎袋口，然后将果箱码在库内。也可在库内竖柱搭架，架上每隔30cm穿担搭竿，竿上铺细竹帘或草席，把果穗挨串平放帘上，每层放果穗一层，以免压伤果粒。

（2）地窖贮藏。地窖建筑与苹果窖相同，先把窖内清扫干净，喷1000倍液菌毒清消毒。在果箱上每隔12～15cm纵放一根竹棍，把果穗挨串悬挂棍上，然后移入窖内码垛，高3层为宜，然后封窖。也可在窖的两边分别竖柱搭架，分层放竿，层距30～35cm，竿距15～20cm，把果穗悬挂在竿上，穗距4～5cm，以4层为宜。

（3）膜袋贮藏。用0.04～0.06mm厚的聚乙烯膜，压制成长40cm、宽30cm的小袋，每袋装果1.5kg～2kg，扎好袋口，放入底上垫有4～5cm厚锯末或碎稻草的浅箱中，每箱只摆一层果，将箱放入冷凉室内或贮藏库内。检查时可搬动木箱，但不能开袋，即使有1～2粒果霉烂也不要开袋，一旦开袋，袋内氧气骤然增多，就很难继续贮藏了。

（4）瓦缸贮藏。用高70cm、腰径60～70cm的瓦缸，洗净后缸口朝下阴干，底上垫3层洁净软纸，放入果穗 2～3 层，厚约 25cm，再放入井字形木架卡在缸的腰部，架上铺膜或软纸，且须每隔 8～10cm 见方打一个 1cm 大的小孔，以利透气，膜上再放果穗 1～2 层，高 15～20cm，将缸放入冷凉室内，前期不封口，1 个月后用纸封口加盖。天气转暖后，白天关闭通风口和窗门，晚上打开，以降低室温，可贮藏至次年春节。开缸后必须一次处理完，绝对不能再封缸，以免缸中氧气增多而变质。

（三）贮后管理

（1）定期检查。每隔 15～20d 检查 1 次，调整温湿度，使温度和湿度分别保持在 0～3℃和 85%～90%内，过高或过低，过干或过湿，都不利于贮藏。

（2）燃硫防腐。在贮藏库（室）内库容每立方米燃硫 20g，每隔 10d 燃硫 1 次，杀菌防腐。

【速酿水果酒的方法】

使用约 10g 的水果酒酵母加入买来的小盒装（约 200mL）苹果汁或葡萄汁中，你也可以直接加在买来果汁的包装容器之中，然后稍微用铝箔纸盖在开口的地方，使酵母得到初步的活化。过几小时之后，你会发现果汁开始冒泡，这便是发酵作用的开始。然后等到不再继续冒泡之后，将此发酵后的果汁与沉在下面的酵母加入你准备的葡萄或其他水果之中。

水果适合酿酒的不多，以葡萄，李子，草莓，梅子为主。梅酒一般没有用发酵方法做，直接用其他的白酒（米酒、高粱酒、或食用酒精）加冰糖泡制而成。

准备 2kg 的葡萄或李子等水果洗净后用刀子破皮，放在一广口的容器之中，加入糖水，使糖水全部淹满水果就可以，糖水的配制以 1L 的水加 100～150kg 蔗糖的糖度。（这种糖浓度只能让味觉感到一点甜度而已）将活化完成的水果酒酵母，加入酿造用的水果之中，只用铝箔纸覆盖住容器的开口（注意：千万不要将口封死，如此发酵产生的二氧化碳，将可能爆开瓶子，引发危险），经过 2～3d 的旺盛发酵后，尝尝水果酒的甜度应该很低，此后可以每天加一汤匙的蔗糖，每天加蔗糖前，应该确定发酵现象仍在进行之中，且水果酒的甜度仍很低。如此几天后，你应该会感觉到水果酒的酒精浓度越来越高，最后高的酒精度便抑制了酵母的发酵作用，此时水果酒的甜度应该还是很低。当你发现已经不再继续冒气泡之后过两周，酵母应该大部分沉淀了，此时你可以酌量添加一些糖（蔗糖、果糖，蜂蜜均可），调成你喜欢的风味。

水果酒的渣可以从水果酒中去掉，然后让水果酒自然沉淀澄清。

【草莓果酒的制作】

（1）选料。选择充分成熟、色泽鲜艳、无病和无霉烂的果实为原料，去掉杂质并冲洗干净表面的泥土。

（2）破碎。用破碎机将洗净的草莓破碎，并将果梗和萼片从果浆中分离出去。把果浆倒入发酵桶，每 100kg 加入 6%的亚硫酸 100g，以杀灭果实表面的微生物和空气中的杂菌。

（3）调糖。按生成 1 度酒精需要 1.7g 糖的比例进行调糖，这样才能酿成 10 度以上的草莓果酒，因此，要先测定果浆的含糖量，不足时要加入砂糖，使每 100g 果浆含糖 20～25g，酵母菌活动最适宜环境为每升果浆含果酸 8～12g，果酸不足可加柠檬酸。

（4）发酵。把调好的果浆装入容器内，温度保持在 25～28℃，1～2d 即开始发酵。过 3～5d，当残糖降至 1%时发酵结束，除去果渣，将酒液移入另一容器内。置于 12℃的环境中贮存，通过汽化的酶化使果酒成熟，成熟期约需 1 年，中间需更换容器。

（5）澄清。澄清剂可用 0.04%的碳酸钙。先将琼脂浸 3～5h 后加热融化，至 60～70℃时倒入酒中，搅匀后采用过滤机过滤即可。

(6) 调酸。主要是调糖、酸和酒度。一般甜酒含糖量应达 12%～16%，含酸 0.5%，酒精 12%～14%，不足时可加入砂糖、柠檬酸和脱臭剂。

【草莓加工制作的食物】

草莓的食法比较多，常见的是将草莓冲洗干净，直接食用，或将洗净的草莓拌以白糖或甜牛奶食用，风味独特，别具一格。随着食品工业的发展，草莓已制成各种果酱、果冻、果脯、糖水罐头、果汁等，市场前景十分可观。

草莓的营养成分容易被人体消化、吸收，多吃也不会受凉或上火，是老少皆宜的健康食品。草莓中所含的胡萝卜素是合成维生素 A 的重要物质，具有明目养肝作用。它还含有果胶和丰富的膳食纤维，可以帮助消化、通畅大便。草莓对胃肠道和贫血均有一定的滋补调理作用。草莓除可以预防坏血病外，对防治动脉硬化、冠心病也有较好的功效。草莓是鞣酸含量丰富的植物，在体内可吸附和阻止致癌化学物质的吸收，具有防癌作用。美国把草莓列入十大美容食品。

女性常吃草莓，对皮肤、头发均有保健作用。草莓在德国被誉为“神奇之果”。草莓还可以减肥，因为它含有一种叫天冬氨酸的物质，可以自然而平缓地除去体内的“矿渣”。中医学认为，草莓性味甘酸、凉，能润肺生津、健脾和胃、补血益气、凉血解毒，对动脉硬化、高血压、冠心病、坏血病、结肠癌等疾病有辅助疗效。草莓的吃法多样化，直接吃，或淋上奶油、果糖皆宜，配合雪糕、芝士(乳酪)也是不错的选择。我国台湾、香港等地区大多将草莓称为士多啤梨。进口草莓比国产草莓口味优胜，大小也较均匀。

【脱水蔬菜、山野菜制作技术】

(1) 选料。蔬菜、山野菜、食用菌等肉质肥厚、组织致密、粗纤维少的新鲜饱满蔬菜，都可以用来加工脱水蔬菜。

(2) 修整。脱水前，将选好的原料除瓜类去籽、瓤外，其他类蔬菜必须用清水冲洗干净，并除去柄、干叶和棍，放在没有太阳直射的地方晾干。然后用锋利的刀具将根茎切成片状、丁状或条状，其余的分类捆把，做到整齐一致，便于煮烫。有的还要去除表皮，方法是：用 1%～2% 氢氧化钠常温或沸水处理 5～10min 即可。

(3) 煮烫。煮烫时间依据原料种类的不同而有所差异，以菜叶变得透亮或原料略软为度。煮烫过度，养分损失大，且复水能力下降。煮烫过程应始终保持锅中的水处于沸腾状态，蔬菜下锅后要不断翻动，使之充分受热均匀。

(4) 水冷。煮烫好的蔬菜出锅后应立即放入冷水中浸渍散热，并不断冲入新的冷水，待盆中水温与冲入水的温度基本一致时，将蔬菜捞出，沥干水分后便可入房烘烤。

(5) 烘干。烘干时，将煮烫晾好的蔬菜均匀地摊放在烘盘里，然后放在事先设好的烘架上，温度控制在 32～42℃，让其干燥，每隔 30min 进入烘房检查温度，同时不断翻动烘盘里的蔬菜，使之加快干燥速度，一般经过 11～16h，当蔬菜水分含量降至 20%左右时，可在蔬菜表面上均匀地喷洒 0.1%的山梨酸或碳酸氢钠、安息酸钠等防腐霉保鲜剂，喷完后即可封闷。

(6) 封闷。将烘干的蔬菜放入构造严密的大木柜(箱)中密封暂存 10h 左右，才能使干制的蔬菜含水量保持均匀一致。

(7) 分装。烘干出房的干制蔬菜，冷却后就应装入塑料袋中密封，上市销售。

【蕨菜的采收加工技术】

山区蕨菜一般在 3 月下旬至 5 月上旬可陆续采收，低山缓坡可稍早，中高山区迟些采收。

采收适期宜在蕨菜长出土面约20cm长，顶叶尚未展开像“拳头状”时为适时采收期。过早采收产量低，过迟采收茎秆纤维素老化影响品质。

（一）蕨菜的腌制加工

（1）第一次腌制。将清洗整理好的蕨菜按10∶3的比例用盐腌制。先在腌制器具的底部撒一层厚约2cm的食盐，再放一层蕨菜，厚约5cm，随后一层盐一层菜地依次装满腌制器，最上层再撒2cm厚的食盐，上压石头，腌制8～10d。

（2）第二次腌制。将蕨菜从腌制器中取出，从上到下依次码放到另一个腌制器中，蕨菜和食盐的比例为20∶1，一层盐一层菜地摆放；用质量分数35％的盐水灌满腌制器，蕨菜表面压一重物，腌14～16d即为成品。

（二）盐渍加工

盐渍加工将清理分级好的蕨菜装桶盐渍。盐渍液的制备：将质量分数42％的柠檬酸、50％的偏磷酸钠和8％的明矾分别研碎，充分混合后用10倍水调成溶液待用。在饱和盐水中加入调酸水，使盐渍液的pH值达3.5～4.5，待用。桶内先加入蕨菜质量分数5％的食盐，再加入蕨菜，在蕨菜表面再撒上蕨菜重量10％的食盐，在桶内加满盐渍液，排尽桶内的空气，将盐渍桶密封即得成品。

（三）蕨菜干制加工

将清洗整理好的蕨菜投入沸水中烫7～8min。热烫液中一般加入质量分数0.2％～0.5％的柠檬酸和质量分数0.2％的焦亚硫酸钠，有条件时使用洁净的硫黄，先经熏硫后再进行热烫。每100kg蕨菜的硫黄用量为0.2～0.4kg，蕨菜与热烫液的比例为1∶(1.5～2)；热烫结束后立即用流动清水将蕨菜冷却至常温，然后晾晒或烘干。为防止蕨菜内外部水分不均，特别要防止过干使蕨菜表面出现折断和破碎，应剔除过湿结块、碎屑，并将其堆积1～3d，以达到水分平衡。同时使干蕨菜回软以便压块或包装。

蕨菜成品采用低温低湿条件下贮藏，贮藏温度以0～2℃为宜，不宜超过10℃，相对湿度在15％以下。

【野生蕨菜的生产方法】

以往腌制蕨菜加工简单，不易贮藏和长途运输，影响档次与销路。近年来，一种采用铝塑复合袋包装的新工艺问世，在保持蕨菜色绿、脆嫩、清香爽口等基本特色的同时，外观精美，保存期长、携带方便、卫生，产品附加值高。

（1）盐腌。按7份菜、3份盐备料。先在浸腌池内撒层底盐，然后一层菜，一层盐放匀，最后再用盐层封顶，压紧10～15d后出池。

（2）脱盐。将浸腌好的蕨菜投入水池中，清洗6～7h，然后换水，再次清洗3～4h。为缩短脱盐时间，可作适当搅拌，但要避免破碎。

（3）复绿。取试剂级硫酸铜作复绿处理。复绿时，溶液温度一般控制在65～70℃，硫酸铜添加量以pH值在6左右为宜。复绿过的蕨菜基本接近于新鲜时的色泽，之后再清洗2～3遍，使黏附在蕨菜上的铜的残留不超过10ppm。

（4）脆化。将复绿后的蕨菜浸渍于0.6％的氯化钙溶液中，润湿后投入密封容器进行抽真空脆化处理，抽真空的真空度保持在0.08MPa，温度50～55℃，时间20min。因蕨菜内含果胶类物质，受热会产生果胶酶，与金属离子相互作用形成凝胶状态的果胶酸钙，从而维持脆性。

（5）装袋、杀菌。汤汁以3.5％的食盐溶液为主。适当添加其他调味料后用柠檬酸调pH

值至 6 左右。按每 0.5kg 袋加汤汁 75～85mL 装袋，热压密封，随即在 105℃蒸汽中杀菌 20min 得到成品。

【蕨菜保鲜技术】

蕨菜宜在萌芽后不久采摘，季节性较强，而此时正值春夏高温高湿季节，蕨菜很快就会褐变、老化及变质。对于山区居住分散且经济条件有限的农户来说，蕨菜保鲜贮藏非常困难。而一般的保鲜方法中，均含有高温杀菌、真空包装及铜盐护绿等工艺过程。因其所需生产设备多、加工速度慢、保鲜成本高、营养损失过大及有一定的附加污染，结果造成蕨菜因来不及处理或处理不当而使品质严重下降，经济损失重大，蕨菜资源浪费严重。

(1) 工艺流程。新鲜蕨菜→挑洗→漂烫→护绿保脆处理→热酸(醋酸溶液)包装→速冷→检验→成品。

(2) 操作要点。

① 挑洗。将适时采摘的新鲜蕨菜按长度不同分堆整理，清洗干净。

② 漂烫。将蕨菜置于 85～90℃的 1%盐水中漂烫约 3min，捞出，沥干水分。

③ 将漂烫过的蕨菜投入 0.02%氯化镁、0.03%乳酸锌、0.40%氯化钙、0.02%天然护色伴侣(f 型)组成的复合护绿保脆剂处理浸泡液中浸泡 12h，然后捞出，用清水漂洗，沥干水分。

④ 热包装、速冷。蕨菜装袋，加入 90～95℃的 0.18%醋酸溶液，常压封口；8min 后投入凉水中速冷至室温。

⑤ 检验。室温观察，180d 后符合产品质量标准即为合格。

【大叶芹采收与加工】

(1) 采收。选株高 20cm 以上的植株采收嫩茎叶，除去杂质，扎成小捆，避免揉搓。

(2) 加工。为方便贮运，长期保存，可以盐渍或做罐头加工。

① 盐渍。在容器(缸、桶、池)底部撒一层约 2cm 厚的盐，再放一层菜，之后再一层盐一层菜依次装满，上面再放一层约 2cm 厚的盐，上压石头并加盖。每 50kg 鲜菜约用盐 17kg，盐多利于保持绿色，一般在盐渍 70d 后把含有杂质的盐水去掉，进行第二次盐渍，方法同第一次，用盐量略少。

② 罐头加工。一般选取盐渍好的大叶芹为原料，通过以下工艺流程：原料→清洗→脱盐→复绿→热烫→冷却→切段→装罐→真空封口→杀菌→冷却→成品。

【黄花菜的采摘、贮藏及加工】

黄花菜的采摘与加工，是黄花菜生产中非常重要的环节。适期采摘，科学加工，既能增加产量、改善品质，也能满足市场的需求，接受消费者严格的选择，提高这一特色产品的国际竞争力和市场占有率。

(一) 黄花菜的采摘

(1) 采摘时间。黄花菜采摘期，从 6 月下旬开始到 8 月上旬结束，历时 40 多天。在采摘期每天采摘应在上午 5～10 时为宜。也可以全天采摘，部分品种采摘期达到 70 多天。

(2) 采摘方法。采摘时，用拇指和食指夹住花柄，从花蒂和苔梗连接处轻轻折断，边采摘边装在篓内。

(3) 采摘的标准。采早了，花蕾未长足，分量轻，产量低，蒸制后条子细小褐色，质量差。采迟了花蕾裂嘴或开放，干制后不仅产量低，品质也差，因此适宜采摘的花蕾从外观上看个大饱满，质地松，花嘴欲裂未裂，色泽发黄，三条接缝十分明显。

(二) 黄花菜的贮藏

(1) 鲜黄花菜不耐贮藏，在 0～5℃和 95％以上的相对湿度条件下可贮藏 1 周。

(2) 干燥后的黄花菜相对于鲜品而言，易于贮藏。但是应该注意以下几点：

① 黄花菜贮藏在密闭的空间，应避免太阳光的照射和高温的环境，放于阴影处；

② 黄花菜贮藏在非密闭空间，应放于通风的地方，或是经常晾晒，让其始终保持绝对的干燥。

除此而外，在(新鲜或干品)黄花菜的贮藏过程中不要添加任何(化学)药物，那样会影响到黄花菜的质量、口感，及饮食的安全，让它成为真正的绿色食品。

(三) 黄花菜的加工

黄花菜的加工按顺序分蒸制或腌制、干燥、分级、包装四道工序。

(1) 蒸制。黄花菜采摘后，应及时进行蒸制。

① 蒸房建设。蒸房由一口大铁锅和在锅台上建一间小房组成。房的侧面和顶棚封闭，正面开门，房内用架杆分 3～4 层，每层摆 2 个筛，在房一侧上下各插入一支 0～100℃温度计，用煤做燃料。

② 蒸制。先将鲜黄花放在筛里，每个筛放 5～6kg，厚度 12～15cm，要求中间略高，四周稍低，呈馒头状，再将中间轻扒个凹，要装得蓬蓬松松，以便受热均匀，成熟度一致。装好后，把筛放在蒸房里，关上门，灶生火。通过锅里的水产生热气，来提高蒸房的温度，当温度达到 70～75℃时，维持 3～5min 即熟。

③ 蒸制好的菜，花蕾上布满小水珠。由黄绿转为淡黄浅绿色，蓬松花堆下陷 1/3～1/2；摸花身发软，竖起花柄稍弯曲；搓花蕾有响声，里生外熟；蒸好的花蕾干菜率 16％～20％，5～6kg 鲜菜出 1kg 干菜，好的干菜条状肉厚、色泽金黄、油性大，回潮性强，含糖多，味道美，商品性好。

(2) 腌制。将食用添加剂焦亚硫酸钠与采摘或收购的鲜黄花，按 3％～3.5％的比例，直接拌均匀，装在密闭的容器里(大瓮或塑料袋)，放在温室或光线充足的地方腌制 24h，捞出控去水分，即可干燥。这种方法较传统蒸制法操作简便、省工、省燃料，干制后的黄花色泽金黄，加工后没有油条或青条商品性好，加工不受数量多少限制，少则几千克多则几百千克均可进行，特别是阴雨天不会造成大量花蕾霉烂。

(3) 注意事项。

① 在腌制过程中，在 20～60℃范围内随温度升高，出芽率增加。

② 严格控制添加剂焦亚硫酸钠的用量，在阴雨天黄花菜不能及时干燥，延长腌制时间，焦亚硫酸钠应以 4％为好。

③ 添加剂焦亚硫酸钠在腌制过程中分解的 SO_2，对金属设备有腐蚀作用，因此在加工中不要使用金属容器及器械。

③ 食用前，要将黄花菜用热水洗 2～3 次。

(4) 干燥。干燥后的花蕾水分散发，品质稳定，便于贮运销售。

① 阴凉休汗。蒸好的花蕾，最好保持原状，不要立即出筛，如果筛少周转不开时，也可将花蕾顺倒在晒席上凉凉，但不要将筛反倒。这样再摊晒时，就不易发馊、变形、干后条子直粗、味道好，把筛放在阴凉通风处 1～2h，利用余热进一步熟透熟匀，使表皮上的糖分收敛转化，熟度均匀，色泽美观。

② 晒干。制成木架、南低北高，把准备好的苇席钉上，制成晒床，放在光线充足的地方，然后将凉过的黄花菜或腌制好的黄花菜均匀地摊在苇席上，每天翻动 1～2 次，第一天要用双席对翻。即用一个空席盖在晒床上，夹住翻转，既快又不粘席，花蕾干后粗直不弯曲。尚未半干时不能手翻，以防干后卷曲，一般 2 天即可晒干。晒好的菜用手握不发脆，松手后自然散开。

(5) 分级。

① 一等菜。色泽金黄，油性大，条子长粗壮均匀，少量裂嘴不超过 1cm，无霉变、无杂质、无虫蛀。

② 二等菜。色泽黄，油性中，条子粗壮均匀，少量裂嘴不超过 1.5cm，半截轻油条不超过 5%，无霉变、无杂质、无虫蛀。

③ 三等菜。色泽淡黄，油性少，条子细短，裂嘴多，半截油条菜不超过 10%，无霉变、无杂质、无虫蛀。

(6) 包装。黄花菜包装质量好坏，直接影响销售。好的产品能否在市场上占有一席之地，包装是非常重要的，因此在黄花菜加工上非常注重包装，首先将分好等级的黄花菜一根一根捋直，采取 100g、250g、350g、450g 包装，然后 10 袋成箱，从内到外非常精制美观，十分畅销。

【水芹制作加工】

(1) 俗话说：家厨眼中无废料。很多人只吃芹菜杆，其实芹菜叶的降压效果很好，营养成分很高，而且滋味爽口。

(2) 挑选芹菜时，掐一下芹菜的杆部，易折断的为嫩芹菜，不易折的为老芹菜；择下的芹菜叶可以凉拌，增加个下酒小菜。

(3) 芹菜叶中所含的维生素 C 比茎多，因此吃时不要把能吃的嫩叶扔掉。

(4) 芹菜可炒、拌、炝或做配料，也可作馅心。

(5) 芹菜叶中含有的胡萝卜素比茎部的含量高，我们可以将芹菜叶做汤，长期食用可以帮助人安眠入睡，使皮肤有光泽。

【半夏中药炮制技术】

炮制生半夏：拣去杂质，筛去灰屑。

半夏炮制法：取净半夏，用凉水浸漂，避免日晒，根据其产地质量及其颗粒大小，斟酌调整浸泡日数。

泡至 10d 后，如起白沫时，每半夏 50kg 加白矾 1kg，泡 1d 后再进行换水，至口尝稍有麻辣感为度，取出略晾。

另取甘草碾成粗块，加水煎汤，用甘草汤泡石灰块，再加水混合，除去石灰渣，倒入半夏缸中浸泡，每日搅拌，使其颜色均匀，至黄色已浸透，内无白心为度。

捞出，阴干。

【人参保存方法】

人参因含有较多的糖类、黏液质和挥发油等，所以容易出现受潮、泛油、发霉、变色、虫蛀等变质现象。人参的贮藏方法有几种：

(1) 常规保存法：对确已干透的参，可用塑料袋密封以隔绝空气，置阴凉处保存即可。

(2) 吸湿剂干燥法：在可密闭的缸、筒、盒的底部放适量的干燥剂，如生石灰、木炭等，再将人参用纸包好放入，加盖密闭。

(3) 低温保存法:这是较理想的方法。人参在收藏前要晒干,最佳的暴晒时间以上午 9 时到下午 4 时之间,但人参不宜长时间暴晒,同时供药用的人参已达到一定的干燥程度。一般只需将人参在午后翻晒 1～2h 即可。待其冷却后,用塑料袋包好扎紧袋口,置于电冰箱冷冻室里,就能保存较长时间。

【金针菇采收与加工技术】

(1) 采收。采收的标准是菌盖轻微展开,鲜销的金针菇应在菌盖 6～7 分开时采收,不宜太迟,以免柄基部变褐色,基部绒毛增加而影响质量。

(2) 分级。①一级菌盖呈半圆球形,直径 0.5～1.3cm,柄长 14～15cm,整齐度 80%以上,无褐根,无杂质。②二级菌盖未开伞,呈半圆球形,直径 1.2～1.5cm,柄长 13～15cm,柄基部浅黄至浅褐色,有色长度不超过 1.5cm,无杂质。③三级菌盖直径 1.5～2cm,柄长 10～15cm,柄基部黄褐色占 1/3,无杂质。

(3) 暂时贮存。金针菇不耐鲜贮,采收后需尽快处理,暂时存放应放在低温黑暗处,将菇体摊薄,禁止堆积,严禁向菇体洒水

(4) 初加工。将菇体检验无杂质后在冷水中冲选两遍,取出至不滴水,然后放入沸水中(不能用铁、铜锅)煮沸 5～10min,捞出,冷水冲洗后放入 0.1%～0.2%的柠檬酸水中,送往罐头加工厂。

(5) 盐渍。①预煮。把 5%～10%食盐水置于铝锅内煮沸,倒入金针菇,煮沸 5～7min,捞出沥去水分。②盐渍。每 100kg 菇加入 25～30kg 食盐。先在缸底放一层盐,加一层菇,反复至缸满,再注入煮沸后冷却的饱和食盐水,使菇浸泡在食盐水中,再加入调整液,使溶液 pH 值达 3.5 左右,不足用柠檬酸调节。③管理。冬天 7d 翻缸一次,共 3 次;夏天 2d 一次,共 10 次。一般盐渍 20d 即可装箱外运。

(6) 制罐头。把优质的金针菇放在开水中烫几分钟捞起,进行脱色,然后放在生理盐水中,制罐,高压灭菌消毒,即制成罐头。其工艺为:采收→挑选→杀青→冷却→分装→加液→排气→压盖→杀菌(123～130℃,30～90min)→冷却→保温(38℃)→检验→成品。

(7) 塑膜真空包装。采用聚丙烯塑料膜包装,用高频抽气机密封,低温保藏,在 1℃环境中可保鲜 20d,7～8℃保鲜 10d。

(8) 干制。把鲜金针菇晒干或烘干至含水量 10%～12%。晒干的金针菇色较深,不耐久藏。烘干的金针菇色泽好,质量高,但成本高,耐久藏。

【香菇加工与保鲜】

香菇采收时,要轻轻放在塑料筐中,且不可挤压变形,然后清除菇体上的杂质,挑出残菇,剪去柄基,并根据菌盖大小、厚度、含水量多少分类,排放在竹帘或苇席上,置于通风处。应及时加工,长时间堆放在一起会降低质量。

(1) 香菇的干制。

① 晒干。要晒干的香菇采收前 2～3d 内停止向菇体上直接喷水,以免造成鲜菇含水量过大。菇体七八成熟,菌膜刚破裂,菌盖边缘向内卷呈铜锣状时应及时采收。最好在晴天采收,采收后用不锈钢剪刀剪去柄基,并根据菌盖大小、厚度、含水量多少分类,菌褶朝上摊放在苇席或竹帘上,置于阳光下晒干。一般要晒 3d 左右才可以达到足干。香菇晒干方法简单,成本低,但在晒干的前期,菇体内酶等活性物质不能马上失去活性,存有一定的"后熟"作用,影响商品质量。遇有阴雨天就难晒出合格的商品菇。另外,晒干的香菇不如烘干的香菇香味浓郁,对商

品价值有所影响。

② 烘干。刚采收下的香菇马上进行清整，剪去柄基，根据菇盖的大小、厚度分类，菌褶朝下摊放在竹筛下，筛的孔眼不小于1cm。先将烘干机预热到45℃左右，降低机内湿度，然后将摊放鲜菇的竹筛分类置于烘干架上。小的厚菇，含水量少的菇放于架的上层，薄菇、菌盖中等的菇置于架的中层，大且厚的菇或含水量大的菇置于架的下层。机内温度逐渐下降，烘烤的起始温度，较干的香菇为35℃，较湿的香菇为30℃。这时菇体含水量大，受热后表面水分迅速蒸发，为了加速水分蒸发，烘干机的进气口和排气口全开，加大通风量，排出水蒸气，促使直立的菌褶固定下来，防止倒伏。此时烘烤的温度不宜高，否则菇体易烘黑、蒸熟。要及时排出水蒸气，防止菇表出现游离水，以免影响香菇色泽和香味，也不易烘干。烘烤时，每3h温度升高5℃，当烘烤温度升到45℃时，菇体水分蒸发减少，此时可关闭1/3的进气口和排气口。烘烤进入菇体干燥期，维持3h后，打开箱门将烘筛上下层的位置调换一下，使各层的菇体干燥程度一致。以后每1h升温5℃，当温度升到50℃时，关闭1/2的进气口和排气口。温度升到55℃时，菌褶和菌盖边缘已完全烘干，但菌柄还未达足干，这时要停止加热，使烘烤温度下降到35℃左右。由于此时菇内温度高于菇体表面温度，加速了菇内水分向菇体表面扩散。4h后重新加热复烘，温度升到50～55℃时，打开1/2的进气口和排气口，维持3～4h后，关闭进气口和排气口，控制烘烤温度在60℃，维持2h，即可达到足干。

③ 晒烘结合干制。刚采收的鲜香菇经过修整后，摊在竹筛上，于阳光下晒6～8h，使菇体初步脱水后再进行烘烤。这样能降低烘烤成本，也能保证干菇的质量。

④ 干香菇的贮藏。干制后的香菇含水量在13%以下，手轻轻握菇柄易断，并发出清脆的响声。但也不宜太干，否则易破碎。干香菇易吸湿回潮，应按分类等级装在双层大塑料袋里，封严袋口，也可根据客户要求，按等级、重量分装在塑料袋里，封严袋口，再装硬纸箱，放在室温15℃左右和空气相对湿度50%以下的阴凉、干燥、遮光处，要防鼠、防虫，经常检查贮存情况。

(2) 香菇的保鲜。香菇保鲜方法很多，有速冻、冷藏、化学、气调、微波等方法。

① 脱水冷藏保鲜。香菇采收前10h停止喷水，七八成熟时采收，精选去杂，切除柄基，根据客户要求标准分级，然后将香菇菌褶朝下摆放在席上或竹帘上，置于阳光下晾晒，秋、春季节晾晒约3～4h，夏季阳光强晾晒1～1.5h。晒后的香菇脱水率为25%～30%，即100kg鲜香菇晒后为70kg～75kg。这时手捏菇柄有湿润感，菌褶稍有收缩。分级、定量装入纸盒中，盒外套上保鲜袋，再装入纸箱中，于0℃下保藏。

② 密封包装冷藏保鲜。鲜香菇经过精选、修整后，菌褶朝上装入塑料袋中，于0℃左右保藏。一般可保鲜15d左右，适合于自选商场销售。

【梅花鹿鹿茸生产技术】

鹿茸是公鹿额部生长的未骨化的嫩角，具有多种药理功效，是一种名贵的中药。鹿科动物有多种，我国药典仅承认梅花鹿茸和马鹿茸两种，适时地采收鹿茸是养鹿场(户)生产过程中的重要环节，直接影响鹿生产中的经济效益。

根据收茸的规格要求不同，采收的鹿茸有梅花鹿的二杠茸、三杈茸和砍头茸。根据收茸时采用保定方法不同，可分为机械保定、药物保定(机械和药物相结合保定法实际应用较少)。

(一) 梅花鹿收茸前的准备工作

(1) 人员准备。专业养鹿场一般由负责生产的副场长、茸加工队队长、鹿队队长、技术员、有经验加工人员共同组成收茸验茸小组，每天对场内鹿茸生长情况进行观察，对收茸时机做到心中有数，以便适时收茸。

（2）设备、物品准备。采用机械保定法收茸的场（户）要对场内的半自动夹板式保定器（吊圈）进行全面检修，使之能处于正常工作状态。准备好锯茸锯、麻醉药、止血药、鹿茸加工人员技术培训工作及加工鹿茸所需设备。

（3）掌握收茸准确时机。收茸规格要根据市场需求信息决定，同时又要考虑茸产量，二杠茸价格贵，但产量低；三杈茸虽价格低于二杠茸，但产量高，故此收茸时在考虑市场需求的同时要综合考虑鹿茸的长势和产量，决定收二杠茸还是收三杈茸。

梅花鹿头锯时，以收二杠茸为主；二锯时一般收二杠茸，但如果梅花鹿头锯可产鲜重0.5kg 以上的二杠茸时，二锯可以考虑收三杈茸。三锯以上的公鹿主要以收三杈茸为主。

在收茸时，注意观察茸的嘴头和茸根情况，如果茸的嘴头粗壮肥嫩，长势旺盛且茸根不呈现黄瓜顶、癞瓜皮形态，可以考虑收大嘴头茸，相反则应收小嘴头茸。

（二）梅花鹿鹿的保定

鹿的保定方法主要是机械保定、药物保定。

1）机械保定。机械保定的主要器械是半自动夹板式保定器（吊圈），与圈舍和保定器相通的通道构成，通道有多个挡门，有圆盘式转门，当将鹿拨入通道时，可通过这些结构把待锯茸的鹿推入保定器给予保定。完成这些工作要由 9 人完成。

2）药物保定。药物保定方法主要是采用麻醉药将鹿麻醉，使待锯茸鹿处于昏迷状态，达到保定的目的，在药物保定锯茸过程中常用的麻醉药主要有两种，即司可林、眠乃宁。

（1）司可林麻醉保定。司可林（氯化琥珀酰胆碱）的使用在国外开始于 20 世纪 50 年代中期，由于该药有效剂量与中毒剂量极相近，很易发生中毒，造成麻醉过程中鹿出现死亡。应用司可林麻醉保定要注意以下几点。

用药前要估测鹿体重（梅花鹿 0.07～0.10mg/kg）、准确确定用药剂量，最好一次用最佳剂量，切忌一次药量不足后又补针，以免发生麻醉中毒。

用药前要稳住鹿群，防止鹿惊慌乱跑，造成不良反应，甚至撞破鹿茸。最好的药物注射部位是鹿的颈部和臀部，以便促进药物吸收。当鹿倒地时应及时由人固定头部，防止碰伤鹿茸，同时将鹿卧躺在阴凉处。锯茸时流血过多，将鹿头部垫高，鹿倒后不要马上锯茸，观察当鹿心跳加快，血液循环旺盛，待欲苏醒前锯茸，并注意止血。鹿麻醉倒后，要注意观察舌、眼、呼吸的变化，防止发生中毒死亡。

（2）眠乃宁麻醉保定。眠乃宁是近期研制的一种鹿科动物特效制剂（梅花鹿 1.5～2.0mL/100kg、马鹿 1.2～1.5mL/100kg），麻醉速度快，同时有对抗的解药回苏灵 3 号和 4 号，目前应用范围广，安全有效，但应用时注意以下几点：

① 患有严重实质脏器病变、饱食、剧烈运动后仍处于兴奋状态时禁用。

② 空腹条件应用时，鹿头颈部要垫高，防止鹿胃内食物溢出误吸入肺脏。

③ 高温季节使用时，要有解药作安全保障，严寒条件下鹿对该药耐受性增大。

④ 该药作用剧烈，严禁误用人体。

⑤ 该药为化学保定剂，应严格管理并由专业人员使用，并注意防盗及非法作案。

（三）锯茸技术

（1）锯茸时间。因整个收茸季节处于盛夏，在头天傍晚验完欲采收的鹿基础上，于次日清晨早饲前锯茸，此时鹿空腹，环境安静，便于锯茸鹿的恢复和锯后鹿茸的加工防腐干燥处理。

(2) 锯茸部位。鹿保定后,用特制的茸锯在珍珠盘上侧1.5～2.0cm处下锯,锯口平面与珍珠盘平行,切勿损伤角基,进而导致生茸基础破坏。锯下的鹿茸经过称重和登记后送加工室加工处理。

(3) 止血。

① 常用止血药:七厘散、氯化锌各半,混合均匀研成粉末备用;七厘散、黄土炒干后研成粉末备用。

② 止血方法。将止血药分成均匀份数在厚纸片上,当锯茸后,手托厚纸片把药扣于锯口后用手捻压药物均匀涂在锯口上即可。个别鹿出血严重时,可将止血药在锯口捻压均匀后,将小塑料布覆盖锯口用线绳结扎于角基止血,24h内将塑料布和细线绳取下,防止时间过常导致角基坏死失去生茸能力。锯茸结束后,通过机械保定法保定的鹿,放开保定器,让鹿放出。司克林麻醉方法鹿只让其自然苏醒;眠乃宁麻醉的鹿只可用回苏灵催醒,也可让其自然苏醒。

(4) 锯茸。

① 锯茸。雄鹿从第三年开始锯茸,每年可采收1～2次。每年采2次者,第一次在清明后45～50d,习称"头茬茸",第二次约在立秋前后,习称"二茬茸"。每年采一次者,约在7月下旬。锯时将鹿用绳子拖离地面,迅速将茸锯下,伤口敷"七厘散"或"王真散",贴上油纸,放回鹿舍。锯下之茸,须立即加工。先洗去茸毛上不洁物,并挤去一部分血液,将锯口部用线绷紧,缝成网状,另在茸根钉上小钉,缠上麻绳,然后固定于架上,置沸水中反复烫3～4次,每次15～20s,使茸内血液排出,至锯口处冒白沫,嗅之有蛋黄气味为止,全部过程约需2～3h,然后晾干。次日再烫数次,风干或烤干。烤时悬在烘架上,以70～80℃之无烟炭火为宜,烤约2～3h后,取出晾干再烤,反复烤2～3次,至茸皮半干时,再进行风干及修整。

② 砍茸。此法现已少用,适用于生长6～10年的老鹿或病鹿、死鹿。老鹿一般在6～7月采收,先将鹿头砍下,再将鹿茸连脑盖骨锯下、刮除残肉、筋膜。绷紧脑皮,然后将鹿茸固定于架上,如上法反复用沸水烫,烫的时间较锯茸为长,约需6～8h。烫后掀起脑皮,将脑骨浸煮1h,彻底挖净筋肉,再用沸水烧烫脑皮至7～8成熟。再阴干及修整。

【梅花鹿鹿茸及副产品的开发】

过去鹿茸和鹿副产品一直是外国人、皇亲国戚、达官显贵的专利品,随着改革开放的不断深入,人民生活水平的提高。鹿茸和鹿副产品已不是什么奢侈品,而成为先富起来的市民首选的保健必需品。从各种理论数值统计看,梅花鹿及鹿副产品还远远没有满足国内外市场需求,所以鹿发展具有光明前景,市场潜力不可限量。

鹿茸及副产品的开发,主要采用现代生物遗传、生物工程、药学技术,将久享盛名的名贵滋补药剂鹿茸,及其鹿的其他产品如心、鞭、血、尾、筋、骨、皮、胎、角等均具有较高的营养保健价值,充分开发利用,重点研究开发梅花鹿以茸为主和其他副产品,明确东北梅花鹿系列医疗保健品;绿色鹿肉食品研发方向。开发具有自主知识产权,以鹿茸及副产品为主要原料,面对国际和国内市场,针对老年人、儿童、成年男女的不同需求,研制防病治病、滋补强身、提高身体免疫力等产品,用于临床的针剂、药剂、中成药;开发营养保健、润肤美容、易于身体健康的肉及其他产品和绿色食品。

(1) 鹿茸:据近代药理分析,鹿茸含少量卵泡激素、雌酮、磷酸钙、碳酸钙、胶质和蛋白质,有填补髓之功,服之适量可补元阳、补气血、益精髓、强筋骨为良好的全身强壮剂,能增强人体免疫能力和提高机体工作能力,有改善睡眠和饮食,降低肌肉疲劳,促进儿童生长发育和血液循环及伤口愈合等作用。

研制开发:梅花鹿茸精胶囊、梅花鹿茸粉颗粒冲剂、梅花鹿茸滋补口服液等。

(2) 鹿茸血:鹿茸血可补虚、和血、壮阳、治虚损腰痛及心悸、失眠、崩漏带下。有促进新陈代谢的功能,增强体质和促进机体机能的作用,对治疗神经衰弱及各种虚损症疗效甚佳。

研制开发:梅花鹿茸血安神滋补胶囊、梅花鹿茸血粉颗粒散等。

(3) 鹿角胶和鹿角霜:鹿角胶是鹿角经煎熬浓缩而成的胶状物,味甘、咸,性温,入肝、肾经。滋润止血之力独胜,功效益血、补血、止血。鹿角霜系提炼鹿角胶之后的残渣,味咸、涩,性温,入肝、肾经。对固涩止泻、阳虚而不受滋腻者可用之冶盗汗遗精。

研制开发:梅花鹿鹿角胶丸、鹿角胶止血膏、鹿角霜护肝片等。

(4) 鹿鞭:鹿鞭可补肾壮阳、益精。治劳损、腰膝酸痛、肾虚、耳聋、耳鸣及阳痿、宫冷不孕等。

研制开发:梅花鹿鹿鞭精胶囊、梅花鹿鹿鞭颗粒冲剂、梅花鹿鹿鞭滋补口服液等。

(5) 鹿尾:鹿尾是滋补强壮剂,暖腰膝、补肾血、益肾精、治腰背疼痛不能屈伸及肾虚、遗精、头昏耳鸣等。

研制开发:梅花鹿鹿尾胶囊、梅花鹿鹿尾滋补口服液等。

(6) 鹿胎粉及鹿胎膏:鹿胎粉及鹿胎膏可益肾壮阳、补虚生精、治虚损劳瘵、精血不足及妇女月经不调血虚、血寒、崩漏带下、久不受孕等。

研制开发:梅花鹿鹿胎颗粒冲剂、梅花鹿鹿胎滋补口服液等。

(7) 鹿筋、鹿骨筋:鹿筋、鹿骨筋可补虚损、可壮筋骨,治痨损、风湿性关节炎、转筋、腰膝疼痛酸软等,还可治小儿下痢症等。

研制开发:梅花鹿壮骨风湿膏、梅花鹿壮骨颗粒冲剂等。

(8) 鹿角鹿胎盘:鹿角鹿胎盘可行血、消肿、益肾、治虚劳内伤、淤血作痛、腰脊疼痛、疮疡肿毒及各种腺体炎症。

研制开发:梅花鹿鹿角消痛贴、鹿角消炎膏等。

(9) 鹿肾:鹿肾可补肾气安五脏、治肾炎、肾虚、腰膝劳损,腿软之力。

研制开发:梅花鹿补肾胶囊、梅花鹿补肾颗粒冲剂等。

(10) 鹿心:鹿心具有调节心肌功能、治疗心悸气补、失眠健忘、气血两亏,增强血液循环,医治风湿性心脏病等症。

研制开发:梅花鹿养心胶囊、梅花鹿养心丹颗粒冲剂等。

(11) 鹿肝:鹿肝具有益血补脾驻颜的功效,对治疗妇女贫血,小儿衰弱及维生素A缺乏症有明显疗效。

研制开发:梅花鹿养颜胶囊、梅花鹿养血颗粒冲剂等。

(12) 鹿肉:鹿肉性温,味甘。具有补脾胃、益气血、壮阳补肾之功效。适用于治疗脾胃虚弱、气血不足、肾阳不足、阳痿、早泄、腰膝酸软等症状。

研制开发:梅花鹿鹿肉保健食品,如:鹿肉干、鹿肉罐头、鹿肉松等。

我国历代医学家认为,鹿为仙兽纯阳多寿之物全身皆益于人,其肉有益无损。现代医学研究证明,鹿肉含蛋白质、无机盐、维生素等,对人体有较好的营养作用。通过推进饲养和加工新技术,以提高鹿茸、鹿肉产量和质量,降低成本,创建名特优产品品牌。面向东南亚市场,建立市场营销网络,实行对饲养户及其产品的监督检查,提供产前、产中、产后服务,建立和完善养鹿专业产业体系和市场服务体系。

【鹿茸及鹿茸片的加工】

(1) 春季或初夏雄鹿长出新角尚未角化时，将角锯下或用快刀砍下，称为锯茸或砍茸。将鹿茸在沸水中略为烫过，晾干，再烫再晾，至积血排尽为度，将鹿茸的茸毛用刀或玻璃刮掉，再用火慢慢烧燎，边燎边刮，最后用清水刷洗茸皮至干净或以瓷片或玻璃片刮净后，置密闭容器放阴凉干燥处保存。

(2) 处理好鹿茸封口时的结痂，然后把 50 度(V/V)以上的白酒灌入其中，用毛巾或湿布把整个茸裹严放置一夜，次日鹿茸变软后，用刀具横切，茸片切的越薄越好，摆放在纸上，晾干后防潮湿，保管备用。

【麝香采制技术】

一般在 10 月到翌年 3 月为采取麝香，但以 11 月间质量较佳，此时它的分泌物浓厚。传统方法是进行狩猎捕获后，将雄麝的脐部腺囊连皮割下，捡净皮毛等杂质，阴干，然后将毛剪短，即为整香，挖取内中香仁称散香。目前，人工饲养活麝取香的方法，有“捅槽取香”、“手术取香”及“等压法”等，取香后生长正常并能继续再生麝香，而且生长速度也较快。

【雉鸡的销售与加工】

雉鸡生产是季节性生产，生产周期较肉鸡长，价格也较高。雉鸡的加工及销售也有季节性和批量性。

(一) 销售季节

雏雉鸡经 4～5 个月的饲养，雌雉鸡体重达 1kg，雄雉鸡体重达 1.3～1.4kg 以上的体重即为成熟体重。雉鸡肉味道鲜美则与温度有关。当入冬以后，低温天气持续 1 周以上时，雉鸡体内脂肪发生一系列的变化后，雉鸡肉味才鲜美。所以，雉鸡的加工、销售多在冬季进行。我国食用雉鸡销售旺季是元旦至春节期间。主要用作礼品互相赠送。出口雉鸡不受季节限制。种蛋、种雏雉鸡销售旺季为每年 4～7 月。为提高育雏成活率，多数人愿购买 5～6 月份的雏雉鸡或种蛋。种用成雉鸡的销售多集中在每年的 10 月至翌年 2 月份。

(二) 上市规格

目前全国没有统一的上市规格。只有市场生产和经营活动形成的不成文的规格如下：

(1) 活雉鸡。要求嗉囊无积食，皮下脂肪良好，发育完善，羽毛完全，美丽鲜艳。雄雉鸡体重 1.3kg 以上，雌雉鸡体重 1kg 以上的健康雉鸡。活雉鸡中由于互相啄斗造成的无尾雉鸡，多作降级销售。商品活雉鸡，一般以雌、雄配对出售，销售部门有制作铁丝网式、纸板式的礼品盒，印有“野味珍禽”、“礼品活雉”销售，既方便购物者又可成为销售广告。

(2) 白条雉鸡。白条雉鸡主要出口日本，要求半净膛，雌雉鸡 900g 以上，雄雉鸡 1.1kg 以上。外形丰满，腿围粗，屠体皮下有一定的脂肪膘度，无伤痕、青斑、红紫斑、皮肤完整，表面无羽毛及羽锥残留。

(3) 种蛋。适宜做种用的雉鸡蛋，蛋壳色以橄榄色及褐色为标准，蛋形指数 1.25～1.35 之间，蛋重 25～35g。

(4) 种雏雉鸡。体质健壮，趾爪平伸不弯曲，喙和足有光泽，脐部收缩良好，叫声洪亮，血缘系谱清楚，来源于无白痢、结核、马立克氏病、球虫病、肝炎等病史的种雉鸡群。

(三) 雉鸡的加工利用及副产品的综合利用

(1) 白条雉鸡的加工。目前白条雉鸡的屠宰加工多为手工或半机械操作,采用口腔放血法,外形美观,完整,放血比较完全,表面无刀痕。口腔放血→浸烫→脱羽→摘除嗉囊→净膛→屠体冷却→贮藏(－20～－30℃)。

(2) 全羽冷冻雉鸡的加工贮藏。加工全羽冷冻雉鸡,要求雉鸡羽毛完整,背羽无脱落,尾羽齐全,羽毛有光泽,无污染。

(3) 雉鸡副产品。有羽毛、皮张、粪便、血、肠、骨等。① 羽毛。雉鸡羽毛具有质地轻软、富有弹性、防潮保暖的特点。可加工成羽绒服装、床垫、坐垫、睡袋、被套等,正羽可加工成精美的工艺装饰品,一般每只雉鸡可产羽毛 130～200g。② 制作标本。制作雉鸡标本主要是利用雉鸡的皮张,通过加工提高雉鸡的利用价值。③ 粪便利用。雉鸡粪便含有丰富的营养成分,可经发酵加工后,用来作牛、羊、猪等家畜的饲料,也可以经堆肥,发酵后用作农家肥料。

【山鸡标本的制作】

公山鸡的羽毛艳丽,具有观赏价值,用其来剥制标本,可以提供给教学、科研和展览用,还可以作为高雅贵重的装饰品。在现代居室和书房中,摆设一些山鸡标本,将更添情趣。山鸡标本也可以作为商品出售。山鸡标本的制作过程如下:

(一) 山鸡的选择

选用的公山鸡必须羽毛丰满,翼羽和尾羽不能有缺损和折断,体态优美,喙、脚颜色正常。

(二) 标本制作

(1) 剥离皮肤。采用口腔刺杀法将山鸡宰杀放血后,以棉花塞住口腔和肛门,以免血液、唾液和粪便污染羽毛。首先分离躯干:在山鸡胸骨口正中切开皮肤,注意不要损坏嗉囊;剥离皮肤和嗉囊,将气管和食管从颈部抽出,然后在嗉囊后方切断气管和食管取出体外;切断颈椎,轻轻用力抽出颈椎;躯干皮肤分离至肩关节处,切断肩关节,使两翅脱离躯干;接着再向后剥离至膝关节处切断,保留剔除肌肉的胫骨;分离尾部时,不要将尾羽处剥破;切断尾骨和直肠,切除尾脂腺,使皮肤与躯干全部脱离而取出躯干;然后,剥离翅上的皮肤,在尺骨处将皮肤轻轻推下,直到腕关节处,留下支撑肌肉的尺骨;最后,进行头部皮肤的剥离,从寰枕关节处反转头部皮肤,分离头部骨骼各肌肉至面部,特别注意耳、眼眶处皮肤的分离,最后至喙基,剥至眼部时应将眼的四周剪开后再剥,挖出眼球,剔除头部肌肉,抽出舌和舌骨,清除脑髓。

(2) 处理皮肤和骨骼。皮肤外翻,除去残留在皮肤上的脂肪和结缔组织,然后涂抹樟脑和滑石粉。对于残留的骨骼,可用 10％甲醛处理:细小的骨骼刮去骨膜后,用棉花吸甲醛涂抹几次;较粗的骨骼则需钻孔后向骨内注入甲醛。

(3) 制作支架。躯干和颈部支架的制作:用铁丝弯曲成略小于山鸡胴体的椭圆形,前端的两股铁丝交织成麻花状,长度与颈长相等,从颈部插向头部,末端叉开卡于颅腔,用棉花塞紧。

后肢支架的制作:用两根铁丝从趾底剪开处向上插入,末端留 5cm,顶端与躯体支架连接并固定,固定点必须有 5 个以上,铁丝长度与后肢长度相适应,残留骨骼与铁丝固定。

两翼支架的制作:用一根铁丝,两头从肩部伸至两翼端,每侧皮肤外留约 3cm,将铁丝与躯干支架牢固连接成一整体,残留骨骼与铁丝固定。

尾羽支架制作:用一根铁丝,缠绕固定于躯干支架后部,两端分叉向上,插入尾骨两侧并固定。

(4) 填装和缝合。将已制好的骨架放入剥离的山鸡皮中,体轴方向的铁丝一端固定于头骨,另一端固定于尾骨。再用无霉、干燥、清洁的棉花、刨花、旧线等材料将山鸡躯体填满(在填充前先洒些樟脑粉、冰片等杀虫、防霉药品)，用线缝合，最后整理胸部羽毛，使盖好缝合部位，并装上假眼。

(5) 整形和上色。首先调整后肢关节的角度，使山鸡标本成正常的立姿或呈奔跑状，接着调整两翼姿态，向两侧张开，或呈站立时的自然收翼状，剪去末端伸出皮肤的铁丝，然后调整头颈姿态，最后用纱布将标本裹紧固定，放置通风、干燥处阴干。标本阴干后需上色，即在冠、肉垂、耳垂、胫、趾等部位涂上油画颜料，其颜色必须与山鸡品种的外貌颜色一致，颜料干后再周身上一层油或清漆，使羽色更加艳丽。

【蜂蜜醋的加工技术】

(一) 原料选择

酿制蜂蜜醋对原料蜜要求不严，一般以选择质量较差、颜色较深的蜂蜜为宜，如荞麦蜜、乌桕蜜等。

(二) 工艺流程

稀释⟶灭菌⟶接种⟶发酵⟶陈酿⟶过滤。

(三) 酿造方法

(1) 稀释蜂蜜。按 1kg 蜂蜜加入 4～5kg 水的比例进行稀释，使其含糖量在 15%～19%之间。

(2) 灭菌。将稀释过的蜂蜜加热达 75～80℃，经 30min 灭菌。

(3) 接种。待灭菌后的蜜水冷却为 26～28℃时，加入事先培养好的酵母菌、酒药、曲块等发酵剂。

(4) 发酵。将接种后的蜜水在 26～28℃下进行发酵，将糖转化为酒精。当酒精含量达 6～7mL/100mL(即酒精度 6～7 度)时，把温度升高到 35～40℃，再加入 10%醋酸菌，每日早晚各搅拌 1 次，进行醋酸发酵，将酒精转化为醋酸。当醋酸含量达 5g/100mL 以上时，发酵终止。

(5) 陈酿。发酵完毕的醋液加入 1%的食盐存放 30d，以增加蜜醋的风味。

(6) 过滤、灭菌、分装。将陈酿好的蜜醋加入 1%苯甲酸钠、适量的鲜味剂、糖色等，灭菌后即可分装出售。

第4章　林业产业相关知识

第1节　森　林

森林是一个高密度树木的区域。这些植物群落覆盖着全球大面积并且对二氧化碳下降、动物群落、水文湍流调节和巩固土壤起着重要作用，是构成地球生物圈当中的一个最重要方面。

森林是林木、伴生植物、动物及其与环境的综合体。

森林群落学、陆地植物学、植被学称之为森林植物群落，生态学称之为森林生态系统。在林业建设上森林是保护、发展，并可再生的一种自然资源。具有经济、生态和社会三大效益。

森林是由树木为主体所组成的地表生物群落。它具有丰富的物种，复杂的结构，多种多样的功能。森林与所在空间的非生物环境有机地结合在一起，构成完整的生态系统。森林是地球上最大的陆地生态系统，是全球生物圈中重要的一环。它是地球上的基因库、碳贮库、蓄水库和能源库，对维系整个地球的生态平衡起着至关重要的作用，是人类赖以生存和发展的资源和环境。

【森林资源】

森林资源包括森林、林木、林地以及依托森林、林木、林地生存的野生动物、植物和微生物。

【森林的类型】

中国现有原生性森林已不多，它们主要集中在东北、西南天然林区。按森林外貌划分，针叶林和阔叶林面积约各占一半，前者49.8%，后者占47.2%，其余3%为针阔叶混交林。

(一) 针叶林

针叶林在中国分布广泛，但作为地带性的针叶林则只见于东北和西北两隅以及西南、藏东南的亚高山针叶林，其余的则常为次生性针叶林，如各种次生松林，更多的则是人工营造而成，如杉木林等。这些针叶林不仅植物组成丰富，而且还栖息着大量的动物种类，成为众多特有种类的栖息地和避难所。

(1) 北方针叶林和亚高山针叶林。它们分别作为高纬度水平地带性植被和较低纬度的亚高山带植被类型。在分布区和地理环境方面，差异很大，但都属于亚寒带类型，其外貌、组成、结构都十分相似。

① 中国的落叶松属有10个种和2个变种，主要的群种有落叶松、西伯利亚落叶松、华北落叶松、太白红杉、四川红杉、大果红杉和西藏落叶松等。

② 中国的云杉林和冷杉林大多属山地垂直带类型，分布广、蓄积量最大。东北地区主要群种为鱼鳞云杉、红皮云杉、臭冷杉；华北为白杆、青杆。向西至西北一带为青海云杉、雪岭云杉和西伯利亚冷杉。西南山地主要有丽江云杉、川西云杉、林芝云杉林、麦吊油杉、油麦吊杉、云杉、紫果云杉、巴山冷杉、岷江冷杉、黄果冷杉、长苞冷杉、鳞皮冷杉、喜马拉雅冷杉、苍山冷杉、滇冷杉等。

③ 松林主要群种有樟子松、偃松和西伯利亚红松。

④ 圆柏林主要分布于西南和西部山地亚高山森林带上部的阳坡，海拔高度在2800～4500m之间，主要群种有方枝圆柏、祁连圆柏、垂枝香柏、大果圆柏、塔枝圆柏和曲枝圆柏等。

(2) 暖温带针叶林。主要分布在华北和辽东半岛，主要的群种有油松、赤松、侧柏和白皮松。

(3) 亚热带针叶林。类型很多，如马尾松、云南松、细叶云南松、卡西亚松、华山松、高山松、杉木、柳杉、柏木、冲天柏(干香柏)、油杉、铁坚杉、银杉等。

(4) 热带针叶林。树种很少，且多零星分布，不成林，如南亚松、海南五针松和喜马拉雅长叶松。

(二) 针叶与落叶阔叶混交林

(1) 红松阔叶混交林。红松阔叶混交林是中国温带地区的地带性类型，主要分布于东北长白山和小兴安岭一带山地，向东一直延伸至俄罗斯阿穆尔州沿海地区以及朝鲜北部，主要群种是红松和一些阔叶树，如：核桃楸、水曲柳、紫椴、色木、春榆等。

(2) 铁杉、阔叶树混交林。主要分布在中国亚热带山地。是常绿阔叶林向亚高山针叶林过渡的一种垂直带森林类型，主要有长苞铁杉和铁杉与壳斗科植物混交的森林。亚热带西部山地海拔较高，在海拔2500～3000m之间形成特殊的针阔混交林带，喜马拉雅铁杉与阔叶树混交林常常占据主要的地位。

(三) 阔叶林

(1) 落叶阔叶林。广泛分布在温带、暖温带和亚热带的广阔范围。主要的森林类型有华北、西北地区的落叶阔叶混交林、栎林、赤杨林、钻天柳林、尖果沙枣林；由亚热带常绿阔叶林被破坏后形成的栗树林、拟赤杨林、枫香林；北方针叶林和亚高山针叶林的次生林类型的山杨林和桦木林以及发育在亚热带山地的山毛榉林和亚热带石灰岩山地的化香林、青檀、榔榆林和黄连木林等。

(2) 常绿阔叶林。常绿阔叶林是中国湿润亚热带森林地区的地带性类型，所含物种丰富，就高等植物而言，约占全国种类的1/2以上。常绿阔叶林的优势种不明显，经常由多种共建种组成。有青冈林、拷类林、石栎林、润楠林、厚壳桂林、木荷林、阿丁枫林、木莲林。

(3) 硬叶常绿阔叶林。在川西、滇北和藏东南一带曾为古地中海的地区，有类似地中海硬叶常绿阔叶林残遗的群落存在，主要见于海拔2000～3000m的山地阳坡，一般山地常见的类型以滇高山栎林、黄背栎、长穗高山栎林、帽斗栎林、川西栎林、藏高山栎林。而河谷地区常见有铁橡栎林、锥连栎林、光叶高山栎林和灰背栎林的分布。

(4) 落叶阔叶与常绿阔叶混交林。这类森林种类组成相当复杂。它又可分成几种不同的类型，如分布在北亚热带地区的落叶常绿阔叶混交林，主要见于东部亚热带山地海拔1000～1200m以上至2200m左右的山地常绿、落叶混交林，以及分布于亚热带石灰岩山地的石灰岩常绿、落叶阔叶混交林等。

(5) 季雨林。中国季风热带的地带性代表植被类型，大多数分布在较干旱的丘陵台地、盆地以及河谷地区。它们多数属于长期衍生群落性质。如麻楝林、毛麻栎林、中平树林、山黄麻林、劲直刺桐林、木棉林、楹树林、海南榄仁树林、厚皮树林、枫香、红木荷林等最为常见。

(6) 雨林、季节性雨林。多见于我国热带地区海拔500～700m以上山地，海南岛一带山地以陆均松、柯类等为主，云南南部则多为鸡毛松、毛荔枝等，石灰岩季节性雨林主要见于广西南部，组成种繁多。

【《中华人民共和国森林法》表述的森林类型】

森林分为防护林、用材林、经济林、薪炭林、特种用途林。

(1) 防护林：以防护为主要目的的森林、林木和灌木丛，包括水源涵养林，水土保持林，防风固沙林，农田、牧场防护林，护岸林，护路林；

(2) 用材林：以生产木材为主要目的的森林和林木，包括以生产竹材为主要目的的竹林；

(3) 经济林：以生产果品，食用油料、饮料、调料，工业原料和药材等为主要目的的林木；

(4) 薪炭林：以生产燃料为主要目的的林木；

(5) 特种用途林：以国防、环境保护、科学实验等为主要目的的森林和林木，包括国防林、实验林、母树林、环境保护林、风景林，名胜古迹和革命纪念地的林木，自然保护区的森林。

【森林的演化史】

现代森林的形成和发展，经历了一个漫长的演化过程，一般分为三个阶段：

(1) 蕨类古裸子植物阶段。在晚古生代的石炭纪和二叠纪，由蕨类植物的乔木、灌木和草本植物组成大面积的滨海和内陆沼泽森林。其中鳞木和封印木高可达20～40m，径1～3m，是石炭纪重要的造煤植物。现在热带地区还有孑遗的树蕨。

(2) 裸子植物阶段。中生代的晚三叠纪、侏罗纪和白垩纪为裸子植物的全盛时期。苏铁、本内苏铁、银杏和松柏类形成地球陆地上大面积的裸子植物林和针叶林。

(3) 被子植物阶段。在中生代的晚白垩纪及新生代的第三纪，被子植物的乔木、灌木、草本相继大量出现，遍及地球陆地，形成各种类型的森林，直至现在仍为最优势、最稳定的植物群落。

【森林的价值】

森林是人类文化的摇篮、大自然的装饰美化师、生命的资源、野生动植物的栖殖场、金色的宝库、天然氧气制造厂、绿色的银行、天然的调节器、煤炭的鼻祖、天然的储水池、防风的长城、天然的吸尘机、城市的肺脏、天然的监测仪、自然界的防疫员、天然的隔音墙。覆盖在大地上的郁郁葱葱的森林，是自然界拥有的一笔巨大而又最可珍贵的“绿色财富”。

人类的祖先最初就是生活在森林里的。他们靠采集野果、捕捉鸟兽为食，用树叶、兽皮做衣，在树枝上架巢做屋。森林是人类的老家，人类是从这里起源和发展起来的。

直到今天，森林仍然为我们提供着生产和生活所必需的各种资料。估计世界上有3亿人以森林为家，靠森林谋生。

森林提供的木材的用途很广，造房子，开矿山，修铁路，架桥梁，造纸，做家具……森林为数百万人提供了就业机会。薪柴是一些发展中国家的主要燃料。世界上约有20亿人靠木柴和木炭做饭。像布隆迪、不丹等一些国家，90%以上的能源靠森林提供。其他的林产品也丰富多彩，松脂、烤胶、虫蜡、香料等，都是轻工业的原料。

森林提供包括果子、种子、坚果、根茎、块茎、菌类等各种食物，泰国的某些林业地区，60%的粮食取自森林。森林灌木丛中的动物还给人们提供肉食和动物蛋白。

我国和印度使用药用植物已有5000年的历史，今天世界上大多数的药材仍旧依靠植物和森林取得。在发达国家，1/4药品中的活性配料来自药用植物。

森林就像大自然的“调度师”，它调节着自然界中空气和水的循环，影响着气候的变化，保护着土壤不受风雨的侵犯，减轻环境污染给人们带来的危害。

森林不愧是“地球之肺”，每一棵树都是一个氧气发生器和二氧化碳吸收器。一棵椴树一天能吸收16kg二氧化碳，150公顷杨、柳、槐等阔叶林一天可产生100吨氧气。城市居民如果平均每人占有10m² 树木或25m² 草地，他们呼出的二氧化碳就有了去处，所需要的氧气也有了来源。

森林能涵养水源，在水的自然循环中发挥重要的作用。“青山常在，碧水长流”，树总是同水联系在一起。降水的雨水，一部分被树冠截留，大部分落到树下的枯枝败叶和疏松多孔的林地土壤里被蓄留起来，有的被林中植物根系吸收，有的通过蒸发返回大气。1公顷森林一年能蒸发8000吨水，使林区空气湿润，降水增加，冬暖夏凉，这样它又起到了调节气候的作用。

森林能防风固沙，防止水土流失。狂风吹来，它用树身树冠挡住去路，降低风速，树根又长又密，抓住土壤，不让大风吹走。据非洲肯尼亚的记录，当年降雨量为500mm时，农垦地的泥沙流失量是林区的100倍，放牧地的泥沙流失量是林区的3000倍。森林改善空气质量、缓解“热岛效应”、减少泥沙流失、涵养水源、减少风沙危害、丰富生物品种、增加景点景区、带动种苗、花卉产业、减轻噪音污染、优化投资环境、美化自然环境。

【森林与人体健康】

随着社会的发展，人们越来越认识到森林所具有吸收二氧化碳释放氧气、吸毒、除尘、杀菌、净化污水、降低噪音、防止风沙、调节气候以及对有毒物质的指示监测等作用。于是不少人开始到大自然中去感受大森林的乐趣，去领略大森林对人体的各种益处。

当你步入苍翠碧绿的林海里，会骤感舒适，疲劳消失。森林中的绿色，不仅给大地带来秀丽多姿的景色，而且它能通过人的各种感官，作用于人的中枢神经系统，调节和改善机体的机能，给人以宁静、舒适、生气勃勃、精神振奋的感觉而增进健康。

绿色的环境能在一定程度上减少人体肾上腺素的分泌，降低人体交感神经的兴奋性。它不仅能使人平静、舒服，而且还使人体的皮肤温度降低1～2℃，脉搏每分钟减少4～8次，能增强听觉和思维活动的灵敏性。科学家们经过实验证明，绿色对光反射率达30%～40%时，对人的视网膜组织的刺激恰到好处，它可以吸收阳光中对人眼有害的紫外线，使眼疲劳迅速消失，精神爽朗。

森林中的植物，如杉、松、桉、杨、圆柏、橡树等能分泌出一种带有芳香味的单萜烯、倍半萜烯和双萜类气体“杀菌素”，能杀死空气中的白喉、伤寒、结核、痢疾、霍乱等病菌。据调查，在干燥无林处，每立方米空气中，含有400万个病菌，而在林荫道处只含60万个，在森林中则只有几十个了。许多树木都可以吸收有害气体，如：樟树、夹竹桃、丁香、枫树、刺槐、臭椿、桧柏、女贞、橡树、红柳、木槿、榆树、马尾松、法国梧桐等都有很强的吸收二氧化硫、氯气、氟化氢等有毒有害气体的能力。这些气体通过绿化林带，通常有1/4可以得到净化，或变成氧气。许多树木能分泌杀菌素，如松树分泌的杀菌素就能杀死白喉、痢疾、结核病的病原微生物。闹市区空气里的细菌含量，要比绿化地区多85%。

林木还能吸收噪声。一条40m宽的林带，可以降低噪声10～15分贝。

树叶通过其上面的绒毛、分泌的黏液和油脂等，对尘粒有很强的吸附和过滤作用。每公顷森林每年能吸附50～80吨粉尘，城市绿化地带空气的含尘量一般要比非绿化地带少一半以上。

绿色植物的光合作用能吸收二氧化碳，释放氧气，还能吸收有害气体。据报道，0.4公顷林带，一年中可吸收并同化100000kg的污染物。1公顷柳杉林，每年可吸收720kg的二氧化硫。因此森林中的空气清新洁净。据日本科学家研究发现，森林和原野里有一种对人体健康极为有益的物质——负离子，它能促进人体新陈代谢，使呼吸平稳、血压下降、精神旺盛以及提高人体的免疫力。有人测定，在城市房子里每立方厘米只有四五十个负离子，林荫处则有一二百个，而在森林、山谷、草原等处则达到一万个以上。

此外森林还有调节小气候的作用，据测定，在高温夏季，林地内的温度较非林地要低3～5℃。在严寒多风的冬季，森林能使风速降低而使温度提高，从而起到冬暖夏凉的作用。此外森林中植物的叶面有蒸腾水分作用，它可使周围空气湿度提高。

如果没有森林，陆地上绝大多数的生物会灭绝，绝大多数的水会流入海洋；大气中氧气会减少、二氧化碳会增加；气温会显著升高，水旱灾害会经常发生。

总之，森林是陆地生态环境的主体，是大自然的调节器。保护森林就是保护人类生存的环境，也就是保护人类自己。让我们为保护大森林出力，让大森林为人类造福！

【森林的现状】

在人类发展的历史进程中，森林像母亲一样哺育了人类，给人类提供了吃、穿、住的条件，但自从人类掌握了取火、用火的技术以后，就开始回过头来向自己的“老家”进攻了。

从1万年前的新石器时代，人类发展粗放牧畜和进行刀耕火种时起，森林便遭到了巨大的破坏。以后更是变本加厉，日益严重。四五千年前，欧洲森林面积还占陆地面积的90%，现在只占50%了。我国西北广大地区4000年前也覆盖着茂密的森林，如今林海湮灭，植被破坏，好多地方已经沦为千沟万壑、童山濯濯的旱原。

特别严重的破坏是在近百年里发生的。随着社会生产的发展，毁林开荒，辟林放牧，兴建城镇，砍伐木材，再加战争破坏，火灾虫害，世界森林面积缩小的过程大大加快。现在，每年大约有2000万公顷的森林从地球上消失！

多年来，非洲森林已经砍掉了一半以上。其中西非每新种一棵树，同时却几乎要砍掉30棵树。象牙海岸本是非洲多林国家之一，为了得到所需要的外汇，每年差不多要砍伐30万公顷森林。1963年它还拥有1200万公顷森林，现在只剩下不到100万公顷了。

在人口爆炸和农业过度开发的压力下，亚洲的森林也面临消失的危险。从1980年到2000年，尼泊尔森林面积减少63%，斯里兰卡减少59%，泰国减少55%。越南在过去40年里已有一半的森林被破坏。泰国1970年的森林覆盖率还高达50%以上，短短十几年后已下降到不足25%。

欧洲现在的森林都是人工林，原始森林几乎已经绝迹。欧美国家经常发生火灾，比如仅1990年，意大利被焚毁的森林就达17万公顷。欧共体各国被环境污染毁坏的森林也很多。

最令人担心的是热带雨林，现在正以惊人的速度从地球上消失。80年代以来，热带雨林的3个主要生长国——巴西、印尼和扎伊尔，每年砍伐的森林超过200万公顷。有一份最新报告说，1980年有1130万公顷热带雨林被毁，1991年达到1690万公顷，也就是说，过去10年里的砍伐量增加了一半。全世界的热带雨林已有70%被毁掉！

在人类历史发展的初期，地球上1/2以上的陆地披着绿装，森林总面积达76亿公顷。1万年前，森林面积减少到62亿公顷，还占陆地面积的42%。19世纪减少到55亿公顷，无论在欧洲、美洲还是亚洲、非洲，依然到处都能见到森林。可是进入20世纪以后，毁林的情况日趋严重，至今全球只存40多亿公顷森林，而且正以每分钟38公顷速度在消失！

森林破坏给我们带来了严重的恶果。水土流失，风沙肆虐，气候失调，旱涝成灾，都同大规模的森林破坏有关。人们毁林开荒的目的是为了多得耕地,多产粮食,可是结果适得其反,农作物反而减产,挨饿的人越来越多。人们滥伐森林的目的是为了多得木材,获取燃料,可结果也是事与愿违,木材越伐越少,某些森林资源本来很丰富的国家现在成了木材进口国,22 个国家中有 1 亿人没有足够的林木供给他们最低的燃料需求。

森林与人类息息相关,是人类的亲密伙伴,是全球生态系统的重要组成部分。破坏森林就是破坏人类赖以生存的自然环境,破坏全球的生态平衡,使我们从吃的食物到呼吸的空气都受到影响。难怪一位著名的生物学家说:"人类给地球造成的任何一种深重灾难,莫过于如今对森林的滥伐破坏!"

爱护森林吧,乱砍滥伐森林是人类的愚蠢行为,再不要做这种贻害子孙后代的事了。我们不仅要保护好现有的森林资源,把利用自然资源和保护环境结合起来,同时还要大规模植树造林,绿化大地,改变自然面貌,改善生态环境。

【森林可持续发展】

人类在经过原始经济时期、农业经济时期、工业经济时期以后,当人类为财富而不懈奋战之时,不断拥有和扩张财富,标志着人类正在进步;当人类为财富而不惜牺牲生态环境之时,生存质量的下降,使人类的进步大大打了折扣。20 世纪 70 年代初,联合国在瑞典斯德哥尔摩召开人类环境会议,人类第一次召开探讨社会发展道路。1987 年挪威首相布鲁特兰德将"可持续发展"定义为"满足当代人之需要且不损害子孙后代满足其需要之发展",已被国际社会普遍接受。

(一) 1972 年斯德哥尔摩人类环境会议

1972 年 6 月 5 日,联合国在瑞典斯德哥尔摩召开人类环境会议,共有 113 个国家和一些国际机构的 1300 多名代表参加了会议。中国也派出了庞大的代表团出席会议。斯德哥尔摩召开的人类环境会议,背景与人类一直在寻求什么样的发展道路有着密切的关联。

1972 年,周恩来总理在国难当头之际,毅然派代表团出席联合国在斯德哥尔摩召开的人类环境会议,让闭目塞听的中国人走出国门,睁眼看看世界。这次会议无疑是一次意义深远的环境启蒙,使我们开始看到了自身的环境顽疾。

这次会议的主要成果集中在两个文件上:

一是由 58 个国家 152 位成员组成的通讯顾问委员会的协助下,为会议提供的一份非正式报告《只有一个地球》,这是第一本关于人类环境问题的最完整的报告。报告不仅论及污染问题,而且还将污染问题与人口问题、资源问题、工艺技术影响、发展不平衡,以及世界范围的城市化困境等联系起来,作为一个整体来探讨和研究。报告始终将环境与发展联系起来,特别指出:"贫穷是一切污染中最坏的污染"。这份报告对斯德哥尔摩会议产生了很大影响,也可以说成为会议的基调。

二是大会通过的《人类环境宣言》。该宣言指出:"为了在自然界里取得自由,人类必须利用知识在同自然合作的情况下建设一个较好的环境。为了这一代和将来的世世代代,保护和改善人类环境已经成为人类一个紧迫的目标。这个目标将同争取和平和全世界的经济与社会发展这两个既定的基本目标共同和协调地实现。"《宣言》为保护和改善人类环境所规定的基本原则,为世界各国所采纳,成为世界各国制定环境法的重要根据和国际环境法的重要指导方针。

斯德哥尔摩人类环境会议的历史功绩在于,将环境问题严肃地摆在了人类的面前,唤醒了世人的警觉，引起了世界各国的广泛共识，开始把环境问题摆上了各国政府的议事日程，并与人口、经济和社会发展联系起来，统一审视，寻求一条健康协调的发展之路。

(二) 1992 年里约联合国环境与发展大会

自从 1972 年斯德哥尔摩会议以来，人类更加广泛和深入地开展了对环境与发展问题的探索。1987 年，联合国委托以挪威首相布鲁特兰德夫人为主席的世界环境与发展委员会提交的著名报告《我们共同的未来》，提出了一种崭新的理念——可持续发展战略思想。

1991 年，世界自然保护联盟、联合国环境规划署和世界野生动物基金会又共同发表了《保护地球——可持续生存战略》，提出："要在生存于不超过维持生态系统涵容能力的情况下，改善人类的生活品质，"并且提出了人类可持续生存的九条基本原则，同时还提出了人类可持续发展的价值观和 130 个行动方案，着重论述了可持续发展的最终落脚点是人类社会，即改善人类的生活品质，创造美好的生活环境。

尽管人类探索的脚步没有停止，但由于人类行动的脚步过于缓慢，全球的环境状况却在日趋恶化。20 世纪 80 年代，人们相继发现了"全球变暖"、"臭氧层空洞"和"酸雨沉降"三大全球性的环境问题，并意识到这些问题与人类的生存休戚相关，并对人类的生存和发展构成了严峻挑战。为此，1989 年 12 月召开的联合国大会决定：1992 年 6 月在巴西里约热内卢举行一次环境问题的首脑会议，以纪念 1972 年人类环境会议召开 20 周年，并"为发展中国家和工业化国家在相互需要和共同利益的基础上，奠定全球伙伴关系的基础，以确定地球的未来"。

1992 年 6 月在巴西里约热内卢召开的联合国环境与发展大会，183 个国家的代表团和联合国及其下属机构等 70 个国际组织的代表出席了会议，102 位国家元首或政府首脑到会讲话。李鹏总理作为中国政府首脑也参加了那次会议。在那次会议上，世界各国对可持续发展达成了共识；直接成果是通过并签署了五个重要文件《里约环境与发展宣言》、《21 世纪议程》、《关于所有类型森林问题的不具法律约束的权威性原则声明》、《气候变化框架公约》和《生物多样性公约》，其中《里约环境与发展宣言》和《21 世纪议程》提出建立"新的全球伙伴关系"，为今后在环发领域开展国际合作确定了指导原则和行动纲领，也是对建立新的国际关系的一次积极探索。

环发大会共识的核心是：要以公平的原则，通过全球伙伴关系促进全球可持续发展，以解决全球生态环境的危机。

① 发达国家必须改变目前不可持续的发展方式，包括改变现有的不可持续的生活方式，减少自然资源的浪费，减少排放有毒有害物质，通过"把自己家里先整顿好"来为其他国家做出示范，也就是说在"可持续发展"方面率先做出表率。

② 发达国家通过资金援助和技术转让帮助发展中国家在经济上得到发展，从而使发展中国家在经济发展的基础上有能力保护和改善环境。

③ 国际组织及机构采取措施，保证贸易和经济发展的公平性，以维护发展中国家的利益。

④ 在经济发展与环境保护的一些关系问题上，如环境与贸易问题、知识产权与环境技术转让问题以及保持当地传统文化等问题上，必须尊重发展中国家的发展需求与权利，不以环境为借口对发展中国家的经济发展和贸易设置壁垒。

里约热内卢会议的历史功绩在于，让世界各国接受了可持续发展战略方针，并在发展中开始付诸实施，这是人类发展方式的大转变，是人类历史的新纪元。当然，可持续发展战略方针只是在开始推行，道路崎岖而漫长，但重要的是找到了前进的道路和方向。

中国作为最大的发展中国家，也是环境外交和国际环境合作中的一支活跃力量。中国参与了各项全球环境问题的谈判和重要活动，签署了多项环境条约和多边协议，双边和区域性环境合作也取得了重要进展。截至2000年底，中国已同27个国家签署了35项双边环境合作协议或备忘录。同时还抓住机遇，大力引进资金与技术，促进环保产业的发展。

（三）2002年约翰内斯堡可持续发展首脑会议

1992年，178个国家的政府领导人在巴西里约热内卢签署了著名的《21世纪议程》。这一文件基于地球自然资源的承受能力确定了社会、经济和环境协调发展的宏伟蓝图。10年来，国际组织、各国政府和人民纷纷采取行动，以《21世纪议程》为指针，为消除贫困、保护自然资源、遏制环境恶化和促进社会协调发展作出了不懈的努力，并取得了相当的成效。

环发大会后国际社会先后达成了三大环境公约，即《气候变化框架公约》、《生物多样性保护公约》和《防治荒漠化公约》，很多国家也制定实施了《21世纪议程》的国家行动计划。然而，与《21世纪议程》雄心勃勃的初衷相比，全球可持续发展进展缓慢，成效有限。

一是发达国家在里约热内卢所作的"以其国民生产总值的0.7%用于针对发展中国家的官方发展援助（ODA）"的政治承诺远没有兑现。相反，这一比率自1992年以来一直呈下降趋势，该比率1992年时为0.35%，而2000年时已降为0.22%。

二是与10年前相比，环境更为恶化，自然资源退化严重，诸多发展中国家的人民生活更加贫困。今天，全球一半人口的每日人均生活费不足2美元，有8亿人口忍饥挨饿；全球有超过10亿人喝不到安全的饮用水，发展中国家80%的病患缘于饮水，全球每天死亡的6000名儿童主要是由于卫生条件恶劣；全世界1/3的人口用不到现代能源；20世纪90年代中期，13%的鱼类、11%的哺乳动物、10%的两栖动物、8%的爬行动物和4%的鸟类处于极度濒危状态；10年来全球共有1.4亿公顷的森林丧失；1960年到1995年间，全球消费的金属、矿物质、塑料及其他材料增长了2.5倍，如果任这种消费水平继续下去，地球必将毁于人类自身之手。

实施《21世纪议程》、变蓝图为现实以达到改变上述趋势主要有三大障碍：

一是协同力量缺乏。片面的、局部的和分散的方法及力量远不能达到可持续发展的目标。只有国家间、行业间、部门间、机构间协同作战，才能事半功倍，真正走上可持续发展之路。

二是发达国家持续不断地、不合理地过度开发使用自然资源的生产和消费方式。一方面，发达国家的消费水平极高；另一方面，发展中国家甚至不能满足其最基本的生活需求。要扭转这种局面，发达国家有责任和义务改变现有的生产和消费方式、调整政策、履行援助承诺并切实向发展中国家转让与环境无害的先进技术，从而实现全球可持续发展的目标。

三是缺乏资金。如上文所述，发达国家对发展中国家的官方发展援助逐年下降，加上发展中国家本身资金严重短缺，致使《21世纪议程》的许多目标至今仍停留在纸上谈兵阶段。

虽然可持续发展之路荆棘丛生，幸而各国政府已经清醒地认识到问题的严重性，约翰内斯堡首脑会议再次为人类踏上可持续发展之路提供了一线希望、一个机会、一份信心。令人欣慰的是欧盟及其成员国已经决定从现在到2006年间将官方发展援助增加220亿欧元，且从2006年起，每年增加90亿欧元，从而使年官方发展援助款额达到约350亿欧元。

联合国于2002年8月26日至9月4日在南非约翰内斯堡举行了可持续发展世界首脑会议，对环发大会以来的情况进行回顾，以推动可持续发展的全球行动。各国代表就为形成最后的执行计划而艰苦谈判，由于在一些问题上的分歧，曾有很多方面认为会议可能达不成什么成果。好在经过10d时间，在与会的192个国家，1万7千名代表们的共同努力下，首脑会议最后通过了《约翰内斯堡可持续发展承诺》和《可持续发展世界首脑会议执行计划》。《约翰内斯堡可持续发展承诺》是政治宣言，而《执行计划》则提出了一系列新的、更具体的环境与发展目标，并设定了相应的时间表。

在这次大会上，与会各国以高票数通过了《可持续发展世界首脑会议执行计划》，这里面有个重要的词——执行。可持续发展说起来很容易，一旦付诸实施却要涉及各国利益的分配，光说不练，在过去的时间里屡见不鲜。

《执行计划》谈判历时 9 个月，最终形成的文本长达 70 多页。文件是枯燥的，但从字里行间、特别是透过各国就《执行计划》一些分歧段落和文字进行的激烈交锋，人们对可持续发展可以有更新、更深的认识。

首先，可持续发展的一些基本准则需要维护。如在磋商中，一些国家曾对里约地球首脑会议确立的"共同但有区别的责任"提出疑义。该原则意味着，发达国家在可持续发展的资金等方面，应比发展中国家承担更多义务。虽然最后通过的文件重申了这一原则，但质疑声的出现值得警惕。

其次，环境保护与现行国际贸易体制等之间的矛盾仍需解决。里约会议确定的"预防原则"在谈判中引起争议。该原则认为，即使是在没有充足证据的情况下，也应优先考虑环保。但这客观上会限制一些潜在的危害环境物质的流通，从而与世界贸易组织促进贸易的条例产生抵触。该原则在最后文本中也得到重申。另外，各国在文件中还原则同意环境条约可不受世贸规章的制约。这些虽是积极迹象，但并不意味着环保与贸易间的对立得到根本消除。

最后，也是最重要的一点是营造公正、合理的国际经济秩序的要求更显迫切。全球化、发展援助和减少贫困等问题实际上是文件讨论中真正核心的问题。《执行计划》将根除贫困视为当前全球面临的最大挑战，并同意设立消除贫困的自愿性"团结基金"。文件同时承认发展中国家在全球化进程中面临着特殊困难，敦促发达国家作出具体努力，将提供给发展中国家的官方发展援助额提高到占其国内生产总值的 0.7%。尽管如此，批评者认为，在援助、减债、消除农业补贴等方面，会议并未出台任何新的时间表，发达国家也未作出新的实质性承诺。

这次地球峰会上，中国在可持续发展道路所做的努力，得到了世界各国的广泛认同。中国在保持经济较快增长的同时为保护环境作出了巨大的努力。朱镕基在会上发言时宣布中国政府已核准《京都议定书》，体现了中国对可持续发展问题的高度负责态度，得到了广泛欢迎和高度评价。会议过程中，中国代表团还积极参与最后文件的起草，工作中既坚持原则，又灵活务实，发挥了应有的建设性作用，为会议成功做出了重要贡献。在可持续发展世界首脑会议关于人口问题的专题新闻发布会后，全球人口和环境科学专题组协调人马亨德拉·沙阿博士在接受新华社记者专访时的第一句话就是："中国在过去 20 多年成功控制人口增长，为世界的可持续发展作出了巨大贡献。"中国是世界上最早制订本国《21 世纪议程》的国家，中国的"九五"和"十五"发展计划中都渗透了可持续发展的理念。

约翰内斯堡举行的可持续发展世界首脑会议的历史功绩在于，在"共同但有区别的责任"基本准则下，确立了可持续发展是人类共同的责任；确定了营造公正、合理的国际经济秩序，针对健康、生物多样性、农业生产、水和能源等问题。设立了解决问题可行的时间表，以务实态度谋求各国共同发展，促进经济、社会和环境的协调发展。

【我国林业跨越式发展的战略目标】

我国林业跨越式发展的战略目标，就是力争到 2010 年，使我国的森林覆盖率达到

19.4%，生态环境恶化的趋势初步得到遏制，林业产业结构调整初见成效；到2030年，森林覆盖率达到24%，生态环境明显改观，林业产业实力明显增强；到2050年，森林覆盖率达到并稳定在26%以上，建成布局合理、功能齐备、管理高效的林业生态体系和规范有序、集约经营、富有活力的林业产业体系，从根本上改变我国生态环境面貌，实现山川秀美，林业综合实力达到世界中等发达国家的水平。

为此，国务院对原有的17项林业工程项目进行了系统整合，确定了六大林业生态工程，它们已经列入了我国国民经济和社会发展的“十五”计划纲要。

——天然林保护工程。这是中国林业的“天”字号工程，也是投资最大的生态工程。具体包括三个层次：全面停止长江上游、黄河中上游地区的天然林采伐；大幅度调减东北、内蒙古等国有重点林区木材产量；同时保护其他地区的天然林资源。主要解决我国天然林资源休养和恢复发展的问题。工程覆盖了我国17个省(区、市)的897个县和森工局。

——三北和长江中下游地区等重点防护林体系建设工程。该工程是我国涵盖面最大的防护林工程，具体包括“三北”防护林第四期工程，长江、沿海、珠江防护林二期工程和太行山、平原绿化二期工程。主要解决“三北”地区的防沙治沙问题和其他地区各不相同的生态问题。工程遍及我国31个省(区、市)。

——退耕还林(草)工程。该工程是我国涉及面最广、政策性最强、群众参与度最高的生态建设工程，主要解决因土地利用不合理造成的水土流失问题。工程涵盖我国中西部地区的24个省(区、市)的1108个县。工程总投资3600亿元，超过三峡工程，是我国有史以来最大的工程项目。

——环北京地区防沙治沙工程。该工程是首都乃至全国的“形象工程”，主要解决首都周围地区的风沙危害问题。工程建设范围包括北京周围5个省(区、市)的75个县。

——野生动植物保护及自然保护区建设工程。这是具有多项战略意义的生态和物种保护工程，主要解决物种保护、自然保护、湿地保护等问题。工程实施范围包括我国具有典型性、代表性的自然生态系统、珍稀濒危野生动植物的天然分布区、生态脆弱地区和湿地地区等。

——重点地区速生丰产用材林基地建设工程。这是我国林业产业的一个基础性工程，也是增强林业实力的希望工程，主要解决我国的木材供应问题。同时，也有利于减轻木材需求对森林资源保护发展造成的压力，为上述五项生态工程建设提供重要保证。

【我国生态环境形势严峻，林业占主导因素】

(1) 林地被大量地侵占，流失严重。每年全国被侵占流失的林地面积57.6万公顷，相当于一个中等县域的土地面积。

(2) 森林过量砍伐。全国每年超限额砍伐森林林木8600万立方米，相当于全国木材限额产量的179.2%。

(3) 湿地大量减少。鄱阳湖、洞庭湖、扎龙、向海等全国最著名的湿地在萎缩；而分布在林区的湿地、沼泽地有相当于一部分被垦为农田。

(4) 土地荒漠化惊人。全国荒漠化土地面积262.2万km^2，占国土面积的27.3%；每年正以2650km^2的速度向外扩展。

(5) 生物物种锐减。据专家推测，全世界今后15年将有60万至240万个物种灭绝；经调查全世界每天有140个物种灭绝。我国目前尚不能测算出物种减少的数量和速度，但是局部生物物种的减少和物种数量的减少相当明显，许多珍稀物种濒于绝迹。

上述问题所带来的社会负面影响极其严重，沙尘暴的频繁出现，洪涝和干旱灾害频繁发生，水资源缺乏，不仅造成人民生命财产的损失，而且制约了国民经济和社会的可持续发展。

【全国第五次森林资源清查】

全国第五次森林资源清查，林业用地面积 26329.5 万公顷，森林面积 15894.1 万公顷，活立木蓄积 124.9 亿立方米，森林蓄积 112.7 亿立方米。我国森林覆盖率为 16.55%，与世界平均森林覆盖率 27% 尚有很大差距，人均占有森林面积 0.128 公顷也相当于世界人均占有量 0.6 公顷的 21.3%，人均森林蓄积 9.048m^3，只有世界人均蓄积 72m^3 的 1/8。

【世界森林日】

每年 3 月 21 日是世界森林日(World Forest Day)。

绿色植物的“光合作用”可以美化我们的环境，让我们的生存环境变得更好。森林可以抵御风沙，保护人类。

近年来，由于消费国大量消耗木材及林产品，导致全球森林面积明显减少，全球每年消失的森林近千万公顷，这不仅仅是某一个国家的内部问题，它已成为一个国际问题。

1971 年第七届世界森林大会决定将每年的 3 月 21 日定为世界森林日，以引起各国对人类的绿色保护神——森林资源的重视，通过协调人类与森林的关系，实现森林资源的可持续利用。

【森林旅游的自然资源】

自然资源是指条件和自然风光，包括高山、峡谷、森林、火山、江河、湖泊、海滩、矿泉、珍禽、异兽、奇花、异草以及气温、日照、雨星等。

【我国第一座森林公园】

我国第一座森林公园是张家界国家森林公园，它位于湖南省湘西土家族、苗族自治州大庸市境内。1982 年由国家命名为国家森林公园。

张家界国家森林公园位于湖南省西北部张家界市境内，是 1982 年由国务院委托国家计委批准成立的中国第一个国家森林公园，1992 年 12 月因奇特的石英砂岩大峰林被联合国列入《世界自然遗产名录》，2004 年 2 月被列入世界地质公园。公园自然风光以峰称奇、以谷显幽、以林见秀。其间有奇峰 3000 多座，这些石峰如人如兽、如器如物，形象逼真，气势壮观。峰间峡谷，溪流潺潺，浓荫蔽日。有“三千奇峰，八百秀水”之美称。公园不仅自然风光壮美绝伦，而且森林植物和野生动物资源极为丰富，森林覆盖率达 98%，是一座巨大的生物宝库和天然氧吧，被称为“自然博物馆和天然植物园”。草木禽兽与奇山异水，同生共荣，形成完美的自然景观。

【我国著名旅游自然资源】

(1) 中国名山：

① 五岳：东岳泰山、中岳嵩山、西岳华山、南岳衡山、北岳恒山；

② 风景名山：黄山、庐山、武夷山、雁荡山、阿里山、天柱山。

(2) 四大自然保护区：长白山自然保护区、鼎湖山自然保护区、梵净山自然保护区、卧龙自然保护区。

(3) 四大名河：长江、黄河、黑龙江、珠江。

(4) 七大名湖：太湖、洞庭湖、巢湖、鄱阳湖、洪泽湖、杭州西湖、台湾日月潭。

(5) 四大瀑布:黄果树瀑布、黄河壶口瀑布、黄山风景区瀑布、庐山瀑布。

(6) 著名泉水:北京玉泉、济南趵突泉、镇江中冷泉、无锡泉水、杭州虎跑泉。

(7) 著名海滨:大连海滨、北戴河海滨、青岛海滨、厦门海滨、天涯海角海滨。

【我国旅游人文资源】

历史和文化古迹,习惯称为人文资源;其中包括纪念碑、古建筑、古墓葬、艺术宝库以及各种考古发现等。

(1) 宗教名山:

① 四大佛山:五台山、峨眉山、九华山、普陀山;

② 四大道山:青城山、武当山、崂山、龙虎山。

(2) 四大名窟:敦煌莫高窟、山西大同云冈石窟、河南洛阳龙门石窟、甘肃天水麦积山石窟。

(3) 四大园林:

① 苏州园林——沧浪亭、狮子亭、拙政园、留园;

② 扬州园林——何园、个园;

③ 岭南园林——清晖园、可园;

④ 北方园林——颐和园、北海、避暑山庄。

(4) 四大宫殿:北京故宫、沈阳故宫、布达拉宫、孔庙。

(5) 六大古都:北京、西安、南京、杭州、开封、洛阳。

(6) 三大古建筑群:北京故宫、承德避暑山庄、山东曲阜孔庙。

【中国十大度假胜地】

人间天堂是杭州——浙江杭州;

桂林漓江独秀美——广西桂林;

心驰神往张家界——湖南张家界;

苏州园林甲天下——江苏苏州;

心灵圣地在西藏——西藏;

黄山归来不看山——安徽黄山;

九寨归来不看水——四川九寨沟;

风光旖旎海南岛——海南;

锦绣丽江如仙境——云南丽江;

见证历史兵马俑——陕西咸阳。

【世界旅游社会旅游资源】

民俗风情,变革新事等,称为旅游资源;其中包括古风、民俗、人际关系和各类建设风貌及发展成就等。

(一) 世界三大赌场

美国的加斯维加斯、澳门、摩洛哥。

(二) 中国四大刺绣

苏绣、蜀绣、湘绣、粤绣。

(三) 世界三大宗教

(1) 佛教:起源于公元前 6 世纪至 5 世纪之间,创始人悉达多乔达摩,代表经典是《金刚经》,世界上约有 2.5 亿人信奉佛教。

① 世界佛陀日——公历 5 月间的月圆日;

② 佛诞节(泼水节)——阴历四月初八;

③ 成道节——阴历十二月初八(腊八)。

(2) 基督教:在公元前 1 世纪形成并发展起,信仰基督耶稣,以《圣经》为经典。目前有 10 亿人信奉基督教。

① 圣诞节——公历每年 12 月 25 日;

② 复活节——每年春分月圆后的第一个星期日(3 月 21 至 4 月 25 日之间);

③ 情人节——每年 2 月 14 日;

④ 狂欢节——有的始于元旦,有的始于圣诞节,各国不一。

(3) 伊斯兰教:产生于公元 7 世纪初,创始人穆罕默德,经典是《古兰经》。

① 开斋节——伊斯兰教历 10 月 1 日;

② 古尔邦节——伊斯兰教历 12 月 1 日;

③ 圣纪节(圣忌日)——希古拉历 3 月 12 日。

【2007《福布斯》世界十大度假胜地】

(一) 多米尼加:最棒的海滩

白色的沙滩和新建的豪华度假村为这个加勒比海小岛吸引了越来越多的游客。一个乌托邦社区正在建设中,将会吸引很多富有创造精神的人。对于普通的游客来说,一些已经成熟的景点也会是不错的选择。

(二) 埃塞俄比亚:最佳探险动物园

非洲的其他地方已经被捕猎者践踏,但埃塞俄比亚在近些年才吸引了高端探险者的注意。里夫特峡谷观鸟,肯尼亚边境看鳄鱼都很刺激。

(三) 洪都拉斯:最佳潜水胜地

洪都拉斯的岛屿湾是潜水爱好者的天堂。这一地区有大量的珊瑚礁,水下洞穴,海底火山和沉船残骸,更少不了鲸鲨、海马这样的野生动物。那里的热带蝴蝶公园和棕榈海滩也值得一游。

(四) 老挝:最佳观光胜地

老挝有东南亚最大的瀑布,众多保留完好的寺庙和纪念堂,以及静静流淌的湄公河。那里的一切都会让你流连忘返。

(五) 纳米比亚:全家出游理想之地

自从布莱德·皮特一家来此度假之后,大批旅行者都慕名而来。纳米比亚沙漠的苏丝斯黎沙丘的美景多次登上《国家地理》画册。你可以乘热气球进行这次沙漠之旅,而孩子们可以尽情地滑沙。

(六) 塞舌尔群岛的北岛:一个让你挥金如土的地方

从机票到别墅房间都是这 10 个地方中最贵的。但只要你在这里的别具一格的露天别墅里呆上几晚,你就知道这是物有所值的。

(七) 阿曼:最实惠的旅游目的地

住在豪华酒店也只有 360 美元一晚。游客可以从首都出发到洼海巴沙漠去看当地的部落或去纳克侯参观阿曼古老的堡垒,这一到两天的行程只需花费 75 美元。

(八) 巴拿马:最佳生态游胜地

那里的旅社都是用可持续材料,如陶土、竹子、野生树枝建造的,使用的也是太阳能等可再生能源。在那里你可以感受大自然的种种神奇。

(九) 阿根廷:最佳品酒胜地

安第斯山脉脚下的门多萨,是葡萄酒产地的"新生代"。这里景色宜人,最佳的游览时间是每年春天,因为有一年一度的葡萄酒节,也是当地盛大的民族节日。租上一辆自行车,游览美丽的葡萄酒园,停下来喝上一杯口味上乘又便宜的葡萄酒,走到哪里都是淳朴好客的笑脸。

(十) 斯里兰卡:最佳蜜月胜地

佛教寺庙、原始海滩、青翠高山和奔腾的瀑布,让到这里度蜜月成为时尚。

【旅游环境】

旅游资源是旅游业发展的先决条件,旅游环境是以旅游资源为主体的自然、经济、社会诸条件的综合。处理好旅游资源与环境的关系,合理地开发与保护,是旅游业可持续发展的保证。因此,将保护内容分为旅游资源和旅游环境两部分。

(1) 旅游资源:指具有旅游开发价值的景点、景物。主要包括文物、古迹、建筑、碑刻及革命文物等人文旅游资源,以及山峰、象形石、水体和树木等自然旅游资源。

(2) 旅游环境:指影响文物保护、游客旅游行为的周围环境。主要包括气候、水体、地形、林木及社会文化环境等。

第2节　木　材

木材是树木砍伐后,经初步加工,可供建筑及制造器物用的材料。

木材是能够次级生长的植物,如乔木和灌木,所形成的木质化组织。这些植物在初生生长结束后,根茎中的维管形成层开始活动,向外发展出韧皮,向内发展出木材。木材是维管形成层向内的发展出植物组织的统称,包括木质部和薄壁射线。

木材对于人类生活起着很大的支持作用。根据木材不同的性质特征,人们将它们用于不同途径。

【木材的种类】

木材可分为针叶树材和阔叶树材两大类。杉木及各种松木、云杉和冷杉等是针叶树材;柞木、水曲柳、香樟、檫木及各种桦木、楠木和杨木等是阔叶树材。中国树种很多,因此各地区常用于工程的木材树种亦各异。东北地区主要有红松、落叶松(黄花松)、鱼鳞云杉、红皮云杉、水曲柳;长江流域主要有杉木、马尾松;西南、西北地区主要有冷杉、云杉、铁杉。

【木材的构造】

树干由树皮、形成层、木质部(即木材)和髓心组成。从树干横截面的木质部上可看到环绕髓心的年轮。每一年轮一般由两部分组成:色浅的部分称早材,早材是在季节早期所生长,细胞较大,材质较疏;色深的部分称晚材,晚材是在季节晚期所生长,细胞较小,材质较密。有些木材,在树干的中部,颜色较深,称心材;在边部,颜色较浅,称边材。针叶树材主要由管胞、木射线及轴向薄壁组织等组成,排列规则,材质较均匀。阔叶树材主要由导管、木纤维、轴向薄壁组织、木射线等组成,构造较复杂。由于组成木材的细胞是定向排列,形成顺纹和横纹的差别。

横纹又可区别为与木射线一致的径向；与木射线相垂直的弦向。针叶树材一般树干高大，纹理通直，易加工，易干燥，开裂和变形较小，适于作结构用材。某些阔叶树材，质地坚硬、纹理色泽美观，适于作装修用材。

【木材的缺陷】

木材的缺陷也称疵病，可分为三大类：

(1) 天然缺陷。如木节、斜纹理以及因生长应力或自然损伤而形成的缺陷。木节是树木生长时被包在木质部中的树枝部分。原木的斜纹理常称为扭纹，对锯材则称为斜纹。

(2) 生物为害的缺陷。主要有腐朽、变色和虫蛀等。

(3) 干燥及机械加工引起的缺陷。如干裂、翘曲、锯口伤等。缺陷降低木材的利用价值。

为了合理使用木材，通常按不同用途的要求，限制木材允许缺陷的种类、大小和数量，将木材划分等级使用。腐朽和虫蛀的木材不允许用于结构，因此影响结构强度的缺陷主要是木节、斜纹和裂纹。

【木材的物理性质】

木材的主要物理性质有：

(1) 密度。指单位体积木材的重量。木材的重量和体积均受含水率影响。木材试样的烘干重量与其饱和水分时的体积．烘干后的体积及炉干时的体积之比，分别称为基本密度，绝干密度及炉干密度。木材在气干后的重量与气干后的体积之比，称为木材的气干密度。木材密度随树种而异。大多数木材的气干密度为0.3～0.9g/cm^3。密度大的木材，其力学强度一般较高。

(2) 木材含水率。指木材中水重占烘干木材重的百分数。木材中的水分可分两部分，一部分存在于木材细胞胞壁内，称为吸附水；另一部分存在于细胞腔和细胞间隙之间，称为自由水(游离水)。当吸附水达到饱和而尚无自由水时，称为纤维饱和点。木材的纤维饱和点因树种而有差异，约在23%～33%之间。当含水率大于纤维饱和点时，水分对木材性质的影响很小。当含水率自纤维饱和点降低时，木材的物理和力学性质随之而变化。木材在大气中能吸收或蒸发水分，与周围空气的相对湿度和温度相适应而达到恒定的含水率，称为平衡含水率。木材平衡含水率随地区、季节及气候等因素而变化，约在10%～18%之间。

(3) 胀缩性。木材吸收水分后体积膨胀，丧失水分则收缩。木材自纤维饱和点到炉干的干缩率，顺纹方向约为0.1%，径向为3%～6%，弦向为6%～12%。径向和弦向干缩率的不同是木材产生裂缝和翘曲的主要原因。

【木材的力学性质】

木材有很好的力学性质，但木材是有机各向异性材料，顺纹方向与横纹方向的力学性质有很大差别。木材的顺纹抗拉和抗压强度均较高，但横纹抗拉和抗压强度较低。木材强度还因树种而异，并受木材缺陷、荷载作用时间、含水率及温度等因素的影响，其中以木材缺陷及荷载作用时间两者的影响最大。因木节尺寸和位置不同、受力性质(拉或压)不同，有节木材的强度比无节木材可降低30%～60%。在荷载长期作用下木材的长期强度几乎只有瞬时强度的一半。

【木材加工、处理和应用】

除直接使用原木外，木材都要加工成板方材或其他制品使用。为减小木材使用中发生变形和开裂，通常板方材须经自然干燥或人工干燥。自然干燥是将木材堆垛进行气干。人工干燥主要用干燥窑法，亦可用简易的烘、烤方法。干燥窑是一种装有循环空气设备的干燥室，能调节和控制空气的温度和湿度。经干燥窑干燥的木材质量好，含水率可达 10%以下。使用中易于腐朽的木材应事先进行防腐处理。用胶合的方法能将板材胶合成为大构件，用于木结构、木桩等。木材还可加工成胶合板、碎木板、纤维板等。

在古建筑中木材广泛应用于寺庙、宫殿、寺塔以及民房建筑中。中国现存的古建筑中，最著名的有山西五台山佛光寺东大殿，建于公元 857 年；山西应县木塔，建于公元 1056 年，高达 67.31m。在现代土木建筑中，木材主要用于建筑木结构、木桥、模板、电杆、枕木、门窗、家具、建筑装修等。

【我国木材资源分布】

(1) 东北的大小兴安岭和长白山地区，是我国最大的天然林区；

(2) 西南横断山区是我国第二大天然林区；

(3) 东南部的台湾、福建、江西等省山区，以人工林、次生林为主。

黑龙江省伊春市是中国著名的森工城市，新中国建立以来 50 年间为祖国建设输送了累计 2.4 亿立方米的木材，有"中国林都"的美誉。伊春市的五营区有世界的原始红松林保护区。

【木雕木材的鉴别】

选购木雕产品，要了解用于木雕木材方面的知识，以免，被混淆视听。

(一) 紫檀木

在各种硬木中紫檀木质地最为细密，木材的分量最重，木纹不明显。紫檀木的木花放在白酒中，木花将立即分解成粉红色，且与酒形成较黏的胶状物，倾倒时能连成线，这是鉴别紫檀木的有效方法。紫檀木的产地主要在印度，我国的云南、两广等地也有生产。其中有两种分布于我国：一为紫檀，俗称小叶檀；一为蔷薇木，俗称大叶檀。小叶檀很少有大料，材料直径多在 20cm 以内，再大就会空心而无法使用。小叶檀木纹不明显，色泽紫黑，有的黝黑如漆，几乎看不出纹理。一般认为中国从印度进口的紫檀木是蔷薇木，即大叶檀。大叶檀纹理较粗些，颜色较浅些。打磨后有明显木线，即棕眼出现。我国自古认为紫檀木是最名贵的木材，由于过于名贵，故紫檀器物比黄花梨的要少。虽然紫檀不及黄花梨那样华美，但静穆沉古是任何木材都不能比拟的。

(二) 黄花梨

这种材料颜色不静不喧，恰到好处，纹理或隐或现，生动多变。花梨木颜色从浅黄到紫赤，木质坚实，花纹精美，成八字形，锯解时芳香四溢。中国海南产的花梨木最佳，其显著特点是花纹面上有鬼脸，即树结子为最佳，花粗色淡者为低。另一特点是其心材和边材差异很大，其心材红褐至深红褐或紫红褐色，深浅不匀，常带有黑褐色条纹。其边材灰黄褐或浅黄褐色。黄花梨古无此名，只有"花梨"或写作"花榈"，后来冠之黄花梨，主要是区别现在的所谓"新花梨"，因为海南花梨早在明朝末年就已砍伐殆尽，所以现在用料多为缅甸等东南亚国家进口花梨木，但品种繁多，质次各异，品质相差很大。

(三) 鸡翅木

鸡翅木属红豆科，计约 40 到 60 种，在我国有 26 种，主要产于福建省。因其花纹秀美似鸡翅膀而改名。匠师普遍认为鸡翅木有新、老两种，新鸡翅木木质粗糙，紫黑相间，纹理浑浊不清，僵直无旋转之势，且木丝有时容易翘裂、起茬。老鸡翅木肌理细致紧密，紫褐色深浅相间成文。尤其是纵切面丝细浮动，具有禽鸟头翅那样灿烂闪耀的光辉。目前市场的鸡翅木，绝大部分是新鸡翅木。

(四) 铁力木

铁力木或作“铁犁木”或“铁栗木”，在几种硬木中长的最高大，价值又较低廉。铁力木有时有花纹，似鸡翅木而较粗，过去家具商曾用它冒充鸡翅木出售。铁力木是较大的常绿乔木，树干直立，高可十余丈，直径达丈余。原产东印度。我国两广皆有分布；木质坚硬耐久，心材暗红色，色泽及纹理略似鸡翅木，质糙纹粗，棕眼显著。在热带多用于建筑，极经久耐用。

(五) 榉　木

榉木属榆种，产于江、浙等地，别名榉榆或大叶榆，木材坚致，色泽兼美，用途极广，颇为贵重，其老龄木材带赤色故名“血榉”。又叫红榉。它比一般木材坚实，但不能算是硬木，故老匠师及明式家具的真正爱好者都予以重视，认为不应因用料较差而贬低它的艺术价值和历史价值。榉木材质坚硬，色纹兼美，有很美丽的大花纹，层层如山峦重叠，被木工称之为“宝塔纹”。

(六) 沉　香

(1) 进口沉香。又名沉水香、燕口香、蓬莱香、密香、芝兰香、青桂香等。来自瑞香科植物沉香的含树脂的心材。主产于印度尼西亚、马来西亚、新加坡、越南、柬埔寨、伊朗、泰国等地。

印度尼西亚、马来西亚、新加坡所产的沉香习称新州香，质量最好，燃之香味清幽，并能持久。越南产的沉香习称会安香，质量稍次，燃之香味甚善，带有甜味，但不能持久。

进口沉香多呈圆柱形或不规则棒状，表面为黄棕色或灰黑色；质坚硬而重，能沉于水或半沉于水；气味较浓，燃之发浓烟，香气强烈。进口沉香性微温，味苦辛。具有行气止痛、温中止呕、纳气平喘的功效，药效比白木香佳。

(2) 国产沉香。又名沉水香、沉香木、耳香、上沉、白木香、海南沉香、女儿香、莞香、岭南沉刀香。来自瑞香科植物白木香的含树脂的心材。

沉香分为一号香(质重香浓)、二号香(质坚香浓)、三号香(质较松、香味佳)、四号香(质浮松、香淡)四种规格。其状不规则，表面多呈朽木状凹凸不平，有刀痕，偶有孔洞，可见黑褐色树脂与黄白色木质相间的斑纹。

(七) 黑檀木

黑檀木属柿树类，主要产于印度、印尼、泰国、缅甸等国。黑檀木心边材区别明显，边材白色(带黄褐或青灰)至浅红褐色；心材黑色(沌黑色或略带绿玉色)及不规则黑色心材(其深浅相间排列条纹)。木材有光泽、无特殊气味。纹理黑白相间，直至浅交错，结构细而匀，耐腐、耐久性强、材质硬重、细腻，是一种十分稀少的珍贵家具及工艺品用材。

(八) 绿檀木

绿檀主要生长在亚热带地区，主要产于印度、越南、非洲，我国云南也有少量分布，因其木质坚硬，香气怡人，色彩绚丽多样，且含有丰富的人体所需的多种微量元素。其中，硒、钴为抗癌物质，其香味需经 35℃以上方可蒸发出，而人体正常体温为 37.5℃，中医理论认为檀香味能起到定心、安神、醒脑、镇邪、通窍等，所以人们常把它作为吉祥物，自己佩戴或馈赠亲友。

(九) 檀香木

檀香木是檀香的芯材部分，不包括檀香的边材(没有香气，呈白色)。檀香隶檀香科檀香属，是一种半寄生性小乔木，高可达 8～15m，胸径约 20～30cm，小者仅 3～5cm。原产地为印度哥达维利亚河流域，南至迈索尔邦及印度尼西亚，东、西努沙登加省及东帝汶。檀香木一般呈黄褐色或深褐色，时间长了则颜色稍深，光泽好，包浆不如紫檀或黄花梨明显。香气醇厚，经久不散,久则不甚明显,但用刀片刮削,仍香气浓郁,与香樟、香楠刺鼻的浓香相比略显清淡。檀香分老山香,新山香,地门香,雪梨香。

(十) 酸枝木

酸枝木有多种,为豆科植物中蝶形花亚科黄檀属植物。在黄檀属植物中,除海南岛降香黄檀被称为“香枝”(俗称黄花梨)外,其余尽属酸枝类。酸枝木大体分为三种:黑酸枝、红酸枝和白酸枝。它们的共同特性是在加工过程中发出一股食用醋的味道,故名酸枝。

在三种酸枝木中,以黑酸枝木最好。其颜色由紫红至紫褐或紫黑,木质坚硬,抛光效果好。有的与紫檀木极接近,常被人们误认为是紫檀,唯大多纹理较粗。

红酸枝纹理较黑酸枝更为明显,纹理顺直,颜色大多为枣红色。

白酸枝颜色较红酸枝颜色要浅得多,色彩接近草花梨。有时极易与草花梨相混淆。

(十一) 花梨木

花梨木,属于紫檀属树种,它的木质比较硬,颜色大多是赤色或红紫色,纹理很清晰,色泽也比较柔和,木材的颜色有点淡时靠近木材的中心,但是越往外颜色就越深,就是赤色或红紫色,其实这才是花梨木的本色。

(十二) 香樟木

香樟木有一种很好闻类似有樟脑的香味。有不规则的纵裂纹。生于山坡、溪边;多栽培。主产长江以南及西南各地。木材块状大小不一,表面红棕色至暗棕色,横断面可见年轮。质重而硬。味清凉,有辛辣感。香樟木有治疗祛风湿,通经络,止痛,消食的功效。

(十三) 黄杨木

黄杨木,树小而肌理坚细,色彩极艳丽,有的呈蛋黄色,因其难长,故无大料,常用其制作木梳及用于刻印,用于家具则多做镶嵌材料。

黄杨木是热带、温带较常见的常绿植物,我国东南沿海、西南、台湾都有广泛的分布。

黄杨科树种有 4 属 100 多种。为常绿灌木或小乔木,木材淡黄色,质地坚韧,纹理细腻,硬度适中,没有棕眼,生长期长,无大料,

黄杨木生长非常缓慢,逢冬开花,春到结子,一般要生长四、五十年才能长到 3～5m 高,直径也不足 15cm,所以有“千年难长黄杨木”“千年黄杨难做拍”(乐器中的一种拍子)的说法。旧时传说黄杨遇闰年不仅不长,反要缩短。宋苏轼:“俗说,黄杨一岁长一寸,遇闰退三寸”故有“千年矮””之谓。

(十四) 楠　木

楠木中比较著名的品种可分三种:一是香楠,木微紫而带清香,纹理也很美观;二是金丝楠,木纹里有金丝,是楠木中最好的一种,更为难得的是,有的楠木材料结成天然山水人物花纹;三是水楠,木质较软,多用其制作家具。

楠木属樟科,种类很多,常用于建筑及家具的主要是雅楠和紫楠。前者为常绿大乔木,产于四川雅安、灌县一带;后者别名金丝楠,产浙江、安徽、江西及江苏南部。楠木的色泽淡雅匀称,伸缩变形小,易加工,耐腐朽,是软性木材中最好的一种。

(十五) 椴　木

椴木的白木质部分通常颇大,呈奶白色,逐渐并入淡至棕红色的心材,有时会有较深的条纹。这种木材具有精细均匀纹理及模糊的直纹。

椴木机械加工性良好,容易用手工工具加工,因此是一种上乘的雕刻材料。钉子、螺钉及

胶水固定性能尚好。经砂磨、染色及抛光能获得良好的平滑表面。干燥尚算快速，且变形小、老化程度低。干燥时收缩率颇大，但尺寸稳定性良好。

椴木重量轻，质地软，强度比较低，属于抗蒸汽弯曲能力不良的一类木材。抗腐力，白木质易受常见家具甲虫蛀食。可渗透防腐处理剂。

(十六) 阴沉木

在中国民间，阴沉木即炭化木，蜀人称之为乌木，西方人称之为“东方神木”。阴沉木的形成久远，据可考资料记载：远古时期，原始森林中的百年千年名贵古木，由于遭受到突如其来的重大的地理、气象变化(如地震、山洪、雷击、台风等)，有的被深埋于江河湖泊的古河床、泥沙之下，有的被埋藏在缺氧的阴暗地层中，时间长达数千年，甚至几万年，它们历经激流冲刷、泥石碾压、鱼啄蟹栖，以致形状各异，姿态万千。经大自然千年磨蚀造化，阴沉木兼备木的古雅和石的神韵，其质地坚实厚重，色彩乌黑华贵，断面柔滑细腻，且木质油性大、耐潮、有香味，万年不腐不朽、不怕虫蛀，浑然天成。古籍中记载个别树种还具有药用价值。它集“瘦、透、漏、皱”的特性于一身，不愧享有“东方神木”和“植物木乃伊”的美誉。

阴沉木自古以来就被视为名贵木材，稀有之物，是尊贵及地位的象征。我国民间素有“纵有珠宝一箱，不如乌木一方”和“黄金万两送地府，换来乌木祭天灵”的民谚。在古代，达官显贵、文人雅士皆把阴沉木家具及出自阴沉木雕刻的艺术品视为传家、镇宅之宝，辟邪之物。历代以来，特别是明、清时期，阴沉木尤其成为各代帝王建筑宫殿和制作棺木的首选之材。清代帝王更将其列为皇室专用之材，民间不可私自采用，致使阴沉木更加稀少。民国时的窃国大盗袁世凯，逆历史潮流而动，“皇帝梦”没做多久就一命呜呼。但为了显示曾有过帝王身份，其家人费尽心思，耗费大量家财觅得阴沉木，为其拼了一副棺木。这虽是历史笑谈，但从中也看出了阴沉木的贵在难求。

严格说来，阴沉木已超出了木头的范围，而应将之列为“珍宝”的范畴。这是因为，在故宫博物院的“珍宝苑”就珍藏有阴沉木雕刻而成的巧夺天工的艺术品，可见其珍贵的程度已远远不是一般木头所能企及的。阴沉木家具及艺术品就其质地、文化价值和升值前景看，可以说是无与伦比的，甚至已经超过了名贵的紫檀木。

由于乌木为不可再生资源，开发量越来越少，一些天然造型的乌木艺术品极具收藏价值。

(十七) 条纹乌木

条纹乌木，又称纹乌木，顾名思义是有条纹的乌木。《红木》国标将条纹乌木从乌木中分出，独立成为一个类别。条纹乌木与乌木同属于柿树科(Ebenaceae)柿树属(Diospyros)，两者的区别就在于材色：乌木木材的心材材色乌黑，而条纹乌木木材的心材材色黑或栗褐，间有浅色条纹。条纹乌木古时称木、文木、乌文木，晋代崔豹《古今注》：“木出交州林邑，色黑而有文，亦谓之文木。”晋代嵇合《南方草木状》：“文木树高七八尺，其色正黑，如水牛角，作马鞭，日南有之。”据古籍记载：“乌文”舶上将来，乌文烂然。在日本对乌木与条纹乌木有黑檀的称谓，据须藤彰司《南洋材》介绍：条纹黑檀，心材黑色，有灰色或红褐色的条纹。

【板式家具的选购】

环保家具的选择主要从三个方面来进行，第一个方面最主要的是在板材，因为家具环保性能主要体现在板材上，好的板材甲醛含量特别低，主要分三种，E2 级这是符合国内标准，E1 级符合欧洲标准，E0 级是属于最环保的世界顶级标准。

国内现在生产的板材能达到 E0 级的没有，有数的一、两家能达到 E1 级。欧洲森林资源比较丰富的国家，进口的板材大部分都能达到 E1 级标准，这是从板材的选择。如果有条件一定要选择 E1 级以上的，环保性能更好一些。E2，10～30mg/100g；E1，小于或等于 1.5mg/L；E0，小于或等于 0.5mg/L。从饰面上看，好的企业所用的板材饰面比较耐磨耐划而不褪色。差的一些饰面一是耐磨性不够，二是在 3～6 个月以后逐渐褪色，产生黄变效应。

选购环保板式家具注意的问题，第一要看板材的颜色，挑选自己喜欢的流行颜色，还要仔细看生产工艺，包括封边，家具的结构是否合理，使用的五金件主要侧重耐用系数，一般进口的五金件使用寿命都是 10 万次，相当于 20 年。

第二就是看闻，环保家具应该没有刺激性的味道，不刺激眼睛、鼻子、喉咙。闻主要是针对甲醛释放量而来的，环保的板式家具甲醛的含量，在保证强度的同时越低越好。所以建议在闻的同时要看厂家出示的证书，承诺的甲醛含量和厂家到权威机构进行的检测报告。关于看的问题还要看家具板材的截面，表面好不等于里面好，真正环保的板材是由新鲜木头制造的，所以切开以后能看到白色新鲜的基材，颗粒比较大。

选购板式家具的窍门：

(1) 辨别板式家具用的是纸贴面还是木贴面，这是比较难的。最简便的方法是观察花纹，木贴面有自然的节疤、色差及纹路变化。

(2) 板式家具的封边非常重要。要注意封边材料的优劣，注意封边有没有不平整、翘起现象。特别要注意的是，它是不是六面都封边——虽然用的是无甲醛的黏合剂，但人造板在制作过程中或多或少会有挥发性气体，封边严密，对居室环保当然有好处。

(3) 还要看家具结构的牢固度。一是家具的门缝、抽屉缝的间隙，如果缝隙大，说明做工粗糙，时间长了还会变形；二是单包箱还是双包箱，通常，除了外面一层板之外，家具里面还应贴有一层面板，这叫双包箱，双包箱的家具既美观又结实。

(4) 油漆的好坏当然也要紧。颜料是否有条痕？角位的颜料是否涂得过厚？有裂痕或气泡吗？这些都是要仔细查看的。还得问营业员，家具上过几道漆。当然是上的次数越多越好。

(5) 从合页槽和打眼处可以看出板式家具用材是中密度还是刨花板，一个最好的方法是认真观察合页槽和打眼处，裸露了内部构造的地方，就可以看出是用了刨花板还是中密度板。

(6) 五金件的使用，可随意拆装组合是板式家具最大的优点，所以连接件的质量好坏和整个家具的质量息息相关。进口家具贵就贵在这些细枝末节上。

如何识别一块门板或隔板是否是实木制作的呢？

看实木的奥秘是木纹和疤结。如一个柜门，外表看上去是一种花纹，那么相应看这个花纹变化的位置，在柜门的背面看相应的花纹，如果对应得很好则是纯实木柜门。另外看疤结也是鉴定纯实木的好方法：看好有疤痕的一面所在位置，再在另一面找是否有相应花纹。

实木家具是指由天然木材制成的家具，家具表面一般都能看到木材真实的纹理。其实目前市场上的实木家具大致有两种：一种是纯实木家具，家具所有用材都是实木，包括桌面、柜子的门板、侧板等均用纯实木制成，不使用其他任何形式的人造板；另一种是仿实木家具，也就是从外观上看木材的自然纹理、手感及色泽都和实木家具一模一样，但实际上是实木和人造板混合制成的家具，例如侧板、搁板等使用薄木贴面的刨花板或中密度纤维板，桌脚和椅背则采用实木。

【板式家具的保养】

对于板式家具的保养包括以下几方面：

首先，摆放板式家具的地面必须要保持平整，四腿均衡着地，倘若家具安置之后，处于经常摇摆晃动不稳的状态，日久必然会使榫头或紧固件脱落，黏结部分开裂，从而影响使用效果和降低家具寿命。另外，如果地面松软使家具不平衡，也不要用木板或铁片垫家具腿，这样即使保持平衡，也很难受力均匀，长久下去会损坏家具内部结构．唯一补偿的办法是修整地面，或用稍大面积的硬橡胶板铺在凹面，以使家具四腿平稳着地。

第二，在清除家具上的灰尘时最好用纯棉针织布，然后再用细软羊毛刷清除凹陷或浮雕纹饰中的尘埃。经过油漆处理的家具，忌用汽油或有机溶剂擦拭，可用无色家具上光蜡擦拭，以增强光泽减少落尘。

第三，家具摆放的位置最好不要受到阳光的直射，经常日晒会使家具油漆膜褪色，金属配件易氧化变质，木料容易发脆。夏日最好用窗帘遮日晒，以保护家具。

最后，就是要保持室内湿度，不要让家具受潮。在春秋使用加湿器应限定时间，防止因湿度过大而伤害家具，如木质腐朽、金属件锈蚀、黏结部位易开胶脱离等。平时清洗家具尽量少用水，更要忌用碱水，只宜用拧净水分的湿布擦，而后用干布擦干净。

只要做到以上几点板式家具就不会那么容易变形了。

【木质家具保养】

天然木材的家具制品，其最大优点在于浑然天成的木纹，与多变化的自然色彩。由于天然木是不断呼吸的有机体，因此必须放置在温湿度合宜的环境里，同时须避免饮料、化学药剂或过热的物体放置在表面，以免损伤木质表面的天然色泽。若是实木纹理清晰的板材质，当污垢较多时，则可利用稀释过的中性清洁剂佐以温水先擦拭一次，再以清水擦拭。用柔软的干布擦去残留水渍，待完全擦净后，再使用保养蜡磨亮，就算大功告成了。唯有重视日常的清洁与保养，才能使木家具历久弥新。

【古董家具的选购和保养】

(1) 古董家具的材质可分为“软木”和“硬木”两类。硬木密度较高、纹理较细、质量也较重，故硬木比软木更为名贵。其中的紫檀木、黄花梨价格十分昂贵。软木则有楠木、榉木、榆木、柏木、楸木、杉木、白木、樟木等。

(2) 古董家具的定价。古董家具的价值定位主要以“年代、材质、稀有性、完整性及造型品相”为主要依据。硬木中的紫檀木、黄花梨家具可以卖到天价。故热衷古董家具的人，不妨参考紫檀木、黄花梨家具的样式，而挑选软木材质的家具入门。

(3) 古董家具的加工。小处着眼的加工整理，是古董家具重获新生的必要过程，加工的精密程度可从以下看出：抽屉底板的整理、磨光是否细致、上漆是否均匀、木纹是否完整、橱柜背板是否完好等，都是需要注意的地方。

(4) 古董家具的保养。

① 要防水防干裂。例如无论天气冷热，杯子下都要加垫布、有水渍就立即拭去，通常只要正常使用，就不用过分担心。在冬季使用暖气的过于干燥的房间中，最好同时使用加湿器，以免家具干裂。

② 要经常上蜡清洁。不论硬木或软木皆不可以阳光直接暴晒或用湿布擦拭。因为阳光长期暴晒会造成木材龟裂及褪色的现象，而湿布则容易沾上古董上的沙尘而造成家具表面磨损，甚至将雕花磨掉那可就遗憾了！

清洁时最好以鬃毛刷轻轻刷去灰尘，再以干布擦拭至完全无尘粒为止，雕花部分则可用毛刷轻刷，然后再依材质选择水蜡、亮光蜡、蜂蜡等保护蜡来做保养。上蜡时，须以干净的棉布沾蜡，由轻而重慢慢施力，再由点而面逐渐推开，直到蜡稳定均匀地附着其上，而且木纹清晰可见即可，通常每半年上蜡一次。由于古董上通常都已覆上一层透明漆来隔绝空气，因此厚厚的蜡油对家具并无好处，不过勤拭灰尘倒是避免砂磨最好的习惯。

③ 注意软、硬有别。一般而言，消费者买到的古董家具应该都已经过专业古董修复师父养护过的，加上珍贵的古董家具一旦处理不当可能造成回天乏术，因此建议太复杂的维修工作还是交由专业人士。因此在家中处理的主要还是在于日常清洁、上蜡等工作。由于古董家具以木质为最大宗，而木种材质又可区分为软木与硬木两种。大部分木质家具经生漆处理后，软木家具则会再上一层漆做保护，至于硬木家具则多仅以上蜡来保养，而呈现木材本身美丽的纹理。

【木茶几优越性】

(1) 实体面材，无孔隙，不渗透；

(2) 绝对环保、无毒、无辐射，是可与食物直接接触的台面；

(3) 对水、油、污渍、细菌有很强的抵抗力，容易清洗；

(4) 手感温润，耐冷热，耐冲击，坚固耐用，不变形；

(5) 柔韧性好、可塑型强，可加热弯曲成型，更能满足顾客天马行空的创意理念；

(6) 每种颜色配有同色胶水，板材可以拼接无缝，加工性强(使用木工工具即可加工，可采用混合性施工法，易打磨各种花边)，修复性好(缺损凹陷可修复，施工不良时可重整)

(7) 产品颜色丰富多彩，有净色、麻色、透明颗粒等系列搭配随心所欲，可满足各种不同的设计要求，让您自由发挥想象力。

【茶几的选购】

(1) 色泽深浅。金属搭配玻璃材质的茶几能给人以明亮感，有扩大空间的视觉效果；而沉稳、深暗色系的木质家具，则适合较大的古典空间。

(2) 空间大小。空间大小是考虑选择茶几尺寸的依据。若空间不大，以椭圆形小茶几为佳，柔和的造型，让空间显得轻松而没有局促感。如果在大空间，则可以考虑除了搭配主沙发的大茶几外，在厅室的单椅旁，还可以挑选较高的边几，作为功能性兼装饰性的小茶几，为空间增添更多趣味和变化。

(3) 安全性能。由于茶几放置在经常走动的地方，因此，对桌角的处理需特别注意，尤其家里有小孩的时候更要注意。

(4) 稳定或移动。一般来说，沙发旁的大茶几不可能常移动，所以要注意茶几的稳定性；而放置在沙发扶手旁的小茶几则随机使用的情况较多，可选择带轮子的款式。

(5) 注重功能性。茶几除了具有美观装饰的功能外，还要承载茶具、小食品等，因此也要注意它的承载功能和收纳功能。若居室较小，则可以考虑购买具有收纳功能的茶几或具有收展功能的，以根据客人的需要加以调整。

【实木地板铺设和保养要点】

(1) 地板应在施工后期铺设，不得交叉施工。铺设后应尽快打磨和涂装。以免弄脏地板或使受潮变形。

(2) 地板铺设前宜拆包堆放在铺设现场 1～2 天，使其适应环境，以免铺设后出现胀缩变形。

(3) 铺设应做好防潮措施，尤其是底层等较潮湿的场合。防潮措施有涂防潮漆、铺防潮膜、使用铺垫宝等。

(4) 龙骨应平整牢固，切忌用水泥加固，最好用膨胀螺栓、美固钉等。

(5) 龙骨应选用握钉力较强的落叶松、柳安等木材。龙骨或毛地板的含水率应接近地板的含水率。龙骨间距不宜太大，一般不超过 30cm。地板两端应落实在龙骨上，不得空搁，且每根龙骨上都必须钉上钉子。不得使用水性胶水。

(6) 地板不宜铺得太紧，四周应留足够的伸缩缝(0.5～1.2cm)，且不宜超宽铺设，如遇较宽的场合应分隔切断，再压铜条过渡。

(7) 地板和厅、卫生间、厨房间等石质地面交接处应有彻底的隔离防潮措施。

(8) 地板色差不可避免，如对色差有较高要求，可预先分拣，采取逐步过渡的方法，以减少视觉上的突变感。

(9) 使用中忌用水冲洗，避免长时间的日晒、空调连续直吹，窗口处防止雨淋、避免硬物碰撞摩擦。为保护地板，在漆面上可以打蜡(从保护地板的角度看，打蜡比涂漆效果更好)。

(10) 漆饰地板

漆饰地板由工厂在流水线上制成，所用漆大多为 UV 漆，以紫外线快速固化，其硬度和耐磨性能均大大高于普通手工漆，但附着力略差。

漆饰地板的另一优点是整个地板由许多快漆面组成，因此不会随着地板的胀缩出现裂纹。

【实木地板的优点】

(1) 隔音隔热。实木地板材质较硬，缜密的木纤维结构，导热系数低，阻隔声音和热气的效果优于水泥、瓷砖和钢铁。

(2) 调节湿度。实木地板的木材特性是，气候干燥，木材内部水分释出；气候潮湿，木材会吸收空气中水分。木地板通过吸收和释放水分，把居室空气湿度调节到人体最为舒适的水平。科学研究表明，长期居住木屋，平均可以延长寿命 10 年。

(3) 冬暖夏凉。冬季，实木地板的板面温度要比瓷砖的板面温度高 8～10℃，人在木地板上行走无寒冷感；夏季，实木地板的居室温度要比瓷砖铺设的房间温度低 2～3℃。

(4) 绿色无害。实木地板用材取自森林，使用无挥发性的耐磨油漆涂装，从材种到漆面均绿色无害，不像瓷砖有辐射，也不像强化地板有甲醛，是唯一天然绿色无害的地面建材。

(5) 华丽高贵。实木地板取自高档硬木材料，板面木纹秀丽，装饰典雅高贵，是中高端收入家庭的首选地板材。

(6) 经久耐用。实木地板绝大多数品种，材质硬密，抗腐抗蛀性强，正常使用，寿命可长达几十年乃至上百年。

【木地板保养】

对木地板的维护和保养要切实做到“二勤”和“三忌”。

勤打光蜡：打蜡对木质地板有较好的保护作用，而且还能增加地板光洁度。

勤观湿度：冬季取暖室内温度高，空气较干燥，应增加湿度，如在室内放盆水，也可使用加湿器；雨水多时，空气湿度大，应开窗通风。

忌修早补：铺设好的木地板，由于多种原因会出现开裂、脱胶、翘曲、松动等现象，一旦发现个别地板变形，应视变形原因和铺设方法(钉接或胶粘)及时进行修补或更换。

忌火烫暴晒:注意千万别把烟头、火炉和取暖器直接放置在木质地板上,以防烧出斑痕和烧焦起火。

忌泼洒药剂:别把酱油、酒及饮料等酸碱性溶剂或化学药品泼洒在木质地板上。

【2009 年中国十大品牌地板榜】

(1) 圣象地板:中国驰名商标、中国名牌基材、国家免检产品、地板十大品牌。

(2) 菲林格尔:中国名牌基材、国家免检产品、地板十大品牌。

(3) 升达地板:中国名牌、国家免检产品、地板十大品牌。

(4) 德尔地板:国家免检产品、地板十大品牌。

(5) 安信地板:国家免检产品。

(6) 瑞嘉地板:国家免检产品、地板十大品牌。

(7) 澳森地板:国家免检产品、地板十大品牌。

(8) 扬子地板:国家免检产品、地板十大品牌。

(9) 圣保罗地板:中国驰名商标、国家免检产品、地板十大品牌。

(10) 宏耐地板:国家免检产品、地板十大品牌。

【2009 年中国十大环保地板排名】

(1) 圣象地板:中国名牌基材、国家免检产品。

(2) 菲林格尔地板:中国名牌基材、国家免检产品。

(3) 德尔地板:国家免检产品。

(4) 升达地板:中国驰名商标、中国名牌、国家免检产品。

(5) 欧宝地板:中国驰名商标、国家免检产品。

(6) 生活家地板:国家免检产品。

(7) 迈思德地板:国家免检产品。

(8) 圣保罗地板:国家免检产品。

(9) 瑞嘉地板:国家免检产品。

(10) 大自然地板:中国驰名商标、国家免检产品。

【沙发的一般尺寸】

沙发因其风格及样式的多变,所以很难有一个绝对的尺寸标准,只有一些常规的一般尺寸。

沙发的扶手一般高 560～600mm。

单人式:长度:800～950mm,深度:850～900mm;座高:350～420mm;背高:700～900mm。

双人式:长度:1260～1500mm;深度:800～900mm;

三人式:长度:1750～1960mm;深度:800～900mm;

四人式:长度:2320～2520mm;深度 800～900mm。

一般进口沙发或欧式沙发、古典沙发、美式沙发都比较大气,占用空间较大,如果把它们放在小型单位的客厅中,往往会令客厅看起来更加狭小。

【沙发挑选要注意舒适、匹配、美观】

(一) 舒适度

在外忙碌,回到家里就要享受一下,身体的每个关节都需要找个地方轻松舒展,此时坐在松软舒适的沙发上是最适宜的。沙发各部位的尺寸应符合人体工程学的要求，以适合人体生理结构的曲面为好。如果居室面积较小，兼备坐卧功能的沙发床是一个不错的选择。

沙发座面高度应等于人的小腿加上鞋后跟的高度或略低的高度，大约是在 35～42cm 之间。如座面过高，就会使两脚悬空，人体躯干重量会都压在腿部，背部肌肉紧张，时间久了腿部和背部的肌肉会感到酸痛难忍；如过低，背部肌肉也未能处于自然状态，大腿部的受力面会减小，时间一久，也会感到肌肉酸痛。

单人沙发座位前部的宽度不应小于 48cm；双人沙发应在 95cm 以上；三人沙发应在 140～145cm 之间，座面的深度应在 48～55cm 间。当身体最大限度靠坐在沙发上时，以膝关节仍在沙发面以外为宜。如果沙发坐深太大，坐下时后背不能完全贴在沙发靠背上，使腰部缺乏有效支撑，腰部肌肉一直处于紧张收缩状态以维持坐姿，时间长了会导致腰肌劳损。

后靠背的高度，以坐下时达到肩与耳之间为宜，从地面算起到靠背顶部大约 68～72cm 左右。现在有不少人喜欢用高靠背沙发，其实并不科学。因为人的肩靠在高靠背上时，腰部、背部与靠背要离开一段距离，身体与沙发接触面反而少了，这样，坐不上多久就会因腰、背部无处依靠而产生疲劳。而在这方面，低靠背沙发就有着明显的优越性，这是由于人们坐在沙发上，身体的背部几乎全部依靠着它，接触面积大，身体感到舒适，坐姿也显得优美、有风度。后靠背的倾斜度则以 100°～108°之间为宜。两侧扶手的高度在 62～65cm 之间。

(二) 匹配度

一套好的沙发如果摆放不合适，再漂亮也会“煞风景”，只有结合客厅的实际情况来选择才能完整地展示沙发的美，并最大限度地让沙发“为我所用”。摆放沙发应该针对客厅的功能和面积大小的不同来考虑沙发的位置。小房间宜用体积较小的实木沙发或小巧的布艺沙发，使房间剩余空间更大；大客厅放较大的沙发并配备茶几，才更方便舒适。如果等买回沙发后再考虑如何摆放，往往为时已晚。

一字形：布置非常常见，沙发沿一面墙摆开呈一字状，前面摆放茶几，对于客厅较小的家庭较为实用。这种摆设方式目的在于节省空间，增加活动范围，适合面积较小而成员多并重视游戏活动空间的家庭。

对摆形：将两个沙发对着摆放的方式不大常见，但事实上这是一种很好的摆放方式，尤其适合越来越多的不爱看电视的人的客厅。相对摆放适合以谈话为主要功能的空间布置，位置层次感强。而且面积大小不同的客厅，只需变化沙发的大小就可以适应。

L 形：是客厅家具常见的摆放形式，三人沙发和双人沙发组成“L”字型，或者三人沙发加两个单人沙发。3＋1＋1 的组合可以说是中等户型最为普遍的沙发摆放组合方式。三人坐长沙发与电视柜相对，两个单人沙发则分列其左右两侧，可以同时容纳 5 人交流。它的优点在于使用舒适，组合简单。在选择这种组合方式的时候，三人坐沙发与单人坐沙发的款式可以协调一致，也可完全不同。比如三人坐选择布艺沙发，而单人坐则为皮质沙发，或者单人沙发干脆摆放中式古典风格的木制椅。不过它们之间的距离不要过大，以免造成交谈时的不便。

转角型：将沙发沿墙壁转角摆放，形成一个互相交流的外敞式交流空间，比较适用于正方形客厅，建议再购买一个活动沙发，将客厅的交流空间丰满起来，增强功能性。由转角四人坐和两个单人坐或者转角四人坐加一个两人坐沙发组成。四人坐沙发为客厅提供了更多的会客机会。这里的转角沙发四人坐或五人坐的均可，它与两个单人沙发或是一个双人沙发围合成独立的会客区，可以同时供 6 个以上的人交谈，转角沙发的单人长榻沙发还可以供人轻松地躺在沙发上休息。当然，同样出于舒适的目的，在搭配时也可以将单人沙发换成休闲椅。

(三) 美观度

沙发这种占据客厅面积很大的家具，往往对整个居室风格的表现起到举足轻重的作用。所以选购沙发前，要综合考虑客厅的整体风格。

【沙发的挑选质量】

(一) 看框架质量

两手将整件沙发前后左右用力反复摇一摇、晃一晃，如果感觉较好，说明框架牢固。再同营业人员商量，揭开座下底布一角查看，如果无糟朽、无虫蛀、无疤痕、不带树皮或木毛的光洁硬杂木制作的，并且料与料的衔接处不是用钉子钉的，而是以榫眼或刻口相互咬合，再用胶粘牢的，就没有问题。

(二) 看内部垫层质量

时下高档沙发座和背的底面多采用尼龙带和蛇簧交叉网编结构，上面分层铺垫高弹泡沫、喷胶棉和轻体泡沫。这种垫层回弹好，坐感舒适。中档沙发多以胶压纤维板为座和背的底板，上面分层铺垫中密度泡沫和喷胶棉。这种垫层坐感偏硬，回弹性稍差。

(三) 看面料、缝纫

买皮沙发要选择皮面。真皮沙发分为全皮沙发和半皮沙发，每套全皮沙发要耗相当于10头黄牛的牛皮，价值很高，透气和环保性能好，欧美等发达国家普遍使用全皮沙发。半皮沙发在沙发背部、底部和其他一些隐蔽部位以PU革或人造革PVC代替牛皮，但人体直接接触部位仍为价值较高的牛皮，从而降低了沙发的造价，比较经济实惠。沙发用皮分为黄牛皮和水牛皮，按层数分为头层皮、二层皮和三层皮等；按产地分为国产皮和进口皮。进口皮以意大利和德国进口的头层黄牛皮品质最佳，符合严格的环保要求，色牢度高、弹性和透气性好，机械强度高，特别是撕裂强度和抗张强度高。优质真皮沙发选用的必须是头层黄牛皮。

选购皮沙发时，皮面要丰润光泽，无疤痕，肌理纹路细腻，用手指尖捏住一处往上拽一拽，应手感柔韧有力，坐后皱纹经修整能消失或不明显，这样的皮子是上等好皮。

选购布艺沙发时应注意，沙发的座、背套宜为活套结构，高档布艺沙发一般有棉布内衬，其他易污部位应可以换洗。沙发面料应当比较厚实，其克重在$300g/m^2$以上的较为经久耐用，而且必须确保摩擦12000次以上表面不起球。沙发面料可分为国产的和进口的，欧美专业厂家生产的沙发专用面料品质优良，色差极小，色牢度高，织品无纬斜，特别是一些高档面料为提高防污能力，表面还进行了特种处理。进口高档面料还具有抗静电、阻燃等功能。买布艺沙发要选择面料经纬线细密平滑，无跳丝，无外露接头，手感有绷劲的。缝纫要看针脚是否均匀平直，两手用力扒接缝处看是否严密，牙子边是否滚圆丰满。

(四) 看包布

包布要看面料是否紧紧贴覆内部填充物，是否平整挺括，特别是两个扶手和座、背结合处要过渡得自然、无碎褶。如果是圆形和半圆形扶手，要看圆弧处是否圆滑流畅、丰满美观。花卉图案或方格图案的面料要看拼接处花形是否搭配一致，方格是否横平竖直，没有倾斜或扭曲。最后坐下来试一试，感觉一下座、背的倾角或背座上面弧度是否同腰、背、臀及腿弯四个部位贴切吻合；枕部同背的高度是否合适，扶手高低是否同两只胳膊自然伸开放平时相合；坐感是否舒适，起立时是否自如。站起来后再看一下臀部、背靠部和扶手处的面料是否有明显松弛且很久恢复不了的褶子。

（五）看泡沫海绵的选择

高档沙发坐垫应使用密度在 $30kg/m^3$ 以上的高弹泡沫海绵，背垫应使用密度 $25kg/m^3$ 以上的高弹泡沫海绵。为提高坐卧舒适度，有些泡沫还在确保不降低密度的前提下，做了软处理，有些在坐垫内设置立式弹簧，使沙发具有更高的回弹性和抗老化性能。一般情况下，人体坐下后沙发坐垫以凹陷 10cm 左右为最好。

【沙发的保养使用】

(1) 沙发放置在平整的地面上，四角底部最好垫放软垫，防止移动时损伤地板。

(2) 使用前先用干净软布擦净沙发表面的尘埃以及污垢，若是牛皮革（真皮）制作，须在使用前先用护理剂轻擦沙发表面一至两遍（不要使用蜡质的护理品），这样在牛皮革（真皮）表面形成一层保护膜，使日后的污垢不易深入真皮毛孔，便于以后清洁。

(3) 应避免在沙发上座面上跳动，以免局部受压后变形，影响使用。

(4) 应避免带有锐角或刀具类器具接触表面，防止划伤面料。

(5) 应避免阳光长时间照射沙发造成皮革面料变形而失去弹性，如遇常有阳光照射，应隔一段时间把几张沙发互调位置以防色差明显；

(6) 应避免雨淋或过度潮湿造成皮革表面膨胀松弛失去弹性或造成皮革褪色、泛色或霉变。如遇湿度较大的地方，可以利用早上 8 点～10 点的弱太阳照射 7d，每天 1h，约 3 个月做一次。

(7) 日常保养：使用干净的软布经常性擦净面料沉迹或污迹。背、扶手与座面交接处缝隙可用吸尘器清洁杂物。禁止使用湿布、硬物或酸、碱性等化学物品接触面料，以免影响表面质量和使用周期。

(8) 定期保养：牛皮革表面分布有毛孔，如同人体皮肤保养一样分干湿季节来保养。干燥季节每两个月内清洁上油一次，平常季节可 3～4 个月内保养一次。

① 用干净软布擦净沙发表面后，皮革面料可用皮革清洁剂或上光剂均匀涂擦表面，稍后再用干净软布擦匀清洁。或用温水稀释中性清洁剂（1%～3%）先行擦拭，再以拧干的清水擦去清洁液，最后再以干布擦亮，待全干后使用适量的皮革保养剂均匀擦拭即可。

② 纺织面料如棉、麻、人造纤维等因对酸性物质敏感，宜拆卸干洗，不可水洗，禁漂白。如发现松脱线头，不可用手扯断，应用剪刀整齐将之剪平。

(9) 应避免油渍、圆珠笔、油墨等弄脏沙发。若不慎弄脏，应立即用皮革清洁剂对沙发进行清洁，如没有皮革清洁剂，可用干净的白毛巾沾少许酒精轻抹污点，之后再用干一点的湿毛巾抹干，最后用保护剂护理。磨砂皮沙发不能用以上清洁方式（除皮革上有油渍外），可用细铜刷轻轻刷拭，恢复其美观。

(10) 沙发的摆放距离 5～10mm，保持通风。

(11) 沙发活动部件使用不灵活或金属部件、连接件等松动时，应拧紧连接螺丝或适当加润滑油。

(12) 木扶手处油漆因接触过高湿物体泛白时，应用湿热毛巾捂至泛白处至褪白。

(13) 清洁牛皮革注意事项：

① 手持产品向距离约 10cm 之表面喷射，每次喷一部分，直至湿润为止。

② 用清水（牛皮革特脏时可用微温清水）洗湿毛巾或海绵，用手拧干后轻轻揉擦皮革，抹去尘埃污垢。冲洗毛巾，抹净牛皮革，去除尘埃污垢。

③ 继续清洗毛巾，重复上述步骤直至完成清洁部分。让牛皮革自然干透，避免直接暴露于热力或阳光下。

④ 每次清洁之后，要用皮革保护剂进行护理。

(14) 皮革保护剂的使用方法。用清水冲洗毛巾(或任何柔软不褪色之抹布)，用手拧干后折叠起来，手持折叠好的毛巾，喷上皮革保护剂直到微湿，拭抹皮革，轻轻揉擦，切勿用力摩擦，按顺序拭抹每一部分，重复喷上保护剂，以保持布料微湿直至到完成护理程序，还原皮的延展性，从而延长沙发的寿命。

第3节　植　物

植物是生命的主要形态之一，包含了如树木、灌木、藤类、青草、蕨类、地衣及绿藻等熟悉的生物。种子植物、苔藓植物、蕨类植物和拟蕨类等植物中，据估计现存大约有 350000 个物种。直至 2004 年，其中的 287655 个物种已被确认，其中有 258650 种开花植物 15000 种苔藓植物。绿色植物大部分的能源是经由光合作用从太阳光中得到的。

植物是百谷草木等的总称。这类生物的细胞多具有细胞壁。一般有叶绿素，多以无机物为养料，没有神经，没有感觉。《周礼·地官·大司徒》："一曰山林，其动物宜毛物，其植物宜皁物，其民毛而方。"汉张衡《西京赋》："植物斯生，动物斯止。"宋梅尧臣《和王景彝咏薜荔》："植物有薜荔，足物有蜥蜴，固知不同类，亦各善缘壁。"

植物是生物界中的一大类。一般有叶绿素，没有神经，没有感觉。分藻类、地衣、苔藓、蕨类和种子植物，种子植物又分为裸子植物和被子植物。有 30 多万种。植物是能够进行光合作用的陆生多细胞真核生物。但许多藻类也是能够进行光合作用的生物，它们与植物的最重要区别就是水生和陆生。植物是适于陆地生活的多细胞的进行光合作用的真核生物，由根、茎、叶组成，表面有角质膜、有气孔、输导组织和雌/雄配子囊，胚在配子囊中发育。这些重要区别说明植物与藻类十分不同，因此五界系统中把藻类列入原生生物界。但另一方面，藻类和植物有许多共同之处，是否确应属于不同的界，尚有争论。

植物出现距今 25 亿年(元古代)，地球史上最早出现的植物属于菌类和藻类，其后藻类一度非常繁盛。直到 4 亿 3800 万年前(志留纪)，绿藻摆脱了水域环境的束缚，首次登陆大地，进化为蕨类植物，为大地首次添上绿装。3 亿 6000 万年前(石炭纪)，蕨类植物绝种，代之而起是石松类、楔叶类、真蕨类和种子蕨类，形成沼泽森林。古生代盛产的主要植物于 2 亿 4800 万年前(三叠纪)几乎全部灭绝，而裸子植物开始兴起，进化出花粉管，并完全摆脱对水的依赖，形成茂密的森林。在距今 1 亿 4000 万年前白垩纪开始的时候，更新、更进步的被子植物就已经从某种裸子植物当中分化出来。进入新生代以后，由于地球环境由中生代的全球均一性热带、亚热带气候逐渐变成在中、高纬度地区四季分明的多样化气候，蕨类植物因适应性的欠缺进一步衰落，裸子植物也因适应性的局限而开始走上了下坡路。这时，被子植物在遗传、发育的许多过程中以及茎叶等结构上的进步性，尤其是它们在花这个繁殖器官上所表现出的巨大进步性发挥了作用，使它们能够通过本身的遗传变异去适应那些变得严酷的环境条件，反而发展得更快，分化出更多类型，到现代已经有了 90 多个目、200 多个科。正是被子植物的花开花落，才把四季分明的新生代地球装点得分外美丽。

【植物的特点】

植物具有光合作用的能力。就是说它可以借助光能及动物体内所不具备的叶绿素，利用水、矿物质和二氧化碳生产食物。释放氧气后，剩下葡萄糖中含有丰富能量的物质，作为植物细胞的组成部分。

植物的叶绿素含有镁。

植物细胞有明显的细胞壁和细胞核，其细胞壁由葡萄糖聚合物——纤维素构成。

所有植物的祖先都是单细胞非光合生物，它们吞食了光合细菌，二者形成一种互利关系：光合细菌生存在植物细胞内（即所谓的内共生现象）。最后细胞蜕变成叶绿体，它是一种在所有植物体内都存在却不能独立生存的细胞器。

植物通常是不运动的，因为它们不需要寻找食物。

大多数植物都属于被子植物门，是有花植物，其中还包括多种树木。

【植物的光合作用】

太阳每时每刻都在向地球传送着光和热，有了太阳光，地球上的植物才能进行光合作用。植物的叶子大多数是绿色的，因为它们含有叶绿素。叶绿素只有利用太阳光的能量，才能合成种种物质，这个过程就叫光合作用。据计算，整个世界的绿色植物每天可以产生约 4 亿吨的蛋白质、碳水化合物和脂肪，与此同时，还能向空气中释放出近 5 亿吨还多的氧，为人和动物提供了充足的食物和氧气。

绿色植物光合作用是地球上最为普遍、规模最大的反应过程，在有机物合成、蓄积太阳能量和净化空气，保持大气中氧气含量和碳循环的稳定等方面起很大作用，是农业生产的基础，在理论和实践上都具有重大意义。

叶片是进行光合作用的主要器官，叶绿体是光合作用的重要细胞器。高等植物的叶绿体色素包括叶绿素（a 和 b）和类胡萝卜素（胡萝卜素和叶黄素），它们分布在光合膜上。叶绿素的吸收光谱和荧光现象，说明它可吸收光能、被光激发。叶绿素的生物合成在光照条件下形成，既受遗传性制约，又受到光照、温度、矿质营养、水和氧气等的影响。

光合作用包括光反应过程、光合碳同化两个相互联系的步骤，光反应过程包括原初反应和电子传递与光合磷酸化两个阶段，其中前者进行光能的吸收、传递和转换，把光能转换成电能，后者则将电能转变为 ATP 和 $NADPH_2$（合称同化力）这两种活跃的化学能。活跃的化学能转变为稳定化学能是通过碳同化过程完成的。碳同化有 C_3、C_4 和 CAM 三条途径，根据碳同化途径的不同，把植物分为 C_3 植物、C_4 植物和 CAM 植物。但 C_3 途径是所有的植物所共有的、碳同化的主要形式，其固定 CO_2 的酶是 RuBP 羧化酶。C_4 途径和 CAM 途径都不过是 CO_2 固定方式不同，最后都要在植物体内再次把 CO_2 释放出来，参与 C_3 途径合成淀粉等。C_4 途径和 CAM 途径固定 CO_2 的酶都是 PEP 羧化酶，其对 CO_2 的亲和力大于 RuBP 羧化酶，C_4 途径起着 CO_2 泵的作用；CAM 途径的特点是夜间气孔开放，吸收并固定 CO_2 形成苹果酸，昼间气孔关闭，利用夜间形成的苹果酸脱羧所释放的 CO_2，通过 C_3 途径形成糖。这是在长期进化过程中形成的适应性。

光呼吸是绿色细胞吸收 O_2 放出 CO_2 的过程，其底物是 C3 途径中间产物 RuBP 加氧形成的乙醇酸。整个乙醇酸途径是依次在叶绿体、过氧化体和线粒体中进行的。C_3 植物有明显的光呼吸，C_4 植物光呼吸不明显。

植物光合速率因植物种类品种、生育期、光合产物积累等的不同而异，也受光照、CO_2、温度、水分、矿质元素、O_2 等环境条件的影响。这些环境因素对光合的影响不是孤立的，而是相互联系、共同作用的。在一定范围内，各种条件越适宜，光合速率就越快。

目前植物光能利用率还很低。作物现有的产量与理论值相差甚远,所以增产潜力很大。要提高光能利用率,就应减少漏光等造成的光能损失和提高光能转化率,主要通过适当增加光合面积、延长光合时间、提高光合效率、提高经济产量系数和减少光合产物消耗。改善光合性能是提高作物产量的根本途径。

【植物的呼吸作用】

呼吸作用是高等植物代谢的重要组成部分。与植物的生命活动关系密切。生活细胞通过呼吸作用将物质不断分解,为植物体内的各种生命活动提供所需能量和合成重要有机物的原料,同时还可增强植物的抗病力。呼吸作用是植物体内代谢的枢纽。

呼吸作用根据是否需氧,分为有氧呼吸和无氧呼吸两种类型。在正常情况下,有氧呼吸是高等植物进行呼吸的主要形式,但在缺氧条件和特殊组织中植物可进行无氧呼吸,以维持代谢的进行。

呼吸代谢可通过多条途径进行,其多样性是植物长期进化中形成的一种对多变环境的适应性表现。EMP-TCA 循环是植物体内有机物氧化分解的主要途径,而 PPP 等途径在呼吸代谢中也占有重要地位。

呼吸底物彻底氧化,最终释放 CO_2 和产生水,同时将底物中的能量转化成 ATP 形式的活跃活化能。EMP-TCA 循环中只有 CO_2 和少量 ATP 的形成。而绝大部分能量还贮存于 NADH 和 FADH2 中。这些物质经过呼吸链上的电子传递和氧化磷酸化作用,将部分能量贮存于 ATP 中,这是贮存呼吸释放能量的主要形式。

植物呼吸代谢受内外多种因素的影响。呼吸作用影响着植物生命活动的进行,因而与作物栽培、育种和种子、果蔬、块根、块茎的贮藏及切花保鲜有着密切关系。人类可利用呼吸作用的相关知识,调整呼吸速率,使其更好地为生产服务。

植物指与动物相对应的另一生物干系。动物和植物的区别是在长期进化过程中形成的。但是就微小的生物而言,它们之间的区别有时是不明显的。作为植物的进化趋向,由细胞积叠方式所形成的个体发生、细胞壁的形成、靠叶绿素进行光合作用而成为独立的营养系统等独立的物质代谢型的建立是主要的,而在此基础上的非运动性等是次要的特征。据估计现存的植物种类约有 30 万种左右,而占植物界一半以上的菌类,由于缺乏叶绿素这个重要特点,而把植物分为两大类群,也有的认为整个生物界可分为动物、菌类、植物三大类群。就分类系统而言,以前是以种子植物(显花植物)作为分类重点,其后转移到所谓的隐花植物。现时则把植物界分为 10～13 门,种子植物仅仅成为其中的一门。但即使在今天,就重要门的位置和其内容而言,学者间的意见分歧可能比动物界的情况还要大。一般来说,20 世纪前半期以恩格勒的分类系统最为普及,后半期则以帕斯彻的分类系统逐渐占优势。

【植物也有“脉搏”】

近年,一些植物学家在研究植物树干增粗速度时发现,它们都有着自己独特的“情感世界”,还具有明显的规律性。植物树干有类似人类“脉搏”一张一缩跳动的奇异现象,或许有一些人会问,植物的“脉搏”究竟是怎么回事?

原来,每逢晴天丽日,太阳刚从东方升起时,植物的树干就开始收缩,一直延续到夕阳西下。到了夜间,树干停止收缩,开始膨胀,并且会一直延续到第二天早晨。植物这种日细夜粗的搏动,每天周而复始,但每一次搏动,膨胀总略大于收缩。于是,树干就这样逐渐增粗长大了。

可是，遇到下雨天，树干"脉搏"几乎完全停止。降雨期间，树干总是不分昼夜地持续增粗，直到雨后转晴，树干才又重新开始收缩，这算得上是植物"脉搏"的一个"病态"特征。

如此奇怪的脉搏现象，是植物体内水分运动引起的。经过精确的测量，科学家发现，当植物根部吸收水分与叶面蒸腾的水分一样多时，树干基本上不会发生粗细变化。但如果吸收的水分超过蒸腾水分时，树干就要增粗，相反，在缺水时树干就会收缩。

了解这个道理，植物"脉搏"就很容易理解了。在夜晚，植物气孔总是关闭着的，这使水分蒸腾大大减少，所以树就增粗。而白天，植物的大多数气孔都开放，水分蒸腾增加，树干就趋于收缩。有相当多木本植物都有这种现象，但是，"脉搏"现象特别明显的还当属一些速生的阔叶树种。

【陆地上最长的植物】

在非洲的热带森林里，生长着参天巨树和奇花异草，也有绊你跌跤的"鬼索"，这就是在大树周围缠绕成无数圈圈的白藤。

白藤也叫省藤，中国云南也有出产。藤椅、藤床、藤篮、藤书架等，有的是以白藤为原料加工制成的。

白藤茎干一般很细，有小酒盅口那样粗，有的还要细些。它的顶部长着一束羽毛状的叶，叶面长尖刺。茎的上部直到茎梢又长又结实，也长满又大又尖往下弯的硬刺。它像一根带刺的长鞭，随风摇摆，一碰上大树，就紧紧地攀住树干不放，并很快长出一束又一束新叶。接着它就顺着树干继续往上爬，而下部的叶子则逐渐脱落。白藤爬上大树顶后，还是一个劲地长，可是已经没有什么可以攀缘的了，于是它那越来越长的茎就往下堕，以大树当做支柱，在大树周围缠绕成无数怪圈圈。

白藤从根部到顶部，达 300m，比世界上最高的桉树还长 1 倍呢。白藤长度的最高纪录竟达 400m。

【最高的树】

如果举办世界树木界高度竞赛的话，那只有澳洲的杏仁桉树，才有资格得冠军。杏仁桉树一般都高达 100m，其中有一株，高达 156m，树干直插云霄，有五十层楼那样高。在人类已测量过的树木中，它是最高的一株。鸟在树顶上歌唱，在树下听起来，就像蚊子的嗡嗡声一样。

这种树基部周围长达 30m，树干笔直，向上则明显变细，枝和叶密集生在树的顶端。叶子生得很奇怪，一般的叶是表面朝天，而它是侧面朝天，像挂在树枝上一样，与阳光的投射方向平行。这种古怪的长相是为了适应气候干燥、阳光强烈的环境，减少阳光直射，防止水分过度蒸发。

【中国最高大的阔叶树】

我国著名的云南西双版纳热带密林中，在 70 年代发现了一种擎天巨树，它那秀美的姿态，高耸挺拔的树干，昂首挺立于万木之上，使人无法仰望见它的树顶，甚至灵敏的测高器在这里也无济于事。因此，人们称它为望天树。当地傣族人民称它为"伞树"。

望天树一般可高达 60m 左右。人们曾对一棵进行测量和分析，发现望天树生长相当快，一棵 70 岁的望天树，竟高达 50 多米。个别的甚至高达 80m，胸径一般在 130cm 左右，最大可到 300cm。这些世上所罕见的巨树，棵棵耸立于沟谷雨林的上层，一般要高出第二层乔木 20 多米，真有直通九霄，刺破青天的气势！

望天树属于龙脑香科，柳安属。柳安属这个家族，共有 11 名成员，大多居住在东南亚一带。望天树只生长在我国云南，是我国特产的珍稀树种。望天树高大通直，叶互生，有羽状脉，黄色花朵排成圆锥花序，散发出阵阵幽香。其果实坚硬。望天树一般生长在海拔 700～1000m 的沟谷雨林及山地雨林中，形成独立的群落类型，展示着奇特的自然景观。因此，学术界把它视为热带雨林的标志树种。

望天树材质优良，生长迅速，生产力很高，一棵望天树的主干材积可达 $10.5m^3$，单株年平均生长量 $0.085m^3$，是同林中其他树种的 2～3 倍。因此是很值得推广的优良树种。同时，它的木材中含有丰富的树胶，花中含有香料油，以及还有许多其他未知成分，尚待我们进一步分析研究和利用。

由于望天树具有如此高的科学价值和经济价值，而它的分布范围又极其狭窄，所以被列为我国的一级保护植物。

望天树还有一个极亲的“孪生兄弟”，名为擎天树。它其实是望天树的变种，也是在 70 年代于广西发现的。这擎天树的外形与其兄弟极其相似，也异常高大，常达 60～65m，光枝下高就有 30 多米。其材质坚硬、耐腐性强，而且刨切面光洁，纹理美观，具有极高的经济价值和科学研究价值。擎天树仅仅发现生长在广西的弄岗自然保护区，因此同样受到严格的保护。

【最矮的树】

一般的树木能长到 20～30m 高。在温带的树林下，生长一种小灌木，叫紫金牛，绿叶红果，人们都很喜爱它，常常把它作为盆景。它长得最高也不过 30cm，因此，大家给它起一个绰号，叫它“老勿大”。其实“老勿大”比起世界最矮的树来，要高 6 倍。这最矮的树叫矮柳，生长在高山冻土带。它的茎匍匐在地面上，抽出枝条，长出像杨柳一样的花序，高不过 5cm。如果拿杏仁桉的高度与矮柳相比，一高一矮相差 15000 倍。与矮柳差不多高的矮个子树，还有生长在北极圈附近高山上的矮北极桦，据说那里的蘑菇，长得比矮北极桦还要高。

高山植物为什么长不高呢？因为那里的温度极低，空气稀薄，风又大，阳光直射，所以，只有那些矮小的植物，才能适应这种环境。

【最粗的树】

在欧洲有这样一个有趣的传说：古代阿拉伯国王和王后，一次带领百骑人马，到地中海的西西里岛的埃特纳山游览，忽然天下大雨，百骑人马连忙躲避到一棵大栗树下，树荫正好给他们遮住雨。因此，国王把这棵大栗树命名为“百骑大栗树”。

据国外 1972 年报道，在西西里岛的埃特纳山边，确有一棵叫“百马树”的大栗树，树干的周长竟有 55m 左右，需 30 多个人手拉着手，才能围住它。树下部有大洞，采栗的人把那里当宿舍或仓库用。这的确是世界上最粗的树。

栗树的果实栗子，是一种人们喜爱的食物，它含丰富的淀粉、蛋白质和糖分，营养价值很高，无论生食、炒食、煮食、烹调做菜都适宜，不仅味甜可口，又有治脾补肝、强壮身体的医疗作用。

【体积最大的树】

地球上的植物，有的个体非常微小，有的个体却很庞大。像美国加利福尼亚的巨杉，长得又高又胖，是树木中的“巨人”，所以又名世界爷。

这种树一般高 100m 左右，其中最高的一棵有 142m，直径有 12m，树干周长为 37m，需要

20 来个成年人才能抱住它。它几乎上下一样粗，它已经活了 3500 年以上了。人们从树干下剖开一个洞，可以通过汽车，或者让 4 个骑马的人并排走过。即使把树锯倒以后，人们也要用长梯子才能爬到树干上去。如果把树干挖空，人可以走进去 60m，再从树丫杈洞里钻出来。它的树桩，大得可以做个小型舞台。

杏仁桉虽然比巨杉高，但它是个瘦高个，论体积它没有巨杉那样大，所以巨杉是世界上体积最大的树。地球上再也没有体积比它更大的植物了。

巨杉的经济价值也较大，是枕木、电线杆和建筑上的良好材料。巨杉的木材不易着火，有防火的作用。

【树冠最大的树】

俗话说，“大树底下好乘凉”。你知道什么树可供乘凉的人数最多？这要数孟加拉的一种榕树，它的树冠可以覆盖 15 亩左右的土地，有一个半足球场那么大。

孟加拉榕树不但枝叶茂密，而且它能由树枝向下生根。这些根有的悬挂在半空中，从空气中吸收水分和养料，叫“气根”。多数气根直达地面，扎入土中，起着吸收养分和支持树枝的作用。直立的气根，活像树干，一棵榕树最多的可有 4000 多根，从远处望去，像是一片树林。因此，当地人又称这种榕树为“独木林”。据说曾有一支六七千人的军队在一株大榕树下乘过凉。当地人们，还在一棵老的孟加拉榕树下，开办了一个人来人往、熙熙攘攘的市场。世界上再没有比这再大的树冠了。

【最高的树篱】

在房子、菜园、果园等周围，栽上一圈树木，好像围墙，这叫做树篱，或叫绿篱。

人们常用花儿美丽的木槿、满身长刺的枸杞、四季常青的女贞以及秋后叶红的三角枫等树种，作为树篱。木槿、枸杞是长不高的灌木，女贞、三角枫虽然能长高，但因栽得紧密，时常修剪，所以一般也只有 5～6m 高。在英国苏格兰，用山毛榉树作为树篱，这种树修剪以后，仍有 25m 高，有的高达 30m。这是世界上最高的树篱。

【木材最轻的树】

生长在美洲热带森林里的轻木，也叫巴沙木，是生长最快的树木之一，也是世界上最轻的木材。这种树四季常青，树干高大。叶子像梧桐，5 片黄白色的花瓣像芙蓉花，果实裂开像棉花。我国台湾南部早就引种。1960 年起，在广东、福建等地也都广泛栽培，并且长得很好。

轻木的木材，每立方厘米只有 0.1g 重，是同体积水的重量的 1/10。我们做火柴棒用的白杨还要比它重 3.5 倍。它的木材质地虽轻，可是结构却很牢固，因此，是航空、航海以及其他特种工艺的宝贵材料。当地的居民早就用它作木筏，往来于岛屿之间。我国用它做保温瓶的瓶塞。

【最不怕火烧的树木】

当你走向大森林时，远远便可看到“禁止烟火”的木牌子。因为树木容易着火，星星之火，可以烧毁大片森林。但是，在我国南海一带，生长着一种叫海松的树，用它的木材做成烟斗，即使是成年累月的烟熏火烧，也烧不坏。当你用一根头发绕在烟斗柄上，用火柴去烧时，头发居然烧不断。因为海松的散热能力特别强，加上它木质坚硬，特别耐高温，所以不怕火烧。

【比钢铁还要硬的树】

你也许没有想到会有一种比钢铁还硬的树吧？这种树叫铁桦树。子弹打在这种木头上，就像打在厚钢板上一样，纹丝不动。

这种珍贵的树木，高约 20m，树干直径约 70cm，寿命约 300～350 年。树皮呈暗红色或接近黑色，上面密布着白色斑点。树叶是椭圆形。它的产区不广，主要分布在朝鲜南部和朝鲜与中国接壤地区，俄罗斯南部海滨一带也有一些。

铁桦树的木坚硬，比橡树硬 3 倍，比普通的钢硬 1 倍，是世界上最硬的木材，人们把它用作金属的代用品。俄罗斯曾经用铁桦树制造滚球、轴承，用在快艇上。铁桦树还有一些奇妙的特性，由于它质地极为致密，所以一放到水里就往下沉；即使把它长期浸泡在水里，它的内部仍能保持干燥。

【“流血”的树】

一般树木，在损伤之后，流出的树液是无色透明的。有些树木如橡胶树、牛奶树等可以流出白色的乳液，但你恐怕不知道，有些树木竟能流出“血”来。

我国广东、台湾一带，生长着一种多年生藤本植物，叫做麒麟血藤。它通常像蛇一样缠绕在其他树木上。它的茎可以长达 10 余米。如果把它砍断或切开一个口子，就会有像“血”一样的树脂流出来，干后凝结成血块状的东西。这是很珍贵的中药，称之为“血竭”或“麒麟竭”。经分析，血竭中含有鞣质、还原性糖和树脂类的物质，可治疗筋骨疼痛，并有散气、去痛、祛风、通经活血之效。

麒麟血藤属棕榈科省藤属。其叶为羽状复叶，小叶为线状披针形，上有三条纵行的脉。果实卵球形，外有光亮的黄色鳞片。除茎之外，果实也可流出血样的树脂。

无独有偶。在我国西双版纳的热带雨林中还生长着一种很普遍的树，叫龙血树，当它受伤之后，也会流出一种紫红色的树脂，把受伤部分染红，这块被染的坏死木，在中药里也称为“血竭”或“麒麟竭”与麒麟血藤所产的“血竭”具有同样的功效。

龙血树是属于百合科的乔木。虽不太高，约 10 多米，但树干却异常粗壮，常常可达 1m 左右。它那带白色的长带状叶片，先端尖锐，像一把锋利的长剑，密密层层地倒插在树枝的顶端。

一般说来，单子叶植物长到一定程度之后就不能继续加粗生长了。龙血树虽属于单子叶植物，但它茎中的薄壁细胞却能不断分裂，使茎逐年加粗并木质化，而形成乔木。龙血树原产于大西洋的加那利群岛。全世界共有 150 种，我国只有 5 种，生长在云南、海南岛、台湾等地。龙血树还是长寿的树木，最长的可达 6000 多岁。

说来也巧，在我国云南和广东等地还有一种称作胭脂树的树木。如果把它的树枝折断或切开，也会流出像“血”一样的液汁。而且，其种子有鲜红色的肉质外皮，可做红色染料，所以又称红木。

【胭脂树】

胭脂树属红木科红木属。为常绿小乔木，一般高达 3～4m，有的可到 10m 以上。其叶的大小、形状与向日葵叶相似。叶柄也很长，在叶背面有红棕色的小斑点。有趣的是，其花色有多种，有红色的，有白色的，也有蔷薇色的，十分美丽。红木连果实也是红色的，其外面密被着柔软的刺，里面藏着许多暗红色的种子。

胭脂树围绕种子的红色果瓤可作为红色染料，用以渍染糖果，也可用于纺织，为丝棉等纺织品染色。其种子还可入药，为收敛退热剂。树皮坚韧，富含纤维，可制成结实的绳索。奇怪的是，如将其木材互相摩擦，还非常容易着火呢！

【树木中的老寿星】

俗话说:“人生七十古来稀”,人活到百岁就算长寿了。但是人的年龄比起一些长寿的树木来,简直微不足道。

许多树木的寿命都在百年以上。杏树、柿树可以活 100 多年。柑、橘、板栗能活到 300 岁。杉树可活 1000 岁。南京的一株六朝松已有 1400 年的历史了,但是,它并不算老。曲阜的桧柏还是 24000 年前的老古董呢。台湾省阿里山的红桧,竟有 3000 多年的历史。这是我国目前活着的寿命最长的树,但还算不上世界第一。

最古老的、仍存活的树是生长于美国的狐尾松,有些已经超过 4000 岁了。巨型红杉可能存活 5000～6000 年。

世界上最长寿的树,要算非洲西部加那利岛上的一棵龙血树。500 年前,西班牙人测定它大约有 8000 至 10000 岁。这才是世界树木中的老寿星。可惜在 1868 年的一次风灾中毁掉了。

【最短命的种子植物】

自然界中,以种子繁殖的植物多种多样,有长寿的,也有短命的。木本植物比草本植物寿命要长得多。植物界的“老寿星”,都出在木本植物里。一般的草本植物,通常寿命几个月到十几年。

植物寿命的长短,与它们的生活环境有密切关系。有的植物为了使自己在严酷、恶劣的环境中生存下去,经过长期艰苦的“锻炼”,练出了迅速生长和迅速开花结实的本领。

有一种叫罗合带的植物,生长在严寒的帕米尔高原。那里的夏天很短,到六月间刚刚有点暖意,罗合带就匆匆发芽生长。过了一个月,它才长出两三根枝蔓,就赶忙开花结果,在严霜到来之前就完成了生命过程。它的生命如此短促,但是尚能以月计算。

寿命最短的要算生长在沙漠中的短命菊,它只能活几星期。沙漠中长期干旱,短命菊的种子,在稍有雨水的时候,就赶紧萌芽生长,开花结果,赶在大旱来到之前,匆忙地完成它的生命周期,不然它就要“断宗绝代”。

【向高处生长最快的植物】

生长在我国云南、广西及东南亚一带的团花树,一年能长高 3.5m。在第七届世界林业会议上,被称为“奇迹树”。生长在中南美的轻木,要比团花树长得更快,它一年能长高 5m。但是,木本植物生长速度的绝对冠军要算是毛竹(禾本科)。它从出笋到竹子长成,只要两个月的时间,就高达 20m,大约有六七层楼房那么高。生长高峰的时候,一昼夜能升高 1m。因此,有“雨后春笋”的说法。

竹子的生长比较特别,它是一节节拉长。竹笋有多少节和多粗,长成的竹子就有多少节和多粗。一旦竹子长成,就不再长高了。而所有树木的生长,是在幼嫩的芽尖,慢慢加粗伸长,经几十年至几百年,它还会慢慢地加粗长高。

【生长最慢的树】

自然界树木生长的速度,真是千差万别,有的快得惊人,有的慢得出奇。例如在俄罗斯的喀拉哈里沙漠中,有一种名叫尔威兹加树,个子很矮,整个树冠是圆形的,要是从正面看上去,就像是沙地上的小圆桌。它的升高速度慢极了,100 年才长高 30cm。和毛竹的生长速度相比,真像老牛追汽车。尔威兹加树要长 333 年,才能达到毛竹一天生长的高度。

尔威兹加树生长为什么如此慢呢？除了它的本性以外，沙漠中雨水稀少，天气干旱，风又大，这也是重要原因。

【最大的花】

亚洲东南部的大花草是世界上最大的，直径达 90cm。它散发出一种非常难闻的味道，但是苍蝇却很喜欢它。

【温血植物】

无论外界环境如何，植物花朵的温度总是保持恒定，如葛芋花的温度约 38℃，而外界气温达 20℃时，其温度还维持在 40℃左右，这种能力是为了把自身的花朵当成一个微型小环境，从而吸引昆虫，提高授粉几率。

【植物用途】

成千的植物物种被种植用来美化环境、提供绿荫、调整温度、降低风速、减少噪音、提供隐私和防止水土流失。人们会在室内放置切花、干燥花和室内盆栽，室外则会设置草坪、荫树、观景树、灌木、藤蔓、多年生草本植物和花坛花草植物的意像通常被使用于美术、建筑、性情、语言、照相、纺织、钱币、邮票、旗帜和臂章上头。活植物的艺术类型包括绿雕、盆景、插花和树墙等。观赏植物有时会影响到历史，如郁金香狂热。植物是每年有数十亿美元的旅游产业的资本，包括到植物园、历史园林、国家公国、郁金香花田、雨林以及有多彩秋叶的森林等地的旅行。植物也为人类的精神生活提供基础需要。每天使用的纸就是用植物制作的。一些具有芬芳物质的植物则被人类制作成香水、香精等各种化妆品。许多乐器也是由植物制作而成。而花卉等植物更是成为装点人类生活空间的观赏植物。

【产油植物】

(1) 大戟科植物。含油大戟可制成类似石油的燃料，大戟科的巴豆属制成的液体燃料可供柴油机使用。

(2) 豆科植物。苦配巴是其中一种。美国加利福尼亚大学化学博士卡尔文在巴西发现，在苦配巴树干上钻个孔，就能流出油来，每个洞流油 3h，能得油 10L～20L。这种油可以直接在柴油机上使用。据估计，1hm^2 苦配巴植物每年可产油 50 桶。

(3) 其他木本植物。如油棕树、南洋油桐树、澳大利亚阔叶木棉等。美国科学家通过试种，种植 1hm^2 含油大戟，一年至少可收获 25 桶生物石油，这些生物石油经改进制成清洁燃料，其成本低于天然石油；巴西试种油棕树，3 年后开始结果产油，每公顷可产油 10000kg。

【植物类食物是人类衰老的天敌】

(1) 蔬菜水果。每日吃起码两份水果五种蔬菜，是抗衰老的第一号武器。绿色多叶蔬菜如菜心、芥蓝、菠菜等，含丰富抗氧化物。橙黄色的蔬菜如甘笋、黄瓜、番薯、玉米含大量胡萝卜素乙。红色的蔬菜如番茄、红灯笼椒、苋菜(根部物质红色)亦含抗氧化物，延缓老化。各式卷心菜抗癌，多吃有益。柑橘类水果如橙、柚、柑等，含维他命 C 是众所周知的。此外，还要多吃瓜类。

(2) 豆类和豆荚类。豆(包括黄豆和各种豆荚)含植物雌激素，可养颜，保持容光焕发。黄豆更含异黄酮，抗氧化，抗癌。

(3) 硬壳果和种子。多种硬壳果和种子都含丰富维他命 E、它是脂溶性的维他命，抗氧化效果甚强。多吃杏仁、核桃吧。

(4) 香料及蒜、芫茜、薄荷叶等。香料及蒜、芫茜、薄荷叶等有抑制癌的功效。蒜更能保护脑细胞，减低脑退化的速度。防止老年痴呆症，要多吃蒜了。

(5) 野米。糙米比精米有益，在白米中混合一些糙米、红米及野米，对皮肤有好处。尤其是野米，这其实是一种草的种子，它含有抗氧化物及维他命 E。

此外，煮食用的油也要注意，动物油不要再用了，改用植物油吧，而植物油中，橄榄油和菜籽油最好。

澳洲的营养师设计了一个抗衰老食谱，一日三餐都奉行三高一低政策，即高钙、高纤、高碳水合物、低脂肪。

(6) 水果本身就是药。新鲜水果含有人体必需的多种维他命、碳水化合物、蛋白质、脂肪、粗纤维和矿物质等营养物质。用水果治病，不但使“药”变得可口，而且不会破坏人体内的生理平衡。

【对健康有好处的水果】

(1) 降血压的水果：山楂、西瓜、梨、菠萝。

(2) 繁殖与修复细胞：在各种维生素中，叶酸与 DNA 的生成有关，怀孕初期，叶酸对细胞繁殖与修复很重要，它帮助胚胎神经系统的良好发育，预防孕妇贫血。含有叶酸的水果：苹果、香蕉、芒果、木瓜、猕猴桃。

(3) 减缓衰老：在常见的水果中，猕猴桃被认为是最接近完善的水果，它含有丰富的维生素 C、A、E，叶酸和微量元素钾、镁及食物纤维等营养成分，而热量却很低。猕猴桃能为工作节奏快、精神紧张的现代都市人注入生命的活力。另外，猕猴桃中所含的氨基酸，能帮助人体制造激素，减缓衰老。因为猕猴桃性寒，所以怀孕的妈妈最好少吃。

(4) 减肥瘦身：有些水果中含有丰富的食物纤维，纤维是不能为小肠所消化的碳水化合物，在结肠内，纤维可提供给肠腔营养物质，这有助于促进身体的新陈代谢以及帮助抑制食欲。减肥的水果：苹果、西柚、火龙果。

(5) 保养皮肤：人体的面部天天暴露在外，受空气中有害物质的损伤和紫外线的照射，以至毛细血管收缩，皮脂腺分泌减少，皮肤变得干燥、脱水。水果中含丰富的抗氧化物质维生素 E 和微量元素，可以滋养皮肤，其美容效果可不是一般的化妆品可比的。而且如果你吸烟或发胖，那也暗示你体内脂肪组织缺乏这些重要成分。保养皮肤的水果：香蕉、芒果、哈密瓜、草莓、橙子、苹果。

(6) 明目：人的眼底分布着许多毛细血管，维生素 C 的作用就是在于它可以使眼底供血得到保证。保护眼睛的水果：猕猴桃、柠檬。

(7) 癌症的天敌：平时饮食中多摄入水果，可降低患乳腺癌，前列腺癌和肺癌的几率。这是因为水果中含有人体所必需的微量元素。抗癌的水果：猕猴桃、葡萄、橙子、苹果。

(8) 降低胆固醇：降低胆固醇的水果有苹果、西柚、山楂。

这些水果的不同作用是有科学结论的。

【Vc 含量高的水果】

猕猴桃、鲜枣、草莓、枇杷、橙、橘、柿子等含有丰富的维生素 C。以 100g 水果的维生素 C 的含量来计算，猕猴桃含 420mg，鲜枣含 380mg，草莓含 80mg，橙含 49mg，枇杷含 36mg，橘、柿子各含 30mg。香蕉，桃子各含 10mg，葡萄、无花果、苹果各自只有 5mg，梨仅含 4mg。

据测定，成人一天需要 60mg 维生素 C，假如要从维生素 C 含量很少的水果中摄取，则无花果需要 25 个，梨需要 14 个，葡萄需要 1.5kg 左右。因此，只吃一两个维生素 C 含量少的水果，实际上并没有什么帮助。可是，如果是含维生素 C 较高的猕猴桃、柑橘或柿子，一天一两个就够了。如果是鲜枣或草莓，只要五六粒，即可摄取到一天所需的维生素 C。所以，要想补充足够的维生素 C，吃水果时应有所选择。

另外，还有一些因素影响着水果中维生素 C 的含量。比如，一些水果为了预防虫害及日晒，在生长过程中常用纸袋包裹起来，结果造成维生素 C 含量减少；夏季水果丰收，储藏于冷库，冬天出售时，水果的维生素 C 含量也会减少；现代家庭一般都有冰箱，许多人喜欢买大量水果放入。但水果存放的时间越长，维生素 C 损失就越多。

【水果一般具有以下四个特点】

(1) 富含汁液；

(2) 含较多的可溶性糖分，很多还含有挥发性芳香物质；

(3) 通常生食；

(4) 可以独立于三餐食用。

对上述特点符合得越好，越给人以“水果”的感觉。例如香蕉虽然汁液不多，但其果肉富含可溶性糖分和以乙酸异戊酯(俗名香蕉水)为主的挥发性芳香物质，通常生食，可以独立于三餐食用，所以香蕉是水果。又如番茄虽然富含汁液，而且含有可溶性糖分，但在传统上不常生食，也不常独立于三餐食用，因此有人认为它不是水果；但番茄的小果型品种樱桃番茄专供生食，常独立于三餐食用，因此樱桃番茄普遍被看成是水果。

【水果汁的营养】

人们喝果汁大多是因为觉得有营养，而且好喝。许多人认为果汁可以代替水果，喝果汁可以补充水果中的营养成分(例如维生素 C)，特别是应该给不爱吃水果的孩子多喝一些，甚至完全取代饮用水。但果汁也不能完全代替水果。

老人和小孩适量少喝点果汁可以助消化、润肠道，补充膳食中营养成分的不足。成年人如果不能保证合理膳食，通过喝果汁适量补充一些营养，也算是一种不错的方法。还有些人不爱喝白开水，有香甜味道的果汁能使他们的饮水量增加，保证了身体对水分的需要，的确也是一件好事。

果汁中保留有水果中相当一部分营养成分，例如维生素、矿物质、糖分和膳食纤维中的果胶等，口感也优于普通白开水。比起水和碳酸饮料来说，果汁的确有相当的优势。但是大部分果汁之所以“好喝”，是因为加入了糖、甜味剂、酸味料、香料等成分调味后的结果。

需要提醒大家的是：果汁的营养和水果有相当大的差距，千万不要把两者混为一谈，果汁不能完全代替水果。首先，果汁里基本不含水果中的纤维素；第二，捣碎和压榨的过程使水果中的某些易氧化的维生素被破坏掉了；第三，水果中某种营养成分(例如纤维素)的缺失会对整体营养作用产生不利的影响；第四，在果汁生产的过程中有一些添加物是必然要影响到果汁的营养质量的，像甜味剂、防腐剂、使果汁清亮的凝固剂、防止果汁变色的添加剂等；第五，加热的灭菌方法也会使水果的营养成分受损。因此，对于能够食用新鲜水果的人来说，整个的水果永远是营养学上最好的选择。

【植物果汁的功效】

(1) 西红柿汁：能保护皮肤弹性，促进骨骼发育，减退雀斑和面部色素沉着，其维生素 P 可保护血管、防治高血压。

(2) 藕汁：富含铁、钙等微量元素，植物蛋白质、维生素以及淀粉，有明显的补宜气血、增强人体免疫力作用。既通便又止泻，健脾开胃，增进食欲。

(3) 甜椒汁：甜椒没有普通辣椒的强烈刺激，但又具备辣椒族降脂减肥、增进食欲、帮助消化等作用，其辣椒素还能预防癌症。最傲人的还有它丰富的维生素 C。

(4) 黄瓜汁：能有效促进机体的新陈代谢，减肥抗衰老，还可使神经系统镇静、增强记忆力，辅助治疗失眠。

(5) 胡萝卜汁：能增强人体免疫力，防癌抗癌，尤其适宜于糖尿病患者作为辅助治疗食物。还能保护视觉系统，刺激胆汁分泌，中和胆固醇，增加肠壁弹性，安抚神经。

(6) 芹菜汁：安定情绪，舒缓内心焦虑和压力，是现代高节奏人士的良伴，是营养师给熬夜人群的必补推荐，最为关键的是，芹菜汁对高血压患者有明显降压作用。芹菜根不要扔掉，它含有丰富的维生素 A、维生素 B_1、维生素 B_2、维生素 C 和维生素 P，尤其适合维生素缺乏者。

(7) 橙汁：夏日饮用解烦止渴，帮助消除疲劳。能强化血管，降低毛细血管脆性，防止微血管出血、胃肠充气、促进消化。对感冒、咳嗽也有辅助预防作用。

(8) 西瓜汁：西瓜含有大量水分、多种氨基酸及糖，是清热解暑当仁不让的佳品。同时还可治疗咽喉及口腔炎症，也是尿道感染和大便干燥的救星。

(9) 苹果汁：苹果汁的诱惑力在于它益智、增强记忆力。此外，苹果健胃，止泻通便，能消除人体疲劳感，它富含的钾能综合体内过剩的钠使之排出体外，因此也有降压作用。

(10) 木瓜汁：可有效补充人体养分，增强机体的抗病能力。更为人们乐道的是它的通乳及治疗淋巴性白血病(即血癌)作用。

(11) 猕猴桃汁：显著的乌发美容效果使得猕猴桃被称为“美容果”，但它的作用远不止于此。它能阻断致癌物在人体内合成，预防多种癌症的发生。还可降低胆固醇及甘油三酯水平，对高血压、高血脂、冠心病都有辅助治疗作用。

(12) 西柚汁：柚的诱人之处在于它的抗菌抗病毒作用，它能抑制大肠杆菌、痢疾杆菌等多种菌类，尤其适宜夏季。另外，它还能祛痰镇咳、降低血糖。

【玫瑰颜色的含义】

玫瑰总的来说象征美丽纯洁的爱情，不同的颜色代表不同的含义，是表达爱情的重点花材。可以用于任何场合，为情人节的专用花材。

玫瑰(红)：热恋、深爱着你、相爱、真心实意。

玫瑰(粉红)：初恋、感动、爱的宣言、铭记于心。

玫瑰(粉)：永远的爱、初恋、特别的关怀。

玫瑰(白)：纯纯的爱、天真、纯洁、尊敬、高贵。

玫瑰(黄)：失恋、褪去的爱、道歉。

玫瑰(黑色)紫玫瑰：忠诚、思念；

蓝色玫瑰：恒心、坚毅、珍贵：温柔真心，有个性和创意。

玫瑰(蓝紫色)：珍贵、珍稀。

玫瑰(橙黄色)：富有青春气息、美丽。

玫瑰(绿白色)：纯真、俭朴或赤子之心。

玫瑰(双色)：矛盾或兴趣较多。

玫瑰(橙红色):初恋的心情。

【玫瑰朵数的含义】

1 朵玫瑰代表——我的心中只有你!

2 朵玫瑰代表——这世界只有我俩!

3 朵玫瑰代表——我爱你!

4 朵玫瑰代表——至死不渝!

5 朵玫瑰代表——由衷欣赏!

6 朵玫瑰代表——互敬,互爱,互谅!

7 朵玫瑰代表——我偷偷地爱着你!

8 朵玫瑰代表——感谢你的关怀扶持及鼓励!

9 朵玫瑰代表——长久!

10 朵玫瑰代表——十全十美无懈可击!

11 朵玫瑰代表——最爱只在乎你一人!

12 朵玫瑰代表——对你的爱与日俱增!

13 朵玫瑰代表——友谊长存!

14 朵玫瑰代表——骄傲!

15 朵玫瑰代表——对你感到歉意!

16 朵玫瑰代表——多变不安的爱情!

17 朵玫瑰代表——绝望无可挽回的爱!

18 朵玫瑰代表——真诚与坦白!

19 朵玫瑰代表——忍耐与期待!

20 朵玫瑰代表——我仅一颗赤诚的心!

21 朵玫瑰代表——真诚的爱!

22 朵玫瑰代表——祝你好运!

25 朵玫瑰代表——祝你幸福!

30 朵玫瑰代表——信是有缘!

40 朵玫瑰代表——誓死不渝的爱情!

50 朵玫瑰代表——邂逅不期而遇!

99 朵玫瑰代表——天长地久!

100 朵玫瑰代表——百分之百的爱!

101 朵玫瑰代表——最、最、最、最、最爱!

108 朵玫瑰代表——求婚!

144 朵玫瑰花语——爱你生生世世!

365 朵玫瑰花语——天天想你!

999 朵玫瑰代表——天长地久!

1001 朵玫瑰花语——直到永远!

1314 朵玫瑰代表——爱你一生一世!

【盆景】

盆景是以植物、石料、土壤、水体、配景、盆、几架等为材料创作而成的,饱含作者思想感情的立体的中国山水画，是经过高度概括和提炼，集中表现大自然优美风光的一种特殊艺术品。

在容器中栽培的树木或矮化的树木及其培养、加工的技术。盆景所用的材料是普通的乔木和灌木，制作方法是将其根和枝条加以修剪，并用铁丝等固定枝条，使之定向生长从而使植株矮化。

盆景艺术源于中国，约 1000 多年前，中国人就在瓦盆、陶盆和木桶中栽培树木，将天然情景移入咫尺盆中，后来这技术又被日本人接受和发展。日本有关树桩盆景的纪录，最早见于高阶隆兼所画的《春日权现验记》(1309)。盆景艺术是直接受自然界的启迪而产生。生长于高山岩缝中或悬挂于峭壁上的树木，终生低矮而扭曲。从美学观点看，日本人在盆栽方面欣赏的是：枝干老态龙钟，上部根条露出土外，显得饱经风霜；这被视为体现了万物无常的哲学概念。

盆栽植物寿命可达一个世纪或一个世纪以上，并可代代相传，被视为家珍。人们对盆景的要求是小巧玲珑，松柏的针叶要短，落叶树的树叶要小，小花、小果的树桩盆景尤令人喜爱。从美学观点看，枝叶间保存一定空隙十分重要。微型森林中树干下部应保持光裸。好的盆景植物通常是耐寒种类，在冬天不太冷的地方能够整年置于室外，偶尔为了欣赏而移入室内。在日本，人们通常将盆景置于起居室的壁龛或小桌上陈列，然后放回室外的盆景架上。

选择盆景容器也很重要，一般是陶器，外面上釉或不上釉，圆形、椭圆形、正方形、长方形、八角形或花瓣形等，盆底有一个或数个漏水洞。容器的颜色、大小应与所栽植物协调，若容器为长方形或椭圆形，则不宜把树桩栽在盆的正中央，也不要太靠边，应视枝条伸展的情况决定栽种部位。在正方形或圆形的容器中，树桩要栽于稍离中心的位置，但悬崖式盆景则要把植物栽于悬垂面的对边，盆景经整形後有其正面，展览时正面对着观众。

微型盆景仅 5cm(2 吋)高，从播种或扦插到展出需要 3～5 年，寿命可达数十年。小型盆景高 5～15cm(2～6 吋)，需经 5～10 年以上的培育。中型盆景高 15～30cm(6～12 吋)，普通盆景高至 60cm(2 呎)，3 年即可培育成功。野外采选的自然矮化树桩常因不适应环境和底土的改变而栽培失败。盆景应根据种类和根的生长程度每 1～5 年翻盆一次。移栽时均应剪去部分老根，缩小土团，使树桩总能在小而浅的容器中生长。浇水次数与种其他植物相同，亦可施用液体肥料，整个生长季节都要修枝掐芽。在日本一些地区，盆景行业具相当规模，美国加利福尼亚也有小规模的盆景生产。

【花草盆景】

花草盆景是以花草为主体的装饰盆景，既要突出名花芳草的观赏价值，又要着意盆景布局造型的优美。

花草盆景的选材，既区别于以观赏树姿为主的树木盆景；也不同于一般的盆花；可以选用观花为主的木本花卉，如海棠、月季、杜鹃、山茶、迎春等；也可选用兰花、菊花、水仙等草本花卉。盆中可配置山石、牧童、仕女、老翁等小型配件，以表现花草盆景的整体装饰美和题材的诗情画意。

【盆景流派和类型】

盆景起源于中国，在世界艺术之林中，它是富有自然情趣的东方艺术精品之一，也是我国独特的传统园林艺术之一。盆景始于唐代，至今大约有 1300 余年历史。1972 年在陕西出土的唐代章怀太子李贤墓甬道壁画上两盆盆栽，是至今发现最早的盆栽。盆景源出我国，盛于日本，播于世界。依据盆栽发展经过以及各种迹象来加以考究推敲，可以推定和证明盆栽是在我国的东晋以前业已发生，至初唐时发展逐步形成一门盆栽艺术，在盛唐期才由日本派来的朝唐使节带回国，经过日本的爱好家改良后，广传国际间流行普及世界。我国的盆景艺术起源虽早，但由于战乱连年，及至南宋时期局部生活稳定，盆栽则加速普及扩延到民间富闲人士阶级。元朝演变成为些子景（即盆景），再经明、清的几段太平时期，盆栽书籍陆续问世呈现一番盛况。后因国运多艰、战乱频生、兵连祸结，以致这一高尚艺术日趋式微，将近销声匿迹，甚至清末军阀和民初富绅反由日本进口盆栽赏玩。

中华文明古国，历来就爱好自然的本性，盆景的本质就是自然风貌与自然精神的再现。盆景是大自然景物的缩影，是集园林栽培、文学、绘画等艺术，互相结合，融为一体的综合性造型艺术。盆艺者运用创作技巧，合理的布局，在各种深浅长宽不同，行状大小各异，色彩质地有别的盆央中，培育出经过一定艺术造型的树木花草，或经艺术加工的各种山石，使之构成一幅模仿大自然的景色，并超越山野原状的理想立体画面。这门造型艺术称之为盆景。盆景是中国传统的艺术珍品，有着悠久的历史，深受广大人民的喜爱，在世界上也享有盛誉。它是栽培技术和造型艺术的结晶，也是自然美与艺术美的结合。它以植物、山、石、水、土等为素材，经过园艺师的构思设计，造型加工，精心护养而成。把它布置于咫尺盆中，“缩地千里”、“缩龙成寸”，可以展现大自然无限风光，所以人们把盆景誉为“立体的画”和“无声的诗”。随着时间和季节的变化，它还可以呈现出不同的姿态、色彩和意境。从某种概念来讲，盆景也是美学、文学和科学的综合体。盆景的制作要给人以美的欣赏，古雅秀美，神韵生动，耐人寻味；盆景造型构思，有诗情画意，有高低层次，有抑扬顿挫，起承转合，反映出较高的文采水平；盆景的主要造型材料为植物，具有生命的特征及生长发育的规律，这就决定了制作它必须掌握园艺科学的知识和进行长期的艺术加工以及养护管理工作，只有如此，才能保证它的生存和优美姿态。盆景这项科学艺术，在植物栽培加工技术上要求很高，小小盆盎，一撮之土，盈尺之树，要它生长良好，已非易事，而多年老桩，能枝干虬曲，提根露爪，叶茂花盛，更为难得。故盆景确是“上等艺术”，有生命的“艺雕”。

（一）盆景三个要素

盆景是由景、盆、几（架）三个要素组成的。此三个要素是相互联系，相互影响，缺一不可的统一整体。也就是通常所说的景、盆、几（架）三位一体。“景”在盆景中为主体部分，盆、几为从属部分。即一盆好的盆景，景、盆、几要相互配合默契、主次分明，注意避免把欣赏者的注意力引导到“盆”或“几（架）”上来。盆、几（架）无论在形状、体积、色彩等方面与景的关系要处理得协调、自然。要保持主客关系，这就是常说的：一景二盆三几（架）的原因。

（二）盆景流派和大类

盆景五大流派为：岭南派、川派、扬派、苏派、海派。其他流派：徽派、浙派、闽派、桂派、京派、香港、台湾、鲁新派。

盆景两大类为：树木盆景和山水盆景，这两大类盆景早在宋代就已形成。随着盆景艺术的不断创新和盆景材料的日益丰富，我国盆景的新类别也在逐步产生。现在可分为下列七大类：

第一类，树木盆景：以树木为主要材料，以山石、人物、鸟兽等作陪衬，通过攀扎、修剪、整形等技术加工和园艺栽培，在盆中表现旷野巨木或葱茂的森林景象者，统称为树木盆景。由于树木盆景的材料常从山野旷地采掘而来，所以树木盆景习惯上又称为树桩盆景。

第二类，山水盆景：以各种山石为主题材料，以大自然中的山水景象为范本，经过精选和切截、雕凿、拼接等技术加工，布置于浅口盆中，展现悬崖绝壁、险峰丘壑、翠峦碧涧等各种山水景象者，统称为山水盆景，又称山石盆景。

第三类，水旱盆景：水旱盆景是主要以植物、山石、土、水、配件等为材料，通过加工、布局，采用山石隔开水土的方法，在浅口盆中表现自然界那种水面、旱地、树木、山石兼而有之的一种景观盆景。

第四类，花草盆景：以花草或木本的花卉为主要材料，经过一定的修饰加工，适当配置山石和点缀配件，在盆中表现自然界优美的花草景色的，称为花草盆景。

第五类，微型盆景：一般树木盆景的高度在10cm下，山水和水旱盆景的盆长不超过10cm的这些盆景，称为微型盆景。

第六类，挂壁盆景：挂壁盆景是将一般盆景与贝雕、挂屏等工艺品相结合而产生的一种创新形式。挂壁盆景可分为两大类，一类以山石为主体，称为山水挂壁盆景；另一类以花木为主体，称为花木挂壁盆景。

第七类，异型盆景：异型盆景是指将植物种在特殊的器皿里，并作精心养护和造型加工，做成的一种别有情趣的盆景。

【藻类植物】

藻类是原生生物界一类真核生物（有些也为原核生物，如蓝藻门的藻类）。主要水生，无维管束，能进行光合作用。体型大小各异，小至长1μm的单细胞的鞭毛藻，大至长达60m的大型褐藻。一些权威专家继续将藻类归入植物或植物样生物，但藻类没有真正的根、茎、叶，也没有维管束。这点与苔藓植物相同。

一些藻类与其他真核生物一样有细胞核，有具膜的液泡和细胞器（如线粒体），大多数藻类在生活过程中需要氧气。用各种叶绿体分子（如叶绿素、类胡萝卜素、藻胆蛋白等）进行光合作用。地球上的光合作用90%由藻类进行，据悉，在地球早期的历史上藻类在创造富氧环境中发挥重要作用。浮游的藻类是海洋食物链中非常重要的环节，所有高等水生生物的生存最终依靠藻类的存在，此外，从史前时代起藻类一直被用作牲畜的饲料和人类的食物。

藻类可进行营养繁殖（透过细胞分裂或断裂）、无性繁殖（透过释出游动孢子或其他孢子）或有性繁殖。有性繁殖通常发生于生活史中的艰难时期（如于生长季节结束时或处于不利的环境条件下）。

藻类植物一般都具有进行光合作用的色素，能利用光能把无机物合成有机物；供自身需要，是能独立生活的一类自养原植体植物。藻类植物体在形态上是千差万别的，小的只有几微米，必须在显微镜下才能见到；体形较大的肉眼可见；最大的体长可达60m以上，藻体结构也比较复杂，分化为多种组织，如生长于太平洋中的巨藻。尽管藻体有大的、小的、简单的、复杂的区别，但是，它们基本上是没有根、茎、叶分化的原植体植物。生殖器官多数是单细胞，虽然有些高等藻类的生殖器官是多细胞的，但生殖器官中的每个细胞都直接参加生殖作用，形成袍子或配子，其外围也无不孕细胞层包围。藻类植物的合子不发育成多细胞的胚。有少数低等藻类是异养的或暂时是异养的，这可根据它们的细胞构造和贮藏的营养物质，与异养原植体植物——真菌分开。

藻类在自然界中几乎到处都有分布，主要是生长在水中（淡水或海水）。但在潮湿的岩石上、墙壁和树干上、土壤，表面和下层，也都有它们的分布。在水中生活的藻类，有的浮游于水中，也有的固着于水中岩石上或附着于其他植物体上。藻类植物对环境条件要求不高，适应环境能力强，可以在营养贫乏，光照强度微弱的环境中生长。在地震、火山爆发、洪水泛滥后形成的新鲜无机质上，它们是最先的居住者，是新生活区的先锋植物之一，有些海藻可以在100m

深的海底生活，有些藻类能在零下数十度的南北极或终年积雪的高山上生活，有些蓝藻能在高达 85℃的温泉中生活，有的藻类能与真菌共生，形成共生复合体(如地衣)。

随着藻类认识的日益深入，利用的范围也不断扩大，从现在初步的研究成果来看，可以预料，藻类在解决人类目前普遍存在的粮食缺乏，能源危机和环境污染等问题中，将发挥重要作用。

【藻类的分类】

藻类植物的种类繁多，目前已知有 3 万种左右。早期的植物学家多将藻类和菌类纳入一个门，即藻菌植物门。随着人们对藻类植物认识的不断深入，特别是从平行进化学说发表以后，认为藻类不是一个自然分类群，并根据它们营养细胞中色素的成分和含量及其同化产物、运动细胞的鞭毛以及生殖方法等分为若干个独立的门。对于分门的看法，也有很大的分歧，我国藻类学家多主张将藻类分为 12 个门。现将其中 10 个主要门的特征简介如下：

(1) 金藻门。多产于淡水中，特别是在水温较低的软水水体中尤为常见。植物体多为单细胞或群体，少数为多细胞丝状体。运动细胞多具 1～2 条鞭毛。单细胞或群体的种类，细胞内多具有 1～2 个色素体，以胡萝卜素和叶黄素占优势，绿色色素只有叶绿素 a 一种，所以多呈金黄色或金褐色。同化产物主要是金藻多糖，或称为金藻糖、金藻淀粉，又因它具有和海带糖相似的化学性质，所以亦称为金藻海带糖。此外，也含有脂类。繁殖方式主要是营养繁殖和孢子生殖，有性生殖极少见。常见的有合尾藻属和钟罩藻属。

(2) 黄藻门。海产的种类很少，主要分布在淡水水体中，或生于潮湿的地面、树干和墙壁上。在水温较低的春季较多。植物体为单细胞、群体或多细胞体。所含的色素和同化产物与金藻门基本相同，但除叶绿素 a 外，尚含有叶绿素 e，多呈黄绿色。运动细胞具有两条长短不一和结构不同的鞭毛，所以这一类群又称为不等鞭毛藻类。繁殖方式有营养繁殖、孢子生殖和有性生殖，但随种类的不同，也有不同的繁殖方法。肉眼常见的是植物体成丝状的黄绿藻属和无隔藻属。(在部分近期国外教材分类方案中将该门作为金藻门的一个纲)。

(3) 硅藻门。广布于海水和淡水中，多为浮游生活。植物体由单细胞构成或互相连接成群体。细胞壁由两个瓣片套合而成，上面具有花纹，其成分含有果胶质和硅质，而不含纤维素。细胞内具有一至数个金褐色的色素体。色素体中含有叶绿素 a、c 和多量的胡萝卜素和叶黄素，光合产物主要是脂类。硅藻可借助细胞分裂进行营养繁殖，但经数代后也能通过配子的接合或自配形成复大孢子，为有性生殖。(在部分近期国外分类方案中将该门作为金藻门的一个纲)。

(4) 甲藻门。多产于海洋中，为浮游生活，有时在海岸线附近大量繁殖，形成赤潮，有些种类也常在池塘、湖泊中大量出现。植物体多数是单细胞的，少数为群体或丝状体。除少数种类裸露无壁外，多具有由纤维素构成的细胞壁。甲藻的细胞壁称为壳，是由许多具有花纹的甲片相连而成的。壳又分上壳和下壳两部分，在这两部分之间有一横沟，与横沟垂直的还有一条纵沟，在两沟相遇之处生出横、直不等长的两条鞭毛。色素体 1 个或多个，呈黄绿色或棕黄色，除含叶绿素 a、c 外，还含有多量的胡萝卜素和叶黄素。海产种类的光合产物多为脂类，淡水产的多为淀粉。繁殖方式主要是细胞分裂，或是在母细胞内产生无性孢子，为孢子生殖，有性生殖只在少数属、种中发现。常见的有角藻属和多甲藻属。

(5) 褐藻门。绝大多数为海产，为固着生活。在 1500 多种褐藻中，产于淡水的仅有 10 种左右，其中有两种是在我国四川的嘉陵江中发现的。植物体均由多细胞构成，结构也比较复杂。色素体中除含有叶绿素 a、c 外,胡萝卜素和叶黄素的含量特别多,所以多呈褐色。同化产物不是淀粉,而是海带多糖和甘露醇。营养细胞均无鞭毛,游动孢子和雄配子则具有两条侧生、不等长的鞭毛。繁殖的方式有多种,都为有性生殖,在生活史中,多有明显的世代交替。常见而且作为食用的有海带和裙带菜。

(6) 红藻门。除少数属、种外,绝大多数产于海水中,为固着生活。植物体除个别属、种外,都是多细胞的,通常为丝状、片状或树枝状。色素体多呈红色或紫红色,其中除含有叶绿素、胡萝卜素和叶黄素外,还含有大量的藻红素和藻蓝素。同化产物为近似淀粉的红藻淀粉。红藻在生活史中没有鞭毛的运动细胞。有性生殖均为卵式生殖。雌性生殖器官是与卵囊相似的果胞。果胞上具有叫做受精丝的毛状体。受精后产生一种特殊的孢子,叫做果孢子。常见的有紫菜属和石花菜属。

(7) 裸藻门。裸藻又称眼虫或眼虫藻,多生于富含动物性有机质的淡水中,为浮游生活。大量繁殖时,常使水呈绿色、黄褐色或红色。除柄裸藻属外,全为顶端生有鞭毛,能运动而无细胞壁的单细胞种类。在裸藻中,除少数种类无色,为异养生活外,多含有与绿藻相似的光合色素,但贮藏物质主要是裸藻淀粉和少量的脂类。繁殖方式主要是细胞分裂,在不良的环境条件下,也能形成具有厚壁的孢囊,待环境条件好转时,原生质体即破壁而出,形成新个体。裸藻属是本门中常见的属。

(8) 绿藻门。多生于淡水中,海产的种类较少,为浮游、为固着或附生生活,还有少数种类为寄生或共生。植物体有单细胞或群体的,也有多细胞的丝状体或片状体。色素体的形状和数目也常随种类而不同,所含的光合色素成分、含量以及同化产物均与高等植物相似。运动细胞多具有 2 条、4 条或多条等长、顶生的鞭毛。有各种各样的繁殖方式,有些种类在生活史中有世代交替现象。在绿藻中如植物体为单细胞的小球藻属,群体的栅藻属,多细胞成丝状的水绵属和刚毛藻属(Cladophora)等都是淡水中常见的种类。

(9) 轮藻门。广布于淡水或半咸水中,均为固着生活。植物体都是由多细胞构成的,而且有类似根、茎、叶的分化,外形很像高等植物中的木贼和金鱼藻。体外多有大量钙质,所以又有石草之称。光合色素成分及贮藏物都与绿藻相同,但生殖器官的结构和生活史比较特殊。轮藻在生活史中,都不产生无性孢子,有性生殖均为卵式生殖。藏卵器外面有 5 个左旋的螺旋细胞包着,顶端还具有由 5 个或 10 个冠细胞构成的冠。藏精器的外面是有由 8 个(罕 4 个)盾细胞镶嵌而成的外壁,里面是由许多精子囊组成的精子囊丝体和一些不育的头细胞组成的。实际上这种藏精器是由许多雄性生殖器官和不育细胞构成的聚合体,所以也把它叫做精囊球,它的藏卵器又叫做卵囊球。轮藻的营养体和生殖器官虽然结构很复杂,但在生活史中无世代交替,植物体都是单倍体,而且在受精卵萌发后,经过原丝体阶段才能发育为成体。我国常见的有轮藻属,丽藻属和鸟巢藻属。(某些教材分类方案中将该门作为绿藻门内一个纲)。

(10) 蓝藻门:广布在淡水和海水中、潮湿和干旱的土壤和岩石上、树干和树叶以及温泉、冰雪,甚至在盐卤池、岩石缝等处都可生存,有些还可穿入钙质岩石或钙质皮壳中(如穿钙藻类)生活,具有极大的适应性。在热带、亚热带的中性或微碱性生境中生长特别旺盛。有许多种类是普生性的,如陆生的地木耳,不仅存在于热带、亚热带和温带,在寒带甚至南极洲亦有发现。

【藻类特征】

藻类是单细胞的鞭毛藻,而另一些藻类(如闸极藻属)则聚合成群体。绿藻类的松藻属由无数分支丝体交织缠绕而成，部位不同的丝体形态和功能亦异。藻类虽然主要为水生，但无处不在，分布范围从温带的森林到极地的苔原。某些变种可生活于土壤中，能耐受长期的缺水条件；另一些生活于雪中，少数种能在温泉中繁盛生长。

关于藻类的概念古今不同。我国古书上说："藻，水草也，或作藻"。可见在我国古代所说的藻类是对水生植物的总称。在我国现代的植物学中，仍然将一些水生高等植物的名称中贯以"藻"字（如金鱼藻、黑藻、茨藻、狐尾藻等），也可能来源于此。与此相反，人们往往将一些水中或潮湿的地面和墙壁上个体较小，黏滑的绿色植物统称为青苔，实际上这也不是现在所说的苔类，而主要是藻类。根据现代对藻类植物的认识，藻类并不是一个自然分类群，但它们却具有以下的共同特征：

(1) 植物体一般没有真正根、茎、叶的分化藻类植物的形态、构造很不一致，大小相差也很悬殊。例如众所周知的小球藻，呈圆球形，是由单细胞构成的，直径仅数微米；生长在海洋里的巨藻，结构很复杂，体长可达 200m 以上。尽管藻类植物个体的结构繁简不一，大小悬殊，但多无真正根、茎、叶的分化。有些大型藻类，如海产的海带、淡水的轮藻，在外形上，虽然也可以把它分为根、茎和叶三部分，但体内并没有维管系统，所以都不是真正的根、茎、叶，因此，藻类的植物体多称为叶状体或原植体。

(2) 能进行光能无机营养。一般藻类的细胞内除含有和绿色高等植物相同的光合色素外，有些类群还具有特殊的色素而且也多不呈绿色，所以它们的质体特称为色素体或载色体。藻类的营养方式也是多种多样的。例如有些低等的单细胞藻类，在一定的条件下也能进行有机光能营养、无机化能营养或有机化能营养。但从绝大多数的藻类来说，它和高等植物一样，都能在光照条件下，利用二氧化碳和水合成有机物质，以进行无机光能营养。

(3) 生殖器官多由单细胞构成。高等植物产生孢子的孢子囊或产生配子的精子器和藏卵器一般都是由多细胞构成的。例如苔藓植物和蕨类植物在产生卵细胞的颈卵器和产生精子的精子器的外面都有一层不育细胞构成的壁。但在藻类植物中，除极少数种类外，它们的生殖器官都是由单细胞构成的。

(4) 合子不在母体内发育成胚。高等植物的雌、雄配子融合后所形成的合子（受精卵），都在母体内发育成多细胞的胚以后，才脱离母体继续发育为新个体。但藻类植物的合子在母体内并不发育为胚，而是脱离母体后，才进行细胞分裂，并成长为新个体。如果用动物学的术语来说，高等植物是胎生，而藻类则是卵生。

总之，藻类植物是植物界中没有真正根、茎、叶分化，为光能自养生活，生殖器官由单细胞构成和无胚胎发育的一大类群。

【藻类的生活习性】

大多数藻类都是水生的，有产于海洋的海藻；也有生于陆水中的淡水藻。在水生的藻类中，有躯体表面积扩大（如单细胞、群体、扁平、具角或刺等），体内贮藏比重较小的物质，或生有鞭毛以适应浮游生活的浮游藻类；有体外被有胶质，基部生有固着器或假根，生长在水底基质上的底栖藻类；也有生长在冰川雪地上的冰雪藻类；还有在水温高达 80℃ 以上温泉里生活的温泉藻类。藻体不完全浸没在水中的藻类也很多，其中有些是藻体的一部分或全部直接暴露在大气中的气生藻类；也有些是生长在土壤表面或土表以下的土壤藻类。就藻类与其他生物生长的关系来说，有附着在动、植物体表生活的附生藻类；也有生长在动物或植物体内的内生藻类；还有的和其他生物行共生生活的共生藻类。总之，藻类的生活习性是多种多样的，对环境的适应性也很强，几乎到处都有藻类的存在。

【藻类对人类的意义】

我国利用藻类作为食品，不但有悠久的历史，食用的种类和方法之多，也是世界闻名的。据初步统计，我国所产的大型食用藻类至少有 50～60 种，经常作为商品出售的食用藻类主要是海产藻类，如礁膜、石莼、海带、裙带菜、紫菜、石花菜等。商品食用淡水藻类有地木耳和发菜。由于单细胞藻类中含有丰富的营养物质，又有繁殖快，产量高的特点，大面积培养单细胞藻类作为人类食用或家畜的精饲料，也早已引起人们的重视。

藻类对于医学和农业也有很密切的关系。有的直接作为药用，例如褐藻中的海带、裙带菜、羊栖菜等，都有防治甲状腺肿大的功效。红藻中的鹧鸪菜和海人草可作为驱除蛔虫的特效药。从褐藻中提取的藻胶酸、甘露醇和红藻中提取的琼胶也在医学中广泛应用。例如藻胶酸盐可作为制造牙模和止血药物的原料；甘露醇有消除脑水肿和利尿的效能，琼胶除作为轻泻药治疗便秘症外，还可用来作为制造药膏的药基，包药粉的药衣和细菌培养基的凝固剂。土壤藻类不但可以积累有机物质，刺激土壤微生物的活动，增加土壤中的含氧量，防止无机盐的流失，减少土壤的侵蚀，其中有些蓝藻还能固定空气中游离的氮素，在提高土壤肥力中起重要作用。此外，藻类是鱼类食物链的基础，鱼类的天然饵料，一般都直接或间接地来自浮游藻类，所以在淡水鱼类养殖中，多通过施肥，繁殖藻类，为鱼类提供饵料。但是，当浮游藻类大量繁殖发生水华的时候，由于水中缺氧或产生有毒物质，也往往引起鱼类大量死亡。

以藻类为原料所制成的产品，特别是藻胶酸盐，已广泛应用于工业生产中。例如琼胶在食品工业中可作为凝固剂和糖一起制成软糖，和淀粉一起制成包糖用的糯米纸，制面包时加入琼胶可以使面包保持长期的松软，加入果子露中，可制成冷冻果汁；制鱼、肉罐头时加入琼胶，可以保持鱼、肉的原形，不致在运输中散开；在日本和欧美各国，还用琼胶作为酿造酒、醋、酱油的澄清剂。在建筑业中，藻胶酸除用以粉刷墙壁、水泥加固、涂敷木材、金属品和工作母机外，还可以制成格子板和油毡的代用品。

【藻类商业用途】

藻类有广泛的商业用途。藻类制品包括由 70 多种红藻制成的琼脂糖类(如琼脂)。琼脂用于鱼罐头制造、烹制鱼的包装、织物上浆及胶片和高级黏合剂的制造，又可用于汤、调味汁、果冻、糕饼糖霜等中。由角叉菜制成的角叉菜胶，用途与琼脂相同，又包括钠、钾、钙盐。藻酸是褐藻的组分，可制成能像丝一样纺成线的碱金属盐。

【苔藓植物】

苔藓植物属于最低等的高等植物。植物无花，无种子，以孢子繁殖。在全世界约有 23000 种苔藓植物，中国约有 2800 多种。苔藓植物门包括苔纲、藓纲和角苔纲。苔纲包含至少 330 属，约 8000 种苔类植物；藓纲包含近 700 属，约 15000 种藓类植物；角苔纲有 4 属，近 100 种角苔类植物。

苔藓植物是一种小形的绿色植物，结构简单，仅包含茎和叶两部分，有时只有扁平的叶状体，没有真正的根和维管束。苔藓植物喜欢阴暗潮湿的环境，一般生长在裸露的石壁上，或潮湿的森林和沼泽地。

比较高级的种类，植物体已有假根和类似茎、叶的分化。植物体的内部构造简单，假根是由单细胞或由 1 列细胞所组成，无中柱，只在较高级的种类中，有类似输导组织的细胞群。苔藓植物体的形态、构造虽然如此简单，但由于苔藓植物具有似茎、叶的分化，孢子散发在空中，对陆生生活仍然有重要的生物学意义。

在植物界的演化进程中，苔藓植物代表着从水生逐渐过渡到陆生的类型。

苔藓不适宜在阴暗处生长，它需要一定的散射光线或半阴环境，最主要的是喜欢潮湿环境，特别不耐干旱及干燥。养护期间，应给予一定的光亮，每天喷水多次，(依空气湿度而定)应保持空气相对湿度在80%以上。

另外，就是温度，不可低于22℃，最好保持在25℃以上，才会生长良好。

苔藓植物是一群小型的多细胞的绿色植物，多适生于阴湿的环境中。最大的种类也只有数十厘米，简单的种类，与藻类相似，成扁平的叶状体。

【苔藓植物地理分布】

苔藓植物分布范围极广，可以生存在热带、温带和寒冷的地区(如南极洲和格陵兰岛)。成片的苔藓植物称为苔原，苔原主要分布在欧亚大陆北部和北美洲，局部出现在树木线以上的高山地区。

苔藓植物一般生长密集，有较强的吸水性，因此能够抓紧泥土，有助于保持水土。可作为鸟雀及哺乳动物的食物。苔藓植物可以积累周围环境中的水分和浮尘，分泌酸性代谢物来腐蚀岩石，促进岩石的分解，形成土壤。

【苔藓植物使用价值】

苔藓植物在自然界中的作用主要表现在以下几个方面。

(1) 苔藓植物是自然界的拓荒者。许多苔藓植物都能够分泌一种液体，这种液体可以缓慢地溶解岩石表面，加速岩石的风化，促成土壤的形成，所以苔藓植物也是其他植物生长的开路先锋。

(2) 苔藓植物能够促使沼泽陆地化。泥炭藓、湿原藓等极耐水湿的苔藓植物，在湖泊和沼泽地带生长繁殖，它们的衰老的植物体或植物体的下部，逐渐死亡和腐烂，并沉降到水底，时间久了，植物遗体就会越积越多，从而使苔藓植物不断地向湖泊和沼泽的中心发展，湖泊和沼泽的净水面积不断地缩小，湖底逐渐抬高，最后，湖泊和沼泽就变成了陆地。

(3) 苔藓植物的指示作用。许多种苔藓植物可以作为土壤酸碱度的指示植物，像生长着白发藓、大金发藓的土壤是酸性的土壤；生长着墙藓的土壤是碱性土壤。近年来，人们把苔藓植物当做大气污染的监测植物。例如，尖叶提灯藓和鳞叶藓对大气中的SO_2特别敏感。

(4) 苔藓植物具有保持水土的作用。群集生长和垫状生长的苔藓植物，植株之间的空隙很多。因此，它们具有良好的保持土壤和贮蓄水分的作用。有些苔藓植物的本身，还有贮藏大量水分的功能，像泥炭藓叶中大型的贮水细胞，可以吸收高达本身重量20倍的水分。

(5) 用作肥料及燃料。泥炭藓可以用作肥料，可以增加沙土的吸水性，还也可以晒干作为燃料，用来发电。

(6) 药用价值。有些种类的泥炭藓还可做草药，能清热消肿，泥炭酚可治皮肤病。

第4节　菌　类

菌类是一个庞大的家族，无处不在。已知的菌类有10万多种。人们把可以食用的大型真菌称为食用菌。具体指大型真菌中，能形成具有胶质或肉质的子实体或聚合组织，并能食用或药用的菌类。

菌类族群包括酵母菌、霉、伞菌和霉菌，绝大部分属于担子菌亚门，只有少数属于子曼菌亚门。它们缺乏叶绿素，也没有有机植物根茎叶的构造。它们存在的证据可追溯到距今约 4 亿 2000 万年前，但古生物学家认为它们应该出现得更早。

菌类植物，一大类不含叶绿素、不能进行光合作用、异养的低等植物。其中包括细菌、黏菌和真菌三个门类。其共同特征是：植物体没有根、茎、叶的分化，不含叶绿素等光合色素（极少数光合细菌除外），不能进行光合作用，腐生生活或寄生生活，即异养生活。生殖器官多为单细胞结构，合子不发育成胚。

菌类植物的生活环境比较广泛，在水、空气、土壤以至动、植物的身体内，它们均可生存。

食药菌：种类有耳类：木耳，银耳，桂花耳等。

非褶菌类：猴头，灵芝等。

伞菌类：平菇，香菇，草菇等。

腹菌类：竹荪，马勃等。

食用菌的营养价值：高蛋白，无胆固醇，无淀粉，低脂肪，低糖，多膳食纤维，多氨基酸，多维生素，多矿物质。食用菌集中了食品的一切良好特性，营养价值达到植物性食品的顶峰，被称为上帝食品，长寿食品。

菌类和人类的关系极为密切，许多种类可食用或医用，例如，利用酵母制面包和酿酒，从霉菌中提取药物（如青霉素）等，食用菌如木耳、冬菇等。很多种类已广泛应用在工业和环境保护净化水质上。但也有些菌类对人类造成严重危害，如引起人和动植物致病，引起食物、衣物的腐烂霉变等。

食用菌的药效：增强免疫力，抗肿瘤，抗病毒，抗辐射，抗衰老，防治心血管病，保肝，健胃，减肥等。

菌类在自然界物质循环中有着极其重要的作用，自然界中每天都有数以万计的生物在死亡，有无数的枯枝落叶和大量的动物排泄物等。那么，日积月累，久而久之，地球岂不就被生物的“垃圾”所覆盖了吗？其实不然，因为自然界中有许多“清洁员”。在这个清洁队伍中，干得最出色的是细菌和真菌，它们最大的本领，就是把死亡了的复杂有机体，分解为简单的无机物，这一过程，就是它们清除大自然“垃圾”的过程，也是自然界物质循环的过程。总之，如果没有这些清洁员，大自然的确是会被尸体所覆盖的，结果将是氮、磷、钾、碳等各种元素无法循环，整个生物界的生命就要终止。

【世界四大食用菌】

世界四大食用菌：双孢菇（主要产于欧洲与北美）、香菇（中国与日本）、平菇（中国，德国，法国等）、草菇（中国，印尼，泰国等）。

【菌类生长特点】

菌类在地球上生长，已经有 4 亿年的历史。通常它们生长在阴暗的落叶下，腐烂的树木里，或者土壤中。菌类是由无数精致的细丝组成，好像蜘蛛网。它们一生都是这样隐蔽生长的，只是子实体在大多数情况下长出了地面。

表面上看，菌类与植物的生长形式类似。但植物是通过叶片从阳光中吸取能量，制造叶绿素供给自身生长的营养。菌类没有这种能力，因此不是植物家族的成员。菌类虽然与昆虫有许多共同之处，但它显然不是动物。然而，菌类也是生物体，只不过非常脆弱。它们只能在潮湿的环境下生存。经过几百万年的演变,菌类适应了一些恶劣的环境。菌类有再生快、生长时间特别短的生长特点,非常独特。

菌类和许多物种都发生着这样或者那样的联系,比如热带雨林中的剪叶蚁把从植物上剪下来的树叶运回巢穴,作为培养菌类的原料。树叶被分散到四通八达的通道当中,菌类就像棉絮一样覆盖了蚂蚁的整个住所。几十年前,科学家们就证实了菌类与某些特殊的树林有着重要的、相互依赖的关系。菌类与和它相应的“母体树”之间的紧密关系被称为“共生关系”。夏季牛肝菌生长在落叶林里,但更喜欢生长在纯橡树林里。菌类的这种共生关系现象比较普遍。夏末秋初,内蒙古大草原在雨后的早晨,会出现一圈一圈生长特别繁茂的牧草圈。当地人叫做蘑菇圈,牧草下生长着一种口味特别鲜美的口蘑。这种共生现象不仅对菌类有益,对森林、草原也是有益的。

世界上到底有多少种菌类永远不会有一个精确的数字。因为,每次科学探险都能发现新的菌种。

【菌类-美味佳肴】

菌类是何时走进人类生活的我们不得而知。在尼罗河边的大漠中,有一座大约建于公元前 1450 年的神庙。神庙中绘制了大幅壁画,记述着法老一生中的征战。让考古学家吃惊的是,壁画中还画满了各种各样的动物和植物。其中,在橄榄果实之下赫然挺立着一朵茁壮的蘑菇。以此推断,人类对菌类的利用历史至少可以上溯 3000 多年。

今天,蘑菇是人类餐桌上常见的美食。其实,一些品种的菌类在古代就已经是人类的美味。比如在德国和奥地利有一种菌类叫凯撒蘑菇,是当年罗马凯撒大帝特别喜爱的,所以这种蘑菇就是用他的名字命名,并规定这些蘑菇只能供宫廷食用。平民要是采到了凯撒蘑菇要立即通知当局,谁要藏起来自己吃,一旦被发现,就要被判死罪。

夏季和秋季,蘑菇成了人们在市场上寻找的美味。如果你要到市场上去购买真正的牛肝菌,那绝对是采菇人走到大森林里一个一个采摘来的,是绝对的绿色食品。当然,获得这些美味还有一个办法,就是你亲自挎上小篮子,到大森林里去寻找、采摘。但是要当心,生长在松树林里的脑状蘑菇是有毒的。你要是将它们捡到篮子里,本身就是致命的错误。

【地衣】

地衣是一类由真菌和藻类共生在一起的生物。分类学家有的把它归为植物,有的则纳入真菌。地衣具有一定的形态、结构,有地衣酸等特殊的化学物质,并有一定的生态特征,都是藻和菌原来没有的,故可以认为是一个独立的类群。地衣能生活在各种环境中,特别能耐干、寒,在裸岩悬崖、树干、土壤中均有分布,约有 18000 余种。

根据外部生长状态,可分为壳状地衣、叶状地衣、枝状地衣三大类。

(1) 壳状地衣。叶状体很薄,以菌丝牢固地紧贴在基质上,有的甚至伸入基质中,因此很难剥离。壳状地衣约占全部地衣的 80%。如生于岩石上的茶渍属和生于树皮上的文字衣属等。

(2) 叶状地衣。叶状体以假根或脐较疏松地固着在基质上,易与基质剥离。如生于草地上的地卷属、脐衣属和生在岩石或树皮上的梅衣属等。

(3) 枝状地衣。个体呈树枝状,直立或下垂,仅基部都附着于基质上,如直立的石蕊属,悬垂分枝于树枝上的松萝属。此外,还有介于中间类型的地衣,有的呈鳞片状,有的呈粉末状。

【地衣作用价值】

我国地衣资源相当丰富，人们食用和药用地衣的历史悠久。据不完全统计，可供食用的地衣有 15 种，如皮果衣、老龙皮、网肺衣、松石蕊、雀石蕊、石耳、树花、绿树发、长松萝、风滚地衣、风滚平茶渍等。其中，石耳是特产我国和日本的著名食用地衣，可炖、炒、烧汤、凉拌，营养丰富，味道鲜美。

中国自古就有用地衣中的松罗治疗肺病，用石耳来止血或消肿。李时珍在《本草纲目》中就记载了石蕊的药用价值，说它有和津润喉、解热化痰的功效。人们研究发现松萝酸、地衣硬酸以及地衣二酚的多种缩合物，在抗革兰氏阳性细菌、尤其是在抗结核杆菌方面具有极高的活性。地衣抗生素对于结核性淋巴腺炎、静脉曲张性和营养性溃疡、外伤性骨髓炎、烧伤、子宫颈糜烂和阴道滴虫症均有良好的疗效。同时发现大多数地衣多糖具有高度的抗癌活性，能通过增强健康细胞的免疫功能抑制癌细胞的增殖，并且还具有降血压、消炎、清热解毒等功能。

地衣还可以用作饲料，是饲养鹿和麝的良好饲料，特别在寒带、亚寒带地区的国家和民族，在漫长的冬季，驯鹿吃不到杂草、嫩枝、嫩芽，就以地衣作为主要饲料。如东北大兴安岭的鄂温克族和北欧的一些国家和地区，把地衣像割草一样收割起来，作为饲养动物的冬季饲料。

地衣还可以加速岩石风化。

【地衣营养价值】

地衣营养价值较高，内含多种氨基酸、矿物质，且钙含量之高是蔬菜中少见的。地衣中的东方肺衣、裂髓树花为代表与其他食品进行比较来分析食用地衣的营养成分。

东方肺衣含水分 12.52、粗蛋白 11.02、粗脂肪 5.56、灰分 2.64、总糖 0.62、可溶性糖 0.37；

裂髓树花含水分 14.96、粗蛋白 3.43、粗脂肪 3.12、灰分 2.99、总糖 0.79、可溶性糖 0.35；

白菜含水分 10.0、粗蛋白 6.2、粗脂肪 0.8、灰分 10.1；

菠菜含水分 9.2、粗蛋白 6.4、粗脂肪 0.6、灰分 8.1；

大米含水分 16.2、粗蛋白 7.3、粗脂肪 0.4、灰分 0.4；

小麦粉水分 12.7、粗蛋白 11.2、粗脂肪 1.5、灰分 1.0；

蘑菇水分 13.7、粗蛋白 21.0、粗脂肪 4.6、灰分 8.0。

东方肺衣粗蛋白质含量略高于常见的蔬菜，与粮食类接近，粗脂肪含量两种地衣均高于大部分蔬菜、粮食及食用菌。

【地衣资源保护】

由于人类对地衣本质的认识经历了一个漫长的过程，在开发利用方面，地衣处于“未开垦的处女地”状态。因而，它是一个潜力很大的生物资源宝库。此外，地衣在自然界生长极为缓慢，加强对地衣的保护以便可持续利用是面临的迫切任务。保护地衣多样性除了必须保护它赖以生存的森林生态系统多样性以外，应注意以下保护和可持续利用的措施：

(1) 对于日用化工香料、药用和食用地衣资源应采取分区、按年、有计划、有节制地轮换采收。

(2) 对于在科学上有重要意义的世界珍稀物种，如陕西华山的华脐鳞，云南丽江的中华疱脐衣，以及庐山的美味石耳等中国和东亚特有种，应选择合适地段，建立珍稀地衣保护小区加以保护。

(3) 对上述一些重要地衣同时还应采取菌、藻分离培养，进行室内保存。对地衣物种进行多层次的系列保护措施是地衣物种多样性保护和可持续利用的重要方向。

(4) 加强对中国地衣物种多样性的调查、采集、分离、培养和研究，以便在地衣多样性遭受破坏之前使之受到保护，研究和可持续利用。

【毒蘑菇】

中国的毒蘑菇(毒菌)种类多，分布广泛，资源丰富。在广大山区农村和乡镇，误食毒蘑菇中毒的事例比较普遍，几乎每年都有严重中毒致死的报告。曾经被作为多发性食物中毒的原因之一。因此，长期以来鉴别毒蘑菇是人们十分关心的事。有关方面曾做了大量的科普知识宣传工作，但误食中毒者仍屡有发生。因为鉴别毒菌并不容易，所以唯一的办法，在野外最好不要轻易尝试不认识的蘑菇，同时不偏听偏信。必须在分辨清楚或请教有实践经验者之后，证明确实无毒时方可食用。如果吃了蘑菇发生了身体不舒服的感觉，应该及时到医院诊治，千万不可大意。

我们可以把蘑菇中毒病例分成 6 种类型：

(1) 胃肠中毒型。通常的中毒症状是强烈恶心、呕吐，腹痛、腹泻等，毒粉褶菌、臭黄菇和毛头乳菇，黄粘盖牛肝菌和粉红枝瑚菌等毒蘑菇可引起此类型中毒，已知有 80 余种。

(2) 神经精神型。已知有 60 余种。中毒症状是精神兴奋，精神错乱或精神抑制等神经性症状。如毒蝇鹅膏菌、半卵形斑褶菇中毒后可引起幻觉反应。

(3) 溶血型。主要症状是在 1～2d 内发生溶血性贫血，症状是突然寒战，发热，腹疼头疼，腰背肢体疼，面色苍白，恶心，呕吐全身虚弱无力，烦躁不安和气促。此类中毒症状主要由鹿花菌引起。

(4) 肝脏损害型。引起这类中毒有关的种约 20 余种。除上述已提到含毒肽、毒伞肽的种类外，如环柄菇属的某些种。

(5) 呼吸与循环衰竭型。引起这种类型的毒蘑菇主要是亚稀褶黑菇。死亡率较高。

(6) 光过敏性皮炎型。我国目前发现引起此类症状的是叶状耳盘菌。

值得提及的是，在现代高科技发展中，人们发现鹅膏菌毒肽对真核生物细胞的 RNA 聚合酶Ⅱ具有专一性抑制作用，而鬼笔毒肽对肌动蛋白具有束缚作用。它们被用于现代生命科学的研究中，起到了积极的作用。

第 5 节 动 物

动物是多细胞真核生命体中的一大类群，称之为动物界。一般不能将无机物合成有机物，只能以有机物(植物、动物或微生物)为食料，因此具有与植物不同的形态结构和生理功能，以进行摄食、消化、吸收、呼吸、循环、排泄、感觉、运动和繁殖等生命活动。动物的分类动物学根据自然界动物的形态、身体内部构造、胚胎发育的特点、生理习性、生活的地理环境等特征，将特征相同或相似的动物归为同一类，成为脊柱动物和无脊柱动物两大类。

动物根据水生还是陆生，可将它们分为水生动物和陆生动物；根据有没有羽毛，可将它们分为有羽毛的动物和没有羽毛的动物。除以上两种特征外，我们还可以用其他的特征将它们进行分类。

动物也有多种分类方法。通过对不同动物的解剖，可以发现有的动物体内有脊椎骨，有的动物体内没有脊椎骨，根据体内有无脊椎骨，我们可以将所有的动物分为脊椎动物和无脊椎动物两大类。

【动物起源】

动物界的历史，就是动物起源、分化和进化的漫长历程。是一个从单细胞到多细胞，从无脊椎到有脊椎，从低等到高等，从简单到复杂的过程。最早的单细胞的原生动物进化为多细胞的无脊椎动物，逐渐出现了海绵动物门、腔肠动物门、扁形动物门、纽形动物门、线形动物门、环节动物门、软体动物门、节肢动物门、棘皮动物门。由没有脊椎的棘皮动物往前进化出现了脊椎动物，最早的脊椎动物是圆口纲，圆口纲在进化的过程中出现了上下颌、从水生到陆生。两栖动物是最早登上陆地的脊椎动物。虽然两栖动物已经能够登上陆地，但它们仍然没有完全摆脱水域环境的束缚，还必须在水中产卵繁殖并且度过童年时代。从原始的两栖动物继续进化，出现了爬行类。爬行动物可以在陆地上产卵、孵化，完全脱离了对水的依赖性，成为真正的陆生动物。爬行类及其以前的动物都属于变温动物，它们的身体会变得冰冷僵硬，这个时候它们不得不停止活动进入休眠状态。然后爬行类动物进化为鸟类，成为了恒温动物，不必进入休眠状态，最后进化成胎生动物哺乳类动物，而人是哺乳类动物中最高级的动物。

【动物种类】

(一) 脊椎动物

脊椎动物包括：鱼类、两栖类、爬行类、鸟类、哺乳类五大种类。

脊椎动物特征：有由脊椎骨组成的脊柱(脊椎始见于胚胎期)。脊柱保护脊髓、脊柱与其他骨骼组成脊椎动物特有的内骨骼系统。有明显的头部，背神经管的前端分化成脑及其他感觉器官，例如眼、耳等、脑及感觉器官集中在头部，可加强动物对外界的感应。身体由表皮及真皮覆盖。皮肤有腺体，大部分脊椎动物的皮肤有保护性构造，例如鳞片、羽毛、体毛等。有完整的消化系统，口腔内有舌，多数有牙齿，亦有肝及胰脏。循环系统包括有心脏、动脉、静脉及血管。排泄系统包括两个肾脏及一个膀胱。有内分泌腺，能分激素(荷尔蒙)调节身体机能，生长及生殖。

(1) 鱼类：水栖动物(只能生活于水中)。皮肤有鳞片覆盖，属变温动物。具有鳍(可以水中游动)，用鳃呼吸的变温动物。体外受精，主要为卵生，部分为胎生及卵胎生。

鱼的种类很多，主要分为软骨类和硬骨类。

① 软骨类的例如鲨鱼的特征，皮肤坚韧，有极细小楯鳞，没有鱼鳔，尾鳍上下不对称，有五对鳃，没有鳃盖。

② 硬骨类例如马口鱼的特征，骨骼为硬骨，皮肤有许多黏液腺，为骨鳞片所覆盖，有鱼鳔。

(2) 两栖类：需在水中渡过其幼年时期。具有适应陆生的骨骼结构，有四肢，皮肤湿润，有很多腺体。身体无鳞片或体毛。舌分叉，倒生，能向外伸展。交配及受精在水中进行。幼体以鳃呼吸，成体则用皮肤、口腔内壁及肺呼吸。

两栖动物主要分为无尾、有尾、无足。

① 无尾类例如蟾蜍，特征是有适应陆上生活的骨骼系统，身体分头、躯干和四肢。前肢四趾，后肢五趾，趾间有蹼。后肢适用于游泳及跳跃；有肺，但主要呼吸器官为口腔内壁及皮肤。

② 有尾类例如蝾螈，特征是有适应陆上生活的骨骼系统，为身体细长之有尾水陆两栖类。

③ 无足类例如鱼螈。

(3) 爬行类：陆生动物。皮肤有鳞片或盾片覆盖。具有防水外皮，水分散失。属变温动物

(靠外界的温度或热源来改变其体温)。主要分布在地球较温暖的地区。体内受精,卵生或卵胎生。在陆地产卵,卵有防水外壳包裹。

爬行动物主要分为有足类、无足类。

① 有足类例如乌龟,特征是有坚硬的外壳。上下颌不具齿,但有角质鞘。卵生。可分陆栖,水栖或海洋生活。

② 无足类例如眼镜蛇,特征是无四肢、肩带及胸骨。不具活动的眼睑及外耳孔。舌头末端分叉,伸缩力强。皮肤有鳞片,可吞咽比自己身体直径大的猎物。蛇的器官成长形,左肺退化。蛇会定期蜕皮,以利生长。

(4) 鸟类:全身披有羽毛,身体呈流线型,有角质的喙。眼在头的两侧,颈部长而灵活可270°转。前肢特化成翼,后肢有鳞状外皮,具四趾。恒温动物(能通过自身的生理过程产生热量,即使外界温度很低,他们也能维持高而恒定的体温)。平均体温比哺乳动物高出10℃左右(平均42℃)。卵生。

鸟类主要特征是体表被羽毛,有翼,能飞翔。皮肤薄而软,便于肌肉的剧烈运动。新陈代谢旺盛,体温恒定。高而恒定的体温,促进体内新陈代谢的速度。恒温减少了动物对外界温度条件的依赖性,获得夜间活动的能力和在极地大陆上存活的能力。具有发达的神经系统和感官。鸟类的大脑、小脑、中脑都很发达。大脑半球较大,这主要是由于大脑底部纹状体的增大。鸟类纹状体是管理运动的高级部位,也和一些复杂的生活习性相关。实验证明:切除鸟的一部分纹状体后,它的正常的兴奋和抑制就被破坏,视觉受影响,求偶、营巢等习性丧失。鸟类的大脑皮层并不发达,小脑很发达,这与鸟类飞翔运动的协调和平衡相关。具有较完善的繁殖方式和行为(筑巢、孵卵和育雏)。

鸟纲的分类为平胸总目、企鹅总目、突胸总目。

① 平胸总目。主要特征是后肢强大,胸扁平,无龙骨突,不具飞翔能力;羽毛分布全身,无羽区及裸区之分,羽枝不具羽小钩,因而不形成羽片。常见种类有驼鸟。

② 企鹅总目。潜水生活的中、大型鸟类,具有一系列适应潜水生活的特征。前肢鳍状,适于划水。具鳞片状羽毛(羽轴短,羽片窄),均匀分布于体表。尾短,腿短而移至躯体后方,趾间具膜,适应游泳生活。在陆上行走时躯体近于直立,左右摇摆。皮下脂肪发达,有利于在寒冷地区及水中保持体温。骨骼沉重而不充气。胸骨具有发达的龙骨突起,这与前划水有关。游泳快速。该目分布限在南半球。代表为王企鹅。

③ 突胸总目。通常翼发达,善于飞翔,龙骨突发达,最后4～6枚尾椎愈合为一块尾综骨。一般具有充气性骨骼,正羽发达,构成羽片,体表有羽区、裸区之分。雄鸟绝大多数不具交配器官。该总目的鸟类种类繁多,为了研究方便,可以从两个方面来讨论它们的类群。

一个方面是根据生态类型分为游禽、涉禽、鹑鸡、鸠鸽、攀禽、猛禽和鸣禽七个生态类型。

游禽:喙扁阔或尖长,腿短而具蹼,翼强大或退化。

涉禽:喙细而长,脚和趾均很长,蹼不发达,翼强大。

鹑鸡:啄短而强,足和爪强健,翼短圆。

鸠鸽:喙短、基部具蜡膜,足短健,翼发达。

攀禽:喙强直,足短健、对趾型,翼较发达。

猛禽:喙强大呈钩状,足强大有力,爪锐钩曲,翼强大善飞。

鸣禽:喙外形不一,足短细,翼较发达。

另一个方面是根据形态结构特点分成若干个目来进行研究。以下介绍一些常见的目。

鹈形目：四趾向前，趾间具全蹼；嘴端成钩状，具发达的喉囊，雏鸟属于晚成鸟，游禽类，如鸬鹚等。

鹤形目：颈长、喙长、腿长、趾三前一后，四趾在同一平面上，幼鸟属晚成鸟，涉禽类，常见种类有白鹭等。另外，喙长，颈长和腿长，趾三前一后，趾间蹼不发达，后趾着生位置较高，与其他三趾不在同一平面上，幼鸟为早成鸟，涉禽类。常见种类有丹顶鹤、灰鹤等。

雁形目：嘴扁平，加厚的嘴甲，边缘栉状突起；腿短后移，趾三前一后，前趾间具蹼，雄性翼上常具翼镜；雄鸟具交配器；雏鸟为早成鸟，游禽类。常见种类有天鹅、绿头鸭。

隼形目：嘴利钩，爪发达，飞翔力强；视觉敏锐，猛禽类，雏鸟为晚成鸟。常见种类有鸢、红隼、金雕等。

鸡形目：体结实；喙短，为圆锥形；翅短圆，善走；雄鸟头顶有肉冠，羽色鲜艳；繁殖期行为复杂，鹑鸡类，幼鸟属早成鸟。如褐马鸡、红腹锦鸡等。

鸽形目：嘴短、蜡膜；四趾位于同一平面上，足短健、善走；嗉囊发达，雏鸟为晚成鸟或早成鸟，鸠鸽类。常见种类有原鸽、毛腿沙鸡等。

鸮形目：嘴爪强大而钩曲；头大，眼大向前，眼周羽毛形成面盘；耳孔大，具耳羽，听觉敏锐；第四趾能向后反转；幼鸟属晚成鸟，属猛禽类。主要种类有长耳鸮、短耳鸮等。

鴷形目：嘴呈锥状，适于啄木；舌长具角质小钩；趾两前两后；幼鸟属晚成鸟，攀禽类。常见种类如斑啄木鸟。

雀形目：鸣管及鸣骨发达；足趾三前一后，在一个平面上，适于营巢，幼鸟属晚成鸟，鸣禽类。常见种类有云雀、家燕等。

(5) 哺乳动物。

哺乳动物特征：体内有一条由许多脊椎骨连接而成的脊柱；身体有毛覆盖，有口腔咀嚼和消化，可提高能量及营养的摄取；胎生(鸭嘴兽，针鼹除外)，哺乳；恒温。在环境温度发生变化时也能保持体温的相对恒定，从而减少了对外界环境的依赖，扩大了分布范围；脑颅扩大，大脑相当发达，在智力和对环境适应上超过其他动物。

哺乳动物分类为原兽类、后兽类、真兽类。

哺乳类动物具有陆上快速运动的能力。毛是哺乳动物所特有的，哺乳动物一般每年换毛两次：春季和秋季换毛。换毛是哺乳动物对季节变化后的适应。口腔咀嚼，消化管分化程度较高，消化腺较发达，消化酶多样化。哺乳动物的牙齿分为门齿(切牙)、犬齿(尖牙)和臼齿(磨牙)，齿型和齿数是哺乳动物分类的依据之一。体温恒定，对环境依赖性减少。具有高度发达的神经系统和感官，协调能力强。哺乳类神经系统主要表现在大脑和小脑体积增大、神经细胞聚集、皮层加厚。表面出现了皱褶(沟和回)。胎生、哺乳，后代成活率高。

(1) 原兽类特征。卵生，卵有壳(例：鸭嘴兽)。

(2) 后兽类特征。不具真正的胎盘，幼儿在育儿袋中发育(例：袋鼠)。

(3) 真兽类特征。有胎盘，胎儿发育完善后才产出，占哺乳类的绝大部分。并分为十四类别：食虫类(例：鼹鼠)、鳞甲类(例：穿山甲)、翼手类(例：蝙蝠)、兔形类(例：兔)、啮齿类(例：鼠，箭猪)、贫齿类(例：食蚁兽)、食肉类(例：狮，犬，熊猫)、鳍足类(例：海狮，海豹，海象)、海牛类(例：海牛)、鲸类(例：海豚，鲸)、长鼻类(例：象)、奇蹄类(例：斑马，犀牛)、偶蹄类(例：河马，牛，猪，鹿，骆驼)、灵长类(例：猩猩，猴，人)。

例狮子特征:属食肉目中的猫科动物。大型兽类,爪能伸缩,善于跳跃,犬齿发达,善于伏击其他动物。

例大象特征:为现存最大之陆栖动物。耳宽大扁平,鼻特长,可助于取食,体毛退化,脚底有厚弹性组织垫,以承托身体重量。上门牙特别发达,长出体外。食物以植物为主。

例食蚁兽特征:前肢其中二至三指特长,用以掘开蚁巢。无门齿,吻长呈管状,舌长呈黏性,能黏附白蚁,尾长而多毛。栖于草原沼泽地,善游泳,以白蚁及蚁为食。

例蝙蝠特征:前肢退化,指骨特长,指骨与体侧及后肢之间生有薄而韧的翼膜,作飞行器官。后肢爪,可以倒挂身体栖息。胸骨突起,锁骨发达,以利飞行。大部分蝙蝠喜食虫,且善于捕食飞行中的昆虫,少数吃果实。

例海豚特征:海产哺乳类,亦有淡水品种。海豚属齿鲸类,身体呈流线性,颈部不能区分,颈椎骨有愈合现象。头尖而长,具有内质背鳍。前肢退化成阔桨状。不具后肢,尾长,水平叉状尾鳍。

例猿猴特征:拇指与其他指相对,适于攀缘及握物。锁骨发达,身有体毛(手掌除外),指有指甲,大脑及感觉器官发达。双眼向前,有骨质眼窝。行为接近人类。

(二) 无脊椎动物

无脊椎动物中包括:原生动物、扁形动物、腔肠动物、棘皮动物、节肢动物、软体动物、环节动物、线形动物八大类。所以无脊椎动物占世界上所有动物的90%以上。

(1) 原生动物。单一细胞动物,身体的构造十分简单,会吃,会动,会繁殖和死亡。身体非常小,要用显微镜才观察得到的动物。栖息在淡水,海水或者共其他动物的体液内。例如变形虫。

(2) 软体动物。软体动物外形多样化,是十分成功的生物类别,包括所有“贝壳类”动物,八爪鱼及墨鱼。大部分软体动物生活在海里,部分生活在咸淡水交界或淡水,亦有小部分是陆生的。身体柔软,不分节,左右对称,背部皮层向下伸延成外套膜,覆盖身体的大部分。软体动物中的贝壳类的贝壳便是由外套膜的上皮细胞分泌而成。大多数软体动物有一至两个贝壳,例如蜗牛、蚬。另一些则退化成内壳,藏于外套膜之下,例如墨鱼。有些种类的外壳则完全消失,例如裸鳃类。蠕虫身体柔软,分环节,每一个环节都有一对排泄器。例如蚯蚓和沙蚕。柔软圆形的身体,寄生在动物或植物体内,例如蛔虫和蛲虫。

(3) 节肢动物。节肢动物是动物界最大的一门,品种最繁多,约占全部动物品种的85%。对环境的适应力特强,生存地方包括海水、淡水、高山、空气、土壤,甚至是动物及植物的体内及体外。节肢动物身体两侧对称,身体分节,但部分体节融合成特别部位,如头部及胸部。有些节肢动物,例如蜘蛛类,头部及胸部进一步融合成头胸部。身体的附肢,例如足部、触角、口器等都分节。体壁坚硬,主要由几丁质组成,可提供保护,亦作为外骨骼之用。由于体壁坚硬,妨碍生长,节肢动物需要在生长期蜕皮多次。感官系统甚为发达,眼有单眼和复眼两种。复眼用作视物,而单眼用作感光。另外,还有触觉、味觉、嗅觉、听觉及平衡器官,好些昆虫还有特别的发声器。节肢动物的呼吸系统颇为多样化,可以利用体表,鳃(水生的)及气管(陆生的)呼吸。蜘蛛等则利用肺进行呼吸。

节肢动物的分类为甲壳类(例:虾,蟹)、蜘蛛类(例:蜘蛛,蝎子)、昆虫类(例:蝴蝶)多足类(例:蜈蚣)。

【动物繁殖与发育】

几乎所有的动物都会进行某种类型的有性生殖。成熟的个体是双倍体或多倍体的。它们有一些特殊的生殖细胞,分裂以产生较小可游动的精子或较大不可动的卵子。精子和卵子会结合成为受精卵,且发育成新的个体。

许多动物也能够无性生殖。这可能发生在雌生殖(成熟卵没有经过交配而产生)或一些经由断裂生殖。

受精卵一开始会发育成一个小球,称之为囊胚,在此进行重整和分化。在海绵里,囊胚幼体会游到一个新的位置上并发育成一个新的海绵。而在其他大多数的类群中,囊胚则会进行更为复杂的重整。囊胚一开始会内套以形成具有消化腔的原肠胚和两个个别的胚层,外胚层和内胚层。在大多数的情况下,还会有个中胚层在两者之间。这些胚层接着分化成各式组织和器官。

大多数动物间接利用太阳光的能源来生长。植物利用太阳光来转化出简单的糖类,以一种称之为光合作用的过程。一开始是二氧化碳和水,经由光合作用后,太阳光的能源被转化成葡萄糖中键结的化学能,并释放出氧来。这些糖类接着被用来当做供植物生长的建材。当动物吃下这些植物(或吃下其他吃了植物的动物),由植物产生出来的糖便会被动物利用。这些糖或者直接利用来帮助动物生长,或者被分解掉,释放出储存的太阳能,以供动物活动的能量。此一过程称之为糖酵解。

生活在靠近海床上的深海热泉和海底冷泉等地的动物不依靠太阳能。而是由化学能合成的古菌和细菌形成其食物链的基部。

【濒临灭绝的动物】

科学家发现,对环境质量高度敏感的两栖爬行动物正大范围的消逝。温度的增高、紫外光的强化,栖息地的分割、化学物质横溢,已使蝉噪蛙鸣成为儿时的记忆。与其他因素不同,污染对物种的影响是微妙的、积累的、慢性的致生物于死地的“软刀子”,危害程度与生境丧失不相上下。

地球上许多最濒危动物,同样也是了不起的。这里有一些大自然的超级明星,它们来自亚洲,美洲,亚太和其他地区,可能很快将不再会有。

(1) 爪哇犀牛。栖息地印度尼西亚和越南。剩余少于 60 只。也许它们是地球上最最稀有的大型哺乳动物。它们珍贵的角是偷猎者的目标,它们栖息的森林被开发商开发。两者都是导致该物种灭绝的原因。

(2) 墨西哥小头鼠海豚。栖息地加利福尼亚湾。剩余 200 至 300 只。是世界上濒临灭绝的一个稀有鲸种,墨西哥小头鼠海豚本身的数量,与被渔网困住是其将要灭绝的主要原因。

(3) 克罗斯河大猩猩。主要栖息地尼日利亚和喀麦隆。剩余不到 300 只。被认为在 20 世纪 80 年代已经灭绝的物种,现在仍有存活。猎杀它们食用和因为发展而被挤出栖息地,它们可能不会持续很长时间。

(4) 苏门答腊虎。栖息地苏门答腊,在印度尼西亚。剩余少于 600 只。这种小老虎只在苏门答腊生活已经有数百万年,因此难以逃脱人类扩张。大多数幸存者被保护起来,但约 100 只仍然生活在保护区外的地方。

(5) 金头猴。栖息地越南。剩余少于 70 只。在 2000 年,这个灵长类动物被开始保护起来。它仍然是处于严重危险之中,但其数量在 2003 年上升,为几十年来第一次。

(6) 黑脚雪貂。栖息地北美大平原。剩余 1000 只。美洲大陆上唯一的一种鼬,它们是最濒危的哺乳动物。在 1986 年,只剩下 18 只,但物种的数量正在回升。

(7) 婆罗洲侏儒象。栖息地北婆罗洲。剩余1500只。矮于亚洲象约20英寸(50cm),婆罗洲侏儒象也更加温顺。棕榈园的减少,让它们生活在拥挤的空间。

(8) 大熊猫。栖息地中国,缅甸,越南。剩余少于2000只。丧失和破碎的栖息地是导致大熊猫陷入危险状态的主要原因。圈养繁殖和物种保护的帮助希望使大熊猫免遭灭绝。

(9) 北极熊。栖息地北极的北极圈。剩余少于25000只。长期的人类发展和偷猎威胁着北极熊的生存,但气候变化和丧失海冰目前正成为导致其减少的主要原因。

(10) 湄公河巨型鲶鱼。栖息地湄公河区域的东南亚。剩余数百只。因其巨大的个头而特别珍贵(有史以来规模最大的发现是646英镑,或293kg),现在在泰国、老挝和柬埔寨是受到保护的物种,但捕捞仍在继续。

(11) 紫色沼泽蟹。栖息地在西非、几内亚湿地。紫色螃蟹生活在沼泽泥泞洞,依靠潮湿度过旱季。最初的活标本,收集在2005年。

(12) 降落伞蜘蛛。仅限于印度洋少数种植岛和附近大陆的印度。降落伞蜘蛛是一种极度濒危的狼蛛,2008年红色名录的受威胁物种。蜘蛛的数量可能不到500只,作为其栖息地的林地被毁坏种植转换成旅游目的地。

(13) 霍尔德里奇的蟾蜍。该霍尔德里奇的蟾蜍在哥斯达黎加灭绝,是指在2008年10月6日红色名录的濒危物种公布。尽管多次调查,两栖动物还没有被记录在其雨林栖息地。

(14) 古巴鳄。在过去三个世代导致古巴鳄鱼被从“濒危”到“极度濒危”(2008年红色名录)。生境质量下降,狩猎,与其他鳄鱼物种杂交导致“极度濒危”。

(15) 草原陆龟。爪陆龟是生活在内陆草原地区的龟类。背甲长12～16cm,宽10～14cm。头部与四肢均具黄色;头小,顶部有对称的大鳞;喙缘锯齿状。盾片中央棕黑色,边缘黄色,并有同心环纹。四肢均有四爪,指、趾间无蹼。前臂与胫部有坚硬大鳞,股后有一丛锥形大鳞。已经极度濒危。

(16) 大鲵。大鲵是现存有尾目中最大的一种,最长可超过1m。头部扁平、钝圆,口大,眼不发达,无眼睑。身体前部扁平,至尾部逐渐转为侧扁。体两侧有明显的肤褶,四肢短扁,指、趾前五后四,具微蹼。尾圆形,尾上下有鳍状物。体表光滑,布满黏液。身体背面为黑色和棕红色相杂,腹面颜色浅淡。已经极度濒危。

(17) 蜂猴。蜂猴体型较小而行动迟缓,是较低等的猴类,体长32～35cm。两只小耳朵隐藏于毛茸茸的圆脑袋中;眼圆而大。四肢短粗而等长,第二个脚趾还保留着钩爪,尾短而隐于毛丛中。体背棕灰色或橙黄色,正中有一棕褐色脊纹自顶部延伸至尾基部,腹面棕色,眼、耳均有黑褐色环斑。已经极度濒危。

在我国还有金丝猴、白鳍豚、中华鲟等。

【动物濒临灭绝的原因】

一切自然物种及其群落都与所在地域的环境条件相适应,只要条件不变,就能长期生存,即使发生扩散或缩减,其历程也是缓慢和渐变的。人类活动的加剧,却打破了这千古不变的平衡,导致物种灭绝:

(1) 生境丧失、退化与破碎。人类能在短期内把山头削平、令河流改道,百年内使全球森林减少50%,这种毁灭性的干预导致的环境突变,导致许多物种失去相依为命、赖以为生的家即生境,沦落到灭绝的境地,而且这种事态仍在持续着。在濒临灭绝的脊椎动物中,有67%的物种遭受生境丧失、退化与破碎的威胁。

世界上 61 个热带国家中，已有 49 个国家的半壁江山失去野生环境，森林被砍伐、湿地被排干、草原被翻垦、珊瑚遭毁坏……亚洲尤为严重。孟加拉的 94%、香港的 97%、斯里兰卡的 83%、印度的 80%的野生生境已不复存在。俗话说：树倒猢狲散，如果森林没有了，林栖的猴子与许多动物当然无“家”可归，“生态”一词原本就是来源于希腊文 ECO 即“家”、“住所”之意。

灭绝物种中，迁徙能力差的两栖爬行类及无处迁徙的岛屿种类更为明显，马达加斯加上的物种有 85%为特有种，狐猴类就有 60 多种，1500 年前人类登岛后，90%的原始森林消失，狐猴类动物仅剩下 28 种（包括神秘的、体大如猫的指猴）。大陆生境的片断化、岛屿化是近百年来日趋严重的事件，这不仅限制了动物的扩散、采食、繁殖，还增加了对生存的威胁，当某动物从甲地向乙地迁移时，被发现、被消灭的可能性就大大增加了。目前我国计划为大熊猫建的绿色走廊，就是为了解决这个矛盾。

(2) 过度开发。在濒临灭绝的脊椎动物中，有 37%的物种是受到过度开发的威胁，许多野生动物因被作为“皮可穿、毛可用、肉可食、器官可入药”的开发利用对象而遭灭顶之灾。象的牙、犀的角、虎的皮、熊的胆、鸟的羽、海龟的蛋、海豹的油、藏羚羊的绒……更多更多的是野生动物的肉，无不成为人类待价而沽的商品，大肆捕杀地球上最大的动物：鲸，就是为了食用鲸油和生产宠物食品；残忍地捕鲨，这种已进化 4 亿年之久的软骨鱼类被割鳍后抛弃，只是为品尝鱼翅这道所谓的美食。人类正在为了满足自己的边际利益（时尚、炫耀、取乐、口腹之欲），而去剥夺野生动物的生命。对野生物种的商业性获取，往往结果是“商业性灭绝”。

目前，全球每年的野生动物黑市交易额都在 100 亿美元以上，与军火、毒品并驾齐驱，销蚀着人类的良心，加重着世界的罪孽。北美旅鸽曾有几十亿只，是随处可见的鸟类，大群飞来时多得遮云蔽日，殖民者开发美洲 100 多年，就将这种鸟捕尽杀绝了。当 1914 年 9 月最后一只旅鸽死去，许多美国人感到震惊，眼瞧着这种曾多得不可胜数的动物竟在人类的开发利用下灭绝，他们为旅鸽树起纪念碑，碑文充满自责与忏悔：“旅鸽，作为一个物种因人类的贪婪和自私，灭绝了。”

(3) 盲目引种。人类盲目引种对濒危、稀有脊椎动物的威胁程度达 19%，对岛屿物种则是致命的。公元 400 年，波利尼西亚人进入夏威夷，并引入鼠、犬、猪，使该地半数的鸟类（44 种）灭绝了。1778 年，欧洲人又带来了猫、马、牛、山羊，新种类的鼠及鸟病，加上砍伐森林、开垦土地，又使 17 种本地特有鸟灭绝了。人们引进猫鼬是为了对付以前错误引入的鼠类，不料，却将岛上不会飞的秧鸡吃绝了。15 世纪欧洲人相继来到毛里求斯，1507 年葡萄牙人，1598 年荷兰人把这里作为航海的中转站，同时随意引入了猴和猪，使 8 种爬行动物，19 种本地鸟先后灭绝了，特别是渡渡鸟。在新西兰斯蒂芬岛，有一种该岛特有的异鹩，由于灯塔看守人带来 1 只猫，这位捕食者竟将岛上的全部异鹩消灭了，1894 年，斯蒂芬异鹩灭绝，是 1 只动物灭绝了 1 个物种。

(4) 环境污染。1962 年，美国的雷切尔·卡逊著的《寂静的春天》引起了全球对农药危害性的关注；人类为了经济目的，急功近利地向自然界施放有毒物质的行为不胜枚举：化工产品、汽车尾气、工业废水、有毒金属、原油泻漏、固体垃圾、去污剂、制冷剂、防腐剂、水体污染、酸雨、温室效应……甚至海洋中军事及船舶的噪音污染都在干扰着鲸类的通讯行为和取食能力。

【千奇百怪、多姿多彩的动物】

最小的蜘蛛是在巴拿马的热带森林里发现的，它体长 0.8mm。

世界上最小的鸟儿是“微型”蜂鸟，它体重 2g，从嘴尖到尾尖长 5cm。

在泰国设有“猴子学校”，训练猴子采摘椰子。一只训练有素的猪尾蛮猴一天之内可以摘到 1400 个椰子。猴子学校的“毕业生”们举行了比赛，获胜者在半分钟里摘下了 9 个椰子。

在泰国的热带丛林里发现了“最小哺乳动物”这一称号的新的争夺者小飞鼠。它体重约为 2g，体长 3cm，头长 11mm，翼展 5.5cm，以小昆虫为食。

2007 年春天，世界上最老的“狗寿星”在奥地利的布里斯班去世，终年 32 岁，相当于人活了 224 岁。

产奶量最大的哺乳动物显然是鲸了。一条蓝鲸在哺乳期里每天可产奶 430 升，相当于最好的奶牛产奶量的 5 倍。

津巴布韦的三只非洲象创造了这种动物远距离游泳的纪录。它们连续游了不下于 30h，行程超过 35km。

在所有动物中，名称最古怪的要算生活在夏威夷的卡乌阿伊岛上某些洞穴里的一种盲蜘蛛了。这就是无眼大眼蛛。原来，根据各方面的特征它都属于大眼蛛科，只是由于它乔居洞穴，造成双目失明，空留下“大眼”之称。

一只成年猎豹能在几秒之内达到每小时 100km。

世界上最大的鸟是鸵鸟。

如果是飞行的鸟，是信天翁。

世界上最小的鸟是蜂鸟。

有外声囊的青蛙是雄的。

打蛇打“七寸”是因为那里正好是心脏。蛇每隔两三个月蜕一层皮是为了长身体。

海龟流泪是在排泄盐分。

驼鸟孵卵，由雄鸟承担。

大雁飞行排成人字或一字，是为了长途飞行而借用前面大雁的翅膀扇动时的气流。

鹤一只脚站立是在轮换着休息。

夏天狗的舌头伸出来流“汗”是在散热。

马辔套在马的口角上，牛辔挽在牛的鼻子上，是因为这些地方痛觉点分布最多。

蝙蝠不是鸟类，是哺乳动物。

狼在晚上嚎叫是在求偶或集群。

鲸喷水是在呼吸。

麝香是雄麝发情用来招引雌麝的腺体。

【动物中的“数学家”】

在黄金矩形(宽长之比为 0.618 的矩形)里靠着三边做成一个正方形，剩下的那部分则又是一个黄金矩形，可以依次再做成正方形。将这些正方形中心都按顺序联结，可得到一条“黄金螺线”。而海洋学家发现，在鹦鹉螺的身上，在一些动物角质体上，或有甲壳的软体动物身上，都曾发现有“黄金螺线”。

科学家另外发现，珊瑚虫可以在自己身上巧妙地记住“日历”；它们每年都在自己的体壁上刻画出 365 条环纹，即一天“画”一条。更奇怪的是，古生物学家也发现，在 3 亿 5000 万年前的珊瑚虫每年所“画”出来的环纹是 400 条。这是为何呢？天文学家告诉我们，那时地球自转一天仅有 21.9h，一年却不是 365 天，而为 400 天。由此可见珊瑚虫可以根据天象的变化来“计算”、“记载”一年的时间，结果十分精确。

蚂蚁同样是出色的“数学家”。英国科学家亨斯顿曾做过一个有趣的实验:他将一只死蚱蜢切成为三块,第二块比第一块大一倍、第三块又比第二块大一倍,在蚂蚁发现那三块食物40min 之后,聚集在最小一块蚱蜢地方的蚂蚁仅有 28 只,第二块却有 44 只,第三块竟有 89只,后一组差不多比前一组多一倍。

蜜蜂可以算得上是“天才的数学计算和设计师”。工蜂所建造的蜂巢相当奇妙。它所建蜂巢底部的菱形的钝角全部都是 109°28′,所有的锐角都等于 20°32′。经过数学家自理论上计算,若要消耗最少的材料,而制成最大的菱形也正是这种角度。

丹顶鹤老是成群结队地迁徙,并且排成“人”字形。那“人”字形的角度永远都是 110°。“人”字形的夹角的一半正好为 54°44′8″,然而金刚石结晶体的角度也刚好是这个度数。

【动物尾巴的作用】

我们都知道大袋鼠的尾巴非常发达,长得又粗又长,那么熊鼠的尾巴就更长了,而且比它的身体还要长一些。它们的尾巴有什么作用呢?

在澳大利亚草原上,袋鼠是一种自卫能力很差的动物,它必须随时提防来犯的敌人,一有敌情拔腿就跑。它为了便于观察敌情,必须站立着。此时尾巴就起到了支撑身体的作用。

熊鼠的长尾巴也有它的妙用。当熊鼠往高处跳的时候,必须使腰、后腿和尾巴都憋足了力才能跳起来。在过电线的时候,它也用尾巴保持身体的平衡,就像杂技演员走钢丝时手里拿着长杆一样。

而松鼠的尾巴的作用则更大,松鼠经常从树上跳上跳下,这条大尾巴可以加大松鼠的跳跃距离。松鼠从这棵树跳到那棵树上的时候,把尾巴挺直,可以跳出十几米远,依靠这种本领,当松鼠遇到凶猛动物时,它就能很快逃走。另外松鼠从树上往下跳时,大尾巴像降落伞一样,使松鼠可以平平安安地落到地上,落到地上时,大尾巴蓬蓬松松,又厚又软,起到海绵垫的作用,在晚上松鼠休息时,把大尾巴放在身上,像被子一样盖在头和身上,起到取暖作用。

鸟类的尾巴是用来掌握方向的,就和船上的舵一样。

你仔细观察在空中盘旋的老鹰的尾巴就能明白这一点。燕子的尾巴呈剪刀状,是用来突然改变方向的。

【动物的行为】

(一) 防御行为

动物的防御行为是动物为对付外来侵略、保卫自身的生存、或者对本族群中其他个体发出警戒而发生的行为。

(二) 贮食行为

动物摄取食物,从根本上说,就是为了摄取构成躯体的营养——各种有机物和无机物,以及进行各种生理活动所必需的能量。这是动物的摄食行为。故食物丰富时,有些动物会贮存一些食物等饥饿时再取来食用。这样的行为称为贮食行为。

(三) 攻击行为

动物的攻击行为是指同种个体之间所发生的攻击或战斗。在动物界中,同种动物个体之间常常由于争夺食物、配偶,抢占巢区、领域而发生相互攻击或战斗。

(四) 繁殖行为

动物的繁殖行为是丰富多彩的,它包括的内容相当广泛,主要有雌雄两性动物的识别,占有繁殖空间、求偶、交配、孵卵、育幼等。

第6节 昆 虫

昆虫是动物界中无脊椎动物的节肢动物门昆虫纲的动物，所有生物中种类及数量最多的一群，是世界上最繁盛的动物。地球上至少有500万种不同种类的昆虫，已发现100多万种。其基本特点是体躯三段头、胸、腹，两对翅膀三对足；一对触角头上生，骨骼包在体外部；一生形态多变化，遍布全球的家族。昆虫的构造有异于脊椎动物，它们的身体并没有内骨骼的支持，外裹一层由几丁质构成的壳。这层壳会分节以利于运动，犹如骑士的甲胄。昆虫在生态圈中扮演着很重要的角色。

昆虫通常是中小型到极微小的无脊椎生物，多数都经过卵、幼虫、蛹、成虫等发育阶段属于完全变态如苍蝇、家蚕、蝴蝶等，不完全变态经过卵，若虫，成虫三个阶段，如蚜虫等。有的昆虫有坚硬起保护作用的外骨骼和六条有关节的步足。它们包括甲虫、蟑螂、黄蜂、蚂蚁、蜂、蝴蝶、蜻蜓和豆娘等。

昆虫纲不但是节肢动物门中最大的一纲，也是动物界中最大的一纲。而植物(包括细菌在内)的已知种类为33.5万种左右，只是昆虫种类的1/3。要想知道昆虫的精确种类数是很困难的，因为分类学家们还在不断地发现新种，例如，根据统计，鳞翅目昆虫(蛾、蝶类)到1931年止为8万种，到1934年增至10万种，到1942年以达到14万种。昆虫纲中最大的目是鞘翅目，种类已超过25万种，而其中的象甲总科竟多到6万种左右。

昆虫不但种类多，而且同种的个体数量也十分惊人。一个蚂蚁群体可多达50万个个体。曾有人估计，整个蚂蚁的数量可能会超过全部其他昆虫的总数。小麦吸浆虫大发生灾害的年代一亩地有2592万个之多。一棵树可拥有10万的蚜虫个体。在阔叶林里每平方米的土壤中可有10万头弹尾目昆虫。

昆虫的分布面之广，没有其他纲的动物可以与之相比，几乎遍及整个地球。从赤道到两极，从海洋、河流到沙漠，高至世界的屋脊珠穆朗玛峰，下至几米深的土壤里，都有昆虫的存在。这样广泛的分布，说明昆虫有惊人的适应能力，也是昆虫种类繁多的生态基础。

鞘翅目：鞘翅目是昆虫纲中的第一大目，通称“甲虫”。种类有330000种以上，占昆虫总数的40％ 。在我国记载7000余种。它们的前翅呈角质化，坚硬，无翅脉，称为“鞘翅” 因此而得名。外骨骼发达，身体坚硬，因此能够保护内脏器官。体型的变化甚大。此类昆虫的适应性很强。有咀嚼式口器，食性很广；分为植食性叶甲、花金龟；肉食性步甲、虎甲；腐食性阎甲；尸食性葬甲；粪食性粪金龟。本类群属完全变态， 幼虫因生活环境和食性不同有各种形态；蛹绝大多数是裸蛹，稀有被蛹。

鳞翅目：鳞翅目是昆虫纲中第二大的目，由于身体和翅膀上被有大量鳞片而得名。蝴蝶是一类日间活动的鳞翅目昆虫，通常可以从它们明亮的色彩和棒状的触角，以及它们休息的方式四翅合拢，树立于背上来辨别。蝴蝶的后翅基部扩大而有力，在飞行时支持并连接着前翅。世界上蝴蝶已知种类有17000种左右，都是惹人瞩目的昆虫。我国的蝴蝶种类有1300余种，北京有170多种。蝴蝶属完全变态昆虫，一生经历卵、幼虫、蛹、成虫等阶段。幼虫多以植物为食，成虫则以虹吸式口器吸食花蜜。蛾类是鳞翅目中最大的类群，占到鳞翅目种类的9/10左右。蛾类的外观变化很多，难以作一般描述。大多数蛾类夜间活动，体色黯淡；也有一些白天活动，色彩鲜艳的种类。不过，蛾类触角和蝴蝶有所区别，它们没有棒状的触角末端，而是呈现丝状、羽毛状等其他样式；另外大多数蛾类的前后翅是依靠一些特殊连接结构来达到飞行，翅膀连接的翅缰和翅轭的存在，使得蛾类和蝴蝶有了更多的区别方式。蛾类同样是完全变态昆虫，由于幼虫的寄主很多是人类的食物来源，蛾类也就成为了和人类关系更为密切的昆虫类群。

蜻蜓目：蜻蜓目在昆虫纲中是比较原始的类群，也是较小的一个目。蜻蜓目分为三个亚目，差翅亚目统称“蜻蜓”；均翅亚目统称“蟌”以及发现于日本和印度的两种间翅亚目昆虫。全世界约有 5000 种，我国有 300 多种。蜻蜓身体粗壮，休息时翅膀平展于身体两侧；蟌身体细长，休息时翅膀束置于背上。间翅亚目则拥有粗壮的身体和束置于背上的翅膀。蜻蜓目属不完全变态昆虫，稚虫“水虿”在水中捕食性生活。成虫也为肉食性种类，捕食小型昆虫，飞行迅速，性情凶猛。

双翅目：双翅目包括蚊、蠓、蚋、虻、蝇等，是昆虫纲中较大的目。由于成虫前翅为膜质，后翅退化成“平衡棒”而得名。双翅目分为长角、短角和环裂三个亚目。长角亚目的触角在 6 节以上，包括蚊、蠓、蚋，是比较低等的类群；短角亚目触角在 5 节以下，一般 3 节，通称“虻”；环裂亚目就是我们通称的“蝇”。

膜翅目：膜翅目的特征明显，包括咀嚼式口器，前后翅连接靠翅钩完成等。本类群分布很广，已知种类 100000 多种，估计至少 250000 种，包括各种蚁和蜂。根据腹部基部是否缢缩变细，分为广腰亚目和细腰亚目。广腰亚目是低等植食性类群，包括叶蜂、树蜂、茎蜂等类群；细腰亚目包括了膜翅目的大部分种类，包括蚁、黄蜂和各种寄生蜂等。

半翅目：半翅目也叫异翅目。此类昆虫通称“椿象”。已知有 38000 余种，是昆虫纲中的主要类群之一。半翅目昆虫的前翅在静止时覆盖在身体背面，后翅藏于其下。由于一些类群前翅基部骨化加厚，成为“半鞘翅状”而得名。口器为刺吸式口器，以植物或其他动物的体内汁液为食。属不完全变态昆虫。其腹部有臭腺，遇到敌害会喷射出挥发性臭液。因此也被称为“臭虫”。

直翅目：直翅目是一类较常见的昆虫，包括螽斯、蟋蟀、蝼蛄、蝗虫等，全世界已知 20000 种以上，分布很广。成虫前翅稍硬化，称为“覆翅”，后翅膜质。本类群为不完全变态，若虫和成虫多以植物为食，对农、林、经济作物都有为害；少数种类为杂食性或肉食性。直翅目是较原始的昆虫类群，起源于原直翅目，在上石炭时期已经分成了触角较长的螽斯类，和触角较短的蝗虫类。其中很多种类有鸣叫或争斗的习性，成为传统的观赏昆虫，比如斗蟋和螽斯。

其他昆虫：六足总纲包括原尾纲、弹尾纲、双尾纲和昆虫纲。

昆虫纲除了上述的 7 个目以外还有其他 24 个目，共计 31 个目。昆虫纲种类繁多，形态各异，但是拥有外骨骼、三对足是它们的共同特征。其中许多种类 是我们熟识的“朝生暮死”的蜉蝣目的蜉蝣；歌声嘹亮的同翅目蝉；捕食凶猛的螳螂目的螳螂；无所不在的蜚蠊目的蟑螂；令人讨厌的虱目的体虱，蚤目的人蚤等。不管你喜欢与否，它们都在我们的生活中占有一席之地。

【昆虫的生活习性】

陆生昆虫在环境太热时寻找一个阴凉潮湿的处所。如暴露在阳光下，它使自己处于体表受热面积最小的位置。如太冷，昆虫留在阳光下取暖。许多蝴蝶在飞行前需展翅收集热量。蛾在飞行前震动翅或抖动身体，并藉毛或鳞片在身体周围形成一层空气绝缘层保住体热。最适于飞行的肌肉温度是 38～40℃（100～104 ℉）。在严寒时，身体结冻是对昆虫最大的危险。

在寒冷地区能越冬种类称为耐寒昆虫。少数昆虫能忍受体液中出现冰晶，不过在这种情况下细胞内含物可能并未冻结。但大多数昆虫的耐寒意味着阻止冰冻。抗冻作用部分是由于集聚了大量的甘油作为抗冻剂；部分是由于血液中的物理变化，温度远在冰点之下而仍不冻。防干旱包括坚硬的防水蜡以及扩大贮水的机制。水生昆虫除了步足发生显著的变化而适于游泳外，主要适应性变化在于呼吸。有的升到水面呼吸。蚊只利用呼吸管末端的最后一对腹气孔吸气。龙虱在鞘翅与腹部之间有一贮气室。呼吸空气的昆虫在体表的毛间形成空气层，作用如鳃，使它能从水中取得气，延长潜水的时间。水中的昆虫幼虫直接从水中得气。摇蚊幼虫整个表皮层有丰富的气管。毛翅目和蜉蝣目幼虫有气管鳃。大型的蜻蜓幼虫鳃在直肠内，水从肛门进出提供氧气。

昆虫在自然生态中起重要作用。它们帮助细菌和其他生物分解有机质，有助于生成土壤。昆虫和花一起进化，因为许多花靠虫传粉。某些昆虫提供重要产品，如蜜、丝、蜡、染料、色素，因而对人有益，但由于取食各类有机物，对农业造成巨大危害。害虫毁坏自然界或贮存的谷物或木材内，在谷物、家畜和人之间传播微生物。

昆虫成为最繁盛的动物类群的原因：

(1) 有翅能飞。昆虫是无脊椎动物中唯一有翅的一类，也是动物中最早具翅的一个类群。飞翔能力的获得，给昆虫在觅食、求偶、避敌、扩散等方面带来了极大的好处；

(2) 繁殖力强。昆虫具有惊人的繁殖能力。大多数昆虫产卵量在数百粒范围内，具有社会性与孤雌生殖的昆虫生殖力更强，如果需要 1 只蜜蜂蜂后一生可产卵百万粒，有人曾估算 1 头孤雌生殖的蚜虫若后代全部成活并继续繁殖的话，半年后蚜虫总数可达 6 亿个左右。强大的生殖潜能是种群繁盛的基础；

(3) 体小优势。大部分昆虫的体较小，不仅少量的食物即能满足其生长与繁殖的营养需求，而且使其在生存空间，灵活度，避敌，减少损害，顺风迁飞等方面具有很多优势；

(4) 取食器官多样化。不同类群的昆虫具有不同类型的口器，即咀嚼式口器，嚼吸式口器，舐吸式口器，刺吸式口器，虹吸式口器等 5 种，一方面避免了对食物的竞争，同时部分程度地改善了昆虫与取食对象的关系；

(5) 具有变态与发育阶段。绝大部分昆虫为全变态，其中大部分种类的幼期与成虫期个体在生境及食性上差别很大，这样就避免了同种或同类昆虫在空间与食物等方面的需求矛盾；

(6) 适应力强。从昆虫分布之广，种类之多，数量之大，延续历史之长等特点我们可以推知其适应能力之强，无论对温度，饥饿，干旱，药剂等昆虫均有很强的适应力，并且昆虫生活周期较短，比较容易把对种群有益的突变保存下来。对于周期性或长期的不良环境条件，昆虫还可以休眠或滞育，有些种类可以在土壤中滞育几年，十几年或更长的时间，以保持其种群的延续。

【食用昆虫】

提起昆虫，人们就会想到蚂蚁、蟋蟀、蜻蜓、蚂蚱、蝉、毛毛虫等各种奇形怪状的小动物。这些小动物捉来玩玩，观赏一下未尝不可，但要作为食物吃进肚中，可能就有很多人觉得难以想象，说不定还会恶心呕吐。其实，昆虫作为人类食物的历史源远流长，世界上的许多国家和地区，都有食用昆虫的习惯。据不完全统计，我国各地作为食物食用的昆虫约有数十种。

昆虫不仅含有丰富的有机物质，如蛋白质、脂肪、碳水化合物，无机物质如钾、钠、磷、铁、钙等各种盐类的含量也很丰富，还有人体所需的氨基酸。根据资料分析，每 100 毫升的昆虫血浆含有游离氨基酸 24.4～34.4 毫克，远远高出人血浆的游离氨基酸含量。昆虫体内的蛋白质含量也极高，烤干的蝉含有 72%的蛋白质，黄蜂含有 81%的蛋白质，白蚁体内的蛋白质比牛肉还高，100 克白蚁能产生 500 卡热量，100 克牛肉却只能产生 30 卡热量。

昆虫作为食品除了有上述优点外，还有世代短、繁殖快、容易获取等特点。因而在野外遇险时，昆虫往往是遇险者的首选食物。吃昆虫时，可根据当时自己的条件，选择烤、烧、炒、煮、炸等不同的方法食用。

蝗虫：食用其成虫或幼虫，各种蝗虫包括蚱蜢均能食用。用带树叶的枝条扑打，或用塑料薄膜平铺在地上将蝗虫驱赶到薄膜上，因薄膜光滑蝗虫无法逃跑易于捕捉。

蝼蛄：食用其成虫，徒手捕捉，或在夜间用灯光引诱。

蟋蟀：食用成虫，徒手捕捉或用树枝扑打。

螽斯：又叫蝈蝈，捕捉方法与蟋蟀相似。

家蚕、柞蚕：主要食用蛹，系家养昆虫，野生的不易遇见。

蛾类：包括天蛾、刺蛾、夜蛾、螟蛾各种蛾类，由于其幼虫体表多长毛，外貌丑陋，一般多选择吃蛹。

蝶类：各种蝶蛹均能食用，幼虫子较蛾类幼虫而言，大多数种类不长毛，也可食用。

白蚁：食用成虫和卵，寻找蚁穴掘取。白蚁分为生活在树木中和土壤里两大类型，树栖的白蚁体色纯白，食用没有异味。而地栖白蚁多为棕褐色，食用时有 一点怪味。

蚂蚁：食用成虫、幼虫、蛹、卵，寻找蚁穴掘取，或用食物诱捕。食用蚂蚁要特别注意蚂蚁中臭蚁科的种类有毒，不可食用。臭蚁个体小，尾部上翘，有异味，易与其他蚂蚁区别。

蝉：食用成虫，用树枝扑打或用胶杆粘。在南方一些山野的河滩边有时可见到饮水后死亡的蝉大量聚集在一起，可以收集。

蜻蜓：成虫、幼虫均可食用，成虫用树枝扑打，或胶粘，也可用网捕。幼虫用网具在水中捕捞。

负了蝽：食用成虫，用网具在水中捕捞。

石蚕：食用幼虫，幼虫生活于溪流中，用丝将几块石头粘在一起构成栖身之处，徒手在水中捞取石蚕的石窝，捉取幼虫。

天牛：食用幼虫，幼虫生活在木材里，蛀木为生，选择多虫眼的枯树枝将其划开，寻找幼虫。

螳螂：食用成虫、幼虫，用手直接捕捉成虫或幼虫，螳螂卵也可食用。

龙虱：成虫、幼虫均可食用，用网具在池塘、河流里捞取。

蜂类：包括胡蜂、黄蜂、蜜蜂，食用成虫、幼虫和蛹。收集蜂类有被蜇伤的危险。

【昆虫发出声音的原理】

昆虫的发音方式主要分为三大类：

(1) 飞行、取食、求偶活动产生。人类能够听到的振频为 20～20000Hz。蝶类为 7～13Hz；苍蝇为 147～220Hz ；蚊类飞行时拍打翅膀的振频约 594Hz；因此我们只能听到苍蝇和蚊拍打翅膀的声音。

(2) 身体撞击其他物体产生。如窃蠹头部敲击隧道壁发出的声音，某些种类的雄性拟步甲求偶时利用腹片摩擦雌性胸部的瘤发出尖锐声音。

(3) 昆虫本身的特殊发音器官产生。①摩擦发音。发音器的两部分互相摩擦而发音。如蟋蟀、螽斯、蝗虫、蝼蛄、蝽、天牛、金龟子等。②膜振动发音。同翅目、半翅目、鳞翅目的部分种类具有此种发音方式。

【中国画家笔下的昆虫】

自然界的昆虫在中国画中被称作“草虫”。草虫画法有工笔和写意两种。一般来说，工笔花卉配工笔草虫，写意花卉配写意草虫。但有时大写意花卉配以极为工细的工笔草虫，反而使画面产生强烈的对比和节奏感，人们在领略了酣畅淋漓的意韵之后，再去细细品味毫发毕现的精致，更有一种深深的陶醉感。人们学画草虫，都要先从临摹自然界现实中的昆虫入手，一般是找到活的昆虫或标本，仔细观察它们的外形、色彩和各部位细部结构，加以写生，这样以后画起来心中更有把握；如果能再进一步了解它们的生活环境和习性，并回过头来认真研究名家作品，领悟他们描绘草虫的艺术手法，那么，你笔下的草虫则可以画得神形俱足，意趣盎然了。

著名画家齐白石是画草虫的高手，他画的草虫形神俱佳，活灵活现。特别是配上大写意的瓜果、花草之后，那些精细入微的草虫就更加显得细腻、出神入化，令人赏心悦目。

参 考 文 献

鲍甫成，江泽慧，等. 中国主要人工林树种木材性质. 北京：中国林业出版社，1999.

《中国树木志》编委会. 中国主要树种造林技术. 北京：中国林业出版社，1982.

《中国森林》编委会. 中国森林第一卷总论. 北京：中国林业出版社，1999.

何方. 中国经济林栽培区划. 北京：中国林业出版社，2000.

《中华本草》编委会. 中华本草. 上海：上海科学技术出版社，1999.

《全国中草药汇编》编写组. 全国中草药汇编. 北京：人民卫生出版社，1996.

辽宁省林学会，吉林省林学会，黑龙江省林学会. 东北的林业. 北京：中国林业出版社，1983.

成俊卿. 木材学. 北京：中国林业出版社，1988.

中华人民共和国濒危物种进出口办公室. 中国哺乳动物分布. 北京：中国林业出版社，1999.

编 后 话

一颗种子埋在地下，经过春天萌芽、夏季成荫、秋天结果、冬季孕育，长成一株植物。无数颗种子落地，经过无数个春、夏、秋、冬，形成了农田、草原、森林。本来是自然、和谐、永续；然而，人们期盼从中获取财富时，由于思维局限、对事物认识的偏差，决定了方法的错误，往往造成永久的遗憾。

《长白山林业产业实用技术》就是一颗“种子”，给你提供对森林资源的认识方法，传播一点知识。如果这本书真能使一个人获益，编者将是十分高兴；能使十个人获益，编者将是万分欣慰。这颗“种子”，凝聚了全国立志于从事林业产业的朋友多年的辛勤劳动，所结出丰硕的果实。我们只是对各方面公开的资料，按照林农的需要和我们实际生产的应用，进行了系统收集整理。社会生产实践活动的发展，会不断出现一些新工艺、新材料、新技术，《长白山林业产业实用技术》所提供的技术，由于时间、季节、土壤、环境、气候等因素原因，有些技术可能已落后于今天的生产实践，有的可能与您的需求存在差异，在实际生产中不能教条地照抄照搬，具体应用时仅供参考；请您在实践中不断探索和积累、创新和完善技术措施，创造科技含量较高的产品，积累财富，服务于社会。

在编写过程中，得到了多方面的支持，表示衷心感谢！

《长白山林业产业实用技术》是技术和知识的普及性书籍。编者把广泛传播和应用的技术知识，推荐给长白山林区有志于从事和参与、关心林业产业的朋友。希望这本书能使您心动，能给予您知识，能为您认识森林、认识林业、提供一些启迪。

编 者

2010 年 10 月 14 日